2025 소방승진 시험대비

The쉬운 소방전술 ㊤

화재분야 | 소방교·장·위

2025 시험대비(기출문제를 통한 출제경향 파악!)
- 제·개정 내용반영(핵심이론으로 완벽분석 정리!) -

기본서

조동훈 저

cambus 출판사

머리말

안녕하십니까? 조동훈입니다.
저는 30년 가까운 세월 동안 대학과 학원에서
소방의 학문을 가르치면서 생명을 구하는 직업인
대한민국 소방관(Fire Fighter)이 되기 위한 수험생들과
수험의 긴 동반자로서 함께 생활해 왔습니다.

그들은 마침내 바라던 영웅 소방관(Hero Fire Fighter)이 되었고
또다시 꿋꿋이 승진의 "높은 오름"을 위해 오늘도 노력하고 있습니다.

그러나 현재 소방승진책의 방대한 출제 범위 내에서 너무 많은 이론에 부딪치면서
출제 범위에 맞춰진 최적의 커리큘럼과 체계적이고 전문적인 서적을 낼 수 있었다면
더 쉽고 더 빠르게 원하는 합격을 함께할 수 있었을 텐데~ 하고 저는 늘 생각했습니다.

그래서 저는 '소방원조' 소리를 기억하면서 더 폭풍 감동이 되도록 써보고 싶었습니다.
저의 마지막 숙제이자, 함께 학습하면서 소방관이 된 제자들의 감사로 출간한 소방전술입니다.
소방고등학교 교과서, 대학 소방학과 교재를 비롯, 이 모든 책 표지에는 'The 쉬운'이라는
단어를 넣고 편집하면서 제 자신이 시험치는 수험생의 입장에서 보기 쉽게 정리하였습니다.
그것은 방대한 이론보다는 더 적지만 정석으로 확실한 지식의 개념을 전달하기 위함입니다.
중앙소방학교 교재 '소방전술'만 PDF 2,500p를 이와 같이 정리하여 학습 방법을 제시합니다.

본 교재의 핵심 중점은 다음과 같다.

❶ 기출문제 위주로 심혈을 기울여 그 중요성을 강조하였습니다.

❷ 소방전술의 복잡한 내용을 The쉽게 이해되도록 요약 정리하였습니다.

❸ 고득점을 위하여 방대한 이론을 가능한 거의 삭제하지 않고 편집하였습니다.

❹ 중요부분은 ★, 밑줄로 하여 시간 절약과 시험의 흐름을 알 수 있도록 하였습니다.

필자 드림

개정된 『중앙소방학교 교재』를 기준으로 하였습니다

소방승진시험은 중앙소방학교 방대한 교재 내용에서 출제하고 있습니다.
출제범위는 정해져 있지만 중앙소방학교 교재의 중복된 이론이 있기도 합니다.
소방전술은 내용이 많고 꽤 복잡하여 학습방법이 없으면 고득점이 쉽지 않습니다.
그래서 필자는 아래와 같이 분석한 몇 가지 학습적인 이해 방법을 먼저 제시합니다.

1 중앙소방학교 책을 기준으로 그 기출흐름을 파악하여야 합니다. ➡ 소방승진시험의 출제 영역은 아직까지는 비교적 그 제한된 범위에서 반복 또는 유사성을 가지고 조금씩 난도를 높여가며 출제 됩니다.

2 방대한 이론이지만 어느 큰 부분을 삭제한다면 학습을 할 때 불안해할 수 있습니다. ➡ 그리하여 내용을 가능한 박스로 요약 처리하였고 눈의 피로도를 줄이고자 청색의 컬러 박스로 하고 그 내용을 밑줄로 정리하였습니다.

3 "OX(2진법) 개념 따라잡기"를 만들어 역 단어 함정과 개념이 필요한 부분에 중점을 두었습니다. ➡ 예상 문제 수를 줄이고 OX 문제를 넣어 관찰력과 개념 문제인 역 단어 함정에는 진한 글씨체로 표시하였습니다.

4 시험과 내용의 중요도를 문장의 번호 밑에 또는 문장의 단어 밑에 선별하였습니다. ➡ 시간을 절약하고 혼동하지 않는 선별 이해도를 높이는 학습이 됩니다.

청개구리가 울면 곧 비가 옵니다.
제비가 지표면을 가까이 날면 곧 비가 옵니다.
그들은 비가 올 것을 미리 알고 느낌을 전달합니다.
본 교재는 시험의 흐름을 잡을 수 있게끔 선별을 우선으로 하고 최근 기출문제를 수록하여 국내 "타 수험서 못지않은 국내 최고의 교재"를 위해 최선을 다했습니다.
본 교재로 부디 승진의 높은 오름에 목표와 영광을 바랍니다.

또한 소방관계법령의 개정과 수정으로 본 기본서에 수정되어야 하고 미비한 자료는 수험정보와 함께 필자의 Daum 카페 "완소119"에 싣겠습니다. 늘 감사합니다! ~

소방공무원 승진시험의 필기시험 과목(제28조 관련)

구 분	과목수	필기시험과목
소방령·소방경 승진시험	3	행정법, 소방법령Ⅰ·Ⅱ·Ⅲ, 선택1(행정학, 조직학, 재정학)
소방위·승진시험	3	행정법, 소방법령Ⅳ, 소방전술
소방장·승진시험	3	소방법령Ⅱ, 소방법령Ⅲ, 소방전술
소방교·승진시험	3	소방법령Ⅰ, 소방법령Ⅱ, 소방전술

※ 비고
1. 소방법령Ⅰ : 소방공무원법(같은 법 시행령 및 시행규칙을 포함한다.)
2. 소방법령Ⅱ : 소방기본법, 소방시설 설치 및 관리에 관한 법률, 화재의 예방 및 안전관리에 관한 법률
3. 소방법령Ⅲ : 위험물안전관리법, 다중이용업소의 안전관리에 관한 특별법
4. 소방법령Ⅳ : 소방공무원법, 위험물안전관리법
5. 소방전술 : 화재진압·구조·구급 관련 업무수행을 위한 지식·기술 및 기법 등
   – 출처: 소방공무원 승진임용 규정 시행규칙 별표8〈개정 2022.12.1.〉 –

■ <u>소방교</u> – 일반적 출제범위(한눈 분석표)

분야	문제	일반적인 출제범위(소방교)	가끔 출제
화재 분야	10~13문제	화재진압 및 현장활동 9~10문제 소방자동차 1문제, 현장안전관리 1문제(* 화재2 분야임)	소방용수 1문제 화재조사 1문제
구조 분야	7~8문제	1편 구조개론 1문제 / 2편 구조장비 1문제 / 3편 기본구조훈련 (로프) 1문제 / 4편 응용구조훈련 1문제 / 5편 구조 기술 2~3문제 / 8편 119 구조구급에 관한 법률 1문제	6편 생활안전 위험제거 7편 현장안전관리
구급 분야	6~7문제	1장 응급의료개론 1문제 / 3장 감염예방 개인보호장비 1문제 4장 해부생리학 1문제 / 5장 무선통신기록(중증도분류) 1문제 7장, 응급의료장비 1문제. – 임상응급의학 1장 환자평가 등 위주로 일부가 출제 됨 –	2장 소방대원의 안녕 5장 무선통신 기록 (중증도분류 제외) 6장 환자들어올리기

기출문제 세부분석(화재/재난)

분야	세부출제범위	소방교	소방장	소방위

화재
분야1
	1장. 화재의 의의
	2장. 화재의 성상
	3장. 화재진압의 의의
		· 열의 전달
		· 화재진행 영향요인
		· 화재특수현상과 대처
		  - F/O 및 B/D 현상-
		· 소화이론
		· 화재대응매뉴얼의 종류
			· 화재의 개념
			· 화재의 유형
			· 화재진행에 영향요인
			· 화재 특수현상과 대처
			  - F/O 및 B/D 현상-
			· 화재대응매뉴얼의 종류
				· 화재의 분류
				· 무염화재와 유염화재
				· 연소이론
				· F/O 및 B/D 현상
				· 화재진압전략의 활동과정
				  - 생명보호 → 등~ -

	4장. 화재진압활동	· 출동로 선정 · 수리부서(소화전 등) · 붕괴 위험성평가 · 현장지휘 · 화점확인(외부, 내부에서) · 진입 및 인명구조 · 공기호흡기 문제 · 배연(송풍기 활용) · 배연(간접공격법 등) · 호스연장(지지 및 결속) · 관창배치(대상별) · 파괴(셔터, 천장, 유리) · 연결송수관설비	· 출동준비 · 건물 안전도평가 · 현장지휘 · 화점확인(외부, 내부에서) · 진입 및 인명구조 · 공기호흡기 문제 · 배연(송풍기 활용) · 배연(구조대상자 운반법) · 호스연장(지지 및 결속) · 호스연장(내부압전술) · 관창배치(분무주수) · 관창배치(엄호주수) · 파괴(셔터, 천장, 유리)	· 수리부서 · 붕괴 위험성평가 · 현장지휘권 확립 8단계 · 화점확인(외부, 내부에서) · 공기호흡기 문제(가끔) · 진입, 인명구조(사다리) · 배연(송풍기 활용) · 배연(고층건물 등) · 호스연장(관창배치 등) · 공격적 내부진압전술 · 대상별 관창 배치 · 관창배치(분무주수) · 파괴(벽)
	5장. 화재진압 소방전술 6장. 특수화재 소방활동	· 위험물화재보일오버 등) · 소방전술(중점, 집중전술) · 소방활동(일반원칙)	· 지하화재 · 위험물화재(슬롭오버 등) · 화재진압(고층건물 화재) · 소방활동(일반원칙)	· 화재진압(소화활동) · 화재진압(고층건물 화재) · 항공기 화재
	· 소방용수시설 등-(2편)	· 소방용수시설 설치기준	· 소방용수시설+상수도설비	· 소방용수시설별 설치기준
	· 소방자동차 기본 구조 및 원리-(3편) · 특수 소방자동차-(4편)	· 엔진, 공동현상 등 · 진공펌프(오일), 지수밸브 · 흡입측 밸브, 포혼합방식 · 고가 굴절사다리차	· 공동현상 · 서어징현상 · 방수(장치) · 고가사다리차	· 공동현상 등 · 포혼합방식 · 방수(장치) · 고가 굴절사다리차
화재 분야2	· 현장안전관리-(1편)	· 소방안전관리 특성 · 하인리히, 버드 · 사고예방원칙 5단계 · 위험예지훈련 · 고속도로 주차방법	· 소방안전관리 특성 · 하인리히, 버드, 4M · 재해예방 4원칙 · 전교육(토의식) · 위험예지훈련, 스트레스	· 소방안전관리 특성 · 하인리히, 버드, · 재해예방 4원칙 · 안전교육(사례연구법) · 위험예지훈련
	· 화재조사실무-(2편)	· 화재원인 및 피해조사 · 화재조사관련 법률	· 화재원인 및 피해조사 · 화재조사관련 법률	· 화재 과학적 방법 · 화재조사관련 법률
	1. 소화약제.-(1편) 2. 연소 폭발-(2편) - (소방장, 위) -	· 물의 주수형태 · 연소의 기본이론 · 폭발의 기본이론	· 물의 물리적성질 등 · 공기포 소화약제 · 분말소화약제 특성 · 연소용어 등 · 유해생성물질 / 분진폭발	· 공기포 소화약제 · 할로겐화합물 불활성기체 · 분말소화약제 특성 · 연소이론, 유해생성물질, · 중성대 / 화학적폭발

	· 위험물성상, 진압-(3편)
	  - (소방장, 위) -
		·	· 위험물의 유별 성상
			  (1류, 3류, 5류쪽)
				· 위험물의 유별성상
				  (2류, 4, 5류, 6류쪽)

재난 분야	· SOP 및 SSG-(1편) - (소방위) -	·	·	· 인명구조 작전절차 · 차량화재 대응절차 · 임무별안전관리 표준지침
	· 재난법-(2편) - (소방위) -	·	·	· 용어의 뜻(2장) · 안전관리기구 기능(3장)

기출문제 세부분석 (구조분야)

분야	세부출제범위	소방교	소방장	소방위
구조분야	1편 구조개론	· 특수구조대 · 구조활동 우선순위 · LAST(초기대응절차) · 구조활동(방법의 결정) · 구조요청 거절	· 구조활동 우선순위 · LAST(초기대응절차) · 구조활동(방법의 결정) · 응원요청(2장 5절) · 군중통제	· 구조활동 기본(우선순위) · LAST(초기대응절차) · 출동(2장)
	2편 구조장비	· 장비조작시 주의사항 · 산악구조용 장비 · 절단구조용 장비 · 중량물구조용(에어백) · 공기호흡기 계산문제 등	· 산악구조용 장비 · 측정용 장비(전류검지기) · 절단구조용 장비 · 중량물구조용 장비 · 공기호흡기 제반사항	· 산악구조용 장비 · 절단구조용 장비 · 중량물구조용(에어백) · 공기호흡기 제반사항
	3편 기본구조훈련	· 각종 매듭의 특성 · 응용매듭 · 로프설치 · 확보(개념, 기법)	· 각종 매듭의 특성 · 응용매듭 · 로프설치 · 현수로프 설치 · 확보 · 도하	· 각종 매듭의 특성 · 응용매듭(두겹고정) · 확보기법(UAA) · 신체감기 하강 등
	4편 응용구조훈련	· 사다리를 이용한 응급하강 · 구출 및 운반(1인운반법) · 유독가스	· 산소결핍 위험성 · 유독가스 · 진입기술	· 산소결핍 위험성 · 유독가스 · 진입기술
	5편 구조기술	· 1차검색과 2차검색 · 자동차사고 · 자동차 현장파악 · 에어백 · 사고차량 해체 · 수난사고 · 잠수물리 · 잠수표의 원리, 잠수용어 · 잠수병의 원리와 대응 · 수중탐색 · 콘크리트 화재성상 · 인명탐색(터널뚫기) · 헬기 인명구조 · 엘리베이터 안전장치 · 기상변화(번개 등)	· 자동차사고 · 자동차 현장파악 · 에어백 · 차량 위험요인 제거 · 차량 유리창 · 잠수표의 원리, 잠수용어 · 잠수병의 원리와 대응 · 수중탐색 · 건물붕괴(켄딜레버형) · 엘리베이터 안전장치 · 암벽사고 · 위험물질 표시 · 경계구역 설정 · 위험물누출(화학적 방법)	· 자동차사고 · 자동차 현장파악 · 에어백 · 잠수표의 원리 · 잠수용어 · 잠수병의 원리와 대응 · 수중탐색 · 콘크리트 화재성상 · 건물 붕괴(펜케이크형) · 엘리베이터 안전장치 · 위험물질 표시색상 의미 · 경계구역 설정 · 개인방호복
	6편 생활안전 및 위험제거	· 119생활안전대업무 특성	· 119생활안전대업무 특성	·
	7편 현장안전관리	· 소방안전관리 특성	· 소방안전관리 특성	· 소방안전관리 특성 · 안전관리 10대원칙
	8편 119구조 구급에 관한 법률	· 용어의 정의 · 119구조대 편성 운영 · 검진기록 보관(퇴직까지)	· 119구조대 편성 운영 · 구조 구급의 요청 · 검진기록 보관(퇴직까지)	· 119구조대 편성 운영 · 구조 구급의 요청 · 구조대원 훈련 · 벌칙(5년 1천만원, 과태료)

기출문제 세부분석(구급분야)

분야	세부출제범위	소방교	소방장	소방위
응급의료 개론 및 장비운영	1장 응급의료 개론	· 응급의료, 응급처치 정의 · 응급구조사의 법적책임 · 동의 법칙(묵시, 명시적)	· 응급처치의 시간척도 · 응급구조사의 법적책임 · 동의의 법칙(묵시, 명시적)	· 응급의료체계 운영 필수요소 · 동의의 법칙(묵시적)
	2장 소방대원 안녕	· 죽음에 대한 정서반응 · 위험물에 대한 처치단계	· 죽음에 대한 정서반응 · 개인안전(폭력 등)	
	3장 감염예방 및 개인보호장비	· 전염질환의 특징 · 기본예방법(주사바늘) · 소독과 멸균 용어	· 전염질환의 특징 · 기본예방법(주사바늘) · 소독과 멸균(소독 등)	· 전염질환의 특징 · 기본예방법(주사바늘) · 소독과 멸균(소독 수준) · 감염관리
	4장 해부생리학	· 기본용어 · 자세 · 인체해부생리학 (근골격계, 호흡기계 등)	· 자세 · 인체해부생리학 (호흡기계, 순환계 등)	· 기본용어 · 인체해부생리학 (호흡기계통 등)
	5장 무선통신체계 및 기록	· 최초도착 차량 배치요령 · 중증도 분류(응급환자) · START 분류법	· 최초도착 차량 배치요령 · 중증도 분류(색상 등) · START 분류법	· 최초도착 시 차량 배치요령 · START 분류법(호흡확인) · 남아있는 환자 우선 분류
	6장 환자들어올리기와 이동	· 신체역학 · 환자이동(장비 포함) · 환자자세	· 환자이동(장비 포함) · 환자자세	· 환자이동 장비 등
	7장 응급의료장비 사용법	· 기도유지확보장비 · 호흡유지 장비 · 순환유지 장비 · 들것(계단형) · 외상처치장비(부목)	· 기도유지확보장비 · 호흡유지 장비 · 순환유지 장비 · 외상처치장비(목뼈보호대)	· 기도유지확보장비 · 호흡유지 장비(비재호흡) · 순환유지 장비(심장충격기)
	8장 응급의료법	· 용어의 정의	· 응급의료기본계획(5년)	· 벌칙(5년, 5천만원)
임상응급의학	1장 환자평가	· SAMPLE · 1차평가(AVPU)/2차평가	· SAMPLE · 1차평가(AVPU)/2차평가	· 재평가(15분, 위급: 5분) · 1차평가(AVPU)/2차평가
	2장 기도유지	· 기도유지 보조기구 · 흡인과 흡인기구	· 기도유지 보조기구 · 인공호흡방법 등	· 보조기구 사용규칙 · 산소치료(코삽입관)
	3장 호흡곤란	· 호흡 횟수 등	· 호흡기 계통 모두	· 호흡기계 해부학 생리학
	4장 심장질환	· 심장충격기 적응증	· 심장질환 모두	· 소아심장마비 생존사슬
	5장 급성복통	- (소방교 제외) -	· 복통(꼬리염, 담낭염)	· 복통(유발질병-충수돌기염)
	6장 출혈, 쇼크		· 순환계 모두(지혈 포함)	· 지혈, 실혈에 따른 증상
	7장 연부조직	· 화상(연부조직 제외)	· 연부조직, 손상, 화상 등	· 연부조직, 화상(전반적)
	8장 근골격계	· 경성부목, 연성부목	· 골격계 손상, 부목형태	· 골절부위 출혈량
	9장 머리, 척추	· 전신척추고정기구	· 척주, 머리손상	· 전신척추고정기구
	10장 의식장애	- (소방교 제외) -	· 당뇨 생리학(1형, 2형) · 혈당	· 당뇨와 의식장애 · 뇌졸중(평가방법)
	11장 알레르기			· 중독, 알레르기반응
	12장 환경응급	· 감압병	· 저체온, 감압병, 곤충물림	· 열손상, 감압병
	13장 산부인과	- (소방교 제외) -	· 신생아 평가, APGAR · 신생아 소생술	· 신생아 평가 · 신생아 소생술, 둔위분만
	14장 소아응급			
	15장 노인응급			
	16장 행동응급			
	17장 기본소생술	· 가슴압박 · 심폐소생술	· 가슴압박 · 심폐소생술	· 심폐소생술 · 기도내 이물질 제거

『소방전술』 세부 출제범위(제9조제3항 관련)

분야	출제범위	비 고
화재분야	・화재의 의의 및 성상 ・화재진압의 의의 ・단계별 화재진압활동 및 지휘이론 ・화재진압 전술 ・소방용수 총론 및 시설 ・상수도 소화용수설비 등	
	・재난현장 표준작전 절차(화재분야)	소방교, 소방장 제외
	・안전관리의 기본 ・소방활동 안전관리 ・재해의 원인, 예방 및 조사 ・안전 교육	
	・소화약제 및 연소・폭발이론	소방교 제외
	・위험물성상 및 진압이론	
	・화재조사실무(관계법령 포함)	
구조분야	・구조개론 ・구조활동의 전개요령 ・군중통제, 구조장비개론, 구조장비 조작 ・기본구조훈련(로프, 확보, 하강, 등반, 도하 등) ・응용구조훈련 ・일반(전문) 구조활동(기술)	
	・재난현장 표준작전 절차(구조분야)	소방교, 소방장 제외
	・안전관리의 기본 및 현장활동 안전관리 ・119구조・구급에 관한 법률(시행령, 규칙포함)	
	・재난 및 안전관리 기본법(시행령, 규칙 포함)	소방교, 소방장 제외
구급분야	・응급의료 개론 ・응급의학 총론 ・응급의료장비 운영	
	・심폐정지, 순환부전, 의식장애, 출혈, 일반외상, 두부 및 경추손상, 기도・소화관이물, 대상이상, 체온이상, 감염증, 면역부전, 급성복통, 화학손상, 산부인과질환, 신생아질환, 정신장해, 창상 – (* 임상응급의학 모두가 아니며, 일부만 제외됨) –	소방교 제외
소방차량	・소방자동차 일반 ・소방자동차 점검・정비 ・소방자동차 구조 및 원리 ・고가・굴절 사다리차	

※ 소방전술과목 세부범위(내용X)는 시험일기준 당해 연도 중앙소방학교에서 발행되는 신임교육과정 공통교재로 한다
※ 소방전술 과목의 세부 출제범위 찾는 방법: 소방공무원 승진시험요강 별표1(* 2021년 3월 8일 일부개정)
 (*^^ 과거부터 임상응급의학은 일부만 소방교 제외, 18년 11,7일 소방시설공사업법은 모든 직급에서 제외)

차례(contents)

1편 화재진압 및 현장활동 (화재1)

제1장 화재의 의의 ··· 14
제2장 화재성상 ··· 19
    ✪ OX 개념문제 ·· 44
제3장 화재진압의 의의 ·· 47
    ✪ OX 개념문제/복원기출 및 예측문제 ·················· 58/60
제4장 화재진압활동 ··· 69
    ✪ OX 개념문제/복원기출 및 예측문제 ················ 164/166
제5장 화재진압과 소방전술 ······································ 177
    ✪ OX 개념문제 ··· 220
제6장 특수화재의 소방활동 요령 ································ 222
    ✪ OX 개념문제/복원기출 및 예측문제 ················ 240/242

2편 소방용수시설

제1장 소방용수시설 ··· 254
제2장 상수도소화용수설비 등 ·································· 263
    ✪ OX 개념문제/복원기출 및 예측문제 ················ 268/270

3편 소방자동차 기본구조 및 원리

제1~2절 소방자동차구조 일반 등 ····························· 278
제3~9절 소방·진공펌프, 지수밸브 등 ························ 286
제10~14절 배관, 포혼합장치, 방수·흡수 등 ················· 297

4편 특수자동차

제1절 소방고가차 ··· 310
제2절 배연·조연 소방자동차 ·································· 318
제3절 그 밖의 특수소방자동차 ································ 320
    ✪ OX 개념문제/복원기출 및 예측문제 ················ 322/324
    ✪ 1편~4편 이론의 사이에 별도의 'OX 개념문제'를 삽입 하였음

5편 현장안전관리(화재2)

제1장 현장 안전관리의 기본 332
제2장 소방활동안전관리 335
제3장 재해원인 339
제4장 재해예방 및 조사 347
제5장 안전교육 351
제6장 신체의 적합성과 체력증진계획 361
제7장 소방공무원 교육훈련의 안전과 잠재적 위험요소 364
제8장 소방차량운행 등의 안전 366
제9장 화재현장에서의 안전 372
제10장 소방활동과 보호구 386
  ✪ OX 개념문제/복원기출 및 예측문제 390/392

6편 화재조사실무

제1장 화재조사의 개요 402
제2장 화재조사 방법 408
제3장 화재조사 관련 법률 412
제4장 화재조사 서류 423
  ✪ OX 개념문제/복원기출 및 예측문제 430/432
  ✪ 1편~2편 이론 뒤에 별도의 'OX 개념문제'를 삽입 하였음

부록 최근 소방전술 기출문제

● 21년 소방교 복원 440
● 22년 소방교 / 소방장 / 소방위 기출 453
● 23년 소방교 / 소방장 / 소방위 기출 491
● 24년 소방교 / 소방장 / 소방위 기출 519

중앙소방학교 교재 기준

화재1-1

(소방전술1)

1편

화재진압 및 현장활동

1장 화재의 의의(1~2절) ················· 14
2장 화재성상(1~6절) ················· 19
　◎ OX 개념문제 ················· 44
3장 화재진압의 의의(1~6절) ················· 47
　◎ OX 개념문제 ················· 58
　◎ 복원기출 및 예측문제 ················· 60
4장 화재진압활동(14절) ················· 69
　◎ OX 개념문제 ················· 164
　◎ 복원기출 및 예측문제 ················· 166
5장 화재진압과 소방전술(7절) ················· 177
　◎ OX 개념문제 ················· 220
6장 특수화재의 소방활동 요령(9절) ················· 222
　◎ OX 개념문제 ················· 240
　◎ 복원기출 및 예측문제 ················· 242

CHAPTER 01 화재의 의의 (1장)

> **학/습/목/표**
> 화재개념을 설명할 수 있다
> • 화재의 유사개념 구별할 수 있다
> • 화재 유형별 분류할 수 있다.

제1절 화재의 개념*

화재란 『사람의 의도에 반하거나 고의 또는 과실에 의하여 발생하는 연소현상으로 소화할 필요가 있는 현상 또는 사람의 의도에 반하여 발생하거나 확대된 화학적인 폭발현상』을 말한다.

(* 소방의 화재조사에 관한 법률 제2조)

┃ 소방의 화재조사에 관한 법률 용어의 해설 ┃ ☆ 13 경기장, 14 부산장

소방(포괄적)
화재+소화+훈련+조사+구조 등

1. 사람의 의도에 반한다. 또한 고의에 의한다.	① 화재발생이 '사람의 의도에 반한다.' 라는 것은 과실에 의한 화재를 의미하며 화재취급 중 발생하는 실화뿐만 아니라 부작위에 의한 자연발화도 포함된다. ② '고의에 의한다.' 라고 하는 것은 일정한 대상에 대하여 피해발생을 목적으로 화재발생을 유도하였거나 방화한 경우를 말한다.
2. 연소현상(화학반응)	① '연소현상'은 가연성 물질이 산소와 결합하여 열과 빛을 내며 급속히 산화되어 형질이 변경되는 화학반응을 말한다.
3. 소화할 필요가 있는 현상	① 화재란 연소현상으로서 소화의 필요성이 있어야 하며 소화의 필요성 정도는 소화시설이나 그와 유사한 정도의 시설을 사용할 수준이어야 한다. ② 휴지나 쓰레기를 소각하는 것과 같이 자산가치의 손실이 없고 자연히 소화될 것이 분명하여 소화의 필요성을 느끼지 않거나, <u>소화의 필요성이 있다고 하여도</u> 소화시설이나 소화장비 또는 간이소화용구 등을 활용하여 <u>진화할 필요가 없는 것은 화재로 볼 수 없다</u>. 또한 ③ 일반적인 연소현상과 구분되는 가스폭발 등의 ❶ <u>화학적 폭발현상을 화재의 범주에 포함</u>하고, ❷ 보일러 파열 등의 <u>물리적 폭발은 화재로 분류하지 않고</u>, 폭발의 경우는 <u>연소현상과 소화의 필요에 상관없이</u> 사람의 의도에 반하여 발생한 것만을 <u>화재로 본다</u>. / * 법원 판례: 화학적폭발(화재o) / 물리적폭발(화재x)→ 고장 등 (*^^ 즉, 판례는 화학적 폭발만은 소화와 상관없이 화재로 본다.)

| 제2절 | **화재의 유형분류** * |

화재는 소화 적응성, 화재의 처종, 화재의 소실정도, 화재 피해규모, 긴급상황보고 여부 등에 따라 다음과 같이 분류될 수 있다.

1 소화 적응성에 따른 분류 ☆ 13 경기장, 14 경북장 등

구 분	급수	표시색	내 용
일반화재	A급	백색	목재, 섬유, 고무, 플라스틱 등과 같은 일반 가연물의 화재를 말한다.
유류화재	B급	황색	인화성 액체(4류 위험물), 1종 가연물(락카퍼티, 고무풀), 2종 가연물(고체파라핀, 송진)이나 페인트 등의 화재를 말한다. (*^^ 고체파라핀인 양초나 소나무 속의 송진만이 타면 유류화재이다)
전기화재	C급	청색	전류가 흐르고 있는 전기설비에서 불이 난 경우의 화재를 말한다.
금속화재	D급	무색	나트륨, 칼륨, 마그네슘과 같은 가연성 금속의 화재를 말한다.
가스화재	E급	황색	메탄, 에탄, 프로판, 암모니아, 아세틸렌, 수소 등 가연성 가스의 화재. (* 표시색상은 현재 국내에서는 B급화재에 준하여 사용한다.)

- **보충(Tip)**
  - A급: 황(S) 성분 등으로 재를 남기며, B급은 재를 남기지 않는다.
  - B급: 오일, 타르, 석유그리스, 유성도료, 솔벤트, 래커(퍼티) 등 기름성분.
    인화성액체, 가연성액체, 인화성가스와 같은 유류가 타서 재가 남지 않는 화재.
  - C급: 전기다리미 창고의 불은 A급, 전기다리미질을 하다 불나면 C급화재.
  - D급: 가연성 가스 발생으로 물로 끌수는 없고 모래, 팽창질석 등으로 끈다.
  - E급: 국내는 B급으로도 본다.(* 소화적응 표시색상도 B급, E급은 같다.)
  - K급: 키친(K)에서의 동식물류 취급하는 화재.(소화기구 및 자동소화장치의 화재안전기술기준)

▮래커

화재의 유사개념

과학적 화재(연소현상)	빛과 열을 발생하는 급격한 산화현상.
형법상 화재(방화)	불을 놓아 매개물에 독립하여 연소되는 것.
민법상 화재	고의 또는 과실로 인하여 타인에게 손실을 입히는 화재. (방화와 실화)

- **보충(Tip): 소방법상의 화재의 개념은?**
  불은 좋은 불과 나쁜 불이 있다. 좋은 불은 주방 등에서 사용하며 나쁜 불은 우리 뜻과 상관없이 발생하는 불로서
  ① 사람의 의도에 반대(反對)할 것 (나쁜 불!)   ② 소화할 필요가 있을 것.
  ③ 화학적인 폭발현상일 것.   - ①②③ 이를 화재의 3대 요소로 생각하면 The 쉽다.

---

* 방화(放火): 고의로 불을 냄.(예 방화사건)   * 실화(失火): 실수로 불을 냄.   * 래카: 유성페인트의 한 종류
* 화학: 물질의 성질이 변함(불꽃 등을 접촉) / * 물리: 상태(고·액·기체)나 모양이 변함(불꽃 등 접촉x).

2 화재 유형에 따른 분류 ☆ 24 소방장

구 분	대 상 물
① 건축·구조물 화재	건축물, 구조물 또는 그 수용물이 소손된 화재.
② 자동차·철도차량 화재	자동차, 철도차량 및 피견인 차량 또는 그 적재물이 소손된 화재.
③ 위험물·가스제조소등 화재	위험물제조소등, 가스제조·저장·취급시설 등이 소손된 화재.
④ 선박·항공기 화재	선박, 항공기 또는 그 적재물이 소손된 화재.
⑤ 임야 화재	산림, 야산, 들판의 수목, 잡초, 경작물 등이 소손된 화재. (* 임야: 산과 들)
⑥ 기타 화재	위의 각 호에 해당되지 않는 화재. ▶ (유)건작가 원선을 떨어 임기가 끝남

3 화재의 소실 정도에 의한 분류 ☆ 06, 16 소방위, 21 장

화재의 소실정도에 따라서 전소, 반소, 부분소로 분류된다.

구 분	소 실 정 도		내 용
① 전소		70% 이상	건물의 70% 이상 소실되었거나 또는 그 미만이라도 잔존 부분을 보수를 하여도 재사용이 불가능한 화재.
② 반소		30% 이상 70% 미만	건물의 30% 이상 70% 미만이 소실된 화재. (* 오답: 50% 이상 70% 미만)
③ 부분소		·	전소 및 반소화재에 해당되지 아니하는 화재. (*^^ 30% 미만이라도 재사용이 불가하면 전소가 된다.)

○ 자동차, 철도차량, 선박 및 항공기 등의 소실정도를 포함하며 입체면적에 대한 비율을 말한다.

4 긴급 상황보고 여부에 따른 분류★★★ ☆ 10 강원교, 16 서울·경북교, 14·18 소방위 등

화재조사활동 중 소방청장에게 긴급 상황으로 보고하여야 할 화재는 다음과 같다.

구 분	내 용
대형화재	• 사망 5명 이상이거나 사상자 10명 이상 발생 화재 • 재산피해 50억 원 이상 추정되는 화재 (▶ 5×10= 50)
중요화재	• 이재민 100명 이상 발생 화재 • 관공서, 학교, 정부미 도정공장, 문화유산, 지하철, 지하구 등 공공건물 및 시설의 화재 • 관광호텔, 고층건물, 지하상가, 시장, 백화점, 대량위험물을 제조·저장·취급하는 장소 • 중점관리대상 및 화재예방강화지구화재
특수화재	• 철도, 항구에 매어둔 외항선, 항공기, 발전소 및 변전소의 화재 • 특수사고, 방화 등 화재원인이 특이하다고 인정되는 화재 • 외국공관 및 그 사택의 화재 • 기타 대상이 특수하여 사회적 이목이 집중될 것으로 예상되는 화재.

5 화재 원인에 따른 분류

발화원인에 따라서는 다음과 같다.

구 분	내 용
① 실 화	취급부주의나 사용·보관 등의 잘못으로 발생한 과실적(過失的) 화재를 말하며, 중과실과 단순 실화인 경과실이 있다.
② 방 화	적극적이고 고의적인 생각과 행위로서 일부러 불을 질러 발생시킨 화재.
③ 자연발화	산화, 약품 혼합, 마찰 등에 의해서 발화한 것과 스파크 또는 화염이 없는 상태에서 열기에 의해 발화된 연소.
④ 천재발화	지진, 낙뢰, 분화 등에 의해서 발화한 것.
⑤ 원인불명	위의 각 호 이외의 원인으로서 발화한 것. ▶ 실방자에게 천원

■ 그리스(기계윤활유) ■

 핵심요약

- **화재개념과 분류**
  - 화재란 : 사람의 의도에 반하거나 고의에 의해 발생하는 연소현상으로서 소화설비 등을 사용하여 소화할 필요가 있거나 또는 사람의 의도에 반해 발생하거나 확대된 화학적 폭발현상.
  - 화재의 분류
    - 소화적응성에 따른 분류: 일반화재, 유류화재, 전기화재, 금속화재, 가스화재
    - 화재 유형에 따른 분류: 건축·구조물 화재, 자동차·철도차량 화재, 위험물·가스제조소 등 화재, 선박·항공기 화재, 임야화재, 기타 화재
    - 소실정도에 따른 분류 : 전소, 반소, 부분소
    - 긴급 상황보고 여부에 따른 분류: 대형화재, 중요화재, 특수화재
    - 화재원인에 따른 분류: 실화, 방화, 자연발화, 천재발화, 원인불명

"소화기구 및 자동소화장치 화재안전기술기준 1.7.1.10"에는 2017년 신설된 K급화재가 있다.
또한 유류화재를 비롯하여 그 내용도 2015년 변경된 용어로서 실제의 법의 명시는 아래와 같다.(참고)
"유류(B급)화재"란 인화성 액체, 가연성 액체, 석유그리스, 타르, 오일, 유성도료, 솔벤트, 래커, 알코올 및 인화성 가스와 같은 유류가 타고 나서 재가 남지 않는 화재. ▶ 인가 인가유 오타그유 알코올 쏠래?

MEMO

CHAPTER 02 화재성상 (2장)

> **학/습/목/표**
> - 열의 전달을 이해할 수 있다.
> - 화재의 진행단계를 이해할 수 있다.
> - 백드래프트를 설명할 수 있다.
> - 연소의 4요소를 설명할 수 있다.
> - 플래시오버를 설명할 수 있다.
> - 소화방법을 수행할 수 있다.

화재진압이 소방의 기본임무 중 하나지만 이에 대응하는 화재는 가장 치명적인 위험이기도 하다. 소방관이 화재현장에서 직면하는 화재는 무염화재와 유염화재의 2가지 형태가 있다.

■ 무염화재와 유염화재 비교   ☆ 10 강원장, 13·14 소방위

무염화재 (Flameless fire)	① 일반적으로 다공성 물질*에서 발견되며 **화염은 크게 발생하지 않으나 연기**가 나고, 빛이 나는 화재로 **심부화재***(Deeply seated burning)에 해당한다. ② 겉 천(가죽)을 씌운 가구, 이불솜, 석탄, 톱밥, 폴리우레탄 재질의 매트리스와 같은 물질은 대표적인 무염화재의 연소물질에 해당한다. ③ 다공성 연소물질은 대기 중의 산소가 천천히 스며들면서 <u>연소범위가 서서히 확산</u>된다. ④ 연기가 나거나 무염화재와 같은 유형은 **재발화의 원인**이 되기도 한다. (*^^ 재발화의 원인은 속불로서 불꽃이 눈에 선명하지 않아서이다.) ※ 무염화재= 심부화재, 작열연소, 불씨(불빛·불티)연소, 표면(직접·백열)연소, 훈소.
유염화재 (Flaming fire)	① 열과 화염이 크게 발생하는 **일반적인 화재유형**이다. ② 목재화재는 나무 조각이 외부 열에 의해 가열되면 건조되면서 먼저 수증기가 배출되고 나무 표면이 변색되면서 열분해(분자의 결합이 열로 인해 끊어져 물질의 상변화가 일어나는 현상)가 일어난다. ③ 열분해*에 의해 다시 연소가스를 배출하고 주위에 있는 화염에 의해 점화되어 연쇄적으로 불꽃을 발생시킨다. ④ 점화된 화염은 가열된 나무 주위를 뒤덮게 되면서 주위의 산소와 혼합되어 화염이 더욱 크게 확산되는 연속적인 과정을 거친다. ⑤ 발생된 화염 열은 대기 중으로 방출되거나 일부는 연소 중인 나무로 다시 복사열이 되어 되돌아오면서(대략 전체 열의 <u>1/3까지</u>), 화재는 계속해서 진행된다. ※ 유염화재= 표면화재, 불꽃·발염·화염·자유연소 등 같은개념 다른단어들이 있다.

---

* 다공성: (현미경으로 보았을 때) 구멍이 많은 숯 등의 물질을 말함.
* 심부화재: 표면의 불꽃을 제거해도 심부에서 타는 화재, 속불(예 종이, 나무 등 일반화재)
* 유염화재: 표면에 불꽃이 있는 화재 → * 표면화재 : 표면에 불꽃이 있는 화재.(예 유류화재 및 가스화재)
* 열분해: 뜨거워서 물질의 성질이 변하는 화학적 변화(분해)가 일어나는 현상.
 (*^^ 미국: 불꽃연소, 작열연소로 통용 / 일본: 유염화재 무염화재로 / 국내: 불꽃연소, 불씨연소로 표기함을 권장)

제1절 열발생과 전달

1 물질 (* 중요도 낮음)

① 주변에서 볼 수 있는 물리적 물체들을 물질이라 한다. 또한 물질은 우주를 구성하고 있는 "어떤 것"이라 불린다. 물질은 공간을 점유하고 질량을 소유하는 어떤 것이다.
② 물질은 그것의 물리적 외형으로, 또는 보다 기술적으로 설명하면, 질량, 크기, 부피와 같이 물리적 특성으로 표현될 수 있다. 측정 가능한 이러한 특성에 더하여, 물질은 그것의 물리적 특성(고·액·기체), 색깔, 냄새 등과 같이 관찰 가능한 특성들을 소유하고 있다.

물	① 물질의 물리적 상태에 대한 가장 일반적이고 단적인 예의 하나가 '물'이다. ② 정상 기압(지구상의 공기에 의해 모든 대상물에 발생되는 압력)에서, 그리고 ③ 섭씨 0도(화씨 32도) 이상의 온도에 물은 액체의 형태로 발견된다.
기압	① 해수면에서의 기압은 기압계 상으로 수은주가 <u>760㎜</u>임을 보여준다. / 기압이 고정된 상태에서 물이 0℃ 이하로 떨어지면, 물의 상태는 변하게 되고 얼음인 고체가 된다. ② 끓는점 이상의 온도에서 물은 수증기의 기체형태로 그 상태를 변화시킨다.
압력	① 온도 외 상태변화가 일어날지를 결정하는 요인으로 압력이 있다. ② 물체의 표면에 작용하는 압력이 감소하게 되면, 온도의 끓는점 역시 <u>감소</u>한다. 　(*^^ 높은 산은 중력으로 압력이 작고, 밥을 하면 설 익는다 / 에베레스트: 75℃에서 물이 끓는다) ③ 만일 표면 위의 압력이 증가하게 되면, 끓는점 또한 증가하게 된다. 　- 이것이 압력 요리기구에 이용되는 원리이다. (*^^ 압력밥솥은 250℃에서 물이 끓는다) ④ 액체의 끓는점은 용기 안의 압력이 증가할 때 높아지므로 음식물은 끓는 물의 온도가 100℃보다 더 크고 압력장치 안에서 더 빨리 요리가 된다.
밀도	① 물질 또한 질량 및 부피의 물리적 특성으로 표현할 수 있다. ② 밀도는 고체분자가 얼마나 서로 밀접하게 뭉쳐 있는가에 대한 측정이다. ③ <u>물체의 질량을 부피로 나누어 산출한다.</u> (* 즉, 밀도: 질량/ 부피) ④ 국제표준체계에서 kg/m^3.(* 영미체계에서는 lb/ft^3로) 표현된다.
비중	① 액체에 대한 일반적인 표현은 <u>비중</u>이다. (*^^ 비중: 비교한 중량) ② 일정 부피의 어떤 액체에 대한 질량의 비를 같은 부피의 물에 대한 질량의 비와 비교한 비율을 의미한다. / 그러므로 물은 1의 비중을 갖는다. ③ 1보다 작은 비중을 갖는 액체는 물보다 가볍고 반대로 1보다 큰 비중을 갖는 액체는 물보다 더 무겁다. (* 액체의 비중은 가장 흔한 물의 가장 무거운 4℃하고 <u>비교한 중량</u>)
증기 밀도	① 기체에 대한 표현은 <u>증기밀도</u>이다. (*^^ 기체의 비중) ② 증기밀도는 공기와 관련한 가스나 증기의 밀도로 정의된다. ③ 대기 중의 공기가 비교기준으로 사용되므로, 공기는 1의 증기밀도를 가진다. ④ 1보다 작은 증기밀도를 가지는 기체는 (가벼워서) 상승하게 되며, 　1보다 큰 증기밀도를 가지는 기체는 (무거워서) 하강하게 된다.[4]

---

* 기압: 공기의 압력(760㎜hg = 1.0332kg/cm² = 10.332mH₂O)　　* 압력: 누르는 힘　　* 밀도: 빽빽함
* 비중 ① 기체: 공기하고 비교한 중량 (*공기의 무게: 29→ 공기 중 질소 78% 산소 21% 계산에 의해 약 29가 나온다)
　　　② 액체·고체: 물 4℃하고 비교한 중량.(물은 4℃가 가장 무겁다) (* 비열: 물하고 비교, ∴ 물의 비열은 1이다)

2 열과 온도* ☆ 13 경북교

열은 물체의 온도가 서로 다를 때, 한 물체로부터 다른 물체로 전달되는 에너지이다.
온도는 열을 표시하는 지표이며, 대상물질의 따뜻함이나 차가움에 대한 측정치이다.
① 그 표준은 물의 빙점(섭씨 0도, 화씨 32도)과 끓는점(섭씨 100도, 화씨 212도)에 근거한다.
② 온도는 표준방식에서 "섭씨(℃)"를, 미국(영국 등)방식에서는 "화씨(℉)" 단위를 사용한다.

- 열을 포함한 모든 형태의 에너지의 공인된 표준방식 단위는 <u>줄(Joule)</u>이다. 줄의 단위는 현행의 전문서적에서 열을 표현하는 단위로 사용되고 있지만, 열의 단위는 오랫동안 Cal나 BTU라는 용어로 사용되어 왔다.
  ① 1Cal는 물 1g의 온도를 섭씨 단위로 1도 올리는 데 요구되는 열의 양이다.
  ② BTU는 물 1파운드의 온도를 화씨 단위로 1도 올리는 데 요구되는 열의 양이다. 칼로리와 BTU는 표준방식에서 인정되는 단위는 아니지만 일반적으로 쓰이고 있다. / 칼로리와 줄의 상관관계는 1칼로리가 4.187줄과 동등하고 1BTU가 1,055줄과 같다는 점에서 열의 기계적 등량으로 불린다. (* 1BTU= 252Cal)

3 화학적 반응 ☆ 14 부산장

물질이 한 상태에서 다른 상태로 변하거나 새로운 물체가 생성될 때를 의미한다.

물리적 변화	① 물리적 변화가 있을 때에, 그 물체의 화학적 구성은 변화하지 않는다. ② 물이 얼 때에 발생하는 상태의 변화는 <u>물리적 변화</u>를 일으킨다.
화학적 변화	① 물체가 상이한 물리적 및 화학적 특성을 가진 새로운 물체로 변형될 때에는 보다 복잡한 반응들이 발생하는데, 이러한 변화를 화학적 변화라 한다. ② 수소와 산소가 결합하여 물을 형성할 때에 발생하는 변화는 **화학적 변화**이다. 　- 이러한 경우에, 결합되는 물질의 물리적 특성 및 화학적 특성이 변형된다. ③ 실내온도에서 정상적으로 기체의 형태인 산소와 수소의 두 물질은 같은 온도에서 순수한 액체(물)인 물질로 변화된다.
에너지 변화 (흡열반응, 발열반응, 산화반응)	① 화학적 변화 및 물리적 변화는 에너지의 교환을 포함한다. ② 물질이 변환될 때에 에너지를 발산하는 반응을 발열반응이라 하며, 에너지를 흡수하는 반응을 흡열반응이라 한다. (예 질소는 상온이 아닌 고온·고압에서 열을 흡수한다) ③ 가연물이 공기 중에 연소하게 되면, 가연성 가스는 공기 중에서 화학적으로 산소와 반응하게 되고, 열에너지 및 빛 에너지가 발열반응으로 발산된다. ④ <u>액체에서 기체(수증기)로 상태가 변하는 물은 에너지를 필요로 하므로 이러한 변화가 **흡열반응**인 것이다.</u>(*^^ 즉, 물이 열을 흡수하면 수증기가 된다는 뜻) ⑤ 지구상에서 비교적 보편적인 화학현상 중의 하나가 산화이다. 　산화는 산소와 다른요소 간의 화학적 결합의 형태이다. 산소는 지구상에서 가장 보편적인 요소 중의 하나이며(공기중 21%가 산소로 구성), 지상에서 발견되는 거의 모든 요소들과 반응한다. 산화는 발열반응이며 에너지를 발산한다. 　(예 산화반응으로 가장 잘 알려진 예는 철에 녹이 스는 것이다. 산소와 철이 결합하게 되면 녹이라는 붉은 화합물이 생성된다. 이러한 **반응은 발열 과정이므로 언제나 열을 생성**한다. 정상적으로 그 과정은 매우 느리고, 발산하는 열은 그것이 발견되기 전에 사라진다. 만약 녹이 스는 물질이 한정된 공간에 있고, 열이 소멸되지 않는다면, 이때의 산화과정은 한정된 공간 내의 온도를 증가시키게 된다.)

4 열의 전달★★★ ☆ 10 강원장, 13 인천교, 14경기장, 17·21 소방교·장 등

① 최초 가연물부터 화재발생지역 내 또는 다른 가연물로의 열전달은 화재성장을 결정짓는다.
② 소방대원들은 화재의 크기 측정, 진압의 효율성을 평가하기 위해 열 전달과정을 활용한다.
③ 열에 대한 정의는 열이 한 물체에서 다른 한 물체로 전달되고,
   - 그 두 물체는 서로 다른 온도로 존재하여야 한다.
④ 열은 따뜻한 물체에서 차가운 물체로 움직인다. 열이 전달되는 비율은 물체들 간의 온도의 차이와 연관된다. 물체들 간에 <u>온도의 격차가 크면 클수록, 전달율은 더욱 커지게</u> 된다.

전 도	① 어떤 금속막대기의 끝이 화염에 의해 가열되면, 열은 막대기 전체로 전달된다. - 이러한 에너지의 전달은 물체 내의 증가된 원자의 활동에 기인한다. ② 열이 막대의 한 끝에 전달되면, 그 끝 부분에 있는 원자들은 주변에 있는 원자들보다 더 빠르게 움직이기 시작한다. / 이러한 현상은 원자들 간에 충돌 증가의 원인이 된다. ③ 에너지는 충돌 시 부딪치는 원자로 전달된다. 열의 형태로 막대기 전체로 전달된다. ④ 일반적으로, 모든 <u>화재의 초기단계에</u> 있어서 열의 전달은 전적으로 <u>전도에 기인</u>한다. ⑤ 이후 화재가 성장하면서 뜨거운 가스는 발화원으로부터 떨어져 있는 대상물체(주변의 가연성 내장재 등)로 유동하게 되고, / 전도는 다시 열을 전달하는 한 요인이 된다. ⑥ 건축자재 또는 기타 가연물들과 직접적으로 접촉하는 가스의 열은 전도에 의해 대상물 체로 전달된다. (➔ *^^ 각각의 물체 접촉에 의한 열의 이동이다.)
대 류*	① 화재가 성장하기 시작할 때에, 그 주변의 공기는 전도에 의해 가열된다. - 공기와 연소물질은 뜨거워진다. ② 손을 화염 위에 올려놓게 되면, 손이 불에 직접적으로 닿지 않더라도 열을 느낄 수 있게 된다. 열은 (공기를 통한) 대류에 의해 손으로 전달되게 된다.(*^^ 공기이동 : 대류) ③ 대류는 <u>가열된 액체나 가스(기체)의 운동</u>에 의한 열에너지의 전달이다. ④ 열이 대류현상에 의해 전달될 때, 유동체(액체나 가스 등의 물질로 유동성을 갖는다)는 한 장소에서 다른 장소로 움직이거나 순환한다. / 모든 열은 따뜻한 곳에서 차가운 곳으로 열이 흐르는 것이다. (➔ *^^ 연소확대에 가장 크게 영향 미친다)
복 사**	① 복사는 중간 매개체(매질)의 도움 없이 발생하는 <u>전자파</u>(❶ 전파 ❷ 광파 ❸ 엑스레이 등)에 의한 에너지의 전달이다. (*^^ 매질로 열이 전달되면 대류, 매질없이 열이 전달되면 복사) ② 복사는 전자파(형태)의 움직임이므로 그 에너지는 빛의 속도로 <u>직선</u>으로 여행한다. ③ 모든 따뜻한 물체는 열을 발산한다. 복사에 의한 열전달의 단적인 예로 태양열 에너지는 빛의 속도로 태양에서 <u>공간(진공)</u>을 통과하여 지표면을 따뜻하게 한다. ④ <u>복사는 대부분의 노출화재</u>(❶ 화재가 시발된 건물 ❷ 가연물들로부터 떨어져 있는 건물 ❸ 가연물들에 점화되는 화재)<u>의 원인</u>이다. ⑤ 화재가 더 커지게 되면, 열의 형태로 점점 더 많은 에너지를 발산하게 된다. / 대형 화재의 경우, 어느 정도 떨어져 있는 주변의 건물이나 가연물들이 복사열에 의해 발화되는 것이 가능하게 된다. (➔ *^^ 열 이동에 가장 크게 작용한다. 약 80m까지) ⑥ 복사에 의해 전달되는 열에너지는 일반적으로 <u>전도나 대류를 방해하는 대기나 진공상태를 통과하여 이동</u>한다. 복사에너지를 반사하는 물질들은 열의 전달을 <u>방해</u>하게 된다. (➔ *^^ 복사는 공기의 매질이 없는 공간이나 진공에서 더 잘 이루어진다.)

5 질량-에너지 보존의 법칙 (* 중요도 낮음)

불은 가연물을 소비하므로, 가연물의 질량은 감소하게 된다.

질량-에너지 보존의 법칙(질량보존의 법칙)은 질량 및 에너지는 한 상태에서 다른 상태로 변화될 수 있으나, 그 총량에 있어서 어떠한 순손실도 발생하지 않는다. 다른 말로 설명하면 질량 및 에너지는 생성되지도 파괴되지도 않는다. 이 법칙은 소방과학에 있어서 근본이 된다.

① 어떤 가연물의 질량이 감소하게 되면 에너지는 빛과 열의 형태로 발산하게 된다. 이러한 원리는 어떤 가연물이 연소할 때, 질량 손실 및 온도의 획득을 측정할 수 있는 도구를 사용하여 물질의 열발산율을 산정하는 것을 가능하게 한다.

② 소방대원들은 화재현장에서 **최초상황판단(사이즈 업)**이나 전술을 수립할 경우 이러한 개념에 유의해야 한다.
　　↳ 화재현장 책임자가 취해야 할 조치를 구상하는 것.

③ 화재현장에 연소할 가연물이 많으면 많을수록, 더 많은 양의 에너지가 열의 형태로 발산할 가능성이 더욱 커지게 된다. 방출되는 열의 양이 많아지면 많아질수록, 화재를 진압하기 위해서 더 많은 소화약제가 필요하게 된다.

> ■ **Reference** (질량 에너지 보존의 법칙 요약)
> 질량과 에너지는 생성되지도 파괴되지도 않는다. 이는 소방과학의 근본이 된다.
> 예로서 어떤 물질이 탈 때 질량이 감소되면 에너지는 빛과 열의 형태로 증가한다.
> 즉, 화재 시 발생되는 에너지는 → 곧 열과 빛으로 나타난다.　"질량보존의 법칙"
> ─ 나무가 타서 숯이 되어 크기가 작아지면, 에너지(빛과 열)가 증가하고 재도 생긴다.

> **Check Point**　열의 전달 요약 (공간 이용)
> • 전도: 원자 충돌 ⓔ 뜨거운 커피잔에 스푼을 넣고 저으면 열이 접촉하여 스푼으로 전달된다. ⇥
> • 대류: 액·기체의 순환운동 ⓔ 연기가 위로 향하는 것, 화로(火爐)에 의해 방안 공기가 더워지는 것 ↻
> • 복사: ① 전자파 형태로 전달. ⓔ 난롯가에 열을 쬐거나, 태양열이 머리를 따뜻하게 하는 현상 ⇢ ↓
> 　　　② 노출화재나 대형화재 시 열이동에 가장 크게 작용하여 인접 건물로 연소확산 등
> 　* 대류는 공기, 물, 가스의 매질(물질)과 함께 열이 전달, / 복사는 매질 없는 열의 흐름이다.
> 　* 물질이란? 물체를 이루거나 부피와 질량을 가지는 존재라고 생각하면 쉽다

---

* size-up(initial evaluation of a situation, 사이즈업); 화재현장을 책임지고 있는 소방간부가 취해야 할 조치를 구상하는 것. 시간, 위치, 사고의 성질, 인명위험, 노출위험, 자산현황, 화재의 성질과 범위, 이용 가능한 급수원, 기타의 진압장비 등을 고려하여 구상한다. ☆ 20 위　　　　　　　　　　　　　　　　　　* 매질 ; 매개체 물질, 매개물
* 전자파 : 전기장, 자기장의 파장(파장의 길이에 따라 전파, 적외선, 가시광선, 자외선, X선, 감마선 등이 있다)

제2절 연소이론

화재와 연소는 종종 교차적으로 사용되는 용어이다.
그러나 엄격히 말하면 화재는 연소의 한 형태이다.

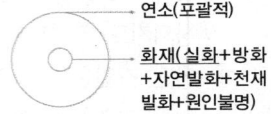

① 연소는 자체의 지속적인 화학반응으로, 동일한 형태의 반응을 일으키게 하는 에너지와 생성물을 생성한다. 연소는 발열반응이다.
② 화재는 변화하는 강도의 열과 빛의 방출을 수반하는 급격한 자체의 지속적인 산화과정이다.
반응이 일어나는데 걸리는 시간이 관찰되는 반응의 형태를 결정한다. 산화과정이 너무 천천히 일어나면, 이때의 반응은 몹시 점진적으로 이루어져 관찰할 수가 없다. 산화과정이 너무 빠르면, 가연물과 산화제의 매우 급격한 반응으로 폭발을 일으키게 된다. 이러한 반응은 짧은 시간동안 많은 양의 에너지를 발산한다.

1 연소의 4요소 (* 교시험 중요도 낮음)

화재의 구성요소를 설명하는 데 있어서 화재의 3요소(산소, 가연물 및 점화원)가 오랫동안 사용되었다. 이러한 단순한 예는 유용하지만, 기술적으로 정확한 것은 아니다.
① 연소반응이 일어나기 위해서는, 다음의 4가지 요소가 필요하다.
② 이 4요소 중에 어느 한 요소라도 제거되면, 연소반응은 일어나지 않게 된다. 만일 발화가 이미 진행된 경우에 화재의 4요소 중에 어느 한 요소가 연소반응 으로부터 제거되면, 화재는 꺼지게 된다.

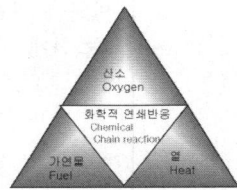

산소 (산화제)	① 산화제는 일련의 화학반응과정을 통해 산소나 산화가스를 생성하는 물질을 말한다. ② 산화제는 그 자체가 가연성이 아니지만 가연물과 결합할 때 연소를 돕는다. ③ 가장 일반적인 산화제로 산소가 있지만 기타 다른 물질들 역시 그러한 범주에 속하는 것들이 있다. ④ 일반적으로 공기 중에는 약 21%의 산소가 있다. 실내온도(섭씨 21도 또는 화씨 70도)에서는 <u>14%의 낮은 산소농도에서도 연소반응이 일어난다.</u> (* 조건에 따라 일어날 수 있다는 뜻) ⑤ 그러나 구획실 화재에서 실내온도가 증가할 때 더 낮은 산소농도에서도 불꽃연소가 발생한다는 사실을 실험을 통해 알 수 있다. ⑥ 플래시오버 발생 후(최성기와 쇠퇴기)에는 산소농도가 매우 낮지만 구획실 내의 온도가 높으므로 불꽃연소를 관찰할 수 있다.(*구획실: 막혀있는 실) ⑦ 산소농도가 21%를 넘을 때, 이러한 대기를 '풍부한 산소'라 한다. 일반적인 산소수준에서 연소하는 물질들은 풍부한 산소의 대기상태에서 더욱 빠르게 연소하며, 일반적인 상태에서보다 훨씬 쉽게 발화하게 된다. - 일부 석유화학 물질들은 '풍부한 산소'의 대기상태에서 자체(자연)발화하기도 한다.

가연물	① 가연물은 연소과정을 통하여 산화되거나 연소하는 물질이다. 환원제라고도 한다. ② 대부분의 일반적인 가연물은 수소와 산소의 결합에 의해 생성된 탄소를 함유하고 있다. ③ 이러한 가연물은 ㉠ 탄화수소형 가연물(가솔린, 연료유 및 플라스틱) 및 　　　　　　　　㉡ 셀룰로스형 가연물(나무와 종이)로 세분화될 수 있다. ④ 가연물은 물질의 3가지(고체, 액체 및 기체)상태 중에 어느 한 상태로 존재한다. 　그러나 가연물이 연소하기 위해서는 정상적으로 기체 상태로 존재해야 한다. 　- 고체와 액체를 기체상태로 변형시키기 위해서는 에너지가 필요하다. 　 ＊ 가연물이 연소하기 위해서는 기체 상태로 존재해야 한다. 즉, 연소는 기체가 탄다는 뜻. ⑤ 가연성 가스는 고체의 열분해에 의해 발생된다. 열분해는 열 작용을 통한 물질의 화학적 분해이다. ⑥ 고체 가연물이 가열되면 고체 물질에서 가연성 물질(기체)이 산출된다. ⑦ 만약 충분한 양의 가연물과 열이 있다면, 열분해과정은 연소하기에 충분한 양의 연소성 가스를 발생시키고, 연소의 4요소의 다른 요소(산소와 화학적 연쇄반응)들이 존재할 경우 연소가 유지된다.
점화원	① 열은 화재(연소)의 4요소 중에 에너지 요소이다. 열이 가연물과 접촉하게 되면, 에너지는 다음의 방법으로 연소반응을 돕는다.(*^^ 열, 열원이라고도 한다) ② 고체와 액체에 대해 열분해 또는 증발을 일으키고 가연성 증기나 기체를 생성한다. ③ 발화를 위해 필요한 에너지를 제공한다. ④ 계속적인 가연성 증기와 가스의 생성 및 발화로 연소반응이 지속되도록 한다.
화학적 연쇄반응	① 연소는 가연물(가스나 증기의 상태에 있는), 산화제 및 열에너지 등이 특별하게 서로 결합해야 하는 복잡한 반응이다. ② 일단 불꽃연소나 화재가 발생하면, 충분한 열에너지가 가연성 증기나 가스를 지속적으로 생성시킬 수 있도록 공급될 때에 연소는 지속된다. - 이를 연쇄반응이라 한다. ③ 연쇄반응은 일련의 반응으로서 각각의 개별반응이 나머지 반응들과 결합함으로써 연속적으로 일어난다.(*^^ 일련: 하나로 이어지는)

기본개념 연소는 불꽃을 일으키며 그 기체가 탄다! (공간이용)
　㉮ 고체인 나무는 타지 않고 그 열에 의해서 분해된 그 기체가 탄다.(분해연소)
　㉮ 액체인 휘발유는 타지 않고 열에 의해서 증발된 그 유증기가 탄다.(증발연소)
　㉮ 기체인 수소는 바로 타지 않고 연소범위 내에(4~75%)서 확산되면서 탄다.(확산연소)
　❉ 기체는 우리 눈에 보이지 않는다(불소, 염소 제외), 담배 연기나 불꽃은 기체가 아니다

| 제3절 | **화재의 진행단계**★★★ |

★ 13 서울교, 15 부산교·소방장, 20·22·24 소방교 등

연소의 3요소가 서로 결합할 때에 발화가 일어난다. 처음 화재가 난 물질에서 더 크게 화재가 진행되기 위해서는, 처음 화재가 난 물질에서 다른 가연물로 열이 전달되어야 한다.
화재의 초기단계에서, 열은 상승하고 뜨거운 가스덩어리를 형성한다.

① 만일 화재가 개방된 공간(건물 밖이나, 대규모의 건물 내)에서 발생하면, 그 화염은 자유로이 상승하고, 공기는 이 속으로 <u>흡수</u>된다.
  - 이때 공기는 비교적 차갑기 때문에 화염 위의 가스층을 <u>냉각시키는 작용</u>을 한다.
② 개방 공간 내에서의 화재의 확산은 근본적으로 열에너지가 뜨거운 가스(plume; 연기기둥)로부터 근처의 가연물로 전달되는데 기인한다.
③ 개방된 지역에서의 연소 확대(노출화재)를 바람이나 <u>지형*의 기울기에 따라 증가</u>될 수 있는데 이는 노출된 가연물들이 미리 뜨거운 가스에 의해 가열될 수 있도록 하기 때문이다.

  ➡ 통제된 <u>가연물</u> : 연소에 이용할 수 있는 가연물의 양이 한정되어 있다. (* 연료지배형화재)
  ➡ 통제된 <u>배연</u> : 연소에 이용할 수 있는 산소의 양이 한정(통제)되어 있다. (* 환기지배형화재)

④ 구획실에서의 화재는 다음과 같은 현상 및 단계로 구분된다.

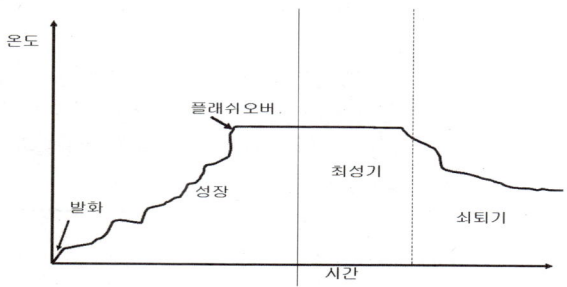

1 발화기 ★ 24 소방교

| 발화기 | ① 발화기는 연소의 4요소들이 서로 결합하여 연소가 <u>시작될</u> 때의 시기이다.
② 발화의 <u>물리적 현상은 스파크나 불꽃에 의해 유도*되거나</u>
③ 자연발화처럼 어떤 물질이 자체의 <u>열</u>에 의해 <u>발화점</u>에 도달한다. * 인화점(x) ★ 24교
④ 발화시점에서 화재는 규모가 작고 일반적으로 처음 발화된 가연물에 한정된다.
⑤ 개방된 지역이거나 구획실이거나 간에 모든 화재는 발화의 한 형태로서 발생한다. |

* 지형: 땅. / * TIP: 발화기 ②번에서 유도된다는 것은 인화물질에 의해 연소된다는 뜻. (* 유도발화점을 '인화점'이라함)
* 발화점: 가연성 물질이나 혼합물(예 제1류위험물)이 연소를 시작하는데 필요한 최저 온도, 발화온도, 착화온도, 착화점.

2 성장기* ☆ 13 경북교, 24 소방교 등

성장기

발화가 일어난 직후, 연소하는 가연물 위로 화염이 형성되기 시작한다.
① 화염이 커짐에 따라 주위 공간으로부터 화염이 상승하는 공간으로 공기를 끌어들이기(흡수) 시작한다.
② 최초 발화된 가연물의 화재가 커지면서, 성장기의 초기는 야외의 개방된 곳에서 화재와 유사하다. / 그러나 개방된 곳에서의 화재와는 달리, 구획실의 화염은 공간 내의 벽과 천장에 의해 많은 영향을 받는다.
③ 첫 번째 영향은 화염 속으로 흡수되는 공기의 양이다.
　공기는 화재에 의해 생성된 뜨거운 가스보다 차갑기 때문에 화염이 갖고 있는 온도에 대해 <u>냉각효과</u>를 가진다. / 구획실의 벽과 관련하여 가연물들의 위치는 흡입되는 공기의 양을 결정하고, <u>냉각효과</u>의 크기를 결정한다.
　㉠ <u>벽</u> 근처에 있는 가연물들은 비교적 적은 공기를 흡수하고, 보다 높은 화염온도를 지닌다. ☆ 24교
　㉡ <u>구석</u>에 있는 가연물들은 더욱 더 적은 공기를 흡수하고, 가장 높은 화염온도를 지닌다.

> ★ 보충: 온도: 중앙 → 벽 → 구석으로 갈수록 온도는 높아지고 공기 흡수율은 낮다는 뜻.
> ∴ 벽이나 구석의 가연물은 중앙의 가연물보다 더 적은 공기를 흡수하고 온도가 높다

④ 이러한 요소는 화염 위에 생성되는 뜨거운 가스층의 온도에 심각한 영향을 미친다.
　뜨거운 가스가 상승하면서 천장에 부딪치게 되면, 가스는 외부로 퍼지기 시작한다.
⑤ 가스는 구획실의 벽에 도달할 때까지 계속해서 퍼진다.
　벽에 도달한 후, 가스층의 두께는 증가하기 시작한다.
⑥ 이 시기의 구획실 온도는 가스가 구획실 천장과 벽을 통과하면서 생성된 열의 양과 최초 가연물의 위치 및 공기 유입량 등에 의해 결정된다. (연구에 의하면 화염의 중심으로부터 거리가 멀어지면, 가스의 온도가 내려간다는 것을 보여주고 있다.)
⑦ 만일, 가연물과 산소가 충분하다면 성장기는 지속될 것이다. 성장기에 있는 구획실 화재는 일반적으로 '통제된 가연물' 상황이다. / 화재가 성장할 때에, 천장 부분에 있는 가스층의 온도가 높아짐에 따라 구획실 내의 전반적인 온도는 상승한다.

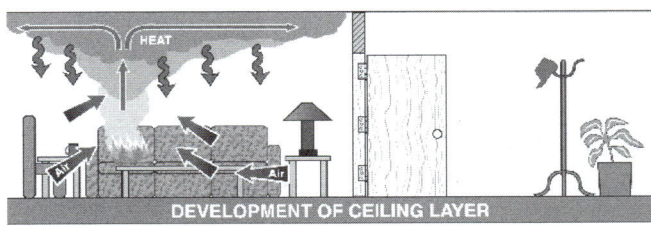

* 화재가 성장할 때에 천장부분의 가스층의 온도가 상승하면 구획실 내의 전반적인 온도가 상승하게 된다.

---

* 성장기 : 화원인 발화기와 최고성장기인 최성기 사이를 말한다. 이 시기에 플래시오버가 발생될 수 있지만 연소와 폭발의 조건이 맞으면 백드래프트도 감쇠기를 향하는 제3단계가 아닌 이곳 성장기에서 발생될 수 있다.
* 구획실 : 구획된 실 즉, 일반적으로 <u>막혀 있는 실</u>을 말한다.(* 구체적으로는 공기가 있는 밀폐된 실을 말한다)
* 냉각(冷却)효과 : 연소물 주위의 열을 흡수하여 화염의 온도를 낮추는 효과를 말한다.

3 플래시오버* ★ 24 소방교 등

플래시오버는 성장기와 최성기 간의 과도기적 시기이며 발화와 같은 특별한 현상이 **아니다**. ★ 24 교
① 플래시오버 시기에 구획실 내부는 매우 급속하게 변화하는데 이때 화재는 처음 발화된 물질의 연소가 지배적인 상태로부터 구획실 내의 모든 가연성 물체의 표면이 동시 발화하는 상태로 변한다.
② 성장기 천장 부분에서 발생하는 뜨거운 가스층은 발화원으로부터 멀리 떨어진 가연성 물질에 복사열을 발산한다.

> ○ 보충: 화재 시 천장에 축적된 복사열이 아래로 반사→ 바닥 물건이 더 분해되며 가연성 가스 더 발생 → 그 가스와 함께 실내 전체가 화염에 휩싸이는 순발연소이며, 폭발은 <u>아니다</u>.
> (*^^ 원인: 천장에서 반사된 복사열. / 결과: 그 열로 바닥 가연물의 분해된 가스확산 화재.)

4 최성기** ★ 14 부산교, 24 소방교

최성기는 구획실 내의 모든 가연성 물질들이 화재에 관련될 때에 일어난다.
① 구획실 내에서 연소하는 가연물의 최대의 열량을 발산하고, <u>많은 양의 연소생성가스를</u> 생성한다.
② 발산되는 연소생성가스의 양과 발산되는 열은 구획실의 배연구(환기구)의 수와 크기에 <u>의존</u>한다.
③ 구획실 연소에서는 <u>산소공급이 잘 되지 않으므로 많은 양의 연소하지 않은 가스가 생성된다</u>. ★ 24교
④ 연소하지 않은 뜨거운 연소생성가스는 발원지에서 인접한 공간이나 구획실로 흘러 들어가게 되며, 보다 풍부한 양의 산소와 만나면 발화하게 된다.

> ○ 보충: ⊙ F.O 직후로서, 가장 격렬한 시기이며 다량의 연소가스와 복사열을 생성한다.
> ⓒ 발산되는 연소가스와 열은 구획실 환기(배연)구의 수와 크기에 영향을 미친다.
> ⓒ 연소는 산소공급이 잘 되지않아 다량의 불완전 연소가스인 일산화탄소가 생성된다.
> ⓔ CO는 산소를 만나면 발화된다. 최성기는 산소가 적지만 실온도가 높아 불꽃연소이다.

* 최성기는 구획실 내의 모든 가연성 물질들이 화재에 관련된다.

5 쇠퇴기

화재가 구획실 내에 있는 이용 가능한 가연물을 소모하게 됨에 따라, 열 발산율은 <u>감소</u>하기 시작한다. 다시 한 번, 구획실 내의 가연물이 통제되면, 화재의 크기는 감소하게 되어, 구획실 내의 온도는 내려가기 시작한다. 타다 남은 잔화물은 일정 시간동안 구획실의 온도를 어느 정도 높일 수도 있다.

| 제4절 | 화재진행에 영향을 미치는 요인들** |

☆ 12 부산교, 15 충남교, 중앙, 23 소방교

화재가 발화해서 쇠퇴하기까지, 몇 가지 요인들이 화재의 성상과 진행단계에 영향을 미친다.
① 배연구(환기구)의 크기, 수 및 위치 ② 구획실의 **크기** ③ 구획실의 천장 높이 ④ 구획실을 둘러싸고 있는 물질들의 열 특성 ⑤ 최초 발화되는 가연물의 크기, 합성물 및 위치 ⑥ 추가적 가연물의 이용 가능성 및 위치가 있다. * 오답: 구획실의 위치

- 보충: 화재가 성장하는 조건들
  ① 배연이 잘되면 공기가 통하니   ②③ 실내가 크면 천장도 높으니   ④ 가연물에 따라
  ⑤ 최초 어떤 물질이, 어디서부터   ⑥ 이후 어떤 가연물이 어디로..

| 화재진행에 미치는 영향 심화 정리 | ** ☆ 20·21 소방장, |

구 분	내 용
충분한 공기	화재 진행을 위해서는, 발화기를 넘어 연소가 지속될 수 있도록 필요하다.
배연구의 크기와 수	그 공간 내에서 화재가 어떻게 진행하는가를 결정한다.
구획실의 크기, 형태 및 천장의 높이	많은 양의 뜨거운 가스층이 형성될 수 있는지를 결정한다.
최초 가연물의 위치	뜨거운 가스층이 증가하는 데에 있어서 매우 중요하다. (* 구획실의 중앙에서 연소하는 가연물의 화염은 구획실의 벽이나 구석에 있는 가연물보다 더 많은 공기를 흡수한다.) ☆ 16 강원교
연소하는 구획실에서 진행되는 온도의 변화	① 가연물이 타면서 발산하는 에너지의 직접적 결과이다. ② 물질과 에너지는 보존되므로, 화재에 의해 야기되는 질량의 어떤 손실은 에너지(열과 빛)의 형태로 변환되어 존재하게 된다. ③ 화재에서 일정시간동안 발산되는 열에너지 양을 열발산율(HRR)이라 한다. - (열발산율은 Btu/s 또는 kW로 측정된다.) ④ 열발산율은 불타는 가연물의 연소열(연소시 개별물질의 질량이 발산하는 열량) 및 일정시간 동안 소비되는 가연물의 양과 직접적으로 관련이 **있다**. ★ 일반적으로, **저**밀도의 물질들(예 폴리우레탄 포말*)은 비슷한 구성 물질의 **고**밀도 물질들(예 면)보다 높은 열발산율을 가지고 **더 빠르게** 연소한다.
추가적인 가연물들의 발화	❶ 초기 화염에서 상승하는 열은 (대류)에 의해 전달된다. ❷ 뜨거운 가스가 <u>다른 가연물의 표면 위를 지나갈 때에 열은 (전도)에 의해 다른 가연물로 전달된다.</u>
복 사*	❸ (복사)는 구획실에서 화재가 성장기로부터 최성기로 전환되는데 있어서 중요한 역할을 한다. 뜨거운 가스층이 천장부분에서 형성될 때에, 연기 속에 들어 있는 뜨거운 미립자들은 구획실에 있는 다른 가연물들로 에너지를 방사하기 시작한다. 이렇게 발화원에서 떨어져 있는 가연물들은 때때로 '**표적 가연물**' 이라고 불린다. (*^^ 표적가연물: 복사로 전달될 수 있는 주위 가연물) · 복사에너지가 증가하게 되면, 표적 가연물은 열분해반응을 시작하고 가연성 가스를 발산하기 시작한다. / 구획실 내의 온도가 이들 가스의 발화온도에 도달하면, 방 전체는 화재로 휩싸이게(플래시오버) 된다.

제5절 화재의 특수현상과 대응★★★

☆ 13 서울교, 경기장 등

화재진행단계에서 발생하는 몇 가지 상태와 상황들을 고려해야 한다.
여기에서는 이러한 상태들과 이들 각각에 대한 잠재적 위험성 및 안전사항에 대해 알아본다.

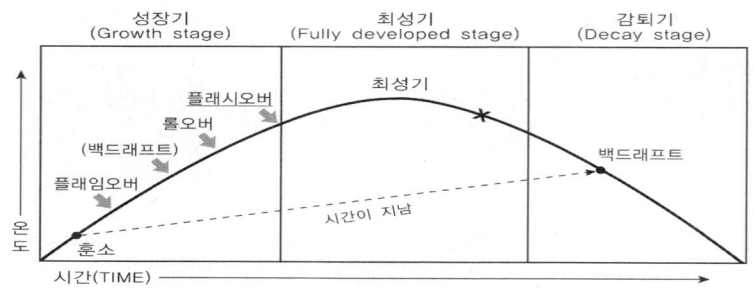

▌시간과 온도에 따른 연소 이상현상 ▌ ☆ 13 대구교

1 플래임오버 현상*   ☆ 22 소방교

플래임오버는 복도와 같은 통로 공간에서 **벽, 바닥 표면의 가연물에** ➡ 화염이 급속하게 확산되는 현상을 묘사하는 용어이다. (*^^ 복도벽: 플래임오버 / 천장: 롤오버 / 전체확대: 플래시오버)

플래임오버	① 벽, 바닥 또는 천장에 설치된 가연성 물질이 화재에 의해 가열되면, 전체 물질 표면을 갑자기 점화할 수 있는 연기와 가연성 가스가 만들어지고 이때 매우 빠른 속도로 화재가 확산된다. ② 플래임오버(Flameover) 화재는 소방관들이 서있는 뒤쪽에 연소 확대가 일어나 고립되는 상황에 빠질 수 있다. / 목재 벽과 강의실 책상, 극장, 인테리어 장식용 벽, 그리고 가연성 코팅 재질의 천장은 충분히 가열만 되면 플래임오버를 만들 수 있다. ③ 출구를 따라 진행되는 화염확산은 특정 공간 내의 화염 확산보다 치명적이다. 그러므로 복도 내부 벽과 천장은 불연성 물질로 마감되어야 한다. / 종종 내화조 건물의 1층 계단실에서 발생한 작은 화재가 계단실에 칠해진 페인트(낙서를 지우기 위해 매년 덧칠해진 것)에 의해 플래임오버 현상을 발생시켜 수십 층 위까지 확산되기도 한다. ④ 통로나 출구를 따라 진행되는 화염 확산은 일반적인 구획 공간 내의 화염 확산보다 <u>치명적</u>이다. 이렇듯, 통로 내부 벽과 층계의 천장은 불연재료로 이루어져야 한다.

---

* Flameover는 1946년 12월 미국 Atlanta에 있는 Winecoff Hotel 로비화재에서 <u>가연성 벽을 따라 연소 확대가 어떻게 진행</u>되는지 묘사하는데 처음 사용된 용어. 이 화재로 119명의 사람이 목숨을 잃었다. 이사고를 계기로 미국의 주거용 건물의 벽, 천장 그리고 바닥 재질에 대한 기준이 강화되기 시작하였다.

■ 우리나라 건축법령에서는 불에 타지 않는 재료(불연재료), 불에 잘 타지 않는 재료(준불연재료), 가연성 재료(목재 등)에 비해 타기 어려운 재료(난연재료) 등을 (시험에 성적에 따라) 각각 난연1급, 난연2급, 난연3급으로 구분하고 있다.

☆ 15 충남교·장

구 분	성 능*	종 류
① 불연재료 (난연1급)	불에 타지 않는 재료로 ① 20분 가열(750℃)시 자체 열발생이 적으며(50℃ 미만), ② 10분 가열(305℃) 후 잔류불꽃이 없는(30초 미만)재료	콘크리트, 석재, 기와, 석면판, 철강, 알루미늄, 유리, 회시멘트판, 벽돌
② 준불연재료 (난연2급)	불에 잘 타지 않는 재료로 ① 10분 가열(305℃) 후 잔류불꽃이 없고(30초 미만), ② 그 재료의 연소가스 속에 쥐가 9분 이상 활동하는 재료.	석고보드, 목모시멘트판, 펄프시멘트판, 미네랄텍스
③ 난연재료 (난연3급)	가연성재료인 목재 등과 비교해 더 연소하기 어려운 재료로서 ① 6분동안 가열(235℃) 후 잔류불꽃이 없고(30초 미만), ② 그 재료의 연소가스 속에 쥐가 9분 이상 활동하는 재료.	난연합판, 난연플라스틱판

▌보충: 정리.(공간 이용)▐

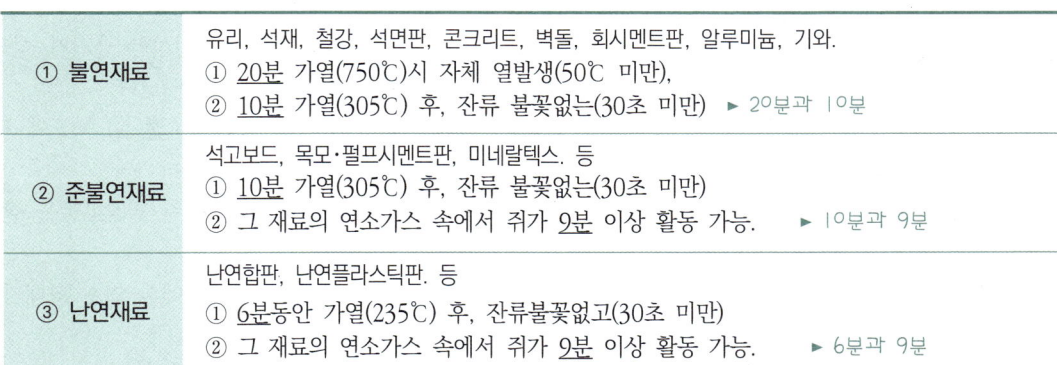

① 불연재료	유리, 석재, 철강, 석면판, 콘크리트, 벽돌, 회시멘트판, 알루미늄, 기와. ① 20분 가열(750℃)시 자체 열발생(50℃ 미만), ② 10분 가열(305℃) 후, 잔류 불꽃없는(30초 미만) ▶ 20분과 10분
② 준불연재료	석고보드, 목모·펄프시멘트판, 미네랄텍스. 등 ① 10분 가열(305℃) 후, 잔류 불꽃없는(30초 미만) ② 그 재료의 연소가스 속에서 쥐가 9분 이상 활동 가능. ▶ 10분과 9분
③ 난연재료	난연합판, 난연플라스틱판. 등 ① 6분동안 가열(235℃) 후, 잔류불꽃없고(30초 미만) ② 그 재료의 연소가스 속에서 쥐가 9분 이상 활동 가능. ▶ 6분과 9분

※ 참고: 제5절 「화재의 특수현상과 대응」은 공통교재와 달리 일반적으로 나타나는 순서인
① 플래임오버→ ② 롤오버→ ③ 플래시오버→ ④ 백드래프트 순으로 바꾸어 편집함.

---

* 폴리우레탄 포말(p.29 하단): 건축물에서 벽, 천장 등의 단열재, 공기캡 등으로 쓰이는 폼.
- 재료의 용어(건축물의 피난·방화구조 등의 기준에 관한 규칙 제6조에 의거) 참고 -
• 불연재료: 불에 타지 않는 재료로서 유리, 석재, 철강, 시멘트모르타르, 콘크리트, 벽돌, 회, 알루미늄, 기와.
• 준불연재료: 불에 잘 타지 않는 재료로서 가스 유해성, 열방출량 등이 시험에 합격한 것.
• 난연재료: 불에 타기가 곤란한 재료로서 가스 유해성, 열방출량 등이 시험에 합격한 것.
 (* 현, 건축법령에는 석면판, 회시멘트판 대신, 시멘트모르타르 및 회가 명시되어 있다.)
* 시멘트모르타르: 시멘트와 모래를 물로 반죽한 것.   * 회 : 석회, 즉 산화칼슘.

2 롤오버 현상* ☆ 24 소방장, 위

롤오버(Rollover, R/O) 현상이란?
① 연소 중 발생된 가연성 가스가 공기 중 산소와 혼합되어 ➡ 천장부분에 집적된 상태에서 발화온도에 도달하여 발화함으로서 ➡ 화염의 끝부분이 매우 빠르게 확대되어 가는 현상이다. ☆ 24 장, 위
② 화재가 발생한 장소(공간)의 출입구 바로 바깥쪽 복도 천장에서 ➡ 연기와 산발적인 화염이 굽이쳐 흘러가는 현상이다. 이 현상은
③ 화재지역의 상층(천장)에 집적*된 양압의 뜨거운 가연성 가스가 ➡ 화재가 발생되지 않은 상대적 음압의 다른 부분으로 이동하면서 ➡ 화재가 매우 빠르게 확대되는 원인이 된다.
　(*^^ 화재 시 실내 상부는 고압이 되니, 압력은 상부 큰쪽에서 작은쪽의 복도나 실외로 빠진다)

▌롤오버와 플래시오버의 차이점 ▌*

구 분	롤오버 ～	플래시오버 ～
복사열	· 열의 복사가 플래시오버현상에 비해 상대적으로 약하다	· 열의 복사가 강하다.
확대범위	· 화염 끝부분이 주변공간으로 확대된다.	· 일순간 전체 공간으로 확대된다.
확산매개체	· 상층부의 고온 가연성 가스의 발화	· 공간 내 모든 부분(위층과 아래층) 가연물의 동시발화

④ R/O 건물의 출입문으로 방출되는 가열된 연소가스와 복도 천장 근처의 신선한 공기가 섞이면서 발생한다. - 일반적으로 좀 더 치명적인 이상 연소현상인 F/O보다 먼저 일어난다.
⑤ 롤오버는 공간 내의 화재가 성장단계에 있고, 소방관들이 화점에 진입하기 전(前) 복도에 머무를 때 주로 발생한다.
⑥ 복도에 대기 중인 소방관들은 연기와 열을 관찰하면서 R/O의 징후가 있는지 천장부분을 잘 살펴야 한다.
⑦ R/O에 의한 연소 확대는 성큼성큼 건너뛰듯이 확대되므로 어느 순간 뒤쪽에서 연소 확대가 일어나 계단을 찾고 있는 소방관들을 고립시킬 수 있다.
⑧ R/O를 막기 위해 갈고리나 장갑 낀 손으로 화재가 발생한 건물의 출입구 문을 닫는다.
⑨ 롤오버현상은 플래시오버 현상의 전조임을 명심해야 한다.

▌보충: The쉬운 용어 ▌

플래임오버	가스가 복도, 통로에서 벽, 바닥 등 표면의 가연물에 화염이 확산되는 현상.(* Flame: 화염)
롤오버	화재생성물인 연소가스, 불꽃, 열, 연기 중 가스가 천장을 타고 빠져나가는 현상.
플래시오버	화재 시 천장에서 반사된 복사열이 바닥의 가연물을 뜨겁게 분해시키면 그 분해된 가스가 불이 붙어 카메라 플래시를 터트리는 것처럼 불길이 실내 전체를 덮는 "순간발화 현상" 이다.

　* 롤오버: 플래임오버 이후 실내 천장으로부터 압력이 낮은 복도로 빠져나가는 현상.　* 집적: 모임
　(* CO가스가 벽을 타며 불이 붙으면 플래임오버, / 이후 천장으로 롤롤! 수평이동하면 롤오버로~)

3 플래시오버 현상★★★   ☆ 14 부산교, 23장   (*p.28 F/O 참고)

> 플래시오버(F/O)란? 화점 주위에서 화재가 서서히 진행하다가 ➡ 어느 정도 시간이 경과함에 따라 ➡ <u>대류와 복사현상에 의해</u> ➡ 일정 공간 안에 가연물이 발화점까지 가열되어 ➡ 일순간에 걸쳐 동시 발화되는 현상을 뜻한다. (*^^ 원인: 복사열 / 결과: 가스불 확대)

① 직접적 발생 원인은 자기발화가 일어나고 있는 연소공간에서 발생되는 열의 재 방출에 의해 열이 집적되어 온도가 상승하면서 전체 공간을 순식간에 화염으로 가득 차게 만드는 것이다.
② F/O가 발생할 때, 뜨거운 가스층으로부터 발산하는 복사에너지는 일반적으로 <u>20kW/㎡</u>를 초과한다. 이러한 복사열은 구획실 내의 가연성 물질에 열분해작용을 일으킨다. 이 시기에
③ 생성되는 가스는 천장부분의 가스층으로부터 복사에너지에 의해 발화온도까지 가열된다.
④ F/O가 발생은 대략 <u>483℃</u>에서 <u>649℃</u>(900℉에서 1200℉)까지 범위가 폭 넓게 사용된다. ^{23 장} 이러한 범위는 열분해작용에 의해 발산하는 가장 보편적인 가스 중의 하나인 <u>일산화탄소</u>(CO)의 발화온도(609℃ 또는 1,128℉)와 상관관계를 가진다.
⑤ 최고조에 다다른 실내의 플래시오버 상태에서 발산되는 열 발산율은 <u>10,000</u>kW 이상이 될 수 있다. F/O가 일어나기 전에 구획실로부터 대피하지 못한 자는 생존하기 힘들 것이다.
⑥ 예방은 열의 집적이 계속되므로 계속적인 방수와 배연을 통해 화재 공간을 냉각시켜야 한다.

▮ 플래시오버의 징후와 특징 ▮★★ 12 부산장, 14 부산교 등

징 후	특 징
❶ 고온의 연기 발생 ❷ Rollover(롤오버) 현상이 관찰됨 ❸ 일정공간 내에서의 전면적인 자유연소 ❹ 일정 공간 내에서 계속적인 열집적(다른 물질의 동시가열) ❺ 두텁고, 뜨겁고, 진한 연기가 아래로 쌓임	❶ 실내 모든 가연물의 동시발화 현상 ❷ 바닥에서 천장까지 고온상태

▮ 목조와 내화조에서 플래시오버 현상 ▮

목조건축물에서의 플래시오버 현상	내화조 건축물에서의 플래시오버 현상
· 보통 화재 발생부터 약 5~6분 경에 발생되며, 이때 실내온도는 800~900℃ 정도가 된다. (공간면적과 가연물에 따라 다름)	· 화재 시 성장기에서 보다 많은 시간이 소요되므로 화재 발생으로부터 약 20~30분경에 발생한다. (공간면적과 가연물에 따라 다름)

---

* 징후: 어떤 사건의 <u>직전</u>을 뜻함
* 플래시: 번쩍거리는 섬광(예: 카메라 플래시) / 플래시오버: 플래시처럼 열과 섬광이 실내를 오버시키는 현상.
* 목조: 목재구조 / 내화조: 내화구조
* ④번 섭씨, 화씨 계산: ℉=1.8<u>℃</u>+32 → (1.8 x 483℃)+32 = 900<u>℉</u> / (1.8 x 649℃)+32 = 1200<u>℉</u>

(1) 플래시오버의 대응전술

① 플래시오버(F/O)는 화재가 성장기(단계)에서 ➡ **최성기***로 접어들었음을 나타내며 화재의 생애주기 중 가장 위험한 순간이다.
② 열의 재방출로 발생되는 플래시오버현상은 **연기와 열이 화염으로 전환되는** 것을 의미한다.
③ 화세가 성장함에 따라 발생한 에너지는 공간의 윗부분으로 흡수되며, 이는 연소가스를 가열하면서 자동점화가 가능할 정도의 온도까지 열이 가해진다.

> ✪ 강의실 화재를 예를 들면, -
> 화염에 의해 책걸상들이 전면적인 자유연소를 시작하면 공간 내에 제한되어 있는 연기와 열은 천장 근처에 쌓이기 시작하며 점차적으로 바닥으로 하강 이동하는 현상이 반복된다.
> 이와 같은 열과 연기(가연성 가스)의 재방출 피드백은 연소 가스의 온도를 높이며 전체 공간은 순식간에 화염으로 가득차게 된다. / 플래시오버는 모든 화재에서 발생하지는 않지만, 건축물 화재에서 종종 발생할 수 있으며 안전사고의 원인이 될 수 있다.

④ 플래시오버가 발생한 경우 그 공간에서의 효과적인 <u>인명검색과 구조 작업은 할수 없으며</u>, 구조대상자나 소방관이 그 공간에 고립되어 있다는 것은 이미 사망했다는 것을 의미한다.
  - F/O가 발생하면, 이동식 소화기로 진압은 불가능하며 관창 호스에 의해 진압해야 한다.
⑤ 플래시오버가 발생하면 공간 내 **내용물 화재에서 구조물 화재로 전환됨을 의미하는데, 이것은 건물 붕괴위험의 전조현상임을 나타낸다.** ↳ (*^^ 물건이 타다가 건물의 뼈대가 탄다는 뜻)
⑥ 일반적으로 플래시오버가 발생한 공간에서는 수십 초 이상 생존할 가능성은 거의 없다.
  1960년 미국 California 주정부에 의해 입증된 실험결과에 따르면, 소방관들이 플래시오버가 발생한 후 문을 통해 탈출할 수 있는 거리는 <u>1.5m가 한계</u>라는 것이 밝혀졌다.
⑦ 이 실험에서 137℃~160℃의 온도는 노출된 피부에 극심한 고통과 피해를 일으킨다.
  플래시오버가 발생된 곳의 평균 온도는 537℃~815℃ 정도이며 이 온도에서 방화복을 착용한 소방관이 버틸 수 있는 시간은 <u>2초</u>를 넘기지 못한다.
⑧ 소방관의 1초 당 탈출거리는 평균 75㎝이며, 따라서, 탈출구에서 <u>1.5m 이상</u> 진입하는 것은 금지된다. 만약 이와 같은 상황에서 3m 이상 진입하였다면 탈출 소요시간은 4초이며 이 시간은 생존하기에는 너무 짧은 시간이다. (* 75㎝ × 2초=1.5m)

> ✪ 숫자 정리: **F/O 발생 후** (방화복을 입은 상태)
> ⑥ 문을 통해 탈출할 수 있는 거리는 1.5m가 한계이다.
> ⑦ 137℃~160℃는 노출된 피부에 극심한 고통이 있다 F/O 평균 온도는 <u>537℃~815℃</u>로서
>   (방화복을 착용한 소방관이 버틸 수 있는 시간은 2초 이하이다.) (*^^ 1,000°F~1,500°F)
> ⑧ 1초당 탈출거리는 평균 75㎝이며, 따라서, 탈출구에서 1.5m 이상 진입은 금지된다.
>   (만약 3m 이상 진입하였다면 탈출시간은 4초이며 이 시간은 생존이 어렵다.)

---

* 최성기: 최고성장기로서 "맹화"(맹렬히 타는 불)라고 출제된 적이 있다.
* ⑤번 내용물 화재에서 구조물 화재로 전환: 연료지배형화재에서 환기지배형화재로 전환된다는 말과도 같다.

⑨ 연소공간에서 F/O 지연방법은 다음과 같다. ☆ 14 대구교, 서울장, 16 경기장, 19·20 위, 24 교 등

| 플래시오버 3가지 지연법 ★★★ | ▶ 암기: (플)배냉공(* 배냇골) |

배연지연	• 창문 등을 개방하여 배연(환기)함으로써, 공간 내부에 쌓인 **열을 방출시켜** F/O를 지연시킬 수 있으며 시야를 확보할 수 있다.
냉각지연	• 분말소화기 등 이동식 소화기로 완전하게 진화는 불가능하지만, 일시적 온도를 낮출 수 있으며, F/O를 지연시키고 관창호스를 연결할 시간을 벌수 있다.
공기차단지연	• 배연(환기)과 반대로 개구부를 닫아 산소를 감소시킴으로써 연소속도를 지연할 수 있다. 이 방법은 관창호스 연결이 지연되거나 모든 사람이 대피했을 때 적합하다. 24 교

Check Point F/O 지연법과 B/D 대응전술 비교 요약(p.35, 38) ★★★

- 플래시오버의 지연법: ① 배연지연 ② 냉각지연 ③ 공기차단지연 ▶ 암기: (플)배냉공(* 배냇골)
- 백드래프트 대응전술: ① 배연(지붕환기) ② 급냉(담금질) ③ 측면공격 ▶ 암기: (백)배급측

① 플래시오버 전 단계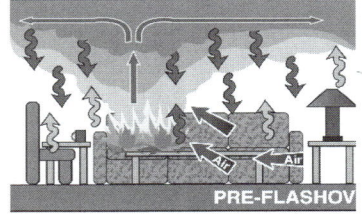

② 플래시오버의 현상

* 복사열(화살표)이 밑을 향한다.   * 복사열(화살표)이 천장 밑을 향하면서 개구부로 빠져나간다.

4 연기의 흐름 (* 중요도 낮음)

양압상태의 화점실에서 방수가 준비 될 때까지 연기의 흐름현상을 억제하는 것은 열 방출률의 억제, 건물 온도상승 억제효과가 있기 때문에 매우 중요하다.(*^^ 양압: 압력이 보통보다 높음) 화염이 산소에 반응하는 속도는 다음 요인들에 따라 결정된다.

① 화점의 위치   ② 화재의 공기 공급량 또는 연료량
③ 공기 유입구로부터 화점까지 거리   ④ 화점에서 배연구까지의 거리
⑤ 입구와 출구의 모양   ⑥ 연기의 흐름에서 개구부의 유형과 형태

5 백드래프트 현상★★★ ☆ 13 울산, 경북, 22 소방위 등 빈출

(1) 백드래프트의 개념   (* B/D 관련용어: 훈소, 산소, CO, 고열, 휘파람, 황회색)

B/D의 개념	① 폐쇄된 내화구조 건축물 내에서 화재가 진행될 때 연소과정은 산소공급이 부족한 상태에서 서서히 훈소된다. ② 이때 불완전 연소된 가연성 가스와 열이 집적된 상태에서 일시에 다량의 공기(산소)가 공급될 때 순간적으로 폭발적 발화현상이 발생하는데 이를 역류성 폭발 또는 백드래프트 현상이라 한다. - 화재진압활동 중의 부적절한 배연활동은 백드래프트를 초래할 수도 있다. ③ 폭발에는 블레비(BLEVE)와 같은 물리적 폭발과 연소폭발과 같은 <u>화학적폭발</u>로 구분할 수 있으며, 백드래프트는 <u>화학적 폭발</u>에 해당한다. (*^^ 개념: 화학적 폭발 중 가스폭발에 해당한다.- 주로 일산화탄소 폭발임) ④ 연소폭발과 같이 B/D에서도 가연물, 산소(산화제), 열(점화원)이 기본적으로 필요하다. ⑤ 백드래프트(Backdraft, B/D)가 일어나는 연소폭발과정에서, 공기와 혼합된 일산화탄소 (폭발범위: 12%~74%)가 가연물로써의 역할을 담당한다. ⑥ 백드래프트의 발생시점은 화재의 <u>성장기와 감퇴기에서</u> 주로 발생된다.

(*^^ <u>B/D</u>: 밀폐된 공간에서 산소 부족으로 불씨연소 → 가스가 꽉 차있음 → 갑자기 산소유입 → CO 폭발.)

---

* 블레비(BLEVE) 현상이란 "Boiling Liquid Expanding Vapor Expolosion"을 의미하며, 가연성가스 저장탱크(액화상태)내 가스가 외부의 열(화재 등)에 의해 가열될 경우 탱크 내에서 가연성 가스가 발생·팽창하여 탱크상부의 강판이 약해지면서 파열하게 되어 내부의 액화가스가 공중으로 확산하면서 외부 점화원에 의해 폭발, 불기둥을 형성하게 되는 현상을 말한다.

(2) 백드래프트와 플래시오버의 차이점*** ☆ 13·14 대구교 등

▌B/D와 F/O의 차이점 ▌* ☆ 17 중앙, 19 소방교·장, 23장

구 분	백드래프트현상	플래시오버현상
연소현상	훈소상태(불완전연소상태)	자유연소상태
산소량	산소 부족	상대적으로 산소공급원활
폭발성 유무	폭발현상이며 그에 따른 충격파, 붕괴, 화염폭풍 발생	폭발이 아님
악화요인 23장 (연소확대의 주 매개체)	외부유입 공기(산소)	열(축적된 복사열)
발생시점	성장기, 감퇴기	성장기의 마지막이자 최성기의 시작점

★ 백드래프트는 화재로 발생된 혼합가스가 전체 공간의 약 <u>25%</u>만 차지하면 폭발한다. 18 소방장

-------*
■ 보충(개념):

구 분	B/D	F/O
발생빈도	• 거의 발생하지 않는다(간혹)	• 빈번하다
악화요인	• (산소) → 결과: CO 가스폭발	• 열(복사) → 결과: 가스불 확대
폭발한계	혼합가스 25% 이상 폭발	산소 10% 이상 발생
폭발유무	• 비정상 연소를 동반한 폭발. 폭풍·충격파 수반하는 폭발→ 펑!(💥)	• 비정상 연소(폭발 아님.) 폭풍·충격파 없다.→ 퍽!(〰)
★ 공통점	• 갑자기 발생되며	• 주로 일반화재에서 • 비정상적인 현상들이다.

▌폭발압력의 효과 ▌ (* 중요도 낮음) ☆ 18 소방장

압력(Peak Pressure)	효과(Effect)
0.5 psi	창문에 심한 충격이 가해짐 ▶ 반창
<u>1 psi</u>	<u>소방관이 넘어짐</u> ▶ 1명 넘어짐
1-2 psi	목구조 벽이 붕괴됨 ▶ 1~2개 나무
2-3 psi	콘크리트 블록 벽이 붕괴됨 ▶ 2~3개 콘
7-8 psi	벽돌조 벽이 붕괴 됨 ▶ 7~8개 벽돌

(*^^ 강도: 사람→ 목재→ 콘크리트→ 벽돌순)

---

* psi[Pound per Square Inch]는 압력의 단위이며, 1평방 인치 당의 파운드(중량)를 말함
* 백드래프트: 후폭풍(<u>나중에 통풍</u>, 즉, 밀폐된 실내공간에 <u>나중에 산소유입</u>이 되어 CO폭발까지 간다는 뜻!)

(3) 백드래프트 대응전술** ☆ 13 울산교, 부산장, 15·18 소방교 등

백드래프트를 방지하거나 발생 가능성을 줄일 수 있는 3가지는 다음과 같다. ▶ 암기: (백)배급측

배연 (지붕환기)	① 연소 중인 건물 지붕 채광창을 개방하여 배연시키는 것은 백드래프트의 위험으로부터 소방관을 보호할 수 있는 <u>가장 효과적인 방법</u> 중 하나이다. ② 상황이 허락된다면, 지붕에 개구부를 만들어 배연한다. 비록 백드래프트에 의한 폭발이 일어나더라도, 대부분의 폭발력이 위로 분산될 것이다.
급냉(담금질)	① 화재 시 밀폐된 공간 출입구에 완벽한 보호장비를 갖춘 집중 방수팀을 배치하고 출입구를 개방 즉시 방수함으로써 폭발 직전의 기류를 급냉시키는 방법이다. ② 이와 같은 집중방수의 부가적인 효과는 <u>일산화탄소 증기운의 농도를 폭발하한계 이하로</u> 떨어뜨리는 것이다. (*^^ 폭발되지 않도록 방수로 냉각이나 물에 담금질하듯) ③ 이 방법은 배연법 만큼 효과적이지 않지만, 이것이 <u>유일한 방안인</u> 경우가 많다.
측면공격	① 이것은 화재가 발생된 밀폐 공간의 개구부(출입구 또는 창문) 인근에서 이용 가능한 벽 뒤에 있다가 출입구가 개방되자마자 개구부 입구를 측면 공격하고, 화재 공간에 집중 방수함으로써 백드래프트 현상을 방지하는 방법이다.

◎ 소방관들은 다음과 같은 백드래프트 현상의 징후를 인식할 수 있어야 한다.
① 닫힌 문 주위에서 나오는 <u>무겁고, 검은 연기</u>는 가장 쉽게 확인할 수 있는 전조현상 중 하나이다.
② 또 하나는 공기흐름의 이상 조짐으로, 개구부(출입문, 창문 등) <u>틈새로 빨려 들어오는</u> 공기의 영향으로 연기가 건물 내로 되돌아오거나 맴도는 현상이 관찰된다.
③ 창문에 농연 응축물(검은색 액체)이 흘러내리거나 얼룩이 진 자국이 관찰된다.
④ 화재압력에 의한 내·외부 압력차로 외부공기가 빨려 들어오면서 발생되는 휘파람 소리 또는 진동이 발생되는 현상 등이 백드래프트의 징후로 볼 수 있다.

■ 백드래프트의 폭발은 소방관들이 대피할 수 없을 정도로 매우 빠르게 발생된다는 것을 기억한다. 유일한 보호책은 완전한 보호장비를 갖추는 것이다. 헬멧, 장갑, 안전화, 방화복, 공기호흡기 마스크는 대피시간을 지연시킬 수 있고, 소방관의 생존가능성과 부상정도를 결정하게 된다.

┃ 백드래프트 징후와 소방전술 ┃*** ☆ 12 부산교, 16 전북장 등

징후		소방전술
건물내부 관점	건물외부 관점	
❶ 압력차에 의해 공기가 빨려들어 오는 특이한 소리(휘파람소리 등)와 진동의 발생 ❷ 건물 내로 되돌아오거나 맴도는 연기. (*즉 소용돌이 침) ❸ 훈소가 진행되고 있고 높은 열이 집적된 상태 ❹ 부족한 산소로 불꽃이 약화된 있는 상태(노란색 불꽃)	❶ 거의 완전히 폐쇄된 건물 (* 일부 연기는 빠져나옴) ❷ 화염은 보이지 않으나 창문이나 문이 뜨겁다. ❸ 유리창 안쪽에서 타르와 같은 물질(검은색 액체)이 흘러내린다. ❹ 건물 내 연기가 소용돌이 친다.	❶ 지붕배연 작업을 통해 가연성 가스와 집적된 열을 배출시킨다(냉각작업). ❷ 배연작업 <u>전</u>에 창문이나 문을 통한 배연 또는 진입을 시도해서 안 된다. ❸ 급속한 연소현상에 대비하여 소방대원은 낮은 자세를 유지한다. ❹ 일반적으로 적절한 내부 공격시점은 지붕배연작업 후이다. (* 즉, 수직배연 전, 수평배연은 안 된다는 뜻)

6 가스(기체) 열균형

가스의 열 균형은 가스가 온도에 따라 층을 형성하는 경향을 말한다.

내용

① 가장 온도가 높은 가스는 최상층에 모이는 경향이 있고, 반면 낮은 층에는 보다 차가운 가스가 모이게 된다. (* 차가운: 뜨겁지 않다는 뜻)
② 공기, 가스 및 미립자의 가열된 혼합체인 연기는 상승한다. 그 예로 지붕 위에 구멍을 뚫으면 연기는 건물이나 방으로부터 상승하여 밖으로 배출된다.
③ 이러한 열 균형의 특성 때문에 소방대원들은 낮은 자세로 진입하여 활동해야 한다.
④ 열 균형을 이루고 있는 가스층에 직접 방수를 한다면, 높은 곳에서 배연구(환기구) 밖으로 나가는 가장 뜨거운 가스층은 방해를 받을 수 있다.
⑤ 온도가 가장 높은 가스층에 물을 뿌리게 되면, 물은 수증기로 급속히 변화하여 구획실 내의 가스와 급속히 섞이게 된다. 연기와 수증기의 소용돌이치는 혼합은 정상적인 열 균형을 파괴하여 뜨거운 가스는 구획실 전체에 섞인다.
　　(*^^ 즉, 처음부터 갑자기 화점 상부 천장을 주수하지 않아야 한다는 뜻!)
⑥ 이 때문에 많은 소방대원들이 열 균형이 파괴되었을 때에 화상을 입게 된다.
⑦ 일단 정상적인 열 균형이 파괴되면, 송풍기를 사용하는 것과 같은 **강제배연방법**으로 구획실 내의 가스를 배출시켜야 한다. (*^^ 배풍기 등을 이용하여 빨리 배출!)
⑧ 이러한 상태에 대한 적절한 조치로는 구획실을 배연을 시켜 뜨거운 가스를 빠져나가게 하고, 뜨거운 가스층으로부터 **아래쪽에 있는 화점에 방수**를 하는 것이다.

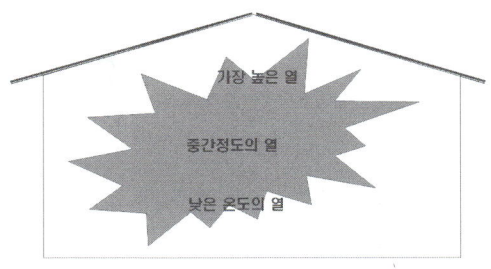

※ 폐쇄된 구조물 내의 화재 조건 하에, 가장 높은 온도의 열은 천장부분에서 발견되고, 가장 낮은 온도의 열은 바닥부분에서 발견된다.

✪ 연기는 90% 이상의 고체이다
가스(gas)를 우리말로 기체라 한다. 기체는 사람의 눈에 보이지 않는다. 연기는 우리 눈에 보이니 고체 미립자이다.
②에서 공기, 가스 및 미립자의 가열된 혼합체인 연기는 상승한다는 뜻은 연기는 가스(기체)가 아니라는 뜻이다.
(* 연기는 황사보다 1~100배 작은 90% 이상이 고체이며 약간의 액·기체가 섞여 있으며, 독성을 포함하고 있다.)
- 김과 수증기의 형상은 다르다. 김은 눈에 보이니 액체이고, 수증기는 눈에 보이지 않는 물이 증발한 기체이다.

제6절 소화이론★★★

▶ "소화약제"는 교시험에서 제외되나, 본 6절의 소화이론은 출제범위이다.

연소과정은 열(점화원), 산소, 가연물, 연쇄반응의 상호작용이다. 이들 4요소 중 어느 하나라도 연소과정에서 제거되면, 불은 꺼진다. 연소의 4요소 중 제거되는 요소별 소화원리는 아래와 같다.

연소의 4요소와 소화원리 비교 ★★ ☆ 18·19 소방교 등

제거 요소 ➡	가연물	산소	에너지	연쇄반응
소화 원리 ➡	제거소화	질식소화	냉각소화	억제소화

※ Tip: 냉각소화에서 에너지란? 물 등을 뿌려 온도를 낮추어 연소의 점화에너지를 제거한다는 뜻이다.

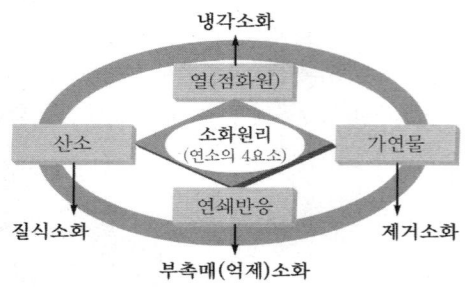

1 질식소화 ☆ 18 경북교, 17, 18 소방장, 19 소방교 등

질식소화는 연소의 4요소 중 산소공급원(오존, 공기, 산화제 등)을 차단하여 소화하는 방법이다.
① 유류화재에 폼(거품)을 이용하는 것은 유류표면에 유증기의 증발 방지층을 만들어 산소를 제거하는 소화방법이다(질식소화) - 대부분의 가연물질 화재는 산소농도가 15% 이하이면 소화된다.
② 유전화재 진압과 같이 화점 가까이에서 폭발물을 폭파시켜 ➡ 주변 공기(산소)를 일시에 소진(진공상태)되게 하여 소화하는 방법도 질식소화에 해당한다.

(1) 불연성기체로 덮는 방법

공기보다 무거운 불연성 기체를 연소물 위에 덮어 불연성 기체와 산소가 희석 또는 차단되게 하여 소화하는 방법을 말한다.
- 질식소화에 사용되는 불연성기체는 ❶ 이산화탄소(CO_2) ❷ 질소(N_2) ❸ 할로젠화합물 등이 있다.

(2) 불연성의 폼(Foam: 거품)으로 연소물을 덮는 방법

연소물을 공기, 이산화탄소, 질소 등으로 발포시킨 폼(Foam)으로 덮어 소화하는 방법이다.
- 유지류 등의 소화에 가장 많이 사용되고 있는 폼으로는 화학포, 공기포가 있다.

┃ 화학포-공기포 소화약제의 비교 ┃   ☆ 21 소방장.

화학포 소화약제	공기포 소화약제
◦ 주로 소화기용이며 알카리성의 A약제와 B약제를 수용액으로 혼합시켜 화학변화를 일으켜 콜로이드 상태의 수용액을 만들고 이것이 탄산가스를 포함한 폼을 형성한다.	◦ 공기포는 유지류 화재용으로서 효과적이며 소화제는 3% 또는 6%의 수용액으로서 발포기를 사용하여 공기와 교반 혼합하여 사용한다. ◦ 소화제의 종별은 일반 유류화재용과 알콜, 케톤류와 같은 수용성 액체 화재에 쓰이는 것이 있다. ◦ 공기포의 발포배율은 저발포에서 5~10배, 고발포는 80~100배이다. (* 용어: 발포배율 = 내용적(용량, 부피) / 전체중량 - 빈 시료용기 중량)

■ **유화(乳化)소화**: 비중이 물보다 큰 중유(重油)등의 유류화재 시 물 소화약제를 무상(霧狀, 안개형태)으로 방사하거나, 포소화약제를 방사하는 경우 유류표면에 엷은 층(유화층, 물과 유류의 중간성질)이 형성되어 공기 중 산소공급을 차단시켜 소화하는 방법을 질식소화 중 유화소화라 한다.   ☆ 16 경북장.
(*^^ 본 이론의 결과는 질식이나, 원인이 유화여서 유화소화라고 한다. 소방학에서는 원인을 따진다. 예) F/O, B/D)

(3) 고체연소물로 덮는 방법

후라이팬 화재 시 연소물을 수건이나 담요 등 고체로 덮어 소화하는 방법이다.
불연성 가스나 물속에서도 연소가 계속될 때(금속화재) 건조사로 덮어 소화하는 것도 해당한다.

(4) 연소실을 완전하게 밀폐하여 소화하는 방법

창고나 선박의 선실 등을 밀폐하여 산소의 공급을 차단시킴으로서 소화하는 방법이다.

(5) 팽창질석으로 질식소화하는 방법

팽창질석, 팽창진주암을 고온 처리하여 경석상태로 만든 분말을 사용하는 질식소화 방법도 있다. 이것은 비중이 작고 모세관현상과 같은 가는 틈이 있으며 흡착성이 크기 때문에 알킬알루미늄이나 용융나트륨 등에 사용하여 흡착, 유출을 방지하고 표면을 피복하는 질식효과가 크다.

2 제거소화   ☆ 17·21 소방교.

① 연소의 4요소 중 가연물을 제거하는 방법. / 즉, 가연물을 격리, 파괴, 이동, 제거, 희석 등의 방법으로 열을 받는 부분을 작게 또는 완전 격리시켜 소화하는 방법이다.   ▶ 암기: 격파 이제희
② 도시계획에서 일반적으로 고려되는 소방도로나 도로를 중심으로 구획된 도시구조는 본래 교통의 편리성 때문에 계획된 것이 아니라 / 도로를 통해 가연물을 격리, 제거하여 대형 화재의 확산을 막으려는 방화구획의 기능으로 계획되었다.

■ 제거소화의 일반적 사례로는 ☆ 14 대구교 21 소방교 등
① 화재현장에서 복도를 파괴하거나 대형화재의 경우 어느 범위의 건물을 제거하여 방어선을 만들어 연소를 방지하는 방법(가연성 고체물질을 제거하여 소화),
② 산림화재를 미리 예상하여 평소에 방화선(도로)을 설정하고 있는 것,
③ 전기화재의 경우 전원을 차단하여 소화.
④ 가연성 가스의 화재인 경우 가연성 가스의 공급을 차단시켜 소화하는 방법 등. ▶ 격파 이소룡
• **개념**: 가연물이나 화원을 차단(**격**리, **파**괴, **이**동, **소**멸, **용**량의 감소, **희**석,) **제**거시키는 것을 말한다.
▶ **암기**: 격파 이소룡, 이소희, 이제희(* 여동생들)   * **용어**: 용량의 감소란? 감량을 말한다.

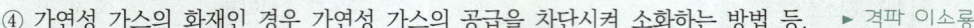

3 냉각소화 ☆ 17·19 소방교

연소의 4요소 중 **에너지(열, 점화)를 제거, 발화점 이하**로 내려가게 하여 소화하는 방법이다.
① 화재진압 시 방수활동은 연소과정에서 물의 흡열반응을 이용하여 열을 제거하는 것이다.
② 물은 비열·증발 잠열의 값이 다른 물질에 비해 커서 주로 냉각소화에 사용되며, 가연물을 물로 냉각시켜 소화하는 경우 1g의 물이 증발하는 데는 539cal의 열을 흡수하는 효과가 있다.

4 부촉매(억제)소화 ☆ 14 경남교, 17·19 소방교

부촉매 소화는 연소의 4요소 중 부촉매제(화학반응이 잘 일어나지 않도록 하는 것)를 사용하여 가연물질의 연속적인 **연쇄반응이 일어나지 않도록** 하여 소화시키는 방법으로 억제소화 또는 화학적소화라 부르기도 한다.
① 이 소화의 원리는 **분말소화기와 할론소화기의 소화원리**처럼 연소과정에 있는 분자의 연쇄반응을 방해함으로써 화재를 진압하는 원리이다.
② 분자의 연쇄반응은 가연물질을 구성하는 수소분자로부터 생성되는 활성화된 수소기(H+)와 활성화된 수산기(OH)의 작용에 의해 진행되며, 따라서
③ 연속적인 연쇄반응을 방지하려면 가연물질에 공급하는 점화원의 값을 활성화에너지의 값 이하가 되게 하여 가연물질로부터 활성화된 수산기·수소기가 발생하지 않도록 해야 한다.
이러한 소화를 부촉매소화라 하고, 질식·냉각·제거소화와 함께 소화의 4대 원리에 포함된다.

✿^^ 새싹(수소기, 수산기)이 돋아나는데 제초제를 뿌려, 돋아나지 못하게 하는 원리로 생각하면 쉽다.

④ 부촉매 소화는 가연물 내에 함유되어 있는 수소·산소로부터 활성화되어 생성되는 수소기(H+)·수산기(OH)를 화학적으로 제조된 부촉매제(분말, 할론 등)와 반응하게 하여 더 이상 연소생성물인 이산화탄소·일산화탄소·수증기 등의 생성을 억제시킴으로써 소화하는 화학적 원리에 해당한다.
– 이에 반해 냉각·질식·제거소화(희석소화 포함)은 물리적 소화에 해당한다.
⑤ 부촉매 소화(화학적 소화)에 이용되는 소화약제의 종류로는
❶ 할로젠화합물소화약제 ❷ 분말소화약제 ❸ 산·알카리소화약제 ❹ 강화액소화약제 등이 있다.

■ 보충(Tip): 소화의 개념 요약 정리**

구 분	내 용
① 질식소화	연소의 4요소 중 산소를 차단하거나 그 농도를 낮추어 소화하는 방법이다. 공기 중의 산소 농도를 일반적으로 15% 이하로 하여 소화하는 방법이다.
② 냉각소화	발화원(열)을 발화점 이하로 냉각시켜 소화하는 방법이다. 다량의 물 등을 이용하여 열을 흡수하여 점화에너지를 차단하는 방법을 말한다.
③ 억제소화	연소의 4요소 중 가연물의 연속적인 연쇄반응을 할론, 할로젠화합물, 분말, 탄산칼륨 등이 차단·억제하는 방법으로 화학적 소화방법이다. 부촉매소화라고도 한다.
④ 제거소화	연소물이나 화원을 차단, 파괴 제거, 이동, 감량하여 소화하는 방법이다. 즉, 제거소화는 가연물을 격리시켜 소화하는 방법 등을 말한다.
⑤ 유화소화	유류화재 시 유류탱크 표면에 물을 안개처럼 무상 등으로 유화층의 막(유탁액, 乳濁液)을 형성시켜 에멀션(emulsion)효과로서 공기의 접촉을 막는 방법이다.
⑥ 방진소화	제3종 분말소화약제(인산암모늄)에서 생성된 메타인산(HPO_3)이 가연물질(숯, 코크스 등)의 무염연소인 잔진현상까지 덮어서 차단·소화하는 작용.
⑦ 탈수소화	제3종 분말소화약제의 열분해시 생성된 오르쏘인산(H_3PO_4)의 작용으로 인한 탈수효과 (*^^ 자연발화는 주위에 수분이 있어야 한다. 이 소화는 수분을 완전히 제거하는 효과이다)
⑧ 피복소화	이산화탄소 등과 같이 비중이 공기의 1.5배 정도로 무거운 소화약제를 방사하여 가연물의 구석까지 침투·피복하여 소화하는 방법으로 표면·심부화재에 사용된다.
⑨ 희석소화	가연물에서 나오는 분해가스 등의 농도를 엷게 하여 소화하는 방법을 말한다. (*^^ 소방승진 이론 공통교재에서는 희석소화를 제거소화의 일부로도 본다)

★ 공간 이용:
· 유전화재 시 화점 가까이에서 폭발물을 폭파시켜 주변의 공기(산소)를 일시에 소진(진공상태)되게끔 하여 소화하는 방법은 질식소화에 해당한다. 그러나
· 유전화재 시 질소폭탄을 투하해서 유류표면 증기를 촛불처럼 순간적으로 날리는 방법은 제거소화이다.

핵심요약

- 용어(내용 생략)
  · 열 및 열의 전달: 전도, 대류, 복사
  · 물질과 질량보존의 법칙
  · 연소와 화재의 4요소: 가연물, 산소, 점화원, 화학적 연쇄반응
  · 화재의 진행단계: 발화기 → 성장기 → 최성기 → 쇠퇴기
  · 화재진행에 영향을 미치는 요인
  · 플레임오버, 플래시오버, 백드래프트, 롤오버
  · 소화이론: 질식소화, 제거소화, 냉각소화, 부촉매소화

1~2장 화재의 의의 및 성상 OX(2진법) 개념 따라 잡기~

▶ 본 문제는 주요 기출 정답의 변형으로 구성됨

01 화재란? 사람의 의도에 반하거나 고의 또는 과실에 의해 발생하는 연소현상으로 소화할 필요가 있는 현상 또는 사람의 의도에 반하여 발생하거나 확대된 화학적 또는 물리적 폭발현상이다.( )

▷ 화재란 사람의 의도에 반하거나 고의 또는 과실에 의해 발생하는 연소현상으로 소화할 필요가 있는 현상 또는 사람의 의도에 반하여 발생하거나 확대된 화학적 폭발현상이다. / 물리적(x)

02 가스폭발 등의 화학적 폭발현상을 화재의 범주에 포함하고, 보일러 파열 등의 물리적 폭발은 화재로 분류하지 않는다. 즉, 화학적 폭발은 소화와 상관없이 화재로 본다.( )

▷ 불과 함께 폭발하는 화학적 폭발만은 소화와 상관없이 화재로 본다.

03 반소는 건물의 50~70% 미만 소실된 것이며, 부분소는 전소, 반소에 해당되지 아니하는 것으로 소실면적의 30% 미만이다.( )

▷ 반소는 건물의 '30~70% 미만 소실된 것'이며, 부분소는 '전소, 반소에 해당되지 않는 것'이다.

04 복사는 화재의 이동경로, 연소확대, 화재의 형태나 특성에 가장 큰 영향을 미치며, 대류는 대형화재 시 열 이동에 가장 크게 작용하는 현상이다.( )

▷ 대류는 화재의 이동경로, 연소확대, 화재의 형태나 특성에 가장 큰 영향을 미치며 / 복사는 대형화재 시 열 이동에 가장 크게 작용하는 현상이다. (* 직급에 관계없이 대류와 복사의 빈출 문제 차이 주요 개념이다.)

05 발화기는 연소가 시작될 때의 시기를 말하며 스파크나 불꽃에 의해 유도형태로만 진행되며 구획실 등에 영향을 받는다.( )

▷ 발화기는 화재의 시작으로 스파크나 불꽃에 의해 유도되거나 또는 자연발화처럼 자체의 열에 의해 발화점에 도달하여 진행되며, 개방된 지역이거나 구획실이거나 영향을 받지 않는다.

06 최성기는 발산되는 연소생성가스의 양과 열은 구획실의 배연구(환기구)의 수와 크기에 의존하지 않으며 구획실 연소에서는 산소공급이 잘 되므로 많은 양의 연소하지 않은 가스가 생성된다.( )

▷ 최성기는 발산되는 연소생성가스의 양과 열은 구획실의 배연구(환기구)의 수와 크기에 의존하며 구획실 연소에서는 산소공급이 잘 되지 않으므로 많은 양의 연소하지 않은 가스가 생성된다.

정답 ◦ 01. (X)   02. (O)   03. (X)   04. (X)   05. (X)   06. (X)

07 벽 근처에 있는 가연물들은 비교적 적은 공기를 흡수하고, 보다 높은 화염온도를 지닌다. 구석에 있는 가연물들은 더욱 더 적은 공기를 흡수하고, 가장 높은 화염온도를 지닌다.(   )

   ▶ 온도: 중앙 → 벽 → 구석으로 갈수록 온도는 높아지고 공기 흡수율은 낮다. 중앙의 가연물은 벽이나 구석의 가연물보다 더 많은 공기를 흡수하지만 낮은 온도를 지닌다. 옳은 설명이다.

08 구획실의 위치는 화재의 진행에 영향을 미친다.(   )

   ▶ 구획실의 위치(예: 동쪽, 서쪽)와는 화재의 진행에 영향을 미치지 않는다.

09 아래의 표에서 틀린 곳은 5군데이다.(   )

구 분	백드래프트 현상	플래시오버 현상
① 연소현상	(자유연소상태)	(훈소상태, 불완전연소상태)
② 산소량	(상대적으로 산소공급 원활)	(산소 부족)
③ 폭발성유무	(폭발이 아님)	(폭발현상, 충격파, 붕괴, 화염폭풍 발생)
④ 확대요인	(열, 축적된 복사열)	(외부유입 공기, 산소)
⑤ 발생시점	(성장기 마지막이자 최성기 시작점)	(성장기, 감퇴기)

   ▶ 백드래프트와 플래시오버 내용의 좌우 10군데가 서로 바뀌어져 모두 잘못되었다.

10 플래시오버현상 직전은 자유연소상태이며, 주원인은 산소로서 폭풍이나 충격파가 없다.
    소방관은 열 때문에 낮은자세로 진입하며 F·O 발생시 2초(1.5m) 이내가 탈출한계이다.(   )

   ▶ F/O 직전은 자유연소상태이며 복사열이 주원인(결과: 가스불 확대), 폭풍, 충격파 없다. 그 외 내용 옳다.
      (* B/D는 불완전 훈소상태로서 주로 말기에 발생, 산소가 주 원인이고, 폭풍 혹은 충격파가 있다.) 문을 통해 탈출할 수 있는 거리는 1.5m가 한계이다. 방화복을 착용한 소방관이 버틸 수 있는 시간은 2초 이하이다

11 질식소화는 산소를 15% 이하로 낮추며, 제거소화는 차단(격리, 파괴, 이동, 소멸, 감량) 등이다.(   )

   ▶ 질식소화는 산소를 15% 이하로, 제거소화는 차단(격리, 파괴, 이동, 소멸, 용량의 감소: 감량, 희석) 등이다.

12 냉각소화는 점화에너지를 자연발화가 되지 않게끔 발화점 이하로 낮추는 것이며, 억제소화는 화학적 또는 물리적 소화로서 연쇄반응을 저지시키는 것이다.(   )

   ▶ 냉각소화는 점화에너지를 자연발화가 되지 않게끔 발화점 이하로 낮추며, 억제소화는 화학적 소화로서 연쇄반응을 저지시키는 것이다. (* 화학적: 성질이 변함, / 물리: 성질이 변함없이 형태가 변함)

정답 07. (O) 08. (X) 09. (X) 10. (X) 11. (O) 12. (X)

• REFERENCE

21세기 과학은 아직도 완성 단계가 아니며 지속적으로 연구를 거듭한다.
전자는 셀룰러폰시대로 인해 무선으로 발달을 거듭하지만, 전기는 아직도 유선이며 원시적이다.
의학도 마찬가지로 메르스, 사스, 암, 괴질의 희귀병 등의 치료제가 없어 끊임없이 노력을 거듭한다.
제3류, 제5류 위험물은 소화제가 지구상에 개발되지 못해서 화재 시 <u>주변 연소를 방지하고 내버려 둔다</u>.
또한 우리가 배우는 유체역학에 <u>물 속에서 공기방울이 생기는 공동현상</u>도 펌프가 제대로 완성·제작 된다면
(* 동일 효율에 <u>위치·온도·속도를 낮게</u>) 그에 따른 이론은 이제 이공계 도서에서는 영원히 빠지게 된다.

▶ 소방공학도 마찬가지이다.
① 연기는 황사보다 약 100배 정도 작은 불완전 연소된 고체가루인데 우리는 기체로 알고 있었으며
② 김은 액체인데 수증기체로 착각하며, 구름도 액체인데 기체로 착각하며 생활과학 속에서 살아왔다.
③ 눈에 보이는 것은 액체이다 김, 안개, 구름 등.(<u>분무연소는 액체 연소, 할론1211은 액체 분사이다</u>)
④ 눈에 보이지 않는 것이 기체이다 공기, 수증기, 산소, 질소 등(예외: 불소·염소는 옅은 황녹색이다)
⑤ 물이 제일 빨리 끓어서 물을 기준으로 <u>물의 비열이 1</u>이지만 헬륨과 수소의 비열은 두세배 더 크다.
⑥ 할론소화제는 모두 독성이 있다 하지만 <u>1301은 원래 독성이 없다</u>.(방사시 열과 만나 독성이 생긴다)
⑦ 제4류 위험물 <u>특수인화물인 (디에틸)에테르가 -40℃</u>에서 불이 붙지만 이소프렌은 -54℃이다.
⑧ <u>제4류</u> 위험물의 증기는 공기(29)보다 무겁지만 예외로 1석유류인 시안화수소(HCN, 27)는 가볍다
⑨ 아세틸렌의 연소범위가 2.5~81% 를 최대로 알고 있지만 기체인 실란(SiH_4)은 1.4~96%이다.
⑩ 포스겐, 아크롤레인 독성의 허용농도가 0.1ppm이지만 알진(AsH_3)은 무려 독성이 0.05ppm이다.
⑪ 폭발도 밀폐계에서 압력으로 폭발하지만 <u>증기운폭발은 개방된 공간에서 화학적 폭발</u>을 한다.
⑫ 백드래프는 주로 <u>말기</u>에 CO 폭발(<u>12.5~75%</u>)로 일어나지만 밀폐되면 <u>중기</u>에서도 <u>폭발</u>을 한다.
⑬ 가연성 가스는 <u>L 10%↓것과 U와 L의 차가 20%↑</u>이지만, 예외로 "암모니아"는 <u>15~28%</u> 이다.
⑭ 할론·포·분말소화약제, 스프링클러 종류도 우리는 학교에서 약 5개 정도를 배우지만 더 존재한다.
⑮ 불은 고체도 액체도 기체도 아닌 제 4의 물질 <u>플라즈마</u> 상태로 현대 과학은 정리를 하고 있다.

──────*

누구든 현대 과학에서 소방의 전문학문은 80% 수준 이상을 도달하지 못한다.
대학이나 학원에서 소방학 교수도 소방책을 100권 이상 제작했어도 마찬가지이다.
아직 실험으로 증명되지 못하고 정확성을 증명하지 못하는 것이 소방학의 이론이다.
일반과학도 사실적 단 몇 가지의 수학과 물리의 발견으로 현재 21세기가 존재하고 있다.
'소방공학은 어디에든 예외사항이 존재한다' - 소방공학은 과학의 품속에서 끝이 없다!
그 이유로 필자는 "그 방대한 지식보다 더 적지만 확실한 정답과 개념을 찾기 위함이고
현대 과학과 더불어 지구상 소방의 학문도 아직은 여기까지~ "라고 고개 숙여 말해본다.

- 페이지의 짝수 홀수를 맞추기 위해서 삽입하였습니다 -

CHAPTER 03 화재진압의 의의 (3장)

학/습/목/표

- 화재진압의 개념을 이해 할 수 있다.
- 화재대응매뉴얼 이해할 수 있다.
- 전략과 전술을 설명할 수 있다.
- 소방력의 3요소를 설명할 수 있다.
- 소방활동검토회의를 수행할 수 있다.

제1절 화재진압의 개념 (* 중요도 낮음)

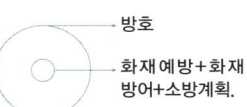
방호
화재예방+화재방어+소방계획.

|용 어|

방호	• 방호(防護, protection)*란? 화재예방, 화재방어, 소방계획을 포함한 화재로부터 그 지역을 지키기 위한 소방활동이다.
화재 방어	• 화재방어(방화라고도 함)란? 공설 소방조직이나 사설 소방조직에 의한 화재의 예방·진압으로 인명과 재산의 손실을 줄이기 위한 제반 소방활동을 의미하며, 협의로는 화재예방 또는 건물의 소방시설을 의미한다.
화재 진압	① 화재진압(fire fighting*)이란? 화재현장에서 화재에 의한 피해를 최소화하고 화재를 억제 또는 소화하는 화재현장의 활동을 말하여, 'fire suppression*'이라고도 한다. / 즉, fire control*(화재진압)이 물 등을 뿌려 연소확대를 저지하는 상태를 의미하는 것임에 비해, fire suppression(화재진압)은 직접적으로 화재 그 자체를 소화하는 것을 의미한다. ② 여기서 화재진압(火災鎭壓)이란 영어의 fire control, fire suppression, 그리고 fire fighting 등을 포함하는 것으로, '소방대가 화재현장에서 사람의 생명, 신체 및 재산을 보호하기 위하여 행하는 인명구조, 소화, 연소방지, 배연, 피난유도, 기타 소방활동의 일체'를 말한다.

• 화재진압은 화재발생 대상물의 위치, 구조, 용도, 설비, 가연물의 종류와 상태, 기상, 도로, 지형, 소방용수 등에 따라 소방장비 및 기계 기구의 활용방법, 소방대의 운영 등이 달라지게 된다.

---

* 방호(防護): 화재예방, 화재방어, 소방계획을 포함, 화재로부터 지키기 위한 소방활동을 말한다.
  (* 한문: 막을방, 도울호) ▶ 암기: 예방계(* 방호 예방계)
* fighting: 싸움, 투쟁   * suppression: 억압, 진압   * control: 관리, 통제, 지배

제2절 소방력의 3요소

1 소방대원

소방력의 3요소는 인원, 장비, 소방용수를 들지만 그 기반은 인원 즉, 소방대원이다.

지휘관	① 지휘관은 현장활동에 있어서 보다 효과적인 화재진압을 위한 핵심으로 지휘권한 및 책임을 가진다. (*^^ 일반적으로 소방위 이상의 계급에 있는 자를 출동대마다 소방서장이 지정한다.) ② 대원을 확실하게 장악하고 자기의 상황판단에 따라 소화, 연소방지, 인명구조 등의 구체적인 방법, 순서를 지시, 명령하여 소방의 활동목적을 달성하고 자신의 명령에 대한 책임을 지며 지휘능력에 따라 소방 활동의 성패를 좌우한다.
소방 대원	① 소방활동에 관한 지식, 기능을 몸으로 익힘과 동시에 체력의 향상과 정신력의 함양에 노력해야 한다. - 정예대원의 요건은 강인한 정신력과 체력을 바탕으로 한 지식과 기술의 습득이다. (* 소방대원은 소방공무원 및 의무소방원, 의용소방대원을 말한다.) ☆ 22 소방교

2 장비 ☆ 15 부산·서울교, 16전북장, 22 소방교

소방장비의 분류(「소방장비관리법」 시행령 별표1) * (* 중요도 낮음)

장비분류	종류	세부 종류
기동장비	소방자동차	- [자체에 동력원이 부착되어 자력으로 이동하거나 견인되어 이동할 수 있는 장비] - 소방펌프차, 다목적소방차, 소방물탱크차, 무인방수차, 소방화학차, 화생방 대응차, 소방고가차, 소형사다리차, 재난지휘차, 구조차, 구급차, 화재조사차, 조명배연차, 재난현장지원차, 이륜차
	행정지원차	행정 및 교육지원차 등
	소방선박	소방정, 구조정, 지휘정 등(그 외 구조보트)
	소방항공기	고정익항공기, 회전익항공기
화재 진압장비 22소방교	소화용수장비	소방호스류, 결합금속구, 소방관창류 등 (그 외 방수총, 소방용수운용장비)
	간이소화장비	소화기, 휴대용소화장비 등
	소화보조장비	소방용사다리, 소화보조기구, 소방용펌프
	배연장비	이동식 송·배풍기
	소화약제	분말소화약제, 액체형소화약제, 기체형소화약제
	원격장비	소방용 원격장비
구조장비	일반구조장비	개방장비, 조명기구, 총포류 등 (* 그 외 동물포획 장비 세트, 일반구조 통신장비, 이송 및 안전장비, 그 밖의 일반장비)
	산악구조장비	등하강 및 확보장비, 산악용 안전벨트, 고리 등(도르래, 등반용 로프 및 부대장비, 배낭, 산악 일반장비, 빙벽 등반장비 세트, 설상 구조장비 세트, 암벽 및 거벽 등반장비 세트, 산악용 근거리 통신장비)
	수난구조장비	급류 구조장비, 잠수장비 등 (* 그 외 구조대상자 이송 및 안전장비, 안전확보장치, 부수장비)

	화생방 및 대테러구조장비	경계구역 설정라인, 제독·소독장비, 누출물 수거장비 등 (그 외 누출제어장비, 화생방 오염환자 이송장비, 시료 채취 및 이송장비, 화생방 보호의류 등)
	절단 구조장비	절단기, 톱, 드릴 등 (그 외 <u>유압절단장비</u>)
	중량물 작업장비	중량물유압장비, 휴대용원치(winch), 다목적 구조 삼각대 등 (에어백, 지지대, 리프트 잭, 체인블럭, 벨트슬링)
	탐색구조장비 ☆ 22소방교	적외선 야간투시경, 매몰자 탐지기, 영상송수신장비세트 등 (붕괴물 경보기, 수중 탐지기, 수중카메라, GPS수신기, <u>119구조견</u>, 수중로봇(Rov), 공중수색장비)
	파괴장비	도끼, 방화문파괴기, 해머드릴 등 (착암기)
구급장비	환자평가 장비	신체검진기구 등
	응급처치장비	기도확보유지기구, 호흡유지기구, 심장박동 회복기구 등 (순환유지기구) 외상처치기구, 분만처치기구, 체온유지기)
	환자이송장비	환자운반기구 등
	구급의약품	의약품, 소독제 등
	감염방지장비	감염방지기구, 장비소독기구 등
	활동보조장비	기록장비, 대원보호장비, 일반보조장비 등
	재난대응장비	환자분류표 등 (환자분류장비)
	교육실습장비	구급대원 교육실습장비 등 (전문기술교육실습장비, 응급처치 교육실습장비)
정보 통신장비	기반보호장비	항온항습장비, 전원공급장비 등
	정보처리장비	네트워크장비, 전산장비, 주변 입출력장치 등
	위성통신장비	위성장비류 등
	무선통신장비	무선국, 이동 통신단말기 등
	유선통신장비	통신제어장비, 전화장비, 영상음향장비, 주변장치 등
측정장비	소방시설점검장비	공통 점검장비, 소화기구 점검장비, 소화설비 점검장비 등(화재경보설비 점검장비, 누전 점검장비, 무전통신보조설비 점검장비, 제연설비 점검장비, 유도등 및 조명등 점검장비)
	화재조사 및 감식장비	발굴용 장비, 기록용 장비, 감식감정용 장비 등(증거수집장비, 특수감식감정장비, 화재조사분석실 장비)
	공통측정장비	전기측정장비, 화학물질탐지측정장비, 공기성분 분석기 등 (측정기, 열화상 카메라, 엑스레이(X-ray) 투시기)
	화생방 등 측정장비	방사능 측정장비, 화학생물학 측정장비 등
보호장비	호흡장비	공기호흡기, 공기공급기, 마스크류 등
	보호장구	방화복, 안전모, 보호장갑, 안전화, 방화두건 등 (방호복)
	안전장구	인명구조 경보기, 대원 위치추적장치, 대원 탈출장비 등 (보호대, 안전안경, 청력보호장비, 정전기방지접지선, 안전장구류)
보조장비	기록보존장비	촬영 및 녹음장비, 운행기록장비, 디지털이미지 프린터 등
	영상장비	영상장비 등
	현장지휘소 운영장비	지휘텐트, 발전기, 출입통제선 등 (그 외 휴대용확성기, 브리핑장비)
	그 밖의 보조장비	차량이동기, 안전매트 등 (전선릴〈reel〉, <u>수중펌프</u>, 드럼펌프, 양수기, 수손〈水損〉방지막) ☆ 22소방교

제3절　**화재진압활동의 기본**　(* 중요도 낮음)

1 소방대의 권한

(1) 소방대의 권한*

① 강제처분 : 소방기본법 제25조의 강제처분 규정은 소방대가 활동 시 소방대의 소화활동, 연소의 방지, 인명구조 활동에 관하여 이 조항을 근거로 관계자 및 대상물에 대하여 강제처분을 할 수 있게 되어 있다. ㉠ 행사권자 ㉡ 권한행사의 대상물 ㉢ 조치의 내용 ㉣ 권한행사의 요건 ㉤ 손실보상의 여부는 다음과 같다.

┃ 소방활동 시의 긴급조치권 ┃　★ 14 경기, 16 인천장

구분 법규		행사자	대상물	내용	요건	보상
①	제24조 제1항	소방본부장 소방서장 소방대장	관할구역에 사는 자 또는 현장에 있는 자	소방활동 종사명령	화재, 재난·재해, 위급한 현장에서 필요한 경우	요함
②	제25조 제1항	〃	화재가 발생하거나 번질 우려가 있는 소방대상물 또는 토지	사용 또는 사용의 제한 및 처분	인명구조, 불이 번지는 것을 막기 위하여 필요한 때	<u>요하지 않음</u>
③	제25조 제2항	〃	위(제25조 1항) 이외의 소방대상물 또는 토지	〃	인명구조, 불이 번지는 것을 막기 위해 긴급하다고 인정될 때	요함
④	제25조 제3항	〃	주·정차 차량 및 물건	제거 또는 이동	소방자동차의 통행과 소방활동에 방해될 때	요함
⑤	제49조2 제1항	제24조 제1항 및 제25조 제2항, 제3항의 처분으로 인한 손실보상은 소방청장 또는 시·도지사가 한다.(*^^ 소방기본법 제49조의 2에 의거하여)				

✪ 해설 : 예) ① 유치원 화재　② 불난집　③ 불난 옆집　④ 불난집 옆 주정차　⑤ 불법은 보상하지 않는다.

② 소방자동차의 우선통행권

　화재진압활동은 시간과의 싸움이라고도 하며 소방대원이 빨리 활동에 착수할 수 있도록
　㉠ 소방기본법 제22조(소방대의 긴급통행)에서도 '소방대는 화재, 재난·재해, 그 밖의 위급한 상황이 발생한 현장에 신속하게 출동하기 위하여 긴급한 때에는 일반적인 통행에 쓰이지 아니하는 도로·빈터 또는 물 위를 통행할 수 있다'라고 규정하고 있다.
　㉡ 일반적인 통행에 쓰이지 아니하는 도로라 함은 사도(私道)나 부지내의 통로 또는 공장 내의 통로를 나타내는 것이며 그곳을 소방대가 통행하면 당연히 그 장소에 거주하는 일반시민의 권리를 제한하게 되는 것이지만 소방활동이라고 하는 긴급의 필요성에서 보면 통로를 통과하는 정도의 사유재산권의 침해는 일반적으로 허용되는 범위이다.

ⓒ 또한 우선통행권에 관하여 손실보상의 규정이 없는 것은 긴급한 필요성에 의한 통행으로 재산권의 침해정도가 크지 않다는 것을 전제로 하고 있기 때문이다.
　　ⓓ 소방기본법 제21조(소방자동차의 우선통행 등)와 도로교통법 제29조(긴급자동차의 우선), 제30조(긴급자동차에 대한 특례) 등에 근거 규정을 두고 있다.
③ 소방활동 구역의 설정
　소방기본법에서는 화재, 재난·재해, 그 밖의 위급한 상황이 발생한 현장에서 구역 내에 일정한 사람을 제외하고는 출입을 제한할 수 있도록 규정하고 있다.(소방기본법 제23조)
④ 정보수집
　　㉠ 화재발생 전 소방대상물의 정보는 "화재의 예방 및 안전관리에 관한 법률" 화재안전조사에 의거 관계자에게 요구할 수 있다.
　　㉡ 그러나 소방대로서는 관내의 건물사항에 관하여 소방활동 자료조사나 화재안전조사 등을 통하여 사전파악에 노력해야 한다.
　　㉢ 현장에서의 정보수집은 인명과 관계되는 사항에만 국한해야 한다.

2 소화활동

화재에 대한 최종목적은 진화하는 것이다. 소방기관이 보유하고 있는 장비 중 가장 많은 것이 펌프차라는 것만 보아도 소화활동을 중요시 하고 있음을 알 수 있다.
소화활동 시 피해를 최소화하기 위하여 어떻게 화재를 신속, 정확하게 파악하고 필요 최소한의 소방력으로 진화할 것인가가 항상 소방대에게 부여된 과제이다. 화재의 종류, 대상은 다양하지만 가장 적절한 수단과 방법으로 피해를 최소화하는 소화활동이 필요하다.

3 연소방지

① 화재진압 활동 시에 행동의 중점을 연소방지 활동과 소화활동의 어디에 두어야 하는가는 화재의 상황, 소방력, 기상 등에 의하여 결정된다.
② 화재상황에서 소방력이 화세보다 우세한 경우에는 소방력을 화점으로 집중시키고, 반대로 화세가 최성기 등으로 소방력보다 강한 경우에는 일거에 진압하는 것은 곤란하기 때문에 일반적으로는 우선 연소방지에 주력해야 한다.

4 인명구조 활동

① 화재현장에서의 인명구조는 생명, 신체에 절박한 위험, 장해가 있어 자력으로 탈출 또는 피난할 수 없는 사람을 안전한 장소로 구출 또는 위험 장해로부터 해방시키는 것을 말한다.
② 전국적으로 화재건수가 매년 증가하는 것과 더불어 화재에는 언제나 인명위험이 있으며 이 위험을 적극적으로 제거하고 위기에 직면한 사람을 구출하거나 위험으로부터 해방시키는 것이 소방대의 제1의 사명이며 책임이기도 하다. 자신의 안전을 확보하면서 하도록 한다.

제4절 화재대응매뉴얼

화재진압의 성공여부는 조직화된 지휘자 및 대원, 현대화된 장비, 정비된 소방용수의 확보함, 이것을 활용하기 위해 매뉴얼을 작성하고 유사시 계획에 따른 신속, 정확한 소방활동이 필요하다.
- 각 소방대의 지휘자, 대원에게 활동지침을 제시하고 각 소방대에 대한 사전명령이나 부대 간의 사전약속 등을 통하여 통제된 조직 활동을 전개하기 위한 사전대책이 대응매뉴얼이다.
- 대응매뉴얼은 그 지역 내의 소방대상물 및 지형, 기상, 소방용수, 보유 소방력 등에 따라서 수립대상과 포함사항은 일반적으로 다음과 같은 매뉴얼이 있다.

1 일반적 포함사항

(1) 대상물정보
화재대응매뉴얼은 현장에 출동한 소방대가 필수적으로 알아야할 대상물의 특성, 위험성, 인명구조 유의사항, 소방시설의 현황과 위치가 수록되어야 하며 취약요인 등 위험요인 정보가 필수적으로 포함되어야 한다.

(2) 출동계획
지역 내의 화재발생 위험과 연소위험을 계량적으로 분석하고 이것에 기상 기타 소방관계 조건을 고려하여 출동대의 규모를 단계적으로 결정하며 지역특성에 따라 출동대의 규모를 증감한다.

(3) 소방용수 통제계획
소방용수 통제계획은 화재현장에 출동한 소방대가 효과적으로 소방용수를 활용하기 위하여 도착순위마다 소방용수배치를 규제하는 계획이다. **평소 수량이나 수압이 부족한 지역 내의 소화전에 관해서는 소방용수배치를 제한하거나 통제한다.** ▶ 대출소(대출용)

■ **매뉴얼 포함사항*** ☆ 14 인천교
① 건물 규모와 구조 : 화재시 접근, 진입, 인력과 장비 배치, 환기, 연소확대방지를 위한 중요정보
② 인명구조방안조사 : 수용인원이 어느 정도인가, 주 이용 연령대가 어떠한가, 인명구조 활동을 위해 필요한 사항은 무엇인가?
③ 연소확대 예상 경로 : 화재가 발생하면 어떻게 이동할 것인가?
④ 건물의 수용물 : 해당 건물의 수용물이 무엇이 있는가?
⑤ 건물의 소화설비 : 소화설비, 소방활동상 필요한 설비현황, 위치, 유지관리사항은?
⑥ 환기 및 배연 : 화재진압 개시와 동시에 환기 및 배연을 어떻게 하여야 하나?
⑦ 접근경로·차량부서 : 현장 도착 도로, 차량부서 위치, 고가차 등의 장애물 등 파악
⑧ 위험물 : 물과 반응하는 물질, 유독성 물질 등의 양과 위치 등
⑨ **자체 수원 소방용수** : 자체 보유 소방용수 및 인근 소화전과 저수조 등 * 오답 : 자체소방대
(*^^ 해설 : 상기 ①~⑨까지는 일반적인 포함사항 "대출용"의 세부적인 내용을 말한다)

2 화재대응 매뉴얼의 종류 ★★ ☆ 13 경북교·경기장·충북교·경남장, 16 서울교

표준 매뉴얼	① 대부분의 화재대응에 <u>공통적</u>으로 적용하기 위해 작성되는 것으로
	② 필수적인 처리절차와 임무, 기관별 처리사항을 규정하여
	③ 기관별 또는 부서별 실무매뉴얼을 수립하는데 활용된다.
	   ❶ 재난**현**장표준작전절차,
	   ❷ 긴급구조**대**응계획,
	   ❸ 소방방재 **현**장조치 행동매뉴얼,
	   ❹ **다**중밀집시설 대형사고 표준매뉴얼 등이 이에 속한다. ▶ 표준 : 현대 현다이

실무 매뉴얼	① 표준매뉴얼에 규정된 필수적인 처리절차와 임무, 기관별 처리사항을 근거로 각 기관별 또는 부서별로 작성되는 것으로
	② 화재대응분야별 현장조치 및 처리세부절차를 규정하고 있으며
	   ❶ **고층**건물 화재진압 대응매뉴얼,
	   ❷ **다**중밀집시설 대형화재 실무매뉴얼,
	   ❸ 원전(**방**사능)화재 등이 있다. ▶ 실무 : 고층다방

특수화재 대응매뉴얼	① 지하철화재 등과 같은 특수시설 및 특수유형화재에 대한 일반적 대응매뉴얼이다. ② 화재특성에 따른 대응 시 유의사항 등으로 이루어진 대상별 매뉴얼 작성과 화재진압대원의 전문성 향상을 목적으로 작성되었다. ▶ 특 수 : 지하철(* 소방공무원 전문성 향상)

대상별 대응매뉴얼	① 화재진압활동은 신속, 정확하고 효과적으로 수행되어야 한다.
	② 이를 위하여 소방대의 현장행동을 통제하고 피해의 경감과 대원의 안전 확보를 위해 주요대상별 화재대응 매뉴얼의 필요성이 제기되었는데, 사회발전과 첨단복합건물의 등장으로 그 중요성이 커지고 있어 점차 작성대상이 확대되고 있다.
	   ❶ 중요 목조**문화**유산(문화재)
	   ❷ **고**층건물,
	   ❸ **지**하연계복합건축물 등 ▶ 대상별 : 문화고지
	■ 대상별 대응매뉴얼 주요작성 대상
	① 인적, 물적 피해가 매우 큰 대상물
	② 연소확대가 빠르고 <u>처음부터 화재 최성기를 예측</u>, 필요한 소방력을 투입해야 할 대상물
	③ 문화유산(문화재) 등 사회적 영향이 크고 특별한 보호를 필요로 하는 대상물
	④ 폭발, 유독가스 등의 발생위험이 있어 소방대원의 안전확보상 필요한 대상물
	⑤ 특수한 장비, 특수한 소화수단을 필요로 하는 대상물
	⑥ 특이한 소방대 운용과 현장행동을 필요로 하는 대상물
	▶ 전체종류 암기 : 표실특대(* **연상**기억 : 매실특대)

Check Point 가십(gossip)

Aim low, boring Aim high, soaring!
(목표를 낮게 잡으면 지루해지고, 목표를 높게 잡으면 솟아오른다!)

3 상황별 대응계획

화재대응매뉴얼의 일종으로서 취약지역이나 경보발령, 소방차 진입불가 등 특수한 경우에 대비하여 소방관서별 필요에 의하여 수립된 사전대응계획을 말한다.

화재취약지구 및 진압곤란 시 대응계획	• **목조주택**, 소량위험물, 특수가연물 등의 밀집지역, 고지대, 저지대지역으로 연소확대 위험이 매우 크고 진압이 곤란한 구역(지역)이 존재하거나, 소방대의 통행에 지장이 있는 도로공사 등으로서 범위나 기간의 정도에 따라 필요한 경우 화재출동, 소방용수배치, 호스연장 등에 관하여 계획한다.
화재경보발령 시 대응계획	• 화재경보 발령 하에서의 <u>기상조건</u>은 연소확대 위험이 크고 **비화의 발생, 주수효과의 감소** 등이 예상되므로 이에 대한 계획이다. (*^^ 바람, 태풍 등)
대규모재해 대응계획	• <u>대규모 재해</u>가 발생하면 반드시 화재가 발생할 것이 예측된다. **주택의 붕괴, 도로의 파괴, 수도의 단수** 등에 따라서 소방행동이 크게 제약을 받으며 연소 방지나 피난에 지장을 주어 다수의 사상자도 예상되므로 이에 대비한다. • 평상의 화재가 매우 확대되어 대규모 화재가 된 경우 도로, 하천, 공지 등의 지형 및 내화건물 등을 이용하여 화세를 저지하는 계획이다. (*^^ 지진 등)

4 특별경계계획

시·도에 따라서 시기, 대상 등은 다르지만 소방대책상 필요한 경우에 수립하는 것으로 **시기별 대응 매뉴얼의 일종**으로 볼 수 있다.

① 화재 다발기 특별경계계획
② <u>연</u>말연시 특별경계계획
③ <u>불</u>조심 강조의 달 행사 등에 따르는 경계계획
④ 기타 특별경계계획(<u>명</u>절, <u>선</u>거 등)   ▶ 화연불기(명선) / 명선 불연화(거꾸로 암기)

° 복습과 함께 즐 in~ ^.^~

---

* 매뉴얼: 지침서, 안내서

제5절 화재현장 안전관리

1 안전관리의 기본 ☆ 15 서울장

임무수행과 안전관리	① 안전관리는 대원의 안전을 확보하는 것으로 결국 대원에게 부상을 입히지 않는 것이다. ② 옥내 진입하기 보다도 옥외의 발판이 확실한 곳에서 방수하는 것이 안전하다. ③ 높은 곳에서의 작업은 더욱 더 위험성이 높은 작업이기 때문에 가능한 한 피하는 것이 좋다. ④ 안전관리는 그 자체가 목표는 아니며, 조직목표를 달성하기 위한 수단이다. 따라서 안전관리에만 구속되는 사고방식은 목표와 수단을 잘못 이해한 발상이다.

지휘와 안전관리	① 안전의식
	   각 대의 대원은 지휘자에 의해 행동이 통제되고 대원의 안전관리를 보장하는 것은 총괄지휘자의 중요한 임무와 책임이다. 명령의 내용은 항상 「안전」을 고려한 것이어야 한다.
	② 활동환경의 파악
	   ㉠ 작업에 임하는 대원들은 위험상황을 직감하지 못하는 경우가 많아 위험에 노출되는 예가 많다.
	   ㉡ 특히 선착대는 적은 인원으로 다양한 활동을 하게 되므로 대원 1명이 관창을 잡고 1면을 담당하는 경우가 종종 있다. / 이러한 고립된 관창배치는 가능한 한 피해야 하고, 관창은 서로 확인할 수 있는 상태로 배치하는 것이 바람직하다.
	   ㉢ 부득이 **고립관창***을 배치할 경우에는 **2명** 이상이 관창을 잡게 해야 한다.
	     - 관창수의 단독행동으로 건물이 붕괴되면서 매몰된 사실도 모른 채 시간이 지나서야 사망사실을 알게 된 사례가 발생하기도 한다.
	③ 대원의 안전관리
	   2인 1조 활동을 원칙으로 하며 지휘자는 대원 개인별 특성을 미리 파악하여 주의 깊은 관찰과 개인별 임무활동에 반영한다.
	④ 위험작업에의 대응
	   진입자의 개인별 특성과 소속, 진입시간, 장비 등을 확인함과 동시에 특정임무를 부여하지 않은 대원의 진입을 허용해서는 안 된다. 또, 만일의 경우를 대비하여 2차 진입대의 진입태세를 갖추고 있어야 한다.

자기 방어	① 체력단련: 이것은 곧 체력이 약한 대원은 현장활동에 있어 제약을 받게 된다는 것이다. ② 자기방어: 자신의 몸은 자신이 지켜야 하는 것으로 자기방어는 곧 안전 확보의 기본이다.

2 소방공무원 생명보호 우선과제

현장활동 중 발생하는 소방공무원 순직사고를 줄이기 위해 미국 등에서 확립한 소방공무원 생명보호 우선과제 항목이 있다. 여기에서 몇 가지만 살펴보기로 한다.

① 모든 소방공무원은 위험한 임무수행을 중단시킬 수 있는 권한을 갖는다. (*^^ 개념)
② 훈련 및 자격인증 등 국가차원의 제도를 발전시키고 이에 적극 참여한다.
③ 모든 순직사고 및 공상사고를 철저히 조사한다.
④ 표준작전절차 등 국가적인 대응절차 및 매뉴얼을 개발하고 준수한다.
⑤ 소방공무원과 그 가족들에 대해 정신의학적 치료의 기회를 제공한다.

3 위기관리

소방공무원의 안전관리 규정 및 기준 준수를 위해서는 각 상황별 보호이익과 위험이 무엇인지 판단하는 위기관리가 선행돼야 한다. 위기관리를 위한 미국 피닉스소방본부의 모델을 소개한다.

> ✪ 예시적인 모델 (많은 위험 많은 보호이익 / 적은 위험 적은 보호이익 / 위험 없음 보호이익 없음)
>
> 1. 생각하라.
> 2. 방어운전 하라.
> 3. 서두르지 말고 천천히 운전하라.
> 4. 교차로에서 시야가 확보되지 않으면 일단 멈춘다.
> 5. 출동단계에서 뛰지 말라.
> 6. 차량 내에서는 안전벨트를 착용하라.
> 7. 공기호흡기와 개인보호장비를 모두 착용
> 8. 연기를 절대 마시지 말라.
> 9. 침착하게 화점을 공격하라.
> 10. 개별행동을 삼가고 지휘관의 통제에 따른다.
> 11. 동료들과 항상 같이 행동하라
> 12. 지휘관과 연락 가능상태를 유지하라.
> 13. 항상 비상탈출로(소방호스 등)를 확보하라.
> 14. 공기호흡기의 잔량을 수시로 체크하라.
> 15. 화점을 공격 시 호스길이를 여유있게 확보.
> 16. 위험요소가 무엇인지 파악하라.
> 17. 대응 절차나 기준을 준수하라.
> 18. 신속히 배연을 실시, 활동 중 수시로 배연하라.
> 19. 대응활동장소에 조명을 비추어라.
> 20. 화염이 크면 도움을 요청하라.
> 21. 현장에서 어디에 위치하는지 항상 파악
> 22. 붕괴의 조짐을 시각 청각 등을 활용 주시하라.
> 23. 지친대원 교대하고 활동량 많은 대원을 도와라.
> 24. 항상 경계심을 갖고 활동하라.
> 25. 대원 서로 간 상태를 체크하라.

4 생사가 걸린 의사결정법★★ ☆ 15 서울, 17 소방장 등

멘토식 학습법	① 소방관들은 경험을 통해 생사가 걸린 결정을 내리는 방법을 배우게 된다. ② 이와 같은 의사결정 학습방식은 지휘관들 사이에서도 활용된다. ③ 최초의 신고에 대응하는 선착 지휘관의 판단은 초기 몇 분 이내에 이루어진다.
재난의 경험	① 출동건수가 많은 소방관서의 근무경력은 의사결정 능력을 향상시키는 중요한 요소이다. ② 지휘관들은 또한 다양한 종류의 사고에서 의사 결정 경험을 가져야 한다.
모의훈련	① 컴퓨터 시뮬레이션은 생사가 걸린 의사결정 능력을 향상시키는 또 다른 방식이 될 수 있다. ② 의사결정에 대한 문제 제기와 응답은 화재 상황 평가, 장비 배치, 사다리 설치, 호스 위치 그리고 공격·방어 전략 등 전략선택 등에 대해 질문하고 답변하는 형식으로 운영된다.
건물구조에 대한 지식정보	① 심야 시간대에 다층구조의 주거용 건물 1층 계단에서 화재가 발생한 경우에는 **가장 높은 층의 침실이 1순위의 검색 대상이 된다**는 것을 판단할 수 있다.(*계단화재) (*^^ 굴뚝효과로 인하여 1층의 불길이 계단을 타고 위로 솟구치는 현상으로 인하여) ② 거주용 다락방이 있는 상가밀집지역 상가화재에서는 바람 부는 방향에 있는 **화재 노출 상가부터 먼저 관창(호스)을 전개하여 진압해야 한다**는 판단을 내릴 수 있게 해준다. ③ 두 개의 공동주택 사이에 있는 공기통로에 연소가 진행 중인 경우 화재확산이 가능한 인접건물 및 맞은편 건물 옥상에 각각 관창을 배치해야 한다는 결정을 내릴 수 있다.
	실수 가능성을 최소화하면서 화재의 이동과 확산하는 방식에 대해 잘 알아야 한다. ① (**대류**)는 열과 연기를 확산시켜 **연소범위를 확대시키는 가장 흔한 방식**이다.

화재에 대한 지식정보 17소방장	② 자동노출 또는 플래임 래핑(Flames lapping)과 같이 **창문에서 창문으로 확산되는 방식**도 화재가 인접 건물로 확대되는 일반적 사례이며, 넓은 의미에서 (**대류**) 확산의 한 사례이다. 대류나 자동노출 확산을 막기 위해서는 위층에 호스를 연결하여 방어한다. (*^^ 플래임래핑 : 소가 혓바닥으로 핥듯이 창문이나 열린 공간을 향해 화염이 확대되는 것) ③ (**복사**)는 공간을 통해 열이 사방으로 전달되는 방식으로 **화염을 사방으로 확대시키는 대형화재의 주범**이다. 이 또한 인접 건물에 관창을 배치하고 방어하는 것이 필요하다. ④ (**전도**)는 고체물질의 고온에서 저온으로 열이 전달되는 방식이며, 주로 기계적 시설이 작동되면서 마찰열에 의해 화재가 발생되는 기계적 화재원인의 주범이기도 하다.
전략과 전술 ★	① **전술**은 1개 단위의 진압대가 현장에서 수행하는 **구체적** 작전을 말한다. ② **전략**은 전체적 대응활동계획과 대응활동에 필요한 모든 자원의 활용 및 배치계획을 포함하는 개념이다. ③ 전략개념은 우선순위에 따른 화재진압을 하는 것이다. ❶ 인명구조 → ❷ **외부확대 방지** → ❸ **내부확대 방지** → ❹ 화점진압 → ❺ 재발방지를 위한 점검·조사 등 5가지의 대응목표를 우선순위에 따라 자원을 배치하는 것을 말한다. *^^ ① 인명구조 다음에 ② 외부의 옆집 연소확대 방지이고 ③ 내부의 옆방 연소확대 방지이다. ④ 요약하면 대부분의 화재진압전략은 ㉠ 화점과 생명의 위치확인 ㉡ 통제 ㉢ 진압이다. ⑤ 최근 이러한 5단계(RECEO)에 따른 화재진압전략의 대응우선순위 전략개념은 마지막 6단계에 "화재발생 부지(장소) 내 현장 안전조치(Safeguard)"를 추가하여 6단계(RECEOS) 대응우선순위 전략개념으로 활용되고 있다. ▎**화재진압전략의 활동과정** ▎★★★ ☆ 16서울교, 소방위, 17소방장, 18소방위, 19소방장 등 
의사결정의 관리감독	주요화재 및 대형 화재현장에서 총괄적 책임을 맡은 지휘관은 현장을 떠나기 전에 최소한 다음과 같은 3가지의 생사가 걸린 결정을 내리게 된다. ① 1차 검색활동* ② 2차 검색활동* ③ 화재의 완전진압여부 선언

 핵심요약

- 화재진압
  - 소방력의 3대요소   • 강제처분   • 소방차우선통행   • 소방활동구역의 설정
  - 화재대응매뉴얼 : 표준매뉴얼, 실무매뉴얼, 특수화재대응매뉴얼, 대상별매뉴얼
  - 상황별대응계획   • 현장대응활동검토회의   • 소방안전관리

---

* 1차 검색: 화재 진행 중 2명 이상 대원이 조(Two in, Two out)를 이루어 하는 신속한 인명검색.(*밑줄 : 키워드)
* 2차 검색: 화재진압 후 또는 잔화정리 시, 각 층을 1/2, 1/4로 나누어 꼼꼼한(건물관리인에게 정보 획득) 검색.

3장 화재의 의의   OX(2진법) 개념 따라 잡기~

01 화재방어란 화재예방, 화재방어, 소방계획을 포함한 화재로부터 그 지역을 지키기 위한 소방활동이다.( )

➡ 상기 내용은 "방호"에 대한 용어이다.(* 화재방어란? 공설 소방조직이나 사설 소방조직에 의한 화재의 예방·진압으로 인명과 재산의 손실을 줄이기 위한 제반 소방활동을 의미하며, 협의로는 화재예방 또는 건물의 소방시설을 의미한다.

02 소방력의 3요소는 소방대원, 소방장비, 소방용수이다.( )

➡ 소방력의 3요소는 인원(소방대원), 장비(소방장비), 소방용수(소방수리)이다.

03 공기호흡기, 방호복은 화재진압장비이다.( )

➡ 공기호흡기, 방호복은 보호장비이다.

04 화재대응매뉴얼은 표준 매뉴얼, 실무 매뉴얼, 특수화재 매뉴얼, 대상별대응 매뉴얼이 있고 지하철은 특수화재 대응매뉴얼이다.( )

➡ 지하철화재 등과 같은 특수시설 및 특수유형화재에 대한 것은 특수화재대응매뉴얼에 속한다.

05 화재대응매뉴얼에서 표준매뉴얼에는 재난현장표준작전절차, 긴급구조대응계획, 소방방재 현장조치 행동매뉴얼, 다중밀집시설 대형사고 표준매뉴얼 등이 이에 속한다.( )

➡ 옳은 내용이다. ▶ 표준 : 현대 현다이

06 부득이 고립관창을 배치할 경우에는 대원 2명 이상이 관창을 잡게 해야 한다.( )

➡ 대원 1명이 관창을 잡고 1면을 담당하는 고립된 관창배치는 가능한 한 피해야 하고, 서로 확인할 수 있는 상태로 배치하는 것이 바람직하다. 부득이 고립관창을 배치할 경우에는 2명 이상이 관창을 잡게 해야 한다.

07 심야 시간대에 다층구조의 주거용 건물 1층 계단에서 화재가 발생한 경우에는 가장 낮은 층의 침실이 1순위의 검색 대상이 된다는 것을 판단할 수 있다.

➡ 계단화재에서는 연돌효과로 인하여 계단을 타고 올라가기 때문에 가장 높은 층의 침실이 1순위의 검색 대상이 된다

정답 ○   01. (X)   02. (O)   03. (X)   04. (O)   05. (O)   06. (O)   07. (X)

08 자동노출 또는 플래임래핑과 같이 창문에서 창문으로 확산되는 방식은 넓은 의미에서 전도의 한 사례이다.

　▶ 자동노출 또는 플래임 래핑과 같이 창문에서 창문으로 확산되는 방식도 화재가 인접 건물로 확대되는 일반적 사례이며, 넓은 의미에서 (대류) 확산의 한 사례이다.

09 복사는 열과 연기를 확산시켜 연소 범위를 확대시키는 가장 흔한 방식이다. 대류는 공간을 통해 열이 사방으로 전달되는 방식으로 화염을 사방으로 확대시키는 대형화재의 주범이다.( )

　▶ 대류는 열과 연기를 확산시켜 연소 범위를 확대시키는 가장 흔한 방식이다.
　　복사는 공간을 통해 열이 사방으로 전달되는 방식으로 화염을 사방으로 확대시키는 대형화재의 주범이다.
　　(* 키워드: 대류는 연소확대에 가장 큰 영향, / 복사는 대형화재의 열 이동에 가장 크게 작용)

10 전략은 전체적 대응활동계획과 대응활동에 필요한 모든 자원의 활용 및 배치계획을 포함하는 개념이고 / 전술은 1개 단위의 진압대가 현장에서 수행하는 구체적 작전을 말한다.( )

　▶ ① (소방)전략: 전체적 대응활동계획과 대응활동에 필요한 모든 자원의 활용 및 배치계획을 포함하는 개념.
　　② (소방)전술: 1개 단위의 진압대가 현장에서 수행하는 구체적 작전을 말한다.(* 전략에 비해 세부적인 것)

11 전략개념의 우선순위는 인명구조 → 외부확대 방지 → 내부확대 방지 → 화점진압 → 재발방지를 위한 점검·조사를 말한다.( )

　▶ 외부(예 옆집)확대방지 → 내부(예 옆방)확대 방지에 유의한다. 위 내용의 순서는 모두 옳다.(* 빈출문제)

정답 08. (X) 09. (X) 10. (O) 11. (O)

PART 01 복원기출로 예측문제

화재진압 및 현장활동 주요기출 시험흐름 파악하기~

▶ 본 문제는 주요 기출문제들을 유사하게 변형한 것임.

01 「화재조사 및 보고규정」에서 화재의 정의와 유사 개념으로 "고의 또는 과실로 인하여 타인에게 손실을 입히는 화재"의 설명으로 옳은 것은?

① 민법상 화재 ② 과학적 화재 ③ 형법상 화재 ④ 소방법상 화재

해설 ○ 고의 또는 과실로 인하여 타인에게 손실을 입히는 화재는 민법상의 화재이다. ☆ 13 경기장

과학적 화재	빛과 열을 발생하는 급격한 산화현상. (* 연소현상)
형법상 화재	불을 놓아 매개물에 독립하여 연소되는 것.(* 방화)
민법상 화재	고의 또는 과실로 인하여 타인에게 손실을 입히는 화재

02 다음의 내용에서 소화기구의 화재표시 색상으로 옳은 것은?

> • 나트륨, 칼륨, 마그네슘과 같은 가연성 금속의 화재를 말한다. 금속화재에 대한 소화기의 적응 화재별 표시는 D로 표시하고 있으나 현재 국내의 규정에는 없다.

① 백색 ② 무색 ③ 청색 ④ 황색

해설 ○ 지문의 내용은 금속화재에 대한 내용이다. 화재는 일반화재(백색), 유류화재(황색), 전기화재(청색), 금속화재(무색), 가스화재(황색), 주방화재(무색)으로 구분한다. ☆ 13 경기장

✪ 소화기구 및 자동소화장치의 화재안전기준(NFTC 101) (* 찾는법: 국가법령정보센터→ 행정규칙→)

7. "일반화재(A급 화재)"란 나무, 섬유, 종이, 고무, 플라스틱류와 같은 일반 가연물이 타고 나서 재가 남는 화재를 말한다. 일반화재에 대한 소화기의 적응 화재별 표시는 'A'로 표시한다. 〈신설 2015. 1. 23.〉
8. "유류화재(B급 화재)"란 인화성 액체, 가연성 액체, 석유 그리스, 타르, 오일, 유성도료, 솔벤트, 래커, 알코올 및 인화성 가스와 같은 유류가 타고 나서 재가 남지 않는 화재를 말한다. 유류화재에 대한 소화기의 적응 화재별 표시는 'B'로 표시한다. 〈신설 2015. 1. 23.〉
9. "전기화재(C급 화재)"란 전류가 흐르고 있는 전기기기, 배선과 관련된 화재를 말한다. 전기화재에 대한 소화기의 적응 화재별 표시는 'C'로 표시한다. 〈신설 2015. 1. 23.〉
10. "주방화재(K급 화재)"란 주방에서 동식물유를 취급하는 조리기구에서 일어나는 화재를 말한다. 주방화재에 대한 소화기의 적응 화재별 표시는 'K'로 표시한다. 〈신설 2017년〉 (K급, 공통교재 미 기재됨.)

정답 ○ 01. ① 02. ②

03 일반적으로 다공성 물질에서 발견되는 "무염화재"에 대한 설명이 아닌 것은?

① 화염은 크게 발생하지 않으나 연기가 나고, 빛이 나는 심부화재이다.
② 대기 중의 산소가 천천히 스며들어가면서 연소범위가 서서히 확산된다.
③ 열과 화염이 크게 발생하는 일반적인 화재유형에 해당한다.
④ 겉천(가죽)을 씌운 가구, 이불솜, 석탄, 톱밥, 매트리스와 같은 물질의 화재가 해당한다.

해설 ③은 유염화재에 대한 내용이다.

○ 무염화재와 유염화재의 요약 ☆ 10 강원, 13, 14 위

무염화재	• 일반적으로 다공성 물질에서 발견되며 화염은 크게 발생하지 않으나 연기가 나고, 빛이 나는 화재로 심부화재에 해당한다. • 겉 천(가죽)을 씌운 가구, 이불솜, 석탄, 톱밥, 폴리우레탄 재질의 매트리스와 같은 물질은 대표적인 무염화재의 연소물질에 해당한다. • 이와 같은 다공성 연소물질은 대기 중의 산소가 천천히 스며들어가면서 연소범위가 서서히 확산된다. 연기가 나거나 무염화재와 같은 유형은 재발화의 원인이 되기도 한다.
유염화재	• 열과 화염이 크게 발생하는 일반적인 화재유형에 해당한다. • 목재화재의 경우 발생된 화염 열은 대기 중으로 방출되거나 일부는 연소 중인 나무로 다시 복사열이 되어 되돌아오면서(대략 전체 열의 1/3까지), 화재는 계속해서 진행된다.

04 시간과 온도변화에 따른 일반적인 연소 이상현상의 진행단계 순서는?

① 롤오버-백드래프트-백드래프트-프래임오버-백드래프트
② 플래시오버-프래임오버-백드래프트-롤오버-백드래프트
③ 백드래프트-프래임오버-백드래프트-롤오버-백드래프트
④ 프래임오버-백드래프트-롤오버-플래시오버-백드래프트

해설 프래임오버-백드래프트-롤오버-플래시오버-백드래프트 순이다.

○ 시간에 따른 연소의 진행단계 ☆ 16 부산교, 13, 20 위 등

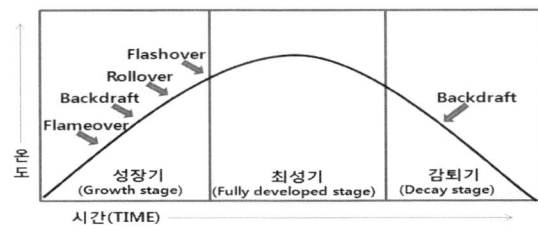

05 불에 잘 타지 않는 재료로 10분 가열(305℃)후 잔류 불꽃이 없고(30초 미만) 그 재료의 연소가스 속에 방치된 쥐가 9분 이상 활동 하는 재료는?

① 석면판　　　② 석고보드　　　③ 회시멘트판　　　④ 난연합판

해설 ○ ✪ 설문은 준불연재료의 석고보드에 해당된다.　☆ 15 충남교·장 통합

준불연재료	・10분 가열(305℃)후 잔류 불꽃없는(30초 미만) ・연소가스 속에서 쥐가 9분 이상 활동 가능. ▶ 10분과 9분

06 화재가 발화해서 구획실 화재의 성상과 진행단계에 영향에 미치는 것이 아닌 것은?　☆ 15 충남교·장

① 배연구의 크기　　　　　　　　② 구획실의 위치
③ 구획실의 천장 높이　　　　　　④ 구획실을 둘러싸고 있는 물질들의 열 특성

해설 ○ 화재 진행에 영향을 미치는 요인에는 배연구의 크기, 구획실의 천장 높이, 구획실의 크기 등이 있다.
(＊ 연상: 구획실의 위치가 동쪽이냐 서쪽이냐는 무관하다고 생각한다.)

07 산소가 부족한 밀폐된 공간에 열이 집적되어 실내가 고온일 때 문이 개방되어 불완전 연소하는 가연성 가스에 갑자기 다량의 산소가 공급되면서 발생하는 역류성 폭발현상은?

① 플래시오버　　② 롤오버　　③ 훈소　　④ 백드래프트

해설 ○ 갑자기 다량의 산소가 공급되면서 발생하는 역류성 폭발현상은 백드래프트이다.　☆ 15 충남교·장 통합

08 다음 중 백드래프트 내용으로 옳지 않은 것은?　☆ 16 전북장 등 다수 기출 모음

① 부족한 산소농도, 휘파람 소리, 노란색의 불꽃, 맴도는 연기 등이 관찰된다.
② 화염은 보이지 않으나 창문이나 문이 뜨겁다. 일반적으로 적절한 내부공격시점은 지붕배연작업 후이다.
③ 지붕환기 배연법은 소방관을 보호할 수 있는 가장 효과적인 방법 중 하나이다.
④ 일산화탄소 증기운의 농도를 폭발하한계 이하로 떨어뜨리는 대응전술은 측면공격이다.

해설 ○ 일산화탄소의 농도를 폭발하한계 이하로 떨어뜨리는 대응전술은 급냉이다. (▶ 09번 해설 참고.)

정답 ○ 05. ②　06. ②　07. ④　08. ④

09. 다음 중 백드래프트(Backdraft) 대응전술에 포함되지 않은 것은? ☆ 14 부산장, 15 소방교 등 유사문제

① 배연(지붕환기)   ② 정면공격   ③ 급냉(담글질)   ④ 측면공격

해설 ✪ 백드래프트 대응전술 3가지 핵심 (* 10번과 혼동 주의한다.) ▶ 배급측

배연	연소 중인 건물 지붕 채광창을 개방하는 것으로 소방관을 보호하는 가장 효과적인 방법.
급냉	밀폐된 출입구를 개방하는 즉시 방수함으로써 폭발 직전의 기류를 급냉시키는 방법.
측면공격	개구부 인근에서 벽 뒤에 숨어 있다가 출입구가 개방되자마자 개구부 입구를 측면 공격방법.

10. 플래시오버(Flashover)를 지연시키는 방법으로써 옳은 것은? ☆ 14 대구교, 서울장, 19 소방위 유사문제

① 급냉   ② 지붕환기   ③ 공기차단 지연   ④ 측면공격

해설 ✪ Flashover를 지연시키는 3가지 방법 핵심 (* 09번과 혼동 주의한다.) ▶ 배냉공(* 배냇골)

배연지연	창문 등으로 배연(환기)함으로써, 열을 방출시켜 F/o를 지연시킬 수 있다.
냉각지연	분말소화기 등을 분사하여 화재를 온도를 일시적으로 낮추는 법이다
공기차단지연	창문 등을 닫아 산소를 감소시킴으로써 연소 속도를 줄이는 방법이다.

11. 다음 중 플래시오버 발생 직전의 징후와 특징이 아닌 것은? ☆ 12 부산장, 20 소방교 유사

① 실내가 고온의 연기발생
② 플레임오버 현상이 관찰됨
③ 일정 공간 내에서의 전면적인 자유연소
④ 실내 모든 가연물의 동시발화 현상, 바닥에서 천장까지 고온상태

해설 ✪ 플래시오버의 징후와 특징

징 후	특 징
• 고온의 연기 발생 • 롤오버 현상이 관찰됨 • 일정 공간 내에서의 전면적인 자유연소 • 일정 공간 내에서의 계속적인 열집적 • 두텁고, 뜨겁고, 진한연기가 아래로 쌓임	• 실내 모든 가연물의 동시발화 현상 • 바닥에서 천장까지 고온상태

정답 ◦— 09. ② 10. ③ 11. ②

12 플래시오버의 내용에 대하여 옳지 않은 것은?

① 실내가 고온이고 짙은 연기가 감지되며, 자유연소 형태이다.
② 화재 중기에 서서히 실내 전체가 화염에 휩싸이는 현상이다.
③ 플래시오버로 전이되는 것을 지연하기 위해 실 공간에 냉각, 배연, 공기차단에 주력한다.
④ 플래시오버 이후 산소농도는 거의 소진되므로 대원은 공기호흡기 압력을 수시로 확인한다.

해설 ○ 화재 중기에 갑자기 실내 전체가 화염에 휩싸이는 현상이다.   ☆ 14 부산교

13 백드래프트와 플레쉬오버현상에 대하여 옳지 않은 것은?

① 백드래프트는 폭발현상으로 충격파, 붕괴, 화염폭풍이 발생한다.
② 플레쉬오버는 연소확대 및 폭발이며 주 매개체는 축적된 복사열이다.
③ 백드래프트 징후는 산소공급이 없는 불완전연소상태인 훈소상태이다
④ 플레쉬오버 징후는 산소공급이 있는 유염의 불꽃연소인 자유연소상태이다.

해설 ○ 플레쉬오버는 폭발이 아니며 연소확대의 주 매개체는 축적된 복사열이다.   ☆ 14 대구교

14 질식소화에서 액체 가연물 화재가 소화되는 산소농도는?   ☆ 17, 19 소방교 유사

① 23% 이하   ② 21% 이하   ③ 15% 이하   ④ 7% 이하

해설 ○ 질식소화법 : 대부분의 가연물은 액체를 기준으로 산소농도가 15% 이하이면 소화가 된다.
(※ 참고로 고체: 섬유·종이 10% / 기체: 수소 8%, 아세틸렌 4% 이하 소화가 가능하다)

15 다음 중 제거소화의 종류가 아닌 것은?   ☆ 14 대구교

① 산불화재 시 방화선을 구축하여 주위 산림을 벌채하는 것
② 전기화재 시 전원을 차단하거나 가스화재 시 밸브를 잠그는 것
③ 창고나 선박의 선실 등을 밀폐하여 산소의 공급을 차단시키는 것
④ 유류탱크 화재 시 탱크 밑으로 기름의 용량을 감소(감량, 배유, Drain)하는 방법

해설 ○ 창고나 선박의 선실 등을 밀폐하여 산소의 공급을 차단시킴으로서 소화하는 방법은 질식소화이다.

정답 ○ 12. ②   13. ②   14. ③   15. ③

16 다음 중 화재가 발생한 부분에 모포나 이불로 덮어서 소화하는 원리는? ☆ 14 경북장

① 제거소화 ② 냉각소화 ③ 질식소화 ④ 억제소화

해설 ○ 화재가 발생한 부분에 모포나 이불로 덮어서 공기(산소)를 차단하는 방법은 질식소화에 해당한다.

17 "소방장비의 분류"에서 화재진압장비가 아닌 것은?

① 소방관창류 ② 소방호스류 ③ 분말소화약제 ④ 공기호흡기, 방화복

해설 ○ 공기호흡기, 방화복 보호장비임. ☆ 12 서울장 유사

18 화재대응매뉴얼의 종류 중 옳지 않은 것은? ☆ 13 경기장, 충북장·교, 16 서울교 등

① 표준매뉴얼 ② 실무매뉴얼 ③ 기본매뉴얼 ④ 특수화재대응 매뉴얼

해설 ○ 화재대응매뉴얼의 종류 : 표준매뉴얼, 실무매뉴얼, 특수화재대응 매뉴얼, 대상별 대응매뉴얼

19 "현장대응활동검토회의" 내용으로 옳지 않은 것은?

① 소방청장은 현장대응활동 검토회의 기본 계획을 매년 수립하여 시·도에 시달하여야 한다.
② 소방본부장은 매년 시·도 검토회의 시행 계획을 수립하여 소방청장에게 보고하여야 한다.
③ 현장대응활동검토회의는 사고발생일로부터 30일 이내에 개최한다.
④ 현장대응활동검토회의는 관할 소방본부 또는 소방서에서 개최한다.

해설 ○ 현장대응활동검토회의는 사고발생일로부터 20일 이내에 개최한다.

20 현장대응활동검토회의 결과보고에서 소방기관의 장은 검토회의 종료 후 현장대응활동 종합보고서를 작성하여, 누구에게 며칠 만에 보고하여야 하는가?

① 시·도지사 - 지체 없이 ② 소방서장 - 10일 이내
③ 소방본부장 - 20일 이내 ④ 소방청장 - 지체 없이

해설 ○ 소방기관의 장은 검토회의 종료 후 별지 서식을 참고하여 현장대응활동 종합보고서를 작성하여, 소방청장에게 지체 없이 보고하여야 한다.

정답 ○ 16. ③ 17. ④ 18. ③ 19. ③ 20. ④

21 현장대응활동검토회의 구성에서 "참석자"에 관한 내용으로 옳지 않은 것은?

① 소방활동에 참여한 사람
② 소방기관장이 필요하다고 지정하는 사람
③ 예방업무 담당공무원
④ 소방청장이 필요하다고 지정하는 사람

해설 ①, ③번 외 화재규모, 현장활동 등을 참작하여 소방기관의 장이 필요하다고 지정하는 사람
※ 19~21번 "현장대응활동검토회의" 문제는 본서 출간일 기준, 법령의 개정 내용이 공통교재에 실리지 않았음

22 전략전술에서 화재진압전략의 활동과정 5단계 순서는? ☆ 14 대구교 17 소방장, 18 위, 19 소방교·장

① 화재진압-외부확대방지-내부확대방지-인명구조-점검, 조사
② 인명구조-내부확대방지-외부확대방지-화재진압-점검, 조사
③ 인명구조-외부확대방지-내부확대방지-화재진압-점검, 조사
④ 내부확대방지-외부확대방지-인명구조-화재진압-점검, 조사

해설 화재진압전략의 활동과정 순서는 인명구조-외부확대방지-내부확대방지-화재진압-점검, 조사 순이다.

23 다음 중 열의 전달(이동)에 대하여 옳지 않은 것은? ☆ 14 경기장

① 전도는 각각의 물체가 직접 접촉하여 열이 전달되는 현상이다.
② 대류는 공기의 운동이나 유체의 흐름으로 열이 이동하는 것을 말한다.
③ 비화는 난로를 피우면 따뜻한 공기는 상승하고 찬 공기는 밑으로 내려오는 순환이다.
④ 복사는 열에너지가 물질을 매개하지 않고 다른 물질에 전파되어 흡수되면 열로 변한다.

해설 대류는 실내에서 난로를 피우면 따뜻한 공기는 상승하고 찬 공기는 밀려서 밑으로 내려오는 순환현상이다.

24 다음은 가스의 열균형에 대한 설명이다 옳지 않은 것은?

① 온도가 높은 가스는 최상층에 모이고, 낮은 층에는 보다 차가운 가스가 모인다.
② 뜨거운 가스층에 주수하면 열 균형이 파괴되며 소방대원들이 화상을 입게 된다.
③ 정상적인 열 균형이 파괴되면 강제배연방법으로 구획실 내의 가스를 배출시켜야 한다.
④ 뜨거운 가스층으로부터 높은쪽에 있는 화점에 방수를 하는 것이다.

해설 뜨거운 가스층으로부터 아래쪽에 있는 화점에 방수를 하는 것이다. ☆ 1급 화재진화사 등

정답 21. ④ 22. ③ 23. ③ 24. ④

25 생사가 걸린 의사결정법에서 "화재에 대한 지식정보"이다. 옳지 않은 것은? ☆ 17 소방장

① 대류는 열과 연기를 확산시켜 연소 범위를 확대시키는 가장 흔한 방식이다.
② 대류나 자동노출 확산을 막기 위해서는 아래층에 호스를 연결하여 방어해야 한다.
③ 복사는 공간을 통해 열이 전달되며 화염을 사방으로 확대시키는 대형화재의 주범이다.
④ 전도는 고체물질의 고온에서 저온으로 열이 전달되는 방식이며, 주로 기계적 시설이 작동되면서 마찰열에 의해 화재가 발생되는 기계적 화재원인의 주범이기도 하다.

> **해설** 자동노출 또는 플래임래핑과 같이 창문에서 창문으로 확산되는 방식도 넓은 의미에서 대류 확산의 한 사례이다. 대류나 자동노출 확산을 막기 위해서는 <u>위층에</u> 호스를 연결하여 방어해야 한다.
> (* 플래임래핑 : 소가 혓바닥으로 핥듯이 창문이나 열린공간을 향해 화염이 확대되는 것.)

26 생사가 걸린 의사결정법에서 "전략과 전술"에 대한 내용이다. 옳은 것은? ☆ 16서울교, 위 등

① 전략은 1개 단위의 진압대가 현장에서 수행하는 구체적 작전을 말한다
② 전술은 전체적 대응활동계획과 대응활동에 필요한 모든 자원의 활용 및 배치계획을 포함하는 개념이다
③ 소방현장에서 가장 흔하게 활용되는 전략개념은 우선순위는 인명구조 → 내부확대 방지 → 외부확대 방지 → 화점진압 → 재발방지를 위한 점검·조사 등 5가지의 대응목표를 우선순위에 따라 자원을 배치하는 것을 말한다.
④ 대부분의 화재진압전략은 화점과 생명의 위치확인 → 통제 → 진압의 순차적 진압활동을 통해 최적의 결과를 기대할 수 있다.

> **해설** 전략과 전술
> ① <u>전술은</u> 1개 단위의 진압대가 현장에서 수행하는 구체적 작전을 말한다
> ② <u>전략은</u> 전체적 대응활동계획과 대응활동에 필요한 모든 자원의 활용 및 배치계획을 포함하는 개념이다
> ③ 소방현장에서 가장 흔하게 활용되는 전략개념은 우선순위에 따른 화재진압을 하는 것 이다. 이것은 인명구조 → <u>외부확대 방지</u> → <u>내부확대 방지</u> → 화점진압 → 재발방지를 위한 점검·조사 등 5가지의 대응목표를 우선순위에 따라 자원을 배치하는 것을

정답 25. ② 26. ④

MEMO

CHAPTER 04 화재진압활동 (4장)

> **학/습/목/표**
> - 단계별 화재진압을 수행할 수 있다.
> - 소방호스를 전개할 수 있다.
> - 안전하게 파괴활동을 수행할 수 있다.
> - 인명검색과 구조를 수행할 수 있다.
> - 직사주수와 분무주수를 수행할 수 있다.

제1절 출동준비

1 소방장비 점검·정비

(1) 교대점검

① 근무교대는 당일의 당번자와 비번자의 책임을 교체하는 것이므로 당번 근무자는 교대 즉시 모든 장비·장구가 출동 가능하도록 유지해야 한다.
② 당번자는 각종 장비와 기자재의 수량, 성능, 적재상황을 점검한 후 인수받아야 한다.
③ 또한 근무편성 사항을 확인하여 본인의 임무를 알아두어야 한다.

(2) 소방장비점검

각종 소방장비에 대한 상시 가동상태를 유지하고 장비의 고유한 성능을 최대한 발휘하기 위하여 평상시의 일과시간에 「소방장비관리법」 시행령에 의한 정기점검을 철저히 하여야 한다.
 ① 정기점검: 일정한 주기마다 실시하는 점검
 ② 정밀점검: 소방청장이 정하는 소방자동차 특수장치의 물리적·기능적 결함 등을 확인하는 점검
 ③ 특별점검: 소방장비에 특수한 결함·고장, 사고 발생 시 그 원인을 밝히기 위해 실시하는 점검

(3) 정비

- 자체 정비할 수 없는 경우는 전문정비공장에 의뢰하여 정비하도록 한다. 장비를 정비할 경우에는 대체할 소방차량과 장비를 준비하여 상시 화재출동에 대응할 수 있는 체제를 유지해야 한다.

---

* 비번자(非番者): 비 당번자

2 각종 조사

(1) 지리 및 소방용수시설의 조사 ☆ 14 인천장,

지리조사	소방용수 조사
◦ 출동에 장애가 되는 도로상황, ◦ **건물의 개황.** ◦ 기타 소방상 필요한 지리조사	◦ 위치 파악 및 소방용수 표지판의 설치여부 ◦ **소방차량의 진입가부** (*^^ 소방용수의 위치 파악 후) ◦ 구조 및 용량 ◦ 수압, 수심, 수량의 감소 여부 ◦ 지반과 수면과의 거리, 토사매몰 또는 고장여부

(2) 소방활동 자료조사

관계지역 및 소방대상물에 출입하여 그 위치·구조설비 및 관리상황 등 소방작전에 필요한 제반 관련현황을 파악, 숙지하고 활용하기 위해서 다음 사항을 조사한다.
① 소방대상물, 관계지역의 위치·구조·용도배치, 방화구획, 제연, 피난계획, 비상용 승강기 등
② 소방대상물 및 관계지역 안의 위험물 그밖에 연소물질의 특성에 관한 사항
③ 옥외에 송수구가 부설된 소화설비 및 소화활동설비의 구조 및 활용방법에 관한 사항
④ 소방용수시설의 기준, 소방대의 배치 및 중계 송수에 관한 사항
⑤ 소방대의 긴급통행에 관한 사항
⑥ 소방대상물 및 관계지역에 대한 소방활동구역·강제처분 및 피난명령에 관한 사항
⑦ 그밖에 연소방지 및 인명구조에 관한 사항.

3 교육훈련   4 근무자세 – 생략(중요도 없음)

(1) 도상훈련

구역 내 소방대상물의 위치, 구조, 설비현황을 서류, **도면, 영상** 등 각종 자료를 활용한 도상훈련을 실시하여 실제 화재발생 시 대응활동에 차질이 없도록 하기 위해 **일상훈련으로** 실시한다.

(2) 소방훈련

화재방어 및 인명구조, 구급활동 등을 과학적이며, 효과적으로 수행하기 위하여 전 대원에게 소방기술을 연마시켜 유사시, 최고의 소방역량을 발휘할 수 있도록 한다.

훈련의 종류	• 기초체력훈련 ☆ 14 서울장 • 소방장비조작훈련 및 점검 : 　개인장구 착용 및 사용훈련, 소방장비 조작 및 기술연마, 소방통신기기 조작 및 점검 • **현지출동훈련** : 승차 및 출동훈련, 가상화재 출동훈련 등 • 인명구조 및 구급훈련 • 특수장소 소방관서 합동훈련 • 광역출동훈련

▶ 훈련방법, 실시요령, 훈련지도 : 소방청훈령 「현장공무원복무규칙」의 (소방교육훈련)과 소방공무원 훈련계획에 의거 실시.

---

* 지리(地利) : 땅의 생긴 모양 등   * 개황(槪況) : 대강의 상황   * 도상(圖上) : 지도나 도면의 위.

제2절 신고접수 (* 중요도 낮음)

1 화재통보의 구조 및 중요성

① 화재를 발견한 자는 소방기본법 제19조(화재 등의 통지)에 의해 소방서 등으로의 통지의무가 부과되어 있으며, 119번 신고는 종합방재센터 또는 소방서 상황실에 연결된다.
② 신고접수는 소방관이 화재 등의 통보를 받고 확인한 것으로서 소방대가 행하는 소방 활동의 기점이 된다.

2 접수 구분

① 소방기관이 화재를 접수하는 방법은 여러 가지가 있으나 119 화재신고 전화에 의한 것이 대다수를 차지하고 있다. **최근에는 휴대전화에 의한 신고가 증가**하고 있는 실정이며, 또한 휴대폰 어플(119 신고앱)로 새로운 신고방법이 생겨났다.
② 소방법에 규정한 일정 대상물에서는 자동화재탐지설비 등과 연동한 자동화재속보설비에 의한 통보 등 다양화되는 경향을 나타내고 있다.
③ 화재는 관계인 등의 신고에 의한 소극적인 접수방법뿐만 아니라 폐쇄회로카메라 감시에 의해 발견하는 적극적인 신고접수방법도 고려해야 할 것이다.

화재의 접수방법 ☆ 18 소방장

방 법	내 용
① 119전용전화	119회선에 의해 소방기관이 화재통보를 수신하는 것
② 일반가입전화	소방기관의 가입전화로 화재통보를 수신하는 것
③ 관계기관	경찰기관과의 사이에 설치한 전용회선 등 관계기관에 의해서 소방기관이 화재통보를 수신하는 것
④ 인편수보	통신기기를 이용하지 않고 발견자 등이 직접 소방기관에 화재 등을 통보해온 경우
⑤ 소방시설	자동화재속보설비에 의해 소방기관이 화재통보를 수신하는 것
⑥ 기 타	상기 외의 방법에 의해 발견 또는 수신한 것(순찰 등)
⑦ 사후인지	관계자나 주민 등에 의해 진화된 후 소방기관이 발견하거나 화재통보를 수신한 것.

▶ 119 일관일소기사

제3절	**화재출동**

화재를 접수하고 소방대가 현장에 도착할 때까지의 일련의 행동을 화재출동이라고 한다.

* **오답**: 차고지 이탈

1 출동 지령

소방기관에서는 화재를 접수한 경우 소화활동을 위하여 관할 소방서 또는 119안전센터에 출동을 지령한다. (*^^ 상황실에서의 지령으로 소재지에 따라서 또는 화재상황 판단에 따라서 아래 내용을 이해한다)

┃출동 명령 시 일반적인 판단상황┃

① 소 재 (소재지에 따라서)		② 화재 상황 (화재상황 판단에 따라서)		
구, 동, 번지	대상물 명칭(목표물)	화재종별	화재상황	구조대상자 유무
•출동로 •목표수리 •특수건물 유무		•화재실태 추정 •초기활동에 필요한 기자재 •활동중점		

① 출동지령은 화재발생 장소, 종별, 규모 등에 따라서 정한 출동계획에 의해 이루어진다.
② 상황근무자는 출동지령 후 소방대상물인 경우 소방활동정보카드를 확인하고 그 대응매뉴얼에 관한 정보를 출동대에 즉시 알려야 한다.
③ 출동지령과 동시 관할경찰서, 한국전력공사, 가스안전공사 등 관계기관에 화재상황을 통보하여 화재현장 공조활동이 원활하게 이루어지도록 해야 한다.

2 예정 소방용수의 선정

① 예정 소방용수의 선정은 화재발생 장소의 상황, 도착순위, 화재규모, 다른 출동대의 부서 등을 종합적으로 판단하여 가장 합리적인 것을 선정해야 한다.
② 더욱이 출동시의 **예정 소방용수**는 현장도착시의 상황변화에 대응할 수 있도록 **최소 2개소** 이상을 선정하는 것이 바람직하다. (*^^ 개념: 모든 규정은 만약을 대비하여 최소 2개 이상으로 한다)

> ■ 현장 도착 시 상황변화의 예로 다음과 같은 경우가 있다.
> ① 예정된 소방용수 가까이에 주차 차량이 있고 소방용수 부서를 할 수 없는 경우
> ② 화재장소가 출동 지령된 장소에서 떨어진 반대쪽인 경우
> ③ 화재가 확대되어 예정 소방용수 부근까지 화염이 확산되고 있는 경우
> ④ 후착대로 예정했던 출동대가 선착하여 직근의 소방용수를 사용하고 있는 경우
>   또는 출동시의 예정 소방용수 선정에 있어서는 다음(페이지)과 같은 원칙에 의하여 선정해야 한다.

| 예정소방용수 선정 |

▶ 직방순적 교타장예

3 출동로 선정** ☆ 14 부산교, 17, 18 소방교

출동로는 화재현장으로 안전하고 <u>단시간</u>에 도착할 수 있는 도로를 선정하는 것을 원칙으로 한다.

* 주의 : 출동로는 <u>단거리</u>로 도착할 수 있는 도로 선정을 <u>원칙</u>으로 한다는 오답이 된다.

따라서 출동로는 다음과 같은 조건을 <u>종합적</u>으로 판단하여 결정할 필요가 있다.

① 화재 현장까지 가장 가까운 도로일 것.(*^^ 원칙이 아닌 종합적 판단의 결정)
② 출동로의 가까운 곳에 소방용수가 있을 것
③ 주행하기 쉬운 도로일 것
④ 도로공사, 교통혼잡 등의 장해가 없을 것
⑤ 다른 출동대의 진입방향과 중복되지 <u>않을 것</u>
⑥ 부서 위치는 후착대에 장해가 되지 않는 위치로 할 것

4 출동

특히 활동경험이 적은 대원은 필요 이상으로 서둘러 충분한 활동체제를 갖출 수 없는 경우도 있으므로 출동시의 조치요령은 반복적으로 훈련하여 자신감을 가지고 행동할 수 있도록 한다.

5 출동 시 유의사항

출동 도중 무선연락이나 출동지휘자의 지시에 주의를 기울여야 하고 화재현장 가까이 도착하면 연기, 불꽃, 불티의 확산, 주위 사람들의 움직임 등을 <u>차량 내</u>에서 확인하고 화재진압활동을 준비해야 한다.

(1) 긴급자동차로서의 안전운행

소방차는 긴급자동차로서 법령상 많은 특례가 있다. 그러나 법령에서 허용되고 있는 행위라 해도 긴급자동차의 고속주행 등은 매우 위험한 행위이며 긴급주행은 고도의 주의와 위험회피의 의무를 부담하고 있는 것으로 생각해야 한다.

(2) 운전원 이외의 대원은 소방자동차의 안전운행을 위하여 유의사항

신속한 출동	출동이 지연되면 마음이 초조하게 되어 안전 확인에 소홀해지게 된다.
주의력 집중	긴급주행 중에는 여러 곳에 위험이 도사리고 있다. 위험예지능력을 배양하고 전 대원의 눈으로 확인한다.
확인 철저	위험을 조기에 발견하고 이를 회피하기 위해서는 신호 확인 등을 전 대원이 한다.
유도요령 숙달	좁은 도로를 통과할 때나 소방용수부서를 위한 후진 등의 경우에 각 대원은 운전원과 일체가 되어 차량을 유도할 수 있도록 해야 한다.

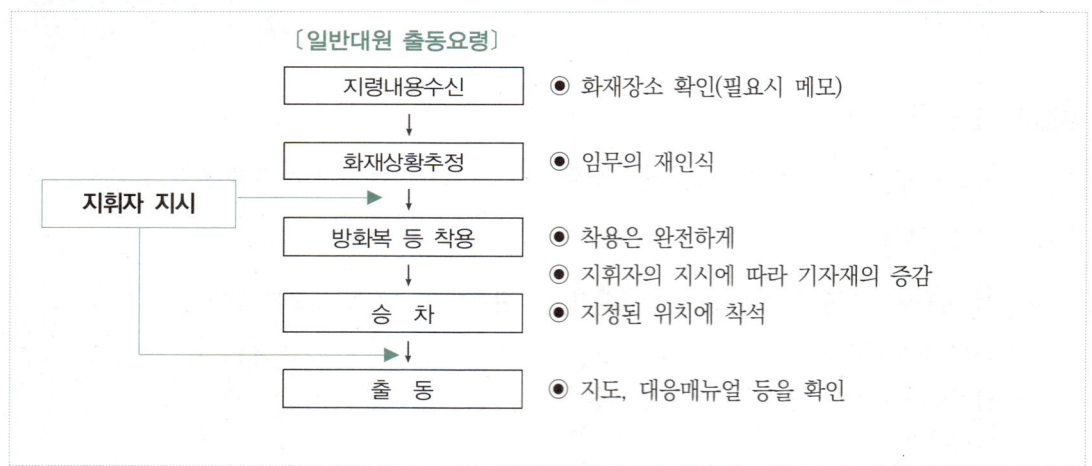

(3) 출동 중 정보수집

① 출동지령에 의하여 각 소방대가 출동한 후에도 소방서(본부)에서는 119통보나 통보내용을 조사해야 한다. 소방본부에서 각 출동대에 대하여 화재장소의 변경이나 구체적인 화재상황정보를 제공할 수 있도록 노력하여야 한다.

② 화재 현장에 도착한 선착대는 화재장소 주위의 상황이나 연기, 열기의 상황 등의 정보를 후착대에게 적극적으로 제공할 필요가 있으며 후착대는 그 정보를 참고하여 반영하여야 한다.

제4절 현장도착★★

1 현장 도착 시 마음가짐

① 화염과 연기를 보면 흥분하는 경향이 있다. 냉정하게 행동할 수 있도록 침착성을 유지한다.
② 지휘자의 지시가 있을 때까지 사전명령 이외의 단독행동은 하지 <u>않는다.</u>
③ 화염과 연기가 발견되지 않고 방어 필요가 없다고 인정되더라도 지휘자의 명령이 <u>없는 한</u> 방어행동을 개시한다.(*^^ 화염과 연기가 없어도 지휘자의 명령이 없는 한, 방어행동을 개시한다는 뜻)
④ 지휘자의 명령에 근거해 대원 상호 간에 행동내용을 확인해서 행동한다.
⑤ 활동 중에는 자기의 활동위치 및 활동내용 등을 적절히 보고하여 지휘권 내에 포함되도록 하여야 한다.

2 도착 순서별 중점 활동사항★★ ☆ 14 경남·15 서울·18 소방교

① 화재현장 소방대의 도착순위는 발화장소를 중심으로 소방서(119안전센터)의 배치에 의해서 다르다. 화재현장 도착순위는 화재의 연소 확대방지 및 인명검색, 구조활동 등에 중대한 영향을 미친다.
② 소방대의 현장 도착시의 활동은 도착 순위에 따라 선착대(도착 순위가 통상* 1~3착이 되거나 화재 인지로부터 **5분 이내에 도착하는 출동대**) 및 후착대로 나뉘어지고 각각 중점으로 해야 할 활동 내용이 정해져 있다. ▶암기: 135

선착대 활동의 원칙*	후착대
① 인명검색·구조활동 우선 ② 연소위험이 가장 큰 방면을 포위 부서 ③ 화점 직근의 소방용수시설을 점유 ④ 사전 대응매뉴얼을 충분히 고려하여 행동 ⑤ 신속한 상황보고 및 정보제공 ✪ 신속한 화재상황 파악, 보고 후 후착대에게 적극적으로 정보를 제공. 필요시 조기에 소방력 응원을 요청한다. ㉠ 화재의 실태 : 건물구조, 화점, 연소범위, 출입구 등의 상황 ㉡ 인명위험 : 요구조자*의 유무 ㉢ 소방활동상 위험요인 : 위험물, 폭발물, 붕괴위험 등 ㉣ 확대위험 : 연소경로가 되는 장소 등 화세의 진전상황 ▶키워드: 실태 인명 위험 확대	후착대는 선착대의 활동을 보완 또는 지원해야 한다. 후착대는 다음 사항에 유의한다. ① 선착대와 적극적으로 연계하여 **인**명구조 활동 등 중요임무의 수행을 **지**원한다. * 수행(x) ② 화재의 방어는 선착대가 진입하지 않은 방면, 연소건물 또는 연소건물의 인접건물을 우선한다. ③ 방어 필요가 없는 경우는 지휘자의 명령에 의해 **급**수, **비**화경계, **수**손방지 등의 **특**정임무를 **적극적으로 수행한다.** ▶암기: 인수급비지 ④ 화재 및 진압상황을 정확히 파악하고 과잉파괴 행동 등 불필요한 활동은 하지 않는다.

---
* 통상: 보통   * 요구조자: 구조대상자

3 소방용수 유도 및 부서*

(1) 소방용수 유도 및 부서* ☆ 16 경기·18 소방교, 19 소방위

① 현장도착 시 연기나 열기를 확인할 수 없어도 반드시 소방용수를 점령하여 주수 태세를 갖춘다.
② 다른 출동대의 통행에 장해가 되지 않도록 소방용수 및 부서 위치를 결정한다.
③ 소방용수로 차량을 유도할 때는 소방용수의 위치 및 정차 위치를 명확하게 나타냄과 동시에 소방호스 등의 장애물을 배제하여 실시한다.
④ 소방용수 부서는 급수처리, 호스연장, 사다리 운반 등의 행동이 같이 실시되기 때문에 대원끼리의 충돌에 주의한다.
⑤ 기온강하 시는 특히 노면동결에 의한 전도 등에 주의한다.
⑥ 소방용수 부서 차량은 가능한 수평이 되게 하고 바퀴 고임목을 하여 안전사고를 방지한다.
⑦ 도로상의 소방용수시설에 부서하는 경우 소방용수 맨홀에 의한 실족사고에 주의 조치한다.
⑧ 선착대의 소방용수에 여유가 있는 경우 후착대는 자기대의 소방용수 점령에 집착하지 말고 선착대의 소방용수와 차량을 효과적으로 활용한다. (*^^ ⑥ 경사지가 아닌 평지+고임목까지)

> ◉ 한편 사다리차 등의 소방차량은 소방용수와는 관계없이 독자적으로 자기 소대의 임무에 따라 부서를 한다. 예를 들면 사다리차의 경우 어떠한 목적으로 사용할 것인가에 따라서 그 부서의 위치나 방법이 달라진다. 사다리차로 고층건물의 상층에서 인명구조를 하고자 하는 경우에는 건물에 **접근**시켜 부서해야 한다. 그러나 사다리차로 높은 곳에서 현장활동을 지원하기 위하여 조명이나 주수를 하는 경우에는 반드시 화재 건물에 접근할 필요는 **없다**. ☆ 16 경기장, 19 소방위

(2) 흡수관 조작 시

① 흡수관을 연장하는 경우는 흡수관의 반동이나 발이 걸려 넘어지지 않도록 주의하고 소화전 등에 결합하면 밸브를 열기 전에 반드시 결합 상태를 확인한다.
② 소화전, 저수조 등의 위치에는 로프 등으로 표시하고 전락방지 조치를 취한다.

(3) 소화전 흡수* ☆ 13 부산·19 소방교

소화전은 지하식과 지상식 어느 것이나 흡수관을 결합하고 개폐밸브를 조작하여 흡수할 수 있다.
① 펌프로 이물질이 들어가는 것을 예방하기 위하여 흡수관을 결합하기 **전**에 소화전을 **개방**하여 관내의 모래 등을 배출시킨다. * 오답: 결합 후 (*^^ 결합 전, 먼저 모래 등을 배출 후, 흡수관을 결합한다)
② 흡수관의 결합을 확실하게 하고 반드시 확인한다.
③ 배관 말단의 소화전에는 유입되는 물의 양이 적기 때문에 방수구의 수를 제한한다.
④ 소화전으로부터 흡수중일 때 다른 출동대로부터 송수를 받으면 송수된 물이 펌프를 경유하여 (소화전)수도배관 속으로 **역류**할 수 있으니 유의한다. (*^^ 타대 송수압력이 소화전보다 **높은** 경우이다)
⑤ 지하식 소화전의 뚜껑은 허리부분의 부상을 방지하기 위해서 안정된 자세로 개방함과 동시에 손발이 끼이지 않도록 주의한다.

(4) 소화전 이외의 소방용수 흡수** ☆ 13 부산장, 14 부산교

소화전 이외의 소방용수로서는 저수조, 저수지(貯水池), 수영장처럼 고인 물과 하천과 같이 흐르는 물 등 다양한 형태의 것이 있다. 소화전 이외의 소방용수로부터 흡수하는 경우의 유의사항은 다음과 같다.

① 흡수관은 저수조의 경우 **최저부**(最底部)까지 넣지만 / 연못 등에서는 흡수관의 스트레이너(strainer, 여과기)가 오물에 묻힐 염려가 있으므로 적당한 길이로 투입한다.
② **수심이 얕은 경우**는 물의 흐름을 막아 수심을 확보하고 스트레이너가 떠오르지 않도록 유의한다.
③ 오염된 물은 원칙적으로 사용하지 않는다.
 - 또 부득이하게 사용한 경우에는 연소가 방지된 시점에서 흡수를 정지한다.
④ 수심이 얕은 **흐르는** 물의 경우에는 스트레이너를 물이 흐르는 **역방향**으로 투입하여 스트레이너가 떠오르는 것을 방지한다. (*^^ 스트레이너가 떠오르는 것을 방지하기 위하여)
⑤ **수심이 깊은** 연못 등은 바닥의 오물이 흡수되지 않도록 흡수관을 로프로 적절히 묶어서 스트레이너가 바닥에 닿지 않도록 한다. (*^^ 이물질로 막힐 수 있기 때문에)
⑥ 수량이 **적은** 하천의 경우 후착대는 선착대보다 위쪽에서 흡수하지 않는다.
⑦ 담 너머에 소방용수가 있는 경우는 사다리 등을 활용해 원칙적으로 2명 이상으로 실시한다.
⑧ 아래로 굴러 떨어질 위험이 있는 곳에 위치한 소방용수에서는 로프 등으로 신체를 확보하고 흡수관 투입 등의 작업을 실시한다.

4 화재상황 평가

1. 화재 진압시스템 분석의 기본 틀(14가지 요소들)*

아래 그림은 건축물 화재 진압시스템을 분석하는 기본 틀이다. <u>14가지</u>의 각 요소들은 건축물 화재 진압을 할 때 주로 어디에 초점을 두어야 하는지에 대한 전체적 그림을 제시해 준다.
 (*^^ 여기서 14가지란? 아래 그림 속의 내용을 말한다.)

∥ 건축물화재 진압시스템의 분석 틀 ∥

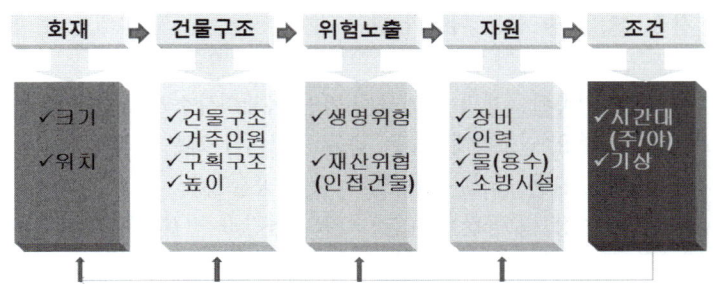

▶ **전체암기**(화건 외자(로)조건 순) : 이크 / 구인구이 / (인접)재생 / 장인물소 / (주야)시기

2. 건물 유형별 안전도 평가** ☆ 13 경남·14 경기, 서울, 경북장, 15 인천 등

- 화재진압 전술(소방활동 정보카드)에 이용되는 기본적인 건물 유형의 분류는 건물구조에 따른 **연소확대의 용이성과 붕괴위험성**을 기준으로 한 안전도 등급에 따라 5가지로 분류한다. 건물 유형은 건축에 이용되는 가연성 물질의 양에 기초하여 위험도가 작은 순위에 따라 1등급~5등급으로 분류한다.
  ----*

(1) 내화구조(안전도 1등급 건물)* (*^^ 철근콘크리트 구조)

① 1등급 건물은 건축법상 <u>내화구조</u> 기준을 충족시키거나 이에 준하는 안전도를 가진다.
② 내화구조 건물에서 화재와 연기가 확대될 수 있는 두 가지 통로는 ❶**공기조화시스템**(HVAC) 배관과 ❷**자동노출**(Auto-exposure, 창을 통해 외층으로 연소확산)이다.
③ 화재 시 **최우선적으로** 취해야 할 행동은 공기조화시스템과 통로를 <u>차단</u>하는 것이다.
④ 자동노출에 의한 연소확대는 커튼, 가구, 천장의 인테리어 마감재 등을 통해 아래층 창문으로부터 위층 창문으로 화염이 확대되는 것이므로 이를 차단해야 한다.

자동노출에 의한 연소확대 방지	고가사다리차를 이용한 <u>접근 후 분무방수가 효과적</u>. 14 경남장
자동노출 상층부로의 수직연소시	화재 층 창문과 위 층 <u>창문 사이의 벽</u> 부분에 방수한다.
건물 내부 진압팀이 진입한 상태	화염이 분출되는 창문에 직접방수해서는 **안** 되며, 두 창문 사이의 **벽 부분에 방수한다.**(*^^ 대원 안전을 위해)

(2) 준 내화구조(안전도 2등급 건물) (*^^ 철근콘크리트 구조에 지붕만 가연물)

① 건축물의 바닥과 벽, 기둥은 1등급 내화구조에 해당하지만➡ **지붕재료가 가연성**으로 지어진 건물은 전술적 안전도 2등급으로 분류한다.
② 본 건물 화재시 지붕 아래에서 상승한 열이 전도되어 가연성 지붕덮개에 점화된다.
  – 아스팔트싱글, 조립식패널의 지붕재로 된 경우 **지붕붕괴 위험성을 판단**한다.

(3) 조적조(안전도 3등급 건물)** (*^^ 벽만 벽돌 등 구조) ☆ 13 경북교 14 서울장, 16 서울교

조적조란 벽이 돌, 벽돌, 콘크리트 블록 등으로 쌓아 올려서 만드는 건축구조이다. **바닥 층, 지붕, 보, 기둥** 등은 나무와 같은 가연성 물질로 되어 있는 본 조적조 건물은 안전도 3등급 건물로 분류한다. ▶ 암기: 바지보기 * 오답: 벽

① 화재시 **벽돌로 건축된 4개의 벽**에 둘러싸인 목재저장소와 같은 위험성을 가지고 있다.
② 조적조 건물의 주요 연소확대요소는 숨은 공간이나 작은 구멍이다.
  - 가장 일반적인 숨은 공간은 다락방과 같은 공간이다.
  - 오래된 건물 천장 위 공간은 다른 구획의 공간과 연결되어 연소 확대 통로가 된다.
③ 숨은 공간을 통한 연소확대의 원리는 주로 **대류**에 의해 이루어진다. (* 확대원리: 대류)
④ 숨은 화점을 검색할 때는 가열된 가스와 불꽃이 위로 올라가서 다락방 등 상층부 공간에 점화되어 연소가 확대된다는 점에 유의한다.

⑤ 따라서 특히 의심되는 벽과 천장을 순서대로 개방해야 한다. 개방순서는
- 하단 부분의 벽체 가까운 곳에서 화재가 발견되면 ➡ 바로 위의 벽을 먼저 개방하고
- 상단 부분의 벽 안에서 화재가 발견되면 ➡ 천장을 개방하고, (*^^ 천장에 가까운 벽)
- 천장에서 화재가 발견되면 ➡ 천장 테두리 부분을 개방하여 방수해야 한다.

(4) 중량 목구조(안전도 4등급 건물)* (*^^ 벽체만 블록조)

① 1970~1980년대 방직공장 건물과 같이 **벽체는 블럭조** 또는 이에 준하는 것이지만 ➡ 내부는 중량의 목구조로 되어 있거나 바닥 층과 지붕이 판자(널빤지)로 되어 있다.
② 3등급 건물이 내부에 사용된 목재를 화염으로부터 1차적으로 방어할 수 있는 석고보드나 이에 준하는 불연성 건축재가 주로 사용되지만 / 4등급 건물은 내부에 사용된 목재가 화염에 그대로 노출될 수 있는 구조이다.
③ 최성기는 대들보, 기둥, 횡보, 널빤지가 무너지며 창문으로 엄청난 복사열이 배출된다.
- 본 건물 화재가 최성기 전에 통제되지 않는다면, 창문에서 나오는 복사열로부터 안전한 곳에 차량과 장비를 배치 후, 소방용수 지원조치와 인접건물을 위한 방수 준비를 한다.

④ 붕괴가 진행될 때는 ❶먼저 바닥이 붕괴되고 ➡ ❷그 다음으로 벽체가 외부로 밀린다는 것을 고려하여 붕괴위험구역을 지정해야 한다. (*^^ 바닥이 목조 판자, 벽이 블록조니까)
(* TIP ; 화재 시 실내는 압력이 높아지고 밖으로 팽창 이동하기 때문에 벽체 등은 내부에서 ➡ 외부로 붕괴된다.)

(5) 경량 목구조(안전도 5등급 건물) (*^^ 모두 일반목조)

① 경량 목구조 건물은 5가지 건물 유형 중 가장 불이 잘 붙고 붕괴위험성도 가장 높다.
② 건물 구조물 골조와 벽체는 ➡ 주로 목재로 이루어져 있어 5가지 유형 중 유일하게 가연성 외부 벽체를 가졌다.
③ 화재를 평가할 때, 주요 연소확대 경로로 내부확산 외, 창문에서 외부 벽을 통해 쉽게 확대될 수 있다는 점을 고려한다. - 따라서 외부 방수를 지속적으로 유지한다.

┃ 핵심 키워드 정리 ┃ ★★   ☆ 16 경북교, 22 교, 21,23 위 등

구 분	건물 유형별 안전도 평가	붕괴위험성 평가
1등급(내화구조)	확대는 **공**기조화시스템 배관과 **자**동노출.	·콘크리트 **바**닥 층의 강도가 기준
2등급(준내화)	**지**붕이 **가**연성(바닥, 벽, 기둥은 내화)	·철**지**붕 붕괴 취약성(수평배연기법)
3등급(조적조)	바닥층, 지붕, 보, 기둥은 가연성 / 벽:**벽돌** 등	·**벽**이 붕괴(내부 → 외부로)
4등급(중량목재)	바닥붕괴 후 벽체 외부로 밀림 / 벽:**블럭조**	·**지**붕과 **바**닥층을 지탱하는 트러스트 구조
5등급(경량목재)	골조 및 벽체 등이 모두 경량 **목재**이다.	·**벽**이 동시 붕괴(진압대원 매몰 가능성)

▶ 안전도 암기: 공자 지가 벽돌, 블록, 나무를. / ▶ 붕괴위험 암기; 바지벽, 바지벽 조심

3. 붕괴위험성 평가**

☆ 13·14 경북장, 15부산교, 위, 16부산교, 21소방위, 22소방교

- 붕괴 위험성 평가는 **벽**, **골조**(기둥과 대들보), **바닥층**의 3가지를 종합적으로 평가한다.
  ▶ 암기 : 벽골바닥(*^^ 건물에서 가장 중요한 부분이 벽골바닥이다.) * **오답** : 지붕
- 건축법상 내화구조기준 3시간 동안 저항할 수 있는 바닥층이 소방관 진입 시 붕괴될 수 있다. (이런) 내화성 평가기준이 소방관들에게 실용적으로 이용될 수는 없지만 5가지 안전도 등급별 약점을 평가할 수 있는 수단은 이용될 수 있다. 5가지 등급별 구체적 붕괴 위험요소는 다음과 같다.
  ----*

(1) 내화구조(안전도 1등급 건물)* (*^^ 바닥을 강조한 이론이다)

① 내화구조 건물의 붕괴 위험성은 ➡ **콘크리트 (바닥 층)의 강도** 에 달려있다.

- 철골조의 내화구조 건물에서, 바닥 층은 주로 경량철골의 콘크리트로 구성되어 있다.
- 심각한 화재는, 먼저 천장이 붕괴되면서 불꽃이 바닥 아래로 확산되며, 약 600℃로 접어들면 철재는 휘어져 축 처지게 되고 콘크리트 바닥이 갈라지면서 붕괴된다.

② 화재가 최성기에 접어들게 되면 바닥 층은 기둥과 기둥 사이가 휘어진다.
 - 화재가 수 시간 계속되면, 바닥 층의 일부분이 무너지고 불길은 수직으로 확대된다.
 - 문서 보관함이 열리고 세워진 물체가 넘어지면 고열로 휨 현상이 시작된 징후이다.

③ ❶ 내부 바닥 층의 갈라짐, 휘어짐, ❷ 갈라진 콘크리트로 불꽃과 연기가 상승한다면 붕괴신호이다. - (그러므로) 진압은 외부에서 하는 것을 원칙으로 한다.

(2) 준 내화구조(안전도 2등급 건물)* (*^^ 가연성인 지붕을 강조한 이론이다)

① 준 내화구조 건물의 붕괴 위험성은 ➡ **철재구조의 (지붕) 붕괴의 취약성** 에 달려 있다.

- 준 내화구조는 샌드위치판넬, 철재 함석 등 지붕재를 경량 철로 지지시키는 **경량 철재 트러스 구조**이며, 5~10분 정도 화염에 노출되면 휘어져 내려 앉거나 붕괴로 인해, 지붕 위의 소방활동은 위험하다.

② 안전한 배연방법으로는 **수평배연 기법**을 이용한다.(지붕이 취약하니) * **오답**: 수직배연법
 ㉠ 화재진압의 실익이 크고 지붕 배연이 필요할 정도로 심각한 화세인 경우 적용한다.
 ㉡ 2개 이상의 문과 창문을 열거나, 배연기구를 통한 강제배연 방법을 이용할 수 있다.
 ㉢ 수평배연이 비효과적이라면, 가능한 외부에서 진압한다.(* 지붕이 무너질 수 있으니까)

(3) 조적조(안전도 3등급 건물)* (*^^ 벽돌의 벽을 강조한 이론이다) ☆ 15 소방위, 16 부산교, 23 위

벽돌, 돌, 회반죽을 혼합한 인조석 등의 건물이 조적조 건물이다.
① 벽돌, 돌 등 조적조 건물의 가장 **위험한 붕괴요인은** ➡ (벽)이 붕괴되는 것이다
 - 조적조의 벽은 화재 시 골조 또는 지붕보 등의 붕괴로 외부로 향하여 **수평하중**을 받거나 **밖으로 팽창이동**하기 때문에 연소 건물의 내부에서 ➡ **외부로** 붕괴하게 된다.

- 벽돌은 인장하중(수평)보다 압축하중(수직)을 견디는데 약 15배 강하다.(* 석조벽 포함)
- 수직하중에는 벽체 붕괴가 강하지만, 수평하중은 벽체가 쉽게 무너진다.

② 벽체 중 상층부분은 오래된 건물일수록 가장 취약하다.
- 지붕이 연소되고 외부 골조에 변형이 오거나 약간의 폭발이 있다면, 상층 부분은 쉽게 무너진다. / 화재가 한창 진행 중이면 벽체의 붕괴 위험구역을 설정하고 벽 높이 이상의 안전거리를 유지해야 한다.

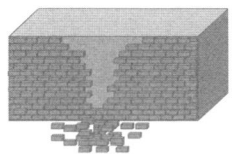
【조적조 벽체의 붕괴 취약부분】

-----*

(4) 중량 목구조(안전도 4등급 건물)** ☆ 14 서울장, 21 소방위

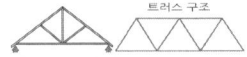

① 중량 목구조 건물의 약점은 ➡ <u>지붕과 바닥층</u>을 지탱하는 트러스 구조의 연결부분에 있다.
  ㉠ 화재 시, 이 연결부위는 목재 자체가 붕괴되기 **전**에 파괴되거나 끊어진다.
  ㉡ 건물 지붕을 지탱하는 골조는 주로 거대한 목재, 강재, 트러스, 집성목재이다.
  ㉢ 트러스 구조는 목재·강재 등의 단재(單材)를 핀 접합으로 세모지게 구성하고, 그 삼각형을 연결하여 조립한 뼈대로 이루어져 지붕재의 하중을 지탱한다.

② 화재가 진행되면 쉽게 플래시오버로 연소가 확대되고 내부 진압활동이 불가능하게 된다.
  - 이로 인하여 외부공격을 하게 되면 대원 순직 가능성은 낮게된다.

③ 건물의 붕괴
  ㉠ 상층부 바닥 층이 연소하기 시작하면 트러스 구조의 **뼈대와 바닥 층**이 무너지기 시작하고, 벽이 외부로 향하여 밀리면서 무너지며 벽돌, 목재 등의 잔해들이 붕괴되어 흩어지게 된다.
  ㉡ 이때 벽체 붕괴의 일반적 현상은 ➡ ❶ 4방면의 벽체 중심부분이 먼저 무너지고
    ❷ 각각의 모서리 부분은 비교적 잘 붕괴되지 않는 안전한 곳이 된다. 따라서 차량, 장비, 대원의 활동 위치로는 건물 외부 모서리가 가장 안전한 곳이 된다.

  • 즉, 가장 취약부분이 <u>4방면의 벽체 중앙이기 때문에</u>, 코너에서 활동해야 더 안전하다.

(5) 경량 목구조(안전도 5등급 건물) ☆ 14 서울장, 23 위

① 경량 목구조 건물의 <u>가장 큰 붕괴 위험성은</u> ➡ <u>(벽) 붕괴이다</u> (*^^ 조적조도 동일!)
  ㉠ 본 건물의 벽은 목재 등 가연성으로서 화염에 노출되면 **짧은시간** 내에 붕괴된다.
  ㉡ 창문에서 화염이 나오는 시점이 되면 건물 붕괴 신호로 간주한다.

② 건물은 붕괴 시 4방면 벽체 중 1개씩 붕괴되기보다 3~4개의 벽체가 동시에 붕괴되는 유일한 건물 유형이므로 진압활동 중 매몰될 가능성이 가장 높다.

③ 진압활동 중 위험구역은 건물 전체에 걸쳐 설정되어야 하며 벽체 코너부분도 안전지대가 될 수 **없다**는 점을 고려해야 한다.   * 오답: 안전지대가 될 수 있다.

4. 퍼사드 안전성 평가
☆ 14 부산교

연소 중인 건물의 가장 위험한 부분 중의 하나는 바로 건물의 퍼사드(Facade)이다.
주로 건물 정면에 설치된 난간, 차양, 덮개 및 처마 등이 붕괴되어 소방관들이 순직하거나 부상의 경우가 많다. 따라서 진압 시 연소 중인 건물의 정면 벽 부분을 평가하도록 한다.

① 건물의 퍼사드 부분에 난간, 차광막, 덮개, 처마 등의 구조물이 설치되어 있다면 화재진압을 하는 동안 그것의 붕괴 가능성을 염두해 두고 지속적인 감시와 더불어 활동해야 한다.
  ㉠ 구부려진 철재로 만든 난간 지지대는 갑자기 붕괴될 수 있다.
  ㉡ 방수한 물로 가득 덮여진 차광막은 일순간 무너져서 대원을 덮칠 수 있다.
  ㉢ 건물 출입구 위의 콘크리트 비 가림 덮개 또한 쉽게 붕괴될 수 있다.
  ㉣ 장식용 철 구조물 처마는 어느 정도 화세가 성장하면 쉽게 처지거나 붕괴된다.

> • 퍼사드 구조물이 취약한 구조적 원인은 한쪽 끝으로만 지탱되는 캔틸레버 보의 구조를 가지고 있기 때문이다.(1910년 미국 시카고 정육공장 벽과 덮게 붕괴되면서 소방관 21명 순직)

② 건물 출입구 위의 콘크리트 비 가림 덮개가 붕괴되는 시점은 대원들이 인명검색이나 화재진압을 위해 출입하는 경우와 잔화정리 직후에 발생된다.

> • 화재진압을 위해 방수한 물이 흠뻑 머금은 시점인 잔화정리 단계에서도 비 가림 덮개나 건물이 붕괴될 위험이 크다.

③ 대형 창문의 윗부분, 1층 옥상이나 2층 바닥 층에 지어진 난간은 붕괴되기 쉬운 취약 부분이다.
  플래시오버에 의해 화재가 폭발적으로 확산되거나 고열에 노출될 때 붕괴 위험이 높다.

④ 붕괴
  ㉠ 난간을 지탱하는 철재는 일반적으로 약 600℃까지 가열되면, 휘어지거나 고정 핀으로부터 이탈하게 되어 붕괴된다. (*^^ 철재 휘임은 항상 600℃로 기억한다.)
  ㉡ 화재에 노출된 건물은 대개 연결부위 중 하나가 무너지면서 전체가 무너진다.
    - 캔틸레버식 구조물이 연결 부위를 많이 가지고 있을수록 붕괴 가능성이 더 높다.
  ㉢ 캔틸레버식 구조물이 쉽게 붕괴되는 또 다른 이유는 가연성 자재로 되어 있는 경우이다.
  ㉣ 처마는 건물 가장자리에 따라 외부로 뻗어있는 구조로 차광막이나 덮개와 같이 캔틸레버식 구조이지만, 한 가지 중요한 차이점은 처마의 경우에는 붕괴위험 외에도 지붕 천장과 연결되어 있는 부분을 통해 연소가 내부로 확대되는 통로가 될 수 있다는 점이다.
  ㉤ 처마 아래의 창문에서 나온 불꽃은 처마로 쉽게 확대되고, 화염에 의해 처마 아래 부분이나 서까래 안쪽으로 확대되며, 인접 건물로 확대될 가능성도 있다. 화염에 의해 처마 부분의 서까래가 연소가 되면, 건물 앞쪽에서 붕괴되기 시작한다.

---

* 퍼사드(facade) : 건물의 정면으로 차양, 처마 등이 설치된 출입구가 있는 정면.(* 즉, 비 맞지 않는 형태 구조)
* 캔틸레버 보(cantilevered beams) : 보의 양 지점 중 한곳이 고정단으로 되어 있고 한곳은 지점이 없는 형태

건축법상 내화구조의 기준과 건축재료 분류 기준

1. 내화구조의 기준 : 철근콘크리트조, 연와조, 기타 이와 유사한 구조로 대통령령으로 정한 내화성능을 가지는 것을 말하며, 최종적인 단계에서 내장재가 전소된다 하더라도 수리하여 재사용할 수 있는 구조.

주요 구조부분		내화구조의 기준
벽	모든 벽	• 철근콘크리트조 또는 철골철근콘크리트조로 두께가 <u>10cm 이상</u>인 것
	외벽 중 비내력벽	• 철근콘크리트조 또는 철골콘크리트조로 두께가 <u>7cm 이상</u>인 것
	기둥 (지름 <u>25cm</u> 이상이어야 함)	• 철골을 두께 5cm 이상의 콘크리트로 덮은 것 • 철근콘크리트조 또는 철골·철근콘크리트조 • 철골을 두께 6cm(경량골재는 5cm)이상의 철망 모르터 또는 두께 7cm 이상의 콘크리트블록·벽돌 또는 석재로 덮은 것
	바닥	• 철근콘크리트조 또는 철골·철근콘크리트조로서 두께가 10cm 이상인 것
	지붕	• 철재로 보강된 유리블록 또는 망입유리로 된것
	계단	• 무근콘크리트조·콘크리트블록조·벽돌조 또는 석조·철골조
	보(지붕틀 포함)	• 생략!(건축물의 피난·방화구조 등의 기준에 관한 규칙 제3조)

▶ 내10 비7 기둥25(내십 비칠 기둥이오)

2. 건축재료의 분류
   ① 불연재료 : 콘크리트, 석재, 벽돌, 기와, 석면판, 철강, 알루미늄, 유리, 시멘트모르터, 회 등
   ② 준불연재료 : 석고보드, 목모, 시멘트판 등의 불연재료에 준하는 방화성능을 가진 건축재료
   ③ 난연재료 : 난연플라스틱판, 난연합판 등 불에 잘 타지 아니하는 성능을 가진 건축재료
3. 내화구조의 설정 조건(기준) : ① 내화도, ② 파괴성, ③ 불연성 ▶ 불파내

※ 공간 이용(블록과 벽돌의 차이점)

■ 블럭과 벽돌의 차이: 구멍이 있으면 블록이고(좌) / 속이 꽉 차있으면 벽돌(우). ■

○ 건축법에서 주요구조부의 정의 등
  주요구조부란? 내력벽(耐力壁), 기둥, 바닥, 보, 지붕틀 및 주계단을 말한다.(건축법 제2조)
  상기 박스에서 내화구조는 일반적으로 벽 두께가 10cm 이상 이지만 "외벽 중 비내력벽"이란?
  외벽이 힘을 받지 않는 경량 구조의 벽일지라도 외벽이니까 7cm 이상은 되어야 한다는 뜻.

* 트러스(P85 용어) : 사각형이 아닌 삼각형 모양으로 뼈대나 구조를 만드는 형태로 이탈리아 레오나르드 다빈치가 발명하였다. - 4각형보다 3각형 구조가 더 안정하기에 에펠이 이를 이용하여 프랑스 파리에 에펠탑을 만듦.

• REFERENCE

- 공부하다가 -

나른한 날씨가 힘겨운지 부쩍 졸음이 잘 옵니다.
얼마 남지 않은 시험날짜가 무색할 정도로요.
시간이 지날수록 제 머리와 마음속엔 보송한 봄내음조차
들어올 공간이 없습니다. 온통 시험 걱정으로 꽉꽉 차있거든요.

공부는 할수록 더욱 아쉬운 것 같습니다.
책은 만질수록 더욱 무뎌지는 것 같습니다.
시간이 지날수록 더욱 정진해야겠다는 욕심이 앞서보지만,
살며시 지쳐가는 그림자 또한 어쩔 수 없는가 봅니다.

공부를 하면서 딱 하나 바람이 있다면
눈으로 보는 대로, 손으로 쓰는 대로, 머릿속으로 착착 들어왔음 합니다.
다급함이 느껴져서인지, 이것이 더욱 간절한 듯 합니다.
줄어드는 시간에 비해 늘어나는 지식은 달팽이처럼 맴돌기만 합니다.

아무토록 최상의 컨디션과 남으로부터 뒤쳐지지 않을 부지런함으로 승부를
걸겠습니다. 정말 합격하고 싶으니까요.
걷는 사람이 있다면, 뛰는 사람도 있다지만, 기죽지 않겠습니다.
걷는 사람이 꼭, 뛰는 사람 뒷길을 따라가라는 법은 없으니까요.
지름길이 있으니까요 최대한의 방법으로 앞만 보고 달리겠습니다.

마이클 조던이 했던 말이 생각납니다.
"나는 지금까지 9,000번도 넘게 슛을 성공시키지 못했다.
나는 지금까지 300번도 넘게 경기에서 져봤다. 사람들이 나를 믿어 주었을 땐,
26번이나 결정적인 슛을 실패했다. 나는 계속 실패하고, 실패하고 또 실패했다.
그것이 내가 성공한 이유다"

— 대한민국 소방관: hm N —

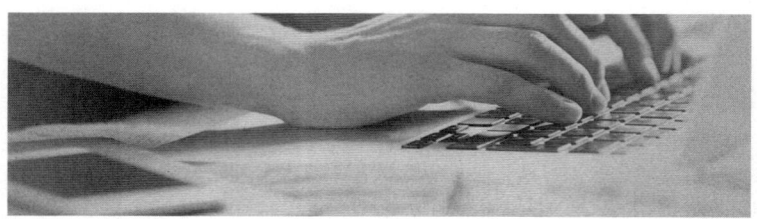

* 짝수 홀수 페이지를 맞추기 위해서 삽입하였습니다.

제5절 현장지휘

1 현장지휘체계

현장지휘관의 체계는 화재상황을 관리하기 위해 사용되는 기능, 책임, (표준)작전절차를 상세히 기술하는 하나의 수립된 방침이다.

현장지휘체계	지휘관의 명령, 지시, 관련정보 등의 수집, 전달 등 업무수행을 위한 조직체계.
현장지휘체계의 궁극적인 목적	현장에서의 효과적인 활동을 할 수 있도록 관리하고, 대원들의 안전을 보장하는 것.

2 현장지휘관의 책임

현장지휘관의 주요책임	책임완수를 위해 요구되는 능력
• 대원의 안전과 생존보장 • 구조대상자의 보호, 구출, 응급처치 • 화재(사고)를 진압하고 인명안전보장　• 재산보호	• 의사결정능력 • 지시와 통제능력 • 지시통제내용에 대한 지속적인 재검토와 평가

3 현장지휘관의 책임완수를 위해 요구되는 능력** ☆ 14 인천장, 16 교, 20, 21 교·장

① 의사결정 능력	㉠ **가정과 사실의 구별**(즉, 추측된 불완전한 정보와 실제정보의 구별)　☆ 21교·장 ㉡ **현장작전상황의 환류(재검토)**를 통해 작전계획을 변경할 수 있는 유연한 자세 ㉢ **표준대응방법**의 개발 ㉣ **행동개시 후에는 즉시 관리자의 역할로 복귀**(전술적 책임은 위임)　▶ 행가표현
② 지시와 통제 능력	㉠ **스트레스관리**(보다 세부적인 문제에 대해 권한 위임의 원칙을 적용함으로서 자신과 하위 지휘관의 스트레스를 줄여준다) ㉡ **고독한 방랑자관리**(권한은 위임하되 모든 책임은 자신이 진다는 고독한 단독지휘관으로서의 행동 준비가 되어야 한다) ㉢ **중간점관리**(초기지시와 활동상황을 수시로 평가하여 상황변화에 맞게 재 지시 및 통제) ㉣ **부족자원관리**　▶ 중고부스 (*^^ ①②번 **연상**: 행가가 표현한다 중고 부스보다 더 낫다고)
③ 재검토와 평가	일반적으로 보고는 보고자의 범위 내에서 관찰된 상황만을 설명한다. / 그러므로 다른 사람의 보고서에 의문을 제기하고 보고자가 완전히, 정확히 알고 있는지 확인하고 의사결정을 내린다.

■ **현장지휘관의 바람직한 자질과 성향*** ☆ 12 소방위, 14 부산장
① 대원의 임무에 대한 존중 자세　② 냉정하고 침착한 지시와 통제능력　③ 훈련과 경험에 의한 전문적 지휘지식
④ 행동지향적이 아니라 **지시지향적 태도**(의사결정 중심 태도)　⑤ 상황을 안정시킬 수 있는 대안제시 능력(문제해결능력)
⑥ 심리적 체력적 대응능력　⑦ 의사전달능력(무전기사용능력 등)　⑧ 안전이 확보된 타당한 위험의 감수능력
⑨ 모든 직원에 대한 관심과 공정성 유지　⑩ 자신과 다른 사람, 장비, 그리고 전략과 전술적 접근법에 대한 한계인식 능력
⑪ 지휘에 대한 존중태도, 훈련되고 일관성이 있는 태도　(*^^ ④ 지휘관이니까..)

4 현장지휘권 확립요소(8단계)   ▶ 암기: 이설기 주검 (완진조회)

(1) 1단계 : 지휘권 이양(지휘명령에 대한 책임 맡기)   ☆ 20 소방위 (8단계의 첫 순서가 나옴)
　지휘권 확립의 첫 출발은 **현장에 도착한 즉시 무전으로 자신이 지휘를 하게 되며,**
　이 순간부터 현장대응상의 전략과 전술에 대한 책임을 맡게 된다는 것을 공식화한다.

(2) 2단계 : 지휘소 설치
　가능한 한 지휘소를 설치 운영한다. **지휘소는 지휘차에 현황판을 설치한다.**

(3) 3단계 : 기존의 상황평가정보 획득(현재까지의 상황평가하기)
　가능한 한 신속하게 현장에 도착하기 전에 선착한 현장지휘관과 현재까지 상황정보를 파악한다.

> ■ 현장지휘관이 반드시 확인해야 할 <u>3가지</u> 기본 상황정보*
> ① 화점의 위치(화재가 발생한 층이나 구역)   * 오답: 인명의 위험
> ② 어떤 호스(관창)가 화재 진압에 이용되고 있는지와 호스 배치 수
> ③ 배치된 호스가 화재진압에 효과를 나타내고 있는지(화세에 비해 현 배치자원의 부족여부 포함)

(4) 4단계 : 주기적으로 상황을 평가하고 예측
　① 화재에 대한 현재 상황을 평가한 후 미래의 상황을 주기적으로 평가 예측하여 예비적 현황정보를
　　각 출동대에 송신한다.
　② 이것은 화재진압에 필요한 향후 활동에 대한 **예측가능성을 높여준다.**
　③ 출동차량 철수(귀소) 여부뿐만 아니라 더 많은 **인력과 장비를 동원하는 판단근거가 된다.**
　④ 작전시간 관리자로서의 역할을 가능, 명령 체계를 관리, 작전의 진척여부를 판단해준다.

(5) 5단계 : 화재 건물의 1, 2차 검색을 관리
　지휘관은 물론 출동대원들 모두 "1차 검색"과 "2차 검색"의 용어를 이해하는 것이 중요하다.

1차 검색	① 화재가 진행되는 <u>도중</u> 검색작업을 말한다. / (대부분 피해자들은 1차 검색 때 발견된다) ② 호스를 전개되고 화재가 진압된 직후, 선착대(최초로 도착한 출동대)에 의해 수행된다 ③ 배연과 동시에 뜨거운 열기와 가시성이 열악한 상황에서 진행되는 <u>신속한</u> 검색에 해당된다.
2차 검색	① 시간제한이 없다. / 보통 화재가 **완전 진압되거나 잔화정리 단계**<u>에서</u> 시작할 수 있다. ② 화재발생의 모든 구역이 다시 검색되며 위, 아래, 인접구역 모두 2차구역에 포함한다. ③ 2차 검색 시간 동안에는 배연과 휴대용 조명등을 가지고 가시성을 향상시킨다. ④ 2차 검색의 결과는 **검색에 참여한 모든 대원들의 이상유무를 확인한 후 지휘관이 현장을 떠나기 전 상황실에 보고한다.** (* 2차는 진압 후 신속함보다 정보획득 후 꼼꼼히 한다)

(6) 6단계 : 화재 완진 선언
　① 화재가 더 이상 지역 사회에 위협이 되지 않는 시점을 결정하고 선언하는 것이다.
　② 이러한 결정 전에 화재 발생 층, 바로 위층, 화재 구역별 단위 출동대가 진압을 수행한 곳 등 노출
　　된 모든 곳을 확인한다. 확인은 단위출동대 별 지휘관과의 무선교신을 통해 확인한다.

(7) 7단계 : 화재현장 조사

화재 건수 중 90% 정도는 화재 발생지점만 확인하면 발화원인을 쉽게 밝혀낼 수 있다.

- ✪ 부엌에서 발생한 화재는 종종 요리기구가 발화원인이며, 침실, 소파에서 발생한 화재는 대부분 전기장판, 담뱃불인 경우가 많다.(* 거주자와의 대화를 통해서도 발화원인 주요 정보를 확인할 수 있다.)

(8) 8단계 : 화재현장 검토회의 주재(대응활동 평가)

① 화재진압이 완결된 후 **현장에서 간략히 검토회의를 가지는 것이 바람직하다.**
② 팀 활동에 대한 가장 효과적인 평가와 개선시점은 **화재진압 활동 직후**이다.

- ✪ 화재현장 검토회의는 문제점을 발견하고 개선하는 기회이기도 하지만 베테랑 대원들이 어떻게 효과적으로 호스를 전개하고 진압하였는지, 1차 인명검색 때 어떻게 침대 밑에 있는 아이를 발견하였는지 등에 대한 교훈적 내용을 들을 수 있는 기회가 되기도 한다.

5 화재현장 세분화와 분대지정

① 저층 화재에 이용되는 기본적 분대 명명법은 건축물의 평면도를 기준으로 지휘소가 위치한 면이 1분대(규모가 큰 경우에는 방면대) 시계방향으로 돌아가며 좌측을 2분대, 후방을 3분대 우측방면을 4분대로 명명한다.
   - 각 방면별로 구획화가 필요하면 좌측에 연이어 인접한 구획을 2-1, 2-2, 2-3....과 같은 방식으로 명명한다.

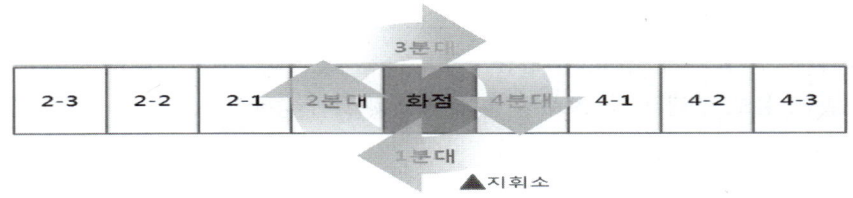

■ 저층화재 분대명명법 ■

② 단일 건축물인 경우의 내부 진압대에 대한 분대명명은 좌우 이등분하여 좌측분대, 우측분대로 각각 명명하고, 4등분 할 경우에는 상기 위에서 언급된 기본적 분대 명명법을 응용하면 된다.
③ 고층건물의 경우 배치된 층수를 활용하여 지하2층 분대, 5층 분대, 6층 분대, 7층 분대… 와 같이 명명한다.

- ✪ 각 구획별로 지정된 분대의 단위지휘관과 현장지휘관(지휘소)의 상황평가정보
  ① 화재 발생 층
  ② 넓은 공간을 가진 대형 건물인 경우 층의 주요 내부구조
  ③ 연소 중인 물질 또는 화재의 규모(개요)
  ④ 현장의 자원으로 충분히 진압이 가능한지의 여부
  ⑤ 화재가 확대되고 있는지, 추가 자원이 필요한지의 여부
  ⑥ 고층 건물인 경우, 거주자 대피용 계단과 관창(호스)을 이용한 진입 계단 지정

제6절　화점확인**

1 정보수집

① 관계자	• 소유자, 관리책임자, 소방안전관리자, 자위소방대, 점유자, 경비원, 당직자 등 • 최초발견자, 신고자, 초기소화자 등　• 피난자　• 부상자, 민간 구조자 등
② 관계자 집합장소	• 지휘본부, 펌프차, 구급차, 진단차, 방재센터, 경비원실, 숙직실, 관리인실 등

③ 관계자가 모인 장소에는 대원을 상주시켜 관계자들을 확보.
④ 피해자는 공포와 불안으로 흥분상태에 있기에 소방대가 도착한 것을 알려 안심을 시킨다.
⑤ 정보수집: **화상을 입은 사람**이 가장 중요한 정보를 가지고 있다. 구급대와 연락을 통하여 이송 도중 또는 병원까지 상세한 정보수집에 노력한다.　* **오답**: 골절환자
　　(*^^ 화상환자는 이미 화염에 접촉되었으므로 가장 중요한 정보를 가지고 있다는 뜻)

2 수집내용 (* 중요도 낮음)

① 관계자가 어떠한 사람인가 확인함과 동시에 다음 사항을 청취하여 메모.
　㉠ 대피지연 또는 행방불명자 유무를 최우선으로 수집한다.
　㉡ 부상자 유·무 및 성명, 연령, 상태 등
　㉢ 최초발견, 통보, 소화자 등으로부터 출화 장소 및 당시 상황
　㉣ 건물 수용인에 대한 인명구조 활동 등
② 연소의 진행방향을 확인.
③ 옥내계단, 비상계단, 엘리베이터 등 건축시설 사용가능 여부를 확인.
④ 관계자 등으로부터 청취할 때는 정보를 철저히 수집.
⑤ 정보수집의 6하 원칙에 준하여 실시.

3 정보수집 요령

① 정보수집은 항목이 <u>중복되지 않도록</u> 임무분담을 정한다.
　　(*^^ 서로의 시간절약과 혼선 등을 위해서 중복되지 않아야 한다.)　* **오답**: 중복되도록
② 수집활동은 일정시간(대략 10~15분)마다 지휘본부에 집합하여 정보교환 등을 한다.
③ 유효한 정보원이 되는 **관계자를 찾아 정보 수집하는 것**을 최우선으로 한다.
④ 현장 부근의 관계자 이외의 사람들로부터 중요한 정보를 얻을 수 있는 경우가 있으므로 사람들의 밀하는 것과 행동하는 것에도 주의한다.
⑤ 대피 지연자가 있는지는 관계자를 조사하는 것만이 아니고 **주위 사람들에게도 청취한다.**

| 정보수집 순위 |** ☆ 14 부산장, 경북장, 17 소방장 등

제1순위	· **대피** 지연자가 있는가, 전원 피난 완료했는가, 부상자가 있는가 등 **인명**에 관한 정보.
제2순위	· **가스누설**과 폭발, 유독가스 등에 의한 **2차** 화재발생 및 위험에 관한 정보.(*^^ 2차위험)
제3순위	· **연소** 확대 위험여부, 계단, 건축시설 및 옥내소화전 등의 소방용 설비 사용 가부와 소방 활동상 필요한 정보. (*^^ 화재진압에 관련된 내용)
제4순위	· **피해상황**, 출화원인 등 예방, 진압상 문제점.(*^^ 조사 등에 관련된 내용) ▶ 대가연피

(* 1순위 개념: 사람확인 / * 2순위 개념: 2차재난 확인)

4 수집결과 처리

① 수집한 정보를 현장지휘자에게 보고한다. 보고는 휴대무전기를 유효하게 활용한다.
② 대피 지연자에 관한 정보, 가스누설 또는 유독가스 등 2차 화재발생 위험에 관한 정보는 단편적이거나 불확실하여도 곧바로 지휘본부에 속보하고 추적, 조사한다.

5 화점 확인 방법***

(1) 외부에서 화점확인 방법** ☆ 12 위, 14 서울장, 16 대구,소방교 18 위, 19, 21 교

① 창 등 개구부로부터 연기가 **분출**하는 경우는
   "연기가 나오는 층 이하의 층"을 화점층으로 판단하고 행동한다.
② 최상층의 창 등으로부터 분출속도가 "약한 **백색연기**"가 나오는 경우는 아래층에 화점이 있는 경우가 많다.
③ 야간에는 조명이 점등하고 있는 층보다 **조명**이 소등된 층에 화점이 있는 경우가 많다.

(2) 내부에서 화점확인 방법*

– 연기·열에 의한 방법 ☆ 13,14 서울장, 위, 15 충남교·장, 16 부산장, 17 위 18 소방교·장, 21 소방장, 위

■ 빈출문제로서 재편집, 박스처리 해설 추가 ■***

① 연기확산방지 : 옥외로 연기 분출, 옥내에 연기가 있는 경우는 공조설비 등을 즉시 **정지**시킨다.
   (* 이유: 공기조화설비 등이 작동되고 있으면 공기가 휘감겨서 제연효과의 저하로 정지시킨다.)
② 화점층 확인 : 공조설비 등이 정지 또는 없는 경우는 연기가 있는 **최하층**을 확인한다.
③ 연기속도 등 : ☆ 21 소방장
   · 화점에 가까울수록 연기의 농도는 진하고 유동은 크고 빠르다.(계단, 덕트 등 제외),
   · 화점에서 멀수록 연기의 속도는 급속하게 저하한다. 연기의 유동속도가 완만하고, ∴
     – 열기가 적은 연기는 화점에서 떨어져 있는 것으로 판단한다.
   · 중성대가 있으면 자세를 낮게 하여 연기의 유동방향으로(에서) **거슬러**(반대로) 확인한다.
     (* 이유: 연기의 유동방향을 역으로 확인해야 연기 발생 지점을 파악할 수 있기 때문이다)
④ 문개방 : 잠겨 있는 실내는 문의 변색, 문틈에서의 연기분출 또는 문, 벽, 상층의 바닥에 손을 접촉하여 온도변화에 의해 확인한다.
⑤ 배연 : 연기가 가득한 경우는 각층 계단실의 출입구 및 방화문을 **폐쇄**하고 옥탑실 출입구 및 피난층 출입구를 개방하여 배연을 행하면서 확인하는 것이 원칙이다.

(3) 수신기 확인

현장에 최초로 도착한 선착대장은 수위실, 건물 로비, 방제센터 등에 설치된 자동화재탐지설비의 수신기를 확인하기 위해 담당직원이나 소방안전관리자와 접촉해야 한다. 그러나 수신기의 여러 층에서 동시에 감지신호가 발생되는 경우에는 수신기에 표시된 **최하층에서부터 화점검색을 시작한다.** (예 수신기의 5.6.7층에 화재표시가 되면 5층에서부터 위로 불이 번지기 때문이다)

① 소방용 설비 등의 화재표시에 의한 방법*   ☆ 19 소방교

방재센터*가 설치되어 있는 경우	① 다음 내용을 확인하여 화점을 확인한다. 　㉠ 자·탐설비* 수신기의 지구표시등의 경보 순서 　㉡ 스프링클러 헤드 작동구역 　㉢ 연기감지기 연동의 제연설비, 방화문의 작동상황 　㉣ 포, 하론 등의 소화설비 작동구역 ② 자·탐설비 수신기의 지구표시등과 스프링클러 헤드 및 포헤드의 작동구역이 **동일한 경우**는 　➡ **해당 구역을 확인한다.** (*^^ 작동구역이 동일하기 때문이다) ③ 스프링클러 헤드 등이 작동하지 않고 자·탐설비 수신반의 **화재표시만** 경보한 때에는 　➡ **최초경보구역**을 확인한다. (*^^ 화재표시만 울리기 때문이다) / 또한 주방화재는 덕트에 열이 흡입되어 스프링클러헤드가 작동하지 않는 사례가 많다. 　㉠ 계단실 직근에서 발화한 경우는 ➡ 연기가 계단실로 유입되어 계단 내 연기감지기가 먼저 동작하는 경우도 있다. 　㉡ 연기감지기 연동의 제연설비나 방화문의 작동을 표시하고 있는 경우에는 ➡ 해당 구역을 확인한다. 　㉢ 하론(할론) 소화설비의 수동기동방식이 작동하고 있는 경우는 인위적으로 작동시킨 것이므로 ➡ 해당 구역을 확인한다.
방재센터가 설치되어 있지 않는 경우	① 자·탐설비 수신기를 확인하여 화점을 확인한다. 또한 설치된 장소는 다음과 같다. 　● 경비원실, 숙직실, 관리실, 빌딩 관리사무실, 전기실, 기계실 등 ② 자동소화설비 등의 작동표시반은 제각기 설비 계통별로 설치장소의 부근에 분산되고 있으므로 주의한다.

(4) 지하실 등 ☆ 16 소방교

① 방재센터 등의 자·탐설비 수신기의 화재표시 및 작동표시를 확인하여 공조설비 등은 모두 정지시켜 화점을 확인한다.(*^^ 어떤 문제점이 발견되면 연기 등이 휩감기므로 일단 공조설비 정지가 원칙이다)
② 소방활동 정보카드 및 관계자의 도면에 의해 내부구조를 확인하여 화점을 확인한다.
③ 벽, 문, 천장, 바닥에 손을 접촉하여 온도변화에 의해 화점을 확인한다.
④ 연기의 농도가 짙고 열기가 높은 방향으로 (역으로) **거슬러** 가면서 화점을 확인한다.
⑤ 지하층의 화재라도 연기가 종혈 공간으로 상승하여 지상층에서 분출할 수 있으므로 유의한다.

---

* 자탐 : 자동화재탐지설비의 준말
* 방재센터 : 방재실(즉, 소방안전관리자 등이 근무하는 실을 말한다.)

(5) 공조용 덕트*

① 옥외로 연기가 분출하거나 옥내에 연기가 있는 경우는 **공조설비를 즉시 정지시킨다.**
② 공조설비의 배기구, 흡기구에서 다량의 연기 분출 시 덕트 또는 덕트 부근의 화재라고 판단하여 화점을 확인한다. (*^^ 공조 : 공기조화)
③ 소방활동 정보카드 및 관계자의 도면에 의해 공조설비의 덕트 계통을 파악하여 화점을 확인한다.
④ 덕트 배기구에서 연기가 분출할 때는 덕트 배관을 따라 다음 요령으로 화점을 확인한다.

- 화점 확인 방법 -
㉠ 덕트의 종류(공조, 주방 배기, 주차장 배기, 창고 배기)를 먼저 확인한다. 화염 덕트의 종별이 판명이 되면
㉡ 해당 덕트의 노출부 또는 점검구 등에 손을 접촉하여 온도변화에 의한다. 점검구는 방화댐퍼 부착개소에 많다.
㉢ 덕트가 천장 속에 은폐되어 있는 경우는 천장의 점검구 등에 손을 접촉하여 온도변화를 확인한다.
㉣ 덕트에 가연성의 단열재 등이 감겨 있는지를 확인한다.
㉤ 방화댐퍼의 작동상황을 확인한다.
㉥ 배기덕트 방식은 최하층에서 콘크리트 샤프트 내에 진입하여 위 방향을 확인하여 **연기가 유입되고 있는 층을 화점층으로 판단한다.** (* 밑에서 위로 보면서 연기유입층을 확인한다는 뜻)

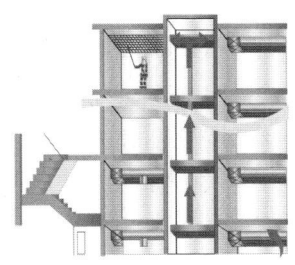

■ 종혈 부분의 화점확인 ■

(6) 주방용 덕트

① 배기설비를 즉시 정지시킨다. - 소방활동자료 및 건축물 도면을 파악, 화점을 확인한다.
② 덕트의 배관계통을 따라 다음 요령으로 화점을 확인한다.
㉠ 덕트 노출부 또는 점검구 등에 손을 접촉하여 온도변화를 감지한다.
㉡ 덕트의 점검구는 통상 **방화댐퍼의 부착개소** 부근이 많다.
㉢ 덕트가 천장 속에 있는 경우는 천장의 점검구를 이용하거나 부분파괴에 의한다.
㉣ 방화댐퍼의 작동상황을 확인한다.
③ 옥상 등의 배연구에서 연기가 **다량**으로 분출하고 있는 경우는 주방용 덕트화재인 경우가 많다.

(7) 더스트슈트(Dust chute), 메일슈트(Mail chute)*

① 더스트슈트*
㉠ 투입구에서 연기가 나오면 집진실 및 취출구 부근을 확인한다.
㉡ 집진실*에 화점이 없는 경우는 더스트 슈트 내부를 보아 연기가 유입되고 있는 층을 화점층이라 판단하여 확인한다.

■ 더스트슈트 화점 확인 ■

② 메일슈트*
㉠ 내부의 장치를 확인한다.   ㉡ 취출구,* 점검구에서 내부 상황을 확인한다.
㉢ 기송관에 손을 접촉하여 온도변화에 의해 확인한다.

(8) 천장 속

① 천장의 틈이나 작은 구멍에서 연기가 분출하고 있는 경우는 천장 속을 확인한다.
② 천장 점검구를 이용하거나 부분파괴에 의해 천장 속의 전기배선 및 덕트 등을 확인한다. 또한 천장에 점검구가 없는 경우 형광등이 매설식으로 있으면 분리해서 점검구로 활용할 수 있다.
③ 금속제나 불연성 천장은 함부로 파괴하지 말고 변색 확인, 손을 접촉하여 온도변화로 확인한다.
④ 형광등 안전기가 타는 특유냄새가 있거나, 스위치를 켜도 점등하지 않는 기구를 중점으로 확인한다.

(9) 화재발생 층의 확인 및 지정(다층건물에서)

① 다층건물 화재 시 소방관은 화재가 발생하고 있는 층을 정확히 파악한다.
② 화재발생 층 파악이 어려울 때는 직접 건물 내부로 들어가 수신기 등을 확인하여 직접 화점 검색을 통하여 화재발생 층을 파악한다.
③ 안전하게 엘리베이터를 이용하여 적절한 호스 길이를 산정한다.

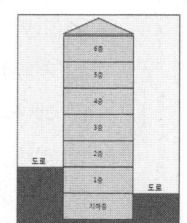

(10) 후각을 이용한 화점 찾기 ☆ 13 경남교

① 음식물 타는 냄새 → 가스(전기)레인지 위 검색
② 침대 매트리스에서 타는 냄새 → 침실
③ 페인트 연소 냄새 → 페인트 보관장소(작업장)
④ 종이타는 냄새 → 책상 밑 쓰레기통
⑤ 자극적인 매캐한 연기 냄새 → 형광등과 같은 전등
⑥ 전기합선 냄새 → 전기배선이 있는 벽이나 천장 위
⑦ 맛있는 쓰레기 냄새 → 부엌 쓰레기통
⑧ 시커먼 연기과 합성수지 타는 냄새 → 옷장 안(이불과 옷)
⑨ 전열기구의 플라스틱 타는 냄새 → 커피포트, 기타 전기제품(스위치가 ON에 있는지 확인)
⑩ 출처를 알 수 없는 아스팔트 타는 냄새 → 인도와 건물사이 틈(인도에 버려진 담배꽁초가 바람에 실려 건물 옆 좁은 틈에 쌓이면서 아스팔트 혼합물과 검은 연기와 함께 연소되는 경우도 있음)
⑪ 고층 건물 내부에서 나는 출처 불명의 연기냄새 → 엘리베이터의 케이블에 과도하게 칠해진 오일이 마찰열에 의해 연소되는 경우 몇 개의 층으로 연기가 확산될 수 있다.

> ✪ 화재진압 장비 중에서 가장 획기적인 도구 중의 하나가 바로 <u>열화상 카메라이다.</u>
> 이 장치는 벽 뒤, 천장 위, 연기에 가려진 열의 출처를 짧은 시간 내에 탐지할 수 있다.

---

p.91 용어해설~
* 덕트(duct) : 관   * 취출구: 공기 구멍   * 기송관 : 공기를 보내는 관
* 집진실 : 분진, 먼지, 쓰레기를 모으는 곳.   * 슈트(chute) : 활강로. 아래로 떨어뜨리는 파이프 등
* 더스트 슈트 : 고층건물 등에서 쓰레기 등을 아래로 버리는 통로.
* 유수검지장치: 흐르는 물을 검지하는 장치로서 배관 도중에 설치된 알람체크밸브를 말한다.(p.93 용어)

(11) 알람밸브(= 유수검지장치*)*

알람밸브만 작동될 때 **화점** 확인을 위해 다음 5단계 활동을 통해 그 원인을 찾는다.

┃ 알람밸브가 작동될 때 그 원인을 찾는 5단계 활동 ┃   ☆ 15 위, 22 소방장

1단계	**수신기** 상에 표시된 층을 확인하고 이 구역을 검색한다.
2단계	스프링클러 시스템을 **리**세팅(resetting) 한 후 경보가 다시 발생하는지 확인한다. - 경보가 다시 울리면, 화재이거나 파이프 누수일 가능성이 크다.
3단계	건물 **위**층부터 검색을 시작한다. - 검색분대는 꼭대기 층에서부터 계단을 내려오면서 각 층 입구에서 물소리나 연기 냄새가 나는지 확인해야 한다. (*^^ 비화재니까 위층부터)
4단계	가압송수장치의 **펌프**를 확인. 고장(지하펌프, 옥상계기판, 물소리, 연기) 등을 조사한다. (※ 지하펌프: 펌프방식 / 옥상계기판: 고가수조방식 / 물소리: 파이프 / 연기: 낮은층을 관찰)
5단계	소방시설관리업체로 하여금 소방시설에 대한 전반적인 **점검**과 보수를 하도록 조치한다.

▶ 암기: **수리위 펌프 점검**

(12) 공조시스템(HVAC, System)

최근 공조시스템을 설치하는 건축물이 늘어나고 있다. 공조시스템은 냉난방과 공기정화기능을 모두 제공하는 중앙집중식 설비의 다용도실에서 건물 전체 공기가 냉각되거나 가열된다. 공기 통로와 관을 통해 건물 전체에 공기가 전달되며 환수되는 공기통로는 이미 이용한 공기를 다용도실의 공조설비로 흡수하여 외부의 신선한 공기와 섞어 정화 후 건물 전체로 내 보낸다.

> ✪ 보충(Tip): 공조시스템이란?
> 난방, 환기(통풍), 공기조화의 약자로서 신선한 공기를 불어넣거나 오염된 공기를 배출하는 설비.

① 공조시스템이 설치된 건물에서 화재 발생 위치를 찾는 것은 매우 어렵다.
  ➡ 약간의 연기냄새를 조사할 때 **최우선적 조치사항은 공조시스템을 차단**하는 것이다.
  시스템 상의 방화댐퍼를 차단하면 공기의 흐름이 중단되어 화재 발생 위치를 찾아내기 쉽다.
② 공조시스템이 차단된 후 검색을 해도 화재 위치를 찾아내지 못했다면 다시 시스템이 작동한다. ➡
  연기냄새는 나지만 화재층을 찾지 못하면 **공조시스템 자체가 연기의 출처**가 될 수 있다.
③ 그런 경우에는 설비가 설치된 다용도실(빌딩 비품실)을 확인한다. / 팬이나 모터가 과열되어 연기가 발생할 수도 있고, 공기조화시스템의 공기필터가 연소될 수 있다. 또한 필터 위에 쌓인 종이와 먼지가 연소하면서 배관을 통해 연기를 각 층으로 보낼 수 있다.
④ 공조시스템이 작동될 때 연기 냄새가 다시 돌아와 다용도실(비품실)의 설비가 **화재의 출처가 아니라는 것이 밝혀지면** ➡ 건물 외부의 공기 흡입구를 확인한다. / 공기흡입구 근처의 작은 쓰레기 화재, 주방 공기 환기구, 주차된 트럭의 매연 등의 연기가 그 원인일 수 있다.

---

* 알람밸브란? **습식** 스프링클러의 배관 도중에 설치된 물이 흐르는 유수검지장치를 말한다. 알람체크밸브
✪ 공조시스템이란? HVAC, System: Heating(히팅), Ventilation(벤틸레이션), Air-Conditioning(에어-컨디셩)

제7절 진입 및 인명구조활동

1. 옥내진입 ☆ 14 부산교

1) 짙은 연기 내 진입 요령★★ ☆ 08 경북장, 14 인천·15 부산교, 20 소방위, 21 소방교

(1) 진입 요령
① 공기호흡기 및 인명구조경보기(휴대용경보기)를 확실하게 착용한다.
  ㉠ 면체는 공기의 낭비를 피하기 위해 진입 직전에 대기압에서 양압으로 전환한다.
  ㉡ 인명구조경보기의 스위치 「ON」을 확인한다. ↳ 보통보다 높은압력
  ㉢ 짙은 연기 내에서는 면체를 절대로 벗지 않는다.
② 조명기구는 사용할 수 있는 상태를 유지한다.
③ 퇴로확보에 필요한 로프, 조명기구 코드, 호스 등 외부와 연락 가능한 수단을 확보한다.
④ 진입 전에 대원카드를 지휘자에게 제출한다.

┃공기호흡기의 사용 가능시간 산출 공식★┃ ☆ 14경기교, 부산장 15울산, 경기, 인천장, 16강원교, 19위 등

■ 사용가능시간(분) = $\dfrac{\text{충전압력(kgf/cm}^2\text{)} - \text{탈출소요압력(kgf/cm}^2\text{)} \times \text{용기용량(}\ell\text{)}}{\text{분당 호흡량(}\ell\text{/분)}}$ ▶충탈용호

· 충전압력 300kgf/cm²의 6.8ℓ 용기를 사용하여 경보벨이 울릴 때까지 사용할 경우, 활동대원이 매분 40ℓ의 공기를 소비한다고 하면 다음 계산에 의하여 사용가능시간을 판단할 수 있다.
 (*^^ 위 수치는 현재 사용 중인 기본적인 수치임)

※ 사용가능시간(분) = $\dfrac{(300 - 55) \times 6.8}{40}$ = 약 41(분)

· 탈출소요압력은 경보 벨이 울리는 압력(신형 SCA680의 경우 55kgf/cm², 구형은 35kgf/cm²= 경보 개시압력 30kgf/cm²+오차범위 5kgf/cm²)으로 산출하기 때문에, 탈출경로가 긴 경우 그에 따른 여유시간이 더 필요하다.
· 공기소비량은 훈련 시 등 비교적 가벼운 활동을 한 경우의 일반적인 소비량이고 각 개인의 활동 강도, 긴장도, 호흡방법 등에 따라 달라지므로 사전에 파악해 두어야 한다.

(2) 진입 및 행동요령★ ☆ 12 소방위, 21 소방장
① 진입은 반드시 2인 1조로, 생명로프를 신체에 결착, 진입하고 단독행동은 피해야 한다.
② **2개 이상의 계단통로**가 있고 급기계단, 배기계단으로 나뉘어 있을 때는 연기가 적은 **급기계단**으로 진입한다. * 오답: 배기계단
③ 어두운 곳에 진입 할 때는 조명기구로 발밑을 조명하면서 자세를 낮추고 벽체 등을 따라 진입한다. (*^^ 넘어지니까) * 오답: 천장, 전면(앞면)을 조명

④ 자동폐쇄식 방화문을 통과하여 진입하는 경우는 쐐기 또는 빗장 등을 사용하여 퇴로에 필요한 폭의 개구부를 확보한다.   ↳ 문개방 기구

⑤ 넓은 장소에 여러 진입팀이 진입하는 경우는 검색봉을 활용해서 바닥을 두드리면서 진입하고 이 소리로 상호위치를 판단한다. (*^^ ②③④⑤ 첫 문장 주의!)

⑥ 공기용기의 잔량에 주의해서 **경보** 벨이 울리면 즉시 **탈출**한다.

(3) 화점실 등으로의 진입 ☆ 20 소방위, 21 소방교, 소방장

① 화점실 등의 문를 개방하는 경우는 화염의 분출 등에 의한 위험을 피하기 위해 문의 **측면**에 위치해 엄호방수 태세를 취하면서 서서히 문을 개방한다. * 오답: 문의 정면에

② 불꽃이 보이는 실내에서는 중성대가 형성되고 있는 경우가 많기 때문에 방수 **전**에 신속하게 연소범위(화점)를 확인한다.   ☆ 21 소방교, 소방장

③ 방수 시에는 시계가 불량하고 열기에 갇히는 것에 유의한다. (*^^ 열류층 파괴로)

④ 화점실 내에 진입하는 경우는 **천장** 부분에 직사방수하여 낙하물 등을 제거 후 진입한다.
   * 오답: 벽에 직사방수하면서

⑤ **고온**의 화점실 내로 진입하는 경우는 전방팀과 후방팀이 1개 조로 활동하는 2단 방수형태로 공격하고 후방의 관창팀은 **분무**방수로 전방팀을 보호와 경계 등 지원을 한다.

⑥ 진입 시 소매와 목 부위의 노출부분 없도록 보호한다.(진입 전 방화복에 물을 충분히 뿌린다)

❂ 탈출, 교대 시 지휘자에게 내부상황을 반드시 보고, 후속진입대원의 활동에 반영한다.

2) 화점 상층의 진입*

① 진입계단을 확보하고자 할 때는 특정의 (다른)계단을 선정하여 1층과 옥상의 출입구를 개방하고 화점층의 계단실 출입문을 **폐쇄**하여 계단실 내의 연기를 배출시킨다.(*^^ 옥상배기를 원칙으로)

② 직상층에 진입하는 경우는 창을 최대한 개방하고 실내의 연기를 배출시킨다.
   - 화점층에서 화염이 스팬드럴(spandrel)보다 **높게 나올 때**는 창의 개방에 의해서 화염이나 연기가 (화점 상층)실내에 유입되는 경우가 있으므로 개방하지 **않는다**. ▶ 오답: 최대한 개방한다.

   (*^^ 스팬드럴 : 구 건축물 등에서 각층의 바닥 뼈대의 바깥쪽 가를 이루고 있는 들보(보)를 말함)
   - ②에서 화염이 높게 나온다는 뜻은 화염이 스팬드럴을 넘어 수직으로 타고 직상층으로 향한다는 뜻이다.

③ 덕트스페이스(duct space), 파이프샤프트(pipe shaft) 등을 따라 화염과 연기가 최상층까지 분출하는 예가 많으므로 **최상**층에 신속히 (경계)관창을 배치한다.
   - 또한 최상층의 창, 계단실 출입구를 개방한 후 덕트스페이스, 파이프샤프트 등의 점검구(점검구가 없는 경우는 부분파괴에 의해 개방)를 개방하고 내부상황을 확인한다.
   (* 용어: 덕트스페이스 및 파이프샤프트 등이란? 건물 내 각종 설비배관 등이 통과하는 수직된 공간)

④ 직상층에서 깊숙이 진입할 때는 특별피난계단, 피난사다리, 피난기구 등의 위치를 확인하고 반드시 **퇴로**를 확보한다. (*^^ ④⑤⑥ 상식적 개념의 문장)

⑤ 직하층 진입대와 긴밀한 연락을 취해 최대의 방어효과가 발휘되도록 활동내용을 분담 조정한다.

⑥ 연결송수관설비, 옥내소화전, 소화활동상 필요한 설비 등 **해당 건물의 설비를 최대한 활용**한다.

3) 창에서 진입

(1) 창의 개방방식 구분

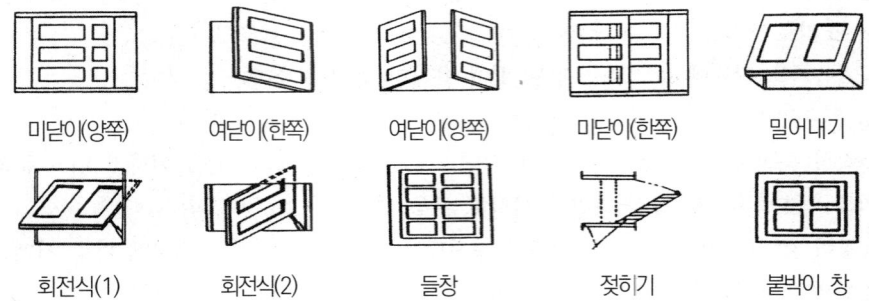

미닫이(양쪽)　여닫이(한쪽)　여닫이(양쪽)　미닫이(한쪽)　밀어내기
회전식(1)　회전식(2)　들창　젖히기　붙박이 창

(2) 활용상 유의사항 ☆ 20 소방위
① 화염의 분출상황을 확인하여 사다리 설치 위치를 결정한다.
② 풍향을 고려하여 창을 개방하고, 실내의 연기를 배출한다.
③ 사다리를 설치할 때는 창틀 등에 고정하여 안전을 확보한다.
④ 개구부에 중성대가 생긴 때에는 바닥 면에 가까운 부분은 잘 보이는 경우가 많으므로 주수하기 전에 신속히 관찰하여 내부 상황을 파악한다.
⑤ 고층건물 상층의 창에 중성대가 생겨 화염과 연기가 분출하고 있을 때 불필요하게 **아래층에 개구부를 만들면 중성대가 내려가게 되어 그 창의 전체가 배기구로 될 수 있어** 주의한다.
(*^^ 하부로 신선한 공기가 급기되면 실내 화세가 강하여 공기는 팽창하여 위로 더욱 솟구치며 그로 인하여 상부 압력이 커져서 중성대는 상부압력에 밀려서 하부로 내려오게 된다는 뜻.)
⑥ 동일층에 있어서 급기측 창과 배기측 창으로 구별할 수 있을 때는 **급기측의 창으로 진입**한다.
(*^^ 배기측은 연기가 나오므로 바람을 등지고 항상 급기측으로 해야 하는 것이 원칙임.)
⑦ 창의 개방에 있어서 백드래프트 또는 플래시오버에 주의하여 주수 태세를 갖춘 후 개방한다.

|외부에서의 진입 요령|

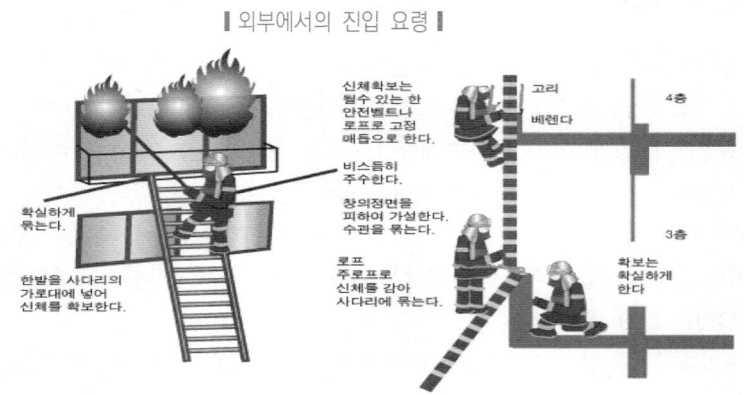

4) 사다리를 이용한 진입 (* 중요도 낮음)   ☆ 서울 소방위

(1) 2층에 연장하는 경우

복식사다리에 의한 진입	가장 일반적으로 활용되고 있는 방법이다. 다음 사항에 유의한다. ① 지반이 약하거나 경사가 심한 경우는 피하지만 다른 곳에 적당한 장소가 없는 경우에는 **호스브리지** 등을 **발판으로 활용**한다. (* 호스브리지: 도로 위 호스 보호용 덮개) ② 진입하고자 하는 개구부의 좌우 어느 한쪽에 **의지하고** 사다리가 옆으로 밀리는 것을 방지한다. ▶ **오답** : 한쪽에 의지하지 않고 ③ 사다리 위에서 창의 유리를 파괴하는 경우는 직접 개구부에 설치하지 말고 개구부 직근의 측면 벽체에 설치하여 파괴시 낙하물, 화염분출에 따른 위험을 방지한다.
펌프차와 거는 사다리의 병행에 의한 진입	거는 사다리 하나만으로는 미치지 못하는 경우 또는 진입장소의 아래쪽에 차양 등의 돌출부가 있는 경우에 활용하며 다음 사항에 유의한다. ① 거는 사다리는 수직하중을 목적으로 제작되어 가능한 수직으로 설치하여 사용한다. ② 베란다의 난간에는 원칙적으로 설치하지 않는다. (*^^ 안정성이 적으니) - 다만, 다른 방법이 없는 경우에 보조확보물이 있는 위치에 설치한다.

(*^^ 겹쳐서 뺄 수 있는 복식사다리는 2단 4m, 3단 7m 등이 있으나 소방에서는 잘 사용하지 않는다.)

(2) 3층에 연장하는 경우 (*^^ 개념: 복식사다리 활용)

3단 사다리를 사용하는 경우	• 3단 사다리는 보통 3층에 설치 가능하지만 **복식사다리에 비하여 불안정한 상태가 되기 쉬우므로** 지반 및 설치위치에 특히 유의한다.
펌프차가 설치 목표지점에 접근할 수 있는 경우	• **펌프차 위에서 복식사다리를 설치하여 3층으로 진입한다.** • 이 경우 펌프차의 소방호스 적재대에서 설치할 경우는 두꺼운 판자 또는 호스브리지 등으로 지반을 보강한다.
복식사다리와 거는 사다리를 병행하는 경우	• **복식사다리를 연장하고 그 위에서 거는 사다리를 설치하는 방법.** 복식사다리의 안정, 신체보호 등 위험방지에 충분한 조치를 한다.
인접건물 등을 활용하는 경우	• 인접한 건물을 통하여 진입할 수 있는 경우는 **여러 개의 복식사다리를 사용해 진입**한다.

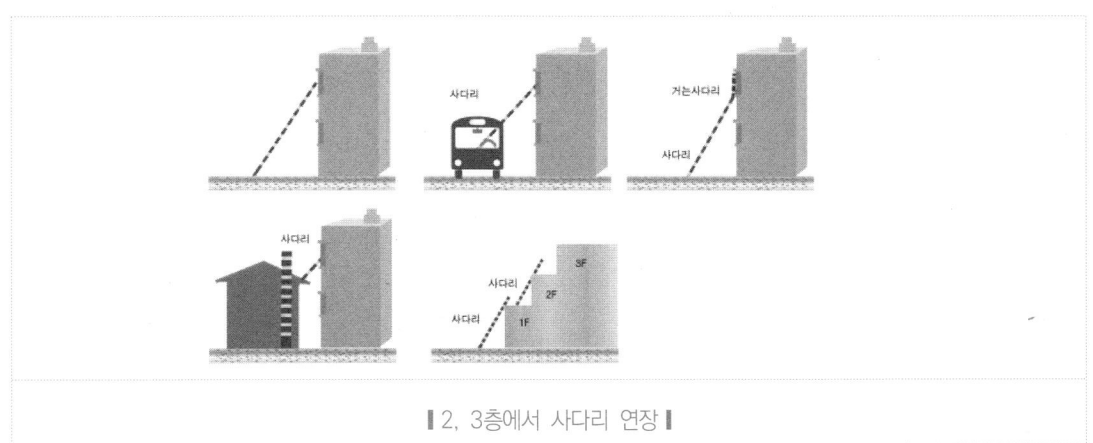

┃ 2, 3층에서 사다리 연장 ┃

(3) 4층에 연장하는 경우 (*^^ 개념: 복식사다리 활용 및 4층에 거는사다리)
  ① 앞의 "펌프차와 복식사다리의 병행에 의한 진입"과 같은 방법으로 활용한다.
    이 경우 사다리의 중량으로 불안정하므로 호스적재대의 보강, 사다리 고정 등을 확실하게 하고 사다리가 옆으로 밀림, 전도 등의 위험방지에 유의한다.
  ② 3단 사다리와 거는 사다리의 병행에 의한 진입:
    3단 사다리를 3층에 연장하고 3층에서는 거는 사다리를 4층에 연장하여 진입한다.

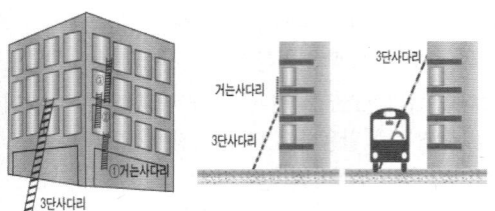

■ 거는 사다리, 3단 사다리 연장요령 ■

  ③ 베란다, 창 등을 이용한 거는 사다리에 의한 진입방법:

| 베란다, 창 등을 이용한 거는 사다리에 의한 진입방법 |

• 하나의 거는 사다리가 있는 경우	2층 → 3층으로 / 3층 → 4층으로 / 순차적으로 연장하여 진입.
• 복수의 거는 사다리가 있는 경우	연장하여 진입한다.

  ㉠ 거는 사다리 올라갈 때는 사다리의 밑 부분이 벽체에 밀착되어 있으면 좋지만 개구부 등과 같은 공간인 경우에는 대원 1명이 반드시 사다리의 지주 밑 부분을 지지해 주어야 한다.
  ㉡ 진입대원은 2명 이상으로 하고 로프 등으로 퇴로를 확보한다.

(4) 낮은 장소에 연장하는 경우
    벼랑, 우물, 하천, 지하공사장을 진입하는 경우는 다음의 요령으로 사다리를 내려 진입한다.
  ① 사다리의 지주 밑 부분 양쪽에 로프를 묶어 확보한다.
  ② 사다리를 목표지점으로 운반한다.
  ③ 사다리 끝부분(선단부)을 로프 또는 다른 사람이 고정시키거나 지지하고 양쪽의 로프를 낮추면서 서서히 내린다.
  ④ 조작상 유의사항
    • 로프의 지지는 신체로 하며 안전에 유의한다.
    • 로프의 손상방지 조치를 한다.
    • 진입대원은 신체를 로프에 결착 안전조치 후 내려간다.

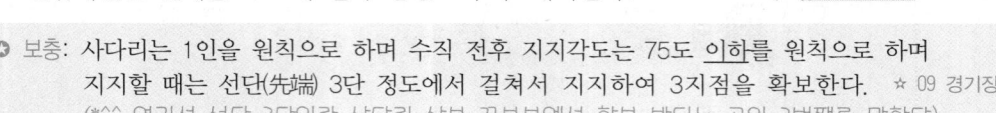

✪ 보충: 사다리는 1인을 원칙으로 하며 수직 전후 지지각도는 75도 이하를 원칙으로 하며 지지할 때는 선단(先端) 3단 정도에서 걸쳐서 지지하여 3지점을 확보한다. ☆ 09 경기장
(*^^ 여기서 선단 3단이란 사다리 상부 끝부분에서 하부 발딛는 곳의 3번째를 말한다)

5) 발코니, 베란다의 진입

① 공동주택, 병원 등에 있어서는 화점층의 직하층 또는 직상층의 발코니까지 옥내계단을 통하여 단식 사다리를 운반하고 이곳에서 옥외로 사다리를 설치하여 진입하는 방법 등이 있다.
② 발코니, 베란다 등에 설치되는 난간 등은 강도가 약한 것이 많으므로 갈고리 등으로 난간의 강도를 확인한 후 활용한다.
③ 난간의 지지부가 부식되어 있는 경우는 로프 등으로 보강시킨다.
④ 난간이 없는 발코니, 베란다는 사전에 로프 등으로 추락방지 조치를 취한다.

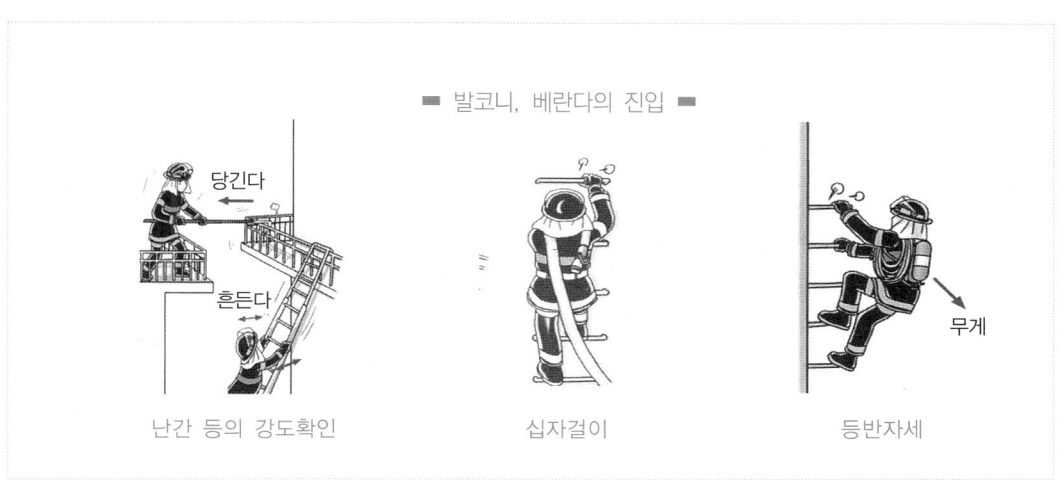

■ 발코니, 베란다의 진입 ■

난간 등의 강도확인   십자걸이   등반자세

6) 피난용 사다리를 이용한 진입

① 수직식 사다리는 발디딤 부분이 얇고 폭도 좁으므로 떨어지지 않도록 안정된 자세를 한다. 안전화에 기름이 묻은 경우 미끄럼에 주의한다.
② 사다리를 오를 경우는 물건을 휴대하지 말고 양손으로 가로대를 확실히 잡고 행동하며 필요한 기자재는 로프로 결착하여 인양한다.
③ 호스를 연장하여 진입하는 때에는 사다리 밑에 충분한 여유 호스를 두고 진입구 부분에서는 로프로 호스를 난간에 결속하여 송수시 물의 중량에 의한 호스의 낙하를 방지한다.
   (*^^ 호스 안에 물이 충수된 소방호스의 1본의 중량은 40㎜가 50kg, / 65㎜가 약 80kg이다.)
④ 피난자가 사용한 것 또는 선착대에 의해서 연장된 피난사다리를 활용할 때
   ㉠ 항상 착지지점의 강도를 충분한지 확인하고 활용한다.
   ㉡ 자기 체중을 사다리에 싣고 2~3회 강하게 당겨 안전을 확인한다.
⑤ 로프 또는 철제 접사다리의 경우는 사다리 하단을 확보 또는 고정하여 유동이 적도록 조치를 한 후에 활용한다.
⑥ 완강기는 진입대원의 탈출용으로 사용 가능한 상태로 고정시켜 놓는다.

7) 옥상 또는 인접 건물을 통한 진입

(1) 옥상활용상의 유의사항

① 헬기, 사다리차를 사용하거나 또는 인접 건물로부터 사다리 등을 이용하여 발화건물의 옥상으로 진입한 소방대는 지휘자에게 옥상 출입구의 위치 및 출입문이 잠겨있는 상황을 보고하고 출입구 개방에 관한 지시를 받는다.

② 화점층의 계단 출입구가 폐쇄되고 피난층의 출입구가 개방되면 해당 계단실내의 연기는 단시간에 (피난층으로) 배출되므로 진입계단으로 활용한다.

③ 계단실 연기를 배출시키고 옥상 출입구를 폐쇄한 후, 배연차를 이용하여 계단실에 공기를 밀어 넣어 가압하면 계단실에 짙은 연기가 유입되지 않는다. (화점실보다 계단실이 고압이 되니)
(* 그 이유? 화점층 계단 출입구가 폐쇄되고 공기를 넣어 계단실 압력이 화점실보다 더 높으니)
(* ☞ 압력과 온도는 항상 높은데서 낮은데로 흐른다, 낮은데서 높은곳으로는 갈수 없다.)

-----*

(2) 인접건물의 옥상 또는 창을 통한 진입요령

① 건물 상호간의 간격이 좁고 마주보는 면에 창 등 개구부가 있는 경우에는 발화건물의 창을 파괴하여 개구부를 만들고 양쪽 건물사이에 갈고리, 천장파괴기, 사다리 등을 걸쳐 진입한다. 이 방법은 상당한 위험이 따르므로 신중을 기해야 하며 진입대원의 안전을 도모하기 위해 로프로 결착한다.

② 건물 상호간의 간격이 2.5m 이내의 경우는 복식사다리를 접은 상태로 수평으로 걸쳐 그 위를 건너 진입한다. 이 경우 2개 이상의 사다리를 병렬로 묶어 설치한 후, 양쪽 사다리에 체중을 싣고 엎드려 건너면 더욱 안전하다.
(*^^ 겹쳐서 뺄 수 있는 복식사다리는 2단 4m, 3단 7m 등이나 위험하니 접은상태로 수평으로 걸쳐야 한다)

③ 수평으로 걸친 사다리를 이용하는 경우는 사다리에 상하진동 등의 충격, 지나친 하중을 주지 않도록 조심스럽게 행동한다.

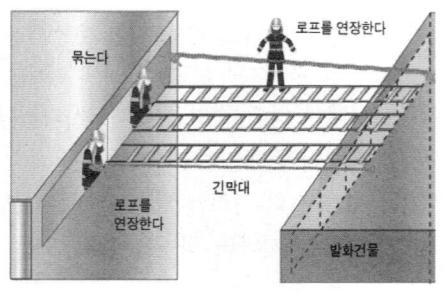

■ 사다리 활용요령 ■

2 인명검색 및 구조*

1) 검색 활동

(1) 탐문 및 상황판단

① 탐문

<u>검색</u>은 건물규모 및 화재의 대소에 관계없이 구조대상자가 있는 것으로 간주하고 탐문과 같이 실시한다.
- 탐문은 미처 대피 못한 자의 유무의 확인과 검색의 중점장소를 판단하는 데에 중요하다.
㉠ 관계자에게 "··층 ··호실의 사람은 피난했는가?"라고 구체적으로 질문한다.
㉡ 화재 관계자(건물관계자, 피난자 및 구출된 자 등) 등으로부터 구조대상자의 유무를 확인한다.
㉢ 구조대상자가 있는 경우는 "어느 층의 어느 장소에, 인원은, 진입은 어느 곳으로 할 수 있는가?"라고 구체적으로 묻는다.

② 상황판단*   ☆ 16 서울교

구조대상자 존재가 불명확할 때는 구조대상자가 있다고 가정하고 확인시까지 검색한다.

> ㉠ 정보가 없는 경우에도 구조대상자가 있다고 판단한다.
> ㉡ 약간 조용한 현장은 구조대상자가 있다고 판단한다.
> ㉢ 야간대의 주택 등의 화재는 구조대상자가 있다고 판단한다.
> ㉣ 공동주택 등에서 야간전등이 <u>꺼져</u> 있는 주거는 "<u>경계대상</u>"으로 한다.
> ㉤ 문에 도어첵크가 걸려 있는 경우는 구조대상자가 있다고 판단한다.
> ㉥ 가스미터기, 간판 등에 유의한다.

(2) 검색조의 편성*

① **검색조**는 검색원 2명, 로프 확보원 1명(총3명)을 1개조로 하고 지휘자의 지시에 의한다.
② 엄호주수 대원은 검색원과 떨어지지 않도록 유의한다.
③ 검색원의 선발은 **경험, 체력, 기능** 등을 고려하여 선정한다.

(3) 검색 준비

① 검색장비 및 기구 점검
㉠ 공기호흡기 ㉡ 휴대용 무전기 ㉢ 조명기구 ㉣ 로프(결속용, 확보용) ㉤ 검색봉(갈고리)
㉥ 인명구조경보기(휴대용경보기) ㉦ 도끼 등 파괴기구

② 공기호흡기 착용*
㉠ 착용 전에 점검을 실시한다.
㉡ 검색원 및 엄호주수 대원은 용기밸브 개방, 압력 확인, 등지게 및 면체 착용, 기밀점검 등을 실시한다.
㉢ 면체는 진입구와 가장 가까운 곳에서 착용한다.
㉣ 지휘자는 검색원 및 엄호주수 대원의 공기호흡기 착용 및 압력확인 후 검색 소요시간 및 방법 등을 지휘한다.

③ 안전로프의 결합
　㉠ 안전로프를 검색담당 B의 벨트 고리에 **고정매듭, 옭(엄지)매듭**으로 묶은 다음 검색담당 B의 안전로프에 있는 카라비너를 검색담당 A의 벨트 고리에 건다.
　㉡ 이 경우 좁은 장소에 진입 시 검색대원 A, B 간을 좁게 할 때는 검색담당 B의 안전로프를 검색담당 A의 벨트 고리를 통해 검색담당 B의 벨트 고리에 건다.
　㉢ 로프 확보자는 안전로프의 말단을 쥐고 검색담당의 진입 시 안전로프의 조작한다.
　㉣ 조명등(투광기)은 삼각대를 떼어내고 전선은 검색담당 A, B의 벨트고리 속을 안전로프와 함께 통과시킨다.

■ 안전로프 결합요령 ■

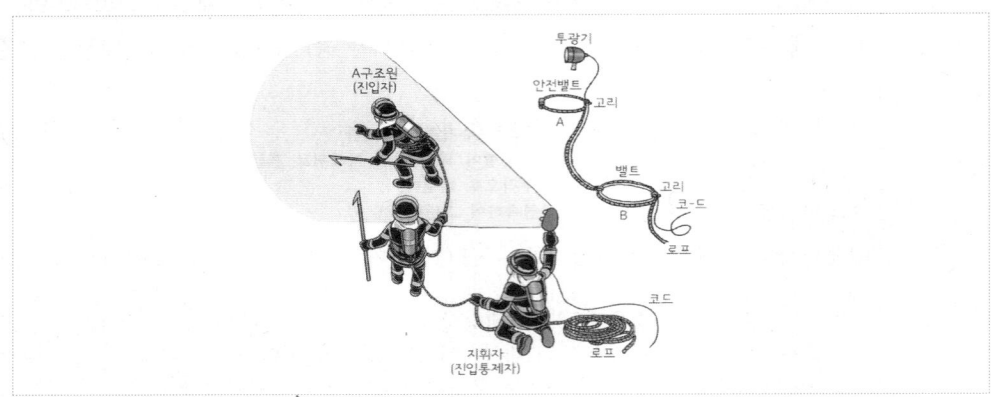

(4) 내부 진입(인명 검색 시)＊　　☆ 16 경기장, 22 소방교
① 지휘자의 지시에 의해 우선순위에 따라서 선정한다. 진입순서는 원칙적으로 다음과 같다.
　㉠ 출화건물, 주위건물 순으로 한다.
　㉡ ❶화점실, ❷인근실, ❸화점층, ❹화점상층, ❺화점하층의 순위로 한다. ▶ 화인층상하
② 진입경로의 선정은 신속, 정확, 안전의 관점에서 판단한다.
③ 진입구 설정을 위한 파괴는 지휘자의 명령에 의해 실시한다.
④ 내부진입에 있어서 이용할 수 있는 수단 등은 다음과 같다.
　㉠ 옥내(외)계단　　㉡ 특별피난계단, 비상용승강기　　㉢ 피난교
　㉣ 창 등의 개구부　㉤ 적재 사다리, 사다리차, 굴절차 등　㉥ 벽, 창 등 파괴

(5) 검색요령＊
① 지휘관은 검색활동에 대해 검색원에게 분담범위, 검색개소를 명확하게 지시한다.
② 검색은 ❶중점장소를 최우선으로 실시하고 ❷불꽃과 연기가 강한 장소, ❸배연방향도 우선하여 단계적으로 실시한다.(*^^ ❶ 중점장소: (6)번 박스의 ㉠~㉤까지 / ❸ 연기와 독성가스 등 때문)
③ 인명검색이 열, 연기 때문에 곤란할 때는 엄호주수 하에 실시한다.
④ 연기나 열이 없더라도 연소위험이 큰 장소나 연기 체류가 예상되는 장소는 검색을 실시한다.
⑤ 구조대상자가 있다는 정보를 수집했을 때에는 확인될 때까지 검색한다.

⑥ 검색 중복을 방지하기 위해 검색이 완료된 장소에는 종료장소의 출입구 등에 표시한다.
⑦ 검색조를 교대하는 경우는 검색경로, 검색실시 범위 및 내부의 상황 등을 교대자에게 인계한다.
⑧ **오감을 최대한도로 활용해서 검색을 실시한다.** (*^^ 오감: 시각, 청각, 후각, 미각, 촉각)
　㉠ 고함 또는 공기호흡기의 확성기 등으로 "누가 있습니까?" 등으로 부른다.
　㉡ 문이나 벽을 손이나 갈고리(검색봉)로 두드리면서 내부의 반응을 판단한다.
　㉢ 신음 소리, 부르짖는 소리, 신호음(문, 벽을 두드리는 소리)을 확인한다.

(6) 검색중점 장소(구조대상자가 있을만한 장소)*

검색은 탐문에 근거한 장소를 최우선으로 하되 다음의 장소를 중점적으로 실시한다.

- ㉠ 야간 화재시의 거실, 침실 부분
- ㉡ 계단 부근(특히 옥외계단으로 통하는 출입구)
- ㉢ 막다른 계단 및 복도 또는 복도의 모퉁이
- ㉣ 승강기 부근
- ㉤ 베란다, 창가
- ㉥ 피난기구가 설치되어 있는 부근
- ㉦ 방의 구석진 곳, 대형가구 속 또는 그 사이
- ㉧ 목욕탕, 화장실 등 연기나 열기를 피하기 위한 일시적인 피난가능 장소

(7) 안전로프의 연장
① 확보자와 검색원간의 안전로프는 탈출시 퇴로를 고려하여 느슨하지 않도록 **팽팽하게** 한다.
② 탈출신호는 안전로프를 잡아당기는 방법 외에 무전연락, 경적 및 고함 등을 병행한다.
③ **자동폐쇄식 방화문**을 통과할 때는 문의 폐쇄로 인하여 안전로프가 문틈에 끼이거나 절단되지 않도록 **쐐기, 갈고리** 등을 활용하여 문을 열어 놓는다.

(8) 구조대상자 발견 시 조치
① 경적, 휴대용무전기, 안전로프 등을 이용, 확보자 및 지휘자에게 보고한다.
② 1개조만으로 구조가능 여부를 판단하여 보고한다.
③ 추가인원이 필요시 인원과 기자재를 요구, 상황에 따라서 구조대상자에게 응급처치 행한다.

2) 구조 요령

(1) 구조의 기본*
① 구조대상자를 발견한 경우는 지휘자에게 보고 후 즉시 구조한다.
② 탈출방법 등은 지휘자의 명령에 근거한 방법으로 한다.
　(명령을 받을 겨를이 없는 경우는 신속하고 안전하게 구출할 수 있는 방법으로 한다.)
③ 탈출 장소는 피난장소(지상)에 구출하는 것을 원칙으로 한다.
　- 다만 구명이 긴급한 때는 일시적으로 응급처치를 취할 장소로 우선 이동한다.
④ 구조대상자가 다수 있는 경우는 다음에 의한다.
　㉠ 인명위험이 절박한 부분 또는 층을 우선으로 구조한다.
　㉡ 중상자, 노인, 아이 등 위험도가 높은 사람을 우선으로 구조한다.
　㉢ 자력으로 대피가 불가능한 사람을 우선으로 구조한다.

(2) 사다리를 활용하여 인접 건물로 구조하는 때는 사다리를 접은 상태로 수평강도를 확보하고 구조로프를 병행 설치하여 구조한다. 이 경우도 구조대상자의 안전 확보에 세심한 주의를 기울인다.

3) 구조대상자 운반법(핵심)**

☆ 13 서울·경기·강원장, 15 인천장, 16 경기, 부산, 경북교 17 인천·소방장 등

① 안아 올려 운반구출	구출거리가 짧은 경우에 이용. 부상이 허리부분인 경우 피한다. (* 바로 눕히고 상반신을 일으켜 허리부분에 위치한다)
② 끈 운반구출 (깔개, 커튼, 띠)	구조대상자의 부상부위가 허리부분인 경우 피한다. (* 2중의 원으로 양다리를 통해 대퇴까지 넣는다. 양팔로 확보한다)
③ 전진 또는 후진(후퇴) 포복구출	낮은 위치로 농연 중의 구출에 적합./주로 구출거리가 짧은 경우 (* 양팔을 가슴위치에 교차시켜 양팔을 손수건 등으로 묶는다)
④ 양쪽 겨드랑이 잡아당겨 구출	구출거리가 짧은 경우에 활용한다. (* 양손으로 잡아 안아올려 양겨드랑이 조인 뒤, 뒤로 당기며 구출)
⑤ 메어서 운반구출	구조대상자의 부상부위가 허리 또는 "복부"부분인 경우는 피한다 (* 손목을 잡고 안아올림과 동시애 한쪽 어깨에 배부분을 넣는다)
⑥ 1인 확보 운반 구출	구조대상자의 부상부위가 허리 또는 "가슴"부분인 경우 피한다. 구출거리가 짧은 경우에 활용한다. (* 허리에 올려 구출한다) (* 머리위치에서 구부리고 양팔을 등으로부터 양겨드랑이에 집어 넣어 　상반신을 일으키며 한쪽손으로 팔을 머리로 돌려서 확보한다.)
⑦ 뒤로 옷깃을 끌어당겨 구출	구조대상자는 낮은 위치에 있으므로 농연 중의 구출에 적합하다. (* 의복 제1, 2단추를 풀고 복부뒤로 옷깃을 잡아 들어올려 당긴다)
⑧ 소방식(소방관) 운반 구출	(* 구조대원이 공기호흡기를 착용한 상태에서도 어깨를 이용하여 큰 힘을 들이지 않고 장거리를 이동할 수 있는 방법이다.) (* 허리부분에서 가랑이를 벌리고 양팔을 요구조자의 등으로부터 양겨드랑이로 집어넣어 가슴에서 손을 맞잡고 뒤로 내리면서 들어올린다.)
⑨ 등에 업고 포복 구출	구조대상자는 낮은 위치에 있으므로 농연 중의 구출에 적합하다. 구출거리가 짧은 경우에 활용한다. (* 농연: 짙은 연기) (* 요구조자를 엎드리게 하여 구조대원은 요구조자 허리부분에 가랑이를 벌리고 양팔을 양겨드랑이로 집어넣어 상반신을 일으키고, 다른 구조대원의 등에 업어 확보하면서 구출한다)
⑩ 모포 등을 이용하여 끌어당겨 구출 (1인 또는 2인으로 구출하는 경우)	구조대상자는 낮은 위치에 있으므로 농연 중의 구출에 적합. 발부분의 모포 등을 묶어 이탈을 막을 수 있다. 부상에 대해 고려할 것 없다.

■ 정리(Tip)
① 단거리 운반법 : 안아올려 / 전진 후퇴 / 양쪽겨드랑이 / 1인확보 / <u>등에 업고</u>. ▶ 안전 양쪽 1등
② 농연 중 구출 : 전진 후퇴 / 뒤로 옷깃을 끌어당겨 / <u>등에 업고</u> / 모포 등 이용. ▶ 전등 모뒤
③ ① 단거리 운반법 + ② 농연 중 구출 : 전진 또는 후퇴 포복 구출 / 등에 업고 포복 구출, ▶ 전등
④ 허리 부상 피하는 구출: 안아올려 / 끈 운반 / 메어서 / 1인확보 ▶ 안끈 메일

■ 각종 운반구출법 ■

① 안아 올려 운반구출　　② 끈 운반 구출　　③ 전진(후진) 포복 구출　　④ 양쪽 겨드랑이 잡아당겨

■ 각종 운반구출법 ■

⑤ 메어서 운반(어깨에)　⑥ 1인확보 운반 구출　⑦ 뒤로 옷깃 끌어당겨　⑨ 등에 업고 포복 구출

■ 모포 등 이용 구출과 소방식 운반구출법(㉠㉡㉢) ■

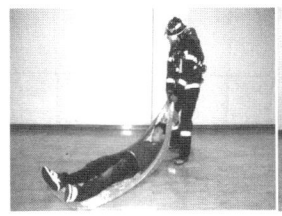

⑩ 모포 등을 이용하여 끌어당겨 구출　㉠ 허리부분에 가랑이를 벌리고 후퇴하며 상반신을 일으킨다.　㉡ 겨드랑이에 머리 넣어 허리부분 끌어올려 한쪽발을 앞으로 내밈　㉢ 대퇴를 구부려 일으켜 손목을 잡아 일으킨다.

4) 사다리를 활용한 구조

껴안고 구조하는 요령	① 위층에서 지상으로 구조하는 경우 구조대원이 구조대상자를 껴안고 하강하는 방법이다. ② 하강 중 구조대상자가 손을 떨어뜨리거나 의식을 잃더라도 <u>무릎으로 구조대상자를 지지할 수 있게 된다.</u> * 구조대상자가 의식있으면: (1)(2) / * 의식 없으면: (3) (1)(2) 무릎으로 받치며 / (3) 마주 껴안은 자세이다.	 
응급사다리 구조요령	이는 사다리 가로대를 이용하는 (로프조작으로) 구조방법이다. ① 구조대상자를 벨트 등으로 안전하게 결속하고 이에 결속한 로프(두겹 또는 세겹고정매듭)를 사다리의 가로대에 걸쳐 설치한다. ② 로프조작은 사다리 밑에서 구조대상자를 보면서 서서히 안전하게 한다. ③ 구조대상자의 체중을 로프에 실었을 때에는 하강에 앞서 구조대상자의 체위, 사다리의 안정 및 확보상태에 주의한다. ④ 구조대상자를 직접 착지시키지 않고 다른 보조대원이 손으로 받아 안전하게 운반한다.(다른 보조대원이 지상에 없을 경우, 지상 약 <u>10㎝ 지점</u>에서 로프하강을 일시 정지시켰다가 서서히 내려놓는다) ⑤ 구조대상자가 하강 시 벽면 등에 부딪혀 신체를 위해할 가능성이 있을 때에는 유도로프를 사용하는 등의 조치를 한다.	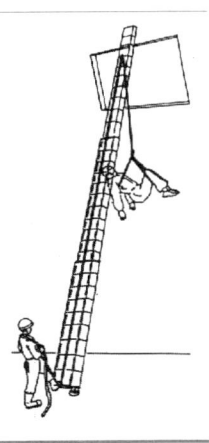

5) 피난유도

(1) 방송설비활용
① 방송설비를 활용하여 피난을 유도한다.
② 화점 장소, 내용, 화재규모, 범위 및 피난방향을 명확히 방송한다.
③ 호텔, 여관 등에서 밀실 형태의 경우는 피난을 유도하기 곤란하기 때문에 **관계자에게 각 실의 점검을 지시한다.**
④ 반복하여 방송을 실시하고 피난자가 이해할 수 있도록 **일상용어를 많이 사용한다.**
　❂ 방송설비가 없을 때는 차량 및 휴대용확성기로 건물 전체에 피난방향과 방법을 지시한다.

(2) 피난 유도원의 임무와 행동**
① 필요한 수의 피난 유도원을 지정하여 **화점층 및 직상층에 배치**한다. (* 가장 위험층)
② **자력피난 가능자 유도를 위한 필요한 인원은 대략 다음과 같다.**

> ❶ 계단 출입구: 2명, / 통로 모퉁이: 1명 (* 총3명)
> ❷ 집단유도는 어린이 20명에 1명.
> ❸ 어른 50명에 1명 정도가 적합하다. ▶암기 : 2050

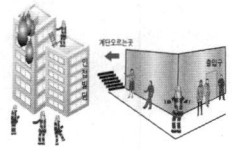

- 피난 유도원의 임무와 행동 -
① 계단 등 **수직피난*** ☆ 20 소방장, 23 소방교

> • 피난에 사용하는 계단 등의 우선 순위는_❶ **옥외계단** ❷ **피난교** ❸ **특별피난계단**
> ❹ 옥외피난용 **사다리** 및 피난**계단**의 **순서**로 한다. ▶암기 : 외교특사계

㉠ 계단 이동은 계단모서리 등으로 사람이 몰려 혼잡하지 않도록 인원을 통제한다.
㉡ 바로 위층 피난을(위층 피난자를) 우선으로 하고
　- 계단을 내려오는 사람은 **직하층**으로 일시 유도한 후 지상으로 대피시킨다.
㉢ 옥상 직하층의 피난자 등은 **옥상**을 일시 피난장소로 지정한다.
㉣ 화점층 계단출입구는 계단의 피난자들이 통과할 때까지 폐쇄한다.

② 거실, 복도, 로비 등의 **수평피난***
㉠ 화점으로부터 멀리 유도하며, 통행이 막힌 통로 등에의 진입을 저지한다.
㉡ 연기 적은쪽을 선택, 계단 안전순위가 높은곳 또는 **급기**측 계단방향으로 유도한다.
㉢ 지하철역, 다른 건물과 지하연결되어 있는 지하층은 **접속건물** 방향으로 유도한다.
㉣ 복도에 연기가 있는 경우는 발코니, 피난사다리, 피난기구의 옥외사용 가능한 장소로 재난약자(어린이, 노인, 장애인)를 우선적으로 피난시킨다.
㉤ 복도에 연기가 가득하여 실내에서의 탈출이 곤란한 경우는 다음과 같이 조치한다.
　• 발코니 또는 사다리차 연장이 가능한 창으로 이동시킨다.
　• 복도 측의 출입구를 폐쇄한 후 틈새를 시트, 커튼으로 막고 테이프 등을 붙인 후 출동대 도착을 기다릴 수 있도록 지시한다.

제8절 배연

1. 배연(排煙)의 개요

(1) 배연의 필요성

배연은 농연, 열, 연소가스를 제거하는 것이다. 배연팀은 **반드시 진압팀과 연계성으로 활동한다**. 배연팀이 특정한 목표 의식없이 연소 중인 건물 창문, 옥상 등을 개방 시 역효과를 끼칠 수 있다.

■ 배연을 하는 4가지 기본적인 이유   ☆ 18 소방교
① 인명구조를 위해   ② 호스연장과 관창배치를 원활하게 하기 위해
③ 폭발을 방지하거나 줄이기 위해   ④ 연소확대를 제한하기 위해~ ▶암기 : 인호폭연

(2) 배연활동 시 유의점   ☆ 24 소방위

① 배연 타이밍	・건물 내부의 연기, 열기의 상태, 건물 상태, 인명위험을 판단하여 적시에 환기를 한다. ・잘못 판단된 환기는 화재를 더욱 확산시킬 수 있고, ・배출 경로에 구조대상자가 있는 경우에 위험을 가중시킬 수 있다. (* 연기와 가스 때문에) ・보통의 배연작업은 호스라인이 내부에 진입하여 <u>진화 준비가 완료되었을 때가 적절하다</u> 24위
② 배연장소	・화재 건물의 특징이나 개구부, 풍향, 화점의 위치, 화재범위를 판단하여 개방 및 폐쇄해야 할 개구부를 결정해야 한다.
③ 배연방법	・자연배연방식, 강제배연방식 중 효율적 판단을 선택, 수평배연이나 수직배연을 실시한다.

(3) 배연형태의 분류★★   ☆ 10 부산장, 14 전북장 등

① 자연배연 방식   ▶오답 : 분무주수 활용

① 수직배연	・건물의 경우 천장, 지붕의 배출구를 파괴 또는 개방하여 배출구로 하는 방식
② 수평배연	・창문이나 출입문을 개방하여 벼연하는 방식.

② 강제배연 방식   ▶암기 : 송분고 배제

① 송풍기 활용	・회전식 강철 팬의 회전력에 의한 압력으로 배연하는 방식
② 분무주수 활용	・분무주수에 의한 수압으로 배연하는 방식 (* 각도 60도, 압력 0.6Mpa)
③ 고발포 활용	・**고발포** 방사시의 압력에 의해 (넓게 연기를 밀어) 배연하는 방식.
④ 배연차 활용	・배연차에 장착된 기계장치에 의해 <u>연기를 흡입하여</u> 배출하는 방식
⑤ 제연설비 및 공기조화설비활용	・건물에 설치된 제연설비 및 공기조화설비는 (소방대의 장비와 인력이 필요하지 않은 장점이 있으므로) 최대한 활용할 수 있는 방안을 마련해야 한다.

2 자연환기에 의한 배연** ☆ 13 서울·경남장, 16 부산장

배연의 기본은 화재실의 중성대 위쪽에는 연기가 외부로 분출되고 아래쪽은 외부로부터 신선한 공기가 유입되는 자연환기의 원리를 따르는 것이다.

(1) 수직 배연 ☆ 13 울산교

① 배연요령
  ㉠ 가열된 연기 및 유독가스를 지붕 등 윗방향으로 배출할 수 있도록 지붕을 파괴하는 등의 환기구를 만드는 것을 말한다. - 가장 효과적인 배연방식이다.
  ㉡ 그러나 지붕파괴가 힘든 내화구조의 콘크리트 지붕 등의 경우는 최상층의 창문이나 옥탑 등의 개구부를 개방하여 배연한다.
② 유의점(수직배연)
  ㉠ 부적절한 강제환기와 병행하면, 자연환기는 그 효과가 감소한다.
  ㉡ 유리창의 과잉파괴가 행해지면 수직환기효과가 감소한다.
  ㉢ 배연 중인 수직환기구나 통로에서 방수하면, 기류방향을 돌려놓는 결과가 되므로 주의한다.

(2) 수평 배연

① 배연요령
  ㉠ 창문, 출입문처럼 벽에 있는 출구를 통하여 연기가 빠져나가는 것을 수평배연이라 한다.
  ㉡ 일반적으로 **수직배연을 하기에 알맞은 건물이 수평배연에도 좋다.** (* 큰 방해가 없는 건물)
  ㉢ 수평배연은 바람의 방향에 따라서 **풍상 방향의 개구부를 급기구로, 풍하방향의 개구부를 배출구로 설정하는 것이 가장 효과적이다.** (*^^ 풍상: 바람이 부는쪽)
② 유의점(수평배연)
  ㉠ 바람이 불지 않을 때에는 수평배연의 효과가 감소한다.
  ㉡ 바람의 영향을 받는 곳은 급기구와 배기구 설정에 유의한다.
  ㉢ 아래층에서 배출된 연기가 상층의 개구부를 통해 유입되지 않도록 유의한다.

3 송풍기 활용 배연** ☆ 13 충북교·장, 14 경남장, 15 소방위, 16 경북교, 17 인천·소방장, 19 소방장

(1) 활용 요령

① 송풍압력으로 건물 외부의 압력보다 건물 내의 압력을 높게하여 배연하는 방법이다.
② <u>일반적으로</u> 개구부의 하단 등 낮은 장소에 설치하여 불어넣는 (양성압력형 환기법)방식을 주로 쓰고 있다.
③ 때로는 배출구에서 **배출가스를 뽑아내는 방식(음성입력형)**도 사용하고 있다.
④ 송풍기를 활용한 배연은 동력원(자연이 아닌 전기 기계장치)에 의존해야 하는 <u>단점</u>이 있다.

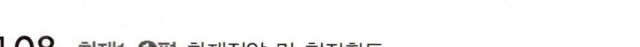

○ **송풍기 활용 장점***
① 소방대원이 실내에 진입하지 않고도 강제환기를 시작할 수 있다.
② 자연환기의 흐름을 보충하기 때문에 수평 및 수직 환기의 효과와 같다.
③ 설치하기가 편리하고 배연의 강도를 조절할 수 있다. ④ 모든 건물에 응용할 수 있다.

(2) 유의 사항* ☆ 17, 19 소방장

① 송풍기는 자연바람과 같은 방향으로 설치하여 효율성을 배가해야 한다.
② 송풍기 근처의 창문이나 출입문은 가능한 폐쇄하여 공기흐름에 방해가 되지 않도록 해야 한다.
　- 화점실이 분리되어 있다면 화점실 문을 폐쇄, 외부로 연기 등 확산을 막고 배연한다.
③ 출입구에 송풍기를 설치할 경우 송풍기에서 나온 공기의 원추(圓錐)가 입구를
　완전히 덮을 수 있도록 출입구로부터 적당한 거리를 둔다. (*원추: 원뿔의 구어)
④ 배출구의 크기와 급기구의 크기가 **같도록** 하는 것이 효율적이다. (*^^ 다르면 비정상이 된다)
⑤ 공기가 너무 많이 공급되게 하여 오히려 급격하게 연소 확대 우려가 있으므로 유의한다.
⑥ 구획된 공간의 연기가 제거되었으면 배기구를 차단 송풍기의 양압이 유지되게 한다.

4 분무주수를 활용한 배연

화점실의 연소상황에 따라서 확산주수 또는 분무주수로 전환하여 간다.

(1) 분무주수에 의한 배연요령*

○ 급기구측에서 분무주수하여 기류를 이용하는 방법 ☆ 23 소방장
① 관창 전개각도 60도 정도로 급기구를 완전히 덮을 수 있는 거리를 주수 위치로 선정한다.
　개구부가 넓은 경우에는 2구 이상의 분무주수로 실시한다. ▶ ①② **암기** : 6, 6(* **연상**: 쭉쭉 분무)
② 관창압력은 0.6Mpa 이상 분무주수를 한다.(*^^ 0.6Mpa이란 고속분무 거리로서, 60m의 압력이다.)
③ 배기구측에 진입대가 있을 때는 서로 연락을 취해 안전을 확보하면서 주수한다.

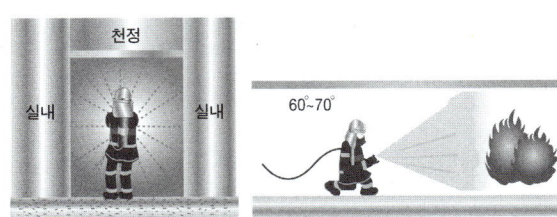

■ 다른 방향에 개구부가 있는 경우의 배연 요령 ■

(2) 간접공격법(로이드레만 전법)에 의한 배연* ☆ 14 경기교

연기, 열을 제거하기 위해 물의 흡열작용에 의한 안개모양의 방수를 간접공격법이라 한다. 즉, 물의 큰
기화잠열(538cal)과 기화시의 체적팽창력(1,700배)을 활용하여 배연·배열하는 방법인 것이다.

- 간접공격법의 요령 - ** ☆ 14 전북장., 15 위, 16 대구교·장, 경기교, 소방교
① 연소물체 또는 옥내의 온도가 높은 **상층부**를 향하여 주수한다. ▶ 오답 : 천장
- 고온에 가열된 증기의 증가에 의해서 대원이 피해를 받지 않는 위치를 선정한다.
② 주수 시 개구부는 가능한 **작게** 하는 것이 위험성을 감소시킨다. ▶ 오답 : 크게
③ 가열 증기가 몰아칠 염려가 있는 경우는 고속분무로 화점실 천장면에 충돌시켜 반사주수를 병행한다. (* 외부에서 실내로 간접공격 시 화점실로 공급되는 공기의 양을 최소화 한다.)
④ 연소가 완만하여 열기가 적은 연기의 경우는 이 전법은 효과는 적으므로 유의한다.

5 상황별 배연작전

1) 인명구조 중점의 배연작전
① 다층 건물 화재 발생 시, 가장 높은 부분(꼭대기 층)에 있는 개구부를 통해 배연하는 것은 독성가스와 농연을 배출시킴으로써 생명을 구할 수 있다. - 중요한 작전요소이다.
② 만약 화재가 낮은층에서 발생했다면, 소방대원은 내부계단을 통해 화재를 진압한다.
대원들이 건물 내부로 호스를 연장하기 위해 출입문을 개방할 때 농연과 가열된 가스 등 치명적인 연소물이 분출되면서 꼭대기 층에서부터 아래층으로 급속히 확대된다.
(*^^ 연소물이 분출되면서 연돌효과로 인하여 꼭대기 층에서부터 불이 붙는다)

2) 화재진압 중점의 배연작전*
① 구조가 복잡하고 장애물이 있어도 화점까지 수십m를 접근하여 정확히 방수할 수 있다.
② 공격방향과 반대쪽 창문으로 배연하는 것이 대원들이 안전하게 화점에 접근할 수 있다.
③ 단층 건물의 배연은 개구부를 개방하고, 다층건물은 굴절·고가·복식 사다리가 가능하다.
④ **배연작업**은 반드시 진입팀(관창수)의 행동개시와 **동시**에 시행되어야 한다.

> ● 배연작업이 진압팀(관창수)의 방수준비가 되기 전에 개시한다면, 갑작스러운 플래시오버현상이나 역류현상에 의해 오히려 화재확산을 조장하는 최악의 상황이 될 수 있다.
> ● 공기호흡기의 단점은 농연과 가열된 공기로 가시성이 떨어져 신속한 화재진압을 <u>방해한다.</u>

3) 폭발방지 중점의 배연작전*

> ● 배연작업은 역류(백드래프트)현상이나 가스폭발을 방지하거나 그 위험성을 줄여줄 수 있다.
>   · 공기를 불어 넣어 가연성 가스를 폭발하한계 이하로 희석시킨다.
> ● 화재가 상가건물 앞쪽에서 발생했을 때, 상가건물 뒤쪽에 이중벽이 존재한다면
>   · 뒤쪽을 배연하는 것은 바람직하지 못하므로 앞쪽 개구부를 통해 배연한다.
>   · 앞쪽 개구부를 개방(제거)할 경우 최소 좌우 한쪽 이상에 경계관창을 배치한다.
>   - 앞문이 개방되어 가열된 가스가 빠진 후에, 화재가 오히려 되살아 날 수 있다.(* 산소공급으로)
>   · 배연 후 경계관창에 배치된 팀(투입진압팀이 없다면)은 신속히 내부진입을 시도해야 한다.

4) 확산방지 중점의 배연작전

① 가장 심각하고 가장 빈번한 연소확대 문제는 감추어져 있는 **지붕(밑)공간**에서 일어난다. 화재가 천장을 통해 연소하면서 가연성 가스가 흘러들어, 화염은 수직·수평으로 급격하게 확대된다.

② 천장(또는 지붕)으로부터 인근 천장으로 확대되는 것을 막기 위해서는 화재발생장소(구역)의 천장을 먼저 파괴하여 화염과 농연을 방출시켜야 한다.

5) 고층건물화재 배연작전** ☆ 13 소방위, 부산장, 17 소방교

- 고층건물이란? 지하층을 제외한 층수가 11층 이상, 준 초고층건물은 30~49층(120~200m) 건물, 초고층 건물은 50층 이상, 200m 이상의 건축물로 정의되나 / 여기서 고층건물은 11층 이상의 건물을 말한다.

(1) 개요

① <u>저층</u>에서, 농연의 흐름을 좌우하는 요소는 화재로 인한 **열, 대류의 흐름, 연소압력, 개구부 개방**을 통한 외부 공기(바람)에 의해 결정된다. ▶ 열대압바(열대아빠) / +굴공(② 고층건물)

② <u>고층건물</u>은 이러한 요소에 **굴뚝효과(연돌효과)**와 + **공조시스템(HVAC)**의 영향을 받는다.

> ● **굴뚝효과**** (* 고층건물에서 굴뚝과 같이 수직으로 올라가는 공기의 흐름)
> ① 굴뚝효과는 기온의 차이와 안·밖의 대기압 차이로 인한 공기의 자연스러운 흐름을 나타낸다.
> ② 고층건물 공기의 흐름에 가장 큰 영향을 끼치며, **계단실, 엘리베이터 통로**에서 가장 두드러진다.
> ③ <u>창문과</u> 같은 개구부가 열리거나 깨질 때, 굴뚝효과는 이상기류를 만들어 낸다.
> ④ 창문이 열려있는 저층건물에서는 (절대) 발생하지 않는다.*
> ⑤ 화재 시 농연의 흐름은 공조시스템 차단으로 어느 정도 통제할 수 있으나, 굴뚝효과를 막을 수 <u>없</u>다.

③ 고층건물의 배연은 저층건물의 수직, 수평 배연 원칙보다 복잡하다.
　㉠ 굴뚝효과로 인해 전체적 상승기류 속에서 **특정부분에서 농연이 아래로** 움직일 수 있다.
　㉡ 공조 시스템을 통해 화점 층에서 10층 또는 20층 상층으로 연소확대가 될 수 있다.

④ 제연계단 출입구 앞에 있는 농연 통로나 다용도 샤프트에 열과 농연이 빨려 들어갈 수도 있다.

⑤ 짙은 연기가 콘크리트와 철 구조물에 열을 빼앗기고 배연구로 상승하지 못할 수도 있다.

⑥ 초고속 엘리베이터의 이동으로 짙은 연기가 강제로 위·아래층으로 이동할 수 있다.

⑦ 고층건물은 지하실 화재와 유사하여 / 때로는 **배연작업없이** 화재진압을 해야 한다.

(2) <u>주거용 고층건물</u> 화재 배연작전** ➡ 개념: 배연작업이 효과적이다.

① 문이 닫혀있을 때 건물 밖으로 연소가 잘 확대되지 않지만, 창문은 열릴 수 있도록 설계되어 **필요시 쉽게 배연이 가능하다.**

② 주거용 고층건물은 비교적 좁게 세분화된 방화구획 구조로 되어 있어 굴뚝효과가 최소화되기 때문에 **배연작업은 효과적이다.** / 또한 이러한 건물에서의 창문은 쉽게 개방이 되며, 배연의 역기능으로 인한 농연과 연소의 확대여부를 쉽게 예측할 수 있다.

③ 배연작업은 우선 열과 농연이 유입되는 창문과 계단을 배연하고, 창문을 개방, 파괴한다.
　- 계단실 배연을 위해 옥상 채광창이나 창문, 파괴 가능한 칸막이벽을 개방한다.

◉ 30~40층 이상의 주상복합건물 형태의 고층건물
- 플라스터 보드로 이루어진 외벽과 중앙공조시스템에 의해 공기가 공급되는 구조를 가지고 있다.
- 이와 같이 주거용 고층건물은 화재진압이 원활하게 진행되고 있거나, 화재가 완전히 진압된 후에 배연을 시작하는 것이 바람직하다. (* 연기의 확산 등으로 배연은 완진 후에 하는 것이 원칙이다.)

(3) <u>상업용 고층건물 화재 배연작전</u>★★ ➡ 개념: 배연작업이 <u>비효과적이다.</u> ☆ 13 부산장

• 넓은 개방공간과 거대한 높이	창문 개방 시 대류를 일으키는 원인이 된다.
• 공조 시스템의 배관과 통로	10층 혹은 20층 이상의 층과 연결되어 불길과 농연을 확대시킨다.
• 굴뚝(연돌)효과	온도와 기압차이로 강력한 공기의 흐름(대류)을 형성시킨다.

① 상업용건물은 심각한 생명의 위험이 **없고** 화재를 통제할 수 없을 경우, 배연은 금지된다.
 (* 구조대상자가 없고 화재진압이 곤란하면 농연 유입과 연소확대 염려로 배연은 금지라는 뜻)
② 배연은 연소확대 가능성이 매우 낮은(낮게되는) 화재진압이 완료된 후에 실시해야 한다.

> ■ 상업용 고층건물 화재 시 <u>배연을 하지 않는 4가지 구체적 이유</u>★★ ☆ 13 경남교, 14 부산장
> ① 굴뚝효과로 인해, 건물 내부의 대류 흐름을 예측할 수 없다.
> ② 배연으로 인하여 오히려 청정구역에 농연을 끌어들이는 결과를 초래할 수 있다.
> ③ ∴ 기류의 공기가 화재의 크기와 강도를 증가시킬지도 모른다.
> ④ 배연은 불꽃 **폭풍**을 촉발할지도 모르고, 주거자들과 소방대원들을 위층에 가두면서 계단실을 농연으로 가득 차게 만들 수 있다. ▶ 키워드: (상업용) 굴뚝, 농연, 폭풍 증가

③ <u>사무실용 고층화재시 기본적 진압방법은 공조시스템을 차단하고 배연작용 없이 화재를 진압하는 것이다.</u> 그 이유는 아래 박스와 같다

> ◉ **이유는?** 예측할 수 없는 위험한 기류보다 어떤 기류도 없는 것이 더 낫다는 믿음이다.
> (* 이것은 주거용 고층건물의 배연방침과 배치(背馳, 반대)되는 것으로 상업용 고층건물 화재 시 배연을 하지 않는 방침이 생명을 구하는 가장 **효과적인** 방법이다.)

④ 화재 완전진압 후 잔류 농연 통제가 쉬워지면 창문, 계단의 농연과 열을 방출시킨다.
　㉠ 창문 개방 - 선착대 첫 번째 임무 중 하나는 화점층의 창문, 개구부를 열기 위한 열쇠를 로비데스크에서 확보하는 것이다.
　㉡ 창문 파괴 - 창문 아래 난간이 있다면, 창문을 안전하게 깨뜨릴 수 있다. 그렇지 않다면 지휘관이 거리에 사람들을 이동시키고 지상층 안전반경(최소 50m)을 확보 후 시작한다.
　㉢ 송풍기 사용★ ☆ 14 경남장, 17 소방교
　　ⓐ 화재가 **진압된 후**, 대원들은 남아있는 농연과 열 방출을 위해 송풍기를 이용할 수 있다.
　　ⓑ 우선, **계단 통로 아래**에 환풍기를 설치하고, 신선한 공기가 들어올 수 있도록 문을 연다.
　　ⓒ 배연하고자 하는 층의 **계단 통로 위**에 두 번째 **환풍기**를 설치하고, 계단 통로에서 농연이 가득 찬 층으로 문을 연다. ↳ (* 첫 번째는 계단통로 아래, 두 번째는 층의 계단통로 위)
　　　- 그 외 상층부에 있는 문을 닫거나 지붕에 있는 옥상 출입구 뚜껑을 닫고, 계단 통로를 따라 모든 문을 닫은 후 양쪽 환풍기를 작동하기 시작한다.
　　ⓓ 외부에서 불어오는 바람이 강하지 않다면 농연이 가득 찬 층계의 창문으로 배출될 수 있다.

ⓔ 공조시스템(HVAC)을 통한 배연
- 화재가 진압 후, 창문을 열 수 없다면 공조시스템이 건물의 배연을 위해 이용될 수 있다. 이를 위해 이 시스템에 정통한, 숙련된 건물 관리인의 지식이 요구된다.
  - 이 시스템은 적절하게 운영되지 않으면 해가 될 수 있기 때문에 조작책임자나 설비기술자가 없다면, 함부로 시도해서는 안 된다.

  ✪ 공조(공기조화)시스템 가동절차 4단계* ☆ 14 경기장
  ① 신선한 공기 유입을 위해 공기 **흡**입구를 열도록 한다.
  ② **연기**가 차있는 층의 **재순환 통로를 차**단하도록 한다. (* 농연이 차있으니)
  ③ 외부 배출을 위해 **배**기구를 열도록 한다. (* ①③으로 암기법 없이 이해한다.)
  ④ **공**조시스템을 작동시키도록 한다.   ▶ 키워드: 흡차배공
  (* 흡입구 열고 배기구 열어서 공조설비를 작동시키되, 농연층의 통로는 차단한다는 뜻)

ⓜ 배연을 위해 굴뚝효과 이용하기
  ⓐ 굴뚝효과는 밀폐된 공간 내의 자연스러운 수직적 공기의 흐름이다.
  ⓑ 고층건물에서 가장 강력한 농연과 공기의 이동을 만들며, 외부상황에 따라 다르다.

  ✪ 건물 내부가 건물 외부보다 따뜻한 겨울에는 공기의 흐름은 일반적으로 위쪽이다.
     여름에는 (역)**굴뚝효과로 인한 공기의 흐름이 아래가 될 수 있다.** (* 역굴뚝효과)
     (*^^ 겨울철은 실내가 따뜻하니 부력으로 공기가 위로 향하게 되서 굴뚝효과가 나타나지만,
          여름철은 에어컨 등으로 실내가 차니 공기가 하향하는 역굴뚝효과가 될 수 있다는 뜻.)
  - 공기의 움직임은 건물의 높이에 영향을 받는데, **높은 건물일수록 그 효과가 크다.**
    또한 건물이 좀 더 강하게 **밀폐되어 있으면 굴뚝효과가 더 강해진다.**

  ✪ 지표면과 혹은 지붕수준으로 출입구를 개방함으로써 기류를 느낄 수 있다.
  - 소방대원들은 화재가 진압된 후 계단이 지붕으로 연결된다면, 계단에 남아있는
    농연을 배출하기 위해 가끔 굴뚝효과를 이용한다.
  - 겨울에 계단을 수색한 후 주거자가 없다는 것이 확인하고, 농연이 몇 몇 중간 층계에서 층을
    이룬다면 지붕, 옥상 채광창, 옥상 출입구의 개방과 동시에 1층 출입문을 열어야 한다.
    (*^^ 1층 출입문으로 공기를 유입시켜서, 옥상으로 농연을 배출하는 개념으로 정리한다)

  ⓒ 계단에 있는 다른 모든 문이 닫혀있다면, 기류가 가끔 자동으로 계단실로 배출된다.
  ⓓ 굴뚝효과의 흐름은 농연을 위와 계단실 밖으로 이동시킬 것이고 굴뚝효과를 보조하기
    위해 송풍기가 이용될 수도 있다.

ⓗ 계단지정(건물에 **2개 이상**의 계단이 있을 경우) (* 중요도 낮음)
  ⓐ 소방대원들에 의해 이용되는 공격통로(Attack stairway)는 유독가스와 연기가
    가득 찬 채 이용되고 / 또 하나의 계단은 연기유입을 차단하여 신선한 공기환경을 유지
    한 채 건물 내 구조대상자들의 대피통로로 이용된다. (* 우측 페이지 그림 참고)
  ⓑ 화재 발생 층의 공격통로와 대피통로는 구획되어 있어야 하므로 즉시 문을 닫는다.
  ⓒ 소방대원들이 화점층의 화재를 진압하기 위해 문을 열 때 공격통로 안으로 급속히 짙은
    연기가 유입되므로 유의해야 한다.

Ⓢ 배연을 위한 계단이용 (* 중요도 없음)
- 어떤 빌딩은 건물 내의 계단이 지붕까지 직접 연결되지 않는다. 이런 건물에는 계단 꼭대기에 옥상 채광창, 옥상 출입구, 승강구의 뚜껑 등이 없을 수도 있다. 이같은 상황에서 옥상 출입구를 통한 배연은 효과적인 방법이 아닐지도 모른다.

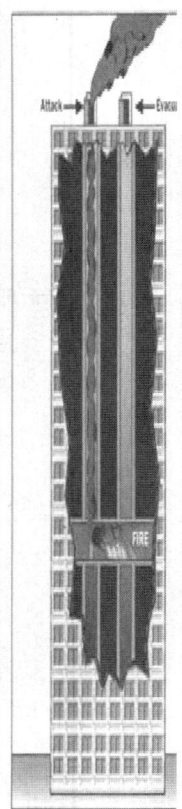

배연을 위한 계단이용 주 내용
• 주거용 고층건물에서는 화세 통제가 어려운 경우에도 창문을 통한 배연이 선택 사항이 될 수 있다. 대부분의 고층건물은 꼭대기 층에 옥상출입구를 가지고 있다. / 고층건물에 두 개 이상의 계단실이 있고 모두 꼭대기에 옥상출입구가 있다면, 구조대상자가 없는 통로를 통해 지붕을 통한 배연에 이용될 수 있다.
• 이런 방식의 배연이 가능하도록 옥상출입구 담당팀은 엘리베이터를 통해 옥상으로 가거나 짙은 연기가 없는 계단을 통해 옥상출입구를 개폐할 수 있는 위치로 가야 한다.
• 옥상에 도착한 팀은 어느 계단 통로가 공격과 대피에 이용될 수 있을지 결정해서 보고해야 한다.
• 옥상출입구 담당팀도 지휘관이 굴뚝효과를 약화시키기 위해 옥상출입구를 닫도록 지시하면 즉각 조치할 수 있도록 대기상태를 유지한다.
• 또한 굴뚝효과를 약화시키기 위해 공격통로로 통하는 1층 현관 문은 **닫힌** 상태로 유지되도록 통제해야 한다.
• **그러나, 피난통로로 통하는 1층 현관 문은 신선한 공기의 유입량을 증가시키기 위해 개방되도록** 해야 한다.
• 이와 같은 배연작전은 건물 내 기류의 변화나 건물외부의 바람의 상태에 영향을 받으므로 현관, 옥상, 화점층 출입구에 각각 배치된 팀 간의 상호 긴밀한 팀워크와 지휘통제가 필요하다.
• 누적된 농연과 열을 방출시키기 위해 공격통로와 대피통로를 배연시킨다.
※ 사진의 통로에서 좌측은 소방관의 공격통로, 우측은 피난자의 대피통로이다.

✪ 화점층에서 공격통로의 배연 담당대원은 입구 개방 시 지휘관에게 반드시 보고, 승인을 받는다. 터널효과*로 화염과 열이 공격통로 급격히 유입되어 진압팀의 진입이나 활동을 방해할 경우 지휘관은 즉시 그 입구를 다시 닫을 것을 지시해야 한다.

---

* 공조시스템: 신선한 공기를 넣거나 오염된 공기를 빼는 환기 및 온도, 습도 조절을 위해 천장 등에 설치한다.
  (2006년부터 국내 100세대 이상 공동주택, 다중시설에는 환기시스템을 설치해야 한다)
* 터널효과: 퍼텐셜(잠재적인) 힘의 작용 하에서 운동하는 입자가, 자체가 가지는 운동에너지보다 큰 위치에너지를 가지는 영역을 터널을 지나가듯이 통과하는 현상인데 조금 The 쉽게는~
  입자가 가지는 운동에너지보다 높은 에너지 장벽을 어떤 확률을 가지고 터널 등을 빠져나가는 현상을 말한다.

• REFERENCE

• 인연의 시간

사람에게는 누구나
정해진 인연의 시간이 있습니다.

아무리 끊어려 해도 이어지고,
아무리 이어가려 해도 끊어집니다.

그렇기에
인연의 시간을 무시하고 억지로 이어가려 한다면,
그 순간부터 인연은 악연이 됩니다.

인연과 악연을 결정짓는 건
우리가 선택한 타이밍 입니다.

그래서
항상 예상치 못했던 곳에서 행복이 오고,
항상 예상치 못했던 곳에서 위로를 받고,
항상 예상치 못했던 곳에서 답을 찾습니다.

참 인생은
어쩌면 기대하지 않는 곳에서 풀리는 것 같습니다.

* 학습상 짝수 홀수 페이지를 맞추기 위해서 삽입함.

제9절 소방호스 연장

1 소방호스 취급

(1) 소방호스 사리기* ☆ 12 경북, 20 소방교

한겹말은 소방호스, 두겹 **말은** 소방호스, 접은 소방호스의 3종류가 있다. ▶ 오답 : 두겹접은호스

① 한겹 말은 호스	① 소방호스를 일직선으로 편 다음 숫 커프링쪽에서 암 커프링 쪽을 향하여 굴리면서 감아 간다. ② 일반적으로 소방호스 **보관대에** 보관할 때, 화재현장에서 사용 후 철수하기 위해 적재할 때 등에 사용한다. (*^^ 넓은 장소에 좋다.) 숫놈→ 암	
② 두겹 말은 호스	① 소방호스를 두 겹으로 포개어 놓고 겹쳐진 채로 감아 간다. ② 좁은 장소 등에서 소방호스가 감겨진 상태에서 곧바로 사용하고자 할 때 주로 사용된다. ☆ 20 소방교 (*^^ 좁은 장소여서 두겹말은호스가 좋다)	
③ 접은 소방호스	① 소방호스를 일정한 길이로 접어서 포개어 놓는 방법이다 ② 주로 소방차량에 **적재**할 때, 화재현장에서 사용 후 **철수**할 때 등에 쓰인다. (*^^ 소방차, 옥내소화전함에 적재된 형태)	
④ 소방호스를 결합하고 분리 방법은 1인, 2인이 하는 방법이 있으며, 맨손, 커플링 스패너*를 이용한다.		

(2) 소방호스의 적재* ☆ 14 대구교

아코디언형 적재, 말굽형 적재, 평면형 적재, 혼합형(특수형) 적재 방법이 있다.

① 아코디언형 적재	소방호스를 적재함 가장자리에 맞추어 겹겹이 **세워서** 하는 방법이다. ✪ 장점: 적재하기가 쉽고 적재함에서 손쉽게 꺼내 운반할 수 있다. ✪ 단점: 소방호스가 강하게 접히는 부분이 많다. (*^^ 일반적으로 많이 사용하고 있다)	
② 말굽형 적재	적재 모양이 말굽을 닮아서 붙인 명칭으로 소방호스를 적재함 가장자리에 맞춰 주변을 빙 돌려서 세워 **U자 모양**으로 적재하는 방법이다. ✪ 장점: 소방호스가 강하게 접히는 부분이 적다. ✪ 단점: 어깨운반 시의 등이 불편하다.(* 매우 어려움) (*^^ 운반 등이 어려워 잘 사용하지 않는다)	

---

* 커플링(cpupling): 한 축(軸)에서 다른 축으로 전달하는 것을 말함. 축이음.
* 스패너(spanner): 너트, 볼트를 죄거나 푸는 기구.   * 클램프(clamp): 고정하는 기구. 죄임틀

③ 평면형 적재	접은 형태의 소방호스를 **눕혀서** 평평하게 적재함 크기에 맞추어 적재하는 방법이다. ✪ 장점: 소방차의 <u>진동 등에도 덜 닳는다</u> ✪ 단점: 소방호스가 강하게 접혀 눌린다.	
④ 혼합형 (특수형) 적재	소방호스의 적재형태를 혼합하거나 구경이 다른 소방호스를 연결구를 사용하여 혼합 적재하는 형태이다. (*^^ 예) 65mm는 아코디언 적재로 40mm는 평면형 적재로 혼합된 적재)	

(3) 소방호스·운반과 전개

소방호스운반은 소방호스를 연장하기 위해서는 어깨에 메거나 옆구리에 끼고 운반해야 한다. 기본적인 것은 소방호스를 바닥에 끌거나 카프링에 충격이 가지 않도록 해야 하는 것이다.

(4) 소방호스 연장과 관창배치** ☆ 13 충북교·장, 19 소방위

(1) 일반적 유의사항

① 펌프차의 방수구의 결합은 **화점이 보이는 측의 방수구를 기본**으로 하고 방수구 측에 여유호스를 둔다. 여유호스는 위험 방지를 위해서 펌프측의 2~3m에 둔다.
② 호스연장 경로는 관창배치 위치까지 **최단시간**에 도달할 수 있어야 한다.
③ 도로, 건물의 꺾인 부분은 호스를 **넓게 벌려서** 연장한다.
④ 극단적인 꼬임이나 뒤틀리지 않도록 하고 송수시 호스의 반동에 의한 부상을 방지한다.
⑤ 간선도로의 횡단은 가능한 피한다. 횡단하는 경우는 되도록 도로에 대해서 **직각**으로 연장하고 교통량이 많은 도로는 보도에 연장한다.
⑥ 화재 건물에서 낙하물이나 열에 의한 호스 손상으로 처마 밑, 창 아래 등을 피해 연장한다.
⑦ 화면에 평행하는 도로는 호스를 보호하기 위해 **도로경계석 밑**으로 호스를 연장한다.
⑧ 호스연장은 다른 소방대를 고려해 평면적, 입체적으로 포위해서 연장한다.
⑨ 진입목표 계단이 **3층 이하의 경우**는 옥내연장 또는 적재사다리에 의한 연장으로 한다.
⑩ **4층 이상의 경우**는 옥외 끌어올림(끌어내림) 연장이나 사다리차에 의한 연장으로 하고 낙하방지 대책을 마련한다. ▶오답: 적재사다리

✪ 3층 이하: 옥내연장 또는 적재사다리 / 4층 이상: 옥외 끌어올림(끌어내림) 연장이나 사다리차.

⑪ 소요호스 판단은 소방용수에서 발화지점까지 거리에 약 **30% 여유를 둔 호스 수로 한다.**
⑫ 호스의 파열, 절단 등으로 자기대의 차량위치가 먼 경우 교환할 호스는 근처의 (소방)대(隊)에서 빌리도록 한다.

(2) 기타 주의사항

여유소방호스	① 소방활동에서는 화재상황의 변화에 따라 관창을 이동해서 방수의 효과를 최대한도로 높여야 한다. 따라서 호스연장 시에는 관창의 이동에 유의한 여유 있는 호스를 준비해둘 필요가 있다. 이것을 여유호스라 한다. ② 여유 호스는 화재건물로부터 조금 떨어진 활동장해가 되지 않는 위치에 호스라인(Line)을 뱀이 움직이는 형태로 확보한다. (* 지그재그로 2~3m) ③ 건물의 계단이나 통로 등 좁은 공간에는 여유호스를 두면 소방활동에 장해가 되므로 여유호스는 최소한으로 두는 것이 좋다.
소방호스연장	여유 소방호스를 연장해도 길이가 부족할 것 같은 장소의 관창 이동은 호스클램프를 사용하든가 송수를 정지해서 호스를 충분히 연결한다. (수압 등 차단기구)
소방호스 누수 시 조치	① 호스 내에는 높은 압력이 걸린 물이 흐르기 때문에 작은 누수이면 호스밴드 등을 사용하고 호스밴드가 없는 경우는 헝겊이나 로프를 사용한다. ② 큰 누수이면 신속하게 호스를 교체해서 누수를 방치하는 일이 없도록 해야 한다.
예비 송수	① 호스연장 완료 직후부터 방수를 개시할 수 있도록, 호스연장이 완료되기 직전부터 서서히 송수를 개시하는 것을 예비송수라 한다. (* 즉, 호스풀면서 물을 서서히 튼다) ② 예비송수가 너무 빠르면 호스연장의 장해가 된다. 이 경우에는 송수를 정지시키든가 호스클램프(수압을 차단하고 교체나 추가 연결하는 기구)로 물을 막아 둔다. ③ 운전원은 신속히 송수하여 방수가 개시될 수 있도록 평소에 훈련을 습득한다.

2 옥내 소방호스 연장**

(1) 선착대 호스전개

① 주택이나 APT 내의 **최초의 호스**는 앞, 뒤 또는 측면의 복도(출입문)을 통해 호스를 전개한다.
② 출입구를 향한 방수와 동시에 창문, 문 또는 다른 배연구를 통해 열, 불꽃, 연기가 배출되도록 하기 위한 관창배치 방식이다.
③ **최초의 호스**는 불길이 배출되고 있는 창문을 향해 방수해서는 <u>안 된다</u>. * 오답 : 방수한다.
(*^^ 배기측으로 방수하면 급기 흐름 역기가 출입문 안으로 들어가 피난자 및 대원에게 열기가 휩싸일 수 있다)
④ 창문이 아닌 출입문을 통해 진입 또는 공격하는 최초의 호스를 전개하는 대원의 가장 큰 장점 중 하나는 희생자들 대부분이 출입문 안쪽이나 복도에서 발견된다는 점이다.

(2) **2착대**(후착대) **호스전개**

① 호스전개의 우선순위 결정은 "RECEO" 원칙으로 **판단한다**. ☆ 14 대구교, 경북장, 부산장, 16 소방교
② 인접건물로의 확산이 외부노출 문제가 존재한다면, 그 곳으로(외부부터) 전개되어야 한다.
③ 만일 불꽃이 계단실로 올라가거나 밀폐 공간 내에서 연소가 확대된다면 이 두 번째 호스는 **내부 연소 확대를 막기 위해** 배치되어야 한다.

  ✪ RECEO원칙: ① 인명구조 ② <u>외부</u>확대 방지 ③ <u>내부</u>확대 방지 ④ 화재진압 ⑤ 재발방지의 점검·조사.

④ 두 번째 호스배치 또한 첫 번째 호스배치 원칙(접근경로)을 따라야 한다.

> ❂ **두 번째 호스배치를 창문이 아닌 출입문을 통해 접근하는 가장 큰 4가지 이유**
> (*^^ 인접 건물이 없다면 창문에서 나오는 불꽃은 노출문제를 발생시키지 않기 때문에)
> ① 두 번째 호스배치를 첫 번째 호스배치와 같은 접근경로를 따르도록 할 때,
>   폭발이나 플래시오버 붕괴상황이 전개될 경우, 첫 번째 진압팀을 보호하는 데 도움을 줄 수 있다.
> ② 첫 번째 호스팀이 진압에 실패하면, 두 번째 호스팀이 그 자리로 가서 화재를 진압할 수 있다.
> ③ 한 진압팀이 진압하기에 화재 규모가 너무 큰 경우, 다른 진압팀이 추가로 합류하여 진압해야 한다.
> ④ **두 번째 호스배치가 필요 없다면**, 두 번째 호스는 직상층 또는 인접 공간으로의 확산을 막기위해 즉각 배치될 수 있다.

(3) 부적절한 호스배치(다층건물화재)

화점 층의 화재가 진압되지 않은 상태에서 상층계단으로 진입하는 경우에 심각한 대원고립 현상과 같은 부적절한 호스배치의 실수를 방지하기 위해서는 다음 5가지 사항을 유의한다.
(*^^ if 화점층 창문으로 외부공격시, 내부 화염을 출입구 복도와 계단, 천장공간으로 몰아가게 된다)

① 다층구조건물화재에서 **강제진입**의 중요성 인식.   * 오답 : 임의진입
② 첫 번째 호스팀은 화점층 내부계단을 방어하면서 출입문에서 **외부창문** 방향으로 진입해 나가야 한다. (*^^ 외부와 접한 창문 즉, 외부확대 등 방지)   * 오답 : 내부창문
③ 두 번째 호스팀은 **첫 번째 호스를 보충하는 것**을 원칙으로 하고 안전하고 필요한 경우(검색 및 상층부 확대방지 목적 등)에만 위층으로 연결해야 한다.
④ 어떤 호스팀도 불길을 지나쳐서 소방호스를 배치되어서는 안 된다.
(*^^ 작은 화점을 지나쳐서 배치 후 큰 화점을 진압하는 중 지나온 작은 불길이 커질수도 있다는 뜻)
⑤ 진입할 때, 문을 갑자기 개방해서는 안 되며, 가능한 천천히 개방하되 위험한 경우에는 처음부터 손잡이를 로프로 감은 다음 문을 원격 조정하는 것이 안전하다.

> ❂ • 호스전개의 원칙은 "하나의 호스전개가 완료될 때까지는 또 다른 호스를 전개해서는 안 된다."
>   연소 중인 건물에서 초기진압을 하는 동안, 연기와 불꽃이 동시에 여러 장소에서 관찰될 수 있다.
>   (* 이런 상황에서 구경꾼들은 각기 다른 장소에서 여러 개의 호스를 전개하도록 촉구할 것이다.)
> • 3~4개의 호스가 서로 다른 장소에서 동시에 전개되면, 실제로 방수가 지연되거나 체계적이지 못한 진압활동이 이루어질 수 있다.
> • 일반적인 화재현장에서는 한 번에 하나의 호스를 전개해 나가는 것이 좀 더 효과적이다.
>   다른 호스를 전개하기 전에 첫 번째 호스에 우선 물을 공급하고 신속하게 방수한다.
> • 소화전에 펌프차를 연결하고, 관창과 호스를 선택하고, 화재현장으로 호스를 전개하고, 호스에 물을 공급하는 것이 완결되어야 비로소 하나의 호스가 유효한 호스로 기능하게 된다
> • 이것이 완성된 후, 두 번째, 세 번째 호스를 전개해 나가야 한다. 화재현장의 격언 중에 "첫 번째 호스를 잘 전개하면, 또 다른 호스를 필요로 하지 않는다." 는 말의 의미를 잘 기억해야 한다.

> ❂ 첫 번째 호스 전개의 성공·실패 여부에 따라 전반적인 진압작전이 어떻게 진행될지 예측할 수 있다. 얼거나 파손된 소화전, 펌프차 주입구 막힘 현상, 펌프고장, 높은 압력에 따른 호스파열, 호스의 꼬임 또는 관창 고장 등은 호스전개의 효과성을 떨어뜨려 화재진압 전체적 실패를 가져온다

(4) 계단을 사용한 연장

계단 사이에 구멍이 없는 경우	① 소방호스가 2본 이내의 경우에는 원칙으로 벽측을 따라 연장한다.
	   - 3본 이상의 경우는 다른 방법이 없는 경우에 (벽측연장)실시한다.(* 2본이 원칙)
	② 송수에 의해 소방호스가 펴지게 되므로 굴곡에 주의한다.
	   - 또한 계단 내에 있으므로 옥외 및 진입실내에서 여유소방호스를 확보한다.

계단 사이에 구멍이 있는 경우	① 소방호스를 매달아 올려서 수직으로 연장한다. ② 송수에 의해 소방호스 중량이 증가하여 낙하하므로 난간에 로프로 고정한다. ③ 계단 부분이 어두운 경우, 조명기구를 작동시켜 **발밑을 조명**하면서 연장한다. - 제수기를 반드시 휴대하여 소방호스연장, 소방호스 파손 시 등에 활용한다.
에스컬레이터 부분의 연장	① 전원을 차단하여 에스컬레이터를 정지시킨다. ② **매달아 올려 수직으로 연장한다.** (그 이후) 계단사이에 구멍이 없는 경우와 같은 방법으로 한다. / ·제수기를 휴대하여 활용한다.(* 호스에 물이 새는 것을 방지하기 위해) ③ 송수시 소방호스의 펴짐에 의한 굴곡에 주의하고, 수직 연장시는 중량 증가에 의한 낙하를 방지하기 위해 소방호스를 지지, 고정한다.

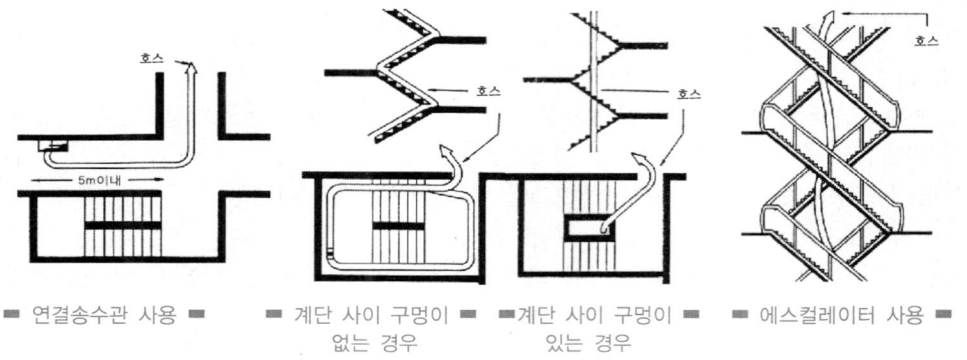

■ 연결송수관 사용 ■　　■ 계단 사이 구멍이 없는 경우 ■　　■ 계단 사이 구멍이 있는 경우 ■　　■ 에스컬레이터 사용 ■

(5) 연결송수관 설비 활용

연결송수관과 연결된 옥내소화전으로부터 전개된 **최초의 호스는 화재 발생 층이 아닌 그 아래층 소화전에 연결되어야 한다.** 그 장점은 3가지는 다음과 같다

① 첫째, 혼잡함을 최소화 해준다 - 화재 직하층은 진입팀이 장비 이용, 출입문 통제,
　　예비검색 시행할 대기공간으로의 기능 및 호스팀이 방해없이 호스를 전개할 수 있다.
② 둘째, 소방용수 공급의 조절이 더 쉽다.- 소화전의 앵글(수압조절)밸브를 조작하기 쉽다.
　　- 화재층 진입대원이 일시적으로 후퇴할 수 있는 공간으로서의 기능도 하게 된다.
③ 셋째, 지나치게 저층에서 호스를 전개한 것보다 대원들의 체력소모를 최소화 할 수 있고
　　- 계단으로 호스 전개할 때 여러 번 접힘으로 방수가 중단되는 위험을 줄일 수 있다.

> ✪ 그러나 연결살수와 연결송수관설비(옥내소화전)가 모두 설치된 건물에 화점층에 진입하는 팀이 있을 때는 연결송수관설비(옥내소화전)에 우선적으로 물이 공급되도록 한다.
> 　　- 이것은 진입팀 보호를 위한 활동이다. (*^^ 연결살수는 헤드를 통해서 자동으로 살수되니까)

(6) 샤프트 화재

다층구조 건물의 샤프트(수직통로) 화재에서 화재가 <u>수직 통로</u>로 확대되고 있다면,
① 첫 번째 호스가 화점 층에 전개되었다면, 그 다음으로 <u>꼭대기 층</u>으로 호스를 전개한다.
② 상층부에 체류하는 연소 생성물을 배연시키고 화재가 급속히 확대되는 것을 방지하기 위해 모든 창문, 지붕 채광창 등을 <u>개방</u>한다.(*^^ ① 샤프트화재는 수직통로로서 화점층, 꼭대기층 순이다)

(7) 공격적 내부진압전술** ☆ 13 경남, 서울교, 15 인천, 16 강원, 서울장, 소방위, 경기장, 소방교 등

① 하나의 호스를 전개(펌프차 1대)하는 데 왜 4명의 소방관들이 필요하며, 1명의 인력도 줄여서는 안 되는 이유에 대해 논쟁이 있어 왔다.
   - 65mm 호스(관창)를 연장하기 위해서는 최소 2인이 필요하다. (배연과 진압의 동시 원칙을 지킬 수 있는 인력이 확보되지 않는다면 순직 소방관 수는 늘어나는 것으로 조사되었다.)
② 공격적 내부진압 전술과 소극적 내부진압 전술의 10가지 구성요소를 종합적으로 이해한다.

공격적 내부진압전술의 10가지 전술적 구성요소** 13 서울교 등

① 출입구로 진입하여 연소 중인 건물이나 복도로 호스를 전개해야 한다.
② 배연을 위해 상층부 파괴나 지붕배연을 시도해야 한다.
③ 엄호관창이 배치되기 전에 건물에 진입해서 발화지점을 검색해야 한다.
④ 화재가 완전히 진압되기 전에 희생자 구조를 위한 예비검색을 실시해야 한다.
⑤ 화재가 완전 진압되기 전에 화재발생 위층을 검색해야 한다.
⑥ 배연을 위해, 창문을 파괴해야 한다.
⑦ 문을 개방하기도 하고, 내부에 불길이 있을 때 문을 닫아야 하는 경우도 있다.
⑧ 숨은 공간에 연소 확대의 우려가 있는지 확인하기 위해 벽이나 천장을 파괴해야 한다.
⑨ 화재 현장으로 <u>신속하게 진입하기</u> 위해 <u>40mm 호스를 이용</u>한다. (*^^신속 때문에 40mm)
⑩ 소화전과 같이 지속적인 소방용수 공급원보다는 <u>제한된 소방용수</u> 환경에서도 화재를 진압한다.

소극적 내부진압 전술의 10가지 전술적 구성요소** 16 소방교, 17 대구교·장

① 출입구로 진입하여 호스를 전개하지 않는다. 추가적인 호스는 화재를 제한하기 위해 전개된다.
② **지붕배연을 하지 않고 기타 개구부를 통해 배연한다.**
③ **엄호관창이 배치되지 않는 한 화재지역을 검색하지 않는다.**
④ 지휘관의 지침에 따라 화재가 진압될 때까지 예비검색을 실시하지 않는다.
⑤ 화재가 진압되기 전에 화재 발생 위층으로 올라가 검색하지 않는다.
⑥ 지시가 없는 한, 창문을 파괴하여 배연시키지 않는다.
⑦ 지시가 없는 한, 문을 개방하지 않는다.
⑧ 지시가 없는 한, 숨은 공간에 연소확대 우려가 있는지 확인하기 위해 <u>벽이나 천장을 파괴하지 않는다</u>.
⑨ <u>천천히 하나의 65mm 관창을 전개한다</u>. (*^^소극적이니 천천히 하면서 65mm)
⑩ 소화전과 같이 지속적인 소방용수 공급원이 확보되지 않는 한, 내부진압을 하지 않는다.

◉ 해설: 공격적 전술은 소방력(인원+장비)이 충분할 때를 말하고, / 소극적 진입전술은 그 반대이다
◉ 키워드: 공격적은 "한다" + 40mm로 신속히 진압, / 소극적은 "하지 않는다" + 65mm로 천천히 전개.

(8) 안전한 내부진압활동

① 현장진압에서 일반적으로 137~160℃의 열기는 인간의 피부에 극심한 손상을 가져온다. 연소공간은 훨씬 높다. 천장부분의 불꽃은 대게 537℃ 이상 올라간다. 방수에 따른 증기온도가 260℃까지 올라가기도 한다.

② 대원들은 대부분 허벅지, 손목 그리고 목이나 귀 주위에 화상을 입는다.
이 3가지 신체 부위를 3가지 화상 취약부분이라 한다 그 기본적인 응급처치는 2~5분 동안 찬물에 담그고 붕대로 감는다. ▶ 허선목

③ 만약 3도 화상을 입은 것으로 보이면 쇼크(shock) 상태에 빠질 가능성이 있다.

■ 안전한 내부진압활동을 위한 안전 수칙** ☆ 16 경기장 등
① 방화복을 착용할 때는 지퍼를 모두 올리고 목 벨크로를 부착, 손목토시를 착용한다.
  - 헬멧의 귀 덮개를 내리고 턱 끈을 착용하고 안면보호대를 내린다.
② 현장에 진입할 때 상층부에 체류하는 고온의 가스연기층 보다 몸을 낮게 유지하고 진입한다.
③ 펌프차에서 방수개시를 하기 전, 즉 물 공급이 안 된 호스를 전개하여 진입해서는 안 되며,
  - 호스에 물이 공급될 때 진입, 출입구에서부터 방수하여 화재실의 열기를 식힌 그 다음 현장에 진입한다.
④ 화재현장에 진입할 때는 가능한 배연 동시 원칙을 지키도록 한다.
현장에 진입할 때는 화염과 열기, 연기 배출하기 위해 가능한 모든 문, 창문 채광창을 개방한다.
⑤ 현장에 진입하기 전에, 바닥에 넘어져 연소하고 있는 가구와 불씨 등을 소화 한 후에 진입한다.
⑥ 추락과 상부 허벅지 화상을 방지하기 위해, 가능한 '기어가기 기법'을 이용한다.
  - 현장진입 시 우선 한쪽다리를 먼저 뻗고 바닥부분의 안전을 확인하면서 뒷다리로 무게중심을 잡는다.
⑦ 유사시에 후퇴가 곤란한 화재 지점으로 지나쳐 나아가서는 안 된다.
  - 무심코 지나친 화점이 순식간에 다시 되살아날 수 있다는 것을 염두에 둔다.
⑧ 화점을 공격하는 호스팀이 맞바람을 맞으며 진압해야 한다면, 현장지휘관에게 알려 급기쪽의 개구부에서 공격이 이루어지도록 두 번째 호스를 배치하고 / 첫 번째 호스팀은 철수하면서, 문을 닫고, 인접구역이나 건물을 보호하는 임무에 재배치되어야 한다. (* 급기와 배기측의 진입도 반대로 바꿀수 있다는 뜻)
⑨ 현장지휘관이 철수하여 외부에서만 방수하도록 지시하면, 즉시 안전한 외부 위치로 돌아와야 한다.
⑩ 화재실로 들어가는 진입팀 바로 뒤에 붙어서 부서해서는 안 된다. 바로 앞에 있는 팀이 "플래시오버" 등으로 갑작스러운 화염과 열기가 밀어 닥칠 때 후퇴할 수 있는 공간을 남겨두어야 한다. 뒤에 있는 팀은 앞에 있는 팀이 바로 앞에서 느끼는 열기를 항상 느끼지 못할 수 있다. ▶ 오답 : 붙어서 부서를 보조한다.

■ 화상(미국화상치료센터 연구)화상(미국화상치료센터 연구)
선착대(엄호방수 없이)가 다른 대원들보다 2배나 많은 화상으로 조사되었다.
"화재진압작전 성공의 90%는 대원들이, 나머지 10%는 현장지휘관의 전략으로부터 나온다."
화재현장의 "생명보호 우선원칙"은 "재산보호 우선원칙"에 의해 대체되어야 할지 모른다.

3 옥외 소방호스연장

(1) 옥외계단의 연장**
① 3층 이하의 경우는 손으로 연장하거나 소방호스를 매달아 올려 연장한다.
② 4층 이상의 경우는 매달아 올려 연장한다. (* p.117 '일반적 유의사항' 하단 참고)
③ 계단부분은 많은 호스의 연장은 **피하고** 소방호스를 매달아 올림으로 연장한다.
④ 송수에 따라 소방호스가 연장되므로 굴곡에 주의한다.
⑤ 소방호스 매달아 올림 연장 시는 소방호스를 지지·고정한다.

(2) 개구부를 통한 연장*
(1) 로프이용 옥외전개
　　소방호스를 매달아 올려서 수직으로 연장한다. 매달아 올린 소방호스를 경사지게 연장하면 송수 시 중량이 증가하여 수직방향으로 크게 이동하므로 매우 위험하다.
　　소방호스의 연장요령은 다음과 같다.

소방호스를 매달아 올리는 요령	① 목표층에서 로프에 묶여진 호스를 올릴 때 지상대원은 소방호스를 잡아 유도한다 ② 스팬드럴이 돌출된 부분에는 주의한다. ③ 지상부분에 충분한 여유소방호스를 두는 동시에 진입 층에서 필요한 여유소방호스를 당겨 놓는다. ④ 소방호스 1본마다 결합부분을 지지점으로 하여 결속한다 　(* 소방호스 지지점은 결합부 바로 <u>밑</u>이 효과적이다.) 다음페이지 (1)③ 참고 ⑤ 묶어 올리는 대원과 지상대원과의 연락을 긴밀히 한다.
소방호스 매달아 내리는 요령	① 목표층에 여유소방호스, 매달아 내릴 소방호스, 관창 및 유도로프를 휴대한다 ② 지상과 상층간의 연락을 긴밀히 한다. ③ 스팬드럴의 돌출부분은 주의한다.

(*^^ 스팬드럴 : 건축물에서 각층의 바닥 뼈대의 바깥쪽 가를 이루고 있는 들보)

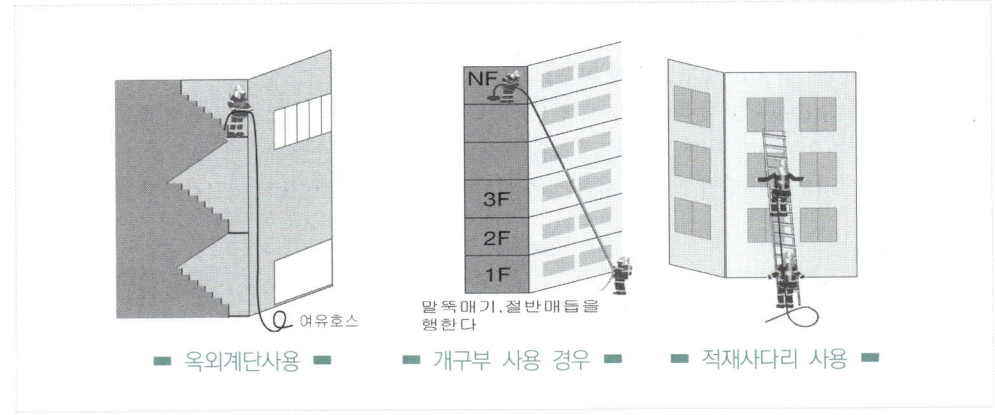

■ 옥외계단사용 ■　　■ 개구부 사용 경우 ■　　■ 적재사다리 사용 ■

(2) 사다리를 이용한 연장(3층 이하)** ☆ 06 서울장
① 사다리 등반에 의한 소방호스연장 방법은 3층 이하의 경우에 실시한다.
② 관창은 지상에서 결합한다.
③ 등반자는 사다리의 안전 확보를 확인하고 등반한다.
④ 사다리 등반시는 사다리 위로 소방호스를 연장하고, 진입 후에는 소방호스를 사다리에서 반드시 분리한다. (*^^ 호스 안에 물이 차면 수압 등에 의해 흔들리므로)
⑤ 옥내진입용의 여유소방호스는 지상에서 확보하여 진입 후 당겨 올린다.
⑥ 진입 및 소방호스 결합을 확인하고 나서 송수한다.

(3) 사다리차 등을 이용한 연장(4층 이상)

사다리차 등의 바스켓을 사용하는 경우	연장된 호스를 가지고 사다리로 등반하는 경우
· 옥내진입용의 여유소방호스를 바스켓에 적재한다. · 연장호스는 지상에 놓고 바스켓으로 달아 올린다. · 연장소방호스는 사다리의 밖으로 나오게 수직으로 연장한다. · 탑승원과 지상의 기관원과의 연락방법을 확인 후 연장한다. · 소방호스결합부가 사다리에 접촉되지 않도록 주의한다. · 건물에서 이동 시는 소방호스의 중량으로 몸이 후방으로 당겨져 몸이 불안정하게 되므로 안전확보 후 진입한다.	· 관창수 밑의 5m 위치에 보조자를 동행시킨다. · 보조자는 로프로 소방호스를 확보하고 앞사람과 연락을 긴밀히 하면서 등반한다. · 연장된 소방호스를 사다리 위로 걸치게 하고 진입 후에는 사다리에서 분리한다. 　(*^^ 수압 등으로) · 여유소방호스는 지상에 두고 진입 후에 잡아 당겨 올린다. · 연장 시 소방호스 결합부에는 별도로 보조자를 배치하여 사다리의 접촉이나 걸림을 막는다.

4 소방호스지지 및 결속** ☆ 14 부산교·장, 15 인천장

(1) 소방호스지지 요령**
① 충수된 소방호스의 중량은 40㎜가 50kg 이고, 65㎜가 약 80kg이다. ▶암기 : 오빠
② 소방호스에 로프로 감아매기를 하는 것이 효과적이며 원칙으로 1본에 1개소를 고정한다.
③ 소방호스의 지지점은 결합부의 바로 **밑**이 가장 효과적이다.
④ 4층 이하의 경우는 진입층에서 고정한다.
⑤ 5층 이상의 경우는 진입층 및 중간층에서 고정한다. ▶암기 : 사진고정, 5층진입 중간 ☆ 21 교
　(*^^ 5층 이상은 긴거리이니 소방호스에 로프로 감아매기로 중간 중간에 고정을 해주라는 뜻)
⑥ 지지, 고정은 송수되기 전에 임시 고정을 실시하고 송수된 후 로프가 미끄러지지 않도록 고정한다.

■ 소방호스 지지요령 ■

(2) 결속(고정)요령

① 베란다의 난간 등은 강도를 확인한 후 이용한다.
② 난간이 없는 베란다의 경우는 물받이 등의 강도를 확인하여 이용한다.
③ 개구부에 갈고리 등을 걸쳐 이것을 이용하여 고정한다.
④ 창, 유리를 파괴하여 창틀을 이용한다.
⑤ 방 안에 있는 책상과 테이블 등을 이용하여 로프로 고정한다.
   - 중간층으로 소방호스를 끌어올려 가능한 한 내부의 가구 등에 감는다.
⑥ 로프를 매달아 고정하는 방법   ☆ 21 소방교
   ㉠ 높은층 연장시 중간에 지지물이 없을 때는 <u>진입층</u> 등에서 로프로 매달아 내려 고정한다.
   ㉡ 로프를 매달아 고정할 때는 소방호스보다도 로프 신장률*이 크므로 <u>로프쪽을 **짧게**</u> 한다.
      (*^^ 호스는 늘어나지 않지만 로프는 늘어날 수 있으므로 짧게 고정하라는 뜻)

5 소방호스 추가연장 및 교체

추가연장 활동요령	① 건물관계자로부터 각종 정보를 수집한다. ② 선착대는 건물의 직근에 부서하여 연결송수관을 점령한다. ③ 대원은 소방호스 2본, 관창 1본을 휴대, 계단을 이용하여 직하층에 이르고 방수구에 호스를 연장하여 화점으로 진입한다. ④ 필요시 중계방수를 해주고 2인 1조로 직하층에 진입하여 적정한 개구부를 선정하고 옥외 소방호스 끌어올리는 방법으로 호스를 연장한다.
파열 시 교체요령	① 적은 파열은 호스재킷으로 조치한다. ② 주수 중 추가연장 또는 크게 파열된 경우는 제수기*를 조작하여 물의 흐름을 막는다. ③ 교체용 소방호스, 카프링스패너 등을 준비하여 소방호스를 교체한다. ④ 소속대의 차량의 위치가 먼 경우는 교체호스를 가까운 출동대로부터 빌려서 활용한다.
안전관리	① 소방호스의 끌어올리는 작업 중 추락에 주의한다. ② 어두운 곳에서 소방호스 연장 시는 계단에서의 발 디딤과 추락에 주의한다. ③ 운전요원은 소방호스가 파열되면 엔진 회전음이 변화하므로 계기판을 관찰한다.

 프레임(frame)의 법칙

① "신부님, 기도 중에 담배를 피워도 되나요?" → 절대 안 된다.
② "신부님, 담배 피우는 중에도 기도를 하면 안 되나요?" → 된다. 훌륭하다.
① 여대생이 밤에 술집에서 아르바이트를 한다고 하면 사람들은 손가락질을. → 그렇다.
② 술집에서 밤에 일하는 아가씨가 낮에 학교를 다니면서 열심히 공부한다고 하면. → 훌륭하다.
 - 똑같은 상황이라도 어떠한 틀(프레임)을 가지고 말을 바꿔서 하고 해석하느냐에 따라 달라진다는 법칙이다.

---

* 신장률: 늘어나는 비율   * 제수기: 호스파열 등으로 물이 샐 때 새지 않도록 조작하는 과거의 기구.

제10절 관창배치

1 관창 배치 ☆ 14 대구교, 15 소방교

(1) 관창 배치의 일반원칙
① 소방기관에 의해 정보가 확인될 때까지는 구조대상자의 검색, 구출 등에 필요한 관창을 배치함과 동시에 필요에 따라 구조대상자 등의 상황 악화방지를 위해 관창을 배치한다.
② 정보가 없고 구조활동을 필요로 하지 않을 때는 연소저지 등 소화활동 중점의 관창을 배치한다.
③ 엄호를 위한 관창, 소화를 위한 관창을 제각기 배치한 후 경계관창을 배치한다.

(2) 대상별 관창 배치✱✱ ☆ 10 강원, 14 대구교, 경기교·장, 위, 15 소방교, 위 16 강원, 경북교, 위, 24 위

일반 목조건물 화재 관창배치	① **연소위험이 큰 쪽으로부터 순차적으로 배치한다.** 24 위 ② **방수구는 3구를 원칙으로 한다.** (*^^ 목조건물이니까) ③ 관창은 각 차량에 적재되어 있어 분무방수로 전환을 할 수 있는 것을 사용한다.
구획별 관창 배치*	① 인접건물로 비화위험의 화재는 연소위험 방향에 배치, 기타 관창은 필요에 따른다. ② 도로에 면하는 화재는 ❶도로의 접하지 않는 쪽을 우선으로 배치하고 ❷풍횡측 ❸풍상측의 순으로 포위한다. ☆ 14 경기장, 24 위 등 ↳ (풍하쪽: 즉, 인접건물쪽) ③ 구획 중앙부 화재는 ❶풍하측을 우선으로 ❷ 풍횡측, ❸풍상측의 순으로 한다
화재성상별 관창 배치	① 제1성장기(초기)의 경우는 옥내에 진입하여 화점을 지체 없이 진압한다. ② 제2성장기(중기)의 경우는 옥내에 진입하되, / 2층 이상 건물의 경우는 고층부분을 중점으로 하고 단층(1층)일 때는 천장 속을 중점으로 배치한다. ③ 최성기의 경우는 연소건물 ❶풍하측에 우선으로 배치 ❷풍횡측 ❸풍상측의 순으로 포위한다. 단, 풍상, 풍횡측에 있어서도 인접건물 간격이 좁을 경우는 위험도에 따라서 배치한다. 또한 경사지에 있으면 높은 측을 우선한다. (열이 위로 향하니까)
대규모 건물	① 대구경의 관창을 사용한다. ② 관창 배치 우선순위는 인접건물 또는 연소위험이 큰 곳으로 한다. 24위 ③ 방수포를 건물 **측면**에 배치한다. ▶ 방수포측 　(*^^ 측면 이유: ☞ 분당 약 2톤이상의 물이 소비되니 건축물 붕괴의 위험성으로) ④ 연소저지선을 설정할 때의 관창 배치 중점장소는 <u>방</u>화벽, 방화<u>구</u>획, 건물의 <u>구</u>부러진 부분, 옥<u>내</u>계단 부분 등으로 한다. ▶ 방구구내 ⑤ <u>학</u>교, <u>기</u>숙사 등의 건물은 연소방향에 있는 작은 천장구획(<u>12m</u> 간격 이내)을 방어 중점으로 천장을 파괴하여 천장에 주수한다. ▶ 암기: 12학기 ⑥ 사찰, 중요문화유산 접근 곤란 시 방수포를 활용하여 고압으로 대량 방수한다.
기상조건별 관창 배치✱✱ 14 경기교, 위 15 소방교 등	❶ 풍속이 3m/sec 이하가 되면 방사열이 큰 쪽이 연소위험이 있으므로 그 방향을 중점으로 관창을 배치한다. ▶ 암기: 3리 방사(셋이 방사) (*^^ 방사: 복사) ❷ 풍속이 3m/sec를 초과하면 풍하측을 중점으로 관창을 배치한다. ▶ 암기: 3초 풍하 ❸ 풍속이 5m/sec 이상 되면 풍하측에 비화경계 관창을 배치한다. ▶ 암기: 오리 비화 ❹ 강풍(풍속 13m/sec 이상) 때는 풍횡측에 대구경 관창을 배치·협공한다 ▶ 13횡대

2 경계관창 배치

1) 활동 요령* ☆ 13 울산교, 18 소방교

(1) <u>수직부분</u>에 대한 관창배치 (▶ 수직 종류: 옥닥파케 엘에스기) (* 옥탑방에 LS기)

옥내계단*	① 화점층의 계단실로 통하는 방화문을 <u>폐쇄</u>하고 화점실의 창을 파괴한다. ② 직상층의 계단실로 통하는 방화문을 <u>폐쇄</u>하여 연기의 유입을 막는다. ③ 옥탑 계단실의 문을 개방하여 계단실내의 연기를 배출한다. ④ 화점층 방화문의 외측 및 상층의 계단실 부근을 중점적으로 경계한다.
엘리베이터	① 한 번 엘리베이터 전실에 화염이 유입되면 직상층 및 최상층(엘리베이터가 도중 층에서 정지된 경우는 그 층 및 그 직하층)까지 연소위험이 커진다. ② 상층 엘리베이터 출입구에서 연기가 분출되는지 확인하여 그 상황에 따라 경계한다 ③ 엘리베이터 스페이스(space) 내의 연기는 옥상 기계실을 개방하여 배출한다.
에스컬레이터 (중요도 낮음)	① 에스컬레이터의 방화구획이 열려 있으면 통풍이 되어 연소 확대의 우려가 있으므로, 조기에 확인하여 개방된 경우는 폐쇄한다. ② 방화셔터가 폐쇄되어 있더라도 셔터 부근에 가연물이 있는 경우는 셔터의 가열에 의해서 착화하여 연소할 위험이 있으므로 제거하거나 예비주수를 한다. ③ 에스컬레이터의 방화구획은 수평구획과 수직구획이 있는데, 수직구획은 상층에 열기가 강해 연소위험이 크므로 경계관창을 우선 배치한다. ④ 셔터구획 경우는 셔터 상부의 감아올리는 부분에서 천장 속으로 연소위험이 있다.
닥트(덕트) 스페이스	① 덕트 보온재가 가연성인 경우는 벽체 관통부의 매설이 불안전한 장소로부터 연소할 수 있다. / 상층의 점검구 등에서 연기발생 상황을 확인하고 방화 댐퍼의 개폐상황을 확인하여 개방된 경우 폐쇄한다. ② 관창은 ❶화점층, ❷직상층, ❸최상층에 배치한다. (*^^ 덕트는 수직공간으로 향하니)
파이프 샤프트	① 연소위험이 있는 장소는 각 파이프의 매설이 불안전한 곳이며 보온재가 가연성이면 연소 확대위험이 증가한다. ② 배수배관 등이 염화비닐로 시공되어 있는 경우 상층에 연소가 확대된다. 　- 특히 염화비닐이 연소하면 맹독성 가스가 발생하므로 유의한다. ③ 각 층의 점검구를 살펴 배관 매설부분에 연기가 분출되는가를 확인한다. ④ <u>파이프샤프트 내에 연소 시 최상층, 점검구 혹은 옥상으로부터 주수한다.</u> 그러나 파이프 샤프트는 최하층 기계실까지 연결되므로 과잉주수의 수손방지에 주의한다.
케이블덕트 (중요도 낮음)	① 강전선(전등, 동력용), 약전선(통신용)의 피복은 주로 가연성, 난연성인 것이며 대규모 고층건물에서는 그 사용량이 증대하여 케이블 내에서 연소확대 위험성이 크다. ② 따라서 경계관창 배치는 덕트스페이스 및 파이프샤프트에 준하여 조치한다.
기 타 (중요도 낮음)	① 연기 분출상황 등을 확인, 상황에 따라 다음 장소에도 관창배치를 행한다. 　• 더스트슈트의 출입구　• 기계 진입구　• 기타 슈트 등

---

* 덕트스페이스(duct space): 공조, 환기, 배연 등에 사용되는 덕트(관)를 건물 내에서 설치하기 위한 공간
* 파이프 샤프트(pipe shaft): 각 층을 통과하는 여러 배관이 집중적으로 설치되는 박스형의 빈 수직형 공간.
* 강전선(전등, 동력용): 강한 전압 전선 등 / 약전선(통신용): 약한 전압이나 전류가 흐르는 전선 등

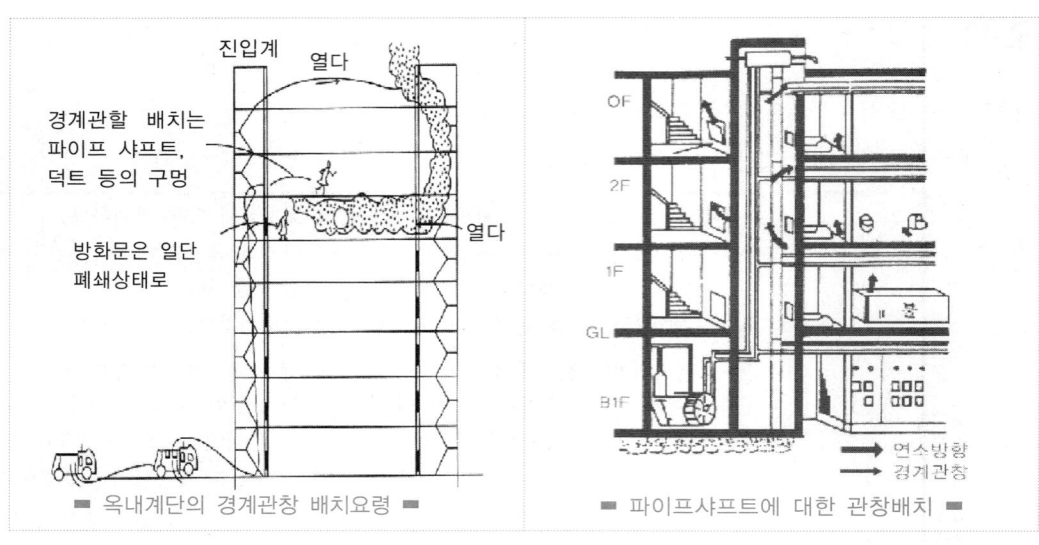

■ 옥내계단의 경계관창 배치요령 ■   ■ 파이프샤프트에 대한 관창배치 ■

(2) 수평부분에 대한 관창배치 ▶ (수평)암기 : 덕방천(떡방촌)

덕트 (Duct)	① 해당 건축물의 덕트 배관계통 및 단열재 등의 재질을 확인한다. ② 덕트 방화구획 관통부의 매설이 주로 불안전하고 타 구획 연소위험이 크다. ③ 연소구획에 인접 및 직상층 방화댐퍼 부근 또는 덕트부근에 연소위험이 크다.
방화문, 방화셔터	① 배연측이 되는 계단의 방화문은 개방하므로 상층으로 연소위험이 크다. ② 방화셔터는 상부의 셔터 감는 장치에서 천장 속으로 연소가 확대된다.
천장 속의 화염	① 가연재의 천장인 경우는 천장 속의 화염에 주의한다. ② 상층 바닥 슬래브와 벽과 틈이 있으면 천장 속에서 다른 구획으로 연소한다.

(3) 외부에 대한 경계관창

건축물 외부에서는 다음과 같은 부분이 위험하므로 경계관창을 배치한다.

외부 경계관창	① 스팬드럴 부분에 베란다, 차양이 있는 경우는 상층으로의 차열효과가 크지만 베란다에 가연물이 있으면 그 가연물에 의해 상층으로 연소가 확대된다. ② 간판, 차양이 가연성인 경우는 상층으로의 연소매개가 된다. ③ 직상층의 창이 개방되어 있으면 연소확대가 용이하고, 폐쇄되어 있더라도 창에 근접한 가연물이 있으면 연소매체가 된다. ④ 인접한 건축물에 화점과 직면하여 창이 있으면 연소 확대 위험이 크다.

2) 경계관창 배치상의 유의사항

① 경계관창은 주수 준비를 철저히 하여 배치하고 파괴기구, 공기호흡기, 조명기구 등을 휴대한다.
② 연소가 완만한 경우 반드시 관창을 배치 않고 소화기구를 활용시킬 수 있다.
③ 경계관창 배치는 급속한 상황변화에 대응하도록 주위상황을 파악하고 퇴로를 정하여 실시한다.
④ 경계관창은 필요이상 주수해서는 안되며, 경계해제는 지휘자의 지시에 의한다.

제11절 방수(주수)

1 직사주수*

(1) (직사)주수 요령   ☆ 20 소방위

① 확실한 발 디딤 장소를 확보한다.
② 관창수와 관창보조는 주수 방향과 소방호스가 직선이 되도록 위치한다.
③ 관창수는 반동력과 충격에 대비하여 무게중심을 앞으로 둔다.
④ 연소 실체를 목표로 주수한다.
⑤ 전개형 분무관창을 사용하는 경우, 관창의 압력이 <u>0.3Mpa 미만</u>일 때는 관창수 1인이 필요, <u>0.3Mpa 이상</u>일 경우는 <u>관창보조</u>가 필요하다. / 반동력은 약 2Mpa 이하가 적당하다.
⑥ 목표를 겨냥하고 광범위하게 소화하기 위해서는 상하, 좌우나 원형 등의 응용방법으로 한다.
⑦ 관창의 개폐조작은 <u>서서히</u> 한다. (* 0.3Mpa= 30m의 압력 / 2Mpa= 200m의 압력)

(2) (직사)주수의 특성*   ☆ 08 경북장

직사주수특성	① 직사주수는 사정거리가 길고, 　- 다른 방법에 비해 바람의 영향이 적으므로 화세가 강해 접근할 수 없는 경우에 유효하다. ② 파괴력이 강해 창유리, 지붕 기와 등의 파괴, 제거 낙하위험이 있는 물건의 제거에도 유효하다. ③ 목표물에 대한 명중성이 있다. ④ 반동력이 커서 방향전환, 이동주수가 용이하지 않다. (2Mpa 이하) ⑤ 장애물에 대해서는 주수 범위가 좁다. ⑥ 옥외에서 옥내로 또는 지상에서 높은 곳으로 주수하는 경우 반사주수를 실시하면 유효하다. 　단, 사정거리 및 사정각도에 주의한다.

(3) 안전관리

① 반동력의 감소에 유의한다. 관창을 2m 정도 뒤에, 여유소방호스를 직경 1.5m 정도의 원이 되도록 하면 반동력은 약 0.1Mpa 정도 줄게 된다.
② 고압으로 위험이 있는 경우 자세를 낮추고 체중을 앞발에 실어 버틴다.
③ 고압으로 가까운 물건에 주수하면 반동력이 증가하므로 주의한다.   ▶암기 : 일호오빠↓

관창구경 40mm, 관창압력 0.5Mpa 경우	관창과 물체의 거리	압력 상승
	5m	0.1Mpa
	8m	0.05Mpa

④ 주수 위치를 변경할 경우는 일시 중지하고 이동한다.
⑤ 송전 중인 전선에 주수는 감전 위험이 있으므로 안전거리를 확보할 필요가 있다. 보통 1mA는 안전범위가 되지만 조건, 피로 등을 고려하면 그 이상의 거리를 확보하여 주수해야 한다.

2 고속분무주수 ★★   ☆ 13 울산, 경북교, 14 인천장, 18 소방교·장, 20, 22 위

주수요령	① 관창압력 0.6Mpa, 관창 전개각도 10~30°정도를 원칙으로 한다. ② 주수방법 등은 직사주수와 같은 요령으로 한다.
주수특성	① 화점에 접근할 경우는 소화에 유효하다　　　　② 연소저지에 유효하다. ③ 덕트스페이스, 파이프샤프트 내의 소화에 유효하다. ④ 전도화염의 저지에 유효하다.(분무 중 고속이니)　⑤ 파괴 시 충격력이 적다. ⑥ 고압으로 유류화재에 질식효과가 있다.　　　　⑦ 반동력이 적다(* 중속 ⑦번도) - 아래⑧~⑪까지는 직사주수와 비교한 것이다. ⑧ 주수범위가 직사주수에 비해 넓다.　　⑨ 사정거리는 직사주수보다 짧다. ⑩ 파괴력은 직사주수보다 약하다.　　⑪ 감전의 위험은 직사주수보다 적다.

3 중속분무주수(일반적 분무주수) ★★   ☆ 14 경기교, 18 소방교·장, 20 위

주수요령	① 관창 압력 0.3Mpa 이상, 관창 전개각도는 30도 이상으로 한다. ☆ 22 소방위 ② 관창의 개폐는 서서히 조작한다. ③ 소화, 배연, 차열, 엄호, 배열 등 주수 목적을 명확히 하여 실시한다.(* 다양함) ④ 옥내 또는 풍상에서 활용하는 것이 효과적이다. (* 실내, 바람을 등지고) ⑤ 고온이 되고 있는 부분 또는 연소실체에 직접 소화수가 도달하는 위치에 주수한다. 　　또한 냉각주수의 경우는 간접 주수해도 좋지만 수손피해 방지를 고려한다 ⑥ 화재의 면적이 적은 경우는 전체를 덮도록 한다. ⑦ **소규모** 유류화재를 소화할 경우는 표면을 덮도록 고압 주수한다. ⑧ 소구획 실내의 배연을 목적으로 한 주수는 개구부 전체를 덮도록 한다.
주수특성	① 주수범위가 넓다. 따라서 연소실체에의 주수가 가능하다. ② 분무수막에 의한 냉각효과가 크다. ③ 검색 진입대원의 신체보호에 유효하다. ④ 소구획실 내에서의 소화주수에 유효하다. ⑤ 파괴를 필요로 할 때는 충격력이 약해 부적당하다. ⑥ 전개각도에 의해 시야가 가려 전방의 상황파악이 어렵다.　　⑦ 반동력이 적다. ⑧ 사정거리가 짧으므로 화열이 강한 경우는 연소실체에 직접 주수는 곤란하다. ⑨ 바람과 상승기류의 영향을 받는다. ⑩ 용기, 작은 탱크의 냉각에 유효하다. ⑪ 소규모 유류화재, 가스화재의 소화에 유효하다. ⑫ 주수에 의한 감전위험은 비교적 적다.
안전관리	① 배연, 배열 등을 실시할 때 주수부분을 명시, 백드래프트와 배연측의 안전에 유의한다. ② 도시가스의 분출을 수반하는 화재의 경우는 주위의 연소방지에 주력을 해놓고, 　가스차단방법이 확정되고 나서 소화한다. (* 제거소화 후) ③ 화점실 내에 주수하는 경우는 열기의 분출에 주의하고 개구부의 정면에 위치하는 것을 피해 주수하 　되, 내부의 상황을 확인하면서 진입한다. ④ 진입 시에는 관창에 얼굴을 접근시켜 자세를 낮게 한다. ⑤ 전기 기기, 전선 등의 전압이 33,000V 이하의 경우 주수 거리는 2m 이상 떨어져 실시 한다. 그러나 　가급적이면 송전 중인 전선에의 주수는 피한다. (*중속분무니까 2m임)

4 저속분무주수 ★★★
☆ 13 서울장, 경남장, 14 대구교, 소방위, 15 소방장, 16 소방교, 20, 24 소방위 등

주수요령	① 간접공격법에 가장 적합한 주수방법이다. ② 주수위치는 개구부의 정면을 피하고, 분출하는 증기에 견딜 수 있도록 방호한다. ③ 연소가 활발한 구역에서는 공간 내의 고열이 있는 **상층부를 향해** 주수한다. ▶천장(X) ④ 분출하는 연기가 흑색에서 백색으로 변하고 분출속도가 약해진 때에는 일시 정지하여 내부의 상황을 확인하면서 잔화를 소화한다. * 연기 색상: 백색(초기) → 흑색(최성기) → 백색(말기)
주수특성 24소방위	① 입자가 적어서 기류의 영향을 받기 쉬우며 증발이 활발하다. ② 수손이 적고 소화시간이 **짧다**. (* 질식소화니까) * 오답: 소화시간이 길다 ③ 벽, 바닥 등의 일부를 파괴하여 소화하는 경우에 유효하다.
안전관리	① 소구획 화점실의 경우는 증기의 분출이 특히 강렬하므로 주수위치 선정은 신중히 한다. ② 주수목표 측의 개구부면적을 **적게** 하고, 외벽면의 개구부를 크게 하면 배연, 배열효과가 크고 대원의 피로를 적게 할 수 있다. (*개구부를 적게: 기류, 산소를 적게하여 진압, 질식소화니까)

▣ 간접공격법(로이드레만 전법)이란
13 경남, 14 경기, 서울, 강원, 15 인천장, 16 대구, 부산, 소방교,

간접공격법 (로이드레 만 전법) 이란	• 미국 소방서장인 로이드레만(Roid-Lemman)이 제창한 분무소화전법이다. • 내화건물 화재 시에 소방활동상 최대의 장애가 되고 있는 것은 연기와 열이며, 이 연기와 열을 제거하기 위해 물의 흡열작용에 의한 냉각과 환기에 의한 열기와 연기의 배출을 보다 유효하게 하는 것을 목적으로 한 것이다. • 15℃의 1g 물이 100℃가 될 때의 흡수열량은(비열) 85cal이고 수증기화하기 위한 잠열은 538cal가 되어 총 623cal의 열을 흡수한다. 기화한 수증기는 원래 물 체적의 1,600~1,700배에 달해 흡열 및 체적팽창압력으로 소화, 배연, 배열을 실시하는 것을 목적으로 한다.
간접공격법 의 전제조건 15인천장	① 연소물체 또는 옥내의 온도가 높은 **상층부**를 향하여 주수한다. (*질식소화니까) ▶천장(X) ② 고온에 가열된 증기에 의해 대원이 피해를 받지 않는 위치를 선정한다. ③ 주수 시 개구부는 가능한 한 **작게** 하는 것이 위험성을 감소시킨다 (* 기류때문) ④ 가열 증기가 몰아칠 염려가 있는 경우는 분무주수에 의한 (**고속분무**)로 화점실 천장면에 충돌시켜 (**반사주수**)를 병행한다. ⑤ 천장 속 등의 부분은 분무주수 하는 것이 효과적이다.

간접공격법
효과의
판단
	① 주수 중의 실내에서 배출되는 연기와 증기량에서 다음과 같이 판단한다.
	  ㉠ 제1단계: 주수초기 = 연기와 화염의 분출이 급격히 **약해**진다.
	  ㉡ 제2단계: 주수중기 = **흑색연기+백색연기**가 섞여 점점 **백색연기**에 가깝다.(말기로 향하니)
	  ㉢ 제3단계: 주수종기 = 백연(백색연기)의 분출 속도가 약한 것으로 일시 중지하여 내부 상황을 확인한다. / 이 단계에서 작은 화점이 존재할 정도의 화세는 약하므로 서서히 내부에 진입하여 국소주수로 수손방지에 유의하면서 잔화를 정리한다.
	② 간접공격법에 의하면 90% 이상 수증기화 하는 것이 가능하므로 바닥면에 다량의 물이 있으면 주수정지의 시기를 잃었다고 판단한다. (* 주수가 잘못되었다는 뜻)
	③ 옥내의 연소가 완만하여 열기가 적은 연기의 경우는 이 전법을 이용하더라도 **효과는 적으므로**, 개구부 개방 등에 의해 연기를 배출하면서 화점을 확인하여 직사주수 또는 고속분무주수를 짧게 (잠갔다 풀었다) 계속하는 편이 수손을 적게 할 수 있다.

5 확산주수* ☆ 15 서울교

주수요령	① 보통 직사 또는 분무주수로 하는 것이 효과적이다. ② 확실한 발판을 확보한다. ③ 관창수는 반동력에 의한 충격에 대비하여 무게중심을 앞으로 둔다. (* 오른손으로 소방호스 결합부 부근을 허리 등에 대고, 왼손으로 관창부분을 잡고 방수한다.)
주수특성 *15서울	① **방**어에 유효하다.(소방력이 적을 때) ② **광**범위하게 주수하는 것이 가능하다. ③ **냉**각에 유효하다. ④ **낙**하물의 제거에 유효하다. ⑤ **저**압의 경우 잔화정리에 유효하다. ▶ 암기:방광냉낙저(* 방관이 넓게 냉하면 낙지가 약이 된다)
안전관리	① 높은 장소에 주수하는 경우는 낙하물에 주의한다. ② 저각도 또는 수평상태로 방수하는 경우 다른 대원의 직격에 주의한다. ③ 다른 소방대와의 연계를 긴밀히 하여 주수방향에 사람이 없는 것을 확인한다. ④ 반동력에 주의하여 보조자를 둔다. ⑤ 관창수의 교대시에 주의한다.

6 반사주수* 15 부산교

주수요령	① 직사주수 또는 분무주수로 한다. * **오답**: 반사주수는 직사주수로만 한다 ② 천장 등에 있어서는 반사 확산시켜 목표에 주수한다. ③ 압력, 주수 각도에 따라 도달거리, 확산의 범위가 변하므로 상황에 따라서 **이동, 휘둘러서 압력의 변화를 이용한다.** ④ 안전한 발판을 확보한다.
주수특성 *	① 직접 연소실체에 주수할 수 없는 곳(사각*)의 소화에 유효하다. ② 옥외에서 옥내의 사각*지점 소화에 유효하다.(*^^ 사각지점은 옥내에 있으니) ③ 내화건물 내 축적된 열의 냉각에 효과적이지만 수손방지에 대하여 유의한다. ④ 주수효과의 (눈으로) 확인이 곤란하므로 **효과 없는 주수가 되기 쉬운** 단점이 있다.
안전관리	① 고압의 경우 파괴나 낙하물로 위험이 생기기 쉬우므로 다른 소방대와 연계에 주의한다. ② 가열된 소구획의 방, 천장에 주수하는 경우 열기, 증기에 주의한다. ③ 벽체 등에 주수할 때 충격에 의한 반동력이 크므로 주의한다. ■ 반사주수 요령 ■

7 사다리를 활용한 주수* ☆ 15 소방교

주수요령*
① 사다리 설치각도는 75도 이하를 원칙으로 한다.
② 사다리 지주 밑 부분을 안정시키고, 끝부분은 창틀 기타 물건 등에 결속시킨다.
③ 방수 자세는 사다리의 적정한 높이에서 가로대에 한쪽 발을 2단 밑의 가로대에 걸어 몸을 안 정시킨 후 양손을 사용할 수 있도록 한다. (* 각각의 발이 2칸 간격으로 딛는다는 뜻)
④ 관창수는 보통 허리에 관창을 밀어붙이지만 상황에 따라서 어깨에 붙이는 방법도 취한다.
⑤ 어깨에 거는 방법의 경우는 전개형 분무관창의 직사주수로 0.25Mpa가 한도이지만 / 허리에 대는 방법은 관창을 로프로 창틀 또는 사다리 선단에 결속하면 0.3~0.4Mpa까지도 방수할 수 있다.
⑥ 개구부 부분의 중성대 유무에 따라 직사주수 또는 분무주수를 한다. ▶ ⑤ 어깨이오 허상사
⑦ 급기구는 직사주수 또는 분무주수를, / 배기구 경우는 직사주수로. (* 안으로 휘몰지 않게)

주수특성
① 옥외 진입이 곤란한 경우라도 개구부에서 직접 옥내에 주수할 수 있고 주수범위가 넓다.
② 연소실체에 직사가 가능하고 반사주수에 의해 효과가 크다. (* 사다리 위이니까)
③ 활동높이는 사다리 길이로 결정하되 3층 정도까지로 한다.
④ 사다리를 난간 등에 묶지 않은 경우에는 저압주수도 충분한 주의가 필요하다.

안전관리
① 반동력에 의한 추락방지를 위해 관창결속을 실시하며, 사다리 끝부분을 로프로 고정한다.
② 주수방향을 급격히 변화시키거나 급격한 관창조작을 하지 않는다.
③ 사다리에서 횡방향(수평)으로의 주수는 위험하다. 호스는 사다리의 중간에 로프 등으로 결속하여 낙하방지한다.   ④ 관창수 교대 시에 주의한다.

8 사다리차를 활용한 주수* ☆ 14 소방위, 15 소방장

주수요령
① 사다리 끝부분의 관창을 사용한다.
② 소방호스는 도중에서 사다리 가로대에 고정한다.
③ 사다리는 주수 목표에 대한 정확한 위치에 접근시킨다.
④ 사다리각도는 75도 이하로 하고, 건물과 3~5m 이상 떨어져 주수한다.
⑤ 주수의 개시, 정지, 방향의 전환은 급격히 하지 않도록 한다.
⑥ 주수는 보통 관창구경 23㎜로 관창압력 0.9Mpa 이하로 하고, 기립각도, 신장각도, 풍압, 선회각도를 고려하여 실시한다. (* 기립: 세움 / * 신장: 펼침 / * 선회: 돎)
⑦ 주수각도의 전환은 좌우각도 15도 이내, 상하 약 60도 이내로 하고 / 그 이상의 각도가 요구되는 경우는 사다리의 선회, 연장, 접는 방법으로 한다. * 오답: 그 이상의 각도는 불가하다.
⑧ 배연을 목적으로 분무주수 하는 경우는 개구부를 덮도록 열린 각도를 조정한다.
⑨ 실내의 주수는 반사주수를 원칙으로 하고, 밑에서 위 방향으로 주수하는 동시에 좌우로 확산되도록 한다.   ⑩ 소화, 배연 등의 주수목적을 명확히 한다.

주수특성
① 사다리차를 활용할 수 있는 건물 등의 화재에 국한한다.
② 고층의 경우 옥외에서의 주수는 매우 유효하다.
③ 개구부에서 직접 옥내에 주수할 수 있고 연소실체를 직접 공격할 수 있다.
④ 주수방향의 전환각도가 한정되므로 사각이 발생되기 쉽다.

안전관리
① 정상 주수시 반동력에 대한 안전한계는 연장정도, 기립각도에 따라 다르지만 75도에 있어서 반동력은 7Mpa이다. / ② 직사주수를 하는 경우는 반동력을 피하기 위해 관창을 사다리와 (횡으로) 직각이 되지 않도록 상, 하로 향하여 주수자세를 한다. * 오답: 직각이 되도록
③ 전체 연장상태에서의 고압 주수 시에는 가능한 안전로프로 확보한다.
④ 사다리차에 송수하는 펌프차는 방수구 개폐 시 급조작을 하지 않는다.

9 방수포 주수

| 방수포 | ① 사정거리가 길고 대량의 주수가 가능하며 화세를 일거에 진압하기에 유효한 방법이다. 그러나 수원이 쉽게 고갈되는 단점이 있다.(*^^ 분당 2톤 이상 물이 소비되니)
② 진입 또는 접근 불가능한 화재와 극장 등의 높은 천장화재에 유효하다.
③ **부분파괴**를 겸한 주수에 유효하다.
④ **대 구획**인 화재에 유효하다.
⑤ 옥외로부터 소화가 가능하며, 화세가 강한 화재에 유효하다.
⑥ 주수방향을 변경할 때는 반동력에 주의하여 서서히 조작한다.
⑦ 방수개시 및 정지는 원칙으로 펌프차의 **방수구** 밸브로 조작한다. |

10 화재실의 소화 주수*

화재실의 진입	① 문, 창 등의 개구부가 폐쇄되어 있고 창 등의 빈틈에서 검은 연기가 분출하고 있을 때는 화염의 분출에 대비해 분무주수의 엄호아래 문을 개방한다. 이 경우 문 개방하는 대원 및 관창의 위치는 **정면을 피한다**. * 오답 : 정면으로 한다

화재실의 소화	① 진입구에서 실내에 충만한 농연을 통해 희미한 화점 또는 연소가 확인된 때는
	  - 화점에 직사주수 및 확산주수를 병행해서 실시한다. (*^^ 짙은 연기인 농연시)
	② 화재 초기로 수용물 또는 벽면, 바닥면 혹은 천장 등이 부분적으로 연소하고 있을 때는
	  - 실내로 진입해 직사주수 또는 분무주수에 의해 소화한다.(*^^ 초기화재)
	③ 실내 전체가 연소하고 있는 화재 중기의 경우는 – 직사주수에 의해 진입구로부터 실내 전체에 확산 주수한다.(*^^ 중기화재)
	④ 주수목표는 ❶ 천장 ❷ 벽면 ❸ 수용물 ❹ 바닥면 등의 순서로 한다. ▶ 암기 : 천벽수박
	  (*^^ 일반적으로 직사주수는 천장을 우선으로 / 저속분무는 질식소화니까 상층부 부터이다)
	⑤ 칸막이 가구 및 가구집기류 등의 목조부분에 대해서는 직사주수 등에 의한 부분파괴하고 물의 침투를 조절해서 소화한다. / 천장, 선반 위 등에서의 낙하물 및 가구류의 붕괴에 주의하며 상황에 따라서 천장에서의 낙하물을 제거 후 진입한다.
	⑥ 조명기구를 활용해서 **발밑**을 주의하며 서서히 진입한다. (*^^ 넘어지지 않게) ▶ 조명 발밑

11 엄호 주수** ☆ 13 부산, 강원장,. 14 위, 15 인천장, 16 강원, 서울장

- **엄호주수 요령****
  ① 관창압력 <u>0.6Mpa</u> 정도로 분무주수를 한다. (*^^ 고속분무와 같다) ▶ ①② 암기 : 06, 67친구
  ② 관창각도는 60~70°로 하고, 관창수 스스로가 차열을 필요로 할 때는 70~90°로 한다.
  ③ 엄호주수는 작업 중인 대원의 등 뒤에서 신체 전체를 덮을 수 있도록 분무주수로 한다.
  ④ 강렬한 복사열로부터 대원을 방호할 때는 열원과 대원 사이에 분무주수를 행한다.

○ 고속분무: 0.6Mpa, 10~30도 / 중속분무: 0.3Mpa↑, 30도↑ / 엄호주수: 0.6Mpa, 60~70도(차열: 70~90도)

---

* 엄호주수 : 직접 화재진압을 목적으로 하지 않고 위험한 현장으로 접근하는 선두의 대원 또는 구조대상자나 보호구조물 등을 위하여 후방 또는 측면 등을 향해서 행하는 주수. * 요구조자: 구조대상자, 구조를 요구하는 자.

대원에 대한 엄호주수	① 농연과 열기가 충만한 실내에서 인명검색 할 때 ② 가연성 가스, 유독가스 중에서 소방활동을 할 때 ③ 소방활동 중에 농연, 열기 등이 휘몰아칠 염려가 있을 때 ④ 복사열이 강한 장소에서 **직사주수** 작업을 할 때 (*^^ 직사는 열을 직접 받으므로) ⑤ 열이 강한 장소에서 셔터 파괴 시 ⑥ 바닥파괴 시 갑자기 열이 솟구쳐 오를 때.(* ①~⑥ 열, 연기, 가스가 심할 때의 개념)
구조대상자에 대한 엄호주수 (구조주수)	연소 중의 실내에서 연기, 열기에 휩싸여 있는 구조대상자가 있거나 또는 대원이 복사열에 의해 접근이 곤란할 경우의 주수 요령은 다음과 같다. ① 요구조자(구조대상자)가 있다고 생각되는 직근의 천장 또는 벽면으로 주수한다. ② 유효사정을 확보하기 위해 **고속분무(10~15°)주수**한다. (* 고속으로 반사주수를 말함) ③ 주수 종별은 반사주수 또는 상하 확산주수로 수막을 형성하여 차열한다.
안전관리	문, 창 등의 개구부가 폐쇄되어 있고 창 등에서 흑색연기가 분출하고 있을 때는 플래시오버 또는 백드래프트에 대비하여 분무주수의 엄호 하에 문을 측면으로 개방, 주수한다.

■ 대원 엄호주수 요령 ■

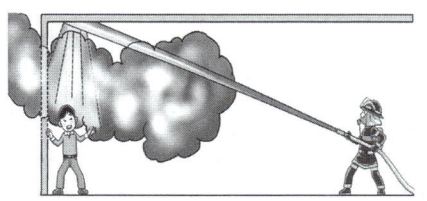
■ 구조대상자 엄호주수 요령 ■

12   3D 주수기법* ☆ 19, 21 소방교·장, 20 위, 22, 23 소방교

3D주수기법이란 화재가 발생되어 연소 중인 가연물질 표면과 실내 전체에 퍼져있는 연기에도 주수하는 방식이다. 즉 3차원적(다각도) 화재진압 방식을 말한다.

※ 3D주수기법은 **펄싱(pulsing), 페인팅(painting), 펜슬링(penciling)**으로 나눈다. (* 국어사전 순)

① 펄싱기법	· **간헐적**으로 물을 뿌려주며 / 공간을 **3차원적**으로 냉각시키는 방식이다. (* 주수를 통해 주변의 **공기와 연기를 냉각**시킨다.)
② 페인팅기법	· 물을 **살짝** 주수하여 벽면의 온도를 낮추고 열분해를 중단시키는 것이다. (**벽면과 천장**의 온도를 낮추고 열분해 중단시키는 것) ▶ 페인트로 벽, 천장
③ 펜슬링기법	· 연소 가연물(화점)에 **직접주수**하여 진압을 하는 방법을 말한다. ▶ 연필로 선을 그리듯

○ 요약
펄싱 및 페인팅 주수기법은 화재환경을 제한하고 통제하며 <u>화재를 진압하는 화점실</u>까지 도달하게 <u>도와주는</u> 것이라면~ / 펜슬링 주수기법만이 <u>실제로 화재진압용</u> (직접적)기술이다.

(1) 펄싱 ★ 23, 24 소방교   ▶ 펄싱(pulsing) : 맥동, 맥박이 뛰듯 간헐적으로 / pulse: 맥박, 고동

숏펄싱
(Short pulsing)
	① 건물 내부진입 전 출입문 상부에 주수하여 물이 방수와 동시에 증발하는지 확인한다.
	② 만약 증발을 하게 되면 내부가 매우 뜨겁다는 것이다. 그래서 물을 뿌렸을 때 증발하는지 흘러내리는지를 세심하게 관찰한다. 또한 증발할 때는 어느 위치인지를 판단한다.
	③ 그 다음에 출입문 내부 천장부분에 주수한다.
	④ 그렇게 자연발화가 된다면 밖에서 화염이 발생하여 내부로 들어가는 현상이 발생한다.
	⑤ 문을 열었을 때 나오는 가스가 산소와 결합해서 점화되는 것을 방지하기 위해 상부의 가스와 공기를 냉각시켜 자연발화의 가능성을 없애주는 것이다. 23 교
	⑥ 그리고 내부에 진입해서 상부로 주수를 하여 자연발화 온도에 도달하는 것을 방지하며, 대원 머리 위 또는 근처에 고온의 화재가스가 있을 경우 바로 사용하도록 한다.
	⑦ 이때 1초 이내로 짧게 끊어서 주수하며, 물의 입자(0.3mm 이하)가 작을수록 효과가 높은 장점을 가지고 있다. 23 교 ✪ 숏펄싱 요령은 다음과 같다.
	  ㉠ 확실한 발 디딤 장소를 확보하고 낮은 자세를 유지한다.
	  ㉡ 관창수는 화점실 진입 전 머리 위쪽 및 주변 상층부 연기층을 목표로 주수한다. * 화염(x) 24교
	  ㉢ 관창보조는 소방호스를 땅에 살짝 닿도록 들어서 잡아준다.
	    - 관창수가 담당하는 부분은 앞부분만 나머지 호스의 반동이나 무게는 보조자가 담당하게 된다.
	  ㉣ 관창의 노즐은 오른쪽 방향 끝까지 돌려서 사용한다.
	  ㉤ 관창의 개폐조작은 1초 이내로 짧게 끊어서 조작한다.
	  ㉥ 좌(우)측, 중앙, 우(좌)측 순으로 상층부에 짧게 끊어서 3~4회 주수한다.

미디움펄싱 (Medium pulsing)	숏펄싱와 롱펄싱의 중간 주수기법으로 1~2초의 간격으로 주어진 상황에 따라서 방어와 공격의 형태로 적용할 수 있다. 미디움펄싱 주수요령은 다음과 같다 ① 확실한 발 디딤 장소를 확보하고 낮은 자세를 유지한다. ② 관창수는 화점실 진입 전 전면 상층부 연기층 및 간헐적 화염을 목표로 주수한다. 24교 ③ 관창보조는 소방호스를 땅에 살짝 닿도록 들어서 잡아준다. ④ 관창의 노즐은 오른쪽 방향 끝까지 돌려서 사용한다. ⑤ 관창의 개폐조작은 1~2초 이내로 끊어서 조작한다. ⑥ 좌(우)측, 중앙, 우(좌)측 순으로 전면 상층부에 끊어서 3~4회 주수한다.
롱펄싱 (Long pulsing)	상부 화염 소화, 가스층 희석 및 온도를 낮추어 대원들이 내부로 더 깊이 침투할 수 있도록 하며, "주어진 상황에 따라서" 3~5초의 간격으로 다양하게 적용한다. ① 확실한 발 디딤 장소를 확보하고 낮은 자세를 유지한다. ② 관창수는 구획실 앞쪽 상층부 연기층 및 화염을 목표로 주수한다. 24교 ③ 관창보조는 소방호스를 땅에 살짝 닿도록 들어서 잡아준다. ④ 피스톨 관창의 노즐은 오른쪽 방향 끝까지 돌려서 사용한다. ⑤ 관창의 "개폐조작"은 2~5초 이내로 끊어서 조작한다. (*^^ 관창조작: 2~5초) ⑥ 좌(우)측, 중앙, 우(좌)측 순으로 상층부에 주수하며 구획실 공간 전체 용적을 채울 수 있도록 수차례 나눠서 주수한다.

- 숏펄싱 : 1초 이내, 머리 위쪽 및 주변 상층부 연기층 목표로 그 다음 내부 천장 / 상층부 3~4회
- 미디움 : 1~2초 간격, 앞쪽 상층부 연기층 및 간헐적 화염을 목표로 / 전면 상층부 3~4회 주수
- 롱펄싱: 3~5초 (관창 조작은 2~~5초) 앞쪽 상층부 연기층 및 화염을 목표 / 상층부 수차례 나눠서

(2) 페인팅 및 펜슬링 주수기법 (*^^ 펄싱은 <u>분무주수</u>, 페인팅 및 펜슬링은 <u>직사주수</u> 개념으로 접근한다)

페인팅 기법	① 내부 **벽면과 천장을** 페인트 칠하듯 **물을 살짝** 주수하는 방식이다. ② 벽면과 천장이 나무와 같은 가연성 물질로 구성되어 있으면 **표면냉각과 열분해를** 줄여줄 수 있으며, 불연성 물질로 되어 있으면 **복사열 방출을** 줄여 가연물 열분해를 방지하고 가연성 연기층을 냉각시키는 효과가 있다. ③ 또한 지나치게 많은 양의 주수는 하지 않는다. 　냉각 후에 결과를 보기 위해 잠시 기다린 후 쉿쉿 소리가 들리면 매우 높은 온도를 의미하고, 바닥에 물이 떨어지는 소리는 (기화가 덜된) 낮은 온도를 의미한다. ④ 벽면이 매우 뜨겁다면 너무 많은 증기가 발생하지 <u>않도록</u> 페인팅 주수 중단 시간을 **길게** 할 필요도 있다. (* 벽이 너무 고온일 때는 길게 끊어서 해야 한다는 뜻)　* **오답**: 짧게 ◉ 페인팅 주수요령　☆ 24 교 ㉠ 움직임이 크므로 펄싱 주수 자세보다 좀 더 높은 자세를 유지한다. ㉡ 관창수는 ❶ 화점실(<u>접근 시</u>) 문틀 주변에 주수(불이 다른 구역으로 번지지 않도록 냉각)하고 　　❷ 화점실(<u>진입 시</u>) 벽면 및 천장을 목표로 주수한다.　* 오답: 접근시 벽과 천장 ㉢ 반동력이 크지 않으므로 이동에 용이하다. ㉣ 관창의 노즐은 오른쪽 방향 끝에서 왼쪽으로 **조금** 열어서 사용한다. (펄싱은 모두 끝까지) ㉤ 관창의 개폐장치는 조금 열어 물줄기가 보이게 벽면과 천장에 닿을 정도로 조작한다. ㉥ 주수 시 페인트칠을 하듯 위에서 아래로, 천장 한쪽 끝에서 반대쪽 끝으로 지그재그 방식으로 적정량을 주수하도록 한다. ㉦ 매우 높은 열량을 가진 벽면에 주수 시 많은 수증기가 발생하지 않도록 주의한다
펜슬링 기법	① **직사주수 형태로** 물방울의 크기를 키워 중간에 기화되는 일이 없도록 물을 던지듯 끊어서 화점에 바로 주수하여 화재진압을 시작하는 방식이며, ② 연소중인 물체의 표면을 냉각시켜 주면서 다량의 수증기 발생 억제 및 열 균형을 유지시켜 가시성을 유지시키는 효과가 있다. (* 가시성: 잘보임) ◉ 펜슬링 주수요령　☆ 22, 24 소방교 ㉠ 확실한 발 디딤 장소를 확보하고 낮은 자세를 유지한다. ㉡ 관창수는 <u>화점을 목표로</u> 주수한다.　* 오답: 화점상층부　☆ 24 교 ㉢ 반동력이 **크므로** 관창보조는 소방호스를 땅에 살짝 닿도록 들어서 잡아준다. ㉣ 관창의 노즐은 오른쪽 방향 끝에서 왼쪽으로 **1/4바퀴** 돌려 직사주수 형태로 사용한다. ㉤ 관창의 개폐장치를 열어 물줄기를 던지듯 끊어서 조작한다. ㉥ 구획실 내 화점이 여러 곳일 경우 펜슬링(화점), 펄싱주수(공간), 펜슬링 그리고 페인팅 기법을 반복하면서 주변공간을 냉각시키고 화재를 완전히 진압한다.

- 3D주수기법
- 적합한 물방울은 대략 <u>0.3mm~0.4mm</u>이며, 실제 상황에서 물방울 크기를 측정하기 위한 가장 효과적인 방법은 숏펄싱 주수 시 공기 중에 4~5초간 물방울들이 남아 있는 것을 확인한다.
- 3D주수기법은 구획실의 크기가 <u>70m² 이상</u>일 경우 부적합하다고 볼 수 있다. (*^^ 70/3.3= 21평)
- 100℃에서 수분팽창 시 1,700배로 부피가 팽창하며 608℃에서는 4,200배까지 팽창하게 된다.
- 펄싱기법은 구획실 상층부 가연성가스 냉각과, 수분팽창으로 구획실 안의 산소를 차단효과가 있다

13 연소확대 방지 ☆ 16 경북교

화재를 억제시키는 것은 화재가 발생한 <u>공간 범위</u>를 벗어나지 않도록 억제하는 것을 말하며, **연소확대를 방지하는 것은 화재가 억제범위를 벗어나지 않도록 하는 것**으로 연소확대를 방지하는 것이 더 큰 우선순위의 대상이다.

숨겨진 공간확인	① 천장을 가진 건물 화재의 경우 화재발생 장소 근처에 있는 **천장을 개방하여 확인**한다.
	② 냉난방 시스템의 흡입관 주위의 **천장을 개방해보고 불꽃의 통과 여부를 확인**해야 한다.
	③ 배연을 위해 개방한 창틀을 확인한다. (종종 배연 시 흘러나온 불꽃과 연기는 창틀 주위의 밀폐된 공간으로 침입하여 재 발화되는 원인이 되기도 한다.)
	④ 화재 지점 근처의 벽 속을 조사해야 한다.
	   ㉠ 벽을 통한 열이 전도되었다면 벽의 간주(間柱, 기둥 사이에 세우는 가는 사잇기둥) 사이의 배이(bays, 기둥과 기둥사이 또는 사이기둥과 사이기둥 사이)를 개방하여 확인해야 하고
	   ㉡ 콘센트가 있는 벽 부분에 연소 흔적이 있다면 반드시 개방하여 확인해야 한다.

창문	① 인접 건물이나 상층부의 연소확대 유무를 확인할 때 창문 주변을 우선적으로 확인한다. ② 화재가 발생된 곳에서 창문이나 철재셔터가 열려있는 곳으로 연소 확대가 우려되면 즉시 창문 또는 셔터문을 닫고, 기타 연소 확대의 매개물인 커튼 등의 가연성 물질을 제거한다. ③ 가장 중요한 것은, 진입팀은 항상 갑작스러운 연소 확대나 폭발에 대비하여 후퇴할 수 있는 대피로가 있는지 확인하면서 진입해야 한다.
지붕공간	① **수평 연소 확대여부를 판단**하기 위하여 인접 공간을 확인할 때, 화재발생 장소의 전후좌우에 위치한 인접 구획 공간의 천장을 개방해 보고 천장 또는 지붕 공간을 통해 들어오는 연기나 불꽃이 있는지 반드시 확인해야 한다. ② 겉으로 보기에 구획되어 있는 건물도 천장이나 지붕공간이 하나로 연결된 건물이 많다. ③ 경사지붕으로 된 주택과 같은 건물은 천장부분의 확인과 함께 지붕외관을 통해 연기의 발생 유무를 확인하고 연소 확대 여부를 판단해야 한다.

지하공간	① 지하층과 같이 외부 접근과 방수가 어려운 화재는 화재진압과 연소확대를 방지가 어렵다.
	   ㉠ 첫째 인접 지하공간까지 연소가 확대될 것이다.
	   ㉡ 둘째, 상층부 바닥 층의 구조에 따라 약화 또는 붕괴될 것이다.
	   ㉢ 셋째, 불꽃이 상층부로 통하는 배관이나 작은공간을 통해 위층부터, 전체로 확대된다.
	② 출입구를 통한 호스 전개가 불가능한 경우 인접 지하공간이나 건물 뒤쪽을 살펴본다.
	③ 진입이 불가능한 상황에서 화재진압의 실익이 크다면 개구부를 통해 폼액을 주입한다. 폼액 유출원인이 되는 지하 공간 내의 출입구나 개구부를 밀폐시켜야 한다. 폼액 주입을 통한 지하공간 화재 진압을 할 때 건물구조상 상층부 바닥 붕괴 위험이 높은 경우가 있으므로 1층에 있는 모든 사람을 대피시키고 모든 창문과 문을 열어 환기시켜야 한다.
	④ 폼액주입으로 인접공간이나 건물로 향하는 모든 문, 통로 등 숨겨진 구멍을 확인한다.
	⑤ 여기서 가장 우선적으로 확인해야 할 곳은 **상층부로 향하는 수직 통로(구멍)**이며 이곳을 완벽하게 차단해야 한다. (* 거품인 폼액 주입을 통하여 열기 등이 올라가니까)
	⑥ 폼액 주입이 효과가 없을 경우 장시간의 방어적 진압을 준비하고, 불길이 전체 건물로 확대되는 것에 대한 대비책으로 지하공간 직상층에 미리 대량 방수를 하는 것도 고려한다.

노출방어 (인접건물 확대방어)	① 목재건물의 경우, 인접건물로 복사열 차단을 위해 건물 사이부분에 대량의 물을 방수한다. ② 인접 건물로의 호스배치는 화염의 크기나 화재발생 지점의 높이를 고려하여 **연소 건물보다 몇 층 높은 곳에 배치**한다. → 이유는? 인접건물의 연소 확대우려가 높은 곳을 보호하거나 다른 인접 건물의 지붕 등 높은 곳에 직접 방수하기 위한 것이다) → 즉, 노출방어니까 ③ 인접 건물에 호스를 배치하는 목적이 연소확대로부터 인접건물을 보호하는 것이라면, 호스 전개 시부터 각 건물의 층과 지점에 도달할 수 있을 정도의 호스를 충분히 전개한다. - 이때는 화재발생 건물(지점)과 같은 높이의 층이거나 이보다 높은 층(지점)에서 주로 연소 확대가 이루어진다는 점을 고려해야 한다. ④ 인접건물과의 사이 공간에서 심한 대류가 발생되고 있다면 인접건물의 높은 곳의 창문을 통해서 연소가 확대될 가능성이 높다. ⑤ 복사열은 목재 또는 플라스틱으로 된 창틀에 쉽게 연소 확대 시킬 수 있으며 높은 건물의 지붕 위치까지 불씨를 옮겨 놓기도 한다. ● 복사열에 의한 연소확대를 방어하기 위한 전술적 가이드라인 ☆ 16 경북교 ① 효과가 가장 <u>적</u>은 전술은 워터커튼(<u>수막</u>, water curtain)*을 설정<u>하는</u> 것이다. 복사열은 작은 물방울 사이의 공간을 통해 통과되며, 물의 낭비가 가장 심하다. ② 화재가 <u>소규모이거나 65mm</u> 관창 이용이 가능할 때, 화재 발생 건물(지점)에 직접 방수하고 진압한다. (* 천천히 65mm, p.121 소극적 전술 ⑨번 참고) ③ 화재가 <u>대규모인 경우</u>로 화점진압의 효과가 없을 때에는 <u>40mm 관창</u>을 이용하여 인접 건물의 측면에 직접 방수한다. (* 신속을 위해 40mm, p.121 공격적 전술 ⑨번 참고) ④ 인접건물에 복사열에 의한 이미 연소확대가 되었거나 확대우려가 높은 경우에는, <u>인접건물 내부</u>로의 연소확대를 막기 위해 인접건물 내부(개구부가 있는 층)에 진압팀을 배치해야 한다.

> **Check Point** 주수 시(천장 혹은 상층부의 개념 정리)

● 직사주수는 <u>천장</u>부터 하는 이유? : **화점실 진입 시** 문을 열자마자 내부의 진한 농도의 가연성 가스가 압력이 높은 실내 천장에서 압력이 낮은 복도 등 바깥으로 나오면서 산소와 혼합되며 $CO(12~74\%)$ 등의 연소범위 내에 들어와서 자연발화를 일으킬 가능성이 있기 때문이며~
주수목표는 ❶ 천장 ❷ 벽면 ❸ 수용물 ❹ 바닥면 등의 순서로 한다. ▶ 암기 : 천벽수박

● 저속분무에서 주수를 <u>상층부</u>부터 하는 이유는?
수막 등으로 천장을 포함해서 질식소화로 상층부의 화면을 덮을 수 있기 때문이다.

※ 숏펄싱에서 내부 진입 <u>전 출입문 상부</u>부터(그 다음 내부 천장) 주수는 분무주수와 같고,
1초 이내 0.3mm 이하의 물 입자로 3~4회로 상층부 연기층을 목표로 한다.

※ 관창의 노즐 사용 <u>비교?</u> 펄싱(3가지): 오른쪽 <u>끝까지</u> 돌려서 / 페인팅: 오른쪽 끝에서 왼쪽으로 조금 열어서 / 펜슬링: 오른쪽 끝에서 왼쪽으로 1/4바퀴 돌려 직사주수 형태로 사용한다.

---

* 노출방어: 인접 건물로의 연소방지 (* 노출화재: 인접 건물로의 연소가 되는 화재)
* 워터 커튼(water curtain): 건물과 건물 사이에 물을 뿌려 수막을 만드는 것.(* 직역: 물 커튼)

제12절 파괴활동

1 파괴기구 활용 (* 중요도 낮음)

동력 절단기	활용 요령	① 절단물에 따라 날을 선택하고 보호커버를 조정한다. ② 왼손으로 앞의 핸들을, 오른손으로 뒤 핸들의 조정레버를 조작할 수 있도록 잡고 왼발을 반보정도 앞으로 내딛는다. ③ 엔진을 회전시켜 절단면에 직각이 되도록 절단한다. ④ 절단은 곧장 실시하고 날이 휘지 않도록 한다.
	안전 관리	① 헬멧, 보호안경, 안전장갑을 착용한다. ② 원칙적으로 가연성가스가 체류하는 장소에서는 사용을 금한다.(불티가 튀니) - 부득이한 경우는 분무주수를 받으며 인화위험을 배제한 상황 하에서 실시한다. ③ 조작원은 절단날 후방 직선상에 발을 놓지 않는다.(* 직선이면 발쪽이 위험하니) ④ 절단날 전후방에 조작원 외 접근을 막는다. (③번: 가랑이 사이로 둔다는 뜻) ⑤ 불꽃에 의한 가연물 착화 위험이 있으므로 충분한 안전대책을 마련한다.
가스 절단기 15소방장	활용 요령	① 절단물의 **전면**에서 화구를 절단부를 향해 가열한다. ☆ 23 위 ② 절단부가 가열된 시점에서 산소레버를 당겨 절단방향으로 화구를 이동한다. ③ 불꽃은 절단면에 대해 수직 또는 절단방향으로 하고 절단용 산소량은 절단재의 두께에 따라 가감한다. (*^^ 가스절단기란? 일반적인 산소절단기를 말한다)
	안전 관리	① 헬멧, 보호안경, 안전장갑을 착용한다. ② 기름 등이 묻은 공구류 등은 취급하지 않는다. ③ 조정기를 용기밸브에 부착할 때는 확실히 하여 누설되지 않도록 한다. ④ 수납은 소화한 후 용기밸브를 닫고 절단기의 밸브를 열어 잔류 가스를 방출한 후에 절단기 밸브를 잠그고 화구를 냉각시킨 후에 수납한다. (* 화구: 노즐) ⑤ 절단하는 것에 의해서 2차 재해를 발생시킬 염려가 없는가를 확인한다. 특히 가연물이 있는 경우는 충분한 안전대책을 마련한다.

2 대상별 셔터 파괴요령★★ ☆ 10 강원, 13 경남교, 14 부산교, 15 소방장, 23 위

중량 셔터 파괴 요령	직접 화염의 영향을 받고 있지 않는 경우	① 파괴를 최소한도로 줄이기 위해 셔터 **아래방향**을 진입할 수 있을 만큼 절단하고 내부에 진입하여 개방한다. ② 절단기로 스레트를 수직으로 자른 후, 스레트를 당겨 뺀다. ③ 긴 스판셔터를 절단할 때는 진입 가능한 폭에 2개의 구멍을 만들어 제일 끝의 스레트를 빼내면 개구부가 된다. (* 스레트: 셔터를 구성하는 판) ④ 셔터의 레일에 걸친 부분에는 스레트 1매 간격으로 연결 금속물이 부착되어 있어 탈착되지 않으므로 주의를 요한다.(* 레일: 셔터 좌우의 상하 수직통로) ✪ (화염없음) 파괴기구: 가스절단기, 공기톱, 동력절단기. ▶ 확가공동
	셔터에서 연기가 분출하는 경우	① 공기호흡기를 착용하고 측면에 주수태세를 갖춘다. ☆ 15 소방장 등 ② 연기의 분출을 적게 하기 위해 셔터의 **아래방향**을 절단한다.

셔터가 가열에 의해 붉게 변하고 있는 경우	③ 셔터의 **한 변**을 절단하여 스레트를 빼기 전에 내부를 확인한다. ④ 스레트는 서서히 잡아 빼고 내부의 상황을 확인하면서 필요에 따라 **분무주수**를 한다. 단, 수손방지에 주의한다. ⑤ 진입구를 만들 경우는 측면에 위치하여 **백드래프트**에 주의한다. ✪ (연기분출): 가스절단기, 공기톱, 동력절단기, 산소절단기, ▶ (연기)가공동산 ① 스레트를 잡아 빼기 곤란하므로 아치형으로 절단한다. (＊ 아치형: ∩) ② 초기에는 관창이 통과 가능한 정도의 구멍을 만들고 내부에 주수하여 화세를 제압한 후 **진입구**를 크게 한다. ✪ (붉은셔터) 파괴기구: 가스절단기, 산소절단기 ▶ 붉가산

경량셔터＊ 파괴요령	① 해머＊로 스레트를 강타하면 휘어져서 개방이 불능하므로 주의한다.
	② 셔터의 열쇠부분을 해머로 강타하여 **열쇠를 파괴** 후 개방한다.
	③ 셔터하단 중앙부와 바닥면 사이에 지렛대를 넣어 밀어 올린다.
	④ 가운데 기둥을 분리하는 방법 (＊^^ 셔터가 좌우로 분리된 경우 중간의 기둥 판넬)
	   ㉠ 중간기둥의 **바닥면**에 있는 밑 부분을 지렛대로 들어 올린 후 강하게 당겨 스레트에서 분리시킨다. (＊^^ 셔터가 경량이니까)
	   ㉡ 밑 부분에서 올라가지 않을 경우는 중간의 바닥에서 15cm～20cm의 위치를 해머로 강타하여 스레트를 분리한다.
	   ㉢ 동력절단기, 가스절단기 등으로 중간하부의 말단 금속부분을 절단하여 스레트를 분리한다. ▶ (경량) 동해 갈가지(＊ 동해 갈거지)
	✪ (경량셔터) 파괴기구 : 동력절단기, 해머, 갈고리, 가스절단기, 지렛대

파이프셔터 파괴요령	① **동력절단기에 의한 절단은 가드레일에 가까운 곳을 선정한다.** ☆ 23위 ② 가드레일 직근의 배관을 해머로 강타하여 굽혀서 가드레일에서 파이프를 분리한다. ③ 중간기둥의 경량셔터에 준하여 행한다. ④ 파괴한 셔터는 행동장해가 되지 않도록 윗 방향으로 걷어 올려 로프로 결속하여 놓는다. ▶ (파이프)해동산가유 ✪ (파이프~) 파괴기구 : 해머, 동력절단기, 산소절단기, 가스절단기, 유압구조기구

■ 셔터 파괴 시 안전관리＊
  ① 셔터의 개방 또는 파괴는 지휘자의 지시에 의한다.
  ② 건물관계자와 연락을 긴밀히 하여 내부상황을 신속히 파악하고 셔터조작의 가부를 판단한다.
  ③ 셔터 개방조작이 불가능한 경우의 파괴방법은 다음에 의한다.
    ・위험방지를 위해 작업자 이외는 접근을 막는다.   ・파괴에 필요한 기구를 집결한다.
    ・셔터 스레트, 가드레일 등 사이에서 연기가 분출하는 경우는 개구부에 의해 백드래프트 및 플래시오버가 발생될 염려가 있으므로 **개구부의 면적을 적게** 한다. (＊ 풍부한 산소침입을 막기위함)
    ・방연셔터는 연기의 분출이 적어서 연소상황 판단을 잘못할 수 있으므로 신중을 기해 개구부를 확보한다.
  ④ 진입구를 개방하는 경우 정면을 피해 측면에 위치하고 백드래프트에 주의한다.

＊ 중량셔터: 방화셔터, 차고 등, ＊ 경량셔터: 일반적 가게셔터 등, ＊ 해머: 두손으로 내리치는 큰 망치
＊ 파이프셔터: 안이 보이도록 가는 상하를 파이프로 연결하여 만든 셔터문(최근 큰 상가의 일반가게에 사용함)

3 문 개방(파괴에 의한 개방)   (* 중요도 낮음)

직접화염의 영향을 받고 있지 않는 경우	파괴 기구	동력절단기, 철선절단기, 가스절단기, 지렛대, 파이프렌치, 전기드릴
	파괴 방법	① 문과 틀에 틈이 있으면 돌출부분을 동력절단기 또는 가스절단기로 절단한다. ② 문과 틀 사이에 동력절단기 날이 들어갈 수 없는 경우는 지렛대를 넣어 간격을 확보한다. ③ 위의 방법이 불가능한 경우는 손잡이와 문틀의 중간을 절단하여 돌출부분을 분리 한다. / 2중 철판인 문은 1개씩 2회로 나누어 절단한다. ④ 전기드릴로 주위에 3~4개소의 구멍을 뚫은 뒤, 드라이버 등을 넣어 돌출부분을 제거한다. 단, 기술적으로는 매우 곤란하다. ⑤ 원통형 자물쇠의 경우는 파이프렌치*로 손잡이를 돌려 파괴한다. ⑥ 안을 볼 수 있는 창은 유리파괴 후, 손을 넣어 펜치* 등을 사용, 자물쇠 개방한다.
직접 화염의 영향을 받고 있는 경우	파괴 기구	상기(첫줄) 파괴기구 6가지와 같다. ▶ 동철가지파전(문 파괴시, 동철이 가지하고 파전 사왔다)
	파괴 방법	(상기 위의 파괴 방법 외의 추가사항) ⑦ 돌출부분 절단에 의해 문이 개방되면 농연, 증기가 분출할 염려가 있으므로 셔터의 파괴요령에 준한 방호조치를 한다. ⑧ 파괴 후 문을 개방 시 문 측면에서 내부상황을 확인하면서 서서히 개방한다. ⑨ 문이 가열되고 있는 경우는 주수에 의한 증기가 돌아오는 것에 주의하여 안면보호렌즈로 얼굴을 가린다. ⑩ 알루미늄 재질의 문은 경첩*부분머로 강타하여 파괴하거나 또는 가스 절단기 등을 활용하는 것이 효과적이다.

4 벽 (파괴)*   ☆ 19 소방위

철근콘크리트조	① 포클레인 등의 중장비 동원 가능 시 중장비를 활용한다. ② 파괴하고자 하는 벽체에 착암기*로 구멍을 여러 개 뚫는다. ③ 관통시킨 구멍과 중간을 해머로 강타하여 구멍을 크게 확보한다. 　- 이때 해머를 사용할 경우 모서리를 가격하는 것이 효과적이다. * 오답 : 중앙 ④ 철근이 노출되어 있거나 해머를 유효하게 사용할 수 있는 경우는 착암기 또는 정을 병행하여 구멍을 크게 확보한다. ⑤ 굵기 9mm 이하의 (보통)철근은 철선절단기를 사용하고 그 이상인 (굵은철근)경우는 동력절단기, 가스절단기 등을 사용하여 절단한다. ✪ 착암기, 해머, 정 / 철선절단기 / 동력절단기, 가스절단기,　　　　　　[착암기]
블록 또는 벽돌조	① 공동부분을 해머로 강타하여 파괴한다. 단, 중량블록은 경량블록에 비해 상당히 강도가 있으므로 착암기로 여러 개의 구멍을 관통시키면 효과적이다. ② 벽의 보강을 위해 9mm 철근이 각 블록마다 1본 정도 들어있는 경우도 있으므로 철선절단기 또는 가스절단기로 절단한다. ✪ 해머, 착암기, 철선절단기, 가스절단기 (* 일반적인 9mm 철근까지 철선절단기로 가능)

* 파이프렌치: 관의 나사 돌리는 공구.　* 펜치: 끊는 데 쓰는 연장.　* 경첩: 문틀과 문짝 사이의 사각 접철
* 착암기: (암석 등에) 구멍 뚫는 기구　* 블록: 벽돌모양과 크기의 콘크리트 덩이(보통 중간에 원형구멍이 있다).

5 천장 (파괴)** ☆ 13 충북교·장

목조 천장	① 파괴범위를 정해 창이나 갈고리로 마감부분을 박리*시킨다. ② 천장 마감재료 일부를 박리시킨 후 파괴시킨다. ③ 넓은 범위에 걸쳐 파괴하고자 하는 경우는 해머, 지렛대 등으로 지탱부분을 강타하여 제거한다. ✪ 창, 갈고리, 톱, 해머, 지렛대, 사다리
경량철골 천장	① 경량철골 천장은 패널로 구성되어 있어 당겨도 쉽게 분리되지 않는다. 따라서 갈고리로 마감재료 일부를 박리시킨 후, 사다리를 사용하여 패널부분을 지렛대 또는 드라이버로 비틀면 쉽게 분리할 수 있다. ② 경량철골 또는 천장 마감재료가 불연재료인 경우는 덕트화재 등을 제외하고는 급격히 연소하지 않는다. / 따라서 천장파괴는 최소한도로 하고 형광등의 매설기구를 분리한 후 확인하는 편이 효과적이다. ✪ 지렛대, 해머, 스패너, 드라이버, 갈고리, 사다리
안전관리	① 천장에 전기배선(배관) 하중으로 천장파괴에 의해서 전기설비도 동시에 떨어질 가능성이 있다. 따라서 긴급파괴 이외는 전기배선의 전원을 차단하고 작업한다. ② 작업 중에는 보호안경을 착용하여 눈을 보호한다. ③ 천장파괴는 원칙적으로 구석에서 하고 파괴 중에는 천장 전체가 낙하될 위험이 있으므로 주의한다. * 오답: 천장파괴는 중앙에서부터 하고. ☆ 13 충북

➲ 개념: 모든 파괴는 <u>구석</u>부터 하는 것을 원칙으로 한다.(* ☞ 이유: 진동과 비산)

6 유리 (파괴)** ☆ 10 부산장, 13 경남교, 14 부산교 15 소방장

(1) 일반적 유의사항*

① 창유리 등의 파괴는 지휘자의 지시에 의한다.
② 유리낙하에 따른 2차 재해를 방지에 주력하고, 고층에서 파괴할 때는 지상과의 연락을 하여 유리의 낙하구역에 경계구역을 설정한다.
  ㉠ 경계구역은 풍속 15m 이상의 경우는 파괴하는 **창의 높이를 반경**으로 하고,
  ㉡ 풍속 15m 미만인 때는 **창 높이의 1/2 반경**으로 한다.(*^^ 보통 때) * 오답: 건물 높이를 반경
③ 상공에서 낙하하는 유리 파편은 나뭇잎과 같이 보여 서서히 낙하한다고 착각하기 쉽지만 **실제의 낙하속도는 빨라 매우 위험하다.**
④ 두꺼운 유리 파괴 시 해머를 사용할 때는 충격에 의해 균형을 잃을 염려로 신체확보에 주의한다.
⑤ 소방호스나 사다리 옆의 창유리 등을 파괴할 때는 유리 파편에 부딪쳐 떨어질 위험이 있다.
⑥ 창의 파괴에 의해서 백드래프트 또는 플래시오버를 일으킬 염려가 있는 경우 몸의 위치를 창의 측면이 되도록 한다. 또한 창의 좌측에 위치하여 잘 쓰는 팔(오른팔)을 사용한다.
⑦ 판유리*의 파괴순서는 유리의 중량을 고려하여 윗부분부터 <u>횡</u>으로 파괴한다. ☆ 23 위
⑧ 보호장구를 착용한다.

---

* 박리: 벗겨냄   * 판유리: 판판한 유리   * 복층유리: 2개의 판유리 등을 사용한 것.

(2) 유리 파괴요령** ☆ 13 서울교, 16 강원, 부산장 등

5mm 이하의 보통 판유리	• 옥내에 진입이 가능한 경우 창의 잠금 부분 가까이를 손 넣을 정도로 파괴하여 잠금을 풀고 창을 개방한다. (* 보통의 창문 유리를 말한다.)
	• 옥내에 진입할 수 없는 경우는 유리파편을 실내에 떨어지도록 파괴한다.
	  - 창의 상부에서 조금씩 파괴하면 **파편도 적고 외부로의 비산도 적다**.
	• 진입로가 되는 창의 파괴는 창틀의 유리파편을 완전히 제거하여 위험을 방지한다.
	• 보통 유리의 비산 거리는 **창 높이의 1/2 거리**이다. 이에 따라서 경계구역을 설정한다.
	  ✪ 관창, 손도끼, 갈고리, 해머, 도끼, 지렛대

6mm 이상 보통 판유리	• 파괴에는 강력한 **충격력이 필요**하며 **예리한 기구가 효과적**이다.
	• 유리의 두께가 불명인 경우는 가볍게 가격하여 유리에서 받는 반동 등을 고려하여 파괴에 요하는 충격력의 배분에 유의한다.
	• **12㎜ 이상** 두꺼운 유리는 해머로도 파괴가 쉽지 못하므로 유리의 열전도율이 낮은 특성을 이용하여 가스절단기로 급속 가열하여 열에 의해 파괴되도록 한다.
	  - 가열 직후 방수하여 급랭시키면 더욱 **효과적**이다.
	• 유리 파편 낙하에 의한 2차 재해를 방지하기 위해 유리에 접착테이프, 모포시트 등을 붙여 외부로의 비산을 방지한다.
	  ✪ 도끼, 해머, 도어오프너, 가스절단기

망입유리	• 보호안경, 헬멧 안면보호렌즈를 활용하여 유리파편 비산에 의한 위험을 방지한다. • 창의 중앙부분을 강타하여 금이 생기더라도 (철선의 망이 들어 있어) 효과는 없으므로 **반드시 창틀에 가까운 부분을 파괴**한다. • 유리파편은 철선(약 1㎜)에 부착하여 탈착되지 않기 때문에 창 전면을 파괴하는 경우는 도끼로 망선을 아치형으로 파괴한 다음 실내로 향하여 눌러 떨어뜨린다. • 부분적인 파괴는 망선을 노출시킨 후 펜치 등으로 절단한다. ✪ 도어오프너, 해머, 도끼, 지렛대
방탄유리	• **충격에 의해 파괴되지만 탈락은 없다.** 단, 충격을 가할 때 작은 파편이 비산하므로 보호안경 또는 헬멧의 안면보호렌즈를 활용하여 위험을 방지한다. • 해머, 도끼 등으로 유리를 가늘게 깨고 칼 등을 사용하여 플라스틱 막을 잘라 내거나 가스절단기 등으로 태워 자른다. ✪ 도어오프너, 해머, 도끼, 지렛대, 가스절단기

강화유리	• 강화유리 표면에 두께의 **1/6**에 달하는 갈라진 틈이 생기면 전체가 입상으로 파괴된다.
	• 문 또는 창의 4각 모서리(보통 좌하단)에 회사마크가 있으면 강화유리이며 도끼 또는 해머 등으로 일부분을 겨냥하여 파괴한다.
	  또한 강화유리는 내열, 내충격력이 강하므로 가능한 한 예리한 기구를 이용한다.
	• 테 없는 문, 회전문 등은 대부분 강화유리이다.
	  ✪ 도어오프너, 해머, 도끼, 지렛대, 가스절단기

복층유리	복층유리는 일반적으로 보통 판유리를 이용하고 있지만 예외로서 망입유리, 강화유리를 이용한 것도 있는데 파괴요령은 위의 내용과 같다. (* 주로 판유리를 두겹으로)

---

* 망입유리: 가는 철선(철망)이 들어 있는 유리   * 방탄유리: 투명필름이 들어있는 이중으로 됨(* 탄알도 막음)
* 강화유리: 판유리에 600℃ 열을 가해 표면을 강하게 하여 일반유리보다 강도가 3~5배임. 예) 기차, 자동차 등.

7 바닥 (파괴) (* 중요도 낮음)

(1) 바닥 종류(목조, 방화조 제외)

철근콘크리트조 바닥(슬래브)	대들보에서 대들보로 철근을 격자(格子)로 맞추어 콘크리트를 넣어 고정하는 공법. (배근간격은 보통 짧은변은 20cm, 긴방향은 30cm, 슬래브 두께는 8cm 이상)
덱플레이트조 바닥	두께 1.2mm~1.6mm의 덱플레이트를 큰 대들보에 용접한 후, (* 덱: 데크) 13mm 정도의 철근을 넣고 15mm~18mm 두께로 콘크리트를 넣는 것이다.
PC콘크리트판 (precast) 바닥	바닥 또는 벽 재료를 플랜트에서 생산하여 현장에서 조립하는 방식. (* 큰 공사일 때) 프리캐스트판(블록으로 성형)의 두께는 철근콘크리트 슬래브와 거의 같다.

(2) 바닥파괴의 일반적 유의사항

① 건축설계도 등의 자료를 수집하고 대들보, 기둥, 배관상황을 추정하여 파괴장소를 선정한다.
  - 파괴장소 결정 및 시기는 현장지휘자의 지시에 의한다.
② 설계도 등을 입수 할 수 없을 때는 기둥 위치에서 대들보의 장소를 추정하고 그 부분을 제외한 장소를 해머로 강타하여 그 반동력 또는 충격음으로 파괴할 수 있는지를 판단한다.
③ 철근 및 배관류는 바닥 중앙보다 약간 떨어진 장소가 가장 적으므로 파괴가 쉽다. * 오답: 구석
④ 화점실의 창이 파괴되어 연기가 분출 경우는 그 직상층 바닥 슬래브에 구멍을 뚫어도 화염의 분출은 적지 않고 오히려 급기측으로 되는 경우가 많다. 단, 화점실 창이 없는 경우나 창이 파괴되지 않았을 때는(때등) 파괴된 개구부로부터 화염이 분출할 우려가 있으므로 경계관창 배치가 필요하다.
⑤ 고열을 받은 부분은 콘크리트가 부서지기 쉽게 되므로 비교적 파괴가 쉽다.

(3) 바닥 파괴요령 ☆ 23위

철근콘크리트 조 바닥	① 대들보가 없는 곳을 찾아 착암기로 바닥을(철근에 부딪치면 비스듬히 하여) 관통시킨다. ② 착암기에 체중을 실어 강하게 누른다. ③ 3~4개소를 원형으로 관통시켜 그 구멍 중간을 해머로 강타하여 구멍을 크게 한다. ④ 정*을 사용하여 해머로 강타하면 파괴가 쉽다. ⑤ 철근이 노출되면 와이어컷터 또는 가스절단기로 절단한다. (단, 주수를 위한 개구부의 경우는 철근을 절단할 필요는 없다) ☆ 23위 ⊙ 착암기, 해머, 정, 가스절단기, 산소절단기 등
덱플레이트조 바닥	① 두꺼운 부분은 15cm / 얇은 부분은 8cm~10cm이므로 얇은부분을 중점적으로 뚫는다 ② 착암기 끝 부분이 덱플레이트에 닿으면 그 이상 맞부딪쳐 나가지 않으므로 다른 장소에 구멍을 뚫어 해머, 정*을 이용하여 구멍을 크게 한다. (* 정: 구멍뚫는 기구) ③ 덱플레이트가 노출되면 가스절단기 또는 산소절단기로 절단한다. ⊙ 착암기, 해머, 정, 지렛대, 가스절단기, 산소절단기 등
PC 콘크리트판 바닥	공장에서 생산된 PC 콘크리트판을 현지에서 대들보와 대들보 사이에 걸쳐 용접한 것으로 대들보 이외의 부분에 PC판과 PC판을 접하는 부분에서의 파괴가 가장 효과적이다. ⊙ 착암기, 해머, 정, 지렛대, 가스절단기, 산소절단기 등

8 엘리베이터 문의 파괴 ☆ 14 부산장

엘리베이터 문은 양쪽으로 여는 것이 일반적이고 예외적으로 한쪽으로 열리는 문, 아코디언 문 등이 있다. 파괴요령은 어느 형태도 공통이다. 또한 파괴는 긴급을 요하는 경우에만 실시한다.

(1) 엘리베이터 파괴요령

파괴기구	에어백, 유압식구조기구, 도어오프너, 지렛대, 크기가 적당한 나무
파괴순서	① 엘리베이터의 정지위치를 층별 표시 또는 인디케이터로서 확인한다. ② 엘리베이터용 전동기의 전원을 차단한다. (* 전동기: 모터) ③ 정지 층의 문을 개방한다. ④ 요구조자(구조대상자)에 대한 사후처치에 주의한다.
파괴방법	(1) 에어백에 의한 파괴방법 　① 콘트롤박스에 에어백을 연결하여 2개를 준비한다. 　② 양손으로 승강장 도어를 벌린 후 도어 하단부에 에어백 1개를 넣는다. 　③ 도어에 넣은 에어백을 조금 벌린 후 도어 상단부에 에어백 1개를 넣는다. 　④ 에어백 2개를 같은 속도로 전개하여 승강장 도어를 넓힌다. 　⑤ 한쪽으로 열리는 문, 아코디언 문도 상기요령으로 파괴할 수 있다. (2) 에어백이 **없는** 경우의 파괴 방법 　① 문과 문 사이 아랫부분에 도어오프너, 지렛대 등을 집어넣는다. 　② 3cm 정도 간격이 되면 유압식구조기구를 넣어 눌러서 넓힌다. 　③ 간격이 있으면 나무를 집어넣어 고정하고, 웨지람(쐐기)*을 위쪽으로 이동시키면서 나무도 위쪽으로 이동한다. 　④ 문의 1/2 높이에 달한 때 웨지람을 대(능력 1톤 이상)로 교환하여 문에 설치하여 있는 록핀*을 절단할 때까지 조작을 계속한다. 　⑤ 웨지람의 부하가 가볍게 된 때가 록핀이 절단된 때이고 문을 좌우로 강하게 당기면 개방할 수 있다. 　⑥ 한쪽으로 열리는 문, 아코디언 문도 상기요령으로 파괴할 수 있다.

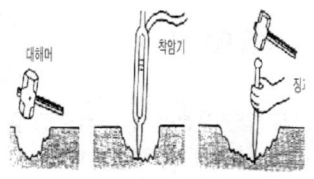
■ 해머(좌), 착암기, 징과 해머(우)■

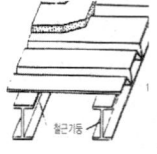
■ 테크 플레이트 ■

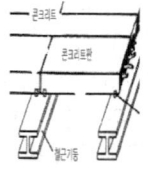
■ PC 콘크리트판 ■

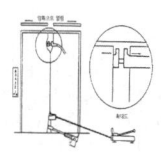
■ 엘베 파괴요령 ■

* 인디케이터: 엘리베이터 외부나 내부에서 볼수 있는 상층, 하층, 현재층의 표시가 되는 것.
* 웨지람: 확장 등에 사용하는 기구. 쐐기　　　　　* 록핀: 잠금 핀
* 루버(Louver): 얇은 판자 등으로 통풍이나 빛을 막기 위해 빗대는 장치.(공중화장실 밑 등)
  - 공기 흡입구 또는 배출구에 설치된 공기량, 풍량을 조절하기 위해 설치된 지붕창 모양의 통풍구.
* 갤러리: 공조설비의 급배기구, 실내공기를 환기하기 위해 설치한 건축물 부분. 선박은 난간 부분.

9 루버(Louver) (* 중요도 낮음)

루버는 건축물 외벽 면에 설치한 것으로 그 목적은 건물의 벽의 장식, 직사일광 차단, 풍속영업 대상물에 있어서 밖에서 볼 수 없게 가리는 목적 등으로 올려진 것이다. 또한 설치 목적에 따라서 루버 종류도 프레스로레스 콘크리트제, 철제(스텐레스, 알루미늄을 포함) 등이 있다.

루버 파괴의 유의사항	① 루버가 설치되지 않은 창이 있으면 그 부분의 창을 우선적으로 파괴한다. ② 파괴장소의 선정은 현장지휘자의 지시에 의한다. ③ 파괴장소의 루버 구조, 재질, 강도 등을 확인한다. ④ 파편 등 비산에 의한 2차재해에 주의하고 낙하구역에는 반드시 경계구역을 설정한다. ⑤ 높은 곳에서의 작업은 신체의 균형을 잃기 쉬우므로 충분한 발판을 확보한다.
파괴요령	① 파괴에 적합한 기구 ㉠ 콘크리트제 루버: 해머, 지렛대, 정, / 가스절단기, 산소절단기, 엔진컷터 ㉡ 철제 루버: 엔진컷터, 체인톱, / 가스절단기, 산소절단기, / 해머, 지렛대
파괴방법	① 콘크리트 루버(Louver) ㉠ 루버의 상부 접촉부를 해머로 강타하여 파괴한다. ㉡ 접속 금구가 노출되어 있는 경우는 가스절단기 또는 산소절단기 등으로 절단하면서 해머를 병행 사용한다. ㉢ 정, 해머를 사용하여 루버 접속부 부근의 콘크리트를 파괴한다. ② 철제 루버(Louver) ㉠ 엔진컷터, 공기톱으로 루버 상단 또는 하단을 절단하여 좌우로 흔들어 열어서 진입구를 만든다. ㉡ 가스절단기, 산소절단기도 위와 같은 방법으로 사용하며 개구의 크기는 종 1.2m, 횡 0.8m 이상으로 한다. (*^^ 한쪽 테두리: 가로0.8 + 세로1.2 = 2m) ③ 사다리 위에서 작업을 실시할 경우 ㉠ 엔진컷터, 공기톱은 굴절사다리차 바스켓 등 신체균형이 쉬운 발판 위에서 사용한다. ㉡ 사다리 위에서 작업하는 경우의 자세는 다음과 같다. • 목표지점에 위치하여 왼(오른)발을 가로대 사이에 넣어서 걸치고 반대측 발은 그보다 한 단계 밑에 위치하여 중심을 낮게 한다. • 작업범위는 허리와 어깨까지의 사이로 한다.

10 갤러리(Gallery) (* 중요도 낮음)

공조설비의 급배기구, 실내공기를 환기하기 위해 설치한 것으로 콘크리트제 및 철제로 대별한다.

갤러리 파괴의 유의사항	① 모서리에 가까운 부분을 강타 또는 절단하여 파괴한다. ② 나사식의 경우는 펜치, 스패너 등으로 나사부분을 돌려 해체한다. - 공조용 갤러리의 접속은 나사식의 것이 많다.
파괴요령	파괴에 적합한 기구 : 펜치, 스패너 / 해머, 지렛대 / 엔진컷터, 공기톱, 가스절단기
파괴방법	① 접속방법을 확인하여 나사식은 나사를 제거한다. ② 기타 파괴방법은 루버 파괴요령에 준하여 한다.

11 덕 트(duct) (* 중요도 낮음)

덕트는 설치목적에 따라서 공조용, 배기 전용으로 대별되며 설치방법에 따라서 솟아오른 덕트(종덕트) 또는 횡덕트로 구분된다.

덕트파괴의 유의사항	① 덕트에는 요소에 점검구가 설치되어 있으므로 점검구에서 연기, 열기 등을 확인한다. - 점검구가 없는 장소는 파괴하여 확인한다. ② 노출된 덕트는 변색된 부분을 중점적으로 손을 접촉하는 등으로 온도차에 의해 판단한다.
파괴요령	① 파괴에 적합한 기구: 해머, 지렛대 / 엔진컷터, 가스절단기
파괴방법	① 점검구에서 확인할 수 없는 부분, 덕트가 상당한 열을 받고 있는 부분, 열에 의해 변색 되고 있는 부분을 중점으로 엔진컷터, 가스절단기 등으로 절단한다. ② 횡덕트에 불이 남아 있는 경우는 주수에 의해 소화하고 열 기류에 태워서 분말소화기를 방사하는 방법도 효과가 크므로 파괴방법도 이점에 주의하여 필요 최소한도로 한다. ③ 덕트 접촉부를 해머로 강타하여 구멍이 난 부분을 지렛대 등으로 비틀어 구멍을 크게 한다.

12 파괴에 의한 진입로 확보 및 엄호주수 (* 중요도 낮음)

활동 요령	① 현장도착 후 파괴기구를 현장 가까이 운반하여 집결. ② 선착대 활동 ㉠ 공기호흡기를 착용한다. ㉡ 2인 1조로 첫째 조는 동력절단기, 두번째 조는 조명기구를 운반, 1층의 셔터에 위치하고 / 첫째 조는 두번째 조의 엄호 하에 셔터파괴작업을 개시한다. - 두번째 조는 소속대의 소방호스를 연장하여 대기한다. ㉢ 첫째 조는 절단한 셔터 개구부로 진입하여, / 두 번째 조의 엄호 하에 2층 방화문을 파괴한다. ㉣ 두번째 조는 공기호흡기를 착용하고 개방된 문으로 내부 진입한다.
안전 관리	① 창 및 문의 파괴 개구부에 의한 백드래프트 현상에 주의한다. ② 불꽃을 발생하는 기구에 의한 2차 재해에 주의한다. ③ 유리낙하에 의한 부상에 주의한다.

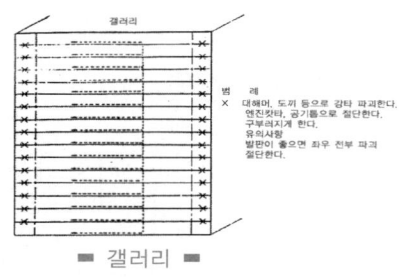

■ 갤러리 ■

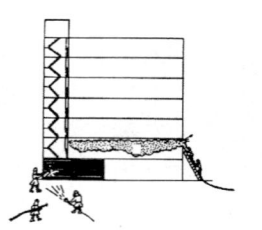

■ 진입로 확보 및 엄호주수 요령 ■

제13절 소방시설의 활용

1 자동화재탐지설비

구성요소는 감지기, 수신기, 발신기, 음향 장치, 배선, 전원(그 외 중계기, 표시등)이 있다.

(1) 설치대상 (*소방전술에는 중요도 없음 → 각 소방시설의 설치조건은 소방법령 2에 활용 바람.)

특정소방대상물	연면적
정신의료기관 또는 의료재활시설(창살 설치시 300㎡ 미만) ------→ 바닥면적 합계 300㎡ 이상	
연면적 400㎡ 이상인 노유자시설 및 숙박시설이 있는 수련시설로서 수용인원 100인 이상	
장례시설, 근린생활시설(목욕탕 제외), 의료시설, 복합건축물, 위락시설.	600㎡ 이상
목욕장, 공장, 운수시설, 창고시설, 문화 및 집회시설, 판매시설, 지하가(터널 제외), 국방·군사시설, 방송통신시설, 위험물저장 및 처리시설, 운동시설, 항공기 및 자동차 관련시설, 업무시설, 종교시설, 발전시설, 관광휴게시설.	1천㎡ 이상
동물 및 식물관련시설, 자연순환관련시설, 교정 및 군사시설(국방·군사시설 제외), 수련시설(숙박된 시설 제외) 또는 교육연구시설(기숙사, 합숙소 포함), 묘지관련시설.	2천㎡ 이상
지하구, 1천m↑터널, 조산원, 산후조리원, 요양병원, 노유자생활시설, 공장, 창고에서 특수가연물 500배 이상 등 / 아파트등, 기숙사, 숙박시설, 전기저장시설, / 6층 이상 모든 층. 전통시장.	

* 연상: 1. 정신 재활 300 / 노유자 400 (* 정신없이 300$, 노유자는 400$이 있다)
2. 장근린 의복위 600 (* 장근린씨 의복 위에 6백$이 있다)
3. 동식물 자연교수 교묘 기합 2천 (* 동식물 자연교수 교묘한 기합으로 2천$을)
4. 목공운 창문판지 국군방위 운항업종 발관 1천(* 목공소 운전공 창문판지 1천$짜리~)

(2) 활용요령 ☆ 14 경기교

① 발화지점의 위치확인은 수신기에서 화재표시등 및 지구표시등의 점등위치로 확인한다.
② 음향장치(지구경종, 비상방송설비 사이렌 등)가 정상적으로 송출되는지 확인하고, 송출되지 않을 경우 음향장치 조작스위치를 1회 눌러서 정상상태로 한다
③ 수신기의 전원이 차단되어 있는 경우 수신기 문을 열고 전원스위치를 확인한다.(OFF에서 ON상태로 전환)
④ 비상방송설비 및 소화설비, 제연설비 등의 감시제어반과 겸용하는 경우에는, 연동되는 설비의 작동상태를 확인한다.
  ㉠ 비상방송설비 : 비상방송의 송출여부 확인
  ㉡ 소화설비 : 각 설비의 펌프기동상태 확인
  ㉢ 제연설비 : 제연설비 팬(급기, 배기), 댐퍼의 동작상태 확인

2. 연결송수관설비 ☆ 12 부산교, 13 서울, 울산교, 14 대구교, 16 경기장, 21 위

고층건물 화재시 소방호스를 끌어 올리거나 어깨에 메어 화재 고층부까지 힘들고 많은 시간을 소비하게 되어 신속하고 효율적인 방수작업이 이루어질 수 있게 하기 위한 설비이다.

설치대상	※ 연결송수관설비설치 대상(가스시설, 지하구 제외) (*^^중요도 없음. 법령2 활용!) ① 지하 3층 이상이고 지하층 바닥면적 1,000㎡ 이상인 경우는 모든 층 ② 5층 이상 연면적 6,000㎡ 이상인 경우는 모든 층 ③ ②항 이외 지하층을 포함한 7층 이상인 경우는 모든 층 ④ 터널 1,000m 이상 ▶ **암기**: 연송 3·5·7, 6000 (* 연속 3·5·7 1km 터널 안에서 고스톱쳐서 6천원 소득)
송수요령 21소방위	① 송수는 단독 펌프차대(펌프차)의 1구 송수, 소방용수가 먼 경우에 중계대형으로 한다. ② 송수계통이 2 이상일 때는 연합송수가 되므로 송수구 부분의 송수압력이 같아지도록 펌프를 운용하며, / 뒤에서 송수하는 펌프차대는 약 10% 정도 높은 압력으로 송수한다. ③ 송수 초기에는 압력계 등 각종 계기의 지침 상황에 유의하고 송수압력이 적정한지 확인. ④ 송수쪽의 게이트밸브가 폐쇄되어 있으며 송수할 수 없으므로 관계자에게 지시하여 밸브를 신속하게 개방한다.(게이트밸브의 위치는 방재센터 또는 소화전함 내에 표시.) ⑤ 옥상수조 쪽의 체크밸브의 기능이 저하되어 송수가 옥상수조로 유입, 유효압력을 얻을 수 없을 때는 옥상수조 쪽의 게이트밸브를 잠그면 활용한다. ⑥ 건식배관의 경우 드레인콕크나 방수구밸브가 개방되어 있으면 누수 된 물의 손실이 크므로 콕크나 밸브를 폐쇄한다.
방수요령	① 방수압력은 방수구 밸브의 개폐로 조정한다. ② 상·하층에서 동시에 방수할 때에는 하층의 방수압력을 적게 하지 않으면 상층에서 유효압력을 얻을 수 없는 경우가 있다. ③ 옥내소화전과 주 배관이 공용으로 되어 있는 것은 기동스위치를 조작함으로써 1구 정도는 더 방수가 가능하다. ④ 연결송수관의 방수구함 표면에는 방수구의 표시가 있다. ⑤ 방수구는 옥내소화전함 내에 공용으로 설치된 것과 단독으로 격납함 내에 설치된 것이 있다. ⑥ 옥내소화전과 주 배관을 겸용하고 있는 것은 사용시 고압의 방수압력이 걸리므로 자위소방대가 옥내소화전을 사용 중인 경우에는 그 사용을 중지시키는 등의 조치를 한다.

■ 연결송수관 송수구 (E형)쌍구형 ■   ■ 연결살수 송수구와 채수구 ■

3 연결살수설비

지하화재는 농연으로 진입이 어렵고 화점에 주수하는 것이 곤란한 경우가 많다.
이러한 판매시설 및 지하층과 연결통로의 천장면에 살수헤드를 설치하여 소방펌프차로부터 송수된 가압송수에 의하여 살수시켜 소화한다.

설치대상	※ 연결살수설비 (*^^ 설치대상은 중요도 없음. 법령2로 활용!) ① 지하구 제외 ② 판매시설, 운수시설, 물류터미널로서 바닥면적 1,000㎡ 이상. ③ 학교, 아파트 지하층 700㎡ 이상(그 외 지하층은 바닥면적 150㎡ 이상) ▶ 암기: 연살 학교칠 판매1,000(* 하늘을 나는 연의 상대를 학교에서 칠을 해서 1천원 판매)
활용요령	① 관계자로부터 청취 또는 최초진입대원의 상황보고 등으로부터 판단하여 연소범위를 확실히 파악하고 활용한다. 특히, 개방형헤드의 경우 송수구역을 오인하여 송수하면 다량의 수손을 초래할 염려가 있다. ② 송수구 부근에 송수구역, 선택밸브, 송수계통도가 게시되어 있으므로 내용을 충분히 파악한 후 조작한다. ③ 송수구는 65mm 쌍구형으로 하여야 하나 헤드수가 10개 이하는 단구형으로 할 수 있다. ④ 송수구역에 의해 송수구의 위치가 제각기 다를 수 있으므로 주의한다. ⑤ 개방형헤드가 설치되고 송수구역에 나누어져 있는 경우는 선택밸브의 조작을 완료한 후 송수한다. ⑥ 펌프의 송수압력은 1~1.5Mpa를 목표로 한다. (* ▶ 1.5Mpa = 150m) ⑦ 검색조를 편성하여 지하의 소화상황을 확인하며, 소화완료 후에는 즉시 송수를 중지한다. 　또한 검색조가 농연 등으로 진입할 수 없는 경우는 10~15분마다 송수를 일시 정지하고 내부의 변화유무를 확인하고 필요에 따라 송수를 재개하는 등의 조치를 취한다. ⑧ 헤드에서 살수에 의한 소화효과는 배출되는 연기의 색깔 및 수증기로부터 판단한다. ⑨ 화점실의 온도가 높은 경우는 살수설비의 배관 등이 탈락하는 경우도 예상되므로 장시간 송수하더라도 소화효과가 없는 경우는 별도의 소화수단을 병행한다. ⑩ 배관에는 배수밸브가 설치되어 있으므로 송수정지 후 헤드에서의 계속적인 살수를 중지시킬 수 있다.

[연결살수설비]

■ 소방시설 펌프의 송수압력 숫자
　① 연소방지 송수압: 0.2~0.5Mpa　② 연결살수 송수압: 1~1.5Mpa
　* 연상기억: ① 연방(연방제국 영희, 영호) ② 연살115

4 옥내소화전 설비

화재 시 소방대상물의 관계자나 자위소방대원이 초기에 신속하게 진화하는 설비이다.

설치대상
-요약-
	※ 옥내소화전설비 설치 요약(가스시설, 지하구, 무인변전소 제외) (*^^중요도 없음)
	① 연면적 3,000㎡ 이상, 4층 이상으로 바닥면적이 600㎡ 이상 모든층
	② 근린생활·판매·숙박·의료·위락·업무시설 등으로서 연면적 1,500㎡ 이상
	   - 이하 생략 -
	   ▶ 암기: 삼천육백천오백 (* 옥내에서 삼천만이 육백이라는 화투를 쳐서 천오백 소득을 얻었다.)

활용요령	① 소화전함
	   ㉠ 계단, 복도 등에 적색등(표시등)이 있는 장소는 일반적으로 소화전이 설치되어 있으므로 필요
	      시 적극 활용한다.
	   ㉡ 소화전 설치개소의 적색등은 소화전의 상부에 설치되어 있다.
	   ㉢ 소화전함의 표면에는 "소화전"이란 표시가 있다.
	   ㉣ 연결송수관 겸용 소화전함의 표면에는 소화전 이외에 "방수구" 문자가 표시되어 있다.
	   ㉤ 소화전함의 크기는 일반적으로 0.5㎡ 이상이다. 연결송수관 설비와 겸용도 동일하다
	② 설치위치 :
	   특별한 설치위치 규정은 없으나 보통 활용에 편리한 계단에 가까운 복도에 설치한다.
	③ 수원
	   ㉠ 수조 규모에 따라 다르지만 일반적으로 20분 사용이다.
	   ㉡ 연결송수관 겸용인 경우는 연결송수관 송수구에 의해 가압송수시도 사용이 가능하다.
	④ 기타
	   ㉠ 소방대 방수준비가 완료될 때까지 또는 파이프샤프트, 덕트 및 소규모 화재의 경우는 적극적
	      으로 옥내소화전을 활용한다.
	   ㉡ 사용능력의 한계는 동일층에 있어서 2개 이상 설치된 경우는 사용 가능 개수 2개까지,
	      2개 이하인 경우는 전부 사용할 수 있다.
	⑤ 건물 층수가 많으면 많을수록 아래층에 고압송수가 예상되므로 위험방지상 관창압력 조정은
	   소화전함 내의 앵글밸브를 사용한다.

5 스프링클러설비

활용요령	① 출동대는 소방차를 스프링클러설비의 연결송수구에 주변에 위치시키고, 수신기에서 발화지점
	   위치를 확인하여 저층·고층 등 송수구의 위치를 확인 후 호스(65㎜) 연결
	② 스프링클러설비에 의한 완전진화 시 대원에 의한 잔화정리
	③ 스프링클러가 설치된 건물의 효과적인 화재진압을 위해서 적절한 배연이 필요
	④ 무전기를 소지한 대원을 스프링클러 급수를 차단할 수 있는 개폐밸브(개폐표시형밸브)에 배치
	   (알람밸브실, 제어반, 유수검지장치실, 기계실 등)
	⑤ 스프링클러 설비에 의한 급수를 차단하기 전에 화재진압 및 확대방지 작전에 필요한 적정 진압
	   대원을 배치
	⑥ 화재발생 장소에 설치된 고가설비(제품) 및 장비, 가구 등에 대한 수손피해를 최소화

6 이산화탄소 · 할로젠화합물 소화설비 ☆ 17,19 소방장

- 이 두 약제는 저장용기 내에서는 액체상태이나 상온, 고압에서 기체로 변하는 가스계이다.
- 할로젠화합물은 주로 화학적 방법으로 소화하지만, 이산화탄소는 산소농도의 희석 등 물리적 방법으로 소화시키기 때문에 할로젠화합물에 비해 소화성능이 크게 떨어진다. 이 두 설비는 산소를 10% 이하로 질식시키며, 이산화탄소는 단열팽창에 의한 냉각소화로 화재를 진압한다.

설치대상	※ 이산화탄소 · 할로젠화합물 소화설비 설치대상물 (*^^ 물분무등 소화설비에 속함) ① 주차용건축물 연면적 800㎡ 이상 ② 주차장차고 바닥면적 200㎡ 이상 및 기계식 주차시설 20대 이상 ③ 항공기격납고 ④ 전기실, 발전실 바닥면적 300㎡ 이상 ⑤ 지정문화유산 ▶ 주연팔 주바리 비행기 전발삼(* 주윤발이 주바리와 함께 비행기타고 전발산으로 물분무등 갔다)

활용상
유의사항
	(1) 현장도착 시 이미 가스가 방출되어 있는 경우
	① 다음 대상물은 자동방출방식이며 인명위험이 높다.
	    • 상시 사람이 없는 대상물의 방호구역
	    • 불특정 다수인이 출입하지 않는 방호구역 또는 야간에 무인이 되는 대상물 내 방호구역
	② CO_2의 가스비중은 공기비중의 1.5배이며 방출 후 기화가스는 침강하므로 해당 설비를 설치한 층보다 아래층에 방호구역이 있는 경우는 그 방사구역으로부터 누출된 가스 등을 예측하여 행동한다.(*^^ 이산화탄소는 무거워서 하층으로 내려가므로 주의하라는 뜻)
	(2) 소방대 지시에 의해 가스를 방출시킨 경우
	① CO_2, 할로젠화합물의 활용에 대해 연소실체를 파악하고, 사용유무를 판단한다.
	② 전역방출방식에 있어서는 방출 전에 대피경보를 발한다.
	    (*^^ 사이렌 경보가 발한 후가 아니면 조작할 수 없는 구조이므로)
	③ 수동기동장치의 가스방출 버튼 덮게 개방에 따른 경보울림에 유의한다.
	④ 수동기동장치가 오작동의 경우에는 용기밸브 또는 방출밸브가 개방할 때까지의 시간 내에(방출 지연장치 20초~30초로 설정.) 복구완료시까지 소화가스의 방출정지 버튼을 누른상태로 유지하여 방출을 차단한다.

안전관리	① 관계자로부터 가스방출을 확인하거나 가스방출이 의심될 경우 대원 진입을 금지하고, 인명구조 등을 위하여 진입 필요시 공기호흡기를 착용 후 진입하고 방호구역의 출입구는 닫은 상태를 유지한다. ② 이산화탄소 소화설비가 방사한 때 내부압력상승에 의해서 출입구 방화문, 방화샷타, 개구부 틈에서 누설가스가 방호구획의 밖으로 분출할 염려가 있으므로 주의한다. ③ 선택밸브의 조작을 잘못하여 화재장소 이외의 방호구획에 가스가 충만할 염려가 있으므로 (산소가스측정기로 안전을 확인한 구역 이외는) 위험범위라 간주하고 행동한다. ④ 방호구역 내 구조대상자 및 공기호흡기를 장착하지 않은 대원이 있는가를 확인, 농연으로 소방대의 진입이 곤란하면 관계자와 함께 배연 및 가스방출조치를 한다. ⑤ 이산화탄소 방사시 용기 등의 금속분이 얼고 손을 접촉하면 동상의 우려가 있으므로 주의한다. (* 방사 시 섭씨 –80도 정도이므로)

✪ 물분무등소화설비: 물분무 · 포 · 이산화탄소 · 미분무 · 고체에어로졸 · 할론 · 분말 · 강화액 · 할로젠화합물 및 불활성기체 소화설비까지 9가지 구분이 있다. ▶ (제)물포 이미 고할분 강할불

7 제연설비

- 제연설비는 화재발생시 유독가스와 연기를 건물 밖으로 배출하는 (연기 제어)설비이다.
- 대량의 연기를 전부 배출하기 위한 것이 아니고, 확산을 방지하여 피난통로를 확보하기 위한 통로 제연에 역점을 두어 소방활동과 거주자의 피난을 원활하게 하기 위한 설비이다.

설치대상	※ 제연설비 설치대상 요약 (*^^중요도 없음. 법령2로 활용!) ① **문**화 및 집회·종교·**운**동시설로 무대부 바닥면적 200㎡ 이상 ▶ 문운리 　또는 문화 및 집회시설 중 영화상영관으로서 수용인원 100명 이상인 것. ② 지하층 또는 무창층에 설치된 근린생활시설, 위락시설 등 바닥면적이 1,000㎡ 이상 ③ 지하가로서 연면적이 1,000㎡ 이상 등 ▶ 암기 : 제설 문운리 지하천 (* 문운리 지하천에 제설작업을 하다.)
활용요령	① 자연제연방식은 극장, 공연장 등의 무대부에 설치되고, 수동개방장치는 배연구(창 등) 부근에 설치되어 있으며 취급방법이 명시되어 있다. ② 제연설비 설치대상물의 경우에는 관계자에게 제연설비의 설치장소 및 제연방법 등을 물어보고 필요에 따라서 관계자에게 조작시켜 활용한다. ③ 제연설비의 활용은 화재 초기부터 중기까지의 활용이 효과적이고 중기 이후 대량의 연기가 발생할 때에는 제연효과가 적다. ④ 제연설비 작동시에 환기설비가 작동되고 있으면 공기가 휘돌아 제연효과가 저하되므로 환기설비를 **정지**시킨다. ⑤ 스모크 타워(smoke tower) : 원격조작의 경우에는 방재센터 등에 의하여 작동 상황을 확인하고 수동인 경우에는 배연구의 개폐유무에 관하여 관계자로부터 의견을 듣는다 ⑥ 지하주차장 : 제연설비의 작동방법이 방재센터 등에 의한 원격작동인가 또는 연기감지기에 의한 연동작동인가를 확인한다.

8 비상방송설비

내용	① 화재발생 시 자동전환에 의해 비상방송으로 교체되는 것이 원칙이지만 　- 자동전환되지 않는 경우 수동으로 업무방송에서 비상방송으로 스위치를 조작한다. ② 경보음(싸이렌)은 비상스위치를 조작하는 것에 의해 자동적으로 명동하고 **조작부 옆의 마이크 스위치**를 누르면 경보음은 정지되고 육성으로 방송할 수 있다. ③ 필요 층을 선택하여 지시, 명령을 발할 때는 층별 작동스위치를 눌러 방송한다. ④ 각 층에 있는 대원들에게 동일한 내용의 지시, 명령을 발할 경우는 일제 스위치로 바꿔 방송한다. ⑤ 화재층 또는 화재가 연소 확대하고 있는 층은 사용 불가능하므로 주의한다. 　- 단, 다른 층의 스피커에는 영향을 받지 않도록 설계되어 있다. ⑥ 스피커의 음량은 90데시벨 이상이며, 상당한 소음 중에서도 유효히 방송할 수 있다.

9 수신반(종합방재실)

내용	(1) 다음 사항을 확인하고 지휘관에게 보고 ① 감지기가 작동되고 있는 위치(발화지점) ② CCTV로 보이는 상황 ③ 각 소방시설의 위치, 위험시설의 위치 ④ 건물 내 수용인원 및 구획별 용도, 진입 및 대피 경로 등 (2) 방재시설의 작동상태를 확인하면서 필요한 조치 ① 제연설비, 소방펌프, 비상용 승강기, 방화셔터 등 필요한 시설이 작동하고 있지 않을 경우 수동 작동 및 비상 조치 ② 시설이 작동되지 않을 경우 건물 관계자(시설관리 기술인력)로 하여금 긴급복구 요구 ③ 자체 방송시설로 건물 내 인원 대피 유도 ④ 가스계 소화설비 방호구역에 사람이 없는 것을 확인 후 작동

10 비상콘센트설비

건축물의 지하가나 고층부에 화재 발생시 소방대원이 전기를 동력원으로 하는 조명기구, 파괴기구 등 소화활동에 필요한 장비를 사용할 경우에 전기를 공급할 수 있는 전원설비이다.

설치대상	비상콘센트설비 대상(가스시설, 지하구 제외) (*^^중요도 없음) ① 11층 이상인 경우에는 11층 이상의 층 ② 지하 3층 이상이고 지하층 바닥면적 합계가 1,000㎡ 이상인 경우는 지하 모든 층 ③ 지하가중 터널로서 길이가 500m 이상인 것
활용요령	11층 이상 고층건물, 지하층 등에 설치되어 있으므로 조명기구 등을 유효하게 활용한다. ① 보호함의 문을 개방하고 아답터를 꽂는다. ② 휴대한 전기기구의 플러그를 어댑터와 연결한다. ③ 어댑터 코드에 연결된 줄을 풀어 훅(hook)에 걸고 플러그가 빠지지 않게 한다. ④ 휴대한 기구의 스위치를 넣고 전선을 연장한다.

> **Check Point 법적 용어의 정의 (공간이용)**
> - 개구부 : 건축물에서 채광, 통풍, 환기, 출입목적으로 만든 창이나 출입구. ▶ 채동환출
> - 지하가 : 지하상가+상점이 있는 터널   • 지하구 : 사람이 점검, 보수를 위한 구멍 등
> - 소방법상 고층건축물 : 지하층을 제외한 11층(31m) 이상.(*과거 사다리차가 31m였음)
> - 건축법상 고층건축물 : 지하층 제외 30층(120m) 이상 ➡ 초고층건축물: 50층(200m) 이상.

11 무선통신보조설비

터널, 지하가, 지하층 등 전파 반송특성이 나빠 무선교신 곤란으로 소방대 무선통신을 원활하게 하기 위한 설비로서 무전기 접속단자함, 누설동축케이블, 분배기, 증폭기 등으로 구성된다.

설치대상	무선통신보조설비(가스시설 제외) **요약** (*^^중요도 없음) ㉠ 지하공동구 ㉡ 지하가 중 터널로서 길이가 500m 이상인 것 ㉢ 층수가 30층 이상인 것으로서 16층 이상 부분의 모든 층 ㉣ 지하가로 연면적 1,000㎡ 이상 및 지하층 바닥면적 3,000㎡ 이상
활용요령	① 지상 또는 방재실, 수위실 등에 설치되어 있는 무전기 접속단자를 찾는다. (바닥으로부터 0.8m 이상 1.5m 이하의 위치) ② 무전기 접속단자함의 문을 열고 단자의 캡을 벗긴 후 **접속용 커넥터**(방재실이나 소방차에 비치)를 연결한다. ③ 휴대용무전기의 안테나를 분리시킨 후 접속단자에 연결된 커넥터의 반대 부분을 연결시킨 후 교신한다. ④ 지상의 접속단자에 접속한 휴대무전기는 지하가 진입대원과의 교신 전용이 되고 해당 무전기는 지상과의 교신은 <u>불가능</u>하다. ☆ 13 서울장 ⑤ 접속단자에 접속한 휴대무전기와 지하가에 있는 대원이 교신중의 경우는 다른 지하가의 대원은 교신을 짧게 한다.

➲ 활동요령 ①에서 무전기 접속단자 바닥으로부터 0.8m 이상~1.5m 이하의 위치인 이유?
  * 해설: 손으로 조작하기 쉬운 바닥에서 잰 손끝에서~어깨높이까지의 숫자를 고려하여 정한다.

12 연소방지설비

길이가 500m 이상, 폭 1.8m 이상, 높이 2m 이상인 지하구에 설치되어 있다. 화재 발생시 연결송수구를 통해 송수된 가압수가 지하구 천장부에 설치된 헤드에 의해 살수되어 연소확대를 방지하는 설비로서 송수구, 살수구역표지, 배관, 헤드로 구성되어 있다. * 참고: 실제법령은 길이가 50m임 / 500m(x)

설치대상	연소방지설비 (*^^ 중요도 없음) 지하구(전력 또는 통신사업용인 것에 한한다)
활용요령	① 현장 관계자나 자동화재탐지설비의 수신반을 확인하여 화점 위치를 파악한다. ② 펌프차를 연결송수구 인근에 안전하고 교통에 가급적 방해되지 않게 배치한다. ③ 화점구역의 좌우 살수구역을 점령하여 65㎜ 호스를 연결송수구에 연결송수한다. ④ 1개의 송수구(1개의 살수구역) <u>송수압력은 약 0.2~0.5Mpa로 한</u>다. ⑤ 화재 진행 상황을 수신반으로 계속 확인한다.

▶ 암기: 한팔이 50m(* 폭 1.8m 이상, 높이 2m 이상, 길이가 50m 이상 지하구) (* P.234= <u>50m</u>가 옳음)

제14절 기타 활동 (* 중요도 낮음)

1 조명작업

조명작업
• 화재는 주간보다 야간 발생율이 높다. 화재현장에서의 조명 방법으로서는 각 대원의 발밑을 비추기 위한 손전등과 통로, 방, 계단 등을 조명하기 위한 이동식 조명등이 있다. 　- 옥의 일부를 조명하는 경우 차량의 전조등, 서치라이트 등의 활용도 고려한다. • 특수한 조명작업은 위험장소 등의 표시에 **케미컬라이트**(형광봉)가 사용되고 있다. - 이들 조명작업 중 가장 많이 사용되고 있는 것이 이동식 조명등이며 주의사항은 다음과 같다. ① 넓은 범위를 밝게 비추는 위치를 설정하고, 상황에 따라 반사효과를 이용한 간접조명을 한다. ② 눈이 부시는 것을 방지하기 위하여 조명등은 높은 위치에 설치한다. ③ 전선은 도로나 통로의 중앙을 피하여 벽이나 담 등을 따라서 연장한다. ④ 점등한 상태로의 이동은 원칙적으로 하지 말아야 한다. ⑤ 발전기는 원칙적으로 옥내에서는 사용하지 않는다. 다만, 부득이할 경우 환기에 주의한다. ⑥ 발전기는 물이 닿지 않는 안전한 장소를 선정하고, / 발전기의 운반손잡이 등에 전선의 접속측 말단을 고정시키고 전선 등에 충격이 가해졌을 때는 접속부가 빠지지 않도록 조치한다.

2 비화경계

협조사항 (부근주민)	① 창이나 문 등의 개구부는 폐쇄하여 옥내에 불티가 날아 들어가지 않도록 한다. ② 물통 등을 활용하기 쉬운 장소에 준비해 둔다. ③ 건물 내외를 수시로 돌아보고 발화장소 등의 발견에 노력한다. ④ 세탁물, 섬유원단 등 옥외에 있는 빨래는 미리 옥내로 옮겨 둔다. ⑤ 불티가 심하게 낙하한 장소 또는 초가, 목조지붕 등에는 미리 주수해 둔다. ⑥ 화재를 발견하면 초기에 소화함과 동시에 부근에 있는 소방대 또는 119번으로 통보한다.

3 수손(水損)방지

화재에 의한 피해에는 ❶ 소실 ❷ 연기 ❸ 파괴 ❹ 소화수에 의한 것이 있다. 어느 계산에 의하면 목조나 방화조 건물 내 1㎡의 가연물을 소화하는데 필요한 물의 양은 15~20ℓ 정도라고 한다.

수손피해 발생요인	화재 시 농연과 열기로 화점을 확인하지 않은 채 주수하기 때문에 소화효과가 적은 물에 의한 피해가 많다.
배 경	① 내화건물 등 자연배수가 열악한 건물에 발생하기 쉽다. ② 컴퓨터나 사무자동화기기 등 물에 약한 고가의 기기가 소량의 소화수에도 영향을 받기 쉽다. ③ 건물내장재나 생활용품의 고급화 추세로 물에 의한 피해가 증가하는 경향에 있다.

(1) 수손 방지의 요점·방법

수손 방지의 요점	① 주수량을 **필요 최소한도**로 한다. ② 신속하게 **소화수**를 옥외로 배수시킨다. ③ 영향을 받는 설비, 기기 등을 신속하게 방수시트 등으로 방호한다.
수손 방지 행동 <u>이전의 조치</u>	① 주수 시는 개폐를 **민첩**하게 실시한다. ② **부분파괴**를 병행해서 효과적인 소화를 실시한다. ③ **연소실체**를 파악해 주수한다. ▶ 민부연 ↓ ▶ 배모기씨
수손 방지 방법	① 방수**시**트의 이용 ② **모**래부대 등의 이용 ③ **배**수작업 ④ **기**자재의 활용

(2) 수손방지 활동 요령

수손방지 작업은 지휘자의 명령에 근거해 실시한다. 활동 순위는 (* 물새는 것 확인)
❶ 화점 직**하**층의 방 ❷ **양**옆의 방 ❸ **다**른 방 ❹ **다**른 층 순서로 한다. ▶ 직하양방 다방층

방수시트 의 전개	① 방수시트는 **주름**이 잡히지 않도록 **펴**고 주위는 두 겹으로 접어서 누수가 되지 않도록 한다. ② 누수가 심하고 넓은 범위는 신문지, 방수시트나 모포 등을 뭉쳐서 담을 만들어 방수시트를 깔아서 다른 곳으로 유출시키지 않도록 한다. ③ 방수시트가 **만수**가 되면 양동이 등으로 **외부**로 반출한다. 배수 작업은 관계자 등에게 실시케 하는 등 활동의 효율성을 꾀한다. ④ 물품 등으로 침투할 가능성의 경우는 적당한 받침대 위에 옮기고서 방수시트를 전개한다. ⑤ 방수시트를 천장 등에 못을 박던가 옷장 등 높이가 있는 물품을 이용해서 누수를 창으로부터 옥외, 현관, 욕실, 베란다 등의 낮은 장소나 배수구로 유도한다. ⑥ 벽 사이 장롱 등은 벽 따라 내려오는 물을 막기 위해 벽에서 떨어뜨려 방수시트를 전개한다. ⑦ 전자기기 등의 중요하고 쉽게 이동이 곤란한 것 또는 수손에 의해 사회적, 경제적으로 손해가 큰 물품에 대해서는 방수시트로 충분히 보호한다.
계단의 배수요령	계단으로부터 유출하는 물은 계단에 방수시트를 깔고 물을 아래층 문밖으로 내보낸다. 계단의 배수요령은 다음 방법에 의한다. ① 2명의 대원이 2매의 방수시트를 연장한다. 처음 1매를 계단 밑 부분에 넓게 계단형태로 맞춘다. ② 다음 방수시트는 단 윗부분에서 같은 모양으로 넓게 1매 째의 방수시트에 30㎝ 겹치게 한다. ③ 난간이 있는 경우는 방수시트를 난간에 걸치고 난간이 없는 경우는 끝을 말아 올려 둑을 만든다. ④ 피복할 물품이 큰 경우 또는 긴 배수로를 만들 경우에는 다음과 같이 실시한다. 　㉠ 위쪽의 방수시트는 약 50㎝ 접어 올리고 밑이 되는 방수시트를 약 25㎝ 위에 포갠다. 　㉡ 위가 되는 접은 방수시트의 절반을 밑이 되는 방수시트 위에 접어 올린다. 　㉢ 2매의 방수시트가 겹쳐진 부분을 밑이 되는 방향으로 접는다.
스프링클 러작동시 의 조치	① 스프링클러 설비의 제어변을 차단한다. ② 헤드에 나무마개를 삽입하는 방법 등으로 물을 차단한다.
지하실소 화수배수	계단, 승강기 등에서 지하실로 유입된 소화수의 배수는 지하 최하층의 집배수조의 맨홀의 뚜껑을 열어서 유입시키고 건물에 설치된 배수펌프나 잔수처리기를 활용해서 배수한다.

4 잔화정리

잔화정리
① 현장에서 맹렬한 불꽃을 내는 화재라도 주수가 개시되면 곧 연기와 증기가 충만한 상태가 된다. ② 더욱이 주수가 계속되어 연소물의 표면을 물로 덮으면 열은 연기와 온도가 낮은 증기가 떠오르는 상태가 되며 이 시점에서는 불꽃은 외관상 보이지 않게 된다. **이것이 화재의 진압상태이다.** ③ 이 상태에서는 주수의 사각부분이나 물이 침투되어 있지 않은 부분에 많은 불씨가 남아 있다. 잔화정리는 이들 불씨의 장해를 제거하면서 하나하나 처리해 가는 작업이다. ④ 잔화정리를 철저하게 하기 위해서는 파괴나 많은 양의 주수가 필요하다. 그러나 잔화정리 단계에서는 화재 확대위험이 낮으므로 과잉파괴나 과잉주수를 하지 않도록 신중하게 활동한다. ⑤ 잔화정리의 방법으로서는 낮은 압력의 주수가 주된 것이지만 주수를 해도 물이 침투되기 어려운 원단 등의 섬유류 등은 재연소의 가능성이 있으므로 옥외로 반출하던가 물을 적셔둔다.

(1) 잔화확인 요령

잔화를 빠뜨리기 쉬운 부분	① 작은 거실 뒤, 천장 뒤, 바닥아래 및 덕트, 파이프스페이스 등의 세로 구멍 ② 모르타르 벽 등의 이중 벽 내　　　　　　　　③ 벽장 및 문틈 ④ 주방 등의 화기시설 주위의 철판을 부착한 내장 뒷면　⑤ 기와 아래, 돗자리 이음새 ⑥ 무염연소 또는 심층부(심부) 화재가 되기 쉬운 물건 등 (이불, 매트, 섬유류, 계단, 목재 및 나무 부스러기류)
잔화를 빠뜨리기 쉬운 부분의 점검요령	① 작은 실(室) 뒤, 천장 뒤, 바닥아래 및 덕트, 파이프스페이스 등의 세로 구멍 부분 　㉠ 점검구(벽장의 천장부분) 등으로부터 내부를 확인한다. 　㉡ 천장, 바닥 및 덕트 등을 파괴해서 확인한다. ② 모르타르 벽 등의 이중 벽 내 　㉠ 변색부분 등의 윗면을 손으로 접촉하여 온도를 확인한다. 　㉡ 작은 실 뒤를 살펴보고 화기 및 연기의 상황을 확인한다. 　㉢ 이중벽의 일부를 파괴해서 확인한다. ③ 주방 등의 화기시설 주위의 철판을 부착한 내장 뒷면을 확인한다. ④ 벽장, 문틈　　　　　　　⑤ 기와아래, 돗자리의 이음새 부분 ⑥ 이불, 매트, 섬유류, 종이, 목재 및 나무 부스러기 류

(2) 잔화정리요령* ☆ 15 인천장

잔화 정리 요령	① 지휘자로부터 지정된 담당구역을 ❶ 바깥에서 중심으로, 　❷ 위층에서 아래층으로, ❸ 높은 장소에서 낮은 장소 순으로 실시한다. ② 개구부를 개방하고 배연, 배열하고 활동환경을 정리해서 실시하는 　것과 동시에 조명기구를 활용한다. ③ 주수는 관창압력을 고려해서 직사주수, 분무주수 등 관창은 기민하게 조작한다. ④ 주수는 한 장소에 고정하는 것이 아니라 대소의 이동이나 부분파괴, 뒤집어 파는 등 적극적으로 실시해 주수사각이 생기지 않도록 한다. 필요에 따라 호스를 증가한다.

	⑤ 합판, 대들보의 뒤 측, 벽 사이 등 **주수사각**이 되고 있는 장소에 **주수**한다. 　모르타르 벽 등이 주수해서 곧 마르는 것은 잔화의 위험이 있기 때문에 **손으로 벽체의 열을 확인하는** 등 **철저하게 잔화정리**를 한다. ⑥ 잔해물이나 붕괴물을 쇠갈고리 등으로 제거해서 주수한다. ⑦ 가연물이 퇴적되어 있을 때는 관창을 끼워 넣든가 파서 헤집어 주수한다. ⑧ 과잉 주수를 피하고 수손을 방지한다.
위해 방지	① 연소방지에서 잔화정리에 걸쳐서 벽체의 붕괴, 기와의 낙하, 기둥의 넘어짐 및 발바닥의 자상 등에 의한 공무상 재해가 많이 발생하고 있다. ② 물체의 낙하가 예상되면 진입 전에 주수 등의 방법으로 사전에 제거한다. ③ 조명은 될 수 있는 한 광범위하게 조명할 수 있는 위치를 선정한다.
재출화 방지	① 화재조사를 위해 방화경계구역을 설정함과 동시 재출화를 방지하고 현장을 보전하기 위하여 필요할 때에는 화재 진화 후에 현장에 대한 감시경계를 한다. ② 경계는 가능한 한 관할 소방대 1개 대를 지휘자가 지정한다. ③ 소방대가 직접 감시경계 하기가 곤란한 경우 또는 화재 대상물의 관계자 등이 부재인 경우에는 경찰관이나 동사무소 직원 기타 거주자에 대해서 현장보전 및 긴급시의 필요한 조치 등을 설명하고 현장경계 협력을 구한다. ④ 이 경우 위험하다고 인정되는 장소의 구체적인 위험성과 재출화 방지에 철저를 기함과 동시 필요에 따라서는 현장에 대한 설명서(인계인수서)를 교부한다.

5　현장보존 (* 중요도 없음)

① 현장보존의 목적은 재산보호임과 동시에 화재원인 조사를 쉽게 하고 범죄행위를 전제로 한 경찰수사에 협력하기 위한 것이므로 가능한 화재현장을 화재직전 상태로 유지시키는 것이다.
② 연소물건의 신속한 소화가 필요하다. 화재방어와 현장보존의 두 개의 목적달성은 어려운 면도 있지만 방어활동에서는 과잉파괴, 과잉주수 등은 가능한 피해야 한다.
③ 현장보존에 너무 치중하여 화재를 확대시키거나 시간을 낭비해서는 안 된다.
④ 화재원인 조사에는 탄 흔적에서 조사의 난이가 좌우되는 것이기 때문에 화재방어 그 자체가 현장보존 행위이다. 따라서 화재방어 활동 중에는 다음 사항에 주의한다.

■ 화재방어 활동 중 주의사항
① 현장보존의 결정은 화재조사 요원과 연락을 취하여 설정하고 외부인의 출입을 금지한다.
② 범위 내에서의 잔화처리는 <u>분무주수 혹은 저압주수</u>로 하고 특히 화기를 사용했다고 생각되는 물건의 위치, 사용상황을 판단할 수 있는 화기 내의 재, 기타 잔존부분에 변화를 주지 않도록 주의하고 소실 물건의 파괴, 이동 등을 주의한다.
③ 범위 내의 물건, 특히 발화원으로 보이는 물건이 있었던 위치, 소실의 정도 및 상황 등에서 판단할 수 있도록 확인해 둘 필요가 있다.
④ 발화장소 부근에 유류 등의 위험물이 있는 경우에는 이러한 위험물이 유출되지 않도록 세심한 주의가 필요하다.
⑤ 진압활동에 지장이 되는 간선, 배관 등을 절단한 경우에는 보존해야 한다.

6 현장 홍보 (* 중요도 낮음)

소방활동 측면에서는 무엇보다 현장활동에 필요한 구조대상자 및 화재건물 상황 등의 정보를 구하거나 방화경계구역에서의 퇴거, 지시 등에 관한 홍보가 가장 중요하다.
화재현장은 소방의 실태를 주민에게 알리고 화재진화 후 적극적으로 소방홍보를 실시해야 한다.

화재현장 홍보의 목적	① 소방활동에 필요한 각종 정보의 수집 ② 긴급피난 지시나 현장의 위험성 고지 ③ 소방활동에 대한 이해를 요청 ④ 화재현장상황을 설명함으로서 주민 화재예방의식 고취 ⑤ 매스컴을 통하여 널리 화재실태를 알림 ▶ 정피고 이주매
현장 홍보의 형태와 요령	① 소방활동을 효율적으로 하기 위한 홍보 　소방활동을 효율적으로 하기 위해서는 출동도중이라도 차량용 확성기를 이용하여 소방차량이 주행하기 쉽도록 협력을 구한다. 또 현장부근에서는 일반인의 위험방지나 소방대의 활동공간을 확보할 필요가 있다. ② 소방에 대한 이해를 구하기 위한 홍보 　화재건물이나 인접건물의 관계자는 화재상황을 알고 싶어하고 소방활동에 따라 불편함을 겪는 등 일상생활에 영향을 받는다. 따라서 소방활동 및 화재상황을 홍보하여 이해와 신뢰를 높일 필요가 있다. 단, 화재의 상황을 홍보하는 경우 화재건물에 관계되는 것일지라도 개인의 프라이버시는 지켜야 하며 홍보 내용에도 한계가 있음을 주의한다. ③ 매스컴에 대한 홍보 　매스컴에 대한 홍보는 현장 지휘자의 지시에 따라 일원화로 하여야 하며 각 대원은 필요한 정보를 수시로 지휘자에게 보고해야 한다.

 중앙소방학교 교재에 대하여(공간 이용~)

- 본디 중앙소방학교 교재는 소방이 먼저 발달한 미국의 교재를 어느 정도 번역한 것으로 인식하고 있다.
  이후 한국의 소방에 맞게 중간 중간에 도서 수정 작업을 하였으나 방대한 내용과 불필요한 내용이 없지는 않다.
  이에 필자는 승진시험을 치는 분들의 고득점과 시간 절약을 위해 시험에 나오는 기출 위주로 다소 줄이고 있다.
  수험생은 본 취지에 맞게 출제 경향을 파악해서 틈새 시간을 내어 객관적 분석으로 학습하도록 한다.
  부디 현명한 사고와 생활 속 경험으로 일상과 학습 틈새를 잘 활용하여 주기를 바라는 마음뿐입니다.

7 현장 철수 (* 중요도 낮음)

소방활동의 최종행동이고 사용한 기구를 수납·점검함과 동시에 다음 재해에 대비하기 위한 행동이다. 철수는 지휘자의 명령에 의해 전 대원이 협력하여 신속하고 질서 있게 행동해야 한다.

(1) 철수시의 행동요령

수납	① 사용한 기구는 각자가 책임을 지고 소정의 장소에 수납한다. 타 소방대의 것과 혼동않도록 하고, 타 소방대에서 빌린 기자재는 양자가 입회한 다음 확인 후 반납한다. ② **소방호스의 수납은 한 겹 말음 또는 접은호스로 하여 관창에서 순차적으로 실시하는 것을 한다.** * 오답: 두겹말음 ③ 정리한 호스는 차량 등 일정장소에 적재하는 등 사용 본수를 확인하고 적재한다. ④ 소방호스를 차량 외부로 적재하는 경우는 로프 등으로 고정한다.
점검	① 1차적으로는 각자가 사용한 기자재를 책임을 가지고 점검한다. ② 2차적으로 점검구분에 따라 점검한다. ③ 장비의 대여에 대해서는 명확히 한다 ④ 점검결과는 세세하고 누락 없이 지휘자에게 보고한다. ⑤ 현장점검은 방어활동을 실시하지 않을 때라도 반드시 실시한다. ⑥ 화재현장, 인원, 장비, 장비에 이상이 있을 때에는 그 상황을 지휘자에게 즉시 보고하고 필요한 지시를 받는다. ⑦ 철수할 때에는 재발화 감시경계, 현장보존 등에 관한 사항을 관계자에게 협조를 구한 후 철수해야 한다.

철수(귀서) 시의 유의사항	① 교통사고 방지
	  ㉠ 전원이 긴장하여 교통법규를 지키고 사고방지를 꾀한다.
	  ㉡ 좁은 길, 후퇴 시는 적극적으로 하차하는 등으로 해서 반드시 유도한다.
	② 적재기구의 낙하방지에 주의한다.
	③ 재 출동에 대비해 무전의 수신 등 긴장을 계속한다.
	④ 철수 후의 소방활동 기록작성 등을 위해서 필요한 조사 등은 전원이 협력한다.

(2) 재 출동 준비(귀서 후 점검)

① 기구의 손상, 분실 등의 유무를 신속하게 점검하고 다음 출동에 대비한다.
② 차량의 연료, 윤활유를 보급한다.
③ 적재 소방호스를 보충한다.
④ 조명기구, 공기호흡기, 로프 등을 점검하고 기능을 확인한다.
⑤ 개인장비를 정비한다.
⑥ 피복의 교체는 신속하게 정리한다.
⑦ 파손, 사용불능의 자재는 신속하게 보수 또는 교환한다.

핵심요약

- **화재현장 제반활동 및 인명구조 활동**
  - 출동준비 : 장비점검, 출동구역 내 지리조사 등
  - 신고접수 : 신고 받고 출동 하는 것으로 소방대가 행하는 소방활동의 기점이 됨
  - 화재출동 : 화재접수하고 소방대가 현장에 도착할 때까지의 일련의 행동
  - 예정소방용수 선정: 화재발생 장소의 상황, 도착순위, 화재규모, 다른 출동대의 부서 등을 종합적으로 판단하여 가장 합리적인 것을 선정
  - 출동로 선정 : 단시간에 도착할 수 있는 도로를 선정. * 단거리(x)
  - 선착대 활동: 인명검색·구조활동 우선, 연소위험이 가장 큰 방면을 포위 부서, 화점 직근의 소방용수 시설을 점유, 사전 대응매뉴얼을 충분히 고려하여 행동, 신속한 상황보고 및 정보제공 등
  - 건물 붕괴 위험성 평가: 벽, 골조(기둥과 대들보), 바닥층의 3가지 요소를 종합적으로 평가하는 것.
  - 외부에서 화점확인 방법: 개구부로 연기가 분출하면 연기가 나오는 층 이하의 층을 화점층으로 판단, 최상층의 창으로부터 분출속도가 약한 백색연기가 나오는 경우는 아래 층에 화점이 있는 경우가 많음, 야간의 경우 조명을 점등하고 있는 층보다 조명이 소등되어 있는 층에 화점이 있는 경우가 많음

- **학습가이드** (*^^ 중요함)
  - 3D주수기법은 연소중인 가연물질 표면과 실내 전체에 퍼져있는 연기에 주수하는 방식이다.
  - 펄싱 : 간헐적으로 물을 뿌려 해당 공간을 3차원적으로 냉각시키는 주수법이며, 3가지 방법이 있다.
  - 페인팅 : 내부 벽면과 천장을 페인트 칠 하듯 물을 살짝 뿌려 벽면의 온도를 낮추고 열분해를 중단시키는 주수 법
  - 펜슬링 : 직사주수 형태로 물방울의 크기를 키워 중간에 기화되는 일이 없도록 물을 던지듯 끊어서 화점에 바로 주수 하는 기법

4장 화재진압활동 — OX(2진법) 개념 따라 잡기~

01 소방장비의 정기점검은 일일, 주간, 월간, 연간점검으로 분류된다.( )
➡ 소방장비의 정기점검은 일일, 주간, 월간, 연간 및 특별점검으로 분류된다.(*1절)

02 사후인지란 소방기관에 의해 진화 후 관계자나 주민 등이 발견하거나 화재통보를 수신한 것이다.( )
➡ 사후인지: 관계자나 주민 등에 의해 진화된 후 소방기관이 발견하거나 화재통보를 수신한 것.(*2절)

03 출동로는 화재현장으로 안전하고 단거리로 도착할 수 있는 도로를 선정한다.( )
➡ 출동로는 화재현장으로 안전하고 단시간에 도착할 수 있는 도로를 선정하는 것을 원칙으로 한다.(*3절3)

04 벽돌로 건축된 4개의 벽이라면 조적조, 블록조로 건축된 4개의 벽이라면 중량목구조이다.( )
➡ 조적조(벽: 벽돌)와 중량목구조(벽: 블록조) 2건물 유형도를 비교하여 The 쉬운 개념의 설명이다.(*4절4)

05 건물 붕괴 위험성 평가는 벽, 골조, 바닥층 3가지를 종합적으로 평가한다. / 구체적으로 1등급 내화구조는 바닥 층, 2등급 준내화구조는 지붕 붕괴, 3등급 조적조 건물은 벽 붕괴, 4등급 중량목구조건물은 바닥과 지붕 연결 붕괴, 5등급 경량목조의 가장 위험한 붕괴요인은 벽 붕괴이다.( )
➡ 모두 옳다. 암기요령은 벽골바닥 / 1등급~5등급까지 순서대로 바지벽 바지벽이다. (*4절4)

06 옥내외에 연기가 있는 경우는 공조설비 등을 즉시 정지 후 연기가 있는 최하층을 확인한다.( )
➡ 옳은 설명이다. ※ 화점에 가까울수록 연기 농도는 진하고 유동은 크고 빠르다(계단, 덕트 제외) (*6절)

07 화점층에서 화염이 스팬드럴(각층 바닥의 바깥쪽 들보.)보다 높게 나올 때는 창의 개방에 의해서 화염이나 연기가 실내에 유입되는 경우가 있으므로 최대한 개방한다. / 또한 구조대상자 단거리 운반법은 안아올려운반구출, 전진 또는 후퇴 포복구출, 1인 확보 운반구출의 3가지이다.( )
➡ 스팬드럴보다 높게 나올 때는 화염, 연기가 실내에 유입되는 경우가 있으니 창은 개방하지 않는다.(*7절1) / 구출 거리가 짧은 경우에 이용하는 구조대상자 운반법은 안아올려운반구출, 전진 또는 후퇴 포복구출, 양쪽 겨드랑이 잡아당겨 구출, 1인 확보 운반 구출, 등에 업고 포복 구출이 있다. ▶ 안전양쪽 1등 (*7절2)

정답 ○ 01. (X) 02. (X) 03. (X) 04. (O) 05. (O) 06. (O) 07. (X)

08 송풍기활용 배연은 ① 송풍압력으로 건물 외부의 압력보다 건물 내의 압력을 높게 하여 배연하는 방법으로 ② 설치하기가 편리하고 배연의 강도를 조절할 수 있고 ③ 자연환기의 흐름을 보충하기 때문에 수평 및 수직 환기의 효과와 같고 ④ 모든 건물에 응용할 수 있으며 ⑤ 소방대원이 실내에 진입하지 않고도 강제 환기를 시작할 수 있다 ⑥ 일반적으로 개구부의 하단 등 낮은 장소에 설치하여 불어넣는(양성압력형 환기법)방식을 주로 쓰고 지만 ⑦ 때로는 배출구에서 배출가스를 뽑아내는 방식(음성입력형)도 사용한다.( )

▶ 교재와 요령과 장점의 구분 순서를 바꾸었으니 개념으로 단어함정이 없는지 학습한다. 모두 옳다.(*8절3)

09 최초의 호스는 불길이 배출되고 있는 창문을 향해 방수하며 다층구조 건물화재에서 진입은 임의진입의 중요성 인식한다 또한 소방호스 결속은 5층 이상의 경우는 진입층에서 고정한다.( )

▶ 최초의 호스는 불길이 배출되고 있는 창문을 향해 방수해서는 안 된다, 다층구조 건물화재에서 강제진입의 중요성 인식한다 소방호스 결속은 5층 이상의 경우는 진입층 및 중간층에서 고정한다.(*9절 2,4)

10 풍속이 3m/sec 이상이 되면 비화발생 위험이 있으므로 풍하측에 비화경계 관창을 배치한다.( )

▶ 풍속이 5m/sec 이상이 되면 비화발생 위험이 있으므로 풍하측에 비화경계 관창을 배치한다.(10절1)

11 간접공격법(로이드레만 전법)은 옥내의 온도가 높은 천장을 향하여 주수하며 주수시 개구부는 가능한 크게 하는 것이 위험성이 감소된다. 또한 저속분무는 수손이 적고 소화시간이 짧다.( )

▶ 온도가 높은 상층부를 향해 주수하며, 주수시 개구부는 가능한 작게 하는 것이 위험성이 감소된다.(*8절) 또한 저속분무는 수손이 적고 소화시간이 짧다.(*11절) (* 직사는 천장, / 저속분무는 질식소화니까 상층부)

12 경계구역은 풍속 15m 이상의 경우는 파괴하는 건물의 높이를 반경으로 하고, 풍속 15m 미만인 때는 건물 높이의 1/2 반경으로 한다.( )

▶ 풍속 15m 이상은 파괴하는 창의 높이를 반경으로, 15m 미만인 때는 창 높이의 1/2 반경으로 한다.(*12절6)

13 연결살수설비와 연소방지설비의 송수압은 1.5Mpa를 표준으로 한다.( )

▶ 연결살수설비 펌프의 송수압력은 1~1.5Mpa를, / 연소방지설비의 송수압은 0.2~0.5Mpa로 한다.(*13절)

14 잔화정리는 주위에서 중심으로, 위층에서 아래층으로, 높은 곳에서 낮은 곳 순으로 하며, 모르타르 벽 등이 주수해서 곧 마르는 것은 잔화위험이 있기 때문에 손으로 벽체의 열을 확인한다.( )

▶ 모두 옳은 내용이다.(*14절)

정답 ○ 08. (O)   09. (X)   10. (X)   11. (X)   12. (X)   13. (X)   14. (O)

PART 02 복원기출로 예측문제

화재진압 및 현장활동 주요기출 시험흐름 파악하기~

01 다음 중 건물의 붕괴위험성 평가 약점으로 그 내용이 옳지 않은 것은?

① 내화구조(안전도 1등급 건물) : 콘크리트 바닥 층의 강도
② 준 내화구조(안전도 2등급 건물) : 철재구조의 지붕 붕괴의 취약성
③ 조적조(안전도 3등급 건물) : 벽과 바닥 층의 붕괴(벽은 내부에서 외부로)
④ 중량 목구조(안전도 5등급 건물) : 지붕과 바닥 층을 지탱하는 트러스트구조 연결부분

해설 ✪ 붕괴 위험성 평가 약점 ☆ 14 서울장, 15 위, 16 부산교

① 내화구조(안전도 1등급 건물) : 콘크리트 바닥 층의 강도
② 준 내화구조(안전도 2등급 건물) : 철재구조의 지붕 붕괴의 취약성
③ 조적조(안전도 3등급 건물) : 벽 붕괴(내부 → 외부로)
④ 중량 목구조(안전도 4등급 건물) : 지붕과 바닥 층을 지탱하는 트러스트 구조의 연결부분
⑤ 경량 목구조(안전도 5등급 건물) : 벽 붕괴(진압대원 매몰 가능성)

02 다음 중 연기·열에 의한 내부에서 화점확인 방법으로 옳은 것은?

① 연기가 있는 화점층과 최상층을 확인한다.
② 중성대가 있으면 자세를 낮게 하여 연기의 유동방향을 따라 확인한다.
③ 연기는 화점에 멀수록 진하고 유동은 크고 빠르다(계단, 덕트 등은 제외).
④ 옥외로 연기가 분출 또는 옥내에 연기가 있는 경우는 공조설비를 즉시 정지시킨다.

해설 ✪ 연기, 열에 의한 내부에서 화점확인 ☆ 14 서울장, 15 충남교·장, 16 부산장, 14,17 위 18 소방교·장

① 연기확산방지 : 옥외로 연기분출, 옥내에 연기가 있는 경우는 공조설비를 즉시 정지시킨다.
② 화점층 확인 : 공조설비 정지 후 연기가 있는 최하층을 확인한다.
③ 연기속도 등 :   ☆ 21 소방장
 · 화점에 가까울수록 연기의 농도는 진하고 유동은 크고 빠르다(계단, 덕트 등 제외).
 · 화점에서 멀수록 연기의 속도는 급속하게 저하한다.
 · 연기의 유동속도가 완만하고, 열기가 적은 연기는 화점에서 떨어져 있는 것으로 판단한다.
 · 중성대가 있으면 자세를 낮게 하여 연기의 유동방향으로(에서) 거슬러(역으로) 확인한다.
④ 배연 : 연기가 충만하고 있는 경우에는 각층 계단실의 출입구 및 방화문을 폐쇄하고,
   옥탑실 출입구 및 피난층 출입구를 개방하여 배연을 행하면서 확인을 한다.

정답 ┈ 01. ③   02. ④

03 다음의 내용에서 소방대원이 공기호흡기 사용에 가장 적합한 시간은?

> · 소방대원이 현장에서 충전압력 300kgf/㎠의 6.8ℓ 용기를 사용하여 경보 벨이 울릴 때 까지 사용할 경우, 소방대원이 매분 50ℓ의 공기를 소비한다면 사용 가능한 시간은?

① 11분　　② 22분　　③ 33분　　④ 44분

해설 ✪ 공기호흡기의 사용 가능시간 산출공식* ☆ 13서울교, 14 경기교, 15 울산, 경기장, 16 강원교, 19 소방위 등

$$\text{사용가능 시간(분)} = \frac{\text{충전압력(kgf/㎠)} - \text{탈출소요압력(kgf/㎠)} \times \text{용기용량(ℓ)}}{\text{분당 호흡량(ℓ/분)}}$$

$$\text{사용가능 시간(분)} = \frac{(300 - 55) \times 6.8}{50} = 33.32(\text{분})$$

04 다음 중 농연 시 옥내진입 및 행동요령으로써 옳지 않은 것은?

① 진입은 반드시 2명 1조로 하고 단독행동은 피해야 한다.
② 공기용기의 잔량에 주의해서 경보 벨이 울리면 즉시 탈출한다.
③ 여러 팀이 진입하는 경우는 검색봉을 활용해서 천장을 두드리면서 진입한다.
④ 어두운 곳에 진입 할 때는 조명기구로 발밑을 비추고 자세를 낮추어 벽체 등으로 진입한다.

해설 ③ 진입 및 행동요령에서 여러 팀이 진입하는 경우는 검색봉을 활용해서 바닥을 두드리면서 진입한다.
①②④ 외 농연 시 옥내진입 및 행동요령 ☆ 12 소방위
⑤ 자동폐쇄식 방화문 통과해 진입하는 경우는 쐐기, 빗장 등으로 퇴로에 필요한 폭의 개구부를 확보한다.
⑥ 2개 이상의 계단통로가 있고 급기, 배기계단으로 나누어 있을 때는 연기가 적은 급기계단으로 진입한다.

05 다음 중 화재 시 소방대원이 인명구조를 위한 내부진입 우선순위로 옳은 것은?

① 인근실 → 화점상층 → 화점하층 → 화점실 → 연소층
② 화점상층 → 화점하층 → 연소층 → 인근실 → 화점실
③ 인근실 → 연소층 → 화점실 → 화점상층 → 화점하층
④ 화점실 → 인근실 → 연소층 → 화점상층 → 화점하층

해설 ✪ 인명구조 내부진입 순서 ☆ 16 경기장
· 화점실 → 인근실 → 연소층 → 화점상층 → 화점하층의 순으로 한다.

정답 03. ③　04. ③　05. ④

06 다음 중 송풍기 활용 배연에 대하여 옳지 않은 것은?

① 송풍기를 활용한 배연은 동력원에 의존해야 하는 단점이 있다.
② 송풍압력으로 건물 외부의 압력보다 건물 내의 압력을 높게 하는 방법이다.
③ 그러나 흡입구에서 배출가스를 뽑아내는 방식(음성입력형)도 사용하고 있다.
④ 개구부의 하단 등 낮은 장소에 설치하여 불어넣는 양성입력형방식을 주로 쓰고 있다.

해설 ✪ 송풍기 활용 배연 ☆ 14 경남장, 15 위, 17 소방장
① 송풍압력으로 건물 외부의 압력보다 건물 내의 압력을 높게 해서 배연하는 방법이다.
② 개구부의 하단 등 낮은 장소에 설치하여 불어넣는 방식(양성입력형)을 주로 쓰고 있다.
③ 그러나 배출구에서 배출가스를 뽑아내는 방식(음성입력형)도 사용하고 있다.
④ 송풍기를 활용한 배연은 동력원에 의존해야 하는 단점이 있다.

07 구조대상자의 운반법으로써 장거리를 이동할 수 있는 방법으로 옳은 것은?

① 안아 올려 운반구출
② 전진 또는 후퇴 포복구출
③ 양쪽 겨드랑이 잡아당겨 구출
④ 소방식 운반 구출

해설 구출 거리가 짧은 경우에 이용하는 요구조자(구조대상자) 운반법은 안아올려운반구출, 전진 또는 후퇴 포복구출, 양쪽 겨드랑이 잡아당겨 구출, 1인 확보 운반 구출, 등에 업고 포복 구출이 있으며, 나머지 소방식 운반 구출 등은 장거리를 이동할 수 있는 방법이다. ☆ 17 소방장

08 다음 중 굴뚝(연돌)효과에 대한 설명으로 옳지 않은 것은?

① 창문이 열려있는 저층건물에서 많이 발생한다.
② 고층건물 내외에서 온도와 기압의 차이로 발생하는 자연적 대류현상이다.
③ 창문과 같은 개구부가 열리거나 깨질 때, 굴뚝효과는 이상기류를 만들어낸다.
④ 고층건물 공기 흐름에 가장 큰 영향을 끼치며, 계단실, 엘리베이터 통로에서 두드러진다.

해설 • 저층건물에서 굴뚝효과는 발생하지 않는다. 오직 고층건물에서만 발생한다는 점에 유의한다.
✪ 굴뚝효과란?
① 창문이 열려있는 저층건물에서는 (절대) 발생하지 않는다.
② 기온의 차이와 안·밖의 대기압 차이로 인한 공기의 자연스러운 흐름을 나타낸다.
③ 고층건물에서 공기 흐름에 가장 큰 영향을 끼치며, 계단실, 엘리베이터 통로에서 가장 두드러진다.
④ 창문과 같은 개구부가 열리거나 깨질 때, 굴뚝효과는 이상기류를 만들어 낸다. ☆ 13 부산장, 위

정답 06. ③   07. ④   08. ①

09 상업용 고층건물은 건물의 특성상 심각한 생명의 위험이 없고 화재를 통제할 수 없을 경우, 배연은 금지된다. "상업용 고층건물 화재 배연"을 하지 않는 4가지 이유로 옳지 않은 것은?

① 굴뚝효과로 건물 내부의 대류 흐름을 예측할 수 없다.
② 배연은 불꽃 폭풍을 촉발할 지도 모르고, 계단실을 농연으로 가득 차게 만들 수 있다.
③ 대류 흐름은 예측할 수 없기 때문에 청정구역에 농연을 끌어들이는 결과를 초래할 수 있다.
④ 기류에 포함된 산소로 인하여 화재의 크기와 강도를 약화시킬 수 있다.

해설 ◯ ✪ 상업용 고층건물 화재 시 배연을 하지 않는 4가지 구체적인 이유★★ ☆ 14 부산장
① 굴뚝효과로 인하여, 건물 내부의 대류 흐름을 예측할 수 없다.
② 배연은 불꽃 폭풍을 유발할 수 있고, 계단실을 농연으로 가득 차게 만들 수 있다.
③ 대류 흐름은 예측할 수 없기 때문에 오히려 배연으로 인하여 청정구역에 농연을 끌어들일 수 있다.
④ 기류(공기 흐름)에 포함된 산소로 인하여 화재의 크기와 강도를 증가시킬 수 있다.

10 화재 시 피난유도원의 임무 중 피난에 사용하는 계단 등의 우선순위는?

① 옥내계단 - 피난교 - 특별피난계단 - 옥외피난용 사다리
② 옥외계단 - 피난교 - 특별피난계단 - 옥외피난용 사다리
③ 특별피난계단 - 옥외피난용 사다리 - 옥외계단 - 피난교
④ 특별피난계단 - 옥외피난용 사다리 - 피난교 - 옥외계단

해설 ◯ 피난계단 사용 우선순위는 옥외계단- 피난교- 특별피난계단- 옥외피난용 사다리 순이다 ☆ 20 소방장

11 다음 중 강제배연방식으로 옳지 않은 것은?

① 송풍기 활용   ② 분무주수 활용   ③ 수평배연   ④ 고발포 활용

해설 ◯ ✪ 강제배연 방식

송풍기 활용	회전식 강철 팬의 회전력에 의한 압력으로 배연하는 방식
분무주수 활용	분무주수에 의한 수압으로 배연하는 방식
고발포 활용	고발포 방사시의 압력에 의해 배연하는 방식. (*^^ 고발포가 넓게 연기를 민다)
배연차 활용	배연차에 장착된 기계장치로 연기를 흡입하여 배출하는 방식
제연설비 및 공기조화설비활용	건물에 설치된 제연설비 및 공조설비는 소방대의 장비와 인력이 필요하지 않은 장점이 있으므로 최대한 활용할 수 있는 방안을 마련한다.

(* 고발포 : 여객선, 지하, 평탄한 지표, 연기 등 넓은 곳 / 저발포 : 유류탱크, 비행기, 자동차, 좁은곳)

정답 ◯ 09. ④   10. ②   11. ③

12 다음 중 저층 화재에서 발생하는 연기의 영향으로 옳지 않은 것은??

① 화재로 인한 열
② 대류의 흐름
③ 화재(연소) 압력
④ 굴뚝(연돌)효과

해설 ★ 저층 건물에서 농연의 흐름을 좌우하는 요소
① 화재로 인한 열 ② 대류의 흐름 ③ 연소(화재)압력 ④ 창문 등 개구부 개방을 통한 외부 바람

13 다음 중 간접공격법(로이드레만 전법)의 요령으로 옳지 않은 것은?

① 연소물체 또는 옥내의 온도가 높은 상층부를 향하여 주수한다.
② 주수 시 개구부는 가능한 크게 하는 것이 위험성을 감소시킨다.
③ 가열증기가 몰아칠 경우는 고속분무로 화점실 천장 면에 충돌시켜 반사주수를 병행한다.
④ 옥내의 연소가 완만하여 열기가 적은 연기의 경우 이 전법을 이용하는 것은 효과는 적다.

해설 ★ 간접공격법 요령 ☆ 14 경기교
주수 시 개구부는 가능한 한 작게 하는 것이 위험성을 감소시킨다. (질식성으로)

14 공격적 내부진압전술의 전술적 구성요소로서 옳지 않은 것은?

① 출입구로 진입하여 연소 중인 건물이나 복도로 호스를 전개해야 한다.
② 엄호관창이 배치된 후에 건물에 진입해서 화재 지점을 검색해야 한다.
③ 화재가 완전 진압되기 전에 화재 발생 위층을 검색해야 한다.
④ 화재 현장으로 신속하게 진입하기 위해 40mm 호스를 이용한다.

해설 ★ 공격적 내부진압전술의 10가지 전술적 구성요소* ☆ 13 서울교, 16 서울장, 위
① 출입구로 진입하여 연소 중인 건물이나 복도로 호스를 전개하여야 한다.
② 엄호관창이 배치되기 **전**에 건물에 진입해서 화재 지점을 검색해야 한다.
③ 화재가 완전 진압되기 전에 화재 발생 위층을 검색해야 한다.
④ 화재 현장으로 신속하게 진입하기 위해 40mm 호스를 이용한다.

정답 12. ④ 13. ② 14. ②

15 소방호스연장과 관창배치의 유의사항으로 옳지 않은 것은?

① 소방차 방수구 측 여유호스는 위험 방지를 위해서 펌프측의 3~4m에 둔다.
② 소요호스는 소방용수 위치에서 출화지점까지 거리에 약 30% 여유를 둔 호스 수로 한다.
③ 진입목표 계단이 3층 이하의 경우는 옥내연장 또는 적재사다리에 의한 연장으로 한다.
④ 4층 이상의 경우는 옥외 끌어올림(끌어내림)연장이나 사다리차에 의한 연장으로 한다.

해설 ○ ❋ 호스연장의 원칙과 관창배치★★ ☆ 12 인천장, 13 충북교·장, 19 위
① 펌프차의 방수구의 결합은 화점이 보이는 측의 방수구를 기본으로 하고 방수구 측에 여유호스을 둔다. 여유호스는 위험 방지를 위해서 펌프측의 2~3m에 둔다.
② 소요호스 판단은 소방용수 위치에서 출화 지점까지의 거리에 30% 정도의 여유를 둔 호스 수로 한다.
③ 진입목표 계단이 3층 이하의 경우는 옥내연장 또는 적재사다리에 의한 연장으로 한다.
④ 4층 이상의 경우는 옥외 끌어올림(끌어내림)연장이나 사다리차에 의한 연장으로 하고 낙하방지 대책을 마련한다.

16 다음 중 기상조건별 관창배치 우선순위로서 옳지 않은 것은?

① 풍속이 5m/sec 이상은 풍하측에 비화경계관창을 배치한다.
② 풍속이 3m/sec를 초과하면 풍하측을 중점으로 관창을 배치한다.
③ 풍속이 3m/sec 이하가 되면 방사량이 큰 쪽을 중심으로 관창을 배치한다.
④ 강풍(대략 풍속 13m/sec 이상) 때는 풍상측에 대구경 관창을 배치하여 협공한다.

해설 ○ ❋ 기상조건별 관창배치 우선순위★ ☆ 14 경기교, 위
• 풍속이 3m/sec 이하이면 방사열이 큰 쪽이 연소위험이 있으므로 그 방향으로 관창을 배치한다.
• 풍속이 3m/sec를 초과하면 풍하측의 연소위험이 크므로 풍하측을 중점으로 관창을 배치한다.
• 풍속이 5m/sec 이상 되면 비화발생 위험이 있으므로 풍하측에 비화경계 관창을 배치한다.
• 강풍(대략 풍속 13m/sec 이상) 때는 풍횡측에 대구경 관창을 배치하여 협공한다.

정답 ○ 15. ① 16. ④

17 다음 중 고속분무 주수요령 조건으로 옳은 것은?

① 관창압력 0.2Mpa 전개각도 5~10°
② 관창압력 0.3Mpa 전개각도 5~15°
③ 관창압력 0.3Mpa 전개각도 10~20°
④ 관창압력 0.6Mpa 전개각도 10~30°

해설 ○ ✪ 고속분무주수 요령 ☆ 06 서울장, 13 울산교, 경북교, 14 인천장, 20 위
· 관창(관창)압력 0.6Mpa / 관창 전개각도 10~30°를 원칙으로 한다.

18 다음 중 고속분무 주수의 특성이 아닌 것은?

① 간접공격법에 적합하다.
② 덕트스페이스, 파이프샤프트 내의 소화에 유효하다.
③ 반동력이 적으며, 전도되는 화염의 저지에 유효하다.
④ 고압으로 분무주수시 유류화재에 질식효과가 있다.

해설 ○ 간접공격법에 적합한 주수는 저속분무이다. ☆ 14 인천장, 18 소방교·장
✪ 고속분무 주수 특성
1. 주수범위가 직사주수에 비해 넓다.
2. 덕트스페이스, 파이프샤프트 내의 소화에 유효하다.
3. 반동력이 적다.   4. 전도화염의 저지에 유효하다.
5. 고압으로 유류화재에 질식소화 효과가 있다.

19 다음 중 중속분무주수에 대한 요령으로 옳은 것은?

① 관창 개폐는 신속히 조작한다.
② 화재의 면적이 큰 경우 전체를 덮도록 한다.
③ 옥외 또는 풍하에서 활용하는 것이 효과적이다.
④ 관창압력 3kg/㎠ 이상, 관창 전개각도 30° 이상으로 한다.

해설 ○ ✪ 중속주수 요령 ☆ 18 소방교·장, 20 위
① 관창 개폐는 서서히 조작한다.
② 화면(화재의 면적)이 적은 경우 전체를 덮도록 한다.
③ 옥내 또는 풍상에서 활용하는 것이 효과적이다.

정답 ○ 17. ④ 18. ① 19. ④

20 다음 중 저속분무주수에 대한 설명으로 옳지 않은 것은?

① 간접공격법에 가장 적합한 주수방법이다.
② 주수 위치는 개구부의 정면을 피하고 분출 증기에 견딜 수 있도록 한다.
③ 연소가 활발한 구역은 공간 내의 고열이 있는 천장을 향해 주수하도록 한다.
④ 분출하는 연기가 흑색에서 백색으로 변하고 분출속도가 약해진 때에는 일시 정지하여 내부의 상황을 확인하면서 잔화를 소화한다.

해설 ○ ❖ 저속분무 주수 요령 ☆ 06 서울장, 13 경남장, 14 대구교, 서울장, 15 소방장, 16 소방교, 20 위
① 간접공격법에 가장 적합한 주수방법이다.
② 주수위치는 개구부의 정면을 피하고, 분출하는 증기에 견딜 수 있도록 방호한다.
③ 연소가 활발한 구역에서는 공간내의 고열이 있는 상층부를 향해 주수한다.
(* 직사주수는 천장 → 벽 → 수용물 → 바닥 순 / 저속분무는 질식소화니까 상층부 부터이다)
④ 분출하는 연기가 흑색에서 백색으로 변하고(변하면서) 분출속도가 약해진 때에는 일시 정지하여 내부의 상황을 확인하면서 잔화를 소화한다.

21 다음 중 사다리를 활용한 주수요령으로 옳지 않은 것은?

① 사다리 설치 각도는 75°이하를 원칙으로 한다.
② 배기구의 경우에는 분무주수로, 급기구의 경우는 직사 또는 분무주수로 한다.
③ 방수자세는 가로대에 한쪽 발을 2단 밑의 가로대에 걸어 몸을 안정시킨 후 양손을 사용한다.
④ 어깨에 거는 방법의 경우 전개형 분무관창의 직사주수로 2.5kg/㎠가 한도이지만 허리에 대는 방법은 관창을 로프로 창틀이나 사다리 선단에 결속하면 3~4kg/㎠까지 방수할 수 있다.

해설 ○ ❖ 사다리를 활용한 주수 요령 ☆ 15 소방장
1. 사다리 설치 각도는 75도 이하를 원칙으로 한다.
2. 사다리 지주 밑 부분을 안정시키고, 선단부는 창틀 기타 물건 등에 결속시킨다.
3. 방수자세는 사다리의 적당한 높이에서 가로대에 한쪽 발을 2단 밑의 가로대에 걸어 몸을 안정시킨 후 양손을 사용할 수 있도록 한다.
4. 관창수는 보통 허리에 관창을 밀어붙이도록 하지만 상황에 따라서 어깨에 붙이는 방법도 취한다.
5. 어깨에 거는 방법의 경우는 전개형 분무관창의 직사주수로 2.5kg/㎠가 한도이지만 허리에 대는 방법은 관창을 로프로 창틀 또는 사다리선단에 결속하면 3~4kg/㎠까지도 방수할 수 있다.
6. 개구부 부분의 중성대 유무에 따라 직사주수 또는 분무주수를 한다.
7. 배기구의 경우는 직사주수로, 급기구의 경우는 직사주수 또는 분무주수를 한다.

정답 ○ 20. ③ 21. ②

22 경계관창배치에서 덕트스페이스(Duct Space)관창 배치순서로 옳은 것은?

① 최하층 - 직상층 - 화점층
② 화점층 - 직상층 - 직하층
③ 직상층 - 최상층 - 화점층
④ 화점층 - 직상층 - 최상층

해설 ○ 화점층 - 직상층 - 최상층 순으로 한다. (*10절)

23 구조대상자에 대한 엄호주수의 요령으로 옳지 않은 것은?

① 열기에 휩싸인 구조대상자가 있거나 대원이 복사열에 접근이 곤란할 경우의 주수요령이다.
② 구조대상자가 있다고 생각되는 직근의 천장 또는 벽면으로 주수한다.
③ 유효사정을 확보하기 위해 중속분무와 저속분무로 주수한다.
④ 주수종별은 반사주수 또는 상하 확산주수로 수막을 형성하여 차열한다.

해설 ○ ✪ 구조대상자에 대한 엄호주수(구조주수) ☆ 14 소방위, 16 서울장
 ① 구조대상자(요구조자)가 있다고 생각되는 <u>직근의 천장 또는 벽면으로 주수한다.</u>
 ② 유효사정을 확보하기 위해 <u>고속분무(10~15°)주수한다.</u>
 ③ 주수 종별은 <u>반사주수 또는 상하 확산주수로 수막을 형성하여</u> 차열한다.

24 다음 중 중량물셔터파괴요령으로 옳지 않은 것은?(단, 셔터에서 연기가 분출하고 있는 경우)

① 공기호흡기를 착용하고 정면에 주수태세를 갖춘다.
② 연기의 분출을 적게 하기 위해 셔터의 아래방향을 절단한다.
③ 진입구를 만들 경우는 측면에 위치하여 백드래프트에 주의한다.
④ 동력절단기, 가스절단기, 산소절단기, 공기톱이 사용된다.

해설 ○ ✪ 셔터에서 연기가 분출하고 있는 경우 ☆ 13 경남교, 15 소방장
 1. 공기호흡기를 착용하고 <u>측면에 주수태세를 갖춘다.</u>
 2. 연기의 분출을 적게 하기 위해 <u>셔터의 아래방향을 절단한다.</u>
 3. 셔터의 한 변을 절단하여 스레트를 빼기 전에 내부를 확인한다.
 4. 스레트는 서서히 잡아 빼고 내부의 상황을 확인하면서 필요에 따라 분무주수를 한다.
 5. 진입구를 만들 경우는 측면에 위치하여 <u>백드래프트에 주의한다.</u>
 6. 동력절단기, 가스절단기, 산소절단기, 공기톱이 사용된다.

정답 ○ 22. ④ 23. ③ 24. ①

25 다음 중 천장파괴요령에 대한 설명으로 옳지 않은 것은?(단, 경량철골천장)

① 경량철골 천장은 패널로 구성되어 있어 당겨도 쉽게 분리되지 않는다.
② 갈고리로 천장 마감재료 일부를 박리시킨 후 강하게 파괴시킨다.
③ 천장 마감재료가 불연재료인 경우는 덕트화재 등을 제외하고는 급격히 연소하지 않는다.
④ 천장파괴는 최소한도로 하고 형광등의 매설기구를 분리한 후 확인하는 편이 효과적이다.

해설 ★ 경량철골천장 ☆ 13 충북교·장
① 경량철골 천장은 패널로 구성되어 있어 당겨도 쉽게 분리되지 않는다. 따라서 갈고리로 마감재료 일부를 박리시킨 후, 사다리를 사용하여 패널부분을 지렛대 또는 드라이버로 비틀면 쉽게 분리할 수 있다.
② 경량철골 또는 천장 마감재료가 불연재료인 경우는 덕트화재 등을 제외하고는 급격히 연소하지 않는다. 따라서 천장파괴는 최소한도로 하고 오히려 형광등의 매설기구를 분리한 후 확인하는 편이 효과적이다.

26 유리파괴에서 경계구역은 풍속 15m 이상의 경우는 파괴하는 창의 높이를 반경으로 하고 풍속 15m 미만인 때는 창의 높이의 얼마를 반경으로 하는가?

① 전체   ② 1/2   ③ 1/3   ④ 1/4

해설 ① 경계구역은 풍속 15m 이상의 경우는 파괴하는 창의 높이를 반경으로 하고 풍속 15m 미만인 때는 창의 높이의 1/2을 반경으로 한다.
② 판유리의 파괴순서는 유리의 중량을 고려하여 윗부분부터 횡으로 파괴한다.

27 3D 주수기법에서 공간을 3차원적으로 냉각시키는 방식은?

① 펄싱 기법   ② 페인팅 기법   ③ 펜슬링 기법   ④ 파운드 기법

해설 3D주수기법은 펄싱, 페인팅, 펜슬링으로 나눈다. * 물방울 크기: 0.3mm~0.4mm) ☆ 19, 21 소방교·장

3D	펄싱	페인팅	펜슬링
개념	간접적 주수(3차원적 냉각)	간접적 주수	직접적 주수
주수	간헐적의 물로 공간의 공기, 연기를 냉각.(상층부)	살짝 주수 열분해를 중단, 진입시 벽, 천장 온도 낮춤	화점 목표로 직접주수
관창	우측 끝까지 돌려서 사용	우에서 좌로 조금 돌려 사용	좌로 1/4 돌려 직사주수

펄싱	숏펄싱	미디움펄싱	롱펄싱
주수	1초 이내 간격	1~2초 간격	3~5초 (*관창조작: 2~5초)
목표	머리 위쪽 및 주변 상층부 연기층을 (이후 내부 천장을)	전면 상층부 연기층 및 간헐적 화염을	구획실 앞쪽 상층부 연기층 및 화염을

정답 25. ② 26. ② 27. ①

28 다음 중 연결송수관설비의 송수요령으로 옳지 않은 것은?

① 송수는 단독 펌프차대(펌프차)의 2구 송수한다.
② 소방용수가 먼 경우에 중계대형으로 한다.
③ 송수계통이 2 이상일 때는 송수구 부분의 송수압력이 같아지도록 한다.
④ 뒤에서 송수하는 펌프차대는 약 10% 정도 높은 압력으로 송수한다.

해설 ○ ✪ 송수는 단독 펌프차대(펌프차)의 1구 송수, 소방용수가 먼 경우에 중계대형으로 한다.

29 연소방지설비 및 연결살수설비의 송수압력은?

① 0.2~0.5Mpa, 1~2.5Mpa
② 0.2~0.5Mpa, 1~1.5Mpa
③ 0.1~0.5Mpa, 1~1.5Mpa
④ 0.1~0.5Mpa, 1~1.5Mpa

해설 ○ ✪ 연소방지설비 및 연결살수설비의 송수압력
① 연소방지 송수압: 0.2~0.5Mpa
② 연결살수 송수압: 1~1.5Mpa

정답 ○ 28. ① 29. ②

CHAPTER 05 화재진압과 소방전술 (5장)

학/습/목/표
- 일반가연물 화재진압을 설명할 수 있다
- 고층건물 화재진압을 설명할 수 있다
- 소방전술을 설명할 수 있다
- 위험물 화재진압을 설명할 수 있다
- 차량화재를 설명할 수 있다

- 화재진압대의 성패는 흔히 초기진압* 작전에 관계한 사람들의 기술과 지식에 달려 있다. 진입계획을 갖추고 충분한 양의 물이 적절히 공급되며 잘 훈련된 소방대원들로 구성된 소방대는 화재를 대부분 초기에 진압할 수 있다.
- 모든 대원들은 그들이 펼칠 전술과 사용하는 모든 장비에 대하여 철저히 훈련하는 것이 중요하다. 자주 써 보고 훈련했던 장비를 이용하는 것이 빠르고 효과적이다.
- 소방대원들이 긴급 상황에서 위험하거나 위험 가능성이 있는 곳에서 작업할 때는 2인 1조로 작업해야 한다.
- 모든 팀의 구성원들은 아래와 같이 잠재적인 요소를 잘 살펴보아야 할 것이다.

■ 출동대원들의 잠재적인 위험요소
- 임박한 건물 붕괴
- 진압팀의 뒤나 아래 또는 위에 있는 불길
- 호스라인(hoseline)*의 꼬임이나 호스라인에 방해가 되는 것
- 구멍, 약한 계단 또는 기타 다른 추락 위험들
- 화재 때문에 약해진 지주 위에 있는 짐들
- 엎질러질 가능성이 있는 위험하거나 인화성이 높은 가연물들
- 백드래프트(backdraft) 또는 플래시오버 상태
- 전기 충격 위험들
- 대원들의 탈진, 혼란, 공포
- 부상자들

---

* 초기진압: 화재확산을 방지하고 지원대가 도착하여 진압대열을 정비하는 동안 인명보호를 위해 취하는 조치. 즉, 화재 현장에서 행해진 최초의 진압작전.
* 호스라인: 화재현장에서 방수 중이거나 방수를 위해서 호스를 전개시켜 놓은 상태.
* 브리지(bridgh): 호스위로 자동차 등이 갈 수 있는 상황에서 호스를 보호하기 위한 덮게

제1절 일반가연물 화재진압

☆ 15 소방위, 부산장, 16 소방위

1 목조건물 화재진압

목조건물 화재의 특성	① 화염 분출면이 크고 복사열이 커서 접근하기 곤란하다. (* 연료지배형 화재) ② 인접 건물로의 연소속도가 매우 빠르고 다량방수나 인접건물에의 예비방수가 중요하다.
화재진압의 원칙	① 초기단계에서는 화점에 진입하여 집중 방수하여 진압한다. ② 화재 중기에서는 옥내진입 시 화재의 역류(Back draft)에 주의, 공기호흡기를 장착한다. 또, 옥내진입은 반드시 방수와 병행한다. ③ 가장 화세가 왕성한 때는 화세제압 이상으로 주위로의 연소방지에 중점을 둔다. ④ 건물의 내벽, 다락방과 같은 구획부분, 복도, 계단실 등을 연소방지 중점개소로 선정한다. ⑤ 외벽 또는 내벽 등이 방수에 방해가 될 때는 부분파괴를 하여 방수사각이 생기지 않도록 한다.
관창배치* 13 경남장 15 소방위	① 관창배치의 우선순위는 ❶화재의 뒷면, ❷측면 및 2층, ❸1층의 순으로 한다.(* 2층집 기준) ② 바람이 있는 경우 ❶풍하 ❷풍횡 ❸풍상의 순으로 한다.(*^^ 풍하쪽으로 번지니) ③ 경사지 등은 ❶높은 쪽 ❷횡 ❸낮은 쪽의 순으로 한다.(*^^ 높은쪽으로 번지니) ④ 화재건물에 내화조 건물이 인접해 있는 경우는 내화조 건물에 개구부가 있다고 생각하고 경계 및 연소방지를 위하여 내화조 건물 내부로 신속하게 경계관창의 배치 또는 확인을 한다.
화재진압요령*	① 현장도착시, 화재발생 건물의 관계자 및 부근에 있는 사람으로부터 요구조자(구조대상자) 부상자, 건물 내부의 상황 등 소방활동에 필요한 정보를 적극적으로 수집한다. ② 구조대상자 등 인명위험의 정보를 수집한 때에는 인명검색을 최우선적으로 전개한다. ③ 연소 중인 건물 내부의 검색, 구조활동은 반드시 엄호방수를 받으면서 내부로 진입한다. ④ 현장 최고지휘자가 인명위험이 없다고 판단한 경우, 연소확대방지를 중점적으로 실시한다. ⑤ 선착대로서 인명검색 외에 여력이 있는 경우에는 화세의 제압에 맞추어 연소위험이 가장 큰 쪽에 진입하여 활동한다. ⑥ 후착대는 선착대와 연계하며 선착대가 진입하고 있지 않은 연소 확대 위험 장소에 진입한다. ⑦ 인접건물에 연소위험이 있는 경우에는 고속분무방수 등으로 예비주수를 하여 연소를 저지한다. ⑧ 지붕이 타서 파괴된 경우에는 비화의 가능성이 있으므로 비화경계 활동을 한다. ⑨ 방수관창의 수는 필요 최소한으로 하여 과잉방수를 하지 않도록 한다. ⑩ 적재사다리 또는 인접건물의 베란다 등을 활용하여 화점에 확실하게 방수한다.

> **Check Point** — 목조, 방화조, 내화조 일반적 개념과 주수 비교 —
>
> • 목조: 목재구조 / 관창배치는 ❶ 화재의 뒷면, ❷ 측면 및 2층, ❸ 1층 순
> • 방화조: 시멘트 벽두께 2.5cm / ❶ 화재의 뒷면 ❷ 측면 ❸ 2층 및 1층 순
> • 내화조: 철근콘~ 벽두께 10cm / 급기측에서 주수, 배기측은 원칙적 경계관창.

2 방화조건물 화재진압 (* 위험도: 목조 > 방화조 > 내화조 순)

방화조건물 화재의 특성	① 화재초기의 연소상황은 대개 목조화재와 비슷하다. ② 화재초기 이후는 건물의 외벽과 처마의 사이가 적기 때문에 연기가 밖으로 나오기 어렵다. 따라서 공기의 유입이 적고 연기나 열기가 충만하기 쉽다. ③ 건물 내에는 훈소상태가 되면 목조건물 화재에 비하여 연소가 완만하다. ④ 화염과 연기가 벽체 내부로 확산되어 예기치 않게 건물전체로 확대되는 경우가 있다. ⑤ 화재의 최성기 이후에는 몰탈의 박리, 외벽의 붕괴가 쉽게 발생한다. ⑥ 몰타르* 벽이기 때문에 방수한 물이 침투하기 어렵고 외벽, 처마, 지붕 속에 잔화가 발생하기 쉽다. (*^^ 방화조 모르타르 : 시멘트 등에 모래를 섞어 물에 갠 2.5cm 두께)
화재진압의 원칙	원칙적으로는 목조건물의 경우와 유사하지만, 목조건물 화재와 비교하면 연소확대 속도는 느리다 / 또한, 건축물의 기밀성*도 높으므로 **화점 및 연소범위를 파악하는 것이 진압활동의 포인트**이다.(* 기밀성이 높다: 목조에 비해 공기가 빽빽하여 잘 안 통한다는 뜻) ① 선착대는 화점건물 및 주변건물의 인명검색을 우선적으로 실시한다. ② 소화활동은 연소위험이 큰 곳에 진입하여 연소방지를 중점으로 실시한다. ③ 인접건물의 연소는 창 등의 개구부와 처마로 이루어지므로 이 부분은 조기 방수한다. ④ 방화조 건물은 내부에 농연이 충만하고 화점의 확인이 곤란하기 때문에 필요한 경우 분무방수 등으로 제거하면서(밀어내면서) 화점발견에 노력한다. ⑤ 벽체 혹은 천장 속에 들어간 불의 확인은 열화상카메라 등 장비를 통해 확인한다.
관창배치*	① ❶ 뒷면을 최우선으로 ❷ 측면 ❸ 2층 및 1층의 순으로 옥내진입을 원칙으로 한다. (*^^ 관창배치는 목조와 유사하지만 목조에 비해 화세가 완만하여 ❷가 측면이 된다.) (* 즉, 목조건물은 화세가 강하니 ❷번이 "측면 및 2층" 이라고 생각하면 The 쉽다.) ② 풍향, 주위의 건물배치를 고려하여 관창배치의 우선순위를 결정한다. ③ 연소건물에 내화조 건물의 개구부가 면하여 있는 경우는 내화조에 관창을 배치한다.
화재진압요령*	① 분무방수에 의한 배연, 배열을 하고 화점을 확인 후 연소실체에 방수한다. ② 농연이 충만한 경우는 낮은자세로 중성대로부터 들여다보고 화점위치를 확인한다. ③ 벽이나 지붕속 등의 화원은 천장을 부분 파괴하여 화점에 방수한다. ④ 농연, 열기 충만 시 플래시오버 주의, 문을 조금 열어 내부 방수를 한 다음 개방한다 ⑤ 인접건물로의 연소는 개구부에서 불꽃이 분출하기 시작한 때부터~ **지붕이 파괴될 때까지가 가장 위험**하다. 따라서 이 시기에 인접건물과의 사이에 경계관창을 배치한다. ⑥ 개구부가 적고 방수사각이 생기는 건물은 외벽을 부분 파괴하여 방수구를 설정한다. ⑦ 방화조 건물의 화재방어는 몰탈의 박리, 낙하, 외벽의 붕괴에 주의한다. ⑧ 잔화처리는 벽속, 처마속, 지붕속 등에 잔화가 남기 쉬우므로 육안, 촉수, 부분파괴에 의하여 잔화를 처리하고 재연소방지에 노력한다. ⑨ 방화조 건물의 2층은 방수한 물이 바닥에 고여 상당한 중량이 되므로 만약 바닥이 타고 있으면 잔화처리 등으로 사람이 올라갔을 때 붕괴될 가능성 있다.

* 방화조 : 방화(防火)구조라는 뜻으로 벽이 몰타르 등으로 되어있다. 위험도는 목조 > 방화조 > 내화조 순
* 몰타르 : 공사현장에서 보았던 시멘트나 회(석회가루)에 모래를 섞어 물에 갠 것이다. 몰탈, 모르타르라 함.
* 기밀성 : 사방이 꽉 막혀 공기가 통하지 못하는 상태.   * 기밀(氣密): 공기가 빽빽하여 잘 안 통함.
* 내화조 : 철근과 콘크리트가 들어감, 화재 이후 건축물은 다시 재사용이 가능한 구조로 이해한다. 내화구조.

3 내화조건물 화재진압 ☆ 14 부산장, 16 소방위

내화조건물 화재의 특성		① 내화조건물은 철근콘크리트조, 조적조, 석조, 콘크리트조 및 블록조 등 주요구조부가 내화성능을 가졌다. 여기서는 3층 이상 7층 미만의 중층 내화건물 화재방어요령만 기술한다. ② 일반적으로 내화조건물의 화재는 건물 주요구조부는 타지 않기 때문에 기밀성*이 우수하고 초기의 연소는 완만하다.(*^^ 기밀(氣密)성: 공기가 통하지 않는 성질, / 공기 밀도)
	화재 초기	① 화세가 약하다. ② 외부 공기가 유입되지 않는 상태에서 연기의 중성대가 확실히 나타난다. ③ 화점확인도 자세를 낮추면 비교적 쉽게 발견할 수가 있다.
	중기 이후	① 농연, 열기가 실내, 복도에 충만하다. ② 내부진입도 어렵고 화점확인도 어렵게 된다. ③ 파이프샤프트, 계단, 덕트 등을 연소 경로로 하여 상층으로 연소 확대된다.
인명구조		① 소방활동은 인명구조를 최우선으로 한다. ② 구조대상자에 관한 정보는 애매한 내용이라고 해도 추적하여 조사를 한다. ③ 인명검색은 대별로 임무를 분담하여 모든 구획을 한다. ④ 구조대상자가 있는 경우 열기로부터 몸을 보호하기 위하여 직접 분무방수를 한다. ⑤ 유독가스나 연기를 마시고 쓰러져 있는 사람을 발견한 경우는 기도확보 등 현장에서 응급처치 가능한 경우 현장에서 실시하고 구급대와의 연계 하에 구명에 노력한다.
관창배치*		① 관창은 급기측, 배기측의 2개소 이상의 개구부에 배치하고 **방수는 급기측에서** 실시하며, 배기측은 원칙적으로 경계관창으로 한다. (*^^ 이것이 항상 원칙이다) (*^^ 관창은 바람을 등지고 주수할 수 있도록, 바람이 유입되는 급기측에 배치한다. 배기측은 경계관창으로) ② 경계관창은 화점 직상층 및 좌우측의 공간에 경계선을 배치하고 관창까지 송수하여 연소 확대에 대비한다. ③ 내화조 건물은 덕트 및 배관 스페이스 등의 공간을 경로로 한 연소 확대가 예상되므로 각 층 및 각 실의 경계와 확인을 조기에 실시한다.
배연요령		① 아래층을 급기구, 상층(옥탑: Penthouse)을 배연구로 설정하여 옥내계단의 연기를 배출시켜 (clear zone을 설정) 피난자의 탈출 및 대원의 활동을 쉽게 한다. ② 배연설비를 적절하게 활용한다. ③ 급기측, 배기측으로 진입한 각 대는 서로 연락을 취하여 배연 및 소화활동의 효과를 높인다. ④ 필요한 경우 분무방수로 배연한다.
화재진압요령* 16소방위		① 화점실에 연기의 중성대가 있는 경우에는 자세를 낮게 하여 실내를 직접 보고 구조대상자 및 화점을 확인한다. ② **수손방지를 위하여 분무방수 및 직사방수를 병용**하여 실시한다. ③ 개구부를 급격하게 개방하면 백드래프트에 의한 화상 등의 염려가 있으므로 방수를 하면서 천천히 개방한다. ④ 내화조 건물에서 개구부가 적을 때에는 파괴기구로 개구부를 만든다. ⑤ 야간에는 조명기구의 활용으로 방어효과를 높인다. ⑥ 초기에 요구조자(구조대상자)가 없는 것이 확인된 상황에서의 소방활동은 화세제압을 중점으로 하여 연소확대 방지에 노력한다. ⑦ 공기호흡기를 착용하고 내부진입을 적극적으로 시도하고 반드시 화점에 방수한다.

수손방지	① 내화조 건물에서는 **농연, 열기**가 있어도 함부로 방수해서는 안 된다. 이러한 방수는 화점 확인을 어렵게 하고 수손피해의 원인이 되므로 반드시 화점을 확인하고 방수한다. ② 밀폐된 아파트 등 **소 구획된 실내**에서는 **방수량이 적은 포그건(FogGun) 등을 사용**한다. ③ 화점층 직하층의 방 등에 천장에서부터 누수가 있는 경우는 가구 등에 방수커버를 덮어 오손을 방지한다. 또, 실내의 수용물만 탄 소규모 화재도 오손방지를 적극적으로 한다. ④ 건물 지하의 기계실, 전기설비에 물이 들어가지 않도록 모래주머니, 방수커버 등으로 조치한다.

4 주택화재* ☆ 16 서울장

주택화재의 특성	① 주택화재는 목조건물이나 내화조건물이 많다. 항상 화기를 사용하는 주방, 거실 등이 많기 때문에 화재발생 위험이 높다. ② 화재발생 시간은 일반적으로 불을 많이 사용하는 저녁식사 시간대에 많이 발생하며 <u>16시에서 18시까지가 가장 많고</u> 심야에는 적은 편이고, 소사자(화재사망자)의 특징은 고령자, 노약자, 소아가 대부분이다. (* 저녁식사 준비 오후 4~6시 주방화재가 특히 많다.) ③ 발화장소는 부엌의 조리기구나 거실의 난방기구에서의 발화빈도가 높다. - 또, 최근에는 방화에 의한 주택화재도 많이 발생하고 있다. ④ 조리기구에서 발화는 가스렌지가 압도적으로 많고 최근에는 냉동식품 보급이 많아져 식용유에서 발화되는 경우도 있으며 난방기구로서는 석유난로에서 발화가 많다.
화재진압 요령	① 목조, 내화조건물 화재방어와 거의 같다. ② 주택은 일상생활의 장소이기 때문에 화재 시에는 항상 인명위험이 있으므로 정확, 신속한 인명구조 활동이 요구된다. ③ 공동주택의 경우는 일반적으로 각 세대가 독립되어 있고 경계벽이 천장 속까지 내화구조로 되어 있으므로 연소확대 위험은 없다. ④ 기본적인 진압요령은 목조, 내화조건물 화재진압 요령에 의한다.

■ 주택 화재진압에서의 유의사항
① 인명검색은 평소 잘 사용하는 <u>각 거실*</u>, 화장실 등을 중점 확인한다. (* 거실: 거쳐하는 모든 실을 말함)
② <u>옥외에서 확인한 상황에서 구조대상자의 유무를 추정하고 특히, 창의 개방, 전기의 점등에서도 사람이 있을 수 있다고 생각하고 적극적으로 구조활동을 수행한다.</u>
③ 벽장, 천장, 지붕속 등으로 연소확대되기 때문에 <u>인접방의 천장을 부분파괴</u>하고 관창을 넣어 화재를 진압한다.
④ 목조주택화재는 연소가 빠르고 인접건물로 연소확대가 예상되므로 조기에 뒷쪽에 관창을 배치해야 한다.
⑤ 잔화정리는 건물의 기둥, 보, 기와 및 벽체의 낙하 또는 붕괴의 위험을 제거하면서 구역을 지정하여 파괴기구를 활용하면서 실시한다.
⑥ 섬유원단, 신문지 또는 잡지 등의 경우 내부까지 불씨가 있다고 생각하고 옥외 또는 물을 채운 드럼 등에 담가 안전하게 소화하여 재발화를 방지한다.
⑦ 재발화 방지는 관계자 등에게 경계를 철저히 하도록 협조를 의뢰한다.

5 지하 화재진압* ☆ 16 경기교, 서울장, 21 소방교·장, 23 소방교, 24 위

지하실 화재의 특성	① 농연(짙은 연기)이 충만하기 때문에 진입구, 계단, 통로의 사용이 곤란하다. ② 공기의 유입이 적기 때문에 연소가 완만하지만 시간이 경과함에 따라 **복잡한** 연소상태를 나타낸다. 23 교 ③ 출입구가 1개소인 경우에는 진입이 곤란하고 급기구, 배기구의 구별이 어렵다. ④ 지하실은 전기실, 기계실 등이 설치되어 있어 소방대의 활동위험이 매우 위험하다.
화재진압의 곤란성	① 농연, 열기에 의한 내부 상황의 파악이 어렵고, 활동장애 요소가 많다. ② 진입구가 한정되어 **활동범위의 제한**을 받는다. ③ 진입구가 1개소인 경우에는 한 방향으로만 현장 활동을 하게 되어 혼잡하고 활동에 지장을 초래한다. ④ 장비와 기자재의 집중 관리장소를 현장 가까이에 둘 수 없는 경우가 많다.
화재진압 요령 16경기교 21소방교·장 24 소방위	① 지하실에는 불연성가스 등의 소화설비가 있는 경우가 많으므로 내부의 구획, 통로, 용도, 수용물 등을 파악한 후 행동한다. ② 진입개소가 2개소인 경우에는 급기, 배기방향을 결정한 후 <u>급기측</u>에서 분무방수 또는 배연기기 등을 이용하여 진입구를 설정한다. 24 위 ③ 개구부가 2개소 이상일 때는 연기가 많이 분출되는 개구부를 배연구로 하고 반대쪽의 개구부를 진입구로 한다. ④ 소화는 분무, 직사 또는 포그 방수로 한다. 또, 관창을 들고 진입하는 대원을 열기로부터 보호하기 위하여 필요한 경우에는 분무방수로 엄호방수한다. ⑤ **급기측 계단에서 화학차를 활용하여 고발포를 방사, 질식소화를 한다.** ☆ 21교·장 ⑥ 고발포를 방사하는 경우에는 화세를 확대키는 경우도 있기 때문에 **상층에 경계관창의 배치**를 소홀히 해서는 안 된다. (*^^ 포를 넓게 쏘는 포가 고발포이다.) 　(*^^ 즉, 지하에는 소방대원 진입이 어렵고 내부가 복잡하여 고발포를 사용한다.) ⑦ 대원이 내부 진입할 때에는 확인자를 지정하고, **출입자를 확실하게 파악, 관찰**한다. ⑧ 농도가 진한 연기와 열기가 충만하여 진입이 곤란한 경우에는 **상층부 바닥을 파괴**하여 개구부를 만들고 직접 방수하여 소화하는 경우도 있다.

> **Check Point** — 고발포와 저발포의 일반적 비교 —
>
> • **고발포**: A급화재, 여객선, 지하(갱), 평탄지표 등 넓고 복잡한 곳에 사용.
> ▶ 암기: 에이! 여지평지 (* 연상: 에이! 고발하자 여자편지)
> • **저발포**: B급화재(유류탱크), 비행기, 자동차 입체부분 등 좁은 곳에 사용.
> ▶ 암기: 비비자 (* 연상: 제발 좁은곳에서 저자세로 비비자)

6 대규모 목조건물 화재진압

대규모 목조 화재의 특성	대규모 목조화재는 화세가 강하고, 연소속도도 빠르기 때문에 확대될 위험이 크다. 또, 많은 불티의 비산으로 **비화(飛火)**의 발생위험도 높다. (* 예: 기와로 된 사찰 본관 등)
화재진압의 곤란성	① 화면(화면의 면적)이 넓어 관창배치를 조기에 설정하기가 곤란하다. ② 화세가 강하고 **대량방수를 필요로 한다.** ③ 기둥, 보 등이 타면 건물의 붕괴 위험이 있다. ④ 연소확대된 경우의 소화는 방화벽 등 구획장소 이외에서는 곤란하다. ⑤ 천장이 높은 건물이 많고 지붕속이나 천장 속으로 물이 침투되기 **어렵다.** (*^^ 사찰, 공장 등과 같은 대목조 건축물은 기와 등 재료 때문이다.) ⑥ 화세가 격렬하고 복사열이 **강렬**하며 화면이 넓기 때문에 건물에 접근이 곤란하다. ⑦ 공장 등에서 지붕이 불연재인 경우, 불꽃이나 연기가 옆으로 연소확대 되도록 한다.

화재진압 요령	① 수량이 풍부한 소방용수를 선정한다.
	  - 연못, 풀, 저수조, 하천 등의 소방용수를 점령하여 대량 방수체제를 취한다.
	② 옥내진입의 관창부서는 화염의 확대를 고려하여 여유호스를 확보하면서 진입한다.
	  - 천장 속의 화염확대는 빠르므로 거리를 두고 천장 등 파괴를 하면서 화점에 방수한다.
	③ 옥내로 진입 곤란한 경우의 관창배치는 화점건물의 화세제압과 인접건물로의 연소방지로 구분하여 연소방지 후 화점 건물로 진입수단을 마련한다.
	④ 연소 확대 방지에는 **방화벽, 계단구**, 건물의 굴곡부 등에 관창을 집중시킨다.
	⑤ 방수는 붕괴, 낙하를 방지하기 위하여 높은 곳을 목표로 한다.
	⑥ 복사열이 크고 비화위험이 있으므로 부근의 건물에 대하여 주의를 기울인다.
	⑦ 붕괴, 천장낙하에 주의하고 직사방수로 떨어지기 쉬운 것을 떨어뜨린 후 진입한다.

7 특정용도 건물 화재진압

(1) 백화점 및 대형점포의 화재진압 ☆ 19 소방장, 21 소방교

화재의 특성	백화점 및 대형 점포에서는 불특정 다수인의 출입이 있고, 가연성 상품이 대량으로 진열되어 있어서 일단 화재가 발생되면 연소력도 강하고 인명위험도 매우 높다.
인명검색 및 구조	① 자위소방대로부터 이용객 상황을 파악하며 비상방송 등을 활용하여 피난을 유도한다. ② 옥상 피난자에게는 뛰어내리지 않도록 차량용 확성기 등으로 방송한다. ③ 인명검색은 공기호흡기를 장착하고 **원칙적으로 2인 1조로** 행동한다. ④ 검색장소는 식당, 계단실, 에스컬레이터 로비, 창 근처, 화장실 등을 중점으로 실시하고 중복되지 않도록 분담한다. ⑤ 옥상의 피난자는 연기가 적은 장소로 이동시키는 등 지상에서 **확성기를 사용하여 유도하고 상황에 따라서 대원을 옥상으로 진입하게 한다.** ⑥ **사다리차를 활용하여 진입할 경우 위험성 높은 구조대상자부터 우선적으로 구출한다.** ⑦ 구조대상자가 다수인 경우에는 **현장부근에 구호소를 설치한다.** ⑧ 구조된 구조대상자의 성명, 연령, 성별, 부상정도 등의 정확한 정보수집에 노력하고 인원에 여유가 있다면 부상자의 수용병원에 조사요원을 파견한다.

화재진압 요령 19소방장	① 선착대는 관계자로부터 정보를 수집하고 자동화재탐지기 수신반에서 **연소범위를 확인**한다. 또, 수신반의 표시가 여러 층인 경우에는 공조용 덕트 화재인 경우도 있다. (* 공기조화용 덕트를 통해 연결되는 감지기가 모두 감지할 수 있기 때문이다) ② 소화활동은 옥내소화전 및 소방전용 방수구 등 각종 설비를 최대한 활용한다. ③ 복사열이 강한 경우 진입방수는 기둥, 상품박스, 칸막이, 셔터 등을 **방패**로 실시한다. ④ <u>방수는 화점을 정확하게 확인하여 직접방수를 하고 수손방지에 노력한다.</u> ⑤ <u>낙하물은 직사방수로 떨어뜨려 안전을 확보한다.</u> ⑥ 방수는 급기측, 배기측으로 구분하고 급기측에서 진입하는 것을 원칙으로 한다. ⑦ 지하변전실, 기계실로 소화수가 유입되는 것을 방지한다. ⑧ 비상용 콘센트 또는 조명기구를 이용하여 화재진압 활동의 효과를 높인다.

(2) 여관, 호텔 등 숙박시설 화재진압

여관, 호텔 화재의 특성	① 이용객은 건물 구조를 잘 모르고 음주나, 해방감 등으로 화재 무방비인 경우가 많다. ② 화재가 발생할 경우 종업원들의 적절한 안내방송, 소방기관에의 신고는 물론 피난유도 등의 소방활동을 신속하게 하지 않으면 많은 사상자를 발생할 가능성이 많다. ③ 각 방이 밀실이고 밤에는 숙박자가 숙면상태로 비상벨 등에도 혼란상태가 예상된다.
인명검색 및 구조	① 여관, 호텔 각 거실은 밀실이 많고 피난상황 확인이 어렵기 때문에 구조대상자가 객실에 있다고 생각하고 모든 실의 검색활동을 실시한다. - 또, 숙박자 명부를 활용한다. ② 피난자는 피난하기 위하여 계단실, 복도에 집중하는 경우가 많지만 진입한 소방대와 충돌하지 않도록 유도하고 피난의 장애가 되지 않는 진입로를 선정한다. ③ 선착대는 2인 1조가 되어 공기호흡기를 착용하고 화점층을 검색한다. ④ 화염이 화점실에서 분출되는 경우 베란다, 복도 등 **횡방향**으로 대피하도록 유도한다. ⑤ 하나의 실이라도 **최성기** 상태인 경우에는 **상층까지의 위험상태를 인식**한다. ⑥ 구조활동과 동시에 옥외로 뛰어 내릴 위험은 없는지를 반드시 확인한다. ⑦ 호텔 입지조건에 따라서 인접건물을 통해 진입할 수도 있으므로 유효하게 활용한다. ⑧ 피난에 계단을 활용할 수 없는 경우에는 건물에 설치된 피난기구를 활용한다. ⑨ 피난자, 구조자, 구조대상자의 상황 파악을 위해 인접건물에 구조호스를 배치한다.
화재진압 요령	① 선착대는 경비원, 야간 숙직자로부터 **초기대응상황**을 구체적 수집하고 **상황파악**한다. ② 자동화재탐지설비의 작동상황으로부터 필요기자재, 진입수단을 결정하고 활동한다. ③ 관창진입은 **화점층, 화점층 상층부**를 최우선하여 배치한다. ④ **관창은 원칙적으로 각층**마다 배치한다. (③번 이후를 뜻하며, 숙박시설이니 각층마다) 복도 등에 광범위하게 연소 확대되는 경우에 방화구획을 이용하여 연소를 저지한다. ⑤ 상층이 발화층인 경우에는 방수한 물이 계단 등으로 흘러내리므로 **방수카바를 이용하여 옥외로 배수**되도록 조치한다. ⑥ 농연·열기가 충만한 내부진입 시 직사방수하는 대원엄호를 위해 뒤에서 분무방수한다 ⑦ 침대, 커튼, 카페트의 잔화처리는 옥외로 이동시키거나 욕실에서 물을 적셔 소화한다.

(3) 병원 화재진압 (* 중요도 낮음)

병원화재의 특성(사회복지 시설 포함)	① 병원의 야간, 휴일의 방화체제는 규모에 따라서 다르지만 대부분 당직의사, 간호사 및 수명의 경비원 등 소수의 인원이 관리·운영한다. ② 야간에는 피난행동이 불편한 노인이나 입원환자를 한정된 인원으로 대응해야 한다. ③ 노인복지시설(양로원 등)이나 정신병원 등은 고령이나 장애 때문에 유사시 이상심리 상태가 되어 구조대원이 말하는 것을 이해하지 못하는 경우도 있다. ④ 소방용설비의 조작방법도 병원직원 중 일부직원만 알고 있다는 점을 고려한다.
인명검색 및 구조	① 인명검색은 화점실 및 화점실과 가까운 실을 최우선하여 실시한다. ② 선착대는 정보수집을 정확하게 하고 화점실, 린넨(Linen)실, 계단실, 화장실 등 **평소의 생활공간을 최우선적으로 검색**한다. (* 린넨실: 병원 등에서 침대시트 보관실) ③ 병원 관계자에게 피난방법, 피난장소를 알려준다. ④ 보행불능자 등은 원칙적으로 들것 등으로 운반하고 부득이하게 업고 구출하는 경우에도 2인 1조로 하여 확실하게 이동시킨다. ⑤ 동시에 많은 사람을 구출할 경우 미끄럼대, 구조대·피난사다리 등을 활용한다. ⑥ 인명구조 활동은 엄호방수를 병행하여 구출한다. ⑦ 환자는 화재로 인하여 정신적 불안이 가중되므로 안정시키는 조치를 취한다. ⑧ 구출된 사람의 임시구호소는 인접건물에 안전한 장소가 있으면 그곳을 1차 피난장소로 정하여 보온 등의 구호조치를 하고 가능한 빨리 안전한 장소로 수용한다. ⑨ 산부인과는 보행이 불가능한 신생아 있는 장소를 중점적으로 구조활동을 전개한다.
화재진압 요령	① 선착대는 경비원, 당직원으로부터 정확한 화점 및 구조대상자의 정보를 수집한다. ② 화재초기, 중기의 방어는 적극적으로 내부진입 수단을 마련하여 관창을 전개한다. ③ 병원에 설치되어 있는 소화설비를 효과적으로 활용한다. ④ 자위소방대가 있는 경우에는 소방대가 도착한 후에도 계속하여 지원협력하게 한다. ⑤ 연소확대가 예상되는 경우 관창배치는 제1을 화점층, 제2를 화점상층을 목표로 한다. ⑥ 방수는 직사, 분무를 효과적으로 하여 소화한다. ⑦ 환자에게 방수하면, 쇼크 또는 냉기로 악영향을 줄 수 있으므로 엄호방수는 주의한다. ⑧ 화재진압계획이 있는 것은 그 계획을 참고하여 소방활동을 한다.
구급대책	① 대량 환자가 발생될 것으로 예상되면 신속하게 현장응급의료소를 설치한다. ② **현장응급의료소는 구급차의 진입 또는 퇴로가 용이한 장소, 진입방향과 퇴로방향을 일방통행으로 설치한다. 특히, 후착하는 소방차는 구급차의 진입, 퇴로에 장애가 되지 않는 위치에 배치하도록 통제한다.** ③ 현장응급의료소 또는 상황실에서 병원분산배치표를 참고하여 환자이송을 분산시켜 이송하고, 환자가 집중되는 주요 병원에는 미리 연락 등의 조치를 취한다. ④ 환자의 증상을 평가하고 쇼크에 빠지지 않도록 보온조치를 한다. ⑤ 필요시 의사 등 전문 의료요원을 요청한다. ⑥ 부상자 및 구조대상자의 인원, 성명, 성별, 부상정도 및 수용병원의 조사를 하는 **전담대원을 지정하여 정확하고 종합적인 정보를 처리**한다. ⑦ 현장응급의료소에는 관계자외의 출입을 통제하는 **소방통제선을 설치**한다.

8 밀집가구 화재진압 (목조, 방화조)

① 목조, 방화조 밀집지역은 도로가 협소하고 소방용수 사정도 나쁜 지역이 많다.
따라서 보다 정확하고 신속한 관창배치 및 방수체제를 요구한다.
② 특히 수 개의 동(棟)에 연소확대된 경우 도로나 내화조 건물 등을 활용하지 않으면 연소를 저지할 수 없게 된다.[41]

화재의 특성	① 일반적으로 도로가 협소하다. ② 인접건물간의 간격이 좁고, 소방대의 진입이 어렵다. 　따라서 가구 내부로의 관창배치가 늦어지면 가구 내부에서 화재가 확대된다. ③ 창에서 분출되는 화염으로 인접건물의 처마 혹은 창을 통하여 차례로 연소 확대된다.
일반적 진압 활동	① 화재 연소정도, 확대방향을 종합적으로 판단하여 방어선(방면)을 결정하고 진입한다. ② 필요자원은 미리 판단하여 지원요청 한다. ③ 도로, 공지, 하천, 내화조건물을 연소저지선으로 설정하여 방어한다. ④ 인접건물에 착화한 경우는 화세제압보다 인접건물로의 연소확대 저지를 우선한다.
목조밀집 지역의 화재 진압 활동	① 목조밀집지역 중앙부 화재의 경우는 출동 도중이라도 포위체제의 출동로를 선택한다. ② 수량이 풍부한 소방용수에 부서 혹은 응원분대로부터 중계를 받는 체제로 전환한다. ③ 관창은 큰 구경을 사용하고 여유호스는 보통 화재의 경우보다 1~2본정도 더 연장하여 이동에 용이하도록 대응한다. (* 목조 등이 밀집되어 있으니 큰 65mm로 한다는 뜻) ④ 건물의 옥내, 옥외에서 진입을 병행하고 중요방면에 관창을 집중 혹은 예비주수한다. ⑤ 비화의 발생도 예상되므로 이에 대응할 수 있는 분대배치도 필요하다. ⑥ 위험물품, 특수가연물 등이 있는 경우에는 필요한 분대를 요청한다.
목조(방화조)와 내화조가 혼재하는 지역	① 목조와 내화조가 무질서하게 밀집되어 있고 도로상황이 나빠 진입이 곤란한 지역에서 발화, 연소가 확대된 경우의 선착대는 화점 인접건물의 화세저지에 주력한다. ② 후착대는 내화조 건물로의 연소를 저지하기 위하여 건물 내로 관창을 배치하여 건물로 연소 확대하는 화세를 방지한다. ③ 내화조 건물에 관창을 배치하는 시기는 가능한 조기에 하여야 한다. ➡ 그 이유는 내화조 건물내에서 연소확대되면 각층에 관창이 필요하게 되고 그렇게되면 다수의 소방대를 투입하지 않으면 안되기 때문이다. / 따라서 목조건물쪽으로 특히, 큰 위험이 있는 경우에는 목조건물의 방어를 우선할 수도 있다.

⊃ (공간 이용) p.187 본서 이론에서 직사주수는 뜨거운 유류탱크 벽이나 가연물의 열을 흡수하는 냉각작용이며 - 분무주수(무상주수)나 포(泡)는 공기(산소)를 막아주는 질식소화 작용이다. 그러나 여기서~
유류탱크 화재에서 분무주수보다 포를 사용하는 이유는? ☞ 국소 방사하는 분무보다 포(泡)를 쏘게 된다면 포는 분무보다 질식효과가 더 크니 '재발화'가 없다는 이해로 들어가면 학습상 그 혼동이 조금 The 쉬워진다!

제2절 위험물(유류) 화재진압

위험물은 그 특성에 맞는 주수방법을 선택해야 한다. 위험물의 일반적 성상은 다음과 같다.
① 화재발생 위험성이 매우 크다.(화재위험성)
② 연소속도가 빠르고 화재가 발생하면 확대될 위험성이 크다.(확대위험성)
③ 화재 시 소화가 곤란하다.(소화곤란성) ▶ 암기: 화확소화

- **위험물 화재는 인화성 액체나 기체와 관련된 화재이다.**

① 가연물이 고여 있는 곳에 서 있지 말라.
  가연물이 고여 있거나 기름 섞인 물이 흘러나오는 곳에 소방대원이 서 있으면 방화복이 가연물을 흡수하여 심지 역할을 할 수 있다. (*^^ 물보다 가벼운 유류는 기름이 물 위로 떠서 방화복으로 접근된다는 뜻)
② 소방대원이 새어 나오고 있는 물질을 막지 못하면 안전밸브나 송유관 둘레에 붙은 불은 꺼지지 않는다.
  ㉠ 유출이 멈출 때까지 새어 나오는 액체를 한 곳에 가두어 두도록 한다.
  ㉡ 타지 않은 증기는 일반적으로 공기보다 무거워서, 점화될 수도 있는 낮은 곳에 가스층이나 웅덩이(가스가 고인) 모양을 하고 있다. (*^^ 타고 있어도 보통 증기는 공기보다 무거워 불이 허공으로 올라가지 않는다)
③. 릴리프 밸브에서 나는 소리가 커지거나 화염이 거세는 것은 탱크가 곧 폭발한다는 징후이다.
  ㉠ 심각한 화재상황에서 초과된 압력을 릴리프밸브*를 안전히게 해제시킬 수 있다는 것은 시도하지 않아야 한다
  ㉡ 탱크 속에 인화성 액체가 들어있을 때, 그 액체의 갑작스런 방출과 지속적인 기화작용은 블레비 현상을 일으킨다. 이후 블레비로 인해 파이어볼이 생성된다. (* 릴리프밸브: 일종의 안전밸브)

  > ⊙ 블레비(BLEVE) :
  > 끓는 액체로부터 나오는 증기가 팽창하여 생기는 폭발), 블레비(BLEVE, 비등액체팽창증기폭발)로 인해 탱크 압력이 폭발적으로 방출되고, 탱크가 조각나고 그리고 복사열을 띤 독특한 불덩어리(fire ball)가 생성되며, 액체 윗부분의 탱크 표면에 불꽃이 닿거나 혹은 탱크 표면을 냉각시키는 물이 부족할 때 가장 흔히 발생한다.
  > 이런 화재를 진압할 때는 물을 탱크의 윗부분에 뿌려야 하는데 될 수 있으면 무인 대량 방수 장비를 사용한다.

- 인화성 액체 화재를 진압하기 위한 최선의 방법은 포의 사용이다. B급 화재를 진화할 때 물은 몇 가지 형태(냉각제, 대체매개물, 보호막, 기계기구)로 이용된다. ▶ 냉대보기(* 냉대하며 본다) ➡ p.188 상세설명

--------*
※ 포(foam) : 특수관창이나 혼합장치를 통해 호스에서 방출되는 물과 혼합되어 가스로 가득 찬 무겁고 뿌연 기포를 형성하여 화재, 특히 인화성 액체 관련 화재를 질식 소화할 수 있는 혼합물. 포소화약제를 함유하고 있는 수용액에 공기가 혼합된 공기포는 연소 중인 액체표면 위를 자유롭게 흐르고 공기와 휘발성 및 가연성 증기의 접근을 차단하여 공기를 몰아내는 포막을 형성하고 바람 및 통풍 또는 열과 화염에 의해 발생할 수 있는 파괴작용에 저항력이 있으며, 기계적인 파괴의 경우에도 공기를 재차단 할 수 있다. 포는 팽창비에 따라, (*^^ 중팽창까지 분류할 때) ① 저팽창포 : 팽창비 20 이하, ② 중팽창포 : 팽창비 20~200, ③ 고팽창포 : 팽창비 200~1,000으로 분류한다.

1 위험물 화재진압을 위한 물의 사용 ☆ 16 경기장

소방대원들이 기억해야 할 중요한 점은 탄화수소 액체(휘발유, 등유 등의 석유 화합물)는 물과 섞이지 않고(비수용성), / 이온용매(알코올, 라커 등)는 물과 섞인다(수용성)는 것이다. ▶ 냉대보기

① 물을 **냉**각재로 사용	① 물은 위험물 (B급) 화재를 소화하거나 노출물을 보호하는 냉각제로 사용될 수 있다. 　㉠ 포(泡) 첨가제를 넣지 않은 물은 비중이 **낮**은 석유제품(휘발유, 등유)이나 알코올에는 특별한 효과는 **없**다.(* 거품형태로 포를 만들지 않으면 물보다 가벼운 유류에 대해 물이 휘발유, 등유 등의 밑으로 침투되며 소화가 안되며 알코올은 알코올포가 더 좋다) 　㉡ 그러나 발생된 열을 충분히 흡수할 수 있을 만큼 많은 물을 물방(포)로 만들어서 사용하면 비중이 **높**은 석유(가공하지 않은 원유)에서 발생한 화재를 소화할 수 있다. ② 물은 노출물을 보호하기 위한 냉각제로써 아주 유용하다.(* 열흡수인 냉각효과 설명) 　㉠ 노출된 표면 위에 보호막이 생기도록 물을 뿌릴 필요가 있다. 　㉡ 금속 탱크나 무너질 수도 있는 대들보의 가연성 물질과 또 다른 물질도 적용된다. 　㉢ 화재가 난 저장 탱크에는 담겨있는 액체 높이보다 **위쪽**에 물을 뿌려야 한다.
② **기**계적인 도구로 물 사용	① 소방대원들은 복사열을 막고 또 방수가 액체 가연물 속으로 깊이 들어가지 않도록 **넓**은 각도나 (화염쪽으로) **침투형 분무방수**로 물을 뿌려야 한다. (* 기계적도구: 호스 등) ② 연소 중 유류 속으로 물줄기가 들어가면 가연성 증기가 많이 생겨 화염이 더 거세진다. ③ **분무형태**의 가장자리와 가연물 표면이 계속 닿아 있도록 주의를 기울여야 한다. 그렇지 않으면 화염이 물줄기 밑으로 빠져 나와서 진압팀 주변으로 역류할 수도 있다. ④ **분무**방수는 인화성 증기를 희석 및 분산시키는 데 도움이 되고, (수압으로) 인화성 증기를 원하는 곳으로 움직이게 하는데 **조금**은 도움이 된다.
③ 대체 매개물로써 물 사용	① 새고 있는 탱크나 송유관에서 나오고 있는 기름을 대체하는 데 물을 쓸 수 있다. '가연물이 새어 나와서 계속 타고 있는 화재'는 새고 있는 송유관 속으로 물을 **역**으로 보내거나 탱크의 새는 곳보다 더 높이 물을 채워서 소화할 수도 있다. (예 휘발유) ② 새는 만큼 물을 공급하면, 물의 비율이 크기 때문에 매개물은 휘발성 물질을 수면 위에 뜨게 할 것이다.(* 새는 곳에 불이 붙으니 기름을 못나오게 물을 쏘아 물위로 기름을) ③ 필요한 물의 비율이 크기 때문에 화재진압을 위해 인화성 액체를 희석시키는 데 물은 거의 이용하지 않지만 이는 새는 것을 막을 수 있는 작은화재에는 유용한 방법이다.
④ **보**호막으로 써 물을 사용 ☆ 16경기장	① 액체가연물이나 기체가연물의 밸브를 잠그기 위해 전진하고 있는 대원들을 보호하기 위한 막을 만들 때 호스를 쓸 수 있다. (* 분무주수로 수막을 만든다는 뜻) ② 인화성 액체나 기체 가연물 탱크가 화염에 노출되었을 때는 릴리프밸브를 잠글 때까지 **최대유효사거리**에서 (탱크 위로) **직사**방수를 해야 한다. ➡ 물이 탱크 양쪽으로 흘러내리도록 **탱크 꼭대기**를 따라 포물선 형태로 방수를 한다.(이때 생긴 수막이 탱크 안의 증기가 있는 공간을 식혀주고 탱크 밑에 있는 쇠기둥도 열기로부터 보호해준다.) ③ 흘러나오는 가연물은 임시복구 혹은 차단을 위해 **넓은분무방수** (45°~80°)로 대원을 보호하면서 전진해야 한다. ④ 주된 관창이 어떤 결함으로 방수를 하지 못할 경우 소방대원을 보호하고 추가적인 탱크 냉각이 필요할 경우를 위해 보조관창을 준비하여야 하며, 이것은 주된 관창과는 **다른 펌프차나 수원**에 연결되어 있어야 한다. (* 주관창 급수와 보조관창 급수를 각각 다른 차에 연결돼야 물 부족시 안전하다는 뜻) ⑤ 화재에 노출된 저장탱크에 접근할 때는 **탱크 끝**에서부터 접근하지 말고, **탱크와 직각**으로 접근해야 한다. 왜냐하면, 탱크는 점차 균열이 발생하고 폭발하면서 탱크 끝부분으로 화염이 분출하기 때문이다. (* 폭발 등으로 탱크 끝부분은 화염분출의 위험으로)

2 유류 수송차의 화재 (* 중요도 낮음)

① 운송 비상사태에 대한 화재진압계획들은 인명 손상, 재산손실 그리고 환경적 오염을 감소시키기 위해 작성해야 한다.
② 인화성 액체를 수송하는 차량에 대한 화재를 소화하는 기술은 저장시설(유류탱크) 발생한 화재와 여러 가지로 비슷하다. **연소 가능한 가연물의 양, 탱크가 파열될 가능성, 노출에 따른 위험들 때문에 생기는 어려움은 둘 다 비슷하다.** 그러나, 주요한 차이점들은 아래와 같다.

> ✪ 유류 수송차량이 유류탱크(저장시설) 화재와의 차이점
> - 소방대원이 교통사고 위험에 노출됨
> - 지나가는 차량 운전자의 생명 위협
> - 소방용수의 부족
> - 관련된 물질이 무엇인가를 결정하는데 어려움
> - 엎질러지고 유출된 것을 쓸어 담는데 어려움
> - 충돌한 힘 때문에 손상되거나 약해진 탱크나 배관
> - 차량이기 때문에 안정돼 있지 않다는 점
> - 사고 현장(주택가 근처, 학교 등)에 대한 관심 집중

③ 대형사고는 교통을 일시 정지시킬 수 있지만, 거의 정상에 가까운 속도로 차량이 현장을 통과해야 한다. 초기 비상조치를 하는 동안에는 사고차선과 한 차선을 더 차단해야 한다.
④ 누출되고 있는 가연물에 불이 붙을 수 있으므로 너울거리는 화염은 주의를 기울여야 한다. 차량이 가깝게 지나갈 때는 도구(tool) 손잡이가 차량과 부딪칠 수 있으므로 차선 안으로 뻗치지 않도록 조심해야 한다.
 - 교통경찰이 없을 때는 소방대원 한 사람이 교통경찰관 역할을 해야 한다.
⑤ 소방차는 지형과 기상조건의 장점을 이용할 수 있도록 세워둬야 하고(오르막길과 역풍), 차량의 왕래로부터 소방대원을 보호할 수 있는 곳에 세워둬야 한다. / 소방대원은 소방차에서 나와서 차량이 왕래하는 곳에서 **떨어진 갓길에서 가능한 한** 작업을 해야 한다. 게다가 소방차가 다른 차에 받쳐서 밀려갈 수 있는 곳에서 작업하는 건 피해야 한다. / 차량과 관련된 화재나 누출 사고에 접근하여 진압하는 기술은 저장 탱크 사고에 대한 기술과 같다.
⑥ 다시 말하면, 소방대원들은 자동차 타이어가 갑자기 인화성 물질이 될 수도 있다는 것을 알아야 한다. 대원들은 소방용수 공급 상태와 한계를 알고 있어야 한다.
 - 또한 갇혀 있는 환자가 구조될 수 있을 때까지는 소방호스로 그들을 보호할 필요가 있다.
⑦ 소방대원들은 화물표, 화물 송장, 플래카드(placards)를 보거나, 화물차의 운전자에게 물어봐서 화물의 정확한 종류를 가능한 한 빨리 파악해야 한다. 불행하게도 그런 표시들을 찾을 수 없거나 플래카드가 잘못되어 불분명하거나 운전수가 화물이 뭔지를 모르는 경우도 있을 것이다.
 이런 경우에는 화물 주인이나 자동차에 대해서 책임이 있는 제조회사에 연락을 해야 한다.

3 위험물 유별 특성과 소화방법 ☆ 13 충북, 4 경기교, 15 인천, 울산, 위, 18 소방장 등

(1) 제1류 위험물(산화성 고체)*

특성	① 일반적으로 불연성이지만 분자 내에 산소를 다량 함유하여 그 산소에 의하여 다른 물질을 연소시키는 **산화제**이다. ② 가열 등에 의하여 급격하게 분해, 산소를 방출하기 때문에 다른 가연물의 **연소를 돕고** 때로는 폭발한다. ③ 대부분이 무색의 결정 또는 백색의 분말이며 물보다 무겁고 **수용성**이다.
소화방법 14경기교	① 위험물의 분해를 억제하는 것을 중점으로 **대량방수**를 하고 연소물과 위험물의 온도를 내리는 방법을 취한다. (* 1류는 불연성이니까 1류와 혼합된 그 가연물을 방수한다는 뜻) ② **직사·분무방수, 포말소화, 건조사**가 **효과적**이다. ③ 분말소화는 인산염류를 사용한 것을 사용한다.(*^^ 제3종 분말) ④ 알칼리금속의 과산화물에의 방수는 **절대엄금**이다.(*^^ 산소발생으로)

(2) 제2류 위험물(가연성 고체)*

특성	① 모두 연소하기 쉬운 고체이고 비교적 저온에서 발화한다. ② 자체가 **유독**하고 연소할 때에 **유독가스**가 발생한다. (예 황화수소) ③ **공기 중에서 발화**하는 성질을 가지고 있다(황화인). ④ 산이나 물과 접촉하면 **발열**한다. ⑤ 산화제와의 접촉, 혼합은 매우 위험하며 충격 등에 의하여 **격렬하게 연소**하거나 **폭발할 위험성**이 있다.(*^^ 즉, 1류, 5류, 6류와 혼촉 금지! 더 많은 산소발생으로)
소화방법	① **질식 또는 방수(물)소화** 방법을 취한다. ② 직사, 분무방수, 포말, 건조사로 소화하지만 고압방수에 의한 위험물의 비산은 피한다. ③ **금수성 물질(금속분 등)**은 건조사로 **질식소화**한다.(*^^ 수소발생으로)

(3) 제3류 위험물(자연발화성 및 금수성)

특성	① 모두 고체이고 물과 작용하여 발열반응을 일으키거나 가연성 가스를 발생하여 연소하는 성질을 가진 **금수성 물질**이다.(*^^ 실제는 주로 고체이다) ② 특히 **금속칼륨, 금속나트륨**은 공기 중에서 타고 또, 물과 격렬하게 반응하여 폭발하는 경우가 있으므로 물, 습기에 접촉하지 않도록 석유 등의 **보호액 속에 저장**한다.
소화방법	① **방수(물)소화**를 피하고 주위로의 연소방지에 중점을 둔다. ② 직접 소화방법으로서는 건조사로 질식소화 또는 금속화재용 분말소화제를 사용하는 정도이다.(*^^ 소화에는 팽창질석 팽창진주암 등도 적용된다) ③ 보호액인 석유가 연소할 경우에는 CO_2나 분말을 사용해도 좋다. (* 보호액은 등유, 경유, 휘발유, 파라핀유 등 어떤 기름이라도 좋다)

(4) 제4류 위험물(인화성 액체)

특성	① 액체이며 인화점이 낮은 것은 상온에서도 불꽃이나 불티 등에 의하여 인화한다. ② 연소는 폭발과 같은 비정상 연소도 있지만 보통은 개방적인 액면에서 계속적으로 발생하는 증기(증발된 기체)의 연소이다. ③ 제4류의 위험물은 저장 취급하는 시설도 많고 양도 매우 많다. ④ 제4류의 위험물은 가연성 증기를 발생하여 **액온이 인화점 이상**인 경우에는 **불티나 화재 등의 작은 화원에서도 인화**한다. / 인화점이 상온보다 낮은 물품의 경우는 항상 인화될 위험성을 가지고 있다. (*^^ 액온이 인화점 이상: 유류의 액체온도가 인화점 이상) ⑤ 액체가 미립자로 되어 있는 경우에는 인화점 이하의 온도에서도 착화하며 조건에 따라서는 분진폭발과 같은 모양으로 폭발한다. ⑥ 증기는 일반적으로 공기보다 **무겁고** 낮은 곳에 체류하기 쉽다. ⑦ 가연성 액체의 증기는 공기, 산소 등과 혼합하여 일정농도 범위에 있을 때 착화한다. ⑧ (연소범위) 농도가 **넓은 것** 또는 (연소)하한계가 **낮은 것**일수록 위험성이 크다. ⑨ 제4류 위험물 대부분은 물보다도 가볍고 또, 물에 녹지 않는다.
소화방법	① 소화방법은 **질식소화**가 효과적이다. 그 수단으로서 연소위험물에 대한 소화와 화면(연소면) 확대방지 태세를 취해야 한다. ② 소화는 포, 분말, CO_2가스, 건조사 등을 주로 사용하지만 상황에 따라서는 탱크용기 등을 외부에서 냉각시켜 가연성 증기의 발생을 억제하는 수단도 생각할 수 있다. ③ 평면적 유류화재의 초기소화에 필요한 포(층)의 두께는 최저 5~6㎝이어야하기 때문에 연소면적에 따라 필요한 소화포의 양을 계산한다. (* 평면적 유류화재: FRT 화재) ④ 화면 확대를 방지하기 위하여 토사 등을 유효하게 활용하여 유동을 막는다. ⑤ 유류화재에 대한 방수소화의 효과는 인화점이 낮고 휘발성이 강한 것은 방수에 의한 냉각소화는 불가능하다. / 그러나 소량이면 분무방수에 의한 화세 억제의 효과가 있다. 또, 인화점이 높고 휘발성이 약한 것은 강력한 분무방수로 소화할 수 있다.

(5) 제5류 위험물(자기반응성)★

특성	① 물보다 **무거운** 고체 또는 액체의 가연물이며 또, 산소함유 물질도 있기 때문에 자기연소를 일으키기 쉽고 연소속도가 매우 빠르다. ② 가열, 마찰, 충격에 의하여 착화하고 폭발하는 것이 많고 또, 장시간 방치하면 자연발화_하는 것도 있다. ③ 유기과산화물을 제외하고 <u>일반적으로 그것 자체는 **불연성**</u>이며 단독의 경우보다 다른 **가연물과 혼재한 경우가 위험성이 높다.** (* 3류, 5류는 가연성보다 불연성이 더 많다) ④ 니트로셀룰로이드, 니트로글리셀린은 가열, 충격, 마찰에 의하여 폭발 위험이 있다. ⑤ 질산에틸, 질산메틸은 매우 인화하기 쉬운 액체이고 가열에 의한 폭발 위험이 있다. ⑥ 니트로화합물은 화기, 가열, 충격, 마찰에 민감한 고체이고 폭발 원료 등으로 사용한다.
소화방법	① <u>일반적으로 대량방수에 의하여 냉각소화 한다.</u>(*^^ 물에 반응하지 않아서) ② <u>산소함유물질이므로 **질식소화는 효과가 없다**.</u> ③ <u>소량일 때 또는 화재의 초기에는 소화가 가능</u>하지만 그 이상일 때는 폭발에 주의하면서 원격 소화를 한다. (*^^ 제3류와 제5류 위험물은 지구상에 아직 소화약제가 없다는 개념) ④ 셀룰로이드류의 화재는 순식간에 확대될 위험이 있으며 또, 물의 침투성이 나쁘기 때문에 계면활성제를 사용하든가, 응급한 경우 포를 사용해도 좋다.

(6) 제6류 위험물(산화성 액체)

특성	① 강산류인 동시에 강산화제이다. ② **물보다 무겁고 물에 녹지만** 그때 격렬하게 발열한다. ③ 어떠한 경우에도 그 자체는 불연성이다.
소화방법* 14 인천장	① 위험물 자체는 연소하지 않으므로 연소물에 맞는 소화방법을 선택한다. ② 제6류 위험물은 <u>금수성(禁水性)</u>이다. (* 물 주수시 발열반응을 한다) ③ 위험물의 유동을 막고 또, 고농도의 위험물은 물과 작용하여 비산하며 인체에 접촉하면 **화상**을 일으킨다. ④ 발생하는 증기는 유해한 것(독성)이 많으므로 활동 중에는 공기호흡기 등을 활용한다. ⑤ 유출사고 시는 유동범위가 최소화되도록 적극적으로 방어하고 소다회, 중탄산소다, 소석회 등의 중화제를 사용한다. 소량일 때에는 건조사, 흙 등으로 흡수시킨다. ⑥ <u>주위의 상황에 따라서는 대량의 물로 희석하는 방법도 있다.</u>

┃유해화학물질 종류 및 소화수단┃ (* 중요도 없음)

유 별	유해 위험물	소화수단(제독제)
제1류	염소산칼륨, 염소산나트륨, 중크롬산염류	물
	과산화칼륨, 과산화나트륨	건조사
	삼산화크롬	가성소다수용액, 소석회
제2류	황화인	활성탄, 지오라이트, 활석분
제3류	금속칼륨, 금속나트륨	건조사
	황린	활성탄, 지오라이트, 활석분
	알킬알루미늄	규조토, 활성탄, 활석분
제4류	이소프렌, 메타크릴산메틸, 아크릴로니트릴, 아크로레인 에틸렌디아민, 디클로로에틸에테르, 아릴알콜, 메탄올	물
	에테르, 이황화탄소	물, 규조토, 활석분
	아세트알데히드	하이포염소산염, 규조토
	산화프로필렌	규조토, 활성탄, 활석분, 황산수용액
	벤젠, 톨루엔, 크실렌	계면활성제, 규조토, 활석분
	1·2디클로로에탄	활성탄, 규조토
	포르말린, 초산메틸, 초산에틸, 시안화수소	물, 가성소다수용액
	헥산(유화제, 소석회), / 아닐린(유화제, 건조사, 톱밥) / 니트로벤젠(물, 건조사, 톱밥)	
	크로로벤젠(탄산소다, 가성소다수용액) /, 피리딘(탄산소다, 가성소다수용액, 건조사)	
	니켈카르보닐, 아세트산에틸, 아크로레일 외 나머지 품명	건조사, 규조토, 활성탄, 활석분
제5류	디니트로톨루엔, 니트로글리콜, 니트로글리세린	계면활성제, 건조사, 소다회, 물
	피크린산	물, 건조사
	과산화요소	건조사, 방수커버
	과산화벤조일, 메틸에틸케톤 퍼옥사이드	가성소다수용액, 물
제6류	농황산, 발연질산, 발연황산	소석회
	농질산	가성소다수용액
	과산화수소, 과염소산	규조토, 건조사, 물

4 위험물화재의 특수현상과 대처법** ☆ 15 서울, 울산장, 16 경북교, 19 장, 21 교, 22 위

오일오버 (Oilover) 22소방위	① 위험물 저장탱크 내에 저장된 제4류 위험물의 양이 내용적의 **1/2 (50%)이하**로 저장되어 있을 때 화재로 인하여 증기 압력이 상승하면서 저장탱크 내의 유류를 외부로 분출하면서 탱크가 파열되는 현상을 말하며, 보일오버, 슬롭오버, 후로스오버보다 위험성이 **더 크다**.(* 뚜껑이 있는 탱크의 반 이상 공간에 주위에 화염으로 압력이 차여 탱크가 폭발되는 현상) ② 위험물 저장탱크에 화재가 발생하여 오일오버(Oilover)의 위험이 있는 경우, **질식소화**를 원칙으로 하며, **소화약제로는 포, 분말, CO_2 등**을 주로 사용한다. ☆ 22 소방위 - 질식효과를 나타내는 데 필요한 포의 두께는 **최저 5~6㎝ 정도**이나, 연소면적에 따라 충분한 양을 살포해야 질식소화효과를 나타낼 수 있다. ↳ (*^^ 거품이 쌓이는 포층의 두께) ③ 오일오버에 대한 간접적 대처방법으로 화재 상황에 따라서 저장탱크용기 등을 외부에서 냉각시켜 가연성 증기 발생을 억제하는 것이 유효한 대처방법이다. 화재가 확산을 막기 위해서는 모래 등으로 방제 둑을 쌓아 확산범위를 최소화해야 한다.
보일오버 (Boilover) 14경복장	① 석유류가 혼합된 원유를 저장하는 탱크 내부에 물이 외부 또는 자체적으로 발생한 상태에서 **탱크표면에 화재가 발생**하여 원유와 물이 함께 저장탱크 밖으로 흘러넘치는 현상으로, 인근으로 화염이 밀물처럼 확대되면서 대규모 화재로 발전되기도 한다. ② 보일오버 대처방법으로 저장탱크용기를 외부에서 냉각시키고, 원유와 물이 흘러넘쳐 주변으로 확산되는 것을 최소화하기 위해 **신속히 모래 등으로 방제 둑을 쌓는다.**
슬롭오버 (Slopover)	① 야채를 식용유에 넣을 때 야채 내 수분이 비등하면서 주위의 뜨거운 식용유를 밖으로 튀어나오게 하는 현상, 또는 소화용수가 연소유의 뜨거운 표면에 유입되는 급비등으로 부피팽창을 일으켜 탱크외부로 유류를 분출시키는 현상과 같이, / 물보다 끓는점(비점)이 높은 점성을 가진 유류에 물이 접촉될 때 유류 표면온도에 의해 물이 수증기가 되어 팽창, 비등함에 따라 유류를 외부로 비산시키는 현상을 말한다. ② 슬롭오버 현상에 대한 대처방법도 보일오버에 대한 대처방법에 준하여 조치한다.
후로스오버 (Frothover)	① 점성을 가진 뜨거운 **유류표면 아래 부분에서** 물이 비등할 경우 비등하는 물에 의해 탱크 내 유류가 넘치는 현상을 말하며, **직접적으로 화재발생을 일으키지는 않는다.** ② 후로스오버 현상에 대한 대처방법도 **보일오버**에 대한 대처방법에 준하여 조치한다.

➡ 보충(Tip)- 유류탱크 현상에서 격렬함의 비교: 오일오버 > 보일오버 > 슬롭오버 및 후로스오버.

위험물화재의 특수현상 개념 비교 * ☆ 13 경기, 15 울산, 16 경북교, 19, 21.23장

구분	오일오버	보일오버	슬롭오버	후로스오버
특성	화재로 저장탱크 내의 유류가 외부로 분출하면서 탱크가 파열(폭발)하는 현상	탱크표면화재로 원유와 물이 함께 탱크 밖으로 흘러넘치는 현상	유류 표면온도에 의해 물이 수증기가 되어 팽창, 비등함에 따라 유류를 외부로 비산시키는 현상	유류표면 아래 비등하는 물에 의해 탱크 내 유류가 넘치는 현상
위험성	위험성이 가장 높음	대규모 화재로 확대되는 원인	**직접적** 화재발생요인은 아님	직접적 화재발생요인 아님

5 유해화학물질 사고 대응

(1) 유해화학물질 비상대응핸드북(ERG) 활용

> 유해화학물질 비상대응핸드북 활용 (* 중요도 낮음)

유해화학물질비상대응핸드북은 캐나다 교통부와 미국 교통성(DOT), 멕시코 교통통신국(SCT), 아르헨티나의 비상대응정보센터와 협력하여 개발 제작한 것으로 유해물질 취급 및 수송에 대한 응급상황 시 비상대응을 위한 약 750,000종 이상의 화학제품 DB자료이다.

※ 유해화학물질 비상대응핸드북 활용방법은 다음과 같다.
① 위험물차량의 형태나 표시 또는 관계자의 송장 등에서 UN번호(노랑), / 영문물질명(청색), / 한글물질명(갈색)을 확인한다.
② 확인된 해당 물질명(영문,한글)이나 UN번호 CAS번호의 지침 번호를 찾아 주황색 부분에서 대응방법을 찾는다. ▶ ① 암기: 유노영청한갈(*유노가 멍청한가) / ② 주대
③ ①번 사항에서 유해물질목록이 음영으로 표시되어 있으면 녹색 부분을 찾아 초기 이격거리와 방호활동거리를 확인한다. ▶ ③ 암기: 녹음 이방
④ 물질 미확인 시 : 지침번호 111번을 활용한다.
(▶ ①~④ 유노가 멍청한가? 주대찾고, 녹음찾아 이방을 확인한다. 미확인시 111로 신고한다.)

■ 비상대응핸드북 색인별 유해물질 목록 ■   ■ 초기 이격거리 및 방호활동거리 ■

① 초기이격거리	유출 / 누출이 일어난 지점 사방으로 모든 사람을 격리시키는 거리, 반경으로 표시.
② 초기이격지역	사람의 생명을 위협할 정도의 농도에 노출될 수 있는 풍상·풍하 사고주변 지역.
③ 방호활동거리	유출 / 누출이 일어난 지점으로부터 보호조치가 수행 되어야 하는 풍하거리.
④ 방호활동지역	사람들이 무기력해져서 인체 건강상 회복할 수 없을 정도의 심각한 영향을 줄 수 있는 사고지점으로 부터 풍하방향 지역. / (*^^ ① 사방 ② 양방 ③④ 하방) ▶ 사양ㅎㅎ

제3절 가스시설 화재진압

(1) 가스의 위험성

① 가스폭발·화재의 특징

특징	① 가스화재는 가연성가스 누설에 의해 공기 중에 방출되고 불꽃을 내면서 연소하게 된다. ② 공기 중에 방출된 가연성 가스가 착화되지 않았을 때는 폭발한계 내의 혼합가스가 되어 체류하게 된다. ③ 폐쇄된 장소에서 폭발한계 내의 혼합기체에 착화되면 가스가 폭발한다. ④ 가스 점화원으로 불꽃, 전기스파크, 정전기 방전, 충격불꽃 등이 원인일 경우가 많다.
위험성	① 확산 : 가스의 비중은 LPG를 제외한 대부분이 공기보다 가벼워 확산속도가 빠르다. ② 누설 : 고압 또는 압축가스로서 사용되므로 사소한 결함에도 누설되기 쉽다. ③ 소화곤란 : 높은 압력으로 분출, 연소하는 가스화재는 소화하기 어려울 뿐 아니라 누설 중 소화하더라도 2차 폭발 가능성이 높다. ▶ 확누소!(가스소변)
설비상의 안전대책	① 안전밸브 탱크에 있어서 안전밸브는 폭발예방에 중요한 기능을 하지만 구경이 작든지 부착방법이 나쁘면 오히려 사고를 크게 할 수도 있다. / 안전밸브의 방출판은 저항이 적은 곧은 모양의 것으로 해야 하며 구부려 달면 안 된다. / 또, 빗물이 들어가는 것을 막으려고 끝부분을 구부리면 분출가스에 의해서 주위로 연소할 위험이 있으므로 곧게 캡을 씌운다. ② 과류방지밸브 탱크 배관이 파괴된 경우 대량의 가스가 분출되면 위험하므로 탱크에 과류방지 밸브를 부착시켜 유량이 지나치게 증가하여 밸브 내·외의 압력차가 커지면 밸브를 닫는다. ③ 방화·방폭벽 ▶ 안과방 연소위험, 피폭위험이 있는 곳에는 탱크 주위에 철근콘크리트재의 장벽을 쌓는다.

(2) 플랜트 가스폭발

① 폭발 위험성의 예지(폭발 위험성 분석)

정적 위험성의 예지	가연성, 독성, 부식성 등 **물성**에 기인하는 위험성과 외부의 힘, 열응력, 상변화, 진동, 유동소음, 고온, 저온 등 **상태의 위험성**이 있다. (*^^ 물성+상태)
동적 위험성의 예지	**화학반응의 진행**, 계의 온도, 압력상승에 의한 물질의 위험성 증대와 부하(負荷)의 변화에 의한 위험성 증가 등 어떤 **조건의 변화에 따라 시간과 함께 변화하는 위험성**이다. (* 정적위험성: 본 상태에서 위험성 / 동적위험성: 조건변화의 위험성)

② 발화원의 관리

발화원의 관리	폭발예방의 수단으로서 발화원을 없애는 것은 매우 효과적인 방법으로 - 발화원은 화염, 고열물질 및 고온표면, 충격·마찰, 단열압축, 자연발화, 화학반응, 전기, 정전기, 광선 및 방사선 등을 들 수 있다.

(*^^ 플랜트 : 제조공업의 설비시스템의 총칭. 공장설비, 생산설비.)

(3) 블레비 현상과 예방법* ☆ 14 부산교, 위

블레비 현상과 파이어볼	① 블레비(BLEVE)란 가연성 액화가스 주위에 화재가 발생한 경우 **기상부 탱크 강판이 부분 가열**되어 그 부분의 강도가 약해지면 탱크가 파열되고 이때 **내부의 가열된 액화가스가 급속히 팽창 분출하면서 폭발하는 현상**을 말한다. ② 블레비 등에 의한 인화성 증기가 분출 확산하여 공기와 혼합이 폭발범위에 이르렀을 때 발생하는 공 형태의 화염, 즉, 버섯형의 화염덩어리를 "파이어볼"이라 한다.
발생과정* 14 위	① 액체가 들어있는 탱크 주위에 화재발생 ➡ ② 탱크벽 가열 ➡ ③ 액체의 온도 상승 및 압력상승 ➡ ④ 화염과 접촉부위 탱크 강도 약화 ➡ ⑤ 탱크파열 ➡ ⑥ 내용물(증기)의 폭발적 분출 증가 ✪ 만약 가연성 액체인 경우 탱크파열 시 점화되어 파이어볼(f/b)을 형성하게 되나 블레비현상이 화재에 기인한 것이 아닌 경우 탱크파열시 증기운폭발을 일으킨다.
블레비의 예방법	안전밸브는 탱크내부의 압력을 일정수준 이하로 유지시켜 줄 뿐이며 블레비의 발생을 근본적으로 막기 위해서는 다음과 같은 추가조치가 필요하다. ① 감압시스템에 의하여 탱크 내의 압력을 내려준다. ② 화염으로부터 탱크의 **입열을 억제**한다.(탱크**외**벽 단열조치, 탱크를 지하에 설치, 물에 의한 탱크 표면의 냉각장치 설치 및 가스를 안전한 곳으로 이송조치). ✪ 대부분의 시설에서 복사열을 완벽히 흡수하는 데 필요한 물을 분무하기는 어려우나, 화염에 노출되어 있는 탱크 외벽에 물을 분무하는 것은 대단히 중요한 의미가 있다. 그것은 안전장치 작동압력에서의 탱크 파괴점 이하로 탱크강판의 온도를 유지할 수 있기 때문이다. 냉각시켜야 할 중요부위는 탱크의 상부 즉, **기**상부이다. ③ 폭발방지 장치를 설치한다. 이 장치는 주거, 상업지역에 설치된 10톤 이상의 LPG 저장 탱크에 설치하도록 되어 있다. ✪ 폭발방지장치는 탱크**내**벽에 열전도도가 좋은 물질(알루미늄 합금박판)을 설치하여, 탱크가 화염에 노출되어 있을 때 탱크 기상부 강판으로 흡수되는 열을 탱크 내의 액상가스로 신속히 전달시키면서, 탱크 기상부 강판의 온도를 파괴점 이하로 유지함으로써 폭발을 방지하는 원리이다.

블레비 이야기(핵심)

블레비란? 액화가스탱크 **주위**에 화재가 발생되면 탱크 **상부쪽**이 가열되어 강도가 약해지면서 파열되고 탱크 내부의 가열된 액체가스가 온도와 압력상승으로 팽창, 분출, 폭발하는 데, 탱크 주위에 화염으로 물리적폭발이 순간적으로 화학적폭발로 변하여 파이어볼을 만들지만, 만일 불이 붙지 않을 때 이 액화가스가 공중에서, 고온표면 등으로 증기운폭발이 될수 있다.

(4) 가스의 불완전연소 현상 ☆ 22 소방위, 23 소방교

황염 (노란색 불꽃)	· 버너에서 황적색이 나오는 것은 공기량이 부족해서지만 · 황염이 길어져 저온 피열체에 접촉되면 불완전연소를 촉진시켜 일산화탄소를 발생한다. · 1차공기의 조절장치를 충분히 열어도 황염이 소실되지 않으면 버너의 관창(노즐)구경이 커져서 가스공급이 과대하게 되었거나 가스의 공급압력이 낮기 때문이다. · 용기 잔액이 적은 경우 황염이 발생하는 것은 가스의 성분변화와 공급저하에 의한다.
리프팅 (선화) 23소방교	· 가스분출 구멍으로 부터 가스유출속도가 〉 연소속도보다 크게 되었을 때 가스는 가스분출구멍(염공)에 접하여 연소하지 않고 가스분출 구멍에서 떨어져서 연소한다. ① 버너 염공에 먼지 등이 끼어 구멍이 작게 된 경우 혼합가스의 유출속도가 **높**아진다 ② 가스 공급압력이 높거나 관창의 구경이 큰 경우 가스의 유출속도가 크게된다. (*^^ 가스 공급압력이 높은 상태에서 관창구경이 큰 경우 가스 유출속도가 커진다는 뜻) ③ 연소가스의 배출 불충분으로 2차 공기 중의 산소가 부족한 경우 연소속도가 작게 된다 ④ 공기조절장치를 너무 많이 열어 가스의 공급량이 많게 되면 리프팅이 일어나지만 가스의 공급량이 적게 될 때는 백드래프트 또는 불이 꺼지는 원인이 된다.
플래시백 (역화) 22소방위	· 가스의 연소가 〉 가스분출 구멍의 가스 유출속도보다 더 클 때, 또는 연소속도는 일정해도 가스의 유출속도가 더 작게 되었을 때 불꽃은 가스분출구멍에서 버너 내부로 침입하여 관창(노즐) 끝(선단)에서 연소하여 플래시백(flash back)을 일으킨다. ① 부식에 의해 염공(가스분출구멍)이 크게 되면 혼합가스의 유출속도가 상대적으로 느려져 플래시백 원인이 되며, 관창구경이 너무 작다든지 관창의 구멍에 먼지가 부착하는 경우는 코크가 충분하게 열리지 않아 가스압력의 저하로 플래시백의 원인이 된다. ② 가스버너 위에 큰 냄비 등을 올려서 장시간 사용할 경우나 버너 위에 직접 탄을 올려서 불을 일으킬 경우는 버너가 과열되어서 혼합가스의 온도가 올라가는 원인이 되며 또한 연소속도가 크게 되어 플래시백 현상이 나타나기 쉽다.(*^^ 백파이어라고도 한다)
블로우오프	선화상태에서 가스분출이 심하여 불꽃이 노즐에서 떨어져 꺼져버리는 현상이다.

■ 보충: (요약)

정상연소 리프팅(선화) 백파이어(역화) 블로우오프

※ 참고:
리프팅과 플래시백의 이론이 중앙소방학교 본 교재에는
쉽지 않게 혹은 혼동될 수 있게 명시되어 있습니다.
이에 아래 4가지 용어를 간단하고 쉽게 단축 정리하였음.
(* 혼동 시 책 뒷편 필자 개인메일로 질문할 수 있습니다.)

① 황염(옐로우팁): 1차 공기(산소)가 부족할 때 불꽃이 황적색이 되어 미연소상태로 적열되는 현상.
② 리프팅: 가스 유출속도가 〉 연소속도보다 크게 될 때 ➡ 즉, 연소속도 〈 가스(분출속도)가 많을 때
③ 플래시백: 가스 연소가 〉 가스 유출속도보다 더 클 때 ➡ 즉, 연소속도 〉 가스(분출속도)가 적을 때
      즉, 노즐 구멍에 비교해서 가스가 많으면 리프팅 / 가스가 적으면 플래시백으로 생각하면 The 쉽다
④ 블로우오프: 선화상태에서 가스분출이 심하여 불꽃이 노즐(관창)에서 떨어져 꺼지는 현상을 말한다

(5) 가스종류별 성상과 소화법

■ 액화석유가스(LPG)　☆ 13 위, 15 소방장, 16 서울장, 17 소방장

액화석유가스 (LPG)	① 액화석유가스(LPG)는 프로판, 부탄, 부틸렌, 프로필렌 등 탄화수소의 혼합물이다. ② LPG는 상온에서 기체로 존재하지만, 용기 내 6~7kg/㎠로 가압하면 쉽게 액화된다. ③ LPG 액화가 쉬운 이유는 기체에서 액화최고온도가 96.8℃로 <u>비교적 낮기</u> 때문이다. ④ 부탄은 최고온도가 152℃로 프로판에 비하여 상당히 높다. 　(1ℓ의 액체 프로판 0.53kg은 기화하면 약 250ℓ의 프로판가스로 변한다. 　그러나 1ℓ의 액체 부탄 0.601kg은 기화하면 약 225ℓ의 부탄가스로 변한다.) ⑤ 부탄과 프로판가스는 액화시키면 부탄은 1:225, 프로판은 1:250으로 체적이 대폭 축소되므로 상온에서 저장·보관이 용이하다.
일반 가정에서	① 용기의 메인밸브를 차단하여 **가스분출을 중지**시킨다. 화재로 인해 가열 시 폭발 위험이 있으므로 유효한 차단물을 이용하여 용기가 넘어지지 않도록 **분무주수로 냉각**시킨다. ② 진화 후에도 용기의 화염이 소화되지 않았을 때는 가스방출이 끝날 때까지 연소시킨다.
LPG 다량 취급 장소	① 유효한 차단물을 확보한 후 집적소에 대해서는 **다량의 주수로 냉각**시킨다. ② 대원의 접근은 절대로 피하고 방수포나 **원격주수**를 하여 위험 방지에 주의한다.
탱크로리, 저장탱크	① 탱크로리, 저장탱크 가스유동은 거의 없으므로 주위 연소방지와 용기 냉각에 중점 둔다. ② 착화할 때까지 장시간이 소요되면 가스의 유동범위가 넓어지므로, 여러 곳에 독립화재가 발생한다. 하수도 등에 유입된 가스로 인하여 2차 폭발가능성이 있다.
경계구역의 설정	① 풍향, 풍속, 지형, 건물상황 등을 고려하여 **위험범위를 넓게 잡고** 취기, 가스측정기 등으로 안전을 확인한 후에 서서히 위험구역을 좁혀간다. ② 가스 확산여부에 대한 확인에는 지상은 물론 지하시설까지 실시한다. ③ 경계구역은 유출가스 뿐만 아니라 용기의 폭발, 비산 등을 고려한 범위를 잡는다.
소방용수 부서	① 원칙적으로 **풍상, 풍횡의 위치**에 있는 소방용수(소화전 등)에 부서하고 **경계구역 내의 것은 사용하지 않는다.**(* 풍하쪽 등 경계구역 내 소방용수는 위험하니 사용하지 않는다) ② 하천, 맨홀 등은 가스의 분출점이 될 위험성이 있으므로 사용하지 않는다. ③ 부서하는 소방용수(소화전 등)의 부근에 지하시설물의 맨홀이 있으면 폭발에 주의한다. ④ 가스가 체류하기 쉬운 장소가 부근에 있는 경우에는 **분무주수로 확산**시키도록 한다.
진입	진입은 **풍상, 풍횡**으로부터 접근하는 것을 원칙으로 한다. ① 부득이 분출장소에 접근할 경우 대량의 물 분무를 하고 그 내부를 행동범위로 한다. 엄호대원은 가능한 신체노출부위를 적게 하고, 전신의 피복을 완전히 적신다. ② 대원은 행동 중 피복의 정전기를 제거하도록 한다. ③ 경계구역에 펌프차 등이 진입하여서는 안 된다. ④ 풍향의 변화에 주의한다. ⑤ 무선기의 발신, 확성기의 사용, 징을 박은 구두를 신고 진입하는 것을 피한다.
주수* 13 위	① 소방용수 부서위치 결정 시 폭발에 의한 위험방지를 위하여 건물 밑이나 담 가장자리 등 가스가 체류할 장소는 피하고 가능한 **넓은 장소에** 부서한다. ② 연소방지주수는 직접 연소위험 부분 주수와 연소염을 차단하는 **분무주수방법**이 있다. ③ 용기의 폭발방지를 위한 주수는 탱크 등과 연소화염이 떨어져 있는 경우는 그 중간에 분무방수를 하면 (용기쪽으로) 복사열을 차단하는 효과가 있다. ④ 미연소가스가 유동하는 지하시설, 하천, 건물 내부 등에 대하여는 강력 분무주수를 하여 가스를 조기에 확산·희석시켜 연소확대를 방지한다.(* 분무주수로 넓은 확산을 막는다)

- 액화천연가스(LNG)
    ① 액화천연가스는 지하 유정에서 뽑아 올리며, 유정가스 중 메탄성분만을 추출한 가스이다.
    ② 수송·저장을 위해 -162℃로 냉각, 부피를 1/600로 줄인 무색·투명한 초저온 액체이다.
    ③ 공해물질이 거의 없고 열량이 높아 경제적이며 주로 도시가스 및 발전용 연료로 사용된다.
    ④ 액화된 천연가스는 LNG전용 선박이나 탱크에 담아 사용처에 운송 후 다시 LNG 기화기에 의하여 가스화 시켜서 도시가스 사업소나 발전소, 공장 등으로 공급된다.

    ◎ LNG의 특성
    ① 액화 시 체적이 1/600로 축소, 무색·투명하다.
    ② 주성분이 메탄으로서 비중이 0.65로 공기보다 약 절반가량 가벼워 누설 시 대기 중으로 증발하여 프로판, 부탄가스보다 폭발위험이 **적다**. (*^^ 하한계가 5로서 높으니까)
    ③ 연소 시 공해물질이 거의 없는 청정연료이다. (*^^ '황' 성분을 빼서 그러하다)
    ④ 불꽃조절이 용이하고, 열효율이 높다.
    ⑤ 지하 배관으로 공급되므로 연료 수송이 용이하다.
    ⑥ 무색·무취의 기체이나, **메르캅탄**이라는 **부취제**를 첨가(마늘 썩는 냄새)하여 누설 시 쉽게 감지 할 수 있도록 하였다. ↳ 메르캅탄이라는 인공향료제를 넣었다는 뜻!

| 액화석유가스와 액화천연가스의 비교표 |

구 분	LPG	LNG
명 칭	액화석유가스	액화천연가스
주성분	프로판(C_3H_8, 80%), 프로필렌(15%) 에탄(4%), 에틸렌(1%)	메탄(CH_4, 90%), 에탄(8.5%), 프로판(2%) (*^^ 실제는 프로판이 1% 정도이다)
공급방법	가스용기, 집단공급시설, 수송이나 보관이 액체상태	가스전 → LNG선박 → 하역설비 → 저장설비 → 가압설비 → 기화설비 → 감압설비 → 계량설비 → 수요처에 기체로 공급(발전소, 가정, 산업체)
액화방법	상온에서 기체상태, 냉각이나 가압으로 액화(1/250로 압축), 프로판의 비점 96.8℃	-162℃(비점) 이하로 액화하여 부피를 1/600로 압축, / 공급 시 기화
가스특징	무색·무취(부취제 첨가)	무색·무취(인수기지에서 부취제 첨가)
가스비중 (공기비중: 1)	S: 1.32(프로판 62.5%) 가스누출경보기 바닥에 시공	S: 0.65(메탄 85% 이상) 가스누출기 벽체 상부(천장부)에 시공
공급방법	소규모, 이동식(용기)	대규모 집단공급시설

- LNG(Liquefied Natural Gas)화재의 소화
    누설된 LNG가 착화된 경우에 누설원을 차단하며, 화재의 소화에는 분말소화기를 사용한다. 그러나 일단 소화가 되더라도 누설된 LNG의 증발을 정지하는 일은 가능하지 않아, LNG가 기화하여 부근의 공기 중에 확산, 체류하여 재차 발화할 우려가 있어 상황에 따라 누설된 LNG를 전부 연소시키는 방법이 효과적이기도 하다.

제4절 전기화재진압

1. 전기화재진압의 특성 ★ 14 부산교, 16 서울장

① 어떤 **상업용이나 고층 건물**에서는 승강기, 공기취급 장비를 작동하는데 전기가 필요하니까 전체 건물을 일방적으로 단전해선 안 된다.
② 전력이 끊어지면 이러한 화재들은 스스로 꺼지거나 A급 또는 B급 화재로 떨어질 것이다.
③ 정밀한 전자 장비와 컴퓨터 장치에 발생한 화재를 소화할 때는 **이산화탄소(carbon dioxide)나 하론(halon) 등 청정(가스)소화약제**를 써서 장비가 더 이상 손상되지 않도록 한다.
④ 전기가 흐르고 있는 설비는 원래 감전위험이 있으므로 필요치 않는 한 방수하지 말아야 한다. 만약 물을 사용한다면 거리를 두고 <u>분무방수</u>를 해야 한다.
⑤ C급(전기) 화재 진압기술은 송전선과 장비, 지하선, 그리고 상업적인 고전압 시설과 관련한 화재를 위해 필요하다.

2. 송전선과 장비

송전선이 끊어져 화재가 났을 때	끊어진 양쪽을 전신주 거리만큼 깨끗이 치워야 한다. 화재현장에서 안전을 위해서는 경험있는 전력회사 직원이 적절한 장비로써 전선을 끊어야만 한다.
변압기에서 발생한 화재	① 폴리염화비페닐(poly-chlorinated biphenyl)을 포함하고 있는 냉각액 때문에 인체와 환경에 심각한 위험을 일으킬 수 있다. ② 이 냉각액은 발암 물질이고, 또 기름 성분이 있어서 인화성이 있다. ③ 지상에 있는 변압기 화재는 분말소화기로 조심스럽게 소화해야 하며, **높은 곳에 있는 변압기 화재는 자격이 있는 사람이 고가 장비를 타고 분말소화기로 소화할 때까지는 연소하도록 놔둬야 한다.** ④ 사다리를 전신주에 기대어 설치 시 소방대원은 전원과 냉각액으로 위험에 처하게 된다. 이런 화재에 방수를 하는 것은 그 위험한 물질을 땅위에 뿌리는 것과 같다.

3. 지하매설 전선

내용	① 지하전송시스템은 케이블을 위한 선로와 반원통형 모양의 공간으로 이루어져 있다. 이 시스템에서 가장 자주 일어나는 위험은 맨홀 뚜껑을 상당한 거리까지 날려 보낼 수 있는 폭발이다. ② 이런 사고는 퓨즈가 끊어지거나 <u>쇼트</u>가 나서 화염이 고여 있는 가스에 불이 붙어서 생긴다. ③ 이것은 소방대원들뿐만 아니라 시민들에게도 위험하다. 만약 이런 상황이 예상되면 시민들을 그 지역에서 벗어나도록 하고, 소방차가 맨홀 위에 정차해 있지 않도록 확인해야 한다. ④ 구조 작업의 시도를 제외하고는 맨홀에 들어가지 않는다. 소화 작업은 밖에서도 할 수 있다. ⑤ 소방대원은 <u>이산화탄소나 분말소화약제</u>를 맨홀 속으로 간단히 뿌리고 뚜껑을 제자리에 놓는다. 젖은 담요나 수손방지용 덮개를 맨홀 뚜껑 위에 덮고 산소를 막아서 소화 되도록 한다.

⑥ 가까이에 전기설비가 있기 때문에 소화약제로 물을 권장하지 않는다. 또 물이 유출되면 전기 전도체가 될 수 있는 진흙 범벅이 만들어지기도 한다. 물은 비록 분무형태라도 이런 상황에선 사용해선 안 된다. - 왜냐하면 쇼크의 위험이 커질 수도 있고, 화재에 관계가 없는 전기설비들에 대해 심각한 손상을 끼칠 수가 있기 때문이다. (*^^ ②번에서 쇼트: 합선, Short)

4 상업용 고압 설비

내용
① 고압설비화재에서 발생하는 연기는 플라스틱 절연제와 냉각제에 쓰이는 유독한 화학약품 때문에 매우 위험하다.
② 구조 작업이 필요할 때에는 공기호흡기를 착용하고, 밖에서 다른 대원이 감독하는 생명선을 꼭 연결한 뒤에 진입한다.
③ 수색할 때는 접촉할 수도 있는 전류가 흐르는 설비에는 **주먹이나 손등**이 닿게 한다.
  → 반사 작용으로 움켜쥐는 것을 예방하기 위해~   손바닥(x)
④ 만약 독성물질이 화재와 관련된다면 대원들은 진압활동 후 오염제거 절차를 따라야 한다.

5 전력차단

내용
① 안전이라는 관점에서 건물 진화작업을 하는 동안 조명, 배연을 위한 장비 및 펌프 등을 가동하기 위해서 전력은 가능한 남겨둬야 한다.
② 소방대원들은 긴급 운용을 행할 시에 건물 안으로 전력이 흐르는 것을 통제할 수 있어야 한다.
③ **한 지역에서 화재가 발생했다면 굳이 전체 건물의 전력을 차단할 필요는 없다.**
  - 전기를 끊는 순간에 건물의 전기사용이 제한되고, 전기적인 위험이 생길 수도 있다.
④ 여하튼(아무튼) 전기회사 직원들이 전력을 차단해야 한다.
⑤ 소방대가 전력을 차단해야 할 때에는 차단한 결과를 아는 훈련된 대원이 해야 한다.
⑥ 소방대원들은 단자함에 있는 메인 스위치를 열든지 퓨즈를 제거하여 전력을 통제해야 한다.
⑦ 만약 그 이상의 전력을 통제해야 할 때에는 경험있는 전기기사가 해야 한다.
⑧ 어떤 주거용이나 상업용 계량기는 제거한다고 해서 단전되는 것은 아니다.
⑨ 그런 경우에 계량기나 메인 스위치를 차단해도 완전히 단전되지 않는다.

6 전기의 위험성

감전 결과	① 심정지 ② 심실세동 ③ 호흡정지 ④ 무의식적인 근육수축 ⑤ 마비 ⑥ 표피 또는 내부화상 ⑦ 관절손상 ⑧ 눈에 자외선 호(arc)형 화상
감전충격 심화요소	① 신체를 통과하는 전류의 통로 ② 피부저항 정도 - 젖거나(저항이 낮고), 건조(저항이 높음) ③ 노출시간 ④ 유효전류 - 유출 암페어 수 ⑤ 유효 전압 - 전기가 일어나는 힘 ⑥ 주파수 - 교류 또는 직류

7 전기화재의 대응활동 원칙 ☆ 15 서울장 등

내용

① 어떤 전선도 소방대원이 끊지 말고 기다려서 훈련된 <u>전기기사</u>가 끊도록 한다.
  - 지금 당장 끊지 않으면 안 되는 상황에서 적절한 훈련을 받은 소방대원이 알맞은 장비를 가지고 있을 때는 예외이다.
② 전기위험이 있을 때는 항상 소방대원은 **완전 방화복**을 착용하고 정식으로 시험하여 승인된 절연도구 만을 사용해야 한다.
③ 모든 전선에 고압이 흐르고 있다고 생각하고 다룬다.
④ 소방대원은 감전과 화상뿐만 아니라 전기 아크 때문에 생길 수 있는 시력 손상에 대해서도 경계해야 한다. 전선에서 발생한 아크를 직접 쳐다보아서는 안 된다. (* 아크: 전기불꽃)
⑤ 끊어진 전선을 봤을 때는 안전을 위해 양쪽으로 전신주 한 구간을 위험지역으로 생각 한다. - 쇼트(합선) 때문에 다른 전선도 이미 약해져서 나중에 떨어져 내릴 수 있기 때문이다.
⑥ 전선이 한 가닥 이상 떨어져있고, 한 가닥에서 아크가 발생하고 다른 한 가닥은 그렇지 않을 때는 모든 전선이 똑같이 위험한 것으로 간주한다.
  (*^^ 원래 전기선은 3선이다. 가정이나 작은 공장 등으로 들어오는 선이 2선이다.)
⑦ 전류가 흐르는 전기장치 주위에는 직사방수를 해서는 안 된다.
  - 적어도 **관창 압력 700Kpa**로 <u>분무방수</u>해야 한다.
  - 그리고 소방장비는 이러한 지역 가까이서 사용해서는 안 된다.
⑧ 머리 위쪽에 전선근처에서는 사다리, 소방호스 또는 장비를 올리고 내리는데 주의한다.
⑨ 담장에 대해서도 특별히 중요하게 생각한다. 일단 전류가 흐르는 전선이 담장, 철재 방호책 따위에 닿아 있는 한 전하가 걸리게 된다. 담장이 길기 때문에 사람들을 보호하는 데는 위험이 생길 수 있다. (*^^ 전하: 물체가 띠고 있는 정전기의 양)
  --------- *
⑩ 소방대원은 전선이 땅에 떨어져 있는 지역에서는 조심스럽게 나아가야 하고, **발에서 따끔 따끔 아픈 감각을 느낄 때는 조심해야 한다.** (*^^ 지구가 원래 전기를 머금고 있다)
  - 안전화에 있는 <u>탄소</u>(성분)때문에 적은 양의 전하가 충전된 지면으로 흐른다는 징후이다.
    (*^^ 탄소는 가연성이다)
⑪ 전선과 접촉되어 있는 소방차나 자동차를 소방대원이 만져서는 안 된다. 거기에 신체를 접촉하면 감전이 일어나도록 땅으로 통하는 회로(연결통로)를 완성하는 셈이 될 것이다.
  - 만약 감전된 소방차에서 빠져 나올 필요가 있을 때는 소방대원이 소방차와 지면에 동시에 닿지 않도록 소방차로부터 **뛰**어나와야 한다.
    (*^^ 감전된 소방차로부터 발을 땅을 딛고 나오면 사람이 땅과 연결되어 감전위험이 있다)
⑫ 전선이 떨어진 지역과 작업 위치 사이의 안전거리를 유지하여 지면 경사위험을 피한다.
  지면경사는 저항이 가장 적은 통로를 따라 (가장 높은 곳에서 가장 낮은 곳으로) 지면으로 흐르는 전도체를 통과하는 경향을 말한다. ☞ 전류는 저항이 적은쪽으로 흐른다는 뜻이다.
  - 지면에 닿아있는 곳으로부터 수 미터 떨어져 있는 물체의 표면을 통하여 전류를 방출하는 땅바닥에 눕혀져 있는 전도체에서는 일반적으로 있는 일이다.
⑬ **전압이 높으면 높을수록** (전류는) **멀리 흐를 가능성이 높다.**
  - 소방대원의 발과 접지해 있는 물체 사이에 전기적인 잠재성 측면에서 다른 점이 있다면, 전류가 소방대원을 통과하여 끌고 다니는 물체를 통하여 지면으로 되돌아간다는 것이다.
    (*^^ ⑩~⑬번까지는 지구가 전기를 가지고 있기 때문이라는 개념을 가지고 이해하면 The 쉽다)

제5절 (초)고층건물 화재진압* ☆ 13 서울교

① 소방관계법령에서 정하고 있는 고층건물은 지하층을 제외한 11층 이상으로 되어 있다.
   이와는 별도로 건축법규상 초고층 건물은 50층 이상, 200m 이상의 건축물로 정의된다.
② 건축법은 30~49층(120 이상 ~ 200m 미만) 건물을 '준초고층' 건축물로 분류하여 50층 이상 초고층 건물에 준하는 건축법적 기준을 적용하도록 하고 있다.
③ 고층건물(준초고층건물, 초고층건물 포함) 일반적 화재성상은 내화구조화재 상황과 유사하다
④ 예를 들면 최근 20층을 넘는 공동주택이 많이 건설되고 있지만 공동주택의 경우 일반적으로 1구획은 100㎡ 내외의 내화조로 구획되기 때문에 다른 구획으로 연소 확대되는 경우는 적다.
⑤ 그러나 주택 이외의 용도인 경우(특히 백화점이나 극장 등) 화재가 발생했을 때는 연소 확대 위험이 매우 크다.

1. 고층화재의 일반적 특성

일반적 특성

① 화재초기는 내부의 가연물에 착화하여 가연성 가스를 발산하면서 연소하기 시작한다. 이 때문에 흰 연기(초기이니까), 수증기가 왕성하게 분출하여 실내를 유동한다.
② 불완전 연소가스가 실내에 가득하여 시야 확보가 불가능하다.
③ 화점실에서 나온 연기는 계단 등을 경유하여 위층부터 차례로 연기가 충만해지고, 이때는 보통 공기 유입쪽(급기측)과 연기가 나가는 쪽(배기측)이 구분된다.
④ 중기 이후가 되면 검은 연기가 분출되고 창유리가 파괴되어 화염이 분출된다.
⑤ 화염의 분출과 동시에 공기의 공급에 의하여 화세는 강렬해진다.
⑥ 고온 불꽃으로 외벽에 타일이 떨어지는 박리현상이 일어나고 때로는 파열하여 비산한다.
⑦ 건물구조상 결함(스라브의 구멍, 파이프 관통부의 마감 불완전 등)이 있으면 그 부분을 통하여 상층으로 연소한다. 전기배선, 샤프트(EPS)내에 묶여 있는 케이블은 만약 화재가 발생할 경우 다른 층으로의 연소나 연기확산의 경로가 된다.
⑧ 베란다 등이 없는 벽면에서는 창에서 분출되는 불꽃이 상층으로 연소 확대된다.
⑨ 계단실, 에스컬레이터 등의 구획이 개방된 경우 그 곳을 통하여 상층으로 연소한다.
⑩ 초고층 건물의 상층은 강화유리 등으로 설치되어 있어 화재가 확대될 경우 광범위하게 파괴, 낙하될 염려가 있으므로 주의한다.

2 고층건축 화재진압의 전술적 환경   ▶ 암기: 높고넓은 내건반 동창중

(1) 고층건물 화재의 전술환경   ☆ 13 서울, 20 소방장(= 종류만 나옴), 24 소방위(④⑤⑥⑦나옴)

① 건물높이로 인한 전술적 제한

소방전술에서 고층건물의 개념은 11층(지하층 제외, 50층 이상은 초고층에 해당)이상의 건물을 의미하지만 고층건물의 높이 개념은 상대적 개념에 불과하다. 만약, **관할 소방서에서 보유한 가장 큰 사다리가 12m라면, 12m 이상의 건축물도 고층건물이 될 수 있다.**

㉠ 사다리가 닿지 않는 고층화재의 경우 사다리를 통한 구조활동이 불가하므로 인명검색과 구조는 내부 계단에 의해서만 가능하다
㉡ 직접(집중)방수에 의한 진압작전이 사실상 불가능하다는 점에서 전술적 선택범위는 매우 제한적인 상황에 직면한다.

② 넓은 구획의 건물구조로 인한 전술적 제한

일반적으로 600~900㎡의 개방된 구획공간을 가진 고층건물 화재는 1~2개의 관창으로는 진압하기 매우 곤란하다. 따라서 화세보다 현재의 소방력이 부족한 경우 화점 구획을 진압하기보다 화재확대를 방지하는 것이 최상의 전략이다.

> ✪ 일반적으로 고층건물 화재의 확대를 방지하고 화점층(1개층)으로 제한하기 위해서는 40~50명 정도의 즉각적인 대응이 필요하다. 실패할 경우 화재를 통제하고 주변 건물로의 확산을 막기 위해 100~200명의 소방대원들이 더 필요하게 될 것이다.

③ 반응시간(Reflect Time)

반응시간은 화재신고 접수를 받을 때부터 소방대원이 최초로 화재현장에 **방수할 때까지 걸리는 시간**을 말한다. 다른 화재에 비해 고층건물 화재 시 반응시간은 매우 느리다.

> ✪ 다른 화재에 비해 고층건물 화재 시 반응시간을 느리게 만드는 요인 8가지
> ① 건물 내 큰 로비를 수십~수백 m 걸어야 하는 시간
> ② 화점 위치와 상황정보를 묻기 위해 건물 관리인을 찾고 질문하는 시간
> ③ 자동화재탐지설비 수신반을 발견한 후 화점층을 확인하고 공조설비를 <u>닫는 시간</u>
> ④ 화점층에 가기위해 엘리베이터를 기다리고 마스터키를 조작하여 엘리베이터에 탑승하여 올라가는 시간
> ⑤ 엘리베이터에서 내려 화점을 찾고 접근하는 시간
> ⑥ 직하층 옥내소화전에 호스와 관창을 연결하여 화점층으로 연장하는 시간
> ⑦ 정확한 화점 발견을 위해 연기가 가득 찬 곳을 인명 검색하는 시간
> ⑧ 만약 수십~수백 개의 구획공간이 있을 경우 이곳을 인명 검색하는데 걸리는 시간 등 일반화재에서 보기 어려운 반응시간 지체사유가 발생한다.

④ 건물설비시스템

고층건물화재 진압에서 가장 중요한 성공 요인은 소방시설을 포함한 건물설비시스템이다. 24 위

1971년 크리스마스 날 (서울) 대연각호텔 화재는 피난계단이 폐쇄되어 대참사가 발생(사망 163, 부상 63명)하였다.

⑤ 통신

화재현장에서의 통신(의사소통)은 필수적이다. 화재진압대원들은 인명검색과 구조활동 임무를 맡은 대원들과 통신해야 한다. 건물 내에 진입한 팀은 현장지휘소와 통신해야 하지만 **강철구조로 된 고층건물은 무선통신이 어려운 것이 일반적이다.** (*^^ 통신감도, 전파 교란으로) 24 위
- 소방통신이 불가능한 초고층건물에 대한 통신감도 조사와 함께 통신이 불량한 층에는 소방무선통신이 가능하도록 보조안테나를 설치하도록 해야 한다.

- 뉴욕소방본부에서 실험한 고층빌딩 통신감도 실험에서 65층까지만 무선통신이 가능하다는 것이 밝혀졌다. 이에 따라 뉴욕 소방본부는 초고층건물에 소방무선통신이 가능하도록 중계설비를 구비하였다.

⑥ 창문(Windows) 24 위

소방전술적 관점에서 고층건물은 **창문이 없는** 건물로 간주되어야 한다. 건물의 문은 닫혀있고, 문을 열기 위해서는 열쇠가 필요하며, 유리가 매우 크고 두꺼워 파괴가 어렵고, 고층으로 인한 압력차 때문에 유리를 파괴할 경우 강한 바람의 유입으로 위험하기 때문이다.

- 고층건물 구조는 사실상 지하실처럼 폐쇄되어 있기 때문에, 화재로 인한 열과 연기가 내부에 갇혀 있는 상태에서 창문을 파괴하거나 개방할 경우 굴뚝효과를 유발시켜 강렬한 짙은 연기가 상층으로 급격히 확산될 수 있으므로 **창문개방을 통한 배연작전은 매우 신중하게 해야 한다.**

⑦ 내화구조

대부분의 고층건물은 건축법상 내화구조의 건축물로 분류되지만, **소방전술적 관점에서는 더 이상 내화구조의 건축물로 보기 어렵다.** (* ☞ 이유: ⑤ ⑥ ⑧번의 상황 등으로) 24 위

- 내화구조는
석유화학물질이 가미된 생활가구, 가연성 인테리어 구조, 공조시스템에 의한 층별 관통구조 등 현대사회의 고층건물은 더 이상 내화구조의 건축물로 보기 어렵다.

⑧ 중앙 공조시스템

현대사회의 고층건물이 내화적이지 못한 이유 중 하나는 ➡ **공조시스템**의 존재이다.
공조시스템의 배관과 통로가 벽, 바닥, 천장을 관통한다 / 고층건물화재에서 종종 **층별** 또는 **구획간 화재확대는 공조시스템을 통하여 확대되는 경우가 많다.**

- 최근의 고층빌딩은 공조시스템을 설치할 때 유사시 화재확대를 막기 위해 방화댐퍼를 설치하도록 하고 있어, 이에 대한 정상작동여부를 사전에 점검하고 확인하는 것이 중요하다.
그러나 화재(연기)감지기와 연동되어 비상시 공조시스템을 차단시키는 기능을 하는 **방화댐퍼**는 화재탐지기가 생략되어 있거나 잘 작동 되지 않는 경우가 많다.

(2) 고층건물 화재 환경의 위험성 ☆ 16 경기장, 17 위

① 일반적인 화재진압상의 위험성 외에도 건물구조상 **특별한 위험**이 산재하고 있다.

> ✪ 복잡성, 다양한 건물시스템, 유리 파편, 엘리베이터, 붕괴낙하물체, 공기흐름의 불안전성, 광범위하고 복잡한 구획 공간 등

② 엘리베이터를 사용할 때 발생하는 사고
  ㉠ 대표적 순직사고는 화점 층을 잘못 파악하였거나 바로 아래층에서 내릴 때 승강기 문이 열림과 동시에 화염이 대원들을 덮치는 경우이다. 따라서

> ✪ 엘리베이터를 사용하여 화점층으로 진입할 경우 반드시 고려해야 할 사항으로 ☆ 14경남, 16강원
> ① 첫째, 화재가 난 층수를 "정확히" 알아야 한다.
> ② 둘째, 화재발생 층으로부터 **2개 층 아래**에서 내려 계단을 통해 진입해야 한다.
>   – 한 개 층 아래에서 내리는 것으로는 안전을 확보하기에 불충분하다.

  ㉡ 화재가 발생한 층의 승강문이 개방된 상태에서 엘리베이터 사용 중 통로 중간에 멈춰서 갇히는 경우 및 **개방된** 엘리베이터 통로에 방향을 잃은 소방대원들이 **추락하는 경우**

③ 그 외에 쓰레기 배출통로, 케이블 통로, 공기정화 통로 등이 존재로 인한 문제점
④ 고열로 인한 **바닥균열** 등으로 심할경우는 붕괴되어 화재가 아래층으로 확산되기도 한다.

> ✪ 고층건물 바닥의 철골구조는 보통 5~7.5cm의 콘크리트로 덮여 있는 **파형강*(Corrugated Steel)** 이 내장되어 있다. (*^^ 파형강: 나선형태로 파형(파도형태)을 주어 원형관을 싼 강관)
> 강철과 콘크리트바닥의 조합으로 된 철골구조는 형강보(Steel Beam)*에 의해 지지된다.
> ✪ 화재로 발생한 열이 천장을 파괴하고 파형강의 위·아래에 열을 가할 때, 위에 있던 콘크리트는 경계선에서 갈라져 위로 휘고, 형강보가 비틀어지면서 바닥 부분이 약화된다.

⑤ 콘크리트 폭열현상(Spalling failure)으로 천장의 보드나 판넬을 지지하고 있던 철 구조물이 뽑히면서 천장 보드가 붕괴되거나 박리*된 콘크리트 덩어리가 떨어지면서 화재가 확대되거나 순직사고가 발생되기도 한다.

폭열현상 13 울산교	콘크리트, 석재 등 내화재료(耐火材料)가 고열에 의해 내부 습기가 **팽창**되면서 균열이 일어나 박리(薄利)되는 현상으로 화재 시 콘크리트 구조물에 물리적, 화학적 영향을 주어 파괴되는 현상을 말한다. 일반적으로 300℃ 이상에서 발생한다.

⑥ 건물구조의 복잡성으로 인명 검색할 때 출입구를 찾지 못하거나 **통로를 잃어버릴 위험**이 있다. 이때는 반드시 안전로프를 사용해야 한다.
⑦ 화점 부근의 650~750℃에 달하는 높은 농연온도는 굴뚝효과로 인해 고층에서부터 차츰 아래로 쌓여 내려오는 **성층*화**를 형성하여 고층건물 중간 또는 전 층에 체류할 수도 있다.
⑧ 질식사가 대부분을 차지하게 되는 원인이며 고온일 경우 소모성 열사병도 자주 발생한다
⑨ 고층건물의 밑폐된 환경은 소방대원들에게 큰 위험요인 중 하나이다. 교대조가 필요하다.

---

* 박리(剝離)현상: 벗김, 벗겨짐.(*^^ 폭열 등으로 콘크리트가 수분이 열팽창으로 양파껍질처럼 떨어져 나오는 현상.)
* 성층(成層): 겹쳐서 층을 이룸 또는 그 층.   * 형강보: H형강, I형강, U자형강 등을 단독으로 사용한 보
* 터널효과: 입자가 자신이 갖는 에너지보다는 높은 장벽을 어느 확률로 뚫고 나가는 현상.(p.209 측면공격 중에서)

3 고층건물 화재진압 전술** ☆ 13 충북교·장, 16 소방장, 17 소방장, 위, 21 위

(1) 진입전술 일반

내용	옥상으로 피난한 사람은 상황에 따라 헬리콥터로 구출한다. ① 화점층 및 화점상층의 인명구조 및 피난유도를 최우선으로 한다. - 선착대는 방재센터로 직접 가서 화점층의 구조대상자 유무, 소방설비의 작동상황, 자위소방대의 활동상황, 건물내부 구조 등 상황을 확인한다. (* 방재센터: 소방안전관리자 등 근무실) - 현장지휘관은 선착대장 및 관계자로부터 청취한 정보 등을 종합적으로 분석 판단하여 연소저지선, 제연수단 및 소화수단을 결정한다. ② 다수의 피난자가 있는 경우에는 피난로 확보를 위해 소화활동을 일시중지하고 방화문을 폐쇄하여 연기확산 방지조치를 취하고, 특별피난계단과 부속실내의 연기를 배출(크리어존, clear zone)한다. / 피난시설의 활용은 옥내특별피난계단을 사용하고, 피난장소는 화재발생지역 <u>위 아래로 2~3층 정도</u> 떨어진 지역으로 거주인원 이동시킨다. (다수 피난자이니까) ③ 1차 경계범위는 해당 화재구역의 <u>직상층</u>으로 한다. 직상층이 돌파될 우려가 있는 경우는 그 구역 및 그 구역 직상층을 경계범위로 하고 순차적으로 경계범위를 넓힌다. ☆ 17, 21위 ④ 화점층이 고층인 경우 ➡ ☆ 16 경기교 　소방대 진입은, 엘리베이터 사용이 안전하다고 판명되는 경우 화재층을 기점으로 2층 이하까지 이용하고, 화점층으로 진입은 옥내특별피난계단을 활용한다. ⑤ 발화층이 3층 이상인 경우에는 ➡ 　원칙적으로 연결송수관을 활용한다. 건물에 설치되어 있는 연결송수관의 송수구 수에 따라 연결송수관 송수대, 스프링클러 송수대를 지정하고 필요한 경우에는 보조펌프도 활용한다. - 내부 호스연장은 소방대 전용방수구에서 2구 또는 분기하여 연장한다. ⑥ 배연수단을 신속하게 결정한다. 　 - 피난 완료시까지 특별피난 계단의 연기오염 방지에 노력한다. ⑦ 방화구획, 개구부의 방화문 폐쇄상황을 확인한다. ⑧ 화점을 확인한 시점에서 전진지휘소를 "직하층"에 설치하고, ☆ 17위 　자원대기소를 전진지휘소 아래층에 설치하여 교대인력, 공기호흡 예비용기, 조명기구 등의 기자재를 집중시켜 관리한다. ⑨ 인명구조를 위해 사다리차 등의 특수차량도 효과적으로 활용하고, 외부공격은 지휘관의 통제에 따라 실시한다. ⑩ 화점층 내부로 진입한 진압대는 소방전용 방수구를 점령하여 진압한다. <u>경계대는 화점의 직상층 계단 또는 직상층에 배치한다.</u> - 진입대의 활동거점은 화점층의 특별피난계단 부속실에 확보하는 것을 원칙으로 한다. - 방수는 직사, 분무방수를 병행하며 과잉방수에 수손을 방지한다. - 초고층건물의 경우 소방설비의 규제가 엄격하므로 급격한 연소확대는 적다고 생각해도 좋다. ▶ 우측암기: 경화전자 　따라서 방수에 의한 소화활동을 함부로 성급하게 해서는 안 된다. ⑪ 활동은 지휘자의 지시를 원칙으로 하며 창 파괴나 문 개방은 신중하게 한다. / 옥상으로 피난한 사람은 상황에 따라 헬리콥터로 구출한다.

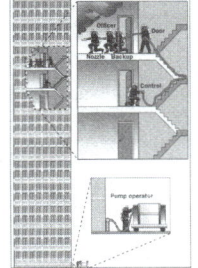

경계대
화점층
전진지휘소(공격팀)
자원대기소(교대공간)

| 고층건물 화재진압 |

(2) 주거용 고층건물의 소방전술

1970년대 이전까지만 하더라도 아파트형 고층건물보다 상업적 용도로 사용되는 고층건물이 화재진압 시 발생되는 위험성은 더 높은 것으로 알려져 있었다.

① 1990년대 이후 플라스터 보드, 방화유리 등과 같은 신개념 건축자재의 사용으로 외부 벽과 각 층 간에 틈새를 석고보드, 파우더 등으로 틈새를 통한 상층부로의 확대가 빈발하고 있다.
② 외부미관용 가연성 금속판의 사용과 각종배관, 전선이 통과하는 공간을 통해서도 화재가 확대하는 사례가 있어 오늘날 주거용 고층건물에서 외부 방화벽이 연소확대를 억제가 어렵다.
③ 그리고 소방대원들은 종종 건물의 담당자를 찾는 데도 애를 먹는다.
④ 복도는 수십 m 이상의 길이에, L자 또는 T자 모양이며, 한쪽 끝이 막힌 막다른 통로인 경우가 많으며, 어떤 곳은 창문이 없는 밀폐식 구조이다.
⑤ 화점 층 복도 내에 있는 소화전 점령이 어려운 경우 <u>직하층</u> 소화전에 호스를 연결하여 상층부로 진입해야 한다.

■ <u>주거용 건축물의 복도는</u> (* 중요도 낮음)
① 수십 m 이상의 길이에, 복도는 또한 L자 또는 T자 모양이며, 대부분 한쪽 끝이 막힌 막다른 통로인 경우가 많으며, 어떤 곳은 창문이 없는 밀폐식 구조를 가지고 있다.
② 복도는 연소되고 있는 호실의 문이 열림과 동시에 열과 연기, 불꽃이 밀려나오게 된다.
③ 복도 부분의 배연이 불가능한 경우 복도는 오븐과 같은 역할을 한다. (* 오븐: 오븐렌지)
④ 연소 중인 호실의 아파트 문이 타기 전에, 소방대원들은 복도를 평가한 후
  ㉠ 배연이 가능한가? ㉡ 출구는 어디인가? ㉢ 호스연장팀은 준비가 되었는가? 를 확인하고 플래시오버현상, 백드래프트, 롤오버현상 등 돌발사태에 따른 대비를 한 후 진입을 시도한다.
⑤ 주거용 고층건물 중에 종종, 몇 개의 복도가 상호 연결되어 있고, 그에 따라 배관연결통로와 같은 공조시스템을 통해 화재가 확대될 수 있다. 이 경우 공조시스템을 <u>폐쇄</u>하는 것이 매우 중요하므로 이와 같은 상황이 발견하면 현장지휘관에게 알려야 한다.

■ <u>고층건물 화재시 치명적 위험성</u>의 농연으로부터 안전을 확보하기 위한 <u>6가지 수칙</u>은 다음과 같다.
① 화재발생 층으로부터 2~3층 아래 엘리베이터에서 내려, 계단을 통해 화점층에 진입하고, (치명적 위험이니) 유사시 신속한 후퇴상황에 대비하여 계단위치와 대피방향에 대해 사전에 확인한다.
② 복도의 배치구조를 확인한다
③ 강제 진입 시, 유사시의 긴급대피에 필요한 인근 호실(내화조 구획공간)로의 접근권을 확보한다.
④ 진압팀(관창수)이 화점에 접근할 수 있을 정도 호스연장팀이 호스를 충분히 끌어놓았는지 확인한다.
⑤ 강제진입과 동시에 진입한 출입문을 장악하고 통제한다.
⑥ 열과 연기가 심하지 않은 소형 화재의 경우, 아파트(각 호실) 내부를 인명검색 할 경우 1명 이상의 대원을 반드시 복도에 배치해 두어야 한다.
  - 이때, 복도 배치요원은 화재상황이 갑자기 악화될 경우 각 아파트(각 호실) 내부에 있는 인명검색 대원들의 긴급대피를 유도하고, 복도에 연기와 열이 가득 차는 것을 막는 복도 배연임무를 맡게 된다.

○ 보충: 비교(공간 이용)
• 상기 <u>치명적</u> 농연에서 안전확보 ➡ 화재발생 층으로부터 <u>2~3층 아래</u> 엘리베이터에서 내려서
• 이전p ②번 <u>다수 피난자가 있는 경우</u> ➡ 화재지역 <u>위 아래로 2~3층</u> 정도 떨어진 지역으로.
• 이전p ④번 화점층이 <u>고층</u>인 경우 ➡ 화재층을 기점으로 비상용엘리베이터 <u>2층 이하</u>까지 이용!.

(3) 고층건물 화재진압 전략(5가지)* ▶ 정측방공외 ☆ 14 부산장 15 울산장, 24 교, 장 등

(1) 정면공격	① 정면공격은 고층건물 화재에서 가장 흔하고 성공적으로 사용되는 전략이다. ② 화점층 진입통로를 따라 호스를 전개하여 직접적으로 진압하는 공격적 전략이다. ③ 고층화재 사례 중 95% 정도는 이와 같은 정면공격전략에 의해 진압된다.
(2) 측면공격*	① 측면공격은 고층건물 화재에서 두 번째로 흔한 전략이다. ② 정면공격이 실패한 경우 적용할 수 있는 유용한 공격 전략으로 입증되고 있다. 　❂ 만약 굴뚝효과나 창문을 통한 배연작업이 개시될 때 발생하는 강한 바람에 화염이 휩쓸려 정면공격팀(1차진압팀)을 덮치거나 덮칠 우려가 있을 때 매우 유용하다. ☆ 24 교 　❂ 측면공격은 정면공격이 시행되고 있는 동안 (측면에서) 보조적 수단으로도 실행될 수 있다. 　❂ 이때에는 상호 교차방수에 의한 부상이나 안전사고가 발생하지 않도록, 두 팀 상호간의 긴밀한 의사소통이나 팀워크(Teamwork) 유지를 위한 지휘조정이 필수적이다. 　❂ 1차 정면공격 시 문이 열리거나 창문이 깨질 때 굴뚝효과와 창문으로 급속한 공기의 유입으로 터널효과*가 일단 형성되고 나면 보통 처음 형성된 방향이 그대로 유지된다. 　　- 터널효과에 따른 화염 위협은 측면공격을 시작하기 위해 다른 문이나 창문을 개방할 때마다 문제가 될 수 있으므로 항상 터널효과를 고려한 공격과 후퇴 준비가 필수적이다. ③ 측면공격은 인명검색을 하고 있는 대원이 비교적 열과 연기로부터 자유로운 두 번째 접근통로를 발견했을 때 선택적으로 사용할 수 있다. (* 터널효과: 쎈 장벽을 뚫고 나가는 현상) ④ 개방형 층계 구조로 된 오피스텔용 고층건물과 각 층의 모든 지점을 두 방향에서 접근할 수 있는 주거용 고층건물화재에도 측면공격전략이 이용될 수 있다. 　❂ 그러나 단일(한방향) 접근통로의 주거전용 고층건물의 경우 측면공격은 거의 사용할 수 없다.
(3) 방어적공격	① 고층건물에서 스프링클러에 의한 진압이 실패하고 정면공격, 측면공격 모두 실패했다면 제3의 선택전략은 방어적 공격전략을 취하는 것이다. ② 이는 화재진압보다 확산방지에 주력하는 전략을 의미하며 출동대는 화재발생 층에 있는 모든 가연물이 소진될 동안 계단을 통제하는 것이 핵심사항이다. 　❂ 각 층 연소물이 소진되는 시간은 가연물의 양에 따라 대게 1~2시간 이상 걸린다. 　❂ 계단실 일반관창을 호스에서 분리한 휴대용 일제방사관창은 화염에의 접근성을 높이고 소수의 인력으로 운용할 수 있는 장점이 있으나 일반관창을 사용할 때 보다 더 높은 압력을 유지해야 한다. ③ 공격적 방어 전략에서 성공여부는 건물 자체의 내화성에 달려있다.
(4) 공격유보	① 공격유보 전략은 심각한 화재상황이 진행 중이며 화재가 통제될 수 없다는 판단이 내려질 때 이용되는 전략이다. (*^^ 유보: 보류) 24 장 　❂ 많은 사람이 화점층 위에서 아래로 대피하는 동안 아래층 대원이 화점층에 진입할 때 문틈으로 연기와 열이 계단실로 일시에 유입되는 상황에서는 무리한 진입공격이 이루어지면 안 되고, 인명검색팀이 화점층을 검색할 필요가 있을 경우에는 검색팀이 진입즉시 출입문을 닫아야 한다.
(5) 외부공격	① 고층화재에 대한 통계적 조사에 따르면 화재발생시점이 일과시간 이후이거나 진압작전이 가능한 저층부분에서 더 많이 발생한다. ② 사다리차의 용도는 인명구조가 우선이고 그 후 외부공격에 대한 지휘관의 지시가 있을 경우에만 외부공격에 합류해야 한다. / 화점 층이 사다리차 전개 높이 아래이거나, 내부 정면공격과 측면공격이 실패한 경우, 즉시 외부공격을 시도해야 한다. 　❂ 외부 방어적 공격에 사용되는 사다리차 전개각도는 75도이다. / 공격지점에 대한 수평적 유효 방수거리를 최대화시키기 위해서는 관창의 조준 각도를 32도가 되게 해야 하며, / 수직으로 최대의 유효 방수거리를 유지할 수 있도록 관창의 각도를 75도가 되도록 해야 한다. / 이와 같은 조건 하에서 외부공격에 사용되는 고가사다리차의 유효 방수 도달거리는 13층~15층이다

- 고수(공간방어)전략(Defend-in-place strategy)　★ 16 전북장, 부산교
  고층건물 화재 시 모든 거주자들이 안전 신속하게 대피하는 데 곤란한 경우의 사용 전략이다.
① 화재가 특정 공간(장소) 범위 안에서 제한될 수 있는 건물구조를 가지고 있을 것.
② 거주자들 모두 해당 공간(건물) 내에 머무르라는 현장지휘관의 명령을 듣고 따르거나 통제가 가능하다는 확신이 있을 것 등이다. (*^^ ①② 제한된 건물구조에서 지휘관 통제에 따를 수 있는 조건)
- 위 2가지 조건을 충족시키기 위해서는 초기에 건물구조 상황판단, 비상방송시스템의 정상적 작동, 무선통신, 기타 특정공간 내에서 화재를 억제할 수 있는 전술적 환경이 충족되는 등 신중한 지휘판단이 필요하다.
- 대피로 인한 대량 인명피해위험성이 공간방어전략에 의한 위험성보다 <u>클 경우</u>로 한정하여 적용한다.
- 위 전략을 위해 스프링클러시스템과, 화재진압 후 연기배출의 제연시스템도 정상 작동되어야 한다.

4　고층건물 화재의 주요확산 경로(4가지)*　★ 오답: 화재노출　★ 14 부산장, 15 울산, 16 부산교

(1) 자동노출	• 고층건물화재에서 수직 확산의 가장 흔한 원인은 창문에서 **창문으로의 확산경로**이다. 이와 같은 화재환경을 "자동노출"이라 한다. 일반적으로 화염에 의해 화점 층 창문에서 옆 또는 상층부 창문으로 비화되거나 유리가 파괴 또는 프레임이 녹게 된다. ◎ 화염이 상층부로 확산될 위험성이 있거나 확산 중일 때 상층부의 구획공간 조치 사항은 ① 현장지휘관에게 보고 ② 창문쪽 외부 철재셔터 폐쇄 ③ 창문 폐쇄, ④ 연소가능 물질 제거 ⑤ 내외부에서 창문부근 방수 ⑥ 창문쪽 스프링클러 작동이나 연결송수관을 통한 방수를 시작한다.
(2) 커튼월	• 고층빌딩 외벽이 커튼월로 시공된 경우 하층부에서 꼭대기 층까지 건물 전체 표면에 걸쳐, **커튼월과 벽 사이 공간을 통해 화재를 상층부까지 확대시키는 매개체**가 될 수 있다.
(3) 다용도실	① 수직통로(Shafts)가 고층건물의 각 층을 관통하여 꼭대기 층까지 연결되어 있다. ② "다용도실(비품실)"이라 불리는 이 작은 (수직)연결통로를 통한 연소확대가 확대된다. (* 1993년 월드트레드컨트럴에서 발생한 화재는 11층 루버 구멍을 통해 불꽃이 유입되어 절연체를 점화시키고, 41층까지 확대된 사례가 있음.) (* 루버: 빗살로 된 통풍구 등)
(4) 공조덕트	① 각 층의 주변부에 공기를 공급하는 덕트(Ducts)는 각 층을 관통한다. 종종 덕트가 상층부로 화재가 확대되는 통로가 될 수 있으며, 각 층에 화염, 연기를 유입시킬 수 있다. ② 검색임무에 투입된 대원들은 각 층에 있는 공조덕트의 천장 <u>배기구</u>를 확인하여 연소확대를 확인한다. - 배기구는 보통 각 층(또는 각 실)의 중앙 부분에 위치하고 있다.

5　고층건물 화재의 인명검색과 구조

상층부 화재확산 여부 검색	① 화재상황을 확인한다. ② 화점층 진압팀이 화재를 진압할 수 있는지 판단한다 ③ 그것이 불가능하다면, 상황이 변할 때까지 대기한다. ④ 대기할 경우 이 결정을 담당 지휘관에게 보고해야 한다. ⑤ 상층부로 갈 때, 화염과 연기가 없고 화점층 진압팀이 이용하지 않는 계단을 이용한다. ⑥ 대피로가 차단될 상황을 인지하고 통보할 수 있도록 각 층에 상황감시 대원을 배치한다. ⑦ 도끼 또는 기타 강제 진입도구를 가지고 올라가야 한다. ⑧ 투입할 때와 대기위치로 복귀한 경우 담당 지휘관에게 보고한다. ⑨ 구명로프, 무전기, 렌턴 등을 휴대하고 진입한다.

상층부 인명구조 검색	"상층부 인명구조검색"에서 초기 대피에 실패하는 이유는 다음과 같다. ① 첫째 연기감지기가 작동되지 않아 근무자가 화재발생 신호를 인지하지 못하거나 스프링클러가 작동되지 않아 소방대가 현장에 도착할 때 이미 불은 통제할 수 없을 정도로 전 층으로 확대되어 대피시점을 놓치는 경우를 들 수 있다.(기계적 결함) ② 둘째 거주자가 계단이 어디에 위치하고 있는지 모르거나 어떤 화재대피 훈련도 실시되지 않았다는 점이다.(인적 결함) - 고층건물 화재 시, 인명구조를 위한 전술적 접근방법에는 ① 첫째 접근 가능한 층에서의 구조방법으로 소규모의 화재이거나 하나의 구획공간에 제한되어 있을 때, 짙은 연기의 확대를 막고 그 층에만 짙은 연기가 체류하도록 하는 것과, ② 둘째 화염, 열, 연기로 인해 그 층에 접근할 수 없을 때 이용되는 방법이 있다.
검색팀 배치	① 1차 검색이 끝나고 2차 인명검색 때는 충분한 인력을 배치해야 하며, 전체적인 지휘통제 하에 조직적으로 수행한다. (* 1차검색: 화재 진행 중 신속히 하는 인명검색) ② 전체적 지휘통제를 위해서는 건물설계도(평면도)를 확보하고, 검색구역 나누기, 구역별 대원배치, 특별검색이 필요한 장소의 결정, 열쇠 확보 등 사전 준비가 필요하다. - 배연을 위해 송풍기, 창문개방, 공조시스템 가동 등 모든 수단을 활용하고 휴대용랜턴을 통해 최대한의 가시성을 확보한다. / 현장지휘관은 지속적인 모니터를 해야 한다. ③ 2차 인명검색 시 가장 중요한 상황분석활동으로는 건물관리인으로부터 정보를 획득하는 것이다. 실종자의 이름, 일하는 장소, 마지막으로 목격된 장소는 필수정보이다. - 로비에 있는 경비직원은 보통 건물 안에 있는 모든 사람의 등록증을 가지고 있다. - 획득한 실종자 정보는 해당구역을 검색하는 대원에게 알려준다. ④ 검색구역을 나눌 때 에는 각 층을 반(1/2) 혹은 1/4로 나누어 대원들을 할당하는 것이 지휘통제범위가 명확하고 검색팀의 책임범위가 명확하여 효율적인 일반적 검색방법이다. ⑤ 인명검색을 할 때에는 대피자들이 탈출할 때 보통 문을 잠그지 않는다는 것을 기억한다. 검색시간이 오래 걸리거나 촉박하여 우선순위를 정한다면, 최우선적으로 출입문이 잠겨있는 문을 먼저 확인한다. 만약 창문이 깨져 있다면, 누군가 뛰어내렸을 수도 있다.

Check Point 고층건물 화재 시 전술적환경 8가지와 그 요약 ☞ p.204~205 내용

① 건물 높이로 인한 전술적 제한 - 만약 사다리가 닿지 않는 고층화재의 경우 사다리를 통한 구조활동이 불가하므로 인명검색과 구조는 내부 계단에 의해서만 가능하다는 점.
② 넓은 구획의 건물구조로 인한 전술적 제한 - 화세보다 현재의 소방력이 부족한 경우 화점 구획을 진압하기보다 화재확대를 방지하는 것이 최상의 전략
③ 반응시간 - 다른 화재에 비해 고층건물 화재 시 반응시간은 매우 느리다.
④ 건물설비시스템 - 진압활동에서 가장 중요한 성공요인은 소방시설을 포함한 건물설비시스템이다.
⑤ 통신 - 강철구조로 된 고층건물은 무선통신이 어려운 것이 일반적이다.
⑥ 창문(Windows) - 고층건물은 창문이 없는 건물로 간주되어야 한다
⑦ 내화구조 - 소방전술적 관점에서는 더 이상 내화구조의 건축물로 보기 어렵다.
⑧ 중앙 공조시스템 - 현대사회의 고층건물이 내화적이지 못한 이유 중 하나는 공조시스템 존재이다
▶ 암기: 높고넓은 내건반 통창중   (*^^ 20년 장시험에 종류가 출제)

제6절 차량화재진압

1 차량화재 성상

자동차화재 (일반도로)	① 발화는 전기계통이나 연료계통의 고장 외에 충돌 등 여러 가지가 있다. 연료에 인화하거나 적재화물에 연소하기 쉬운 물건이 있으면 급격하게 연소가 확대 된다. ② 도로상이나 공지, 주차장 등의 발생 장소, 버스 등 다수의 승차인원이 있는 경우, 트럭의 운반물의 종별 등에 따라서 화재상황은 다양하다.
자동차화재 (고속도로)	고속도로 화재의 발생건수는 비교적 적지만 연쇄충돌 등 2차 재해발생 위험성이 매우 높다.
궤도차량 화재	궤도차량으로서는 화차, 탱크차, 전기, 디젤의 각 기관차, 모노레일, 케이블카, 로프웨이(ropeway) 등도 있지만 여기서는 가장 많이 이용되고 있는 열차(전동차)를 대상으로 한다. ① 철도차량 그 자체는 불연재로 만들어지고, 내장재도 난연성 물품으로 만들어져 있다. - 그러나 수용물품 등이 연소하면 내장재로부터 다량의 연기가 발생된다. ② 이동하면서 불특정 지점에서 화재가 나므로 차량소화기 이외에는 소화용설비는 없다. ③ 역 이외의 장소에서 발화한 경우 피난에 혼란이 따른다. 특히 고압선로 또는 철교 위, 터널 내인 경우는 궤도 위로 피난하여야 하므로 위험성이 높다.
지하철 화재	① 역에서 발생한 화재는 공기유입에 의하여 연소는 활발하게 된다. 화재의 연기는 지상 통풍구로 배연되기 때문에 배기측에서의 진입은 곤란하게 된다. ② 터널 내의 지하철 화재도 연기의 발생량이 많고, 게다가 사고 상황을 역쪽에서도 파악할 수 없는 경우가 많으며 화재확인에도 시간이 걸린다. 또, 승객의 인명위험도 크고 특히 러쉬아워에 발생한 경우에는 대혼란이 예상된다.

2 진압활동

자동차·버스 화재진압	① 인명구조를 위한 선착대는 가능한 차량에 접근하여 비상구의 개방, 창유리의 파괴를 하고 **차내에 고속분무방수**를 한다. (*^^ 차내에는 직사로 인한 압력 때문에) ② 후착대는 반대쪽에서 진압한다. 차량이 소형인 경우에는 승차원의 위치에서부터 불을 따라가면서 포위되도록 **분무방수**를 하면 효과적이다. ③ 방수로 소화하는 경우든, 소화기로 소화하는 경우든 본네트(bonnet)나 도어를 개방하지 않으면 연소실체에 대한 소화효과는 없으므로 주의한다.
궤도차량 화재진압	① 전동차, 궤도차, 기차 등 열차 화재의 경우 선착대는 철도의 운전지령센타와 연계하여 전원차단 및 후속차량의 운행정지를 확인한다. ② 나아가 호스 1본을 연장하여 분무방수로 승객에 대한 엄호방수를 실시하고 창, 도어의 부분 파괴 또는 수동으로 도어를 개방하여 내부로 진입한다. ③ 다른 출동대는 **연소중인 차량의 앞·뒤에서 공격적 방수**를 하여 일시에 진압한다. ④ 인접차량에 연소위험 시 **풍하측** 차량을 분리하거나 연결부에서 화세를 저지한다. ⑤ 차량을 분리할 경우에는 선로의 경사에 의한 폭주, 기타 2차 재해를 일으키지 않도록 주의해야 한다. 터널 내부에서의 열차화재는 농연, 고열, 화재가스가 충만하므로 급기측에서의 진입 및 유도가 원칙이다.

유조열차 화재진압	유조열차 화재는 충돌, 전복, 방화 등에 의한 화재이다. 이 경우에는 **포 소화약제**로 주위의 화세를 제압하고 하수구 등으로의 유류 유입을 저지한 후 차례로 범위를 축소해 간다. (*^^ 세계적으로 유류화재는 재발화방지의 질식효과로 분무보다 포를 우선적으로 사용한다)
지하철 화재진압	① 화점이 전동차인가 역 내인지를 확인하고 행동하는 것이 필요하다. ② 지하철의 운행 규칙에서는 터널 내에서 전동차 화재가 발생한 때에는 진행방향 직근의 역까지 운행하도록 되어 있다. ③ 그러나 송전차단이나 탈선 등으로 정지하는 경우도 있으므로 위치를 추정하여 진압방법을 결정한다. 진입할 때는 다음과 같은 방법으로 한다. 　㉠ 지상과의 통로는 연기의 배출구(배연구) 또는 공기의 유입구(급기구)로 되므로 터널의 고·저를 생각하여 연기의 분출이 없는 쪽에서 진입한다. 　　- 단, 연기 중에 구조대상자가 있는 것이 예측될 때는 배기구 측의 검색도 필요하다. 　㉡ 역 구내인 경우라도 일반적으로 배연 설비는 없다. 구내의 연기는 공기통로에서도 분출되고, 터널 내부나 역의 광장에도 가득 차게 된다. 　　- 터널의 급기측 공기통로를 이용하여 화재에 접근하는 방법도 있다. ④ 배연되지 않는 가장 가까운 공기통로로의 진입도 가능하지만 수직트랩 등을 이용하여 터널내로 진입할 수도 있으며, 조명기구 등을 활용하여 추락방지 등 안전을 확보한다.

 가십(gossip)

- 친구와의 약속을 어기면 友情(우정)에 금이 가고 자식과의 약속을 어기면 존경이 사라지며 기업과의 약속을 어기면 去來(거래)가 끊어진다. 자기 자신과의 약속엔 부담을 느끼지 않는다.
그러나 내가 나를 못 믿는다면 세상엔 나를 믿어줄 자 없으리라 본다.
뛰어가려면 늦지 않게 가고 어차피 늦을거라면 뛰어가지 마라.
후회할 거라면 그렇게 살지 말고 그렇게 살 거라면 절대 後悔(후회) 하지마라.
죽어버린 博士(박사)보다 살아있는 멍청이가 낫다.
그래서 자식을 아주 잘 키우면 國家(국가)의 자식이 되고,
그 다음으로 잘 키우면 丈母(장모)의 자식이 되고, 적당히 잘 키우면 내 자식이 된다는 말도 있다.
"Family"의 어원은 ……. 아버지, 어머니 나는 당신들을 사랑합니다.
즉 , Father And Mother I Love You " 의 첫 글자들을 합성한 것이다.

제7절 전략과 전술* ☆ 14 경기교, 19 소방장

1 전략과 전술의 개요

(1) 전략과 전술의 개념 (*^^ 국어사전 순)

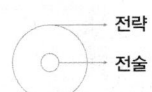

전 략	전 술
문제 상황에 효과적으로 대응하기 위한 기본방침(계획)으로 주로 <u>최상위</u> 현장조직(또는 지휘관)단위에서 적용된다.	전략적 방침(계획)을 실행하기 위한 구체적 방법으로 <u>최하위</u> 현장조직단위에서 적용된다.

(2) 전략의 유형* ☆ 13, 14 경기교

공격적 작전	화재 초기 또는 성장기에 건물 내부로 신속히 진입하여 초기검색과 화재진압이 이루어지는 형태로, 화재를 진화하는 데 초점이 맞추어진다. ❂ 이것은 주로 소방력(인원+장비)이 화세보다 <u>우세</u>할 때 적용한다.
방어적 작전	① 화재의 연소확대를 방지하는 데 초점을 맞추는 형태로, 내부공격을 할 수 없는 화재상황에서 장시간의 외부 대량방수를 통해 연소확대를 차단하거나 저절로 소화될 때까지 외부에서 방수하는 것을 말한다. ② 방어적 작전상황 하에서는 원칙적으로 소방대원이 발화지점에 진입하는 것이 <u>금지</u>되며, 주변통제가 중요시된다. ❂ 이것은 소방력이 화세보다 <u>약한</u> 경우와, 주로 화재의 성장기 또는 쇠퇴기에 적용된다.
한계적 작전	한계적 작전은 공격적 작전상황의 끝에 가깝고, 방어적 작전상황의 시작에 해당될 때 **적용되는 작전형태**로, 내부공격이 궁극적으로 효과적이지는 않지만 구조대상자의 안전을 위해 내부공격이 이루어지는 경우이거나 내부공격을 중단하고 외부공격을 해야 할 시점, 즉 전략변경이 요구되는 시점에 적용되는 전략형태이다. (* 공격과 방어가 연결시점) ❂ 한계적 작전상황 하에서는 공격적 작전과 방어적 작전이 동시에 이루어지는 것을 의미하지는 않으며, / 주로 외부에서의 방어적 작전을 준비 또는 대기하는 상황에서 인명구조와 연소확대 방지를 위해 내부공격이 필요한 경우가 그 예이다.

> ■ 범죄와 싸우는 경찰은 생명을 지키는 치안이고
> 화마(火魔)와 싸우는 소방은 생명을 구하는 영웅이다.
> 그들이 이 세상에 태어날 때 분명 어떠한 사명을 가지고 태어났을 것인데.
> 그렇지 그 사명(使命)! 그들은 그 훌륭한 사명으로 "Frist in, Last out!"
> 그 큰 보람과 함께 같은 하늘아래서 이 세상을 참되게 멋지게 살아가고 있다.~

(3) 전술의 유형**　☆ 11 서울장, 13 위, 경기장, 14 부산교, 경기교, 16 전북장, 19 소방교·장

포위전술	관창을 화점에 포위 배치하여 진압하는 전술형태. (*^^ 초기 진압 시 적합)
공격전술	관창을 화점에 진입 배치하는 전술형태. (*^^ 소규모 화재에 적합)
블록전술	주로 인접건물로의 화재확대방지를 위해 적용하는 전술형태로 블록(Block)의 4방면 중 확대가능한 면을 동시에 방어하는 전술이다. (*^^ 블록의 풍하쪽을 막는다)
중점전술	화세(또는 화재범위)에 비해 소방력이 부족하여 전체 화재현장을 모두 커버 할 수 없는 경우 사회적 경제적 혹은 소방상 **중요한 시설** 또는 대상물을 중점적으로 대응 또는 진압하는 전술형태를 말한다. / (*^^ 소방력이 부족할 때 주로 중요한 시설(예 기숙사, 남대문) 위주로 한다.
집중전술	소방대가 일시에 **집중적으로** 진화하는 작전으로 예 **위험물 옥외저장탱크** 화재 등에 사용된다.

■ 해설: 시설위주가 중점전술이고 / 분대위주가 집중전술로 생각하면 쉽다.　* 암기: 시중분(식)집

■ 참고: 블록과 포위전술의 요약 비교

블록전술	화점이 있는 블록(Block)을 기준으로 포위 진압하는 **방어적** 개념이다.
포위전술	화점을 기준으로 포위 진압하는 **공격적** 개념이다.

(4) 작전계획(공격계획)

① 전술적 우선순위 원칙

　작전계획(공격계획)은 전략(상위목표) 달성을 위해 수립되는 전술(하위목표)들의 총체적 우선순위에 의한 배열이다.

　전술들의 총체적 배열은 **인명구조 → 화재진압 → 재산보호**의 순으로 우선순위가 결정된다.

② 작전계획(<u>공격계획</u>)의 절차(기본적 단계)
　㉠ 상황평가 - 상황분석
　㉡ 전술적 접근법의 개발 - 기본적인 문제 해결방법 제시
　㉢ 전술적 필요의 판정 - 구체적 계획 (* 필요한 구체적 접근계획)
　㉣ 사용 가능한 자원의 판정 - 자원분석　/　㉤ 임무부여

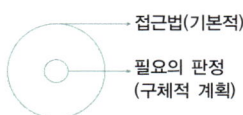

　　❋ ㉡㉢ 해설: 공격적 작전형태 하에서 <u>전술적 접근법의 예로는</u>
　　"초기검색과 구조작업의 완수를 <u>돕기 위해</u> 호스를 가지고 신속히 내부공격, 발화공간 내에서의 화재진압, 동시에 배연작업과 다락확인, 화재진압에 이어 재산보호활동 <u>실시</u>"를 들 수 있다.
　　이러한 전술적 접근법에 의할 때 <u>전술적 필요의 판정</u>은 "내부 호스공격, 초기검색의 <u>완수</u>, 화재진압, 다락의 확인, 재산보호활동 <u>개시</u> 등이 된다.

---

* 화점: 불난 지점　　　* 블록(Block): 건물에서 사각형의 구획을 뜻한다.

2 전략변경 시 고려 요소

- 건축물 화재진압에서 가장 흔하게 발생되는 전략선택의 실수는 공격적 모드와, 방어적 모드를 동시에 혼합하여 구사한다는 점이다. / 내부 진입공격을 하는 동안 외부에서 방수포를 이용한 공격을 하는 것은 종종 대원들을 위험에 빠지게 만든다.
- 내부에 있는 대원이 강력한 방수압(stream)에 의해 쓰러지거나,
  고압력 방수포의 방수에 따라 구조물이 붕괴되어 구조물에 깔리거나 갇히게 되는 경우도 있다.
- 내부 진입용 관창은 40mm를 기본으로 하며 1분당 1135ℓ의 물을 방수한다.(* 약 1톤)
  반면에 방수포는 1분당 1892ℓ 이상의 물을 방수한다. 이것은 1분 당 약 2톤 이상의 양에 해당되며,
  1초당 30m 거리에서 방수포 관창을 통해 나오는 2톤가량의 물은 굉장히 강력한 힘이다.
  - 이것을 부적절하게 이용할 경우, 천장 등을 무너뜨리고 연약한 벽돌 벽과 난간을 붕괴시킬 수 있다.
- 방수포에 의해 방수된 물은 흘러 넘쳐 건물 밖으로 흘러나오게 되며, 일부는 열에 의해 증발되지만,
  상당량의 물이 건물 내의 석고벽이나 천장, 바닥, 천에 흡수되고 마침내 건물 붕괴가 발생할 수 있다.

내용	
	① 대부분의 건축물 화재에서, 초기 화재진압은 대원들의 내부진입을 통한 공격적 진압활동에 의해 이루어진다(공격전략). / 이 공격적 전략은 건축물 화재의 95% 가량에 성공적으로 이용될 수 있다. / 이 전략이 실패하면, 현장지휘관은 내부진입 대원들을 철수시키고 방수포를 이용한 방어적 외부 진압에 의존하게 된다.(방어적 공격전략)
	② 방어적 외부 진압은 일시적 전략으로 이용되기도 한다.(*^^ 방수포가 방어적이라는 뜻) **방수포를 통해 화세가 어느 정도 꺾이고 나면 대원들이 다시 내부 진입을 통한 공격적 진압을 하게 된다.**(방어적 공격전략 후 공격전략)
	③ 방어적 외부 진압전략이 처음부터 끝까지 적용되는 경우도 있다. 방어적 외부 진입(방어적 공격전략)에 의해 화재가 완전히 진압된 후 건물 잔화정리와 내부 검색이 이루어진다.
	④ 내부 진입을 통한 공격 전략에서 방수포를 이용한 외부 방어적 공격전략으로 안전하게 전환하기 위한 4가지 필수요소는 다음과 같다. ㉠ 내부 (방면)지휘관과 외부 (방면)지휘관 간의 의사소통과 조정 ㉡ 내부 (방면)지휘관의 효과적인 대원 지휘·통솔 능력 ㉢ 현장지휘관의 방수 지시가 있을 때 즉각 방수할 수 있는 펌프차 방수포 담당대원의 배치 ㉣ 현장에서 불변의 우선순위를 이해하는 현장지휘관(인명구조➡ 연소확대 방지➡ 재산보호원칙)

- 건축물 화재에서 한 층으로 제한된 화재는 외부평가보다는 내부 상황평가가 가장 효과적이다.
  화재가 한 공간에 제한될 때 현장지휘관은 대게 내부 상황의 평가를 요구한다.
  그러나 지붕이나 다른 상층부로 연소확대가 이루어지면, 외부 상황평가가 가장 효과적이다.
  - 이때, 현장지휘관은 화재의 전체 상황을 외부에서 관찰하게 된다. 외부 평가를 통해 화재가 내부 진압으로 통제할 수 없다고 판단되면, 방수포를 이용한 외부 진압을 해야 한다. (*^^ 방어적 공격전략)
- 외부 진압 결정(방어적 공격전략)이 이루어지고 나면, 내부 (방면)지휘관은 내부 진입대원들이 철수하도록 한다. 방수포 공격이 일시적으로 이용되는 것이라면, 내부 진입대원들은 아래층으로 임시 철수하여 대기해야 한다. 그러나 장시간 방수포 공격이 이용되면 모든 대원들은 붕괴 위험구역을 벗어나 건물 밖으로 철수해야 한다.
- 굴절사다리차나 고가사다리차를 이용한 방수포 공격을 할 때 버킷(bucket)*의 위치는 방수포 공격에 의한 건물붕괴 위험을 예상하여 위험구역 밖에 위치하도록 조작해야 한다.

3 전략변경 시 조정·통제

내용	① 급격히 확대되는 화재 시 내부진압에서 방수포를 이용한 외부 진압으로 전략이 변경되면, 내부 진압 팀은 신속히 철수해야 한다. (*^^ 내부진입팀이 방수포로 인해 위험하니까) ② 특히 내부공격에서 외부공격으로의 전략변경은 내부 진입대원들이 얼마나 신속히 철수하여 공격의 공백시간을 줄여주느냐에 그 성공여부가 달려 있다. 이것은 ③ 현장지휘관이나 내부지휘관이 진입대원들에 대한 확고한 통제권이 있을 때 가장 잘 실행된다. ④ 방수포 공격을 시작하기 위해 현장지휘관은 ① <u>내부</u>지휘관, ② 방수포 관창수, ③ <u>운전요원</u>을 모두 접촉 또는 통신할 수 있어야 한다. 이들 모두는 <u>각자</u> 무전기를 구비하여야 한다

4 화재진압 우선순위*   ☆ 19 소방장 등

내용	① 공격에서 방어 모드로 전략을 변경할 때는 반드시 진압의 우선순위(생명보호 → 연소확대 방지 → 재산 보호)에 따라 행동해야 한다. ② 이것은 레시오(RECEO)원칙, 즉 인명구조 → <u>외부 연소확대 방지</u> → <u>내부 연소확대 방지</u> → 화점진압 → 정밀검색 및 잔화정리의 5가지 원칙으로 확장하여 이용되기도 한다. ③ 다층구조의 건축물 화재에서 위층에서 연소가 진행되고 있을 때, 일반적으로 내부 진입 공격이 이루어지며, 이때 화세 진압이 어렵다고 판단되면 방수포 등에 의한 외부 공격준비를 시작한다. ※ 인명구조 우선원칙에는 대원들의 생명도 포함되며, 화재 확대방지와 재산보호는 그 다음 순이다.

5 안전한 방수포 활용

① 굴절사다리차, 고가사다리차의 방수포 공격은 외부공격 전략에서 가장 효과적인 수단이다.
② 외부에서 방수포를 활용한 진압방식은 가장 흔하게 이용하는 방식이다.
③ 이것이 안전하게 이용되기 위해서는~
   ❶정확한 위치에 배치되고 ❷대원이 방수포와 차량조작법에 숙련되어야 하며 ❸지속적으로 물이 공급되어야 한다. - 만약 이러한 조건이 안 된다면 방수포는 위험한 공격 수단이 된다.

> ■ 방수포
> 1980년대 이후 개발된 소방차 방수포는 다음 3가지 측면에서 근대식 소방차 보다 그 효과성이 향상되었다.
> ① 우선 대규경의 관창이 개발되었고,
> ② 무전능력 향상으로 현장지휘관이 방수포를 직접적 통제 하에 좀 더 신속히 활용할 수 있게 되었다.
> ③ 가장 중요한 변화는 방수포(Master stream) 공격이 이제 더 이상 지상 공격에만 한정되는 것이 아니라 사다리차에 의한 공중공격이 가능해졌다는 점이다.

---

* 버킷(bucket): 사다리차 등의 끝에 붙어 사람이 들어가서 작업 가능한 통이다. 버킷은 양동이, 바케쓰라 불린다.

④ 방수포를 안전하게 활용하기 위해서는 다음의 방수포 공격의 8대 전술원칙을 고려한다.

(*^^ 아래 8가지를 참고하면서 화재를 진압하라는 뜻)

① 물의 무게	방수포는 1분 당 2~4톤의 물을 취약해진 건물에 퍼붓고 있다는 것을 기억한다.
② 건축물의 취약구조	화세가 어느 정도 성장한 단계에서 이들 시설물(부속시설 포함)에 대한 (방수포에 의한) 물의 대량방수가 이루어지면 붕괴위험이 매우 높아지게 된다.
③ 벽 구조물의 붕괴위험성	화세가 어느 정도 성장하고 나면 불안전한 블록 벽이나 벽돌 벽 등은 고온의 열기에 의해 취약해지게 되며, 이것이 방수포 공격을 받게 되면 고압의 물이 벽체를 붕괴시키고, 잔해물을 공중으로 날려 보내게 되는 등 위험요인이 상존하게 된다.
④ 방수포 가격 소리	농연에 의해 화염이 보이지 않는 화재의 경우, 방수포 공격의 효과성을 알 수 있는 방법 중 소리감각에 의존하는 방법이 있다. / 방수포로 방수되는 물이 벽돌 벽과 같은 딱딱한 벽체를 가격한다면 "후두둑" 물이 떨어지는 소리를 듣게 될 것이며, 목조 건물의 사이드 벽은 "두두둥" 소리 같은 드럼 소리를 만들어 낸다.
⑤ 근접 공격의 이점과 위험성	• 굴절사다리차나 고가사다리차의 방수포 공격의 가장 큰 이점은 일반 펌프차에 비해 화재실 창문 근처에 위치하여 화점을 직접 조준하여 공중에서 효과적으로 진압할 수 있다는 점이다. • 그러나 공중에서 근접하여 방수포로 공격하는 것은 연소 건물의 앞쪽 벽이 불안정할 때 치명적일 수 있다. • 그러므로 건물 붕괴의 위험이 있을 때 버킷(bucket)을 잔해물 추락에 의해 강타될 수 있는 곳에 위치시켜서는 안 된다. ↳ 양동이, 바케쓰 • 난간이 붕괴하면 버킷(bucket)에 있던 방수포 관창수는 압사할 위험이 높다.
⑥ 리모델링 건물의 위험성	개축, 소방용수 중인 벽돌 구조의 건물은 종종 내부 내력벽이나 칸막이가 제거된 채 공사를 진행하기도 한다. 이와 같은 건축물은 오직 4개의 벽돌 벽만 남겨져 있으며 이와 같은 상황에서의 방수포 공격은 매우 위험하다.
⑦ 측면공격	• 방수포 공격으로 맞은편 벽체 붕괴위험이 있을 경우에는 뒤쪽에 배치된 대원들은 건물 모서리 부분에 위치하여 측면공격을 시도해야 한다. (* ☞ 측면공격 이유 : 분당 약 1892ℓ 이상 물이 소비되니 시설물 붕괴 위험성으로) (∴ 방수포는 측면공격을 원칙으로 개념을 잡는다. 예) P.126 대규모건물 ③번) • 이러한 공격은 화점실 내의 방수 각도의 제한과 도달거리가 짧아지는 문제가 생기지만, 그럼에도 불구하고 벽이 붕괴되면 대원들의 안전은 확보 될 수 있다. • 또한 건물 붕괴를 고려하여 충분한 유격거리를 유지한 채 창문정면 공중에서 방수하는 방수포 공격은 그것이 덜 효과적이지만, 붕괴상황과 추락물로부터 안전한 공격방식이라는 점 때문에 많이 사용되는 공격방식이다. • 그러나 벽체 붕괴 위험이 없거나 근접 공중방수가 효과적인 화재진압을 위해 필요한 상황이라면 창문에 버킷(bucket)을 밀착하여 관창을 작동해야 한다.
⑧ 천장 붕괴위험	• 천장이나 지붕을 향한 방수를 할 때는 물의 흡수에 의해 천장의 전체 하중이 급격히 증가하는 반면에 화재 열기로 천장 지지대가 약해지는 상반된 상황이 주는 위험성을 고려해야 한다.

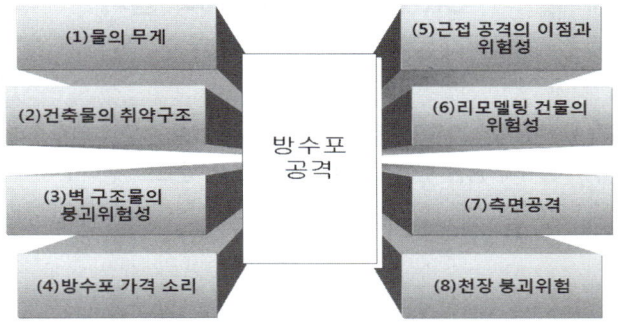

■ 방수포 공격의 8대 전술 원칙 ■*

(1) 물의 무게
(2) 건축물의 취약구조
(3) 벽 구조물의 붕괴위험성
(4) 방수포 가격 소리
(5) 근접 공격의 이점과 위험성
(6) 리모델링 건물의 위험성
(7) 측면공격
(8) 천장 붕괴위험

▶ 암기: 물건벽 소근리 측면천장

■ 방수포 공격 ■

 버킷(bucket) 본디 뜻과 유래~ (공간 이용)

기중기 등의 작업하는 기계의 끝에 붙어 흙, 모래 등을 퍼 올리는 통, 양동이.
중세시대 양동이 위에 올라서 높은 곳과 목에 밧줄을 감고 양동이를 차버리는 자살행위인 Kick the Bucket 에서 유래되었고, / Bucket list란? 죽기 전에 꼭 해야 할 일을 적은 리스트이다.
2007년 개봉한 할리우드 영화 〈버킷 리스트〉 이후 널리 사용 되었다. 즉, 암에 걸려 6개월 시한부 선고를 받은 두 노인이 병원 중환자실에서 만나 각자의 소망 리스트를 실행에 옮기는 내용의 영화였다.

5장 화재진압과 소방전술   OX(2진법) 개념 따라 잡기~

01 목조건축물 관창배치 우선순위는 화재의 뒷면, 측면 및 2층, 1층 순으로하며 / 바람이 있는 경우 풍하, 풍횡, 풍상의 순으로 하며 / 경사지 등은 높은 쪽, 횡, 낮은 쪽의 순으로 한다.( )

➡ 풍상(바람이 불어오는 쪽), 풍하(바람이 불어나가는 쪽), 풍횡(바람이 흐르는 옆쪽) / 옳은 설명이다.(*1절)

02 주택화재의 특성은 16시에서 18시까지가 가장 많고 심야에는 적은 편이다.( )

➡ 주택화재의 특성은 16시에서 18시(오후 4시~ 오후 6시)까지가 가장 많고 심야에는 적은 편이고, 소사자(불에 타서 죽은 사람)의 특징은 고령자, 노약자, 소아가 대부분이다. 옳은 설명이다. (*1절)

03 릴리프밸브에서 나는 소리가 커지거나 화염이 거세는 것은 탱크가 곧 폭발한다는 표시이다. 또한 인화성 액체나 기체 가연물 탱크가 화염 충격에 노출되었을 때는 릴리프밸브를 잠글 때까지 최대 유효 사거리에서 직사방수를 해야 한다.( )

➡ 릴리프밸브(relief valve)란 일종의 안전밸브인데 소리가 나면 안전하지 못하다는 뜻이다. 또한 인화성 액체나 기체 가연물 탱크가 화염 충격에 노출되었을 때는 릴리프밸브를 잠글 때까지 최대 유효 사거리에서 직사방수를 해야 한다.(※ 릴리프밸브 : 펌프차 또는 배관에 설치된 압력조절장치. 과도한 압력이나 온도 등을 완화시킴으로써 안전치 못한 조건의 발생 가능성을 사전에 제거하는 밸브) (*2절)

04 물은 유류 및 가스 화재를 소화하는 데 사용한다. 포(foam) 첨가제를 넣지 않은 물은 비중이 낮은 석유제품(휘발유 또는 등유)이나 알코올에는 특별히 효과는 있다.( )

➡ 휘발유, 알코올 등 비중이 낮은(물보다 가벼운 유류에 물을 뿌리면 불붙은 유류가 물보다 가벼워 물 위에 뜨기 때문이다. 비중이 낮은 석유제품(휘발유 또는 등유)이나 알코올에는 특별한 효과는 <u>없다</u>.(*2절)

05 제1류 위험물 중 알칼리금속의 과산화물에의 방수는 절대엄금이다.( )

➡ 제1류 위험물은 산소를 함유하는 물질로 "무기과산화물" 에 속해 있는 알칼리금속의 과산화물에의 방수를 하면 물과 반응하여 더 많은 산소가 발생되어 주위 연소를 확대시킬 수 있는 이유이다.(*2절)

06 제4류의 위험물은 공기보다 무거운 가연성 증기를 발생하여 액온이 인화점 이상인 경우에는 불티나 화재 등의 작은 화원에서도 인화한다.( )

➡ 제4류의 위험물의 액체는 불에 타지 않는다. 뜨거운 열에 의해 공기보다 무거운 가연성 기체(증기, 증발된 기체)를 발생하여 액면 위로 날아가지 않고 액면(액체의 면)에서 체류하면서 타는데, 액온(액체 온도)이 인화점 보다 높은 경우에는 불티나 화재 등의 작은 화원에서도 곧 인화하게 된다.(*2절)

정답 ○ 01. (O) 02. (O) 03. (O) 04. (X) 05. (O) 06. (O)

07 BLEVE란 액화가스 폭발로 주로 기상부 강철판이 부분 가열되어 파괴된다. 그 방지법은 탱크 내벽 단열조치, 탱크 외벽에 열전도도가 좋은 물질(알루미늄 합금박판)을 설치 등이 있다.( )

▶ BLEVE란 탱크 주위 뜨거운 열로 탱크 내부에서 액온과 압력상승이 되어 탱크 상부의 기상부가 약해지며 파괴된다. 소방관은 가능한 그 부분을 분무 냉각한다. 그 방지방법은 탱크 외벽 단열조치(내벽은 막혀 있으니 단열조치 불가), 탱크 내벽에 열전도도가 좋은 물질(알루미늄 합금박판) 설치 등 여러 방법이 있다.(*3절)

※ ① 지하에 탱크를 설치   ② 상부에 냉각장치   ③ 열을 억제(외벽 단열).
　　④ 고정식 살수설비 설치 ⑤ 물분무를 설치   ⑥ 안전밸브(과압 배출)
　　⑦ 경사지게(내부바닥)   ⑧ 알루미늄박판(내벽) ⑨ 이송조치 긴급하게
　　⑩ 유도구 설치   ⑪ 가스감지기를 설치. ▶ 지상열 고물 안경알 이유가?

08 전류가 흐르는 전기장치 주위에는 분무방수를 해서는 안 된다.( )

▶ 전류가 흐르는 전기장치 주위에는 직사방수를 해서는 안 된다. 적어도 관창 압력 100psi(700 Kpa)로 분무방수해야 한다. 분무는 입자가 떨어져 있고 공중에서 산소를 차단하여 질식효과가 있기 때문이다.(*4절)

09 화세보다 현재의 소방력이 부족한 경우 신속히 화점 구획으로 진압한다.( )

▶ 화세보다 현재의 소방력이 부족한 경우의 수비전술에서는 화점 구획을 진압하기보다 화재확대를 방지하는 것(간접적 전술)이 최상의 전략이다.(*5절)

10 화점층이 고층인 경우 소방대 엘리베이터 진입은 화재층 2층 이하까지 이용하고 발화층이 3층 이상인 경우에는 원칙적으로 연결송수관을 활용한다.( )

▶ 화점층이 고층인 경우 소방대 엘리베이터 진입은 화재층 2층 이하까지 이용하고 발화층이 3층 이상인 경우에는 원칙적으로 연결송수관을 활용한다. 필요한 경우에는 보조펌프(booster pump)도 활용한다. 내부 호스연장은 소방대 전용방수구에서 2구 또는 분기하여 연장한다.(*5절)

11 일반자동차 버스 등의 화재에서 인명구조를 위한 선착대는 가능한 한 차량에 접근하여 비상구의 개방, 창유리의 파괴를 하고 차내에 강력한 직사방수를 한다.( )

▶ 일반 자동차 버스 등의 화재에서 인명구조를 위한 선착대는 가능한 한 차량에 접근하여 비상구의 개방, 창유리의 파괴를 하고 차내에 강력한 분무방수를 한다. (*6절)

12 전술은 전략적 방침을 실행하기 위한 구체적 방법으로 최상위 현장조직단위에서 적용된다.( )

▶ 전술은 전략적 방침을 실행하기 위한 구체적 방법으로 최하위 현장조직단위에서 적용된다. / 전략은 문제 상황에 효과적으로 대응하기 위한 기본방침으로 주로 최상위 현장조직(또는 지휘관)단위에서 적용된다.(*7절)

정답 ○ 07. (X)   08. (X)   09. (X)   10. (O)   11. (X)   12. (X)

CHAPTER 06 특수화재의 소방활동 요령 (6장)

제1절 선박화재 진압

1 선박화재의 특성

선박은 상선, 함선 기타 선박 등으로 주된 것은 여객선, 화물선, 어선, 유조선, 나룻배 등이다.

특성	① **선박 내부구조는 복잡**하게 구획되어 있으며 창 등 개구부도 적어 지하실과 같은 환경이다. ② 선체는 수상에 있기 때문에 요동과 동시에 주수에 의한 전복위험이 크다. ③ 유조선은 폭발이나 대화재가 되기도 한다. 고열, 농연, 화재가스가 충만해 인명위험이 크다. ④ 수상에서의 화재는 소방정이 대응하지만 여기서는 부두에 계류, 정박 중인 선박을 설명한다.

2 소방활동 요령

활동원칙	① 활동은 지휘자의 활동방침에 근거해 행동하고 독자적 판단에 의한 행동을 하지 않는다. ② 인명검색구조를 최우선 하고 승객이 있는 경우는 해상 등으로 투신하지 않도록 유도한다. ③ **선내는 복잡하고 협소하기 때문에 단독으로 진입하지 않는다.** ④ 주수는 분무주수, 안개주수 등을 주로 하고 기민한 관창조작으로 주수를 최소한도에 그치도록 한다. (*^^ 안개주수: 분무주수 중 저속분무주수를 말함)
여객선	① 육상부대는 독립행동을 피하고 선장과 연락 후 전술행동을 결정한다. ② **분무주수를 주로 하되 최소한도로 하고 상황에 따라 고발포 주입이 효과적이다.** ③ 인명검색 및 구조활동을 우선으로 한다. ④ 화점 확인에 노력하며 단독행동을 금한다. ⑤ **진입은 풍상에서 실시한다.** (*^^ 바람을 등지고) ⑥ 무리한 출입문 개방이나 부분파괴는 연기나 열의 분출로 위험이 있다.
화물선	① 화물선 통로는 바닷물 방수를 위해 칸막이 벽이 많다. 화재초기 이외는 짙은 연기가 충만하여 화점확인이 다른 선박에 비해 매우 곤란하다. ② 화재 시 보통 건물에 비하여 배연효과가 떨어지고, 연기, 가스 등이 가득하여 시계가 불량하기 때문에 선내의 소화 작업은 곤란하고 연소속도는 일반적으로 완만하다.
유조선	① 필요한 소화약제 및 특수장비의 응원을 요청하고 승무원의 구출, 부근 선박의 통제 및 펌프차 대와의 연락 등을 정확하게 판단한다. ② 유조선내의 유류가 유출하는 경우는 연안시설물 및 주변에 있는 다른 선박에의 연소방지 및 환경보호에 중점을 둔다.

제2절 산림화재

1 산림화재의 형태와 특성* ☆ 10 강원교

산림화재란 산림, 야산, 들판의 수목, 잡초, 경작물 등이 타는 것으로 그 화재원인은 낙뢰 등의 자연현상에 의한 것과 모닥불, 담배 등의 인위적 원인에 의한 것이 있다. 산림화재의 형태에는 수간화(樹幹火), 수관화(樹冠火), 지표화(地表火), 지중화(地中火)가 있다.

① 수간화	수목이 타는 화재로 고목 등은 수간화가 되기 쉽다.
② 수관화	나무의 수관(樹冠: 나무의 가지와 잎이 달려있는 부분)이 타는 화재이고 일단 타기 시작하면 화세가 강해 소화가 곤란하다. (*^^ 수간화, 수관화는 국어사전 순)
③ 지표화	지표를 덮고 있는 낙엽가지 등이 타는 것이다.
④ 지중화	땅속의 부식층(腐植層) 등이 연소하는 것이다.

① 기복이 심한산지	골짜기에서 봉우리를 향해서 타는 것이 보통이지만, (반대로) 강풍 기상 하에서의 화재는 봉우리에서 골짜기로 역류하기도 한다.
② 평탄지역	지표에서 연소한 화류가 수관에 옮기고 수관과 지표의 2단 연소가 된다.
③ 경사면	연소속도는 빠르고 또한 비화에 의한 연소확대 위험도 높고 긴 화선(火線)이 된다.

2 소방활동 요령

요령
① 소방활동은 지휘자의 명령에 의해 행동한다.
② 소방활동은 건물로의 연소저지에 우선한다.
③ 장비는 이동식 펌프, 도끼 등 산림화재에 적합한 장비를 사용한다.
④ 소화활동시는 자기의 퇴로를 반드시 확보함과 동시에 소화 가능한 방향에서 착수한다.
⑤ 풍하측 및 경사면 위측 등의 연소확대 방향의 화재에는 위험이 있기 때문에 들어가지 않는다.
⑥ 소화방법에는 직접주수나 흙을 뿌리거나 두드려 끄는 방법과 수림 등을 베어내서 방화선을 만들어 화세를 약하게 하는 방법이 있다.
⑦ 산의 지세, 기상, 입목상황, 화세 등을 종합적으로 고려해 효과적인 방법을 선정하여 소화한다.
⑧ 헬기는 출동시간이 많이 들기 때문에 사전에 관계기관과 충분히 협의하는 것이 필요하다.
⑨ 헬기는 지상에서 진압부대를 지원하여 공중소화와 동시에 비화상황 등을 관찰하여 지상에서 활동하는 소방부에게 정보를 제공한다.

- **방어선 설정의 경우**
① 연소 확대되어 화세가 강한 경우
② 연소속도가 빠르고 직접 소화작업이 불가능한 경우
③ 지형, 지물로 인하여 직접소화가 불가능한 경우
④ 이상연소가 발생한다고 생각되는 지형의 경우 방어선의 설정은 연소속도와 방어선 구축 작업능력을 충분히 고려하여 한다.

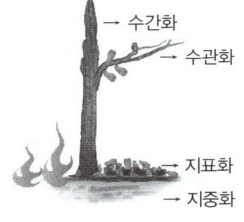

제3절 항공기화재진압

1 항공기 화재의 특성* ☆ 13 소방위

항공기에는 대형여객기, 화물기, 군용기, 자가용 비행기, 헬리콥터 등이 있다.
기체는 알루미늄 합금 등으로 되어 있다

특성	① 대형기는 많은 항공연료의 적재 때문에 <u>연소</u>는 급격하게 발생하고 인명위험이 매우 높다. ② 시가지에 추락해 출화한 경우는 지상건물로의 연소확대도 생기고 대형화재로 발전한다. ③ 연소방향 및 연소속도가 풍향, 풍속 등 기상상황 및 지형의 영향을 받기 쉽다. ④ 화재 후 알루미늄 합금 등이 단시간에 연소하여 외판 등의 금속부분이 용해된다. ⑤ <u>연료탱크가 주날개</u>(양쪽 큰 날개) 안에 있기 때문에 <u>주날개</u> 부근이 화재의 중심이 되고 유출연료 등에 의하여 주위에 연소 확대된다. ⑥ 연료가 많이 유출되는 경우는 낮은 곳으로 화면이 급격하게 확대될 위험성이 있다. ⑦ 연료탱크에 손상이 없고 액체의 일부가 연소시 연소가 비교적 완만하고 연소속도도 느리다. ⑧ 군용기 화재에 있어서는 탑재된 폭탄, 총탄 및 장착된 화약이 폭발을 일으킬 우려가 있다.

2 소방활동 요령* ☆ 23 소방교

진입 및 위치선정	① 진입위치 선정은 초기 진압활동에 많은 영향을 미치며 소방대가 비행장에 진입할 경우는 통보 내용, 소방용수상황, 기상상황, 부지경사를 고려하여 진입구를 선정한다. ② 활주로의 진입은 비행장 관계자에게 활주로 폐쇄조치가 되어 있는가를 확인하여 2차재해 방지에 세심한 주의를 한다. ③ 접근은 ❶ **머리** 부분, ❷ **풍상**, ❸ **측면**으로 접근한다. (* 오답: 접근은 꼬리부터) ④ **전투기 이외의 (일반)항공기** 경우는 일반적으로 **머리** 부분으로 접근한다. (*^^ 이유: ⑤번) ⑤ 기관총이나 로켓포를 장착한 **전투기의 경우는 꼬리부분이나 측면**으로 접근한다. 23교 　(* 접근: 전투기는 머리부분 기관총 등 장착으로 위험하니 꼬리쪽이나 측면이다) ⑥ 제트기의 경우는 엔진에서 고온의 배기가스가 강력히 분출되기 때문에 화상을 방지하기 위하여 머리 부분부터 대략 7.5m 이상의 거리를 유지한다. ⑦ 프로펠러기의 경우는 프로펠러에 접근하지 않는다. ⑧ 대량의 연료유출에 의해 화세확대가 예상되기 때문에 항상 퇴로를 고려하여 접근한다. ⑨ **주날개 및 바퀴에의 접근을 피한다.** (* 주 날개 안쪽과 바퀴 위쪽이 기름탱크이니까) ⑩ 기체에 접근이나 기내진입 시에는 구조대원과 함께 <u>포 소화, 분무주수</u> 등으로서 엄호주수하고 백드래프트에 의한 재연소 방지에 노력한다. ⑪ 기내 승객구조는 출입구 등 구출구에 접근, 용이한 구조대상자부터 신속히 구조한다.
활동원칙*	① 비행장 내에 있어서는 자위소방대와의 긴밀한 연계 하에 인명구조를 최우선으로 한다. 　- 포 방사에 의한 소화를 주체로 하고 **풍상**에서 접근한다. ② 작업 중에 직접 관계자 외의 출입을 금지하며 사고기의 착륙지점, 정지예상지점 부근에 화학차를 배치한다.

③ 피난유도 및 구출은 동체의 **풍상** 측의 **비상탈출구**를 이용해서 탈출장치를 활용한다.
④ 지휘관은 ❶ 현장의 **통제** ❷ **인명**구조 ❸ 화재**방**어 등의 3가지에 중점을 두고 지휘한다.
⑤ 연료의 유출에 의하여 화세를 확대시키지 않도록 **토사**(모래) 등의 살포를 고려한다.
⑥ 이륙 시 추락의 경우는 많은 양의 연료가 탑재되어 있으므로 화재의 급격한 확대가 예상되기 때문에 신속한 소화체제를 갖춘다.
⑦ 연료관 또는 유압관의 파손부분으로부터 유류가 유출되고 있는 경우는 유출량을 감소시키기 위하여 나무로 막거나 누출방지 작업을 한다.
⑧ 가열된 동체를 급속히 냉각하면 파열하는 경우가 있기 때문에 주의한다.
⑨ 복사열이 강하기 때문에 활동대원은 반드시 방열복을 착용한 후 활동한다.
⑩ 화재현장 및 그 주변에는 「화기엄금」의 조치를 한다.

포방사 활동*

① 동체착륙을 할 경우에는 활주로에 공기포(기계포)를 피복한다.
 ㉠ 피복 길이는 활주로의 1/3을 목표로 하며, (*^^ 피복길이: 포로 덮는 길이)
   피복 폭은 쌍발기 이상은 엔진 간격의 약 1.5배 / 단발기는 8~10m로 한다. ▶ 15, 81º
 ㉡ 포의 두께는 4~5㎝ 정도로 하고 시간적 여유 또는 포 원액에 여유가 없는 경우는 100~150m 범위를 긴급히 전면 피복한다.
② 진입구 부근에 포방사하고 스스로 인명구조 외에 다른 구조대원, 요구조자를 보호한다.
③ 포 소화와 분무주수를 중점으로 하고, 직사주수는 하지 않는다.
④ 동체하부 및 그 주변 약 5m 이내를 우선적으로 소화한다.
⑤ 고발포는 지표 등 평탄한 부분을 / 저발포 방사는 기체 등 입체부분을 소화한다.
⑥ 포 방사 시 직접 직사주수는 동체보호 등 필요 최소한에 그치고 광범위하게 방사를 한다.
⑦ 포의 침투가 어려운 날개 내부 등의 소화는 이산화탄소를 활용한다.

※ 상기 하단박스의 '포 방사활동'에서 필자 해설. (공간 이용)
① ㉠ 엔진이 두 개면 쌍발기. 엔진이 하나면 단발기라 함
  ㉡ 포의 두께는 4~5㎝란? 포 하나의 두께가 아닌, 포층의 두께를 말함.
③ 직사주수는 동체 보호 등 필요한 최소한에 그치고 광범위하게 방사를 위해.
⑤ 고발포(80~999)는 저발포에 비해 팽창비가 크니 지표 등 평탄한 곳임. ▶ 고지저기(* 고지가 저기다)
⑦ 날개는 항공기 기체의 입체부분이니 ⑤번과 같이 저발포(팽창비가 20 이하)로 하고,
  날개 내부는 포의 침투가 잘 안되니 기체인 이산화탄소 소화약제로 질식소화를 하라는 뜻임.

중앙소방학교 공통교재와 함께 학습하시는 분께~

■ 학습상 짝수, 홀수 P를 맞추기 위해 제6장에서, 공통교재의 2~3절, 6~7절의 순서를 변경 편집하였음.

제4절 방사능시설 화재진압*

1. 방사성 동위원소(RI)의 성상과 인체의 영향

방사선 동위원소란 방사선을 방출하는 동위원소 및 그 화합물과 이러한 것의 함유물을 말한다.

(1) 방사능과 방사선 ☆ 13 서울장

① 방사능이란 방사선을 내는 능력 또는 물질로서 우라늄 등의 방사성물질은 이 성질을 가진 물질이다. (*^^ 원자력발전의 핵연료 등)
② 방사선이란 방사선 물질에서 방출되는 α선, β선 및 γ선으로 특수한 장치 등으로 만들어지는 X선, 양자선 및 전자선 또는 원자로에서 만들어지는 중성자선을 말하며 <u>투</u>과성, <u>전</u>리작용(電離作用), <u>형</u>광작용(螢光作用)의 성질이 있다. ☆ 13 서울장 ▶ 암기 : 형광전투

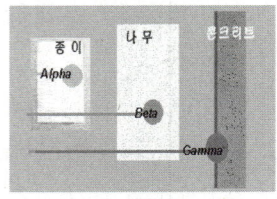

■ 방사선별 투과력의 비교 ■

α선	물질의 **투과력**은 약하고 물질을 **전리**하는 힘은 크다. 투과력은 종이 1장으로 거의 완전히 멈춘다. / * 참고로 γ(감마)선은 콘크리트를 뚫는다.
β선	α선보다 투과력은 강하지만 공기 중에서 수m, 알루미늄·플라스틱 수㎜의 두께로 완전히 멈춘다. 물질을 전리하는 힘은 α선보다 약하다. ▶ α(알파)와 γ(감마)의 중간 이론이다
γ선	물질의 **투과력**은 매우 강하다. 물질을 전리하는 힘은 β선보다 약하다.

■ TIP(정리) : 전리력 : α > β > γ / 투과력 : γ > β > α ▶ **암기** : 알파전, 감투(감마투)

(2) 방사선 피폭

내부 피폭	호흡기, 소화기 및 피부 등을 통해서 인체에 들어온 상태를 말하며 외부피폭과 달리 α선이 가장 위험하다. 내부피폭 방호의 3대 원칙으로 ❶격리, ❷희석 경로의 ❸차단이 있으며 ① **격리**는 작업장소를 제한하여 방사성물질을 주변 환경에서 차단하는 것이고 ② **희석**은 공기정화 등을 통해 방사성물질 농도를 희석시키는 것이며, ▶ 차희격(내차 삐격) ③ **차단**은 보호복 및 공기호흡기 등을 활용하여 인체 침입 경로를 차단하는 것이다.
외부 피폭	인체의 외측에서 피부에 조사(照射)되는 것으로 투과력이 큰 γ선(**감마선**) 등이 위험하다. 외부 피폭 방호의 3대 원칙은 ❶거리, ❷시간, ❸차폐이며 내용으로는 ▶ 시거차(왜? 시계차) ① 거리는 멀리, ② 시간은 짧게, ③ 방사선의 종류에 적합한 방어물로 **차폐**하는 것이다.

(3) 오염

RI가 직접 인체피부, 착용의류, 소방설비 기자재에 흡착하는 것을 말한다. 오염은 외부피폭은 물론이고 내부피복의 위험도 크고 또한 적절한 조치를 지연하면 방사선에 의한 위험범위가 확대된다.

---

* 전리 : ① 기체나 액체의 분자 및 원자가 전기를 띤 원자나 원자단으로 되는 일. 즉, 변형되는 일 ② 이온화
* 선량 : 방사선의 양   * RI(Radio Isotope) : 방사성동위원소   * 외주부(外周部) : 바깥쪽의 둘레부분.

2 RI 재해의 특성

특성	RI는 최근 발전, 의료, 공업 등 각 분야에 걸쳐서 새로운 에너지로서 활용되고 있다. 이에 따라 도로에서의 수송이나 발전소에서의 사고 등에 의한 하천의 오염 등 사회생활 중에서의 위험성도 최근에 증가하고 있다. RI(방사선동위원소, Radio Isotope) 재해는 크게 나누어 **누설에 의한 방사선오염과 저장시설 등의 화재**가 있다. ① 방사능오염은 위험구역 내에서 피폭 등 2차재해 발생위험이 크고 광범위하게 미칠수 있다. ② 저장시설 등의 화재에서는 표면상의 위험은 느낄 수 없기 때문에 통상 화재와 같이 행동을 해서 **방수에 의한 방사능오염 등의 2차 재해의 발생위험도 높다.** ③ 방사선동위원소 재해는 눈에 보이지 않기 때문에 초기활동을 가볍게 보면 커다란 2차 재해가 발생할 위험이 있고 또한 장시간에 걸쳐서 지역이나 인체에 영향을 초래할 수 있다.

3 소방활동 요령* ☆ 08 경북장, 14 경남장, 16 부산교

일반원칙	① 대원은 지휘자의 통제 하에 단독행동은 금지한다. ② 위치선정은 **풍상, 높은 장소**로 한다.　　* **오답: 위치는 풍하, 낮은 장소로** ③ 방사선 피폭방지는 관계자 및 장비로서 위험구역을 설정하고 로프 등으로 표시한다. ④ 소방활동은 **인명구조 및 대원 개개의 피폭방지를 최우선**으로 실시한다. ⑤ 위험구역 내에서 소방활동은 기자재 및 인체의 오염검사를 실시한다. ⑥ 활동 중 외상을 입은 경우는 즉시 지휘자에게 보고한다. ⑦ 활동은 필요 최소한으로 하고 위험구역 내로의 진입시간을 **짧게** 한다. ⑧ 시설관계자(방사선취급 주임)를 확보하고, **RI장비를 구비한 중앙구조본부를 활용**한다.
방사선의 검출활동	(1) 검출 중점장소 　① 소방대의 진입경로가 되는 장소　　② 출입구, 창 기타 개구부, 그 부근 　③ 시설내의 통로, 벽체, 굴곡 부근　　④ 표면오염의 가능성이 있는 장소 　⑤ RI를 운송한 경우는 그 주변 및 운송경로　⑥ 출화행위자의 피난경로 　⑦ 기타 체외피폭의 가능성이 있는 장소 (2) 검출요령　☆ 13 인천, 14 경남, 16 부산교 ① 검출은 **시설관계자를 적극적으로 활용**해서 실시하고 원칙적으로 **화학기동 중대원은 보조적인 검출활동**을 한다. ② 검출은 측정기의 예비조작을 실시해서 기능을 확인한 후 방사능 방호복 및 호흡보호기를 착용하고 신체를 노출하지 않고 실시한다. ③ 검출은 핵종(核種) 및 수량과 사용상황을 확인하고 실시한다. ④ 검출은 복수의 측정기를 활용하고 **외주부(外周部)*부터 순차적으로 내부를 향해서** 실시함과 동시에 검출구역을 분담해서 실시하고 검출누락이 없도록 한다. ⑤ 검출활동으로 옥내진입 시 진입구를 한정하고 대원카드에 의해 출입자를 체크한다. ⑥ 검출결과는 레벨이 높은 쪽을 채용하고 반드시 검출위치 및 **선량률***을 기재한다.
방사선 위험구역 설정	① 현장통제 및 대응활동을 수행하기 위하여 "대응구역설정 개념도"에 따라 구역을 설정한다. / 구역 설정 시에는 눈에 잘 띄는 띠 또는 로프를 사용하거나 구분이 잘 되는 도로 및 건물 등으로 제한할 수 있다.

(1) Hot Zone
① 출입자에 대하여 방사선의 장해를 방지하기 위한 조치가 필요한 구역이다.
② 공간 방사선량률 ❶ 20μSv/h 이상 지역은 소방활동 구역이며
   - ❷ 100μSv/h 이상 지역은 U-REST 등 방사선전문가들 활동구역이다.

(2) Warm Zone (*^^ 비상조치 대응공간을 말함)
① 소방·구조대원 등 필수 비상대응요원만 진입하여 활동하는 공간으로 일반인 및 차량의 출입을 제한하기 위하여 설정하는 지역이다.
② 공간방사선량률이 자연방사선준위(0.1~0.2μSv/h) 이상 20μSv/h 미만인 지역으로 Hot Zone과 경찰통제선 사이에 비상대응조치를 수행하기에 필요한 공간이다.

(3) Cold Zone (*^^ 경찰이 통제하는 지역이다)
경찰통제선 바깥 지역으로 공간방사선량률이 자연방사선준위(0.1~0.2μSv/h)수준인 구역이다.

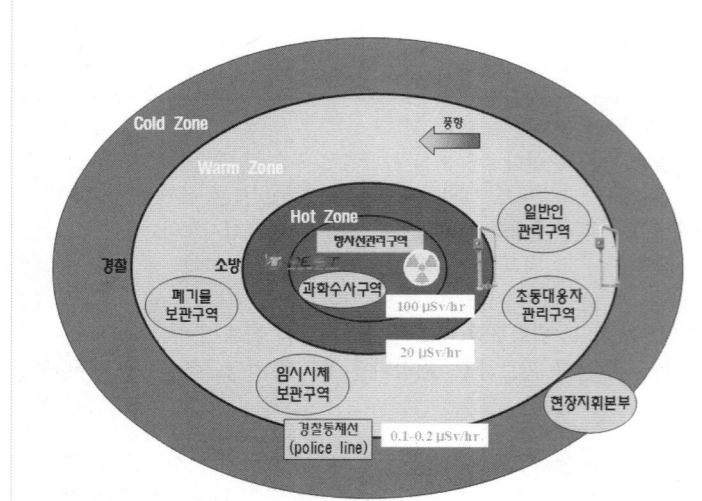

✪ 공간방사선량률 정리(μSv/h)
① Hot Zone :
  ㉠ 100 이상(전문가 활동구역)
  ㉡ 20 이상(소방활동구역)
② Warm Zone :
  20 미만(소방, 구조대 등 필수요원 비상대응조치구역)
③ Cold Zone : 0.1~0.2미만

| 대응구역의 기능 및 특성 | (* 구역: 중요도 낮음) |

구역	설명 / 기능	특성
현장지휘본부	초동 대응자 집결, 현장지휘총괄 및 공식적인 정보 공개창구	보안상 물리적으로 안전하고 통제하기 편리한 곳
과학수사구역	범죄수사에 필요한 자료의 가공, 기록, 조사, 사진촬영, 저장 등	방사선 관리구역 내 출입 및 오염 경찰통제선 근처
일반인관리구역	방사선 관리구역에서 소개된 일반인들에 대한 격리, 환자분류, 응급처치, 오염검사, 일반인 등록 및 제염구역	구급차 접근이 가능한 경찰통제선내 장소로 방사선량률이 자연방사선량과 비슷한 정도의 구역(0.3μSv/h)
초동대응자 관리구역	방사선구역을 출입하는 자, 초동대응자 및 장비의 오염 통제구역	방사선 관리구역 경계와 가까운 곳 일반인 관리구역과 가능한 먼 곳에 위치
임시시체보관구역	오염되었을지 모르거나 과학수사반/합동조사반에 의해 조사되어야하는 시체 임시 보관구역	일반인이 볼 수 없는 통제구역 내 구역으로 텐트나 기존의 시설물을 이용
폐기물보관구역	오염된 물품을 보관하기 위한 구역	경찰통제선 내에서 바람 또는 비에 의한 오염의 확산을 방지할 수 있는 곳

위험구역내의 활동통제	① 소방활동은 피폭 또는 오염의 극한방지를 꾀하기 위해 지휘자가 지정한 **필요 최소한의 인원**으로 하고 위험구역 내에 반입장비는 **필요 최소한**으로 한다. ② 위험구역 내에는 외상이 있는 대원 및 컨디션 나쁜 대원은 진입하지 않는다. ③ 방사능방호복 및 호흡보호기를 착용하고 되도록 외기와 신체를 차단한다. ④ 소방활동 교대요원을 확보하고 되도록 위험구역 내에서의 활동시간의 단축을 꾀한다. ⑤ 위험구역 내 진입시 관계시설에 설치해 있는 선량계 등 피폭선량 측정기구를 휴대한다.
소화활동	소화활동은 시설관계자와 연대하고 다음에 의해 실시한다. ① 소화수단은 시설에 설치되어 있는 소화설비를 활용, 고발포 활용에 대해서도 고려하고 주수에 의한 **오염확대의 위험이 없는** 경우는 적극적으로 물에 의한 소화를 실시한다. ② 관리구역 내에 있어서 주수는 방사성 물질에 직접 주수하는 것을 **피하고** 방사성물질의 비산 및 유출을 방지한다. ③ 화재상황에서 관리구역 내에 주수할 필요성이 있는 경우에는 직사주수는 피하고 저속분무주수를 원칙으로 한다. (＊☞ 그 이유는 ④번과 같다) ④ 소화수에 의한 오염확대를 방지하기 위해 주수는 **최소한**으로 한다. ⑤ 이산화탄소 및 할로젠화물소화설비로 소화하는 경우는 특히 산소결핍의 2차 재해 방지에 노력함과 동시에 화재실의 압력증가에 따른 오염 확대방지에 노력한다. ⑥ 관계시설의 화재로 주수를 위한 접근이 대원의 피폭방지가 불가능한 경우는 인접 소방대상물로의 연소방지를 우선으로 소화활동을 실시한다. ⑦ 오염된 연기가 외부로 분출할 경우는 개구부의 파괴, 개방은 지휘자의 지시에 의한다. ⑧ 잔화처리는 반드시 시설관계자의 입회하에 실시함과 동시에 특히 위험구역에서는 쇠갈고리 등을 활용하고 직접 손으로 접촉하지 않는다. ⑨ RI 관계시설 주변의 화재는 RI 관계시설로의 연소방지를 고려하고 소화활동을 한다.
안전관리	(1) 오염검사 ① 오염검사는 원칙적으로 시설 내의 오염검사기를 활용하고 **시설관계자**에게 실시하게 한다. ② 오염은 다량의 물과 비눗물(알카리성보다 산성 쪽이 효과가 있다)에 의한 세척이 효과적이지만 관계시설에 설치해 있는 **제염제**(오염제거제)를 **유효**하게 활용한다. ③ 오염된 소방설비는 일정한 장소에 집중 관리해 필요에 따라 감시원 배치와 동시에 경계로프, 표식을 내걸고 분실 및 이동 등에 의한 2차 오염방지에 노력한다. ④ 오염물은 시설관계자에 일괄해서 인도하고 처리를 의뢰한다. 소방설비는 원칙적으로 재사용하지 않는다. (다만 오염된 것이 제염결과 재사용 할 수 있는 것은 제외한다.) ⑤ 소방대원은 오염검사가 종료하고 지시 있을 때까지 **흡연, 음식물을 섭취하지 않는다**. (2) 피폭 시의 응급조치＊　　☆ 12 서울장 ① 피폭선량은 원칙적으로 위험구역 내에 진입할 때에 착용한 피폭선량 측정용구에 의해 파악한다. 그리고 위험구역 내에서의 피폭선량은 각종 선원(線源, 방사선 원인 물질)의 강도에 의해 다르지만 검출에 근거한 선량과 활동시간에 따라서 파악할 수 있다 ② 피폭한 대원은 「방사선 오염피폭 상황기록표」를 작성해 행동시간, 부서위치, 행동경로 및 행동개요를 기록한다. ③ 체내 피폭했을 때 또는 피폭 염려가 있는 방사선 오염구역에서 소방활동을 한 경우는 오염검출 후 양치질과 피폭상황에 따라 **구토를 한다**(구토를 시킨다). ④ 베인 상처에 오염이 있는 경우는 즉시 **다량의 물에 의한 제염**과 동시에 출혈은 체내로의 방사성물질의 침투를 막고 배설촉진의 효과가 있기 때문에 생명에 위험이 없는 경우에는 지혈을 하지 **않는다**. (＊ 출혈은 체내로의 방사선 침투를 막기 위해 일반 상처와는 반대이다)

제5절 독극물 화재진압 (* 중요도 낮음)

1 독극물 화재특성

독·극물(毒劇物) 재해란 법, 법령 등에서 규제되고 있는 독성 또는 유해성을 갖는 물질 등에 관계되는 화재 및 화재 및 재해로 다음의 특성을 갖는다. (*^^ 독성: 독약 > 극약)

독극물 화재특성	(1) 2차적 재해의 발생위험 독·극물은 인체에 대한 독성을 갖는 것에 더하여 인화·폭발성 또는 자연발화성 등의 특성을 갖지고 있는 물질이 많기 때문에 2차적 재해의 발생위험이 크다. (2) 복잡·다양화 위험성 독·극물은 고유의 성질에 의해 공기, 물, 열 등에 의한 화학반응과 물리적 변화가 다양하다. 이러한 반응이나 변화가 복잡해서 새로운 위험성을 띠는 등 복잡 다양하고 위험성이 크다. (3) 피해가 크고, 광범위한 위험성 독·극물은 인화·폭발에 의한 인적, 물적 피해의 심대화 및 독성가스의 확산이나 독·극물의 하천 유역 등에 의한 피해의 확대성을 가지고 있다. 이러한 것이 복합해서 그 위험성이 크다.

2 소방활동 요령

일반원칙	① 소방활동구역의 설정 냄새, 자극냄새, 착색가스를 확인한 경우 주위상황에 의해 독·극물 등 독성가스가 있는 경우는 체류구역, 지형, 풍향을 고려해서 그 주변에 로프, 표식 등으로 신속하게 소방활동 구역을 설정하고 대피명령, 출입제한, 화기 사용제한하여 주민안전을 확보한다. ② 독극물 위험구역 및 폭발 위험구역의 설정 소방활동구역 내에서 독성가스 농도가 인체 허용농도를 넘는 구역에 독·극물 위험구역을, / 독성가스이며 가연성 가스여서 인화·폭발의 위험이 있는 경우에는 폭발위험구역을 설정해 그 구역 내의 소방활동을 철저히 통제한다. ③ 관계자·자위소방대와의 연대 하에 활동 독·극물책임자, 시설관계자를 조기확보하고 정보수집, 응급조치, 소화활동에 활용. ④ 소방활동 방침은 각급 지휘자를 통해서 전 대원에게 주지시킨다. ⑤ 소방활동은 인명검색·구조 및 독·극물 등의 누설·유출정지 조치를 우선하고 정지조치를 할 수 없는 경우는 누설·유출범위의 확대방지, 연소방지를 중점으로 한다. ⑥ 인명검색은 검색구역을 특정해 부대 또는 대원을 지정하고 **출화 또는 누설·유출장소 부근을 중점**으로 독극물 등의 확산, 유동방향을 따라 검색범위를 확대해 실시한다. ⑦ 소화활동은 누설·유출정지 등의 응급조치에 의한 소화를 최우선으로 하고 응급조치에 필요한 범위를 우선 소화한다. 또한 화재실태에 적절한 소화수단을 선정해서 한다. ⑧ 독·극물 위험구역 또는 폭발위험구역 내의 재해약자의 피난유도를 실시하고 그 외의 사람에 대해서는 피난장소를 지정해서 자력으로 피난하게 한다.

인명검색·구조	① 독극물 위험구역은 초기에는 출화 또는 누설·유출장소 부근을 중점으로 하고 검색구역은 될 수 있는 한 특정해서 인명검색을 실시한다. ② 독성가스의 확산, 유동방향에 인명검색범위를 확대하고 독·극물 위험구역 또는 폭발위험구역 내 전부를 실시한다. ③ 구조대상자를 단시간에 구출할 수 있는 구조수단·방법으로 실시한다. ④ 독성가스 확산·유출, 중화 등 응급조치가 가능한 경우 구조활동과 병행해서 실시한다. ⑤ 인화 또는 폭발위험이 있는 경우는 엄호주수 하에서 실시한다. ⑥ 예측 불가한 사태에 활동할 수 있는 대원의 배치 및 연락할 수 있는 체제를 유지한다. ⑦ 구조대상자의 안전확보상황 등에서 필요시 구조대상자에 호흡보호기를 착용시킨다. ⑧ 오염된 구조대상자에 대해 독·극물 위험구역 외에서 탈의, 비눗물, 물 등의 제염조치를 실시하고 그 후 구호소 등의 안전한 장소에서 구호조치를 실시한다.
응급조치 활동	응급조치는 시설관계자 등과 충분한 연대 하에 시설의 설비 등을 적극적으로 실시한다. ① 누설·유출 방지조치를 최우선으로 실시한다. ② 응급조치는 재해실태 및 시설측의 대응력을 고려해서 효과적인 응급조치를 한다. ③ 누설·유출정지의 응급조치를 할 수 없는 경우 또는 응급기자재의 조달에 시간이 필요한 경우는 다음 조치를 우선해서 실시한다. ✪ 사고 시의 조치 주민의 퇴거 및 피난을 우선하고 용기의 반출이 가능한 경우는 안전한 장소로 반출한다. 액체의 경우는 토사, 모래주머니 또는 용기로의 회수 등에 의한 누설·유출범위의 확대방지조치(하수도 또는 하천으로의 유입방지를 포함)를 한다. ✪ 화재 시의 조치 ① 주민의 퇴거 및 피난을 우선한다. ② 용기 등을 반출 가능한 경우는 안전한 장소로 반출한다. ③ 폭발위험이 있는 경우 탱크, 용기 등으로 냉각주수한다. 　(*^^ 블레비현상에서 처럼 외부에서 탱크 등을 냉각주수를 하라는 뜻) ④ 액체는 토사, 모래주머니 등에 의한 유출범위 및 화재의 확대방지조치를 한다. ⑤ 가스의 경우는 불활성가스, 소화제, 분무 등에 의한 화재의 억제조치를 한다. ⑥ 연소방지를 한다. ⑦ 기타의 조치(소화약제, 분무에 의한 중화·희석, 유출부분의 폐쇄, 회수 등)
소화활동	① 시설관계자 등과 충분한 연대 하에 시설의 설비 등을 적극적으로 활용해서 실시한다. ② 가연성 독성가스로 밸브의 폐쇄 등 누설·유출정지의 응급조치에 의해 직접 소화할 수 있는 경우는 응급조치에 의한 방법으로 실시한다. ③ 가연성 독성가스의 소화는 소화 후 밸브의 폐쇄 등에 의한 응급조치에 의해 누설·유출방지를 할 수 있는 경우에 실시한다. ④ 액체 독극물 등의 소화활동에 있어서 밸브의 폐쇄 등 응급조치에 의해 누설·유출정지가 가능한 경우는 화재의 확대방지를 위해 소화에 선행 또는 병행해서 누설·유출정지의 응급조치를 실시한다. ⑤ 소화는 독극물 등의 위험성, 저장형태 및 발염장소 등 화재실태에 적합한 소화방법을 선정해서 실시하며 독극물의 중화, 희석 등의 응급조치를 병행해서 실시한다. ⑥ 독극물 등의 누설·유출정지가 곤란한 경우는 주변으로 연소방지를 중점으로 한다.

	⑦ 주수에 의한 소화활동은 다음사항에 주의해서 실시한다. 　㉠ 2차재해 대비해서 안전한장소에 배치하고 **무인방수**할 수 있는 태세를 유지한다. 　㉡ 독극물 등에 오염된 소화수가 하수, 하천에 유입되지 않도록 누출방지를 조치한다. 　㉢ 독극물 등의 확산, 비산 및 용기의 파손, 넘어짐 방지 등의 조치를 한다. ⑧ 저장시설 또는 용기집적소(용기 모아두는 장소) 등에 위험이 있는 경우는 독극물의 이송, 취급,용기의 반출 및 대량주수에 의한 냉각활동을 소화활동과 병행한다.
안전관리의 원칙	① 독성가스를 확인한 경우 또는 독성가스의 존재가 불명확하더라도 현장상황에 따라 독성가스가 발행할 가능성이 높아서 경계구역을 설정한 때는 독극물 위험구역에 준한 신체 방호 조치를 마련해 소방활동을 한다. ② 독성가스의 인명위험, 화재위험, 폭발위험 등에 대해서 정확하게 파악함과 동시에 활동대원에 대한 위험정보를 알려야 한다. ③ 독극물 위험구역 또는 폭발위험구역 내에서 소방활동을 실시하고 퇴출한 대원은 각급 지휘자에 신체상황을 보고한다. ④ 독극물 위험구역 또는 폭발위험구역 내에서의 활동 중 방호의 등에 이상이 인정되는 경우는 신속하게 독극물 위험구역 또는 폭발위험구역 외로 탈출하고 신체상 이상 유무를 확인하고 지휘자에게 보고한다. ⑤ 활동 중에 숨이 막히고 눈의 통증 등의 이상을 느낀 경우에는 즉시 다음 조치를 취한다. 　㉠ 특단의 방호 기자재를 휴대하고 있지 않은 경우는 호흡을 얕게 하고 손수건, 상의 등으로 입을 막고 풍상방향 등 위험성이 적은 방향으로 피한다. 　㉡ 공기호흡기의 면체를 착용하기 전에 이상을 느낀 경우는 용기의 밸브를 개방하면서 면체를 헐겁게 착용하고 면체 내의 가스를 제거한 후 확실하게 착용한다. 　㉢ 공기호흡기의 면체를 착용한 상태로 냄새 등의 이상을 감지한 경우는 용기밸브의 개방조작을 하고 신속하게 위험성이 낮은 장소로 탈출한다. ⑥ 방독마스크를 사용하는 경우는 호흡필터가 독성가스에 대해 유효한 것을 확인한 다음에 사용한다. 다만 화재나 독성가스의 종류가 불명확한 경우에는 사용하지 않는다. ⑦ 구조대상자에 대한 구출·구호조치 시 구조대상자의 의복 등에 직접 접촉하지 않도록 장갑 등을 착용하고 해당 의복에 부착한 독극물 등에 의한 2차재해 방지에 유의한다.

 목표를 향해서~

뇌전증(간질, 발작)은 왜 생기는지?
아직까지는 모르지만 발작이 생기면 어떤 처치도 필요없다.
증상 후 1~2분 기다리면 다시 정상으로 돌아온다.
이 증상은 현대 의학으로 약 50% 완치가 가능하다. 이소룡, 나폴레옹, 알렉산더, 시저, 노벨, 빈고흐, 소크라테스, 차이코프스키, 피타고라스가 그 환자였다. 그들은 이정도 간질 발작증상은 가볍게 여기고 자신의 목표를 향한 그들의 이루고자하는 세계에서 최고의 영웅이 되었다.

제6절 터널 화재진압 (* 중요도 낮음)

1 도로터널 화재진압

화재특성	① 외기의 풍향에 의해 터널 내의 풍향이 변화하는 곳이 있고 진입구가 한정되는 것이 많다. ② LPG, 위험물 탱크로리 등의 화재 시 2차폭발의 위험이 있다. ③ 길이가 긴 터널에서 교통사고 등으로 차량화재가 발생하여 도로가 막히면 진행하던 차량이 긴급대피하지 못하여 다수의 인명피해의 위험이 있다. ④ 터널 내 화재는 차량유류로 위험물화재로서 특징이 있고 화학차의 소화대응이 필요하다. ⑤ 소방용수가 설치되지 않은 곳이 많아 화재의 확대위험이 있다.
소방활동 요령	① 도로관리자 및 경찰로부터 **상하행선의 교통통제상황** 등을 확인하고 방재설비를 활용한다. ② 현장지휘본부는 화재의 종류, 규모, 소방활동 장애 등을 고려하여 지휘분담을 하며 기능적인 지휘체계를 확립한다. ③ 터널 내의 지휘명령 등 전달, 통신연락상태를 확인함과 동시에 2차 재해를 방지한다. ④ 화재종류에 따라 소방활동에 필요한 개인장비 등을 **활동거점으로 집결**하면서 **활동**한다. ⑤ 터널 내에 진입 시는 반드시 **엄호주수로 안전을 확보**하면서 **활동**한다. ⑥ 터널 내에 설치되어 있는 소화전 등의 소방시설을 적극적으로 활용한다. ⑦ 인명검색, 구조 및 피난유도는 원칙으로 상·하행선의 연결통로 등을 활용한다. ⑧ 화재상황에 따라서는 **풍하 측으로 무인방수탑차를 배치**하여 인명구조활동에 활용한다. ⑨ 상황에 따라서 헬리콥터를 활용한 구조자 이송을 적극 고려한다. ⑩ 위험물 및 독극물이 유출되어 있는 경우는 터널의 경사에 주의한다.

2 철도터널 화재진압

화재특성	① 지상풍의 영향 등으로 화점의 위치 등 화재상황 파악이 곤란하다. ② 지상풍의 영향으로 구내의 기류가 한방향으로 흐르기 때문에 풍하측에서 진입한 소방대는 농연 때문에 활동이 곤란하다. ③ 진입구로부터 화재발생 지점까지의 거리가 먼 곳은 소방활동이 현저하게 제약을 받는다. ④ 소방활동 범위가 인접 역 또는 터널 출입구의 양 방향으로 진입하기 때문에 전 출동대의 현황파악 및 행동통제 등이 곤란하다.
소방활동	① 객차 화재의 경우는 인명구조 활동을 최우선으로 활동한다. ② 인접 역의 관계자, 선착대로부터 정보를 수집한다. ③ 열차운행의 정지를 반드시 확인하고 행동하며, **진입은 급기측으로부터** 한다. ④ 지상 소방대와의 연락태세를 유지하고 터널 내로 진입한다. ⑤ 지휘본부는 급기측의 출입 가능한 장소 부근에 설치한다. ⑥ 지휘분담은 급기측 및 배연측으로 구분하여 부상자가 많은 경우는 구호담당을 운영한다. ⑦ 상하행선이 구획되어 있는 경우는 **화재구역 반대쪽으로부터 연결구** 등을 활용하여 구조한다. ⑧ 고열 부분에서의 구조활동은 엄호주수 하에 실시한다. ⑨ 터널 내에 가연성가스 및 독극물 등이 유출시 배수로의 비탈 등 유동방향에 주의한다.

제7절 공동구 화재진압 (* 중요도 낮음)

1 공동구의 의의

법령

(1) 소방시설 설치 및 관리에 관한 법률
가. 지하구(地下溝)는 전력·통신용의 전선이나 가스·냉난방용의 배관 또는 이와 비슷한 것을 집합 수용하기 위하여 설치한 지하인공구조물로서 사람이 점검 또는 보수를 하기 위하여 출입이 가능한 것 중 다음의 어느 하나에 해당하는 것
  ① 전력 또는 통신사업용 지하 인공구조물로서 전력구(케이블 접속부가 없는 경우에는 제외한다) 또는 통신구 방식으로 설치된 것
  ② ①외의 지하 인공구조물로서 폭이 1.8미터 이상이고 높이가 2미터 이상이며 길이가 50미터 이상인 것 ▶ 암기 : 1.8, 2, 50(* 한팔이 50m)
나. 「국토의 계획 및 이용에 관한 법률」 제2조제9호에 따른 공동구

(2) 도시계획법
『공동구(共同溝)는 전기, 가스, 수도 등의 공급시설 및 통신시설, 하수도시설 등 지하매설물을 공동 수용함으로써 도시의 미관, 도로구조의 보존과 원활한 교통의 소통을 위하여 지하에 설치하는 시설물』이라고 정의되어 있다.
✪ 공동구는 전기, 통신, 상수도, 도시가스, 하수도, 냉난방시설, 진공 집합관, 정보처리 케이블 등을 동일구 내에 2종 이상을 공동으로 수용하기 위한 지하시설물을 총칭한다.

2 공동구 화재의 특성

특성

(1) 소방활동이 장시간 소요되며 곤란하다
① 연기, 열, 유독가스 등이 다량으로 발생하여 산소결핍 상태가 되고 연소실체, 연소범위 등의 화재상황 파악이 곤란하다.
② 진입구가 한정되기 때문에 대원의 진입 및 활동이 현저하게 제약을 받고 활동도 장시간이 되어 체력의 소모도 심하다.
③ 소방대의 활동이 지하부분 및 지상부분에 더해져 광범위하게 분산하기 때문에 활동통제가 곤란하게 된다.
④ 공동구에 수납된 케이블 등의 외장피복(폴리에틸렌 등)이 연소하기 때문에 한번 착화하면 소화할 때까지는 케이블피복이 용해하면서 계속적으로 연소한다.

(2) 사회적, 경제적 영향이 크다
직접피해에 의한 라이프 라인(전기, 가스, 통신 등의 유통로) 등 사회적, 경제적으로 대단히 큰 피해와 혼란이 발생할 우려가 있다.

3 소방활동

일반원칙	① 소방활동은 인명검색·구조를 최우선으로 한다. ② 소방활동은 공동구 내에 시설물 및 접속하고 있는 건물의 연소방지를 중점으로 한다. ③ 조기에 관계자 등을 확보하여 출화장소, 연소범위 및 구조대상자 등의 정보를 수집함과 동시에 맨홀의 개방 및 현장 확인에 적극적으로 활용한다. ④ 맨홀 등에서 분출하는 연기에 시계 불량으로 원칙적으로 **풍상·풍횡** 측에서 진입한다. - 선착대는 분출연기 맨홀의 직근으로, 후착대는 지휘자의 지시에 의해 결정한다.
검색구조활동	① 인명검색·구조활동은 구조대상자 및 장소에 대해서 충분한 정보수집을 하고 장시간 사용 가능한 공기호흡기를 착용하고 진입구 및 검색범위를 설정해서 실시한다. ② 진입은 급기구 측으로 하고 복수의 검색반에 의해 실시한다. ③ 검색은 반드시 엄호주수 하에 실시한다.
소화활동	① 진입조건이 정리될 때까지의 사이는 연소저지선이 되는 맨홀, 급·배기구측에 대구경관창을 배치하고 화세를 억제한다. ② 진입태세가 준비되면 장시간 사용 가능한 공기호흡기를 착용하고 급기측에서 진입함과 동시에 배기측에 경계관창을 배치한다. ③ 공동구 내의 소방활동은 복수의 방수형태에 의해 배열·배연을 실시함과 동시에 배기 측에 배기구를 확보해서 ①과 같은 조치를 실시한다. 또한 급격한 농연의 분출이 있는 경우 또는 화세가 강한 경우에는 2중, 3중의 엄호주수에 의해 안전을 확보한 다음에 실시한다. ④ 소구획으로 구분되어 있는 경우는 (팽창비가 큰) 고발포에 의한 소화활동을 한다. ⑤ 연소방지설비가 설치되어 있는 경우 신속하게 활용한다.

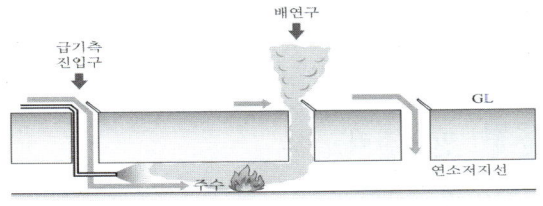

■ 공동구 계통도 ■

4 안전관리

내용	① 진입은 원칙적으로 2인 1조로 하고 지상과의 확실한 통신연락수단을 확보한다. ② 유도로프를 결속하여 진입하거나 진입구 직하에 케미컬라이트(지하가 등에서 쓰는 발광스틱)를 배치하는 등의 퇴로를 확보한다. ③ 공동구 내 및 부근의 유독성 가스 및 가연성 가스의 검지를 지속적으로 실시한다. ④ 가연성 가스가 누설하는 경우는 엔진컷터, 휴대무선 및 조명기구 등 불꽃이 발생하는 기자재는 사용하지 않는다. ⑤ 공동구 내는 각종 케이블 및 계단 차이도 생각하여 손전등 등의 조명기구를 휴대한다. ⑥ 진입 전에 개인장비의 재점검을 하고 기밀의 유무 및 활동가능 시간을 확인하고 퇴출 예정시간을 보고한다.

제8절 화약류 화재진압 (* 중요도 없음)

1 화약류 화재의 특성

특성	① 화약류 제조공정에 있어서 마찰, 충격, 스파크의 원인으로 착화 및 폭발위험이 높다. ② 발화 후의 현장은 광범위한 피해 및 다수의 부상자 발생과 화재를 동반할 수 있다. ③ 화약류 공장에서의 재해는 대량의 화약류를 저장하고 있을 위험이 있기 때문에 유폭(誘爆) 등 2차 재해의 발생위험이 크다. ④ 사회적으로 큰 영향을 미치기 쉽다

2 소방활동 요령

일반원칙	① 경계구역을 조기에 설정해 피해의 확대방지 및 2차 재해방지를 중점으로 한다. ② 발화현장 내에 있는 사람을 우선적으로 피난유도를 실시한다. ③ 화재발생 시에는 연소방향의 연소 저지선을 설정해 충분한 **예비주수를** 실시한다. ④ 화약류의 저장소 등은 중점 활동장소로 하고 우선적으로 관창 배치한다.
검색구조활동	① 현장진입 전에 2차 재해발생 위험에 대한 안전조치를 한다. ② 2인 1조에 의한 검색·구조활동을 한다. ③ 구출 시에는 심한 충격을 주거나 불꽃을 발생시키지 않는 방법을 마련한다.
소화활동	① 주수는 연소실체를 향해서 실시하고 효과없는 주수는 하지 않는다. ② 주수의 수압에 의해 화약류에는 직접 또는 간접 충격력이 가해지지 않도록 실시한다. ③ 최중점 활동장소는 포위대형을 취하고 충분한 예비주수를 실시한다. ④ 수용성의 화약류는 소화용수와 함께 하수 등으로 유입하지 않도록 조치를 마련한다.

3 안전관리

내용	① 현장 내는 화기엄금을 함과 동시에 차량의 진입이나 내연기관을 동력으로 하는 기계류를 사용하지 **않는다**. (*^^ 동력의 기계로 인한 2차 전기화재나 폭발 등으로) ② 활동 시에는 불의의 폭발, 폭연에 대비해 항상 자신의 신체를 견고한 물체에 차폐할 수 있도록 한다. ③ 화재 유무에 관계없이 잔여가스가 체류하고 있는 경우 공기호흡기를 착용한다. ④ 경계구역을 설정(안전거리는 관계자와 협의해서 결정)하고 기자 등 진입을 금지한다. ⑤ 항상 전체를 감시하는 대원을 정해서 상황변화, 위험현상의 발생에 대비해둔다. ⑥ 현장으로의 진입로 및 퇴로를 확인해 둔다. ⑦ 중점 활동장소(가장 위험한 장소)를 숙지해 둔다.

제9절 압기공사장 화재 (* 중요도 낮음)

1 압기(壓氣)공사장 재해 특성

특성	① 재해현장이 상압(常壓, 평상시 압력)보다 높기 때문에 대원의 귀나 코 등에 결함이 있는 경우는 소방활동이 불가능하다. 또한 호흡기 등의 사용시간이 일반현장에 비교해서 짧고 진입에 대해서도 제한되기 때문에 활동에 시간이 든다. ② 압기현장 때문에 에어로크 설치에 의해 진입구가 한쪽방향으로 제한된다. 또한 호스 등 기자재 및 휴대무전기는 에어로크로 절단되기 때문에 소방활동이 곤란하다. ③ 이곳은 산소분압이 높은 것에 의해 인화점이 낮아지고 연소확대 위험이 높다. ④ 갱(坑) 내에는 작업용 기계유, 케이블 등이 존재하기 때문에 화재시에는 고열, 농연, 유독가스가 밀폐공간에 충만해 재해실체의 파악이 매우 곤란하다. ⑤ 지하가 제한된 공간의 건설작업 현장 등이기에 활동환경이 대단히 열악하다.

2 소방활동 요령

일반원칙	① 대원 개개의 활동을 금지하고 지휘자의 통제 하에 실시한다. ② 화재진압 및 인명구조활동은 2차재해의 방지를 중점으로 한다. ③ 압기 갱내 진입대원은 **잠수연수 수료자나 특별구조대원** 중에서 적임자가 실시한다. ④ 공사관계자의 적극적인 활용을 하고 관계기관과 연계활동을 실시한다. ⑤ 공기호흡기의 착용 및 이탈은 안전한 장소를 지정해서 실시한다. - 특히 압기 갱내 작업에 임할 때에는 사용시간이 통상보다 짧아지므로 유의한다.
소화활동	① 진입 가능한 경우 ㉠ 연결송수관 설치되어 갱내로 송수가능한 경우 호스를 연장해서 주수를 실시한다. ㉡ 소방호스 연장이 불가능한 경우는 물 양동이를 활용해서 소화한다. ㉢ 압기를 개방(갱내를 대기압화 한다)하는 것이 가능한 경우의 소화는 압기 개방 후 통상의 일반화재와 같은 활동을 한다.(* 갱 내 개방으로 압력을 낮출수 있다면의 뜻) ㉣ 갱내에 **고발포**소화장치, 스프링클러설비, 연결살수설비 등이 설치시 적극 활용한다. ② 진입 불가능한 경우 ㉠ 검색 가능한 곳의 구조대상자를 검색하고 자연진화되도록 기다린다. ㉡ 압기 갱내 화재로 구조대상자가 없는 경우는 수몰에 의한 소화, 자연진화, 불연가스 봉입 등에 의한 소화방법으로 실시한다.
안전관리	① 압기 갱내 화재 시의 진입은 반드시 공기호흡기를 착용, 절대로 면체를 벗지 않는다. ② 압기 갱내 진입대원은 원칙적으로 2인 1조로 하고 상호간에 안전로프를 연결한다. ③ 압기 갱내의 공기호흡기의 **공기소비량**은 대기압(일반적 압력) 상태에서와 비교해서 게이지 0.1Mpa의 경우는 약 2배가 되는 것에 유의하고(갱 내는 공기가 2배 소비) 탈출 시는 맨홀로크에서 감압하는 시간을 고려해서 사전에 진입시간을 결정한다. ④ 갱내는 일반적으로 협소하고 진입로 및 활동장소 주변에 놓여 있는 기자재 등의 장애물이 많기 때문에 넘어지지 않도록 유의한다. 또한 단독행동은 엄금한다.

- 압기공사장 특성과 안전관리 중요부분만 요약 (공간 이용)
  ① 재해현장이 상압보다 높기 때문에 대원이 귀나 코 등에 이상이 있다면 활동이 불가능하다.
    또한 공기호흡기 등의 사용시간이 비교적 짧고 진입에도 제한되기 때문에 활동에 시간이 소요된다.
  ② 압기현장 때문에 에어로크 설치에 의해 진입구가 한쪽방향으로 제한된다. 또한 호스 등 기자재 및 휴대무전기는 에어로크로 절단되기 때문에 소방활동이 곤란하게 된다.
  ③ 이곳은 산소 분압이 높아서 인화점이 낮아지고 연소확대 위험이 높다.
  ④ 화재 시의 진입은 반드시 공기호흡기를 착용하고 갱내에서는 절대로 면체를 벗지 않는다.
  ⑤ 진입대원은 2인1조로 실시하고 대원상호간에 안전로프를 연결한다.
  ⑥ 공기호흡기의 공기소비량은 대기압 상태에서와 비교해 게이지 0.1Mpa의 경우는 약 <u>2배</u>가 되는 것에 유의하고 탈출 시는 맨홀로크에서 감압시간을 고려해서 사전에 진입시간을 결정한다.

핵심요약

- 특수화재 소방 활동 요령
  • 선박화재·항공기화재·산림화재·방사능시설화재·독극물화재·지하공동구화재·터널하재 화재·화약류 화재 진압요령 및 압기공사장화재 : 화재특성, 진압가능과 불가능 구분

- 사람들은 수 천년 살아오면서 지혜를 가지고 '원칙'이라는 것을 만들었다.
  그것은 다양한 이해관계를 하나로 포괄해서 가장 공통을 하나의 기준으로 만든 것이다.
  그 원칙과 기준 중에서 가장 중요한 것이 <u>倫理, 道德</u>과 더불어 결의가 있어야 한다.
  그리고 내가 살아가는 존재의 이유와 삶의 의미(意味)를 가져야 한다.
  의지없이 태어나서 남이 하니까 나도 한다는 의식은 결코 삶의 의미가 아니다.
  남이 하니까 나도 하고, 남이 가니까 나도 가고, 남이 죽어가니까 나도 그럴 것이다?
  기회주의를 따라하고 삶의 의미가 없는 이 시대에서 우리는 어떤 비전도 바랄 수 없다.
  가치를 소중히 생각하고, 가치를 추구하고 가치를 지향하는 나의 갈망이 있어야 한다.
  나는 내 가치를 존중하고 나는 내 삶의 의미를 갖기 위한 대단한 결의가 있어야 한다.
  그것이 우리가 사명을 가지고 태어나서 후회없이 이 세상을 다녀간 이유들이 될 것이다.

• REFERENCE

☎ 하버드 대학교 도서관에 붙어있는 "名文 30訓" 중에서~

01. 지금 잠을 자면 꿈을 꾸지만 지금 공부하면 꿈을 이룬다.
♪ Sleep now, you will be dreaming, Study now, you will be achieving your dream.
02. 내가 헛되이 보낸 오늘은 어제 죽은 이가 갈망하던 내일이다.
♪Today that you wasted is the tomorrow that a dying person wished to live.
03. 늦었다고 생각했을 때가 가장 빠른 때이다.
♪When you think you are slow, you are faster than ever.
04. 오늘 할 일을 내일로 미루지 마라. ♪ Don't postpone today's work to tomorrow.
05. 공부할 때의 고통은 잠깐이지만 못 배운 고통은 평생이다.
♪The pain of study is only for a moment,but the pain of not having studied is forever.
06. 공부는 시간이 부족한 것이 아니라 노력이 부족한 것이다
♪In study, it's not the lack of time, but lack of effort.
07. 행복은 성적순이 아닐지 몰라도 성공은 성적순이다
♪Happiness is not proportional to the academic achievement, but sucess is.
08. 공부가 인생의 전부는 아니다. 그러나 인생의 전부도 아닌 공부 하나도 정복하지 못한다면 과연 무슨 일을 할 수 있겠는가.
09. 피할 수 없는 고통은 즐겨라 ♪You might as well enjoy the pain that you can not avoid.
10. 남보다 더 일찍 더 부지런히 노력해야 성공을 맛 볼 수 있다.
♪To taste success, you shall be earlier and more diligent.
11. 성공은 아무나 하는 것이 아니다. 철저한 자기 관리와 노력에서 비롯된다.
12. 시간은 멈추지 않고 간다. ♪The time never stops.
13. 지금 흘린 침은 내일 흘릴 눈물이 된다.
14. 개같이 공부해서 정승같이 놀자. ♪Study like a dog and play like a premier.
15. 최고를 추구하라. 최대한 노력하라. 최초에는 최고를 위한 최대의 노력을 위해 기도하라.
16. 미래에 투자하는 사람은 현실에 충실한 사람이다.
♪A person who invest in tomorrow, is the person who is faithful to today.
17. 학벌이 돈이다. ♪The academic clique is money itself.
18. 오늘 보낸 하루는 내일 다시 돌아오지 않는다. ♪Today never returns again tomorrow.
19. 지금 이 순간 적들의 책장은 넘어가고 있다.
20. 고통이 없으면 얻는 것도 없다. ♪No pains No gains.
21. 꿈이 바로 앞에 있는데 당신은 왜 팔을 뻗지 않는가.
22. 눈이 감긴다면, 미래를 향한 눈도 감긴다.
♪If you close your eyes to the present, the eyes for the future close as well.
23. 졸지 말고 자라. ♪Sleep instead of dozing.
24. 성적은 투자한 시간의 절대량에 비례한다.
25. 가장 위대한 일은 남들이 자고 있을 때 이뤄진다.
26. 지금 헛되이 보내는 이 시간이 시험을 코앞에 둔 시점에서 얼마나 절실하게 느껴지겠는가.
27. 불가능이란 노력하지 않는 자의 변명이다.
28. 노력의 대가는 이유 없이 사라지지 않는다. 오늘 걷지 않으면 내일은 뛰어야 한다.

- 이하 생략 -

6장 특수화재 — OX(2진법) 개념 따라 잡기~

01 선박화재에서 여객선의 진입은 풍상에서 실시하되 주수는 분무주수를 주로 한다.( )

➡ 선박화재 진입은 풍상에서(바람을 등지고) 실시하되 주수는 분무주수를 주로 한다.(*6장 1절)

02 수목이 타는 화재를 수관화라 하며 나무의 가지와 잎이 달려있는 부분이 타면 수간화이다.( )

➡ 수목이 타는 화재를 수간화라 하며 나무의 가지 부분이 타면 수관화라 한다.
  ※ 나무의 기둥격인 수목(임목)이 타면 수간화이고 수목으로 뻗어 있는 가지가 타면 수관화가 된다.
   수간화와 수관화가 혼동되면 나무 기둥부터 국어사전 순으로 기억하면 The 좋다.(*6장 2절)
  (↻ 지표로 떨어지는 낙엽이 타면 지표화라고도 한다. 과거 소방기출에서 어느 출제자가 지표화를 지면화라고 했을 때는 오답이 된다. / 그 외 북아프리카 등에서 깊지 않은 땅속에 썩은 나무의 유기질층 등이 타면 지중화.)

03 항공기 화재에서 위험한 주날개 부근이 화재의 중심이서 주 날개 및 바퀴에의 접근을 피하고, 전투기 이외 항공기 경우는 일반적으로 머리 부분, 풍상, 측면으로 접근한다.( )

➡ 주날개 부근이 화재의 중심이란 뜻은 연료탱크가 주날개 안에 있기 때문이고, 전투기 이외 항공기 경우는 머리 부분, 풍상, 측면으로 접근한다 (*기관총 또는 로켓포를 장착한 전투기는 꼬리부분이나 측면으로 접근한다.) 설문은 모두 옳은 설명이다.(*6장 3절)

04 γ선(감마선)은 물질을 전리하는 힘은 α, β선보다 약하지만 물질의 투과력은 대단히 강해서 외부피폭에도 위험하다. 외부 피폭 방호의 3대 원칙으로는 먼 거리, 짧은 시간, 적합한 차폐이다. 또한 RI(방사선) 부서 위치는 풍상, 높은 장소로 한다.( )

➡ 설문은 피부에 조사(照射)되는 외부피폭, 부서위치 등 모두 옳다.
  ※ 참고로 내부(사람 인체)피폭은 α(알파)선이 가장 위험하다.
   내부피폭 방호의 3대 원칙으로는 격리, 희석, 차단이 있다.(*6장 4절)

05 공기호흡기의 면체를 착용 전에 이상을 느낀 경우는 용기의 밸브를 개방하면서 면체를 헐겁게 착용하고 면체 내의 가스를 제거한 후 확실하게 착용한다.( )

➡ 독약이 극약보다 독성이 강하다. 공기호흡기의 면체를 착용하기 전에 이상을 느낀 경우는 용기의 밸브를 개방하면서 면체를 헐겁게 착용하고 면체 내의 가스를 제거한 후 확실하게 착용한다. 옳다.(*6장 5절)

정답 ☞ 01. (O) 02. (X) 03. (O) 04. (O) 05. (O)

06 철도터널 화재에서 지상풍의 영향으로 구내의 기류가 양방향으로 흐르기 때문에 가능한 풍하 측에서 진입한 부대는 농연 때문에 활동이 곤란하다. 그리하여 진입은 급기측으로부터 한다.( )

➡ 철도터널화재에서 지상풍의 영향으로 구내의 기류가 일방향으로 흐르기 때문에 풍하 측에서 진입한 부대는 농연 때문에 활동이 곤란하다. 그리하여 진입은 급기측으로부터 한다. (*6장 6절)

07 지하구란 지하 인공구조물로서 높이가 1.8m 이상, 폭이 2m 이상, 길이가 50m 이상이다.( )

➡ 지하구란 사람이 점검, 보수를 하기 위한 구멍으로 폭이 1.8m 이상, 높이가 2m 이상, 길이가 50m 이상이다. 사람의 키기 1.8m 넘는 사람들도 있어 소방법령에서 2m로 규정한 것이다. (*6장 7절)
※ 공동구: 지하구에 전기, 가스, 수도 등의 배관이 들어 있어 공동으로 이용하는 구멍.

08 갱 내 건설현장 등의 압기공사장 특성은 재해 현장이 상압보다 높으며 산소 분압도 높아서 인화점도 높아지고 연소확대 위험이 높다.( )

➡ 산소가 분출되는 압력이 높으니 불붙는 온도인 인화점이 낮아지고 연소확대 위험이 높다. (*6장 9절)

※ 압기공사 재해 특성
① 재해현장이 상압(대기압)보다 높기 때문에 대원이 귀나 코 등에 이상이 있다면 활동이 불가능하다.
② 압기현장 때문에 에어로크 설치에 의해 진입구가 한쪽방향으로 제한된다.
 - 또한 호스 등 기자재 및 휴대무전기는 에어로크로 절단되기 때문에 소방활동이 곤란하다.
③ 이곳은 산소 분압이 높아서 인화점이 낮아지고 연소확대 위험이 높다.

■ 파레토의 법칙~
20%는 타이밍을 알지만 80%는 타이밍을 모릅니다
20%는 정보분석력이 있지만 80%는 듣는 정보를 봅니다
20%는 트랜드를 선도하지만 80%는 트랜드를 쫓아갑니다
20%는 보도 이전에 알지만 80%는 보도 등에서 찾습니다
즉 80%는 따라가기 바쁘고 20%는 다음 기회가 무엇인지 찾습니다
언제나 그러했듯 20%는 언제나 앞서가고 80%는 언제나 따라갑니다
20%는 앞선 정보를 알아보지만 80%는 남이 알려 줄 때 알아 봅니다
보통사람은 삶을 통째로 바꿀 수 있는 기회가 온다해도 더 멀리보지 못합니다
당신은 기회를 지나친 후 보는 80%입니까? 기회가 올 때 보고 잡는 20%입니까?
남들이 ~하기전에, 남들이 ~사기전에 내가 먼저 행동하지 않는다면 당신은 80%입니다
당신은 남과 같이해서는 남이상 되지 않습니다. 그런데 당신은 언젠가는입니까? 그렇습니까?

정답 06. [X] 07. [X] 08. [X]

PART 03 복원기출 예측문제

화재진압 및 현장활동 주요기출 시험흐름 파악하기~

01 다음 중 목조건물의 관창배치 우선순위로서 가장 옳은 것은?

① 화재의 뒷면 - 측면 및 2층 - 1층
② 화재의 뒷면 - 측면 - 2층 및 1층
③ 화재의 측면 - 2층 - 1층 - 뒷면
④ 화재의 측면 - 뒷면 - 2층 - 1층

해설 ★ 목조건물 관창 배치 ☆ 13 경남장, 15 소방위
① 관창 배치의 우선순위는 화재의 뒷면 → 측면 및 2층 → 1층의 순으로 한다.(②번: 방화조건물)
 (* 방화조건물 관창 배치의 우선순위는 화재의 뒷면 → 측면 → 2층 및 1층의 순으로 한다.)
② 바람이 있는 경우의 관창배치는 풍하 → 풍횡 → 풍상의 순으로 한다.
③ 경사지 등의 관창배치는 높은 쪽 → 횡 → 낮은 쪽의 순으로 한다.

02 다음 중 내화구조건물의 화재진압 요령으로 옳지 않은 것은?

① 중성대가 있는 경우는 자세를 낮추고 실내를 직접 보고 구조대상자 및 화점을 확인한다.
② 방수는 수손방지를 위하여 분무방수 및 직사방수를 병용하여 실시한다.
③ 개구부를 급격하게 개방하면 백드래프트(Back draft)를 방지할 수 있다.
④ 내화조 건물에서 개구부가 적을 때에는 파괴기구로 개구부를 만든다.

해설 ★ 내화조 건물 화재진압 요령 ☆ 16 소방위
① 화점실에 연기의 중성대가 있는 경우, 자세를 낮게 하여 실내를 직접 보고 구조대상자와 화점을 확인한다.
② 방수는 수손을 방지하기 위하여 분무방수 및 직사방수를 병용하여 실시한다.
③ 개구부를 급격하게 개방하면 백드래프트(Back draft)에 의한 화상 등의 염려가 있으므로 방수를 하면서 천천히 개방한다.
④ 내화조 건물에서 개구부가 적을 때에는 파괴기구로 개구부를 만든다.

정답 01. ① 02. ③

03 다음 중 지하화재 진압요령으로 옳지 않은 것은?

① 소화는 분무, 직사 또는 포그방수로 한다.
② 배기측 계단에서 화학차를 활용하여 고발포를 방사, 질식소화를 한다
③ 농연 열기가 충만하여 진입이 곤란한 경우 상층부 바닥을 파괴하여 개구부를 만들고 직접 방수하여 소화하는 경우도 있다.
④ 진입개소가 2개소인 경우에는 급기, 배기방향을 결정한 후 급기측에서 분무방수 또는, 배연기기 등을 이용하여 진입구를 설정한다.

해설 ✪ 지하 화재진압 요령 ☆ 16 서울장
① 소화는 분무, 직사 또는 포그(안개, 저속분무) 방수로 한다. 또, 관창을 들고 진입하는 대원을 열기로부터 보호하기 위하여 필요한 경우에는 분무방수로 엄호 방수한다.
② 급기측 계단에서 화학차를 활용하여 고발포를 방사, 질식소화를 한다.
진입개소가 2개소인 경우에는 급기, 배기방향을 결정한 후 급기측에서 분무방수 또는, 배연기기 등을 이용하여 진입구를 설정한다.
③ 개구부가 2개소 이상일 때는 연기가 많이 분출되는 개구부를 배연구로 하고 반대쪽의 개구부를 진입구로 한다.

04 다음 중 고층건물화재 진압전술 요령으로 옳지 않은 것은? ☆ 13 충북교·장

① 화점층 및 화점 상층의 인명구조 및 피난유도를 최우선으로 한다.
② 다수의 피난자가 있는 경우에 피난장소는 화재발생지역 위 아래로 2~3층 정도 떨어진 지역으로 거주인원 이동시킨다.
③ 소방대 엘리베이터의 진입은 화재층을 기점으로 2층 이하까지 이용하고 화점층으로의 진입은 옥내 특별피난계단을 활용한다.
④ 발화층이 3층 이상인 경우에는 원칙적으로 펌프차에서 40mm 호스를 직접 연결한다.

해설 ✪ 발화층이 3층 이상인 경우
원칙적으로 연결송수관을 활용한다. - 건축물에 설치되어 있는 연결송수관의 송수구 수에 따라 연결송수관 송수대, 스프링클러설비 송수대를 지정하고 필요한 경우에는 보조 펌프도 활용한다. / 내부 호스 연장은 소방대 전용 방수구에서 2구 또는 분기하여 연장한다.

정답 03. ② 04. ④

05 고층건물화재에서 수직 확산의 가장 흔한 원인은 창문에서 창문으로의 확산경로이다. 이와 같은 화재 환경에서 사용되는 용어는? ☆ 14, 16 부산교·장

① 커튼 월 ② 공조덕트 ③ 다용도실 ④ 자동노출

해설 ✪ 자동노출(Autoexposure)
· 고층건물 화재에서 수직 확산의 가장 흔한 원인은 창문에서 창문으로의 확산경로이다. 이와 같은 화재환경을 "자동노출"이라 한다.

06 다음 중 액화석유가스(LPG) 화재 시 소화방법으로 옳지 않은 것은?

① 진입은 풍하, 풍횡으로부터 접근하는 것을 원칙으로 한다.
② 소방용수는 하천, 맨홀 등은 가스의 분출점이 될 위험성이 있으므로 사용하지 않는다.
③ 미연소가스가 유동하는 지하시설, 하천, 건물내부 등에 대하여는 강력 분무주수를 한다.
④ 건물 밑이나 담 가장자리 등 가스가 체류할 장소는 피하고 가능한 넓은 장소에 부서

해설 ✪ 진입은 바람을 등에 지고 풍상, 풍횡으로 접근하는 것을 원칙으로 한다. ☆ 15 소방장, 16 서울장 등

07 제1류 위험물에 대한 성상으로 옳지 않은 것은?

① 위험물의 분해를 억제하는 것을 중점으로 대량 방수방법을 취한다.
② 알칼리금속의 과산화물의 소화방법은 대량의 물을 사용하는 것이 효과적이다.
③ 상황에 따라서 직사방수·분무방수, 포말소화, 건조사를 사용한다.
④ 분말소화는 인산염류를 첨가한 성분을 사용한다.

해설 ✪ 1류 위험물의 소화방법 ☆ 14 경기교, 18 소방장

소화방법	① 위험물의 분해를 억제하는 것을 중점으로 대량 방수를 하고 온도를 내리는 방법을 취한다. ② 상황에 따라서 직사방수·분무방수, 포말소화, 건조사를 사용한다. ③ 분말소화는 인산염류를 첨가한 성분을 사용한다. ④ 알칼리금속의 과산화물에의 방수는 (산소발생으로) 절대엄금이다.

정답 05. ④ 06. ① 07. ②

08 제5류 위험물에 대한 설명으로 옳지 않은 것은?

① 니트로(질소)화합물은 폭발물의 원료 등으로 사용한다.
② 산소를 함유하는 물질이므로 질식소화는 효과가 없다.
③ 소량일 때 또는 화재의 초기에 물로 소화가 가능하다.
④ 알칼리금속과산화물은 냉각소화가 불가능하다.

해설 ❋ 알칼리금속과산화물은 더 많은 산소 발생으로 인하여 주위 연소를 확대시킬 수 있으므로 물로 주수하는 냉각소화가 불가능하다는 내용은 맞다 그러나 알칼리금속과산화물은 1류 위험물이다. 설문(설명문)은 5류위험물을 묻고 있다. '단어 함정문제'라기보다 관찰력 문제이다. ☆ 18 소방장

09 유류화재의 특수현상으로서 "탱크 표면화재로 원유와 물이 함께 탱크 밖으로 흘러넘치는 현상"으로 대규모 화재로 확대되는 원인이 되는 현상은?

① 오일오버　　② 슬롭오버　　③ 후로스오버　　④ 보일오버

해설 ❋ '물'이라는 단어의 키워드는 보일오버에 해당한다. ☆ 19 소방장, 21 소방장

오일오버	보일오버	후로스오버	슬롭오버
주위 화재로 저장탱크 내의 1/2 이하인 유류가 외부로 분출하면서 탱크가 파열되는 현상	탱크표면화재로 원유와 **물**이 함께 탱크 밖으로 흘러넘치는 현상	유류표면 아래 비등하는 물에 의해 탱크내 유류가 넘치는 현상	유류 표면온도에 의해 물이 수증기가 되어 팽창, 비등함에 따라 유류를 외부로 비산시키는 현상

10 소방대가 일시에 집중적으로 진화하는 것으로 "위험물 옥외저장탱크 화재"에 사용되는 것은?

① 수비전술　　② 블록전술　　③ 집중전술　　④ 공격전술

해설 ❋ 공격전술의 종류 ☆ 13 위, 경기장, 14 경기교, 16 전북장, 19 소방교·장

블록전술	블록의 4방면 중 확대가능한 면을 동시에 방어하는 전술이다.
중점전술	중요한 시설 또는 대상물이 있고 이것에 중점을 두어 진입하는 경우 또는 천재지변 등 보통의 전술로는 진압이 곤란한 경우의 전술. 예 대폭발 등으로 다수의 인명을 보호해야하는 경우 피난로, 피난예정지 확보와 같은 방어활동에 중점을 둔다.
집중전술	소방대가 집중하여 일시에 진화하는 작전으로 예 위험물 옥외저장탱크 화재 등

정답 ― 08. ④　09. ④　10. ③

11 다음 중 블레비(BLEVE) 발생과정으로 옳은 것은?

① 화재발생 - 탱크벽 가열 - 액체의 온도 상승 - 폭발적 분출 증가 - 탱크파열
② 화재발생 - 폭발적 분출 증가 - 탱크벽 가열 - 액체의 온도 상승 - 탱크파열
③ 화재발생 - 탱크벽 가열 - 액체의 온도 상승 - 탱크파열 - 폭발적 분출 증가
④ 화재발생 - 액체의 온도 상승 - 탱크벽 가열 - 탱크파열 - 폭발적 분출 증가

해설 ● BLEVE 발생과정 ☆ 14 소방위

발생과정	① 액화가스 탱크 주위에 화재발생 ② 탱크벽(외벽) 가열 ③ 액체의 온도 상승 및 압력상승 ④ 화염과 접촉 부위 탱크 강도 약화 ⑤ 탱크 파열 ⑥ 내용물(증기)의 폭발적 분출 증가 파이어볼(Fire Ball)을 형성

12 고수(공간방어)전략(Defend-in-place strategy)에 대한 설명이 잘못된 것은?

① 고층건물 화재 시 모든 거주자들이 안전하게 대피하는데 곤란한 경우 사용하는 전략이다.
② 대피로 인한 대량 인명피해 위험성이 공간방어 전략의 위험성보다 작을 경우로 한정한다.
③ 거주자들 모두 해당 공간(건물) 내에 머무르라는 현장지휘관의 명령을 듣고 따르거나 통제가 가능하다는 확신이 있어야 한다.
④ 화재가 특정 공간(장소) 범위 안에서 제한될 수 있는 건물 구조를 가지고 있어야 한다.

해설 ● 고수(공간방어)전략(Defend-in-place strategy) ☆ 16 부산교, 전북장

내용	고층건물 화재 시 모든 거주자들이 안전하게 대피하는 데 곤란한 경우 사용하는 전략이다. ① 화재가 특정 공간(장소) 범위 안에서 제한될 수 있는 건물구조를 가지고 있을 것. ② 거주자들 모두 해당 공간(건물) 내에 머무르라는 현장지휘관의 명령을 듣고 따르거나 통제가 가능하다는 확신이 있을 것 등이다. (* ①② 제한된 건물구조에서 지휘관 통제에 따를수 있는 조건) -----* • 위 2가지 조건을 충족시키기 위해서는 초기에 건물구조 상황판단, 비상방송시스템의 정상적 작동, 무선통신, 기타 특정공간 내에서 화재를 억제할 수 있는 전술적 환경이 충족되는 등 신중한 지휘판단이 필요하다. • 대피로 인한 대량 인명피해 위험성이 공간방어전략에 의한 위험성보다 **클** 경우로 한정하여 적용한다. • 위 전략을 위해 스프링클러시스템과, 화재진압 후 연기배출의 제연시스템도 정상 작동되어야 한다.

정답 ● 11. ③ 12. ②

13 가스의 불완전 연소 등에 대하여 옳지 않은 것은?

① 황염이란 1차 공기량 부족으로 버너에서 불꽃 끝이 황적색이 나오는 현상이다.
② 리프팅(선화)란 가스분출구멍으로부터 가스유출속도가 연소속도보다 클 때이다.
③ 플래시백(역화)란 가스의 연소가 염공(분출구멍)의 가스유출속도보다 더 작을 때이다.
④ BLEVE란 기상부 탱크강판이 부분 가열되어 그 부분의 강도가 약해지면 탱크가 파열되고 이때 내부의 가열된 액화가스가 급속히 팽창 분출하면서 폭발하는 현상이다.

해설 ○ 플래시백(역화)란 가스의 연소(연소속도)가 염공(화염 분출 구멍)의 가스 유출속도보다 더 클 때이다.
가스 유출속도가 연소속도보다 더 크면 리프팅(선화)! / 연소속도가 가스분출속도보다 더 크면 플래시백(역화)이 된다.
☆ 10 소방장

14 부두에 계류 또는 정박 중인 선박화재 특성으로 옳지 않은 것은?

① 선체가 수상에 있지만 주수에 의한 전복위험은 적다.
② 유조선에서는 폭발이나 대화재가 되는 위험이 있다.
③ 선박 내부의 구조는 복잡하게 구획되어 있으며 창 등 개구부도 적다.
④ 어느 쪽의 선박도 내부에 고열, 짙은 연기나 화재가스가 충만해 인명위험이 크다.

해설 ○ ✪ 선박화재의 특성 : 사용 목적에서 상선, 함선 기타 선박 등으로 구분되지만 그 주된 것은 여객선, 화물선, 어선, 유조선, 나룻배 등이 있다.
1. 선박 내부의 구조는 복잡하게 구획되어 있는데다가 창 등 개구부도 적어 지하실과 같은 환경이다.
2. 선체는 수상에 있기 때문에 요동과 동시에 주수에 의한 전복위험이 크다.
3. 유조선에서는 폭발이나 대화재가 되는 위험이 있다. 어느 쪽의 선박도 내부에 고열, 짙은 연기나 화재가스가 충만해 인명위험이 크다.

15 항공기 화재의 특성에 대한 설명 중 옳지 않은 것은?

① 화재 후 단시간에 알루미늄 합금 등이 연소하여 외판 등의 금속부분이 용해된다.
② 연료가 다량으로 유출되는 경우는 낮은 곳으로 화면이 급격하게 확대될 위험성이 있다.
③ 연료탱크에 손상이 없고 액체의 일부가 연소하는 경우는 연소속도가 느리다.
④ 연료탱크가 꼬리날개에 있어 꼬리날개 부근이 화재의 중심이 되고 유출연료 등에 의하여 주위에 연소 확대된다.

해설 ○ 일반적으로 연료탱크는 주 날개 안에 있기 때문에 주 날개 부근이 화재의 중심이 되고 유출연료 등에 의하여 주위에 연소가 확대된다. ☆ 14 소방위

정답 ○ 13. ③ 14. ① 15. ④

16 항공기화재 진입방법으로 옳지 않은 것은?

① 접근은 꼬리부분, 풍하, 측면으로 접근한다.
② 전투기 이외의 항공기 경우는 머리부분부터 접근한다.
③ 프로펠러 항공기의 경우는 프로펠러에 접근하지 않는다.
④ 기관총 또는 로켓포를 장착한 전투기는 꼬리부분이나 측면으로 접근한다

> **해설** ☆ 항공기 화재 진입 및 부서방법 ☆ 13 소방위
> 1. 접근은 머리 부분, **풍상**, 측면으로 접근한다.
> 2. 전투기 이외의 항공기 경우는 일반적으로 머리 부분으로 접근한다.
> 3. 프로펠러 항공기의 경우는 프로펠러에 접근하지 않는다.
> 4. 기관총 또는 로켓포를 장착한 전투기의 경우는 머리 부분부터의 접근은 위험하기 때문에 꼬리부분이나 측면으로 접근한다.
> 5. 제트기의 경우는 엔진에서 고온의 배기가스가 강력히 분출되기 때문에 화상을 방지하기 위하여 머리 부분부터 대략 7.5m 이상의 거리를 유지한다.
> 6. 기체에 접근이나 기내진입 시에는 구조대원과 함께 포 소화, 분무주수 등으로서 엄호주수한다.
> 7. 항공기 내 승객들의 구조는 출입구 등의 구출구에 접근하여 구조가 쉬운 사람부터 신속히 구조한다.

17 항공기화재진압 소방활동 요령에서 포 방사활동 내용으로 옳지 않은 것은?

① 피복 길이는 활주로의 1/3을, 피복 폭은 쌍발기는 엔진 간격의 약 1.5배 단발기는 8~10m로 한다
② 포의 두께는 4~5㎝ 정도로 하고 시간적 여유 또는 포 원액에 여유가 없는 경우는 100~150m 범위를 긴급히 전면 피복한다.
③ 동체하부 및 그 주변 약 5m 이내를 우선적으로 소화한다.
④ 저발포는 지표 등 평탄한 부분을 고발포 방사는 기체 등 입체부분을 소화한다.

> **해설** ☆ 항공기 화재 방사활동
> ① 동체착륙을 할 경우에는 활주로에 공기포(기계포)를 피복한다.
>   ㉠ 피복 길이는 활주로의 1/3을 목표로 하며, 피복 폭은 쌍발기 이상은 엔진 간격의 약 1.5배, 단발기는 8~10m로 한다.
>   ㉡ 포의 두께는 4~5㎝ 정도로 하고 시간적 여유 또는 포 원액에 여유가 없는 경우는 100~150m 범위를 긴급히 전면 피복한다.
> ② 진입구 부근에 포방사하고 스스로 인명구조 외에 다른 구조대원, 요구조자를 보호한다.
> ③ 포 소화와 분무주수를 중점으로 하고, 직사주수는 하지 않는다.
> ④ 동체하부 및 그 주변 약 5m 이내를 우선적으로 소화한다.
> ⑤ 고발포는 지표 등 평탄한 부분을 / 저발포 방사는 기체 등 입체부분을 소화한다.
> ⑥ 포 방사 시 직접 직사주수는 동체보호 등 필요 최소한에 그치고 광범위하게 방사를 한다.
> ⑦ 포의 침투가 어려운 날개 내부 등의 소화는 이산화탄소를 활용한다.

정답 ○ 16. ① 17. ④

18 RI 방사능시설 화재 시 소방활동의 일반원칙으로 옳지 않은 것은?

① 부서 위치는 풍하, 낮은 장소로 한다.
② 인명구조 및 대원 개개의 피폭방지를 최우선으로 실시한다.
③ 활동은 필요최소한도로 하고 위험구역 내로의 진입시간을 짧게 한다.
④ RI(방사성 동위원소) 장비를 구비한 중앙구조본부를 활용하도록 한다.

해설 ✪ RI(방사성 동위원소)시설 화재 시 소방활동의 일반원칙 ★ 08 경북장, 14 경남장
① 대원은 지휘자의 통제 하에 단독행동은 엄금한다.
② 위치선정은 풍상, 높은 장소로 한다.
③ 방사선 피폭방지를 위해 관계자 및 장비를 활용해서 위험구역을 설정하고 로프 등으로 표시한다.
④ 소방활동은 인명구조 및 대원 개개의 피폭방지를 최우선으로 실시한다.
⑤ 위험구역 내에서 소방활동을 실시한 경우는 기자재 및 인체의 오염검사를 실시한다.
⑥ 활동 중 외상을 입은 경우는 즉시 지휘자에게 보고한다.
⑦ 활동은 필요 최소한도로 하고 위험구역 내로의 진입시간을 짧게 한다.
⑧ 시설 관계자(방사선취급주임)를 확보하고, RI장비를 구비한 중앙구조본부를 활용한다.

19 방사선 외부피복에 있어서 투과력이 가장 강한 것은?

① 알파선　　② 베타선　　③ 감마선　　④ 가시광선

해설 ✪ 외부피복에 있어서 투과력이 가장 강한 것은 감마선이다. ★ 13 서울장,

α선	물질의 투과력은 약하고 물질을 전리하는 힘은 크다.
β선	α선보다 투과력은 강하지만 공기 중에서 수m, 알루미늄·플라스틱 수mm의 두께로 완전히 멈춘다. 물질을 전리하는 힘은 α선보다 약하다.
γ선	물질의 투과력은 매우 강하다. 물질을 전리하는 힘은 $\alpha\beta$선보다 약하다.

✪ 전리력: $\alpha > \beta > \gamma$ / 투과력: $\gamma > \beta > \alpha$　▶ **암기**: 알파전, 감투(감마투)

정답 18. ① 19. ③

20 방사선 내부피복에 있어서 3대원칙이 아닌 것은?

① 격리　　② 희석　　③ 시간　　④ 차단

해설 ✪ 내부피복

내부피폭	호흡기, 소화기 및 피부 등을 통해서 인체에 들어온 상태를 말하며 외부피폭과 달리 α선이 가장 위험하다. 내부피폭 방호의 3대 원칙으로 ❶격리, ❷희석 경로의 ❸차단이 있으며 ① 격리는 작업장소를 제한하여 방사성물질을 주변 환경에서 차단하는 것이고 ② 희석은 공기정화 등을 통해 방사성물질 농도를 희석시키는 것, ▶ 차희격(내차 비격) ③ 차단은 보호복 및 공기호흡기 등을 활용하여 인체 침입 경로를 차단하는 것이다.
외부피폭	인체의 외측에서 피부에 조사(照射)되는 것으로 투과력이 큰 γ선(감마선) 등이 위험하다. 외부 피폭 방호의 3대 원칙은 ❶거리, ❷시간, ❸차폐이다. ▶ 시거차(왜? 시계차) ① 거리는 멀리, ② 시간은 짧게, ③ 방사선의 종류에 적합한 방어물로 차폐하는 것이다.

21 방사선의 검출요령으로 옳지 않은 것은?

① 검출은 시설관계자를 적극적으로 활용해서 실시한다.
② 원칙적으로 화학기동 중대원은 보조적인 검출활동을 한다.
③ 검출결과는 레벨이 낮은 쪽을 채용하고 반드시 검출위치 및 선량률을 기재한다.
④ 검출은 복수의 측정기를 활용하고 외주부(外周部)부터 순차적으로 내부를 향해서 실시함과 동시에 검출구역을 분담해서 실시하고 검출누락이 없도록 한다.

해설 ✪ 방사선의 검출요령 ★ 13 인천, 14 경남, 16 부산교
① 검출은 시설관계자를 적극적으로 활용해서 실시하고 원칙적으로 화학기동 중대원은 보조적인 검출활동을 한다.
② 검출은 측정기의 예비조작을 실시해서 기능을 확인한 후 방사능 방호복 및 호흡보호기를 착용하고 신체를 노출하지 않고 실시한다.
③ 검출은 핵종(核種) 및 수량과 사용상황을 확인하고 실시한다.
④ 검출은 복수의 측정기를 활용하고 외주부(外周部)부터 순차적으로 내부를 향해서 실시함과 동시에 검출구역을 분담해서 실시하고 검출누락이 없도록 한다.
⑤ 검출활동으로 옥내진입 시 진입구를 한정하고 대원카드에 의해 출입자를 체크한다.
⑥ 검출결과는 레벨이 높은 쪽을 채용하고 반드시 검출위치 및 선량률을 기재한다.

정답 20 ③　21. ③

MEMO

화재1-2

(소방전술1)

2편

소방용수시설

1장 소방용수시설(1~6절) ·················· 254
2장 상수도소화용수설비 등(1~3절) ············ 263
　✪ OX 개념문제 ························ 268
　✪ 복원기출 및 예측문제 ·················· 270

CHAPTER 01 소방용수시설 (1장)

학/습/목/표
- 소방용수시설을 설명할 수 있다.
- 소방용수시설의 종류를 설명할 수 있다.
- 소방용수시설 유지관리를 수행할 수 있다.
- 소방용수시설 설치 법적 근거를 설명할 수 있다.
- 소방용수시설의 설치기준을 설명할 수 있다.

제1절 소방용수*

소방 고유업무인 화재진압에는 필수 3요소가 있다. ㉠ 숙련된 소방관 ㉡ 최신장비 ㉢ 풍부한 소방용수이다. 특히 물은 진압활동에 있어서 절대적 필요한 요소이다. 그 특성은 다음과 같다.

■ 물의 특성
① 가격이 싸며 어디에서도 쉽게 구할 수 있으며
② 기화열이 크며 연소물체에 도달하기 쉽고,
③ 사용하기 편리하고,
④ 침투성이 높기 때문에 다른 소화제보다 소화효과가 크다.

① 물은 냉각효과가 가장 크고, 쉽게 구할 수 있다. 냉각효과가 큰 것은 물의 비열과 기화열(증발잠열)이 크기 때문인데 그 중에서도 증발잠열이 **냉각효과의 주된 요인**으로 작용한다.

② 물의 증발잠열은 539cal/g이다. 이것은 100℃의 물 1g을 같은 온도의 수증기로 변하게 하는 데에는 539cal의 열량이 필요하다는 것을 뜻한다.

③ 다시 말해 100℃의 물 1g이 같은 온도의 수증기로 변할 때(증발할 때)에는 주위로부터 539cal의 열을 빼앗는다는 것을 의미한다.

④ 또한 물이 화열과 접촉하여 발생되는 수증기는 불연성 기체이므로 불 주위의 공기와 혼합하여 상대적으로 산소의 농도를 저하시켜 연소를 억제하는 데 기여할 수도 있다. 즉 약간의 질식효과도 보여 줄 수 있다. (*^^ 주소화는 냉각효과이며 부차적으로 질식효과가 있다는 뜻이다.)

⑤ 물이 증발될 때 **체적은 약 1,700배 이상** 커진다. 이것은 1리터의 액체상태의 물은 기화된 후 약 1.7 m^3의 공간을 차지할 수 있는 양이 됨을 의미한다.

물 질(1g)	녹는점(℃)	융해열(cal/g)	끓는점(℃)	기화열(cal/g)
물	0	79.7(약 80)	100	539

제2절 소방용수의 설치관련 법적근거

▶ 중앙소방학교 공통교재 개정된 법령으로 수정됨.

1 법적 근거

(1) 소방용수란 소방기본법 제10조(소방용수시설의 설치 및 관리 등)에 규정에 의해 설치한 것과 수도법 제45조(소화전)에 의하여 일반수도사업자가 설치한 시설 등을 말한다.

┃소방용수 법적 근거┃

소방기본법 제10조 (소방용수시설의 설치 및 관리 등)	시·도지사는 소방활동에 필요한 소화전(消火栓)·급수탑(給水塔)·저수조(貯水槽)(이하 "소방용수시설"이라 한다)를 설치하고 유지·관리해야 한다. - 다만, 「수도법」제45조에 따라 소화전을 설치하는 일반수도사업자는 관할 소방서장과 사전협의를 거친 후 소화전을 설치하여야 하며, 설치 사실을 관할 소방서장에게 통지하고, 그 소화전을 유지·관리하여야 한다
수도법 제45조 (소화전)	일반수도사업자는 해당 수도에 공공의 소방을 위하여 필요한 소화전을 설치·관리하여야 한다.

(2) 소방법령과 관련된 법적 근거는 다음과 같다.

┃소방용수 법적 근거 모두┃

모든 근거	① 〈소방기본법〉 ◦ 소방기본법 제10조 (소방용수시설의 설치 및 관리 등) ◦ 소방기본법 제28조 (소방용수시설 또는 비상소화장치의 사용금지 등) ◦ 소방기본법 제50조 (벌칙) ◦ 소방기본법 시행규칙 제6조 (소방용수시설 또는 비상소화장치의 설치기준) ◦ 소방기본법 시행규칙 제7조 (소방용수시설 및 지리조사) ② 〈수도법〉◦ 제45조 (소화전) ③ 〈도로교통법〉◦ 제33조 (주차금지의 장소) ④ 〈소방시설 설치 및 관리에 관한 법률〉 ◦ 제12조 특정소방대상물에 설치하는 소방시설의 관리 등 〈소방시설 설치 및 관리에 관한 법률 시행령〉 ◦ 제11조 특정소방대상물에 설치관리해야 하는 소방시설 ◦ 제14조 유사한 소방시설의 설치 면제의 기준 ⑤ 화재안전기준 〈상수도소화용수설비의 화재안전기준(NFTC 401)〉 〈소화수조 및 저수조의 화재안전기준(NFTC 402)〉 ⑥ 형식승인 및 제품검사의 기술기준 〈소화전의 형식승인 및 제품검사의 기술기준〉

제3절 소방용수시설의 종류

1 소방용수의 분류

(1) 소방용수는 크게 인공적으로 설치한 인공용수와 자연적으로 존재하는 자연 용수로 분류한다.

인공용수	① 인공용수에는 소화전, 급수탑, 저수조, 비상소화장치와 같이 설치 목적이 소방 활동에 사용코자 설치한 것과 그 밖의 용수가 있다. ② 인공용수는 생활용수, 공업용수를 공급하는 상수도배관에 부설하여 상수도로 급수되는 한 계속적으로 급수할 수 있는 소화전, 급수탑, 그리고 상수도에 직결 또는 유수를 일정량 저수한 저수조가 있다
자연용수	자연용수에는 하천, 바다, 호수 등 소화활동 시 소방용수로 사용할 수 있는 시설이 있다.

2 소방용수시설의 종류

소방용수는 일반적으로 인공적인 것과 자연적인 것으로 구분되며 그 종류는 다음과 같이 구분한다.

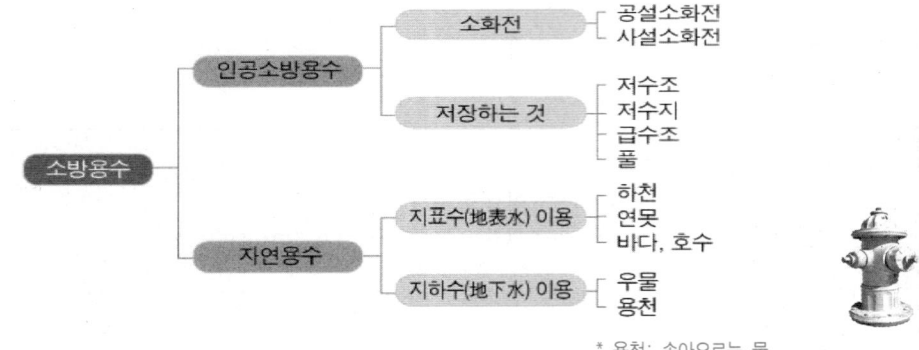

* 용천: 솟아오르는 물

맨홀 이야기 (공간 이용)

- 맨홀 뚜껑은 땅속에 묻은 소화전이나 수도관·하수관·지하 케이블 등을 검사하거나 청소하기 위해 드나들 수 있게 만든 구멍의 뚜껑이다. 맨홀뚜껑의 지름 648mm 이상이라는 숫자는 맨홀 구멍이 650mm 이상이며 그 뚜껑은 구멍 위로 덮어서 돌출되지 않고 평평하게 구멍 안으로 들어가므로 648mm가 된다.
즉, 지면에 접촉된 맨홀 구멍의 두께가 양쪽으로 2mm가 된다는 뜻이다.
- 맨홀뚜껑 부근에는 황색 반사도료로 폭 15cm의 선을 그 둘레를 따라 칠할 것이라는 뜻이 "소화전 주차금지"를 읽기 위해서 황색이 근거리에서는 인간의 눈에 가장 잘 띄기 때문이고 또한 폭이 15cm, 연결금속구가 65mm는 숫자가 더 크면 안 되기 때문에 "이상"이 아니라는 점에도 유의한다.

제4절 소방용수시설의 설치기준*

1 소방용수의 설치기준*   ☆ 16 서울교, 18 소방장, 20 소방장

① 소방용수 배치기준은 유효활동 범위와 건물밀집도, 인구, 기상을 고려하며, 평상시의 소방대의 유효활동 범위는 소방 활동의 신속, 정확성을 고려하여 연장 소방호스 10본(150m) 이내일 것으로 하고 있다. / 이 소방호스연장은 아래 그림과 같이 도로를 따라서 연장한 경우 소방호스의 굴곡을 고려하여 기하학적으로 산출하면 반경 약 100m의 범위 내가 된다.
② 소방용수는 도시계획법상의 **공업 및 상업지역, 주거지역은 100m 이내**, 그 밖의 지역은 **140m 이내**에 설치하도록 되어 있다. ▶ 암기 : 주상공백(* 주거, 상업, 공업지역은 100m 이내)

호스연장과 도달거리의 관계

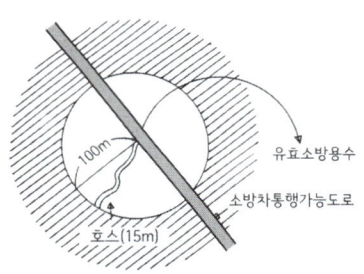

국토교통부장관, 시도지사 또는 대도시 시장은 다음 각 호의 어느 하나에 해당하는 용도지역의 지정 또는 변경을 도.시.군 관리계획으로 결정한다.
1. 도시지역 : 다음의 어느 하나로 구분하여 지정한다.
① 주거지역 : 거주나 생활환경의 보호를 위한 지역
② 상업지역 : 상업이나 업무의 편익증진을 위한 지역
③ 공업지역 : 공업의 편익증진을 위하여 필요한 지역
④ 녹지지역 : 자연환경·농지 및 산림의 보호, 보건위생, 보안 등을 위하여 녹지의 보전이 필요한 지역

2 소방용수시설별 설치기준*

소방용수시설별 설치기준은 다음과 같다.   ☆ 13서울, 14부산교, 16부산교, 위, 17소방장, 위, 20소방장

소화전	상수도와 연결하여 지하식 또는 지상식의 구조로 하고, 소방용 호스와 연결하는 소화전의 연결금속구의 구경은 <u>65mm로 한다</u>. * 오답 : 할수 있다
급수탑	급수배관의 구경은 <u>100mm 이상</u>으로 하고, 개폐밸브는 지상에서 1.5m 이상 1.7m 이하의 위치에 설치한다.
저수조	상수도와 연결되거나 항상 만수되어있는 구조의 것이어야 한다. ① 지면으로부터 낙차가 <u>4.5m 이하</u>. * 오답 : 4.5m 이상 ② 흡수부분의 수심은 <u>0.5m(50cm) 이상</u> ③ 소방펌프차가 쉽게 접근할 수 있도록 하야 한다. ④ 흡수관의 투입구가 사각형의 경우에는 한 변의 길이가 <u>0.6m(60cm) 이상</u>, 원형의 경우에는 지름이 <u>0.6m(60cm)</u> 이상이어야 한다. ⑤ 흡수에 지장이 없도록 토사, 쓰레기 등을 <u>제거할 수 있는 설비</u>를 갖추어야 한다. ※ 저수조에 물을 공급하는 방법은 상수도에 연결하여 <u>자동으로</u> 급수되는 구조일 것.

소방용수시설별 장·단점 ★ 20 소방교

종 별	장 점	단 점
지상식 소화전	사용이 간편하고 관리가 **용이**하다.	· 지상으로 돌출되어 있기 때문에 차량 등에 의하여 파손될 우려가 있다. · 도로에는 설치가 곤란하다
지하식 소화전	지하에 매설되어 있어 보행 및 교통에 지장이 **없다**.	· 사용이 불편하고 관리가 어렵다. · **강설 시 동결되어 사용할 수 없는 경우가 발생**한다. (* 지하가 깊지 않고 맨홀뚜껑에 눈이 쌓여 동결도 됨) · 도로포장 공사 시 매몰 우려 및 뚜껑을 높여야 한다.
급수탑	물탱크 차량에 급수하는 데 가장 **용이**하다. ★ 20 소방교	· 도로면에 설치되어 있기 때문에 차량 등에 의해 파손되는 경우가 많다. · **설치기준 부족**으로 불필요한 물이 낭비되며 배수장치의 설치방법에 따라 동절기에 **동결**되는 경우가 생긴다. · 유지관리 미숙으로 동절기에 보온조치 등 불필요한 예산이 필요하다.　· 도시미관을 해친다.
저수조	· 대량의 물이 저장되어 있기 때문에 단수 시 급수작전에 효과를 기할 수 있다. · 고지대 등 급수작전이 미흡한 지역에 설치할 경우 지대한 효과를 기할 수 있다.	· 설치비용이 많이 든다. · 뚜껑이 너무 무거워 사용하기가 불편하다. · 설치위치 선정이 용이하지 않다 · 공사 시 교통에 많은 지장이 초래된다.

제5절 소방용수시설의 표지 등★

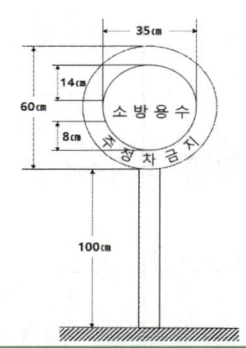

소방용수표지(소방기본법 시행규칙 제6조 관련) ★ 15 서울교

지하에 설치하는 소화전 또는 저수조의 소방용수표지	지상에 설치하는 소화전·급수탑·저수조의 소방용수표지
· 맨홀뚜껑은 지름 648mm 이상의 것으로 할 것. 다만, 승하강식 소화전의 경우에는 이를 적용하지 않는다. · 맨홀뚜껑에는 "소화전·주정차금지" 또는 "저수조·주정차금지"의 표지를 할 것 · 맨홀뚜껑 부근에는 황색반사도료로 폭 **15cm**의 선을 그 둘레를 따라 칠할 것	· 안쪽 바탕은 **적**색, 안쪽 문자는 **백**색 / 바깥쪽 바탕은 **청**색, 바깥쪽 문자는 **황**색으로 하고 반사재료를 사용한다. ▶ 붉은백수 청나라 황제 (*^^ 안쪽 적색바탕은 불의 상징, 백색이 잘 보이며, 바깥쪽 청색바탕은 물의 상징, 황색이 잘보임.) · 위의 표지를 세우는 것이 매우 어렵거나 부적당한 경우에는 그 규격 등을 다르게 할 수 **있다**.

제6절　소방용수시설의 유지 · 관리*　☆ 13 서울교

1　개요

① 공설소화전, 저수조, 급수탑 등은 그 설치를 각 시·도의 소방공동시설세로 하고 있으므로 그 유지·관리는 사용주체인 소방관서에서 해야 한다.
② 수도에 있어서는 그 설치자가 설치·유지, 관리한다.
　　- 소방기본법과 수도법에서 정하고 있다.
③ 소방기본법 제10조에서 시·도 및 설치자에게 유지·관리의무를 과하고 있는 만큼 소방용수시설은 소방용수시설 점검을 통하여 적절한 유지·관리가 필요하다.

2　유지·관리

① 소방활동에 필요한 소화전·급수탑·저수조 기타 소방용수시설은 관할 시·도가 설치하여 유지·관리한다. 다만, 수도에 있어서는 그 설치자가 설치하고 유지·관리 한다.
② 소방용수시설은 소방관서의 재산으로서, 고장개소가 발생 시 상수도 관리 부서인 각 수도사업소에 개·보수사항을 의뢰하여 보수하거나 소방기관 자체 예산으로 보수하고 있다.

▌ 소방기본법 시행규칙 제7조(소방용수시설 및 지리조사)
　① 소방본부장, 소방서장은 원활한 소방 활동을 위하여 다음 각 호의 조사를 월 1회 이상 실시해야 한다.
　　　㉠ 법 제10조의 규정에 의하여 설치된 소방용수시설에 대한 조사
　　　㉡ 소방대상물에 인접한 도로의 폭, 교통상황, 도로주변의 토지의 고저, 건축물의 개황, 그 밖에 소방활동에 필요한 지리에 대한 조사　▶ 암기: 도교토건
　　　　(*^^ 수도소화전은 그 설치자인 일반수도사업자가 유지·관리한다.)
　② 제①항 제㉠호의 조사는 별지 제2호 서식에 의하고, 제①항 제㉡호의 조사는 별지 제3호 서식에 의하되, 그 조사결과를 2년간 보관해야 한다. * 오답: 3년간

▌ 소방활동자료조사 등에 관한 규정 제12조 (소방용수·지리조사 실시)
　① 정밀조사 : 연 2회(해빙기, 동절기)
　② 정기조사 : 월 1회 이상
　③ 수시조사 : 도로공사를 한 경우, 수도부서에서 소방용수시설 신설 또는 이설을 한 경우, 취약지역 등
　④ 조사방법은 「소방공무원 근무규칙」 제19조 및 제20조에 따른다.

▌ 소방활동자료조사 등에 관한 규정 제13조(소방용수·지리조사 결과 조치)
　① 소방서장은 소방용수·지리조사를 실시하여 변동사항은 즉시 전 직원에게 알려야 한다.
　② 소방용수시설이 고장 나거나 사용할 수 없는 경우에는 즉시 담당부서에 통보해야 한다.
　③ 소방차량 통행에 장애요인 발생한 경우에는 우회도로 확보 등 별도의 대책을 마련해야 한다.

■ **소방기본법 제50조 (벌칙)**
다음 각호의 1에 해당하는 자는 <u>5년 이하의 징역 또는 5천만 원 이하의 벌금</u>에 처한다. ☆ 20 소방위
1. 소방기본법 제28조의 규정을 위반하여 정당한 사유 없이 소방용수시설을 사용하거나 소방용수시설의 효용을 해하거나 그 정당한 사용을 방해한 사람

> ✪ 소방기본법 제28조(소방용수시설의 사용금지)
> • 정당한 사유 없이 소방용수시설을 사용하는 행위
> • 정당한 사유 없이 손상·파괴·철거 또는 그 밖의 방법으로 소방용수시설의 효용을 해치는 행위
> • 소방용수시설의 정당한 사용을 방해하는 행위

■ **도로교통법 제32조(정차 및 주차의 금지)**
모든 차의 운전자는 다음의 어느 하나에 해당하는 곳에서는 차를 정차하거나 주차하여서는 안 된다. 다만, 이 법이나 이 법에 따른 명령 또는 경찰공무원의 지시를 따르는 경우와 위험방지를 위하여 일시 정지하는 경우에는 그렇지 않다.
① 교차로·횡단보도·건널목이나 보도와 차도가 구분된 도로의 보도
   - (「주차장법」에 따라 차도와 보도에 걸쳐서 설치된 노상주차장은 제외한다)
② 교차로의 가장자리나 도로의 모퉁이로부터 5m 이내인 곳
③ 안전지대가 설치된 도로에서는 그 안전지대의 사방으로부터 각각 10m 이내인 곳
④ 버스여객자동차의 정류지(停留地)임을 표시하는 기둥이나 표지판 또는 선이 설치된 곳으로부터 10m 이내인 곳. 다만, 버스여객자동차의 운전자가 그 버스여객자동차의 운행시간 중에 운행노선에 따르는 정류장에서 승객을 태우거나 내리기 위하여 차를 정차하거나 주차하는 경우에는 그러하지 아니하다.
⑤ 건널목의 가장자리 또는 횡단보도로부터 10m 이내인 곳
⑥ 다음 각 목의 곳으로부터 5m 이내인 곳
   ㉠ 「소방기본법」 제10조에 따른 소방용수시설 또는 비상소화장치가 설치된 곳
   ㉡ 「소방시설 설치~ 법률」 제2조제1항제1호에 따른 소방시설로서 대통령령으로 정하는 시설이 설치된 곳
⑦ 시도경찰청장이 도로에서의 위험을 방지하고 교통의 안전과 원활한 소통을 확보하기 위하여 인정하여 지정한 곳
⑧ 시장 등이 제12조제1항에 따라 지정한 어린이 보호구역
〈2021. 11.30 개정〉 (*^^ 상기 도로교통법 제32조의 숫자는 주로 5m, 10m 이다.)

■ 소방기본법 제28조(소방용수시설 또는 비상소화장치의 사용금지 등)의 규정에 정당한 사유 없이 소방용수시설을 사용하는 행위, 정당한 사유 없이 손상·파괴, 철거 또는 그 밖의 방법으로 소방용수시설 또는 비상소화장치의 효용을 해치는 행위, 소방용수시설 또는 비상소화장치의 정당한 사용을 방해하는 행위를 하는 자에게는 **5년 이하의 징역 또는 5천만 원 이하의 벌금**을 처한다.
또한, 도로교통법 제160조(과태료) 제3항에 의하여 위반한 사실을 사진·비디오·테이프 그 밖의 영상기록매체에 의하여 입증되면, 위반행위를 한 운전자에게 20만 원 이하의 과태료를 부과하고, 위반행위를 한 운전자를 확인할 수 없을 경우에는 고용주등에게 부과한다.

■ 소방용수시설 일제 정밀조사(점검) 요령 ☆ 24 소방교

현장도착 ↓	○ 점검도구(기자재) 활용
외관점검 (종별 공통) ↓	○ 용수시설의 위치 및 사용의 장애여부(5m이내 주차구획선 설치 등) 시설주변 조사 ○ 파손, 매몰, 손괴, 변형 여부 ○ 안전사고 발생 우려 여부 ○ 도시환경 저해요인(도색 상태 등)
외관점검 (소화전) ↓	○ 토출구 변형 및 전실 내 이물질 퇴적 여부 ○ 지상식 소화전은 제수변 위치 및 매몰 여부 　※ 매몰 시 원인자 및 경과기간을 조사하여 원상복구 조치 ○ 몸통의 동파여부 및 균열 등 확인 ○ 뚜껑의 소화전의 문자각인 및 황색야광표시 여부 ○ 뚜껑의 지반침하, 지상 돌출로 인한 차량운행, 보행장애 여부 등
정밀점검 (기능 및 작동시험 포함) ↓	○ 스핀들, 제수변 등 작동의 적정여부 ○ 스핀들, 제수변, 배관이음부 누수여부 확인 ○ 지하배관 누수여부 확인 방법 ⇨ 소화전 토출구 캡을 막고 스핀들을 개방하여 몸통에 귀를 대면 물새는 소리가 난다. ○ <u>스핀들을 완전히 잠근 후 반 바퀴 정도 열어준다.</u> 　(고무바킹 협착) ○ 개폐가 힘든 것은 무리한 힘을 가하지 말고 오일 주입, 녹 제거 작업 후 <u>천천히 개폐</u>
토출시험 ↓	○ 스핀들 개방 출수 확인 → 수압 측정 ○ 스핀들을 잠그고 토출구내 배수상태 확인 　※ 소화전 관로 제수변 급격한 조작금지 　- <u>급격한 밸브 조작은 상수도관 내 침전물의 유동을 일으켜 수질로 인한 민원 발생의 원인</u> 　- 밸브 개방 시 　① <u>지상, 지하식 소화전용 밸브를 먼저 개방하고,</u> 　② <u>상수도 본관에서 분기된 제수밸브를 나중에 개방[소화전내 적수(녹물)의 상수도 본관 내 유입방지]</u> ☆ 24 교(순서바뀜)
현장이동	○ 주변 정리정돈 및 점검도구(기자재) 철수 후 현장이동

• REFERENCE

1. 자전거로 아무리 빨리 달려도 차를 따라잡지 못합니다.
   이는 '현대 과학'이 중요하다는 뜻입니다.

2. 남자가 아무리 똑똑하다 해도 여자가 없으면 자식을 낳지 못합니다.
   이는 '서로 합작'이 중요하다는 뜻입니다.

3. 완벽하게 보장이 되려면 아무리 큰 통의 물을 산다고 해도 우물 하나 파는 것만 못합니다.
   이는 '근본 통로'가 중요하다는 뜻입니다.

4. 암수 개구리가 결혼해서 두꺼비를 낳았습니다. 수컷이 화를 내면서 "대체 어찌된 일인가?" 하고 소리쳤습니다. 암컷이 울면서 말하기를 "여보! 내가 차마 고백하지 못했는데 당신 만나기 전에 성형수술을 했어..." 이는 '처음 판단'이 중요하다는 뜻입니다.

5. 새끼 당나귀가 아빠 당나귀한테 물었습니다.
   "우리는 매일 풀만 뜯어먹고 사는데, 젖소들은 왜 매일 좋은 사료만 먹어?"
   이에 아빠 당나귀가 대답했습니다.
   "우리는 두 다리로 뛰어서 먹고 살지? 그런데 쟤네들은 그냥 가슴만으로 먹고 살잖아..."
   이는 '생활 사명'이 중요하다는 뜻입니다.

6. 오리와 게가 달리기 경주를 했는데 승부를 가리지 못했습니다. 그래서 심판이 '가위바위보'로 결정하자고 했습니다. 그랬더니 오리가 즉각 노발대발하면서 "나는 아무리 잘 내도 '보자기'인데, '게'는 아무렇게나 그냥 내밀어도 '가위' 잖아..."
   이는 '유전 선천성'이 중요하다는 뜻입니다.
   ———————*

■ 논평!
  현대 사회에서는 누구와 함께 하느냐가 너무 중요합니다.
  심지어 자신의 발전 방향을 제시하고 인생의 승패를 결정하는 근거가 되기도 합니다.
  지난 시대에 깨어있던 부모님들이 자식들을 좋은 학교에 진학시키기 위해 그 어떠한 희생이라도 감수하셨던 까닭입니다. 학연, 지연 때로는 부자와 함께하면 부자될 가능성이 있다면서..
  어떤 사람과 함께 하느냐에 따라 그에 합당한 인생이 따라옵니다. 좋은 친구를 사귀어보세요
  ① 부지런한 자와 함께면 - 게을러지지 않습니다.
  ② 적극적인 자와 함께면 - 의기소침하지 않습니다.
  ③ 지혜로운 자와 함께면 - 두드러진 삶을 삽니다. 그리고.
  ④ 훌륭한 자와 함께면 - 나도 어느덧 정상에서 발돋음합니다~.

CHAPTER 02 상수도 소화용수설비 등(2장)

학/습/목/표
- 상수도 소화용수설비를 설명할 수 있다.
- 소화수조 및 저수조를 설명할 수 있다.

제1~2절 개요 및 상수도 소화용수시설

상수도 소화용수설비는 현실적으로 크게 부족한 관설 소화용수설비의 보강 차원에서 일정 규모 이상의 건축물의 소유자로 하여금 소화용수설비의 설치 및 관리비용을 부담하도록 하고 있다.

> **소방시설 설치 및 관리에 관한 법률 및 시행령 - 요약**
> - 시행령 제11조(특정소방대상물에 설치·관리해야 하는 소방시설) 관련 〈별표4 상수도소화용수시설〉
>   상수도소화용수설비를 설치하여야 하는 특정소방대상물은 다음과 같다.
>   다만, 상수도소화용수설비를 설치하여야 하는 대상물의 대지 경계선으로부터 <u>180m</u> 이내에 지름 <u>75mm</u> 이상인 상수도용 배수관이 설치되지 아니한 지역에는 소화수조 또는 저수조를 설치해야 한다.
>   ㉠ <u>연면적 5,000㎡ 이상</u>인 것.(다만, 가스시설, 터널, 지하구의 경우에는 그러하지 아니하다.)
>   ㉡ 가스시설로서 지상에 노출된 탱크의 저장용량의 <u>합계가 100톤</u> 이상인 것
>   ㉢ 자원순환 관련 시설 중 폐기물재활용시설 및 폐기물처분시설
> - 시행령 제14조(유사한 소방시설의 설치면제의 기준) 관련 〈별표5 상수도소화용수시설 면제 기준〉
>   상수도소화용수설비를 설치하여야 하는 특정소방대상물의 각 부분으로부터 수평거리 <u>140m 이내</u>의 공공의 소방을 위한 소화전이 화재안전기준에 적합하게 설치되어 있는 경우에는 설치가 면제된다.

1 상수도 소화용수 설비 ☆ 13 경남장, 14 인천장, 15 서울교

상수도 소화용수설비의 화재안전기준(NFTC 401)

용어	① "호칭지름"이란 일반적으로 표기하는 배관의 직경을 말한다. ② "수평투영면"이란 건축물을 수평으로 투영하였을 경우의 면을 말한다.
설치기준	① 호칭지름 <u>75mm</u> 이상의 수도배관에 호칭지름 <u>100㎜</u> 이상의 소화전을 (분기)접속할 것 ② 소화전은 소방자동차 등의 진입이 쉬운 도로변 또는 공지에 설치할 것 ③ 소화전은 특정소방대상물의 수평투영면의 각 부분으로부터 <u>140m 이하</u>가 되도록 설치할 것.

제3절 소화수조 및 저수조설비 ☆ 16 소방교, 17 인천장

소화수조 및 저수조설비의 화재안전성능기준(NFPC 402) 제3조~제5조는 다음과 같다.

제1~2조	-생략 (중요도 없음)-
제3조 정의	① "소화수조 또는 저수조"란 수조를 설치하고 여기에 소화에 필요한 물을 항시 채워두는 것을 말하고, 저수조란 소화용수와 일반 생활용수의 겸용 수조를 말한다. ② "채수구"란 소방차의 소방호스와 접결되는 흡입구를 말한다. (물을 뽑아낼 수 있는 구멍) ③ "흡수관투입구"란 소방차의 흡수관이 투입될 수 있도록 소화수조 또는 저수조에 설치된 원형 또는 사각형의 투입구를 말한다.
제4조 소화수조 등	① 소화수조, 저수조의 채수구* 또는 흡수관투입구는 소방차가 2m 이내의 지점까지 접근할 수 있는 위치에 설치해야 한다. ▶암기: 채2(채리) ☆ 13 경남장 ② 소화수조 또는 저수조의 저수량은 소방대상물의 연면적을 다음 표에 따른 기준면적으로 나누어 얻은 수(소수점 이하의 수는 1로)에 20㎥를 곱한 양 이상이 되도록 해야 한다. | 특정소방대상물의 구분 | 면 적 | |---|---| | ・1층 및 2층의 바닥면적 합계가 15,000㎡ 이상인 소방대상물 | 7,500㎡ | | ・제1호에 해당되지 않는 그 밖의 소방대상물 (15,000㎡ 미만) | 12,500㎡ | 예) 15000㎡ 일 경우 15000㎡ ÷ 7,500㎡ = 2가 나온다 2 × 20㎥ = 40㎥의 저수량이 필요하다. 예) 10,000㎡ 일 경우 10,000㎡ ÷ 12,500㎡ = 0.8이 나온다. 소숫점 이하는 1로보니 1 × 20㎥ = 20㎥ ③ 소화수조 또는 저수조는 다음의 기준에 따라 흡수관투입구 또는 채수구를 설치해야 한다. ㉠ 지하에 설치하는 소화용수설비의 흡수관투입구는 그 한 변이 0.6m 이상이거나 직경이 0.6m 이상인 것으로 하고, 소요수량이 80㎥ 미만인 것에 있어서는 <u>1개</u> 이상, 80㎥ 이상인 것에 있어서는 <u>2개</u> 이상을 설치하여야 하며, "흡수관투입구"라고 표시한 표지를 할 것 ㉡ 소화용수설비에 설치하는 채수구는 다음표에 따라 소방용 호스 또는 소방용 흡수관에 사용하는 구경 65㎜ 이상의 나사식 결합 금속구를 설치할 것 | 소요수량 | 20㎥ 이상 40㎥ 미만 | 40㎥ 이상 100㎥ 미만 | 100㎥ 이상 | |---|---|---|---| | 채수구의 수 | 1개 | 2개 | 3개 | ㉢ 채수구는 지면으로부터의 높이가 <u>0.5m 이상 1m 이하</u>의 위치에 설치하고 "채수구" 라고 표지를 할 것. (*^^ 일반적으로 채수구나 송수구 높이는 0.5m 이상 1m 이하이다) ④ 소화용수설비를 설치하여야 할 소방대상물에 있어서 유수의 양이 0.8㎥/min 이상인 유수를 사용할 수 있는 경우에는 소화수조를 설치하지 아니할 수 있다.

---

* 소화전(消火栓): 소화호스를 장치하기 위하여 상수도의 급수관에 설치하는 시설.(즉, 물을 빼내기 위한 시설)
* 급수탑(給水塔): 소방 물탱크차가 화재현장으로 출발 시 급수에 필요한 시설. 119안전센터·소방서 등에 설치됨.
* 저수조(貯水槽): 물을 담아 놓기 위한 시설.(* 물을 저장하는 수조로서 주로 지하에 위치함)
* 건축물의 개황: 건축물 대강의 상황.(예) 목조 건물 혹은 콘크리트 건물)   * 1㎥ =1,000ℓ
* 비상소화장치: 화재초기 지역주민이 활용하여 소화하는 시설로서. 전통시장·상가밀집지역, 연립주택의 좁은길 등 소방차 진입이 곤란할 때 소방용수시설하고 연결하여 옥외에 만들어진 옥내소화전과 유사한 형태이다.

제5조 가압송수장치

(1) 소화수조 또는 저수조가 지표면으로부터의 깊이(수조 내부바닥까지의 길이)가 4.5m 이상인 지하에 있는 경우에는 다음 표에 따라 가압송수장치를 설치한다. (단, 4.5m 이하는 제외)

소요수량	20㎥ 이상 40㎥ 미만	40㎥ 이상 100㎥ 미만	100㎥ 이상
1분당 양수량	1,100ℓ 이상	2,200ℓ 이상	3,300ℓ 이상

(*^^ 앞 페이지 ③ ㉡ 채수구 박스 및 상기 1분당 양수량은 모두 첫 자가 1,2,3.이 된다)

(2) 소화수조가 옥상 또는 옥탑의 부분에 설치된 경우에는 지상에 설치된 채수구에서의 압력이 <u>0.15MPa 이상</u>이 되도록 해야 한다.(*^^ 0.15Mpa란 수두로 환산하면 15m 나가는 압력이다.)
-----*

(3) 전동기 또는 내연기관에 따른 펌프를 이용하는 가압송수장치 설치는 다음과 같다.
① 쉽게 접근할 수 있고 점검하기에 충분한 공간이 있는 장소로서 화재 및 침수 등의 재해로 인한 피해를 받을 우려가 없는 곳에 설치할 것
② 동결방지조치를 하거나 동결의 우려가 없는 장소에 설치할 것
③ 펌프는 <u>전용</u>으로 할 것. (다만, 다른 소화설비와 겸용하는 경우 각각의 소화설비의 성능에 지장이 없을 때에는 예외로 한다.)
④ <u>펌프의 토출측에는 압력계를 체크밸브 이전에 펌프토출측 플랜지에서 가까운 곳에 설치하고, 흡입측에는 연성계 또는 진공계를 설치할 것.</u> (다만, 수원의 수위가 펌프의 위치보다 높거나 수직회전축 펌프의 경우에는 연성계 또는 진공계를 설치하지 아니할 수 있다.)
   (* 펌프 중심에서 위쪽에는 압력계를, 펌프 중심 아래쪽에는 공기가 들어가면 물 흡입이 안되니 진공압력을 측정하는 진공계나, 대기압에서 +,- 압력을 측정할 수 있는 연성계를 설치하라는 뜻)
   (*^^ 체크밸브: 역류방지밸브 / 플랜지: 관이음 접속부분 / 수원의 수위: 물의 높이가)
----*
⑤ 가압송수장치에는 정격부하 운전 시 펌프의 성능을 시험하기 위한 배관을 설치할 것
⑥ 가압송수장치에는 체절운전 시 수온의 상승을 방지하기 위한 <u>순환배관</u>*을 설치할 것
   (* 모터펌프 시험운전 시 모터가 돌면서 물 온도가 올라가니 물탱크에 연결배관을 설치할 것)
⑦ 기동장치로는 보호판을 부착한 기동스위치를 채수구 직근에 설치할 것
⑧ 수원의 수위가 펌프보다 낮은 위치에 있는 가압송수장치에는 물올림장치를 설치할 것
   ㉠ 물올림장치에는 전용의 수조를 설치할 것 / ㉡ 수조의 유효수량은 100ℓ 이상으로 하되, 구경 15㎜ 이상의 급수 배관에 따라 해당 수조에 물이 계속 보급되도록 할 것
⑨ 내연기관을 사용하는 경우에는 다음의 기준에 적합한 것으로 할 것.
   ㉠ 내연기관의 기동은 채수구에서 원격조작이 가능하고 기동을 명시하는 적색등을 설치할 것
   ㉡ 제어반에 따라 내연기관의 기동이 가능하고 상시 충전되어 있는 축전지 설비를 갖출 것
⑩ 가압송수장치에는 "소화용수설비펌프"라고 표시한 표지를 할 것. 이 경우 그 가압송수장치를 다른 설비와 겸용하는 때에는 그 겸용되는 설비의 이름을 표시한 표지를 함께 해야 한다.
⑪ 가압송수장치는 부식 등으로 펌프의 고착을 방지할 수 있도록 할 것.(다만, 충압펌프는 제외)
   - 임펠러는 청동 또는 스테인리스 등, 펌프축은 스테인리스 등 부식에 강한 재질을 사용할 것
   (* 임펠러: 날개 / 펌프축: 날개를 돌리는 축 / 청동 또는 스테인리스: 구리, 녹슬지 않는 스텔)

---

* 압력계: 대기압 이상의 압력(+압력, 정압)을 측정하는 계측기
* 진공계: 대기압 이하(-압력, 부압, 진공)의 압력을 측정하는 계측기
* 연성계: 대기압 이상의 압력과 대기압 이하의 압력을 측정하는 계측기
* 대기압: 우리가 숨쉬는 대기(공기) 중의 압력 (* 대기: 지구를 둘러싸고 있는 기체층. 공기)
* 전동기: 전기를 동력으로 바꾸는 기계, 일상에서는 보통 모터(Motor), "모타"라고도 말한다.
* 가압송수장치: 물을 퍼올리는(빨아 흡입하는) 기계로서, 보통 모터펌프, 펌프, 양수기라고도 한다.
* 내연기관: 실린더 속에 연료를 넣고 연소폭발시켜 생긴 기체의 팽창력으로 피스톤을 움직이게 하는 장치.

• **REFERENCE** (소방용수 정리1)

1. **소방용수시설**
   시·도지사는 소화전·급수탑·저수조를 설치하고 유지·관리한다. ☆ 13 서울교
   ① 소방용수 설치·유지·관리자: 시·도지사
   ② 소방용수시설: 소화전, 급수탑, 저수조를 말한다.
         (*^^ 수도소화전은 그 설치자인 일반수도사업자가 유지·관리한다.)

   - **소방용수시설 및 지리조사**
     소방본부장 또는 소방서장은 원활한 소방활동을 위하여 조사를 실시한다.
     ① 조사 횟수: 소방본부장, 소방서장이 월 1회 이상
     ② 지리조사 대상: 도로의 폭, 교통상황, 도로주변 토지의 고저, 건축물의 개황
     ③ 조사 보관: 조사 결과를 2년간 보관한다. ▶ 도교토건 (* 지리조사는 동경 도교토건에서)

   (◉ 정당한 사유 없이 소방용수시설 또는 비상소화장치를 사용하거나, 효용을 해하거나 그 정당한
       사용을 방해한 자는 5년 이하의 징역 또는 5천만 원 이하의 벌금에 처한다.) ☆ 20 소방위

【소화전, 급수탑, 저수조】

【송수구와 채수구】

【비상소화장치】

2. **소방용수표지**
 (1) 지하의 소화전, 저수조의 소방용수표지는 다음과 같다.
   ① 맨홀뚜껑은 지름 648mm 이상의 것으로 할 것
      (다만, 승하강식 소화전의 경우 이를 적용하지 아니한다.)
   ② 맨홀뚜껑에는 "소화전 주정차금지" 또는 "저수조 주정차금지"의 표시를 할 것
   ③ 맨홀뚜껑 부근에는 황색 반사도료로 폭 15cm의 선을 그 둘레를 따라 칠할 것
      ▶ 648 소주 저주 (* 맨홀뚜껑위 648원에 소주를 저주세요)
 (2) 급수탑 및 지상의 소화전, 저수조의 소방용수표지는 다음과 같다.
   ① 안쪽 바탕은 적색, 안쪽 문자는 백색 / 바깥쪽 바탕은 청색, 바깥쪽 문자는 황색으로하고
     반사재료를 사용한다. ▶ 암기: 붉은백수 청나라 황제
     (*^^ 안쪽 적색바탕은 불을 상징, 백색이 잘 보임 / 바깥쪽 청색바탕은 물을 상징, 황색이 해당됨)

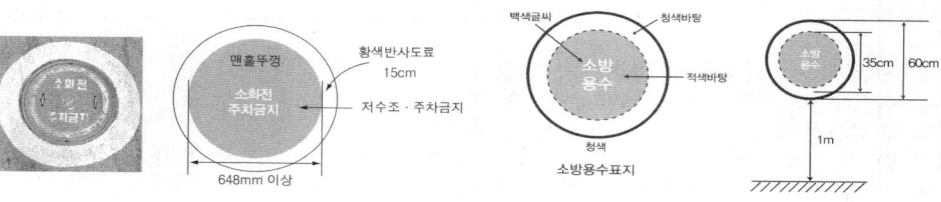
【맨홀뚜껑】   【소방용수표지】

• REFERENCE　(소방용수 정리2)

(1) 소방용수시설의 설치 기준　☆ 14 부산교, 16 부산교, 위, 17 소방장, 위, 20 소방장

　① 소방대상물과 수평거리 100m 이하: 주거지역, 상업지역, 공업지역
　② 소방대상물과 수평거리 140m 이하: 기타 지역
　　▶ 암기: 주상공백 (* 주거, 상업, 공업은 100m 이하)

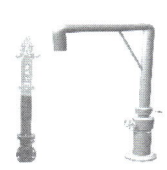

【소화전, 급수탑】

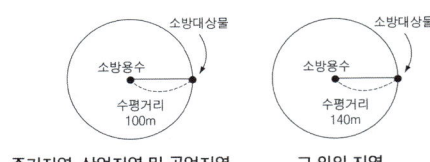

주거지역, 상업지역 및 공업지역　　그 외의 지역
【소방용수】

(2) 소화전 설치기준
　　상수도와 연결하여 지하식 또는 지상식의 구조로 하고, 소방용호스와 연결하는 소화전의 연결금속구의 구경은 65mm로 할 것. (*^^ 65mm 이상 아님)

(3) 급수탑 설치기준
　① 급수배관구경은 100mm 이상으로 한다.
　② 개폐밸브는 1.5m 이상 ~ 1.7m 이하에 설치한다.

(4) 저수조 설치기준
　① 지면으로부터 낙차가 4.5m 이하일 것
　② 흡수부분의 수심이 0.5m 이상일 것
　③ 흡수관 투입구가 사각형인 경우엔 한 변의 길이가, 원형의 경우엔 지름이 60cm 이상
　④ 저수조에 물을 공급하는 방법은 상수도에 연결하여 자동으로 급수되는 구조일 것
　⑤ 흡수에 지장이 없도록 토사 및 쓰레기 등을 제거할 수 있는 설비를 갖출 것

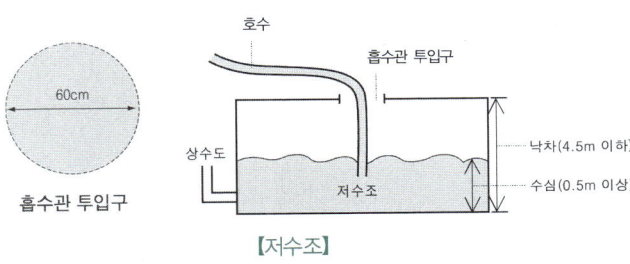

【저수조】

1~2장 소방용수시설 OX(2진법) 개념 따라 잡기~

▶ 숫자 모음으로 편집하였습니다.

01 물의 증발잠열은 539cal/g 로서 냉각효과가 주 소화이며 불연성 기체로서 체적은 약 1,700배 커져서 연소물 주위에 질식효과도 있다.( )

  ▶ 물(액체)의 증발(기체화)잠열은 539cal/g가 필요하며 기체가 되면 체적은 1700배의 팽창, 모두 옳다.

02 소방대의 유효활동 범위 연장 소방호스 10본(150m, 1본: 15m) 이내이나 굴곡을 고려하여 기하학적으로 산출하면 반경 약 100m의 범위 내가 된다. 또한 소방용수는 주거지역, 상업지역 및 공업지역,은 100m 이내, 농촌지역은 140m 이내에 설치한다.( )

  ▶ 설문은 옳은 설명이다.

03 소화전의 호스 연결금속구의 구경은 65mm 이상으로 하고, 급수탑의 배관구경은 100mm 이상이며 급수탑의 그 개폐밸브는 1.5m 이상 1.7m 이하에 설치한다.( )

  ▶ 소화전의 호스 연결금속구의 구경은 65mm로 하고, 급수탑의 배관구경은 100mm 이상이며 급수탑의 그 개폐밸브는 1.5m 이상 1.7m 이하에 설치한다.

04 저수조는 지면으로부터 낙차가 4.5m 이상이며 흡수부분의 수심은 0.5m 이상이다.( )

  ▶ 저수조는 지면으로부터 낙차가 4.5m 이하이며 흡수부분의 수심은 0.5m 이상이다.

05 흡수관의 투입구가 사각이나 원형의 경우에 길이나 지름이 60cm 이하이다. 저수조에 물을 공급하는 방법은 상수도에 연결하여 자동 혹은 수동으로 급수되는 구조이어야 한다.( )

  ▶ 흡수관의 투입구가 사각이나 원형의 경우에 길이나 지름이 60cm 이상이다. 저수조에 물을 공급하는 방법은 상수도에 연결하여 **자동**으로 급수되는 구조이어야 한다.

06 소방용수 맨홀뚜껑은 지름 648mm 이상의 것으로 하며 맨홀뚜껑 부근에는 황색반사도료로 폭 15cm의 선을 그 둘레를 따라 칠하며 소방용수표지에 있어서 안쪽 바탕은 적색, / 안쪽 문자는 백색 / 바깥쪽 바탕은 청색, / 바깥쪽 문자는 황색으로 하고 반사재료를 사용한다.( )

  ▶ 맨홀뚜껑과 소방용수표지의 색상은 모두 옳은 설명이다.

정답 01. (O) 02. (O) 03. (X) 04. (X) 05. (X) 06. (O)

07 소방본부장 또는 소방서장은 원활한 소방활동을 위하여 소방용수 및 지리조사를 월 1회 이상 실시해야 하며 그 조사결과를 영구히 보관해야 한다.( )

➡ 소방용수 및 지리조사는 월 1회 이상 실시해야 하며 그 조사결과를 2년간 보관해야 한다.
(* 참고로 소방활동자료조사에서 정기조사는 월 1회 이상, 정밀조사는 연 2회(해빙기, 동절기)이다.)

08 정당한 사유 없이 소방용수시설, 비상소화장치의 사용 또는 효용을 해하거나 그 정당한 사용을 방해한 사람은 5년 이하의 징역 또는 3천만 원 이하의 벌금에 처한다.( )

➡ 5년 이하의 징역 또는 5천만 원 이하의 벌금에 처한다.

09 상수도 소화용수설비를 설치하여야 하는 특정소방대상물은 연면적 5,000㎡ 이상이거나 가스저장탱크의 합계가 100톤 이상인 것에 해당된다.( )

➡ 상수도 소화용수설비 설치대상물은 연면적 5,000㎡ 이상, 가스저장탱크의 합계가 100톤 이다.(그러나 대지 경계선으로부터 180m 이내에 지름 75mm 이상인 상수도용 배수관이 미설치 시 소화수조 또는 저수조를 설치해야 한다.)

10 1층 및 2층의 바닥면적 합계 15,000㎡ 이상인 경우 그 소방대상물의 연면적에서 7,500㎡을 나누어 얻은 수에 20㎥를 곱한 양 이상이 되도록 한다. / 채수구는 소방차가 2m 이내에 접근하도록 하며 높이는 0.5m~1m 이하 설치하고 소요수량 100㎥ 이상일 때 3개의 채수구가 필요하다.( )

➡ 설문 앞부분은 계산방법 해설이며, / 뒷부분은 화재안전기준에서 말하는 채수구 등은 소방차가 2m 이내까지, 소화수조, 저수조의 저수량은 소요수량이 100㎥ 이상일 때는 3개의 채수구가 필요하다. 모두 옳다.
(※ 채수구 표에서 20㎥~40㎥ 미만은 1개, / 40㎥~100㎥ 미만은 2개, / 100㎥ 이상일 때는 3개이다)

11 수조깊이 4.5m 이상인 지하 가압송수장치는 100㎥ 이상일 때 1분당 양수량은 3,300ℓ 이상이다.( )

➡ 20㎥ 이상 40㎥ 미만은 1,100ℓ / 40㎥ 이상 100㎥ 미만은 2200ℓ / 100㎥ 이상은 3,300ℓ 이상이다.
10번 채수구의 표 숫자 문제하고 정답은 유사하다.(※ 10번 문제: 1.2.3개 / 11번 문제: 첫 자가 1.2.3)

12 상수도 설치기준은 호칭지름 75mm 이상의 수도배관에 호칭지름 100mm 이상의 소화전을 접속하며 소방대상물의 수평투영면의 각 부분으로부터 140m 이하가 되도록 설치하여야 한다.( )

➡ 옳다. / 문제 10번~12까지는 화재안전기준 법령이며, 2~9번까지는 소방법령(2)에도 해당 문제이다.

정답 ○ 07. (X)   08. (X)   09. (O)   10. (O)   11. (O)   12. (O)

PART 04 복원기출 예측문제
소방용수시설 주요기출 시험흐름 파악하기~

01 소방기본법 시행규칙 별표3에 의한 소방용수시설 설치기준으로 옳지 않은 것은?

① 소화전의 연결금속구의 구경은 65㎜로 한다.
② 급수탑 급수배관 구경은 100㎜ 이상으로 한다.
③ 급수탑 개폐밸브는 지상에서 1.5m 이상 1.7m 이하에 설치한다.
④ 저수조는 지면으로부터 낙차가 4.5m 이상이고 흡수부분의 수심은 0.5m 이상이다.

해설 ✪ 소방용수 설치기준(소방기본법 규칙 별표3) ☆ 14 부산교, 16 부산교, 위, 17 소방장, 위, 20 소방장

소화전	소방용 호스와 연결하는 소화전의 연결금속구의 구경은 65mm로 한다.
급수탑	급수배관의 구경은 100mm 이상으로 하고, 개폐밸브는 지상에서 1.5m 이상 1.7m 이하의 위치에 설치한다.
저수조	① 지면으로부터 낙차가 4.5m <u>이하</u> ② 흡수부분의 수심은 <u>0.5m(50cm)</u> 이상 ③ 소방펌프차가 쉽게 접근할 수 있어야 한다. ④ 흡수에 지장이 없도록 토사 및 쓰레기 등을 제거할 수 있는 설비를 갖출 것 ⑤ 흡수관의 투입구가 사각형의 경우에는 한 변의 길이가 <u>0.6m(60cm)</u> 이상, 원형의 경우에는 지름이 0.6m<u>(60cm)</u> 이상일 것 ⑥ 흡수에 지장이 없도록 토사, 쓰레기 등을 제거할 수 있는 설비를 갖추어야 한다.

02 소방용수시설 설치기준으로 옳은 것은 몇 개인가?

㉠ 소화전의 연결금속구의 구경은 100mm로 한다.
㉡ 급수탑 개폐밸브는 지상에서 1.5m 이상 1.7m 이하의 위치에 설치한다.
㉢ 저수조는 지면으로부터 낙차가 4.5m 이상, 흡수부분 수심은 0.5m 이상이다.
㉣ 흡수관의 투입구가 사각형의 경우에는 한 변의 길이가 0.6m 이상, 원형의 경우에는 지름이 0.6m 이상이다.

① 1개 ② 2개 ③ 3개 ④ 4개

해설 ✪ 소방용수시설 설치기준에서 ㉠ 65mm ㉢ 4.5미터 이하가 옳다 ☆ 17 위

정답 01. ④ 02. ②

03 다음 중 소방용수시설유지관리에 관한 설명으로 옳은 것은?

① 소방용수 및 지리조사의 결과를 1년간 보관해야 한다.
② 소방용수시설은 관할 소방서장이 설치하여 유지 및 관리해야 한다.
③ 소방본부장 또는 소방서장은 소방용수 및 지리조사를 연 1회 이상 실시해야 한다.
④ 공설소화전, 저수조, 급수탑 등의 그 유지·관리는 소방관서에서 해야 한다.

해설
- ① 2년간(o) ② 시도지사(o) ③ 월 1회(o)
- 소방기본법 시행규칙 제7조(소방용수시설 및 지리조사)
  ① 소방본부장, 소방서장은 원활한 소방 활동을 위하여 소방용수 등의조사를 월 1회 이상 실시해야 한다.
  ② 그 조사결과를 2년간 보관해야 한다.
- 소방용수시설 유지관리 ☆ 13 서울교
  공설소화전, 저수조, 급수탑 등은 그 설치 재원을 각 시·도의 소방공동시설세로 하고 있으므로 그 유지·관리는 소방관서에서 해야 한다. 다만, 수도에 있어서는 그 설치자가 설치·유지와 관리를 한다.

04 다음은 상수도 소화용수설비 설치기준에 대한 설명으로써 ( ) 안에 들어갈 숫자는?

> 호칭지름 (   )㎜ 이상의 수도배관에 호칭지름 (   )㎜ 이상의 소화전을 접속할 것

① 75, 75   ② 75, 100   ③ 65, 80   ④ 80, 100

해설
- 상수도 소화용수 설비 화재안전성능기준(NFPC 401) 제4조 관련 ☆ 13 경남장, 14 인천장
  호칭지름 (75)㎜ 이상의 수도배관에 호칭지름 (100)㎜ 이상의 소화전을 접속할 것

05 다음 중 소방용수설비에 대한 내용이 옳은 것은?

① 지상식 소화전은 도로에 설치하기가 좋다.
② 지하식 소화전은 사용이 편리하고 관리가 쉽다.
③ 저수조는 설치비용이 많이 들고 설치위치 선정이 용이하다.
④ 급수탑은 도로면에 설치되어 있기 때문에 물탱크차량에 급수하는 데 가장 용이하다.

해설
- 소방용수설비 주요 단점 ☆ 20 소방교
  ① 지상식소화전 : 도로에는 설치가 곤란하다. 지상 돌출로 차량 등에 의하여 파손될 우려가 있다.
  ② 지하식소화전 : 사용이 불편하고 관리가 어렵다. 강설 시 동결되어 사용할 수 없는 경우가 발생한다.
  ③ 저수조 : 설치비용이 많이 들고 설치위치 선정이 쉽지 않다. 뚜껑이 무겁다. 공사시 교통에 지장이 있다.

정답 03. ④   04. ②   05. ④

06 소화수조 및 저수조에 대한 설명으로 옳지 않은 것은?

① "채수구"란 소방차의 소방호스와 접결 되는 흡입구를 말한다.
② "소화수조, 저수조"란 수조를 설치하고 소화에 필요한 물을 항시 채워두는 것을 말한다.
③ 1층 및 2층의 바닥면적 합계가 15,000㎡ 이상인 소방대상물은 7,500㎡의 기준면적으로 나누어 얻은 수에 20㎥를 곱한 양 이상이 되도록 하여야 한다.
④ 소화수조, 저수조의 채수구 또는 흡수관투입구는 소방차가 5m 이내의 지점까지 접근할 수 있는 위치에 설치하여야 한다.

해설 ★ 소화수조 및 저수조 설비 화재안전성능기준(NFPC 402) 제3조~4조

용어	① "소화수조 또는 저수조"란 수조를 설치하고 여기에 소화에 필요한 물을 항시 채워두는 것을 말한다. ② "채수구"란 소방차의 소방호스와 접결되는 흡입구를 말한다.
설치 기준	① 소화수조, 저수조의 채수구 또는 흡수관투입구는 소방차가 **2m 이내의 지점까지 접근**할 수 있는 위치에 설치해야 한다. ★ 13 경남장 ② 소화수조 또는 저수조의 저수량은 소방대상물의 연면적을 다음 표에 따른 기준면적으로 나누어 얻은 수에 20㎥를 곱한 양 이상이 되도록 해야 한다.

소방대상물의 구분	면 적
• 1층 및 2층의 바닥면적 합계가 15,000㎡ 이상인 소방대상물	7,500㎡
• 제1호에 해당되지 아니하는 그 밖의 소방대상물	12,500㎡

07 다음 중 소화용수에 대한 설명으로 옳지 않은 것은?

① 소화수조, 저수조의 채수구, 흡수관투입구는 소방차가 2m 이내까지 접근해야 한다.
② 채수구 소요수량이 20㎥~40㎥ 미만은 채수구의 수가 2개 이상이어야 한다.
③ 채수구는 높이가 0,5m~1m 이하의 위치에 설치하고 "채수구"라고 표시한 표지를 한다.
④ 지하에 설치하는 소화용수설비의 흡수관투입구는 한 변 또는 직경이 0.6m 이상인 것으로 하며, "흡수관투입구"라고 표시한 표지를 하여야 한다.

해설 ★ 채수구 소요수량이 20㎥~40㎥ 미만은 채수구의 수가 1개 이상이어야 한다. ★ 14 부산교

소요수량	20㎥~40㎥ 미만	40㎥~100㎥ 미만	저수량 100㎥ 이상
채수구의 수	1개	2개	3개

정답 06. ④ 07. ②

08 소방용수설치기준에 대한 내용으로 옳지 않은 것은?

① 평상시 소방대의 유효활동 범위는 호스 10본(150m) 이내로 하고 있다.
② 소방호스 연장은 굴곡을 고려하여 반경 약 100m의 범위 내가 된다.
③ 주거, 상업, 공업지역은 150m 이내에 설치한다.
④ 주거, 상업, 공업지역 외의 그 밖의 지역은 140m 이내에 설치한다.

해설 ⊙ 소방용수 설치기준 ☆ 16 서울교, 18 소방장, 20 소방장
① 소방용수 배치기준은 소방대의 유효활동 범위와 지역의 건축물 밀집도, 인구 및 기상상황을 고려한다.
② 평상시의 소방대의 유효활동 범위는 소방 활동의 신속, 정확성을 고려하여 연장 호스 10본(150m)이내일 것으로 하고 있다.
③ 소방호스(hose)연장은 도로를 따라서 연장한 경우 소방호스의 굴곡을 고려하여 기하학적으로 산출하면 반경 약 100m의 범위 내가 된다.
④ 따라서 소방용수는 도시계획법상의 공업 및 상업지역, 주거지역은 100m 이내, 그 밖의 지역은 140m 이내에 설치하도록 되어 있다.

09 상수도 소방용수설비에 대한 내용으로 옳지 않은 것은?

① "수평투영면"이란 건축물을 수평으로 투영하였을 경우의 면을 말한다.
② 호칭지름 75mm 이상의 수도배관에 호칭지름 100mm 이상의 소화전을 접속할 것
③ 소화전은 소방자동차 등의 진입이 쉬운 도로변 또는 공지에 설치할 것
④ 소화전 설치거리는 소방대상물의 각 부분으로부터 100m 이하가 되도록 설치할 것

해설 ⊙ 상수도 소방용수설비 ☆ 13 경남장, 14 인천장

용어	① "호칭지름" 이란 일반적으로 표기하는 배관의 직경을 말한다. ② "수평투영면" 이란 건축물을 수평으로 투영하였을 경우의 면을 말한다.
설치 기준	① 호칭지름 75mm 이상의 수도배관에 호칭지름 100mm 이상의 소화전을 접속할 것 ② 소화전은 소방자동차 등의 진입이 쉬운 도로변 또는 공지에 설치할 것 ③ 소화전 설치거리는 소방대상물의 <u>수평투영면</u>의 각 부분으로부터 <u>140m</u> 이하가 되도록 설치할 것

※ 수평투영면이란 하늘에서 바라본 수평면 위로 투영한 것으로 그 비친 그림자의 면인데?
The 쉽게는 건물을 위에서 내려다 봤을 때 건물의 외곽 테두리 안으로 생각하면 쉽다.

정답 ⊙ 08. ③   09. ④

10 다음 중 가압송수장치에 대한 내용으로 옳지 않은 것은?

① 소화수조 또는 저수조가 지표면으로부터의 깊이가 4.5m 이상인 지하에 있는 경우에는 가압송수장치를 설치한다
② 소화수조가 옥상 또는 옥탑의 부분에 설치된 경우에는 지상에 설치된 채수구에서의 압력이 0.15MPa 이상이 되도록 하여야 한다.
③ 가압송수장치에는 체절운전 시 수온의 상승을 방지하기 위한 순환배관을 설치할 것
④ 펌프의 토출측에는 진공계를 체크밸브 이전에 펌프토출측 플랜지에서 가까운 곳에 설치하고, 흡입 측에는 연성계 또는 압력계를 설치하여야 한다.

해설 ○ ✪ 펌프의 토출측에는 <u>압력계</u>를 체크밸브 이전에 펌프토출측 플랜지에서 가까운 곳에 설치하고, 흡입 측에는 연성계 또는 <u>진공계</u>를 설치하여야 한다.

11 정당한 사유없이 소방용수시설의 사용 또는 효용을 해하거나 사용을 방해한 자의 징역은?

① 1년 이하의 징역   ② 3년 이하의 징역
③ 5년 이하의 징역   ④ 10년 이하의 징역

해설 ○ ✪ 소방기본법에서의 법칙 : 5년 이하의 징역 또는 5천만 원 이하의 벌금에 처한다. ✯ 20 위

✪ 소방전술에서 소방용수 기출문제를 구하지 못해 복원기출 예측문제의 수가 많지 않습니다.

(공간 이용)

갈릴레오의 제자 토리첼리의 실험으로 우리는 다음과 같은 이론을 산출해본다.
1기압은 1.0332kg/cm²이며 ∴ 소방차 진공펌프의 물이 올라오는 흡수 수두는 <u>10.332m</u>가 된다.
여기에 실제 기계적 실험과 호스의 마찰손실을 고려하면 6~7m가 되며 호스가 굽어지는 현상과 소방차 높이 1.5m 등을 계산하고 화재 시 신속을 위해 법에서는 저수조의 깊이를 지면으로부터 낙차를 4.5m 이하로 정하고 있다.

* 공기(기체)의 압력 1.0332kg/cm²10배가 물(액체) 10.332mH₂o 압력이 된다. 수은(액체 금속) 압력은 760mm이다.

정답 ○ 10. ④   11. ③

MEMO

화재1-3

(소방전술1)

3편

소방자동차 기본구조 및 원리

제1절 소방자동차 구조 일반 ·················· 278
제2절 동력인출장치 ·················· 284
제3절 소방펌프 ·················· 286
제4절 진공펌프 ·················· 290
제5절 자동식 에어컨트롤 장치 ·················· 293
제6절 지수밸브 ·················· 294
제7절 역류방지밸브 ·················· 295
제8절 압력계 및 연성계 ·················· 295
제9절 펌프 RPM 조절기 ·················· 296
제10절 배 관 ·················· 297
제11절 그 외 밸브 및 장치 ·················· 298
제12절 포 혼합방법 ·················· 300
제13절 기타 소화장치 ·················· 302
제14절 방수 및 흡수방법 ·················· 304
─────*

제4편 특수소방자동차 ·················· 310~321
  ✪ OX 개념문제 ·················· 322
  ✪ 복원기출 및 예측문제 ·················· 324

CHAPTER 01 소방자동차 기본구조 및 원리(1장)

제1절 소방자동차 구조 일반*

소방자동차는 주요부분을 크게 나누면 차체와 섀시, 펌프 및 배관으로 구분할 수 있다.

차체(Body)	승차석과 물이나 진압장비를 싣는 적재함으로 프레임 위에 차체가 별도로 설치되며, 펌프차, 물탱크차, 굴절사다리차, 고가사다리차, 구조공작차 등으로 구분된다.
섀시(Chassis)	프레임, 동력전달장치, 조향(방향)장치, 현가(완충)장치, 제동장치 등으로 구성된다.
소방펌프	동력인출장치(power take off), 주펌프, 진공펌프, 기타 소화장치 등으로 구성된다.

➪ 용어: 동력전달장치: 엔진에서 바퀴로 전달 / 조향장치: 앞바퀴 회전방향을 조절 / 현가장치: 스프링으로서 완충장치.

1 기관(엔진)

기관(엔진)이란 열에너지를 기계적인 일로 바꾸는 장치이며, 내연기관과 외연기관으로 구분된다.

(1) 엔진의 종류   ☆ 16 소방교

가솔린엔진 *(SI엔진)	• 휘발유(가솔린)를 주 연료로 하여 <u>점화 착화 방식</u>으로 동력을 얻으며 주로 <u>높은 회전수</u>를 요구하는 기관에 사용된다. / 소형 발전기부터 승용차, 모터사이클(오토바이)등에 사용되는 것이 일반적이다. (* 디젤엔진과 조금은 상반된 엔진이다)
디젤엔진 *(CI엔진)	• 경유(디젤)를 주 연료로 하여 <u>압축 착화 방식</u>을 이용하여 동력을 얻으며 <u>낮은 엔진 회전수에서 높은 토크</u>를 얻으므로 주로 대형기관, 버스, 트럭, 소방차등에 이용되었으나 최근에는 분사기술의 발달로 소형승용차까지 널리 사용되고 있다. (* 압축 착화, 낮은 회전수) ▶ 암기: 압축 착화, 낮은 회전수에서 높은 토크: (* 연상: 악착같이 낮술하고 씨끄럽게 맗함)
LPG엔진	• 엔진의 메커니즘은 가솔린차와 기본적으로 같다. 고압용기 봄베에 저장된 LPG가 연료 필터와 솔레노이드 밸브, 연료 파이프 등을 거쳐 기화기(Vaporizer)로 들어가 기화된 다음 공기와 섞여 연소실에서 ❶ 흡입 ❷ 압축 ❸ 폭발 ❹ 배기하는 순으로 작동한다. • 연료가 완전연소하므로 배기도 비교적 깨끗하며, 오일교환이 적고, 엔진 수명이 길다.
전기엔진	• 축전기로부터 동력을 얻는 방식인데, 과거에는 축전기의 충전용량이 짧았지만, 현재에는 축전지 기술이 발달함에 따라 친환경 동력으로서 각광을 받고 있다.
하이브리드 엔진	• 둘이상의 동력원을 이용하여 차량을 구동하는 방식. 현재에는 **휘발유+전기모터** 구동방식이 주를 이루고 있으나, 대형트럭을 시작으로 **디젤+하이브리드**방식도 개발되어 점차 그 범위가 넓어지고 있다.

➪ 보충(TIP): 공기흡입 후➔ 압축하여➔ 직접분사식인 가솔린기관은 <u>점화플러그</u>를 통한 스파크 점화와 동시에 가솔린을 분사해 연소하고, 디젤엔진은 압축압력으로 점화하여(디젤을 분사하면서) 연소 후➔ 2기관 모두 배기(배출)한다. ▶ 암기: 가점 디압
(*^^ 가솔린은 경유에 비하여 더 고급 기름이고 더 빨리 불이 붙으니 점화착화방식으로 생각한다.)

(2) 기관의 주요 구성품 및 장치

소방자동차는 내연기관의 왕복운동형 디젤엔진을 사용하고 있다. 소방자동차 기관의 구성을 살펴보면 기동장치, 냉각장치, 윤활장치, 연료장치, 전기장치로 구성된다. ▶ **암기**: 냉전 윤기연

기동장치	① 내연기관은 **별도의 기동장치**를 필요로 한다. 　(연료를 공급해도 증기기관이나 전기모터와는 달리 자기기동이 **불가능하기 때문에**) ② 기동장치는 기관의 압축, 운동부품의 마찰 등에 의한 저항을 극복하고, 시동이 가능한 최저 회전속도 이상으로 크랭킹(cranking)시켜야만 기관을 시동시킬 수 있다. ③ 소방자동차 기관의 기동장치는 기본적으로 기동전동기, 에너지 공급원(=축전지), 시동스위치, 그리고 시동릴레이 등으로 구성된다. ④ 기동장치는 다음 요건을 구비해야 한다. 　㉠ 항상 언제라도 기동할 준비가 갖추어져 있어야 한다. 　㉡ 어떤 온도에서도 충분한 기동력을 발생시킬 수 있어야 한다. 　㉢ 견고하고 내구성이 있어야 한다. 　㉣ 수리가 용이할 것.　　㉤ 소형, 경량일 것. 
냉각장치 *	냉각장치는 기관을 냉각하여 과열을 방지하고 적당한 온도로 유지하는 장치이다. ① 실린더 내 연소가스의 온도는 600~2,500℃에 이르며, 이 열의 상당한 양이 실린더, 실린더 헤드, 피스톤, 밸브 등에 전달된다. ② **온도가 과도하게 높아지면?** ➡ 부품 재료의 강도가 저하되어 고장이 생기거나, / 수명이 단축되고, / 연소상태도 나빠져 노킹이나 <u>조기 점화가 발생</u>하며 / 그 결과 기관의 출력이 저하된다. ③ **냉각이 불완전한 상태에서는** ➡ 실린더 벽의 유막이 끊기는 등의 윤활 기능저하와 오일의 변질 등으로 이상마모나 눌어붙는 등 고장의 원인이 된다. ④ **반대로 지나치게 냉각되면** ➡ 연소에서 발생한 열량 가운데 냉각으로 손실되는 열량이 크기 때문에, 기관의 열효율이 낮아지고 연료 소비량이 증가하는 등의 문제가 생기므로, **기관의 온도를 약 <u>80~90℃</u>로 알맞게 유지하는 것이 냉각장치의 기능이다.** ⑤ 냉각장치의 주요 구성부품은 라디에이터(Radiator), 워터펌프(Water pump), 워터재킷(Water jacket), 서모스탯(Thermostat: 수온 조절기) 등으로 구성된다. ⑥ 기관의 냉각 방식에는 외부 공기로 기관을 직접 냉각하는 공랭식(공기냉각식), 냉각수를 기관의 내부로 순환시켜 냉각하는 수냉식(물냉각식)이 있다. 　㉠ 공랭식 냉각장치 (과열이 쉽다) 　　엔진을 직접 대기와 접촉시켜 열을 방산하는 형식으로 구조가 수냉식에 비해 간단하나 운전 상태에 따른 엔진의 온도가 변화되기 쉽고 냉각이 균일하게 되지 않아 **과열되기가 쉽다**. 　㉡ 수냉식 냉각장치 (방열이 좋다) 　　냉각수를 사용하여 기관을 냉각하는 형식이다. 냉각수는 **물펌프**(Water Pump)를 돌려서 냉각수를 실린더 블록과 실린더 헤드의 **물자켓**(Water Jacket)으로 보낸 다음, 가열된 냉각수를 **라디에이터**(Radiator)로 보내 방열하며 식힌 다음 다시 물펌프로 순환시킨다. / 엔진 앞쪽에는 벨트로 구동되는 냉각팬(Cooling Fan)이 부착되어 외부 공기를 라디에이터를 통해 강제적으로 흡입하여 **방열효과**를 좋게한다. 　　- 수냉식(Water cooling type) 냉각장치는 냉각수를 이용하여 엔진을 냉각하는 형식으로 물의 순환 방식에 따라 자연순환식과 강제순환식이 있다.

윤활장치	기관(엔진)의 작동을 원활하게 하고, 그 작동이 기관의 수명을 다할 때 까지 오래 유지하기 위해 운동 마찰부분에 엔진오일을 공급하는 장치이다. ① 기관에는 실린더와 피스톤처럼 접동을 하는 부분이나, 크랭크샤프트 및 캠샤프트와 같이 회전운동을 하는 부분이 있으며 이러한 운동 마찰부분은 금속끼리 직접 접촉하면 빨리 마모하거나 눌어붙는 고장이 발생하여 기관이 운전할 수 없게 된다 ② 이것을 방지하기 위해 금속의 마찰면에 오일을 주입하면 그 사이에 **유막**(Oil Film)이 **형성되어** 고체 마찰이 오일의 유체 마찰로 바뀐다. 따라서 마찰 저항이 **적어져** 마모가 적고 마찰열의 온도 상승을 방지한다. ③ 윤활장치는 기본적으로 ❶ 마멸(닳아짐)의 방지 ❷ 밀봉(붙음)작용 ❸ 냉각작용의 3대 **작용**은 물론 세척작용, 응력(변형력)분산작용, 방청(부식방지)작용 등의 작용을 한다.
연료장치	연료장치는 기관이 필요로 하는 적당한 혼합기를 공급하는 장치이다. ① 그 기능은 기관의 성능, 특히 기관출력이나 경제성을 좌우하는 중요한 장치이다. ② 연료장치는 연료를 저장하는 연료탱크, 연료 속에 들어 있는 불순물을 제거하는 연료여과기, 연료를 각 실린더에 분사하는 분사펌프, 분사펌프에 연료를 공급하는 연료공급펌프, 연료 분사량을 자동적으로 조절하는 조속기 등으로 구성된다. ③ 연료탱크는 연료에 대하여 충분한 내식성이 있는 구조로 되어 있으며(소방차가) 6시간 방수할 수 있는 양의 연료를 넣을 수 있도록 되어있다.
전기장치	① 전기장치는 기관의 작동과 관련된 기관의 전기장치와 기관 이외의 자체 각부에 장치된 차체 전장품으로 나눌 수 있다. ② 기관의 전기장치는 기동장치와 충전장치가 있으며 기관 성능과 밀접한 관계가 있다. ③ 차체 전장품으로는 기관을 시동할 때 전력을 공급하는 충전기를 비롯하여 등화장치, 계기류, 경고표지장치 및 냉난방장치 등이 있다. ④ 축전기의 용량은 20시간율로 100A 이상이고 발전기는 용량이 300W이상의 발전장치가 설치되어 있다. 최근 소방자동차 축전지는 150Ah 이상을 기본장착한다. ▶ 장치종류 전체 **암기**: 냉전 윤기연(윤연기) * **오답**: 펌프장치

(3) **클러치**   (*^^ 축과 축사이에서 동력을 끊었다 이었다 하는 장치)

주내용	클러치는 기관(엔진)의 **플라이휠과 변속기 사이에 설치**되어 변속기에 전달되는 엔진의 동력을 필요에 따라 단속하는 일을 하는 장치이다.(예 클러치 페달을 밟고 변속하다) ① 엔진을 시동할 때, 또는 기어변속을 할 때에는 엔진과의 연결을 차단하고 출발할 때는 엔진의 동력을 서서히 연결하는 일을 한다. 일반적으로 마찰클러치를 사용한다. ② 마찰클러치는 마찰판과 압력판으로 되어 있다. 보통 스프링의 힘으로 압착하여 동력을 전달하게 되어 있으며, 운전석의 클러치 페달을 밟으면 마찰판과 압력판의 접속이 떨어져 동력이 전달되지 **않게 된다**. 클러치(Clutch) 역할은~ ㉠ 엔진의 회전력을 변속기에 전달한다. ㉡ 부드러우면서도 떨림이 없는 출발을 가능케 한다. ㉢ 엔진과 변속기 사이 동력흐름을 필요시 일시 중단한다. ㉣ 엔진과 동력전달장치를 과부하로부터 보호한다. ㉤ 엔진의 회전진동을 플라이휠과 함께 **감소**시킨다. ◉ 클러치 유격상태(점검) : 클러치를 손으로 저항을 느낄 때까지 눌러 이때의 유격이 12~21㎜ 이며, 바닥과의 간극은 40㎜ 이상이면 일반적으로 정상이다.

(4) 변속기 (*^^ 속도 전달장치)

변속기(Transmission)는 클러치와 추진축 사이에 설치되어 엔진의 동력을 자동차의 주행상태에 알맞도록 엔진의 회전력을 증대시키거나 감소시켜 구동바퀴(자동차 타이어)에 전달(속도조절)하는 역할을 하며, 자동차를 후진하게 하는 기능을(기능도) 갖고 있는 장치이다.

- 변속기조작에 의해 변속비를 화시키는 것, 회전방향을 역전시키는것, 동력전달을 하지 않는 기능을 수행한다.

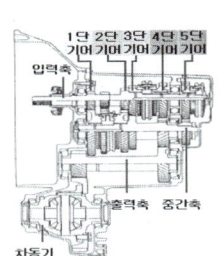

1) 수동변속기
수동변속기는 선택기어식 변속기라고도 하는데 그 종류는 대형차량에 주로 많이 사용되는 형태로 엔진의 크랭크축과 출력축이 일직선상으로 배열되는 변속기와 소형 차량에 많이 적용되는 형식으로 크랭크축과 출력축이 평행이 되고, 변속기와 최종감속기어가 같은 케이스 안에 존재하는 트랜스액슬로 크게 나눌 수 있다.

① 섭동기어식(Sliding Gear Type) (*^^ 섭동: 미끄러짐, 슬라이딩).
변환레버에 의해 직접 기어를 움직여 변속하는 것으로 가장 간단한 변속방식이다.
구조가 간단하고 취급이 용이하지만 변속 시에 기어 자체가 축 선상을 활동하여 맞물려야 한다는 단점이 있다.

② 상시치합식(Constant-Mesh Type)
섭동기어식에 뒤이어 개발된 것으로 섭동기어식이 기어자체를 이동시켜 접속하는 것과는 달리 주축 위를 자유롭게 회전하는 기어와 부축기어가 항상 맞물린 상태로 회전한다. 변속할 때는 주축의 스플라인 위에 끼워져 섭동(Sliding)하는 도그 클러치를 주축상의 기어와 물리게 하여 회전력을 주축에 전달한다. 구조가 간단하고 운전이 정숙하여 대형버스나 트럭 등에 이용되고 있다.

③ 동기치합식(Synchro-Mesh Type)
동기치합식은 상시치합식에서의 단점을 개선시킨 것으로 그 장점은 다음과 같다.
　㉠ 변속 시 소음이 거의 없고 변속이 용이하다.
　㉡ 변속하기 위해서 특별히 가속페달을 밟거나 더블 클러치를 조작할 필요가 없다
　㉢ 수명이 길다.(내구성)
　㉣ 헬리컬 기어형이므로 하중부담능력이 크다.

2) 자동변속기
- 운전자의 조작에 의하지 않으며, 클러치 페달이 없고, 조작 레버에는 L(저속)·D(전진)·N(중립)·R(후진)·P(주차) 등의 선택표지가 있다. P·N으로 위치하고 기관을 시동한 다음 D로 위치하고 가속 페달을 밟으면 원활하게 출발하여 자동적으로 최고속도까지 가속된다. 소방자동차 자동변속기에는 P(주차)선택표지가 없음을 반드시 숙지하여야 한다. 소방자동차 변속기는 필요에 따라 가속때도 자동적으로 변속하는 Full Automatic을 채택하고 있다.
- 자동변속기(A/T)는 수동변속기(M/T)에 비해 운전이 용이하고 엔진과 동력전달장치 외에 기계적 접촉이 없기 때문에 각부에 가해지는 충격이 적은 장점이 있으나, 구조가 복잡하고 가격이 비싸며 정비하기 어렵고 연료소모가 약 10% 많이 드는 단점이 있다주요 구성부품으로는 토오크 컨버터, 클러치 디스크, 브레이크 디스크, 유성기어장치, 유압제어장치, 전자제어장치 등이 있다.

(5) 추진축 (*^^ 동력 전달장치) ☆ 15 서울장

주내용	후륜구동자동차는 변속기 출력을 종감속장치에 전달할 추진축을 반드시 **필요**로 한다. 추진축은 강한 비틀림을 받으면서 고속회전하기 때문에 속이 빈 강관으로 되어 있다. ① 회전할 때 평형을 유지하기 위한 평형추와 ② 길이변화에 대응하기 위한 슬리이브 조인트가 설치가 되며 ③ 자재이음은 일직선상에 있지 않는 2개의 축이 각도를 이루어 교차할 때 자유로이 동력을 전달하는 장치이다. ◎ 추진축(Propeller Shaft)의 역할 ① 구동 토크의 전달. ② 각도변화를 용이하게 한다.(자재이음) ③ 축의 길이방향 변화를 보상한다.(슬립이음) ④ 비틀림 진동을 감쇠시킨다.(플렉시블 조인트) 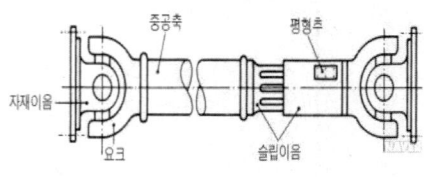 ■ 추진축 ■

(6) 종감속기어 및 차동장치 (* 차동장치: 서로 다른 바퀴의 회전수를 분배하여 구동시키는 장치)

주내용	• 차동기어장치란 자동차가 노면 요철(凹凸) 위 전진 또는 회전 시 서로 다른 바퀴의 회전수를 적절히 분배하여 구동시키는 장치를 말한다. • 회전할 때나 노면 충격 등으로 좌우 구동 바퀴의 회전 저항의 차이가 발생하면, 차동작용이 일어나 회전 저항이 큰 바퀴는 회전수가 감소되고, 회전 저항이 작은 바퀴는 반대쪽의 감소된 만큼 회전수가 증가된다. 차동기어장치의 작동원리는 변속기로부터의 구동토크는 차동장치의 구동피니언 → 링기어 → 차동케이스 → 차동케이스 내에 설치된 2개의 스러스트 링에 전달된다. ◎ 종감속기어 & 차동장치의 역할 ㉠ 구동력(토크)을 증가시켜 전달 : 　변속기만으로는 기관의 토크를 모든 주행상태에 맞추어 휠에 공급할 수 없어 중간에 이를 증가시킬 장치를 필요하게 된다 - 따라서 변속기로부터 출력된 구동토크를 종감속 기어에서 다시 배가시켜 휠로 보내는 역할을 한다. ㉡ 회전속도를 감소 : 　기관에서 발생한 구동토크가 변속기를 통해서 감속되지만, 추진축을 통해 전달된 회전속도는 여전히 빠르다 　그러므로 구동피니언과 링기어를 접속시켜 최종감속하게 된다. ㉢ 필요에 따라 동력 좌우 전달량 결정 : 기관이 차체와 같은 방향으로 설치된 경우에는 동력의 방향을 90°변환시켜야 한다. 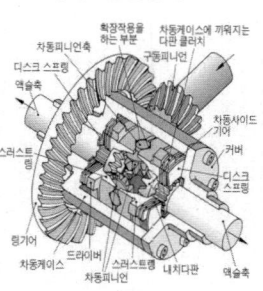 ■ 차동기어장치 ■

---

* 실린더: 내연 기관이 등에서, 피스톤이 왕복 운동을 하는 용기.
* 피스톤: 실린더 안에서 상하로 왕복 운동을 하는 장치
* 추진축: 동력전달장치.　　* 동력: 전기 등으로 움직이게 하는 힘
* 차동기어장치: 서로 다른 바퀴의 회전수를 적절히 분배, 구동(움직임)시키는 장치.
* 변속기: 클러치와 추진축 사이에서 설치됨(발로 밟으며 1단, 2단 등 속도조절 장치)
* 내연기관: 실린더에 연료를 넣고 연소폭발시킨 가스팽창력으로 피스톤을 움직이는 장치.

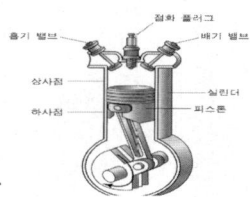

(7) 구동축 & 타이어 (*^^ 동력으로 굴러가는 바퀴)

주내용

타이어는 트레드(tread), 브레이커(breaker), 카커스(carcass), 사이드 월(side wall), 비드 및 비드 와이어 등 다소 복잡한 구조로 만들어져 있다.

승용자동차에는 튜브리스(tubeless). 대형 상용자동차에서는 아직도 튜브 타이어를 사용한다. (* 소방자동차 타이어 대부분은 <u>튜브리스</u> 타이어를 사용한다.)

① 타이어는 다음과 같은 조건을 만족해야 한다.
  ㉠ 자동차의 하중을 충분히 지지할 수 있어야 한다.(하중지수)
  ㉡ 노면으로부터의 작은 충격을 흡수, 감쇄시킬 수 있어야 한다.(스프링 작용,탄성)
  ㉢ 구동력, 제동력, 횡력 등을 충분히 전달할 수 있어야 한다.(접지성 ; roadholding)
  ㉣ 구동저항이 적어야 한다.(마찰 및 열 발생이 적어야 한다)
  ㉤ 수명이 길어야 하며(내구성), 주행 중 소음과 진동이 적어야 한다.
  (*^^ 구동이란? 동력을 가해 움직이게 하는 것을 뜻한다)

② 타이어 점검요령
  ㉠ 공기압 : 운전석을 개방하면 차체 명판에 기재된 규정압력을 주입하여야 하며, 고속도로를 자주 주행하는 차량은 규정압력보다 <u>20% 높게 주입</u>하여야 스텐딩웨이브 현상을 예방할 수 있다.
  ㉡ 마모 : 타이어 트레드 마모한계선(높이 1.6mm)까지 마모되면 타이어를 교체.
  ㉢ 생산일자 확인 : 타이어 측면에 기재된 DOT 4자리 숫자로 확인한다.(* DOT3523 앞 두자리 숫자는 타이어가 만들어진 그해의 주차이고, 뒷 두 숫자는 생산연도이다)

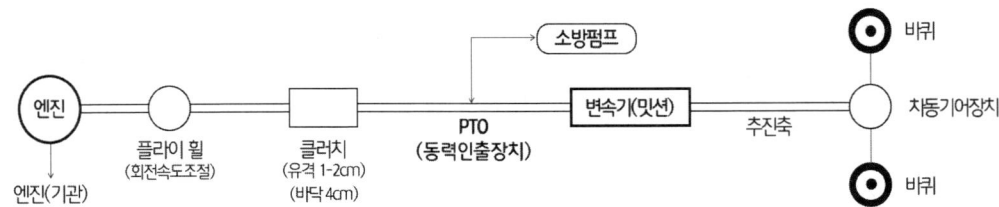

▶ 순서 : 기관 → 플라이휠 → 클러치 → 동력인출장치 → 변속기 → 추진축 → 차동기어   ▶ 암기 : 기플클동 변추차

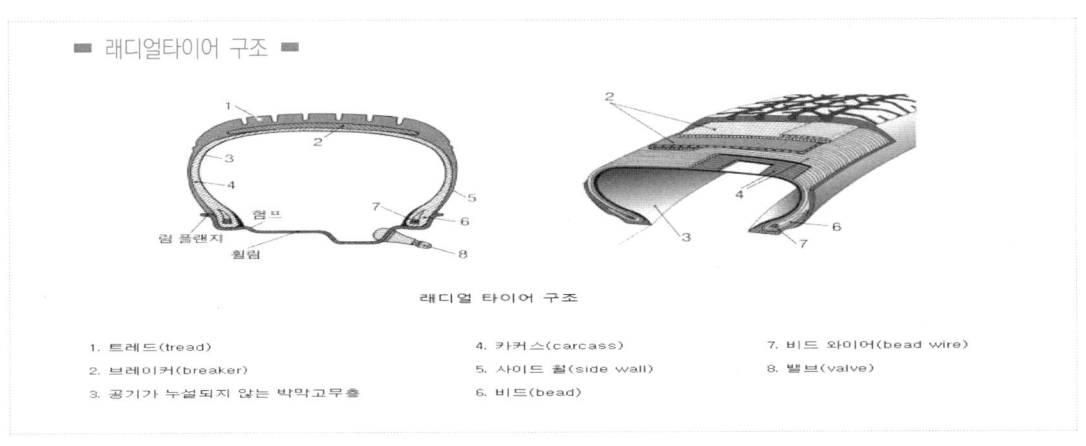

■ 래디얼타이어 구조 ■

래디얼 타이어 구조

1. 트레드(tread)
2. 브레이커(breaker)
3. 공기가 누설되지 않는 박막고무층
4. 카커스(carcass)
5. 사이드 휠(side wall)
6. 비드(bead)
7. 비드 와이어(bead wire)
8. 밸브(valve)

제2절 동력인출(PTO)장치*

- 기관에서 만들어진 동력은 대부분 자동차 주행 목적으로 이용되며, 이외에 부가적인 용도로 이용하기 위해 동력을 단속할 수 있는 위치에 별도의 장치를 설치해야 한다. 이 별도장치가 바로 P.T.O이다.
- 현재 소방차량에 장착된 P.T.O는 소방용 펌프를 가동하기위해 동력을 인출하는 경우 / 고가굴절의 유압펌프를 작동하는 경우 / 구조공작차처럼 유압펌프를 작동하여 크레인, 유압장비, 유압발전기 등을 작동하기 위한 경우로 나눌 수 있다.
- 구동방식은 벨트식과 기어식으로 변속기 측면에서 동력을 인출하여 전달할 수 있도록 부축 또는 기어 등이 나와 있는데 일방향 타입과 조작레버에 의해 방향 전환이 가능한 타입이 있다.

> ■ TIP(정리): 동력인출 장치 (The 쉬운 개념 용어)
> - 클러치와 변속기(밋션) 중간에 설치되어 엔진 동력을 인출하여 펌프 등에 전달하는 장치.
> - 종류는 ① 수동변속기 P.T.O / ② 자동변속기 P.T.O / ③ 복합 P.T.O(Split P.T.O)가 있다.)

1) 동력인출장치(P.T.O : Power Take Off System) 종류

(1) 수동변속기 P.T.O

주로 수동변속기 차량에 이용되어서 근래 소방차에서는 보기 힘들다. 장착은 클러치와 밋션(변속기) 사이에 설치되어 기어비율은 변화되며 펌프의 RPM이 적정하도록 기어비가 설계되어야 한다.

① 동력을 단속하기 위해 PTO는 클러치와 변속기 중간에 결합되었다.
 - 클러치와 변속기 중간에 설치되어 샌드위치 P.T.O로 불리었다.
② 클러치 단속에 따라 엔진동력을 P.T.O의 위 또는 아래기어와 접속된다.
③ 케이스 내부에는 3개의 기어가 맞물려 돌아가는 형태이고 추진축을 통해 동력을 주 펌프에 전달된다.
④ 이 P.T.O의 주된 역할은 동력의 전달, 각도의 변화, 회전수 증속 또는 변속이다.
 ※ P.T.O 의 조작은 "클러치" 를 충분히 밟고 2초 이상 경과 후 동작시킨다.
⑤ P.T.O 연결 방법은 수동 케이블방식, 반자동 에어실린더식과 요즘 차량에 대부분 적용되는 에어솔레노이드방식(전기전자식)이 있다.
 ※ PTO 내부에는 기어가 고속으로 회전하므로 윤활 및 냉각작용을 할 수 있도록 기어오일을 주입한다.

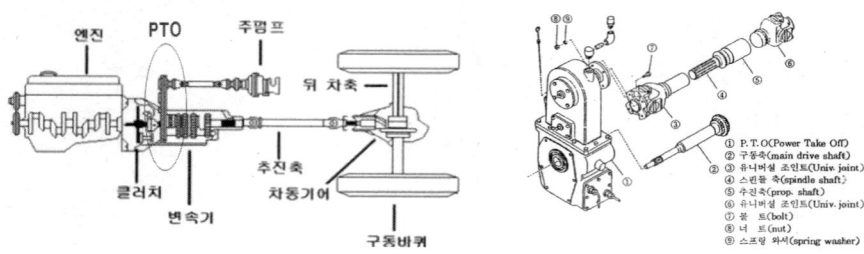

(2) 자동변속기 P.T.O

자동변속기 좌측 또는 우측에 접속되어 에어 솔레노이드밸브에 의해 동력을 단순히 인출하는 역할만 한다. 이후 모든 기능은 중간기어박스(증속기어박스)가 한다. 밋션P.T.O라 함.

 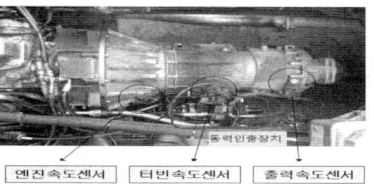 

(3) 복합P.T.O(Split P.T.O)

변속기를 거친 동력을 일체형태인 트랜스퍼 케이스로 전달해서 차량 주행과 함께 다른 용도를 병행할 수 있는 주로 농사용 트랙터나 군용 장갑차 등에 적용된다.

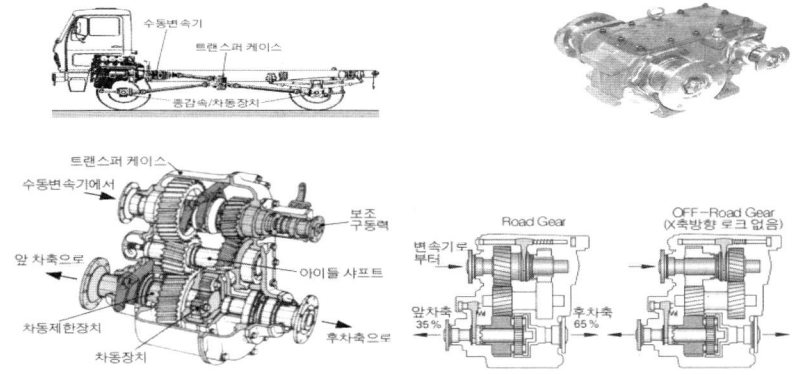

2) 동력인출장치(P.T.O)의 작동방식

P.T.O에 동력전달은 수동케이블방식, 에어실린더식(반자동), 자동(전기+에어)방식이 있다.

① 케이블 연결방식(수동변속기장착 차량)

수동이니 반드시 클러치를 밟고 연결하며 통결의 단점과 오랜 피로에 의해 끊어짐이 있다.

② 에어실린더식(반자동=전기+에어)

과거 대형 물탱크차량의 P.T.O 인입방식으로 케이블이 아닌 로드를 설치하고 연결하는 방식.

③ 전자식 P.T.O 연결방식(자동변속기장착 차량)

소방차량이 채택한 방식으로 접점 S/W로 에어실린더를 단속해서 P.T.O 인입, 인출하는 방식.

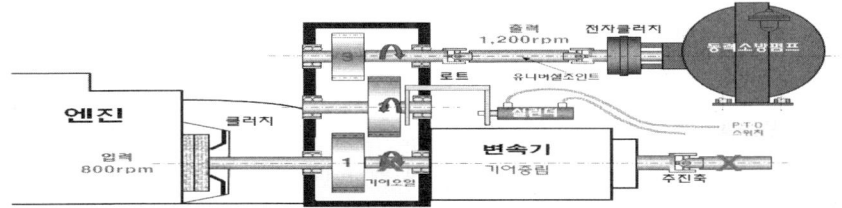

제3절 소방펌프*

(1) 소방펌프의 일반사항

소방자동차는 기관동력을 이용하는 동력인출장치(P.T.O)에 의하여 회전되는 소방펌프를 탑재하고 있다. 소방펌프는 방수를 목적으로 장착하였으며 전자클러치에 의하여 진공펌프를 회전시켜 펌프보다 아래에 있는 하천의 물을 끌어올리거나 소화전으로부터 물을 공급받는다.

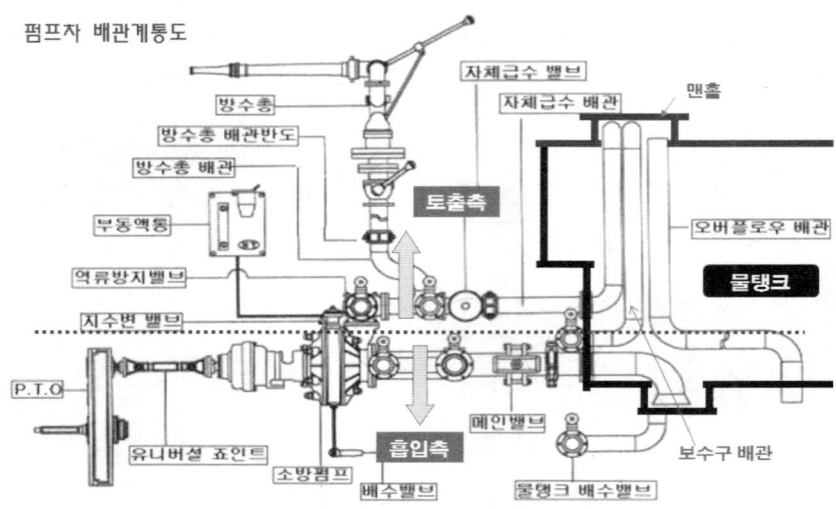

(2) 펌프의 종류*   ☆ 15 서울, 16 소방장

① 왕복펌프(피스톤플런저 펌프, 다이어후렘 펌프 등)
② 원심펌프(볼류우트펌프, 터어빈펌프 등)
③ 사류펌프
④ 축류펌프(프로펠러펌프)
⑤ 회전펌프
⑥ 특수펌프(마찰펌프, 기포펌프, 제트펌프 등)

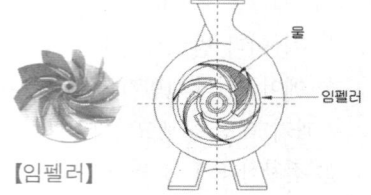
[임펠러]

▶ 왕원사 특수 회축(* 연상: 왕원사님 특수한 회춘)

(3) 소방용도로 사용되는 펌프

① 소방에서는 많은 양의 물을 먼 곳까지 방사할 수 있는 성능이 있어야 된다.
그래서 대부분 이를 충족할 수 있는 (원심력을 이용한) 원심(Centrifugal)펌프를 사용하고 있다.
② 원심펌프는 임펠러의 원심작용에 의해 액체에 에너지를 부여하여 높은 곳에 양수하거나 먼 곳에 압송하는 펌프이다.

원심펌프 장단점

원심펌프 장점	배출량의 대소, 양정의 크고 작음에 관계없이 광범위하게 이용할 수 있고 구조가 <u>간단</u>하며, 고장 및 마모가 적고 성능과 효율도 좋아 많이 사용되고 있다.
원심펌프 단점	자흡*을 할 수 없어 마중물장치(진공펌프)를 설치해야 하며 회전수 변화가 배출량의 변화에 미치는 영향이 다른 종류의 펌프보다 크고 값이 비싸다는 단점이 있다.

(4) 소방펌프 조작 시 일어날 수 있는 현상** ☆ 15 소방교, 16 강원, 경기장, 17,19 위, 21, 22 소방교

공동현상 (캐비테이션)	① 소방펌프 내부에서 흡입 양정이 높거나, 유속의 급변 또는 와류의 발생, 유로의 장애 등에 의해 압력이 국부적으로 포화증기압 이하로 내려가 기포가 발생되는 현상이다. ② 소방펌프 회전부 입구 부분에서 발생하는 경향이 크고, 생성된 기포가 액체의 흐름에 따라 고압부에 이르러 급격히 붕괴(파괴)하는 현상이 되풀이 됨에 따라 소방펌프의 성능 저하, 진동, 소음발생 등 나중에는 양수 감소 또는 양수 불능이 되며 소방펌프장치의 손상도 된다. ◎ 캐비테이션 발생 시 조치사항 ☆ 15소방교, 16경기장, 21소방교 ❶ 흡수관측의 손실을 가능한 작게 한다. ❷ 소방펌프 흡수량을 <u>높</u>이고, 소방펌프의 <u>회전수를 낮춘다</u>. ❸ 동일한 회전수와 방수량에서는 <u>방수밸브를 조절한다</u>.(* 방수쪽) ❹ 흡수관의 스트레이너 등에 이물질이 있는 경우 이를 제거한다. 【원심펌프】
수격현상	① 관(배관) 내에 물이 가득 차서 흐르는 경우 그 관로의 끝에 있는 밸브를 갑자기 <u>폐쇄할 경우</u> 물이 가지는 운동에너지는 압력에너지로 변하고 큰 압력 상승이 일어나서 관을 넓히려고 한다. 이 압력상승은 압력파가 되어 관내를 왕복하는 현상을 수격작용이라고 한다. ② 압력파가 클 경우에 가장 약한 부분이 파손될 수 있어 원심펌프에서는 임펠러 파손을 막기 위해 <u>역류방지밸브(논리턴밸브)</u>를 설치하고 있다. ▶ 수격: 영어로 워터해머(물망치 현상)
맥동현상 (서징현상)	① 펌프 가동 중 마치 숨을 쉬는 것과 같은 또는 맥박이 뛰는 것과 같은 현상이 되어, 소방펌프 조작판의 연성계와 압력계의 바늘이 흔들리고 동시에 방수량에 변동이 일어나는 현상이다. - 마치 스프링에 충격을 가했을 때 발생하는 진동 즉, 서어징과 같다하여 붙혀진 이름이다. ② 맥동현상은 주로 수원(물)이 부족할 때 발생함으로서 흡수하여 방수하거나 중계 송수할 때 연성계의 수치를 확인하여 연성계 이상의 압력으로 방수하지 않도록 한다.

* 공동현상 ❷에서 조치사항은 손실이 발생했으니 물의 흡수량을 <u>높</u>이면서 회전수를 더 <u>낮추면</u> 정상이 된다로 해석!

---

* 자흡: 자기흡수   * 원심펌프: 원심력을 이용한 펌프.(물레방아 원리에 전기의 힘을 이용한 빠른 회전펌프)
* 기포: 거품현상   * 임펠러: 펌프 등의 회전체.(날개 바퀴)   * 펌핑(Pumping): 펌프가 물을 끌어올리는 것.

◎ The 쉬운 한줄 요약 정리~
- 공동현상: 공기방울이 생기며 동(動)작하는 현상(* 펌핑 시 배관 등에 air가 찼다고 한다) ▶ 공동(공기방울 움직임)
- 수격현상: 수(水)의 격렬함.(* 물이 배관 등을 흐르다가 부딪침으로서 압력 변동이 생긴다)
- 맥동(서징)현상: 맥박치듯한 동작으로 압력과 유량의 운동.(* 송출압력·유량의 변동현상)

① 소방펌프 조작 시 주의사항
  ㉠ 물이 없는 상태로 장시간 펌프작동 금지(* 메커니칼 씰 손상 원인)
  ㉡ 사용 전 장비점검(교대점검 / 일일점검 / 주간점검 등)
  ㉢ 소방펌프 작동 시 온도계 확인 및 P.T.O(기어박스) 냉각수 밸브 개방
  ㉣ 소방펌프 작동 후 정기적으로 그리스(윤활유) 주유
  ㉤ 중계송수는 전용호스(경질)사용 및 연성계 및 압력계 수시확인
  ㉥ 소방펌프 조작판 압력계 및 연성계 수시 확인 점검
  ㉦ 흡수 시 진공 오일량 확인 및 흡수관 스트레이너(여과기) 필히 사용.

(5) 소방펌프장치의 구조

주요 구성품은 주 펌프, 진공펌프, 진공펌프, 전자클러치, 지수밸브, 역류방지밸브 등으로 구성되며, 기관에서 발생한 동력이 변속기에서 분기되어 P.T.O(기어박스)를 거쳐 주펌프로 전달된다.

① 주 펌프
② 진공펌프 동력전달장치 및 전자클러치(그림 좌측부분)
③ 진공펌프(그림 중앙 위)
④ 지수밸브(그림 제일상단)
⑤ 역류방지밸브(상단 우측)

■ A1급 소방펌프 주변장치 ■

① 주펌프	• 주 펌프는 임펠러, 가이드베인, 케이스 등으로 되어 있고 임펠러의 회전에 의하여 유체에 압력을 가해 방출한다. ❂ 펌프의 축받침은 수로의 중심선 상에 위치하고 소화수에 의해 자연 냉각되므로 물 없이 빈 펌프를 장시간 작동시키면 과열로 인하여 고장의 원인이 된다.
② 펌프주축 윤활장치	• 펌프실 후면 판에 설치되어 있는 그리스 컵에 베어링용 그리스를 충진하여 이를 돌리면 주펌프 샤프트와 슬리브와의 접촉면에 급유된다(자동으로). • 그리스 오일은 펌프축의 마찰 및 마모감소와 방청(녹슴방지), 냉각, 밀봉작용을 한다.
③ 그랜드 패킹 및 너트	• 그랜드패킹은 펌프 주축이 외부로 노출되는 부분의 누수방지를 목적으로 그리스를 머금은 패킹을 말한다. • 이 패킹을 외부에서 압착 펌프 내부의 물이 밖으로 누출되지 않도록 조여주는 부분이 너트이다. 앞서 논한 주축의 윤활장치가 이곳의 주유를 한다. (*^^ 모터와 펌프사이에 연결되는 부분. 즉 선풍기 머리부분과 날개 사이의 회전축)

■ 원본 확인자분들은 학습상 짝수, 홀수P를 맞추기 위해 중앙소방학교 공통교재 순서에서 <u>3~5절</u>을 변경하였습니다.

✪ 펌프가 5kg/cm² 압력으로 동작 중 일때 그랜드리테이너 에서 1초에 한 두 방울씩 뚝뚝 떨어지도록, 너트를 조이거나 풀어 조정한다. / 지나치게 조이면 과열되어 펌프축 손상의 원인이 되며, 헐거우면 물이 많이 누수되고 진공시 (진공이) 형성되지 않게 됨으로 수시로 확인이 필요하다.
  ※ 그랜드패킹에 그리스를 주입하여 ❶ 윤활 ❷ 냉각 ❸ 밀봉작용을 할 수 있도록 한다. ▶ 암기 : 윤냉밀

✪ 최근 소방펌프자동차는 그리스주입으로 소방용수가 오염을 방지하고 소방펌프의 효율을 증대시키기 위해서 그랜드패킹을 ➡ 메카니컬씰 타입으로 대부분 교체하였다.
  메카니컬씰의 장점은 구조상 그리스 주입을 하지 않고 완벽에 가깝게 기밀을 유지할 수 있는 장점이 있으나, 단점은 구조가 복잡하고 가격이 비싸며 고장시 비용과 시간이 많이 드는 단점도 있다.

■ 안내날개(좌측), 임펠러(우측)

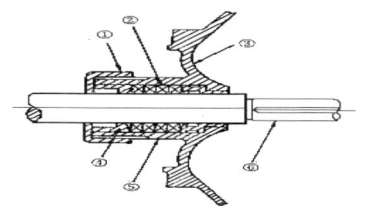
■ 펌프 그랜드부 구조 ■

① 그랜드 너트
② 그랜드
③ 주펌프 커버
④ 그랜드 리테이너
⑤ 펌프 그랜드
⑥ 주펌프 축

④ 메카니컬씰(mechanical seal) → 현재 소방차에 사용한다

■ 메카니컬 씰 ■

■ 불량 시 누수장면 ■

※ 참고 (■ 그랜드 씰 ■)

㉠ 펌프와 메카니컬씰이 모두 정상이면 펌프축에서 물이 새지 않는다. 물탱크 메인밸브 개방 시 또는 방수가 진행될 때 펌프 하단부에서 물이 샐 때는 가장 먼저 메카니컬씰의 손상을 의심한다.
㉡ 메카니컬씰은 충격과 열에 취약함으로 펌프 동작시 물 없이 작동되는 사례가 없도록 한다.
㉢ 메카니컬씰 채택 소방펌프순서는
    먼저 물탱크 메인밸브 개방 ➡ P.T.O연결 순으로 방수를 진행해야 한다.

제4절 **진공펌프**★

(1) 진공펌프

소방펌프자동차 물탱크에 적재된 물은 펌프보다 높은 위치에 있어서 낙차에 의해 펌프에 유입되지만, 지하 저수조나 하천 등의 수원은 펌프보다 아래에 있기 때문에 펌프에 물을 채워주기 위해서는 물을 흡수할 수 있는 (진공)장치가 필요하다. (*^^ 원리: 진공상태의 빨대로 아이스커피를 빨아들이듯.)

※ 진공 (* 중요도 없음)

이탈리아 물리학자 토리첼리(1608~1647)에 의해 처음 주장된 진공이론으로 토리첼리는 공기가 무게를 가진다고 생각하였으며, 이것이 대기압이라고 생각하였다. 그는 10m의 물기둥의 압력이 대기압과 같다는 생각을 하고 실험을 하려했으나 10m의 유리관을 만들 수가 없었다.

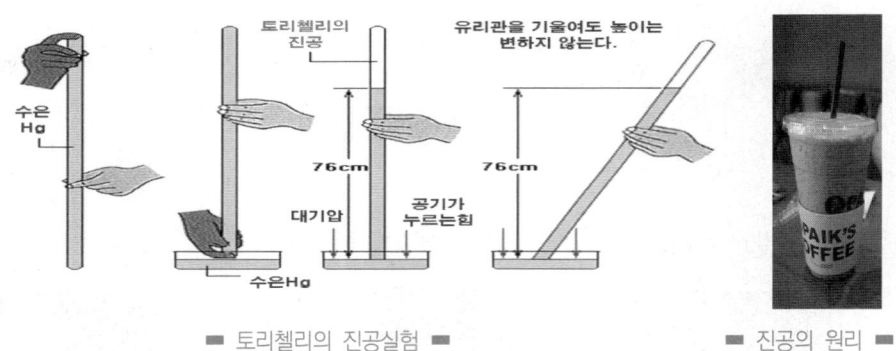

■ 토리첼리의 진공실험 ■   ■ 진공의 원리 ■

(*^^ 공기의 무게가 실험관 주위의 바닥면을 누르니 수은이 실험관에서 더 이상 내려오지 못함)

그래서 그는 1643년, 수은이 물보다 더 무거우므로 물 대신 이용하면 더 짧은 길이의 유리관으로도 실험을 할 수 있다고 생각하고 수은을 이용하여 실험을 하였다. 수은은 자연계의 물질 가운데 가장 무거운 액체이다. 당시에는 수은의 위험성에 대해 잘 몰랐고 주변에서 쉽게 수은을 구할 수가 있었다.

1기압(atm)	$1.033227 kgf/cm^2$, $10.332275 mH_2O$, $760 mmHg$, $14.696\ PSI$, $101,325\ Pa$, $1.01325\ bar$

(2) 진공펌프 원리

흡수관 내 공기를 빨아들여 진공상태로 소방자동차에서 흡수를 원활하게 해주는 역할을 하며 일반적으로 로터리 베인펌프를 가장 많이 사용하고 있다.

※ 베인펌프는 로우터, 베인날개, 베인펌프 본체로 구성되어 있는데, 로우터의 중심과 베인펌프 본체의 중심은 편심(한쪽으로 치우침)되어 있다.

① 진공펌프의 작동원리★   ☆ 18 소방교

베인날개가 원심력에 의해서 베인펌프 본체 내면에 밀착된 상태로 돌아가면서, 공간이 생기게 되고, 용적이 달라진다. 한쪽 베인날개가 **흡기부를 지나면서** 공간용적은 점차 커지게 되고(흡입) / 베인 흡기부 끝단을 통과할 때 <u>공간용적은 최대</u>가 된다(팽창) / 이렇게 하여 흡기부로부터 빨아들인 공기는 다음 단계에서 <u>압축이 되고</u> / 이것이 배기부를 지나면서 <u>배출이 되는 것</u>이다.

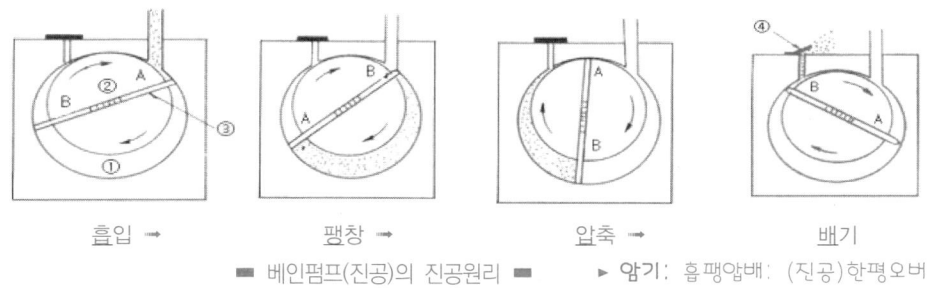

■ 베인펌프(진공)의 진공원리 ■   ▶ 암기: 흡팽압배: (진공)한평오버

(3) 진공펌프 동력전달장치

진공펌프 동력전달장치에는 롤러클러치, 벨트방식을 사용하는 기계식과 전자클러치를 사용하는 전기식이 있다.

■ 진공펌프 동력전달장치 종류 ■

- 진공펌프의 회전속도는 <u>1,000~1,200rpm</u>이 적정하며 그 이상의 회전은 펌프의 마모만을 촉진 시킬 뿐 성능을 향상시키지는 못하므로 회전계에 유의하여 적정 rpm을 준수할 수 있도록 한다.
- 진공펌프의 성능은 <u>30초 이내</u>에 진공도의 86%인 660mmHg까지 도달하여야 하고 진공의 누기는 10초에 10mmHg 이하이어야 한다. (*^^ 100% : 760mmHg = 86% : 660mmHg 이라는 뜻)

- 진공펌프의 성능시험(순서): (* 공통교재에 본 내용 없음) ☆ 23 소방교
  ❶ 모든 밸브가 닫혀 있는지 확인한다 ❷ 시동 후 PTO를 정상적으로 작동한다 ❸ 진공펌프를 작동한다
  ❹ 엔진회전수를 <u>1,200rpm</u>으로 조정한다 ❺ 30초 후 진공펌프를 조정한다.

(4) 진공오일* ☆ 18 소방교, 22 소방장

- 진공펌프가 작동되면 펌프의 윤활유 흡입구를 통해 오일이 자동적으로 흡입되어 진공펌프 내의 냉각과 윤활 기능을 수행하게 된다.
- 진공오일 탱크의 용량은 3m인 흡수관 1개로 <u>3회 이상</u> 진공 할 수 있는 용량을 저장할 수 있는 용량이어야 하며, 1회 진공 시 소모되는 진공오일의 양은 <u>0.5리터</u> 이하이어야 한다.

오일규격	API CD급 이상. SAE 15W/40	4계절용 엔진오일 또는 유압작동유
탱크용량	보통 4.0ℓ 탱크 설치	

① 진공오일은 베인펌프를 작동시킬 때 ❶ 윤활 ❷ 냉각 ❸ 밀봉역할로 주입했다. * 오답: 수막
② 계량된 진공펌프는 외부에서 냉각을 위한 별도의 오일 공급없이 내부에 주입된 오일만으로 진공효과를 나타내는 현재 사용되는 진공펌프를 개발 사용하게 되었다.

■ 진공펌프 오일 공급 ■

(5) 자동양수장치(Auto Priming System) (* 중요도 낮음)

자동양수장치는 펌프실 후면에 설치되며 **특장전원을 이용하는 경우**와 **특장전원 고장**이라는 비상 상황에서 **자동차의 전원을 이용한 비상작동** 등 2가지 상황에서 작동하게끔 제작되었다.

작동판넬 설명	① 작동: 진공펌프의 구동 스위치이며, 이 스위치가 ON 되어 있으면 전자클러치에 전기가 공급되어 진공펌프는 작동되게 된다. - 양수가 완료되면 소방펌프 토출측 배관에 설치된 압력스위치에 의해 진공펌프 구동이 자동 정지된다.(* <u>30초</u> 이상 동작하지 않도록 한다) ② 정지: 양수작업 진행 중 진공펌프의 구동을 정지시키고자 할 때 사용한다. ③ 양수완료: 정상적으로 양수가 완료되면 진공펌프 작동이 **정지되고 램프가 점등**된다. - 이 램프가 켜져 있는 동안에는 언제든지 방수할 수 있다. ④ 비상작동: 정상적으로 양수장치를 가동할 수 없을 때 사용하는 스위치이며, - 스위치를 누르고 있는 동안만 진공펌프가 작동한다

제5절 자동식 에어컨트롤 장치

자동식 에어컨트롤 장치는 스위치에 의해 정압 Air를 단속하여 PTO, 메인밸브(물탱크), 보수구, 폼메인밸브, 자동배수밸브 등을 제어하여 사용자의 편의를 제공하지만, 고장 시 수동으로 전환하여 사용하는 방법을 숙지하지 않으면 방수불능상황에 처하게 되므로 평상시 훈련으로 대처 능력을 키워야 한다.
(*^^ 용어: P.T.O, 메인밸브, 보수구, 폼메인밸브 등에 에어탱크에서 나오는 공기로 자동컨트럴하는 장치)

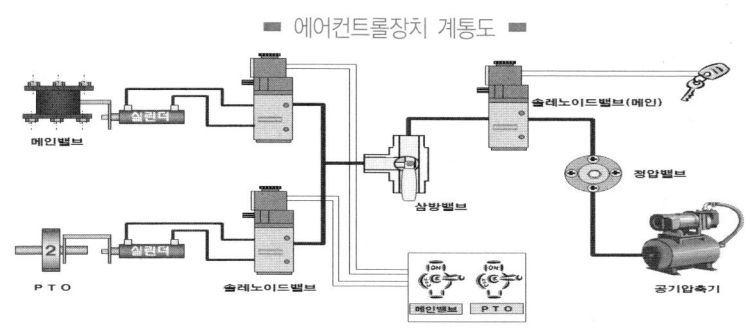
■ 에어컨트롤장치 계통도 ■

(1) 솔레노이드 밸브(전자밸브, SV)　(*^^ 전기적 에너지→ 자기적 에너지→ 기계적 에너지로 변환)

솔레노이드 밸브는 전기적인 신호를 받아서 유체의 흐름을 차단 또는 공급하거나 방향을 전환시켜주는 밸브를 말하며 전류가 솔레노이드 밸브 코일에 흐르게 되면 전자기의 힘이 발생, 본체 내부의 밸브를 개폐하도록 설계되어 있다.
(*^^ 버스기사분이 운전석에서 출입문을 닫을 때의 원리, 스프링클러 배관에서 클래퍼 개방 원리와 등임)

(2) 에어 액추에이터

기관에 장착된 공기압축기에서 생산된 압축공기는 에어탱크에 저장되고 메인밸브(특장용)를 거친 압축공기가 정압밸브를 거쳐 메인 솔레노이드밸브를 통과하여 각각의 솔레너이드 밸브로 분기되고, 분기된 압축공기는 각 장치 말단 에어실린더(액츄에이터)에 이르러 각각의 밸브를 개폐하게 된다.
공압실린더가 작동하지 않을 때 아래 사항을 먼저 확인하고 수동전환으로 동작하도록 한다.
　① 공기탱크 압력은 적정하고 공기호스가 이탈되지 않았는가?
　② 실린더 로드체결에 이상은 없으며 공압실린더가 제대로 작동되는가?
　③ 솔레노이드밸브가 작동되는가?(24V를 접속하면 작동소리가 난다)
　④ 솔레노이드밸브 조작스위치가 제 기능을 발휘하는가?
현장에서 공압실린더가 동작하지 않을 때, 또는 장비점검 때, 수동조작은 아래와 같다.
　① 소방펌프실에 설치된 자동/수동 전환밸브를 수동으로 전환
　② 물탱크 메인밸브, 자동배수밸브, 보수구밸브 등을 수동으로 동작시킨다.
　③ PTO를 수동으로 접속할 때는 시동을 끄거나 클러치를 밟아 기관의 동력을 먼저 차단한 후 소방펌프의 구동축을 손으로 움직여 강제로 밀어 넣는다.

제6절 지수밸브*

☆ 18 소방교

① 지수밸브는 주 펌프의 (**상부**)에 설치되어 있다.
② 진공펌프가 작동되면 펌프(주펌프) 내부는 진공상태가 되어 이와 연결된 지수밸브 다이아프램(Diaphragm, 막)이 아래쪽으로 내려가서 진공펌프와 주펌프실이 연결된 작은 통로가 **열린다**.
③ 이때 열린 통로로 주 펌프실 내부 공기가 진공펌프로 빨려 나가면서 주펌프 내부의 진공상태가 가속화 되면서 흡수관을 통한 외부의 물이 주 펌프 내부로 빨려 올라와 임팰러 날개를 통해 방수라인으로 방출하게 된다
④ 흡수가 완료되면 양수된 주 펌프실은 압력이 발생하고 이 압력으로 지수밸브의 다이어프램이 올려지면서 진공펌프로 통하는 통로가 막히고 주펌프 물이 진공펌프로 들어가는 것을 **막아준다**
⑤ 다이어프램이 불량이면 진공작용을 하지 못하고 방수 시 진공펌프를 통해 물이 나올 수 있다.

■ 원리: 진공펌프 작동 시 지수밸브는 열려서 주 펌프에서 진공을 만들고, 주 펌프에 공기가 진공펌프쪽으로 흡수되면서 진공이 끝나면 지수밸브는 닫게되어 진공펌프쪽으로 물이 들어가지 않게 된다.

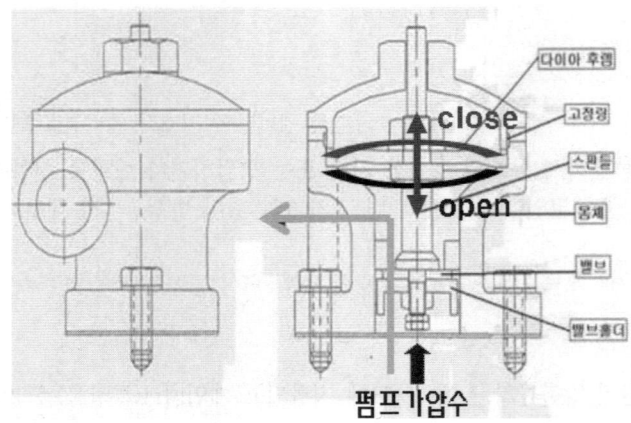

➲ 필자 부연설명
(·좌측: 진공펌프 ·우측: 주펌프)
②번 해설: 진공펌프 작동시 지수밸브 open(열림) / 상부 꼭지는 내려감
③번 해설: 밑에서 물 흡수시 지수밸브 Close(닫힘) / 상부 꼭지(스핀들) 올라감

(* **연상**: 옆집 진공펌프가 작동하니 주펌프의 다락방에 사는 지수씨는 아래로 내려가 문을 열고 진공펌프와 연결, 진공펌프는 공기를 흡수하여 주펌프는 진공된다. 진공상태인 주펌프가 물을 쭉! 흡수하면 지수씨는 문을 닫아 연결된 진공펌프집으로 가는 물을 막아준다.)

■ 보충(TIP): 지수밸브 구체적 부연설명
(* 지수밸브 용어: 진공펌프와 주펌프사이에 연결되어 주펌프 내 진공을 돕는 밸브)
① 주펌프 상부에 장착되어 진공펌프가 작동되면 지수밸브 내부가 진공상태로 되어 스핀들이 아래로 내려가면서 다이어후렘이 안으로 향한 접시모양(open) 밸브가 열려 펌프 내 공기가 화살표 방향으로 배출된다.
(** 즉, 진공펌프가 작동되면 주펌프 배관안에 있는 공기가 진공펌프로 모여서 배출이 된다.)
② 주펌프 내부가 진공상태로 되어 양수가 시작되면 (펌프가압수) 물의 압력으로 밸브를 밀어 밸브가 닫히고 진공펌프로 물이 들어가는 것을 방지하기 위해 막아준다.
• 흡수구를 열면 공기가 유입되면서 상부 꼭지가 위로 올라오는 것이 정상이며 지수밸브 내의 다이어후램이 노후되면 진공펌프 기능에 문제가 생길 수 있다.
• 지수밸브의 다이어후램은 장기간 사용되면 탄력성이 저하되어 진공형성에 문제가 되므로 스핀들 판을 손으로 눌러서 작동시켜 이상여부를 점검한다. (* 다이어후램: 격막. 신축성 있는 부드러운 얇은 막)

제7절 역류방지밸브*

☆ 23 소방장(①②번 기출)

① 주 펌프 상부에 위치해 있으며 펌프에서 토출된 물이 다시 펌프로 유입되지 않도록 체크밸브 역할을 하여 펌프의 효율을 높이고, 방수라인에서 발생할 수 있는 수격작용으로부터 펌프를 보호하는 역할을 한다. (*^^ 체크밸브, 논리턴밸브라고도 한다.) ☆ 23장
② 이뿐만 아니라 주펌프를 진공할 때 배관라인쪽(토출측) 기밀을 유지하여, 펌프보다 아래에 있는 물을 주펌프 내부에 채우는 진공을 보조하는 기능도 하고 있다. (*^^ 진공펌프 작동 중에는 주 펌프 내에 공기가 들어가지 않도록 폐쇄되는 구조이다. 이 밸브를 통해 물이 방수된다.)
③ 역류방지밸브 시트에 이물질이 끼지 않도록 유지하며, 테스트는 주펌프 내부를 진공시켜놓고, 방수구를 손으로 막고 방수밸브를 열었을 때 손이 빨려 들어가는 느낌이 난다면(공기가 통하니) → 역류방지밸브가 불량을 의심할 수 있고 신속하게 수리를 요구한다.
④ 역류방지밸브가 필요한 이유 중 또 하나는 양수(진공해서 물을 끌어올림)해서 펌프 속에 물이 있는 상태로 방수를 하지 않을 때 물이 다시 빠지지 않도록 유지해주는 방수압력 유지기능이다. 이 때문에 잠시 방수를 멈추었다가도 연속적인 방수가 가능한 것이다.

제8절 압력계 및 연성계

■ 압력계(좌)와 연성계(우) ■

펌프실 측면에 부착된 압력계는 주펌프 방수측의 압력을 눈금으로 지시하며 단위는 SI단위계 Mpa이다. 압력계는 펌프 방수배관에서 인출된 동관에 연결되어 있다.

① 압력계
압력계는 역류방지밸브나 방수배관에 동관으로 연결하여 펌프실 양측 조작반에 취부(연결)되어 있으며 눈금이 Mpa로 표시되며 **펌프의 방수압력을 나타낸다**. 압력계는 방수배관에 연결되어진다. (*^^ 펌프 위 물을 토해내는 토출측에 설치한다)

② 연성계
대기압 이상의 압력과 대기압 이하의 압력(진공압력)을 계측하는 양쪽의 계측 장치를 장착한 압력계를 연성계라고 한다. / 연성계는 소방펌프 흡입부나 흡수배관에서 동관으로 연결하여 펌프실 양측 조작반에 취부 되어 있다. 물을 흡수할 경우 연성계의 바늘은 빨간색(진공측)을 가리키며, 소화전 또는 다른 소방자동차로부터 중계를 받아 압력이 있는 물을 급수시킬 때 연성계는 흰 지시부분(압력측)을 가리킨다. (* 진공측이란 상기 우측사진 좌측 하단이다)

※ 진공도가 급격히 상승하는 것은 스트레이너 등이 오물이나 찌꺼기 등으로 막혔으므로 즉시 점검한다.

■ 요약: 우리가 대기 중 숨쉬는 공기의 압력을 대기압이라 한다 이 보다 높은 압력을 측정하는 것이 압력계 (방수측, 토출측) / 흡입측에서 낮은 압력을 측정하면 진공계, 둘 다 측정할 수 있다면 연성계라 한다.

제9절 펌프 RPM조절기 (* 중요도 없음)

펌프 RPM 조절방법은 기계식과 전기식으로 구분된다. 기계식은 와이어 또는 링크로트 등이 엔진 연료분사장치에 연결되어 엔진회전수를 컨트롤 하고, 전기식은 커먼레일 엔진의 자동차속도제어체계 정속주행장치(크루즈)를 이용하여 고압펌프의 연료 분사량을 ECU에서 제어한다. 펌프 RPM을 조절할 때는 엔진 또는 펌프의 이상음이 발생 하는지 확인하여야 하며, 급격하게 회전수를 상승시키지 않는다. 최근 제작되는 차량은 전기식을 주로 채택하고 있다.

----*

※ 방수 중 방수구를 닫을 경우에는 엔진 회전수(rpm)를 낮게 한 후 닫아야 하며, 전기식의 경우 누름스위치 조작과 RPM 상승은 약간의 시간차가 있다. 그러므로 반복해서 누를 경우 순간적인 압력변동으로 안전사고 발생 우려가 있음.   * rpm: revolutions per minute.

○ 펌프의 상사법칙

펌프의 상사법칙은 회전수 또는 펌프임펠러 직경의 변화에 따라 유량, 압력, 펌프에 필요한 동력이 어떻게 비례하여 변화하는지에 관한 것으로, / 즉, 회전수가 1,000rpm일 때 유량이 1,000리터, 압력이 2kgf/㎠이였다면, 회전수를 2,000rpm으로 상승시켰을 때에는 유량 2,000리터, 압력은 <u>8kgf/㎠</u>로 변화됨을 예측할 수 있다.(*^^ 압력 2kgf/㎠ × 2의 2승에 비례하니 8kgf/㎠이 된다)

$$Q_2 = \frac{N_2}{N_1} \times \left(\frac{D_2}{D_1}\right)^3 \times Q_1$$

구 분	회전수(N)	임펠러 직경(D)
유량(Q)	1승에 비례	3승에 비례
압력(H)	<u>2승에 비례</u>	2승에 비례
동력(L)	3승에 비례	5승에 비례

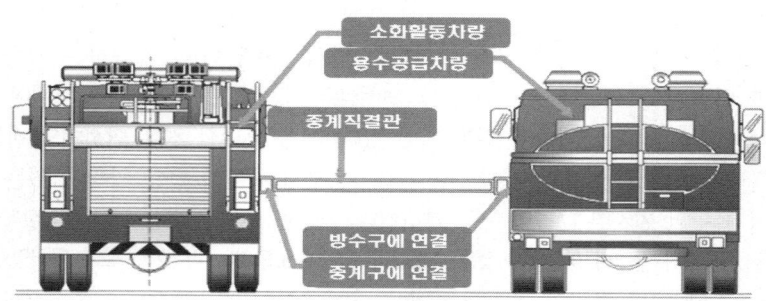

■ 중계관을 이용한 급수 ■ (* 다음 페이지 10절 배관 그림임)

제10절 배관

(1) 펌프흡입측 배관

흡수구와 저수지 사이에는 흡입 호스를 연결하여 물을 보충해야 하며 호스 끝에는 오물이나 찌꺼기의 혼입을 방지하기 위해 스트레이너가 부착되어 있다.

흡수구배관	① 흡수파이프는 주 펌프 흡수측에 좌우로 분기되어 끝에는 흡수 볼 콕이 결합되어 있다. ② 양수시 사용하지 않는 쪽의 볼 콕(콕크)은 완전히 잠근다. 　(주 펌프 흡수측은 양수 시 진공상태로 되기 때문에..) ③ 흡수(측) 볼 콕 및 호스 등의 패킹은 정기적 점검이 필요하다. ★ 흡수관은 형상유지 호스로 내부에 철선이 들어가 있는 호스로 타 차량에 밟히거나, 급격히 구부려져 일단 변형이 되면 원래 상태로 돌아가지 않고 사용이 불가하게 되므로 주의한다.
중계구배관	중계구 배관은 타 소방차량으로부터 물을 중계구를 통하여 공급받을 경우 2개의 펌프가 직렬로 연결되기 때문에 높은 양정을 얻어낼 수 있으며, 지상식소화전 등으로 부터 물을 공급받을 때에도 펌프 흡입측에는 부압(대기압보다 낮은 압력)이 형성되기 때문에 물을 보다 효율적으로 공급 받을 수 있다. ★ 중계구를 이용한 급수는 펌프 흡입측에 수압이 가해지므로 펌프포로포셔너 방식의 폼 혼합장치를 사용하는 경우는 포수용액이 펌프 흡입측으로 유입되지 못하게 되어 폼이 형성되지 않으니 유의한다.
물탱크 메인밸브	① 주 펌프와 물탱크를 연결하는 흡수파이프 중간에 설치되어 있으며 조작은 좌·우 어느 쪽이든 작동하면 같이 움직인다. ② 개폐방법은 에어실린더를 이용한 자동방식과 수동레버 방식이 있는데 수동 작동 시는 에어 볼밸브를 차단하여야 조작이 가능하며, 자체 물탱크 물을 사용 하고자 할 때만 사용하고 하천이나 수원지에서 흡수 시는 반드시 닫힘 위치에 두어야 한다. ③ 볼 콕크와 탱크사이 진동 방지를 위하여 완충조인트가 설치되어 있으며, 메인밸브와 물탱크 사이의 배관은 동절기 동파되기 쉬우므로 히팅장치가 설치되어 있다.

(2) 펌프 토출측 배관

방수측 배관은 역류방지밸브를 중심으로 좌·우 그리고 후면에 3개로 분리된 파이프를 말하며, 역시 그 끝은 볼밸브 개폐로 방수가 진행되며 펌프실 상부에는 방수포가 결합되어 있다. 또 자체 급수배관이 방수라인에 분기되어 펌프실로 보내져 물탱크 물을 채울 수 있다. 방수구 등 밸브의 개폐시 하중은 25kg 이하로 규정되어 있다.

① 자체급수구 밸브

　방수 파이프 중간에는 물탱크 송수용 파이프와 밸브가 설치되어 있으며, 방수 가능한 상태에서 자체급수구 밸브를 '열림' 위치에 놓으면 물탱크로 물을 송수할 수 있다. / 물탱크에 소화수가 가득차면 오버플로우배관으로 넘쳐흐르므로 물탱크 측면의 수량계에 유의하면서 송수하여야 한다.

② 방수총　★ 17 소방교　▶ 암기: 상하 7530

　방수총은 수평으로 (360°)회전, 상방으로 (75°), 하방으로 (30°)의 범위로 방수할 수 있다.

제11절 그 외 밸브 및 장치*

(1) 배관 신축 이음	펌프의 진동으로 배관 및 연결부의 파손이 우려 되는 부위에 설치하여 진동을 흡수하여 배관을 보호하는 역할을 한다.
(2) 히팅장치	① 동절기 추운 지역에서는 난방장치가 불량한 차고 내에서 또는 출동 시 메인밸브와 물탱크 사이에 항상 물이 고여 있는 배관에 동파가 우려된다. ② 동파 방지를 위하여 DC 24V 또는 AC 220V 전원으로 사용이 가능한 히팅장치가 설치되어 있다. AC 220V 전원사용은 차량후면에 설치된 자동이탈식수구에 전선코드를 연결하여 배관히팅을 하고 출동으로 인한 차량전원 투입 시 자동으로 이탈되는 구조로 되어있다.
(3) 배수밸브 19소방교	① 방수 완료 후에 펌프 및 배관 내에 잔류 물을 완전히 배출하기 위하여 배수밸브가 설치되어 있다. 펌프 운전 중에는 필히 닫혀 있어야 하며 사용하지 않을 때는 열어 놓아 동절기 펌프 및 배관의 동파방지를 하여야 한다. ② 자동방식은 PTO 동작시 연동되어 배수밸브가 작동되는 구조로 되어있다.
(4)냉각수밸브 19소방교	① 펌프실 측면에 냉각수 밸브와 스트레이너가 설치되어 있다. 장시간 소방펌프를 작동하면 PTO와 엔진에 많은 열이 발생하는데 이를 주펌프 방수측에서 공급되는 물을 냉각수 라인으로 공급하여 냉각을 한다. ② 이 냉각수 라인은 스트레이너를 통하여 PTO를 거쳐 엔진 라지에이터 배관(옵션)을 냉각시킨 후 외부로 배출하도록 설치되어 있다. ③ 스트레이너 청소는 캡을 캡렌치를 이용하여 탈착한 후 세척한다.
(5) 자체분무 장치	① 화재현장 열기로부터 차체를 보호하기 위하여 펌프실 측면에 자체 분무 개폐밸브가 설치되어 있으며, 자체분무개폐밸브에 연결된 배관은 펌프 방수측 배관에서 인출되어 펌프에서 토출된 가압수를 자체분무 노즐로 분무하는 구조로 되어 있다. ※ 자체분무밸브가 후면이 아닌 양측면에 각각 설치된 차량은 밸브조작이 반대방향 분무노즐을 개방한다는 점을 숙지.(*^^ 화재 시 소방차를 보호하기 위해 좌우측에 물을 분사하는 밸브)
(6) 물탱크	① 물탱크는 부식방지를 위하여 스테인레스 재질의 철판을 사용하여 제작되며, 하부 중앙에는 원활하게 물을 흡수하기 위한 피트가 설치되어 있고, 상부 맨홀에는 **자체급수라인, 물넘침 라인**(오버플로우배관), **보수구라인**이 집결되어 있다.(*^^ 보수구: 외부에서 물을 보급) ② 물탱크 내부는 차량 주행시 원심력에 의한 차량전복을 방지하기 위하여 방파판(출렁거림을 막는 판)이 설치되어 있다.
(7) 수량계	① 수량계는 물탱크 내 용수(물)의 수위를 표시하는 장치이며 기계식 전자식(디지털방식) 등 여러 방법으로 표기되어 있으며 저수위를 표시하는 저수위표시등과 경고장치로 구성된다 ② 기계식은 대기압의 부력을 이용하여 경량의 뜨게로 수위를 측정하며, 전자식은 수위 센서를 탱크 내부에 설치하여 수원의 위치를 감지, 표기하는 방식이다. ③ 압력센서 작동불량일 경우 압력센서 청소 및 교체하고 / 센서의 변형으로 인한 뜨게 작동 불량일 경우는 교체하며 / 디지털 수량계의 오작동일 경우는 리셋하거나 센서를 교체한다.
(8) 외부전원 공급장치	소방차에 외부에서 교류전원(AC 220V) 커넥터를 연결, 선택스위치로 베터리를 충전 또는 물탱크 메인배관을 히팅할 수 있는 장치를 말한다 차량별종류가 다양함으로 기능을 확인하여 이용해야 하고 교류전원이 연결된 상태에서 차량의 키를 ON시키면 자동으로 수구가 이탈되지만 반드시 확인할 필요가 있다.
(9) 소방펌프 조작반 구성	펌프작동 및 방수의 진행을 위한 마지막 조작을 하는 판넬부분이다. 차량별 배열과 위치는 다르지만 기능은 대동소이함으로 완전히 숙지하여 혼돈하지 말아야 한다.

(10) 동절기 소방펌프 부동액 주입 ☆ 21 소방장

① 동절기 소방펌프를 작동시켰다면 반드시 펌프 및 각 배관은 배수작업을 실시하여야 하며,
② 혹한기에는 펌프 터빈날개 및 방수구 등에 부동액 원액을 주입하여 동결방지 및 방청을 막아 출동에 즉시 대응할 수 있어야 한다.
③ 보관함 부동액의 양은 약 4리터 정도이다.

부동액 주입방법	① 진공펌프를 이용하는 방법 (방수구는 직접적 관련은 없지만 모든 밸브는 닫혀 있다) 차량이 안정화되고 펌프 및 배관의 배수가 완료된 상태에서 PTO 연결 → 진공펌프를 작동시킨다(비상스위치 사용권장) 이때 연성계 바늘은 진공측으로 <u>지수밸브 스핀들</u>은 아래로 <u>내려</u> 간다 → 진공이 형성되면 진공펌프를 <u>정지</u>시킨다 → 부동액 주입밸브를 <u>2~3초간</u> 열었다가 다시 닫는다. ✪ 부동액 주입은 펌프 내부에 물 없이 PTO를 작동시키는 것이므로 짧은 시간 내에 부동액주입 작업을 마쳐야 하며, / 만일 부동액 주입밸브를 먼저 열고 진공펌프를 작동시키면 부동액이 진공펌프로 흡입되어 외부로 배출된다. ② 진공펌프를 이용하지 않는 방법 차량이 안정화되고 펌프 및 배관의 배수가 완료된 상태에서 → 부동액 밸브를 열어 일정량을 흐르게 한 후 닫는다 → <u>지수밸브</u>(상부꼭지)를 손으로 눌러 부동액을 펌프 내부로 흐르게 한다(지수밸브가 펌프상부에 설치되어 있음) → PTO를 <u>약 5초 정도</u> 작동시킨 후 해제한다(소방펌프를 작동시켜 부동액이 잘 도포되도록 함) ※ 참고 – 펌프기준 배관 및 밸브 등의 위치

 가십(gossip)

- Dont try hard, try to do well.(열심히만 하지 말고 잘 하려고 하라!)
- 미숙한 사람은 좋고 싫음을 계산하지만. 성숙한 사람은 옳고 그름을 먼저 숙고한다.
- 사는 게 힘이 든단 말이냐? 그것은 새들이 날개짓을 하는 것이 힘들다고 말하는 것과 같다.
- 알던 사람보다 알게 될 사람 때문에 성공한다. 할 수 있는 사람보다 하고 있는 자가 성공한다.
- 할 수 있다고 믿는 사람은 그렇게 되어가고, 할 수 없다고 믿는 사람 역시 그렇게 되어간다.
- 일을 망치면 실수를 한 것이다. 그러나 그 일을 망치고 무언가 배웠다면 경험을 한 것이다.

제12절 포혼합방법*

☆ 15 소방교, 16 부산, 전북교, 21 위, 22 소방교

- 소방자동차에 적용되는 소화장치의 대표는 방수(펌프)장치이다.
  그러나 유류화재 또는 특수상황에서 진화에 있어 물만을 이용하는 것은 자칫 화재를 확산할 수 있다.
- 이러한 상황에 대비하여 거의 모든 소방펌프차량에는 포소화장치가 설치되어 있다. 이러한 포소화장치가 펌프차량에 적용되는 방식은 크게 <u>펌프프로포셔너 방식,</u> (프레저사이드)프로포셔너 방식과 그리고 최근에 주목받고 있는 CAF(S) 전용방식으로(압축공기포방식) 구분된다.

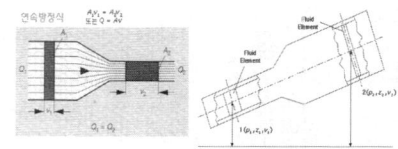

(1) 베르누이 정리

베르누이 정리	① 유체의 속도가 증가 하면 유체 내부의 압력이 감소한다는(즉, 좁은 곳이 압력이 감소!) 물리학법칙으로 관로에 흐르는 유체의 속도에너지, 압력에너지, 위치에너지 3가지다른에너지를 갖고 있으며, 비압축성 유체로서 점성을 무시한 상태에서 에너지 보존의 법칙이 성립된다. ② 유체입자가 가지는 에너지의 총합은 유체의 이동선로의 임의의 지점에서 항상 일정 불변하다. 이런 물리학의 법칙은 소방자동차의 폼혼합장치(벤튜리관=폼이젝트)에 적용되어 폼 원액을 효율적으로 흡입하여 혼합된다. ③ 압력E + 속도E + 위치E = 일정(에너지보존의 법칙)

(2) 포(폼) 혼합방식*   ☆ 15, 21 소방위

라인프로포셔너	라인프로포셔너방식은 일반 방수라인 끝을 제거한 후 벤튜리관이 설치된 전용관창을 포소화약제 통에 직접 넣어 포소화약제를 흡입 혼합하여 방출하는 방식을 말하며 거의 사용되지 않고 있다. ☆ 21위
펌프프로포셔너	① <u>방수측과 흡수측 사이의</u> 바이패스회로상에 <u>폼이젝트 본체와 농도조정밸브가 설치된</u>다. ② 펌프의 방수측 배관에 연결된 폼 송수밸브의 개방으로 방사되는 물은 송수라인을 통해 포 이젝트 본체에서 분출되고, 이때 농도조정밸브를 통과한 약액이 흡입되어, 물과 혼합되어 포수용액이 된다 <u>현재 소방펌프자동차 거의 대부분이 적용되는 방식이다.</u> ○ 폼 조절밸브의 숫자가 의미하는 것은 다음과 같다.(혼합비: 관창수) 　· 3% 폼: 1번 AFN(AIR FOAM NOZZLE) 분당 토출량 400ℓ (65mm) 관창 1개 　· 3% 폼: 2번 AFN(AIR FOAM NOZZLE) 분당 토출량 400ℓ (65mm) 관창 2개 　· 3% 폼: 3번 AFN(AIR FOAM NOZZLE) 분당 토출량 400ℓ (65mm) 관창 3개 　· 6% 폼: 1번 AFN(AIR FOAM NOZZLE) 분당 토출량 400ℓ (65mm) 관창 1개 　· 6% 폼: 2번 AFN(AIR FOAM NOZZLE) 분당 토출량 400ℓ (65mm) 관창 2개 ※ 포혼합장치는 포소화약제 혼합장치 등의 성능인증 및 제품검사의 기술기준(소방청고시)에 적합하여야 한다.

프레저사이드프로포셔너 15소방교, 16부산교	① <u>방수측 배관에</u> 플로우미터를 설치해 배관 내 유속을 감지하여 송수량을 측정한다. ② 송수량에 따라 컨트롤유닛에 세팅해 둔 농도조절 값에 따라 약제 <u>압입용 펌프가</u> 폼 원액을 방수측 라인에 압입하는 구조로 되어있다. ③ 펌프프로포셔너 방식에 비해 <u>폼 혼합량이 균일</u>하다는 장점은 있으나, ④ <u>압입용 펌프</u>를 <u>별도로 설치하여야 하는</u> 등 설치비용이 비싼 단점이 있으며 ⑤ 적용방식은 전기식 또는 기계식으로 폼원액 <u>1%~6%까지 적용</u>한다.
압축공기 포방식(CAFS)	① 물과 폼 원액을 가압된 공기 또는 질소와 조합하여 기존의 폼과는 완전히 다른 형태의 부착성이 매우 뛰어난 균일한 형태의 포를 형성하는 시스템. ② 압축공기포는 소화 효과가 매우 뛰어나고 <u>부착성</u>이 우수할 뿐 아니라 높은 분사 속도로 원거리 방수가 가능하며 물 사용량을 1/7 이상으로 줄여 수손 피해를 최소화 할 수 있다.

☆ 키워드 ☞ / 벤츄리관: 라인 / 흡수(흡입), 농도: 펌프방식 / 압입: 사이드 / 부착성: 압축포방식.

(3) 폼 관창

- 폼형성의 조건의 포소화약제 + 수원 + 공기가 유효적절하게 조화를 이루어야 폼 형성이 잘 된다. 그렇기에 관창은 포를 형성하는데 중요한 역할을 한다. 폼 관창은 폼수용액과 공기가 잘 혼합될 수 있도록 공기 흡입구가 설치되어 있으며 폼 전용관창과 일반관창 비교 그림을 보면 관창에 따라 폼 형성도가 확연히 달라지는 것을 볼 수 있다.

☆ (* 아래 그림에서 압축포는 콤프레셔(압축기)가 있다. 또한 플로우미터란 물의 유량계를 말한다.)

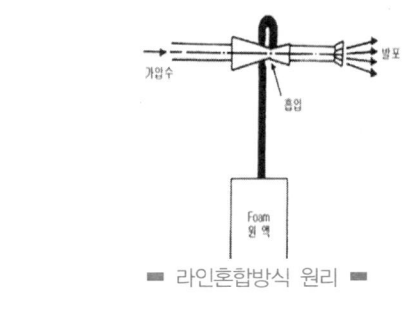

■ 라인혼합방식 원리 ■

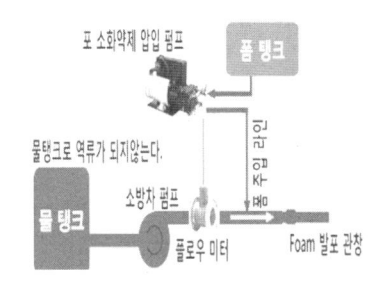

■ 프레져사이드 혼합방식 ■

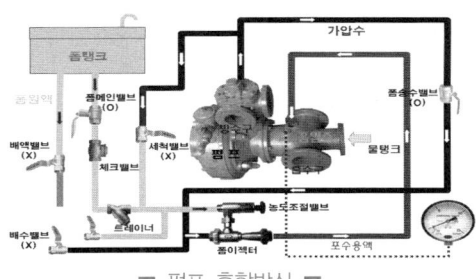

■ 펌프 혼합방식 ■

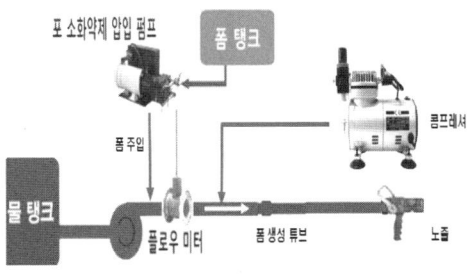

■ 압축공기포(CAFS) 방식 ■

제13절 기타 소화장치

(1) 분말장치

구성	① 소화약제 : 인산암모늄, $NH_4H_2PO_4$(3종분말) ② 분말탱크 : 설계압력 16kg/㎠ 이상의 탱크 ③ 질소탱크 : 68ℓ 용기 ④ 호스릴 : 내경 20mm 이상, 시험압력 200kg/㎠ 이상 ⑤ 압력조정기 : 질소저장용기 압력(90kg/㎠)을 **감압**하여, (12kg/㎠)분말탱크에 공급한다. (*^^ 감압하지 않으면 분말가루가 잘 나가지 않고 질소가스만 나갈 수 있으니.)
작동방법	① 가압용 질소가스 용기의 밸브를 개방하고 송압밸브를 열면 압력조정기에 의해 감압조정된 질소가스가 분말탱크 내로 유입되고, ② 탱크 내의 분말이 교반되고 탱크내부 압력이 10-12kg/㎠으로 상승되면 ③ 호스릴을 전개 → 방사노즐 밸브개방 → 하단 메인송수밸브 개방 → 분말 방사.
사용완료 후 크리닝 조작	① 분말 방출을 중지할 경우에는 하단의 메인 송수밸브와 송압 밸브를 잠그고 사용 호스릴의 크리닝 밸브를 열어서 호스 내의 잔류 분말가루를 세척한다. ② 질소탱크 밸브를 잠근다. ③ 크리닝 밸브를 잠근다. ④ 분말탱크 상부의 배압밸브를 서서히 열어 탱크내의 잔류압력을 배출한다. ❂ 주의 : 배압밸브를 급격히 열면 분말이 함께 배출될 수 있다. ⑤ 분말 탱크 내의 잔류압력을 완전히 배출시킨 후 배압밸브를 잠근다. ⑥ 방출호스를 호스릴에 수납하고 사용한 질소 및 분말을 재충전.

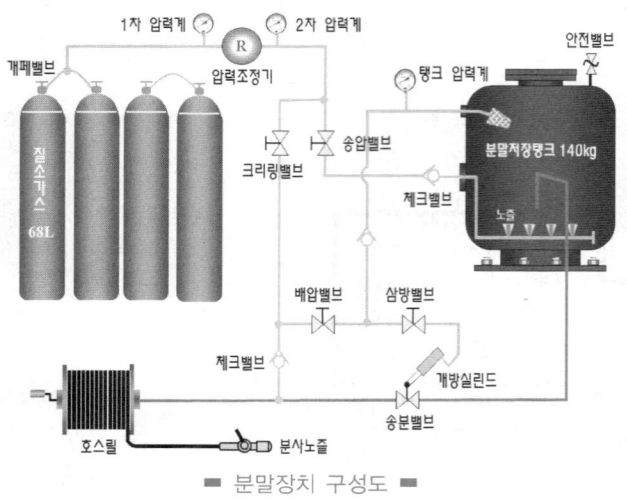

■ 분말장치 구성도 ■

(2) 이산화탄소 소화장치

구성	① 약제 : CO_2(이산화탄소) ② 저장용기 : 68리터(내용량 45kg), 기동용기 : 1리터, 0.68kg ③ 호스릴 : 3/8인치, 30m
작동방법	① 기동용기 안전핀을 제거 작동버튼을 눌러 개방한다. ② 기동용기가 개방되지 않으면 직접 저장용기를 개방한다. ③ 호스릴을 전개하여 관창을 개방하여 분사한다.
주의사항	① 좁은 공간에서 분사 시 질식우려 ② 유류 등 가연물의 비산방지 및 동상주의 ③ 방사가 시작되면 중간에 멈출 수 없다.
소화 메커니즘	① 질식효과 : CO_2 방출에 의한 O_2 농도 저하(O_2 15% 미만으로 소화) ② 냉각효과 : 증발잠열 및 줄톰슨효과에 의한 냉각효과

-----*

(3) 할로젠화합물 및 불활성기체 소화장치

구성	① 소화약제 : 할로젠화합물 및 불활성기체 소화약제 ② 저장용기 : 내용량 75kg, 기동용기 : 1리터, 0.68kg ③ 호스릴 : 3/8인치, 30m
작동방법	① 기동용기 안전핀을 제거 후 작동버튼을 눌러 개방한다. ② 기동용기가 개방되지 않으면 직접 저장용기를 개방한다. ③ 호스릴을 전개하여 노즐(관창)을 개방하여 분사한다.
주의사항	① 좁은 공간에서 분사 시 질식 우려 ② 유류 등 가연물의 비산방지 ③ 유해가스 발생 우려
소화 메커니즘	① 냉각효과 : 흡열반응에 냉각효과 ② 부촉매효과 : 보조적으로 연쇄반응 차단에 의한 소화효과 발생 ③ 불활성가스약제 경우 : 질식, 냉각효과로 소화

(* 기동용기는 소화약제 저장용기를 개방하며, 화재실 쪽으로 방사되게끔 선택밸브를 개방하는 역할을 한다.)

■ 기동용기 ■

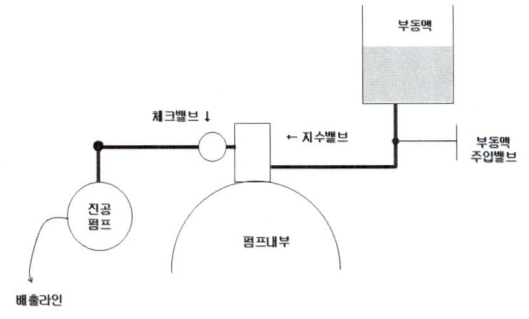

■ 지수밸브와 연결된 부동액밸브(P.304 관련 참고) ■

제14절 방수 및 흡수방법

(1) 소방자동차 탱크의 물을 이용한 방수방법

소방자동차에 항상 충만 되어있는 물을 이용한 방수방법이며, 소방자동차에서 방수 조작하는 가장 기본적인 조작 방법이다.

① 방수	① 현장지휘관의 통제 받아 위치하며, 화염에서 안전한 곳에 차량을 부서한다. ② 주차 브레이크를 체결, **고임목을 타이어 앞, 뒤로 고정한다.**(선탑자) ③ 변속기 레버(버튼)가 중립(N) 위치에 있는지 확인한다. ④ 물탱크 메인밸브 개방 및 동력인출장치(P.T.O)를 작동시킨다. ⑤ 수동변속기의 경우 클러치 페달을 밟고 동력인출을 먼저 한다. ⑥ 엔진 소리가 바뀌는지 확인하고 펌프가 회전하는 소리를 듣는다. ⑦ 하차 후 방수밸브를 서서히 개방하여 소방호스를 통해 관창수에게 송수한다. ⑧ 방수가 시작되면 압력계를 보면서 엔진 회전(RPM)조절기를 적정 수준으로 조절한다. ⑨ 엔진오일과 P.T.O 오일의 온도를 <u>90℃</u> 이하로 유지하기 위하여 냉각수 밸브를 개방하여 열을 식혀준다. ☆ 21 소방교 ⑩ 야간 조작 시에는 조작반 주위의 조명을 밝힌다.
② 방수정지	① **엔**진 회전(RPM)조절기를 조작하여 소방펌프 회전속도를 낮춘다. ☆ 18 소방위 ② **방**수밸브를 서서히 잠근 후 메인밸브를 닫힘 위치로 조작한다. ③ **동**력인출장치(P.T.O) 작동을 중지시킨다. ④ **엔**진소리가 바뀌는가 확인하고 펌프 회전이 정지 되었는가 확인한다. ⑤ **하**차하여 배수밸브가 개방되었고 배관 내 물이 배수되는지 확인한다.(* 마지막순서) ▶ 암기 : 엔방동엔~ (*순서 나옴) ------* ◐ 참고 ☆ 21 소방교 ① 동절기 방수 후에는 **지수밸브 이용 소방펌프에 부동액을 채워 동파방지 한다.** * **오답**: 체크밸브 (*^^ 지수밸브는 진공펌프와 연결해서 진공을 돕고, 부동액 주입밸브와도 연결되어 부동액을 채운다) ② 동절기 방수 후 귀소 시에는 24V 히팅장치 이용 배관 동파방지 한다. ③ 차고 격납 후에는 220V 외부 커넥터 이용 배터리 충전 및 배관 히팅장치 작동한다
③ 물탱크에 물 보수방법	① 급수탑을 이용하여 물을 받을 때에는 물탱크 상부 뚜껑 개방 후 직접 받는다. ② 흡수구, 중계구를 통해 소화전 또는 소방자동차로부터 나오는 물을 물탱크로 보수할 경우 자체급수밸브를 개방하여 보수한다. ③ 보수구를 통해 소화전 또는 소방자동차로부터 나오는 물을 물탱크로 보수할 경우 보수구밸브를 개방하여 직접 받는다.

---

* 엔진 (engine) : 기관(機關)을 말한다.   * 보수: 보관,
* 클러치(clutch) : 일직선상에 있는 두 축의 한쪽으로부터 다른 축으로 동력의 전달을 끊었다 이었다 하는 장치.

(2) 중계 송수를 이용한 방수 및 소화전을 이용한 급수

소화전에 직결관을 연결하거나, 소방자동차의 중계구에 접속시키고 소방펌프를 작동하여 중계 송수할 수 있다. 진공이 필요하지 않기 때문에 진공펌프 작동이 필요없음.

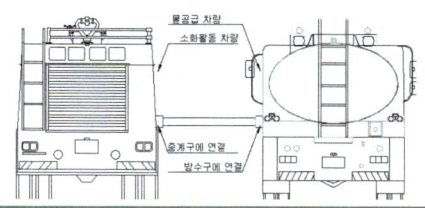

① 중계 송수를 이용한 방수방법

중계송수를 이용한 방수방법	① 물탱크의 물이 없는 상태에서 타 소방자동차로부터 물을 공급받아 방수하는 방법. ② 후발(물 있는) 소방펌프차의 방수구와 선행(물 없는) 소방펌프차의 중계구를 연결하여 물을 공급받아 방수한다. 또한 방수압력에 여유가 있을 때는 자체급수밸브를 개방하여 물탱크에도 보수한다. ③ **연성계**로 송수압력을 확인하고 이보다 **낮게** 펌프압력을 유지한다. ④ 송수차량보다 방수압력이 높은 경우 수원부족으로 서어징(맥동)현상이 발생할 수 있다.

② 저수조, 하천 등을 이용한 방수

흡수 및 방수준비	① 저수조 및 하천 등 흡수 가능한 장소에 차량을 부서시킨다. ② 주차 브레이크를 확실히 체결한 후 고임목을 타이어 앞, 뒤로 확실하게 고정한다. ③ 엔진의 속도를 낮게 유지하고 변속기가 중립(N) 위치에 있는지 확인한다. ④ 흡수관을 흡수구에 연결하고 호스 끝 스트레이너를 완전히 수중에 가라앉힌다. ⑤ 오토미션 차량은 중립(N) 위치 확인하고, 동력인출장치(P.T.O)를 작동시킨다. ⑥ 엔진소리가 바뀌는지 확인하고 펌프가 회전하는 소리를 듣는다. ⑦ 수동변속기는 클러치 페달을 서서히 놓는다.(물 펌프가 회전한다.) ⑧ 방수구에 호스를 연결하고, 관창을 결합하여 방수 준비한다.
흡수	① 진공펌프의 윤활을 위하여 진공 오일 탱크의 오일의 양을 확인한다. ② 흡수관이 연결된 흡수구 밸브를 제외한 모든 밸브를 닫는다. (방수배관에 연결된 밸브는 무관하다.) ③ 진공펌프 조작반의 "작동" 버튼을 조작, 진공이 되는지 연성계를 확인한다. ④ 펌프회전수 1,000rpm~1,200rpm 이내로 조절한다. ⑤ 물이 펌프 안으로 들어오고 압력이 3kg/㎠ 이내에서 진공펌프 클러치가 자동적으로 분리된다.(완료램프 점등확인) ✪ 주의 : 진공펌프 클러치가 자동적으로 분리되지 않으면 (약 30초 이상) 진공펌프를 정지시키기 위하여 수동으로 정지버튼을 눌러야 한다. 그리고 그 원인을 점검하고 다시 작동시켜야 한다. 진공펌프는 장시간 가동시키지 말아야 한다.
방수	① 방수구 밸브를 조작 서서히 방수밸브를 개방한다. ② 방수가 시작되면 필요한 방수압력과 방수량에 맞게 압력계를 보면서 엔진 회전(RPM)조절기를 적정하게 조절한다. ③ 동력인출장치(PTO) 온도를 <u>90℃</u> 이하로 유지하기 위해 냉각수밸브를 개방한다. ✪ 주의 1. 불필요하게 엔진의 속도를 증가시키지 말아야하며, 방수 밸브는 천천히 여닫는다. 2. 수원지 물의 양을 수시 관찰한다. 3. 엔진의 온도가 극도로 높아졌을 때 많은 양의 냉각수를 급작스럽게 냉각 계통에 공급하지 말고 서서히 공급해야 한다.

방수정지	① **엔**진 회전(RPM) 조절기를 조작하여 소방펌프 회전속도를 낮춘다. ② **방**수밸브를 서서히 잠근 후 흡수구 밸브도 닫힘 위치로 조작한다. ③ **운**전석에 승차하여 클러치 페달을 밟고 P.T.O 작동을 정지시킨다.(수동변속기) ④ **클**러치 페달을 서서히 놓는다.(수동변속기) ▶ 암기: 엔방운동 클배~ ⑤ **배**수밸브가 개방되었는지 확인하고 배관 내 물이 배수되는지 확인한다. ★ 18 위(순서가 나옴)

③ 소화전을 이용한 급수방법

순서	① 소방펌프 구동 → ② 중계구 직결관을 이용하여 소화전 연결 → ③ 중계구 개방 (메인밸브는 잠금상태) → ④ 자체급수밸브 개방 → ⑤ 물탱크 급수 또는 소화전을 물탱크 보수에 직접 연결하여 물탱크 급수.

(3) 폼 방수

펌프 프로포셔너 방식 폼 방수 (펌퍼차량방수가 진행되는상태에서 실시)	① 펌프프로포셔너 폼 메인밸브를 개방한다. ② 폼수용액 조절 밸브(3%, 6%)를 조절한다. ③ 폼수용액 순환밸브(폼 송수밸브)를 개방한다. ④ 2~3초 후 포가 물과 혼합되어 방수가 시작된다. ◎ 주의 1. 관창 및 방수총은 폼 전용 관창을 사용하여야 한다. 　 일반관창을 사용하면 폼 수용액 발포 배율의 성능이 현저하게 떨어진다. 2. 소화전 또는 다른 펌프로부터 급수 받는 경우 반드시 보수구를 통해 받는다. 3. 호스를 연장하여 방수하는 경우에는 호스내의 마찰력에 의한 손실이 생기고 이 손실압력을 펌프압력에 계산하지 않으면 안 된다. [압력손실표는 다음과 같다.] <table><tr><th>방출량</th><th>호수 연장수</th><th>2</th><th>4</th><th>6</th></tr><tr><td colspan="2">400L/min</td><td>0.3</td><td>0.5</td><td>0.8</td></tr><tr><td colspan="2">470L/min</td><td>0.4</td><td>0.7</td><td>1.0</td></tr><tr><td colspan="2">530L/min</td><td>0.5</td><td>0.9</td><td>1.5</td></tr><tr><td colspan="2">800L/min</td><td>1.5</td><td>2.0</td><td>3.7</td></tr></table>
포방수정지	① 폼액 메인 밸브를 닫는다.(폐쇄)　② 폼 세척밸브를 개방하고 계속해서 방수한다.(관창에서 맑은 물이 나올 때 까지)　③ 세척이 끝날 때까지 방수를 중지해서는 안 된다.
폼 방수 후 배관 및 탱크의 세척	① 배관의 세척 　㉠ 먼저 폼 메인밸브가 완전히 닫혔는가를 확인한다. 　㉡ 세척밸브, 약액조절밸브, 송수밸브 그리고 배수밸브를 열면 펌프 프로포셔너 및 배관 내에 남아있는 약액이 방수구로 방출된다. 　◎ 주의 : 배수밸브 및 방수구에서 맑은 물이 나올 때까지 세척하고 또 각 배관의 배수밸브에서도 배수를 해야 한다. 포말 발생장치의 작동 후에는 항상 배관을 세척해야 한다. ② 폼액 탱크의 세척 　㉠ 폼탱크의 배수밸브를 열고 폼액을 완전히 배출시킨다. 　㉡ 자체펌프에 의하여 세척하는 경우에는 폼 관련 모든 밸브를 개방한다. 　㉢ 배수밸브에서 깨끗한 물이 나올 때까지 완전히 세척한다.

| 참고 | **사다리차의 기타 장치모음** |

보조사다리	 보조스텝	 방수포 이동장치	 승강기 보조레일
 승강기 윈치	 승강기 와이어 드럼	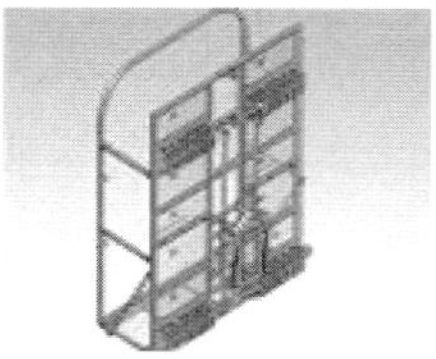 직진식 승강기	 혼합 굴절식 바스켓
 승강기 브레이크 (걸쇠방식)	 승강기 브레이크 (캠 롤러 방식)	 사다리 비출 방지	 승강기 록킹장치
 호스 연결 타입	 텔레스코픽 수관	 수직구조대 장착	 수직구조대 이용
 바스켓 수평 조절 실린더(터릿 부분)	 바스켓 수평 조절 실린더(바스켓)	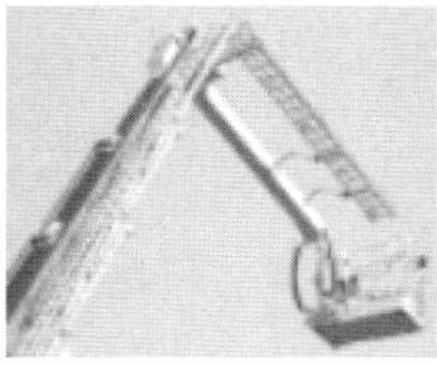 짚 붐 및 바스켓	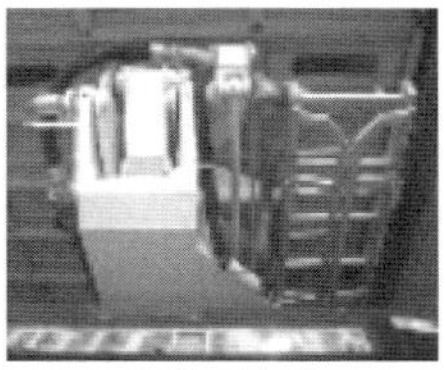 혼합 굴절 바스켓 레벨바
 기립 실린더 오버센터 블록	 신장 실린더 오버센터 블록	짚 붐 실린더 오버센터 블록	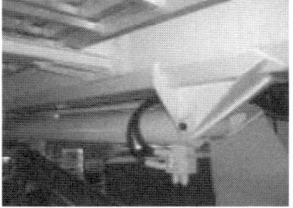

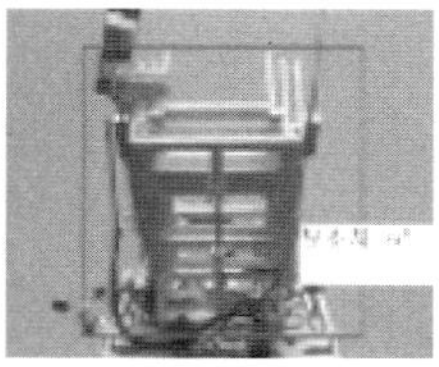

화재1-4

(소방전술1)

4편

특수소방자동차

제1절 소방고가차 ·············· 310
제2절 배연·조연 소방자동차 ·············· 318
제3절 그 밖의 특수소방자동차 ·············· 320
   ✪ OX 개념문제 ·············· 322
   ✪ 복원기출 및 예측문제 ·············· 324

CHAPTER 01 특수소방자동차 (1장)

(* 중요도 낮음)

제1절 소방고가차

소방고가차는 고층건물의 재난대응을 주목적으로 인명구조 및 화재진압이 가능한 장치가 있는 연장구조물을 갖춘 특수소방차로서 사다리형태의 연방구조물을 장착한 소방자동차는 구조물의 최대 신장길이에 따라 33m급, 46m급, 53m급, 68m급으로 구분되고, 굴절형 붐 형태의 연장구조물을 장착한 소방차는 27m급, 33m급, 46m급, 69m급으로 구분되어 제작하고 있다. 근래에는 작업 높이 15m~27m미만의 연장구조물을 갖춘 소형 사다리차가 소방자동차로 편입되어 제작되고 있다.

(1) 소방고가차 분류(장비관리법 시행령 제6조 별표1)

구 분	분류		비고
고층건물의 재난대응을 목적으로 인명구조 및 화재진압이 가능한 장치가 있는 연장구조물을 갖춘 소방차	사다리차 = 사다리 형태의 연장구조물을 장착한 소방차	33m급	12년
		46m급	
		53m급	
		68m급	
	굴절차 = 굴절형 붐대 형태의 연장구조물을 장착한 소방차	27m급	12년
		33m급	
		46m급	
		69m급	
작업높이 15m이상 27m미만의 연장구조물 갖추어 인명구조 및 화재진압이 가능한 소방차	사다리식 소방차	펌프형	12년
		작업형	
	굴절식 소방차	펌프형	12년
		작업형	

1 사다리차

고층건물에서 발생한 화재진압 및 인명구조활동을 수행하기 적합하도록 주행 가능한 자동차에 좌, 우회전이 가능한 사다리 형태의 연장구조물을 갖춘 특수목적 소방자동차로서 규격은 다음과 같다.

구 분	전장(mm)	전폭(mm)	전고(mm)	적용차대
33m 급 미만	10,000 이하	2,500 이하	3,800 이하	6 x 4(3축) 이하
33m 급 이상	12,500 이하	2,500 이하	3,800 이하	6 x 4(3축) 이하
33m 급 이상 사다리 선단에 작업대가 장착되는 경우 전고 4,000mm 이하 적용				
55m 급 이상의 차종은 전장 13,000mm 이하, 전고 4,000mm 이하 적용				

① 길이(전장) : 장비의 주행방향 길이를 의미하며 국내 법규상 최대 13m를 초과할 수 없다.
② 너비(전폭) : 장비의 좌측에서 우측까지 거리를 의미하며 후사경을 제외한 상태에서 측정된 최외곽 거리이고, 국내 법규상 2.5m를 초과 할 수 없다.
③ 높이(전고) : 주행상태 기준 지면에서 장비의 제일 높은 곳까지 거리이며 국내 법규상 <u>4m</u>를 초과할 수 없다. (*^^ 국내기준은 길이(전장) : 13m, 너비(전폭) : 2.5m, 높이(전고) : 4m 이하이다)
④ 최대작업높이 : 사다리를 최대 상승각도로 신장했을 때 지면으로부터 구조 작업대 바닥까지의 수직높이를 말한다. 다만 구조작업대가 없는 경우 지면으로부터 사다리 최상단까지의 수직 높이를 말한다.
⑤ 최대작업반경 : 확장구조물이 전, 후, 좌, 우 제일 유리한 방향에서 전개된 상태에서 측정된 제일 큰 한계작업반경을 말한다.

1) 사다리차의 주요제원

소방사다리차 작동에 따른 성능은 자동차 기관 동력에 의한 유압시스템 작동으로 아래 각 호의 성능기준에 적합해야 한다.

(1) 최대상승·신장 작동시간 및 하강(수축포함) 안착·작동시간

■ 소방사다리차 작동 성능(신장&수축)

구분(최대 작업 높이)	작동(완료)시간
27m 이상 ~ 30m 미만	1분 30초 이내
30m 이상 ~ 35m 미만	1분 40초 이내
35m 이상 ~ 46m 미만	1분 50초 이내
46m 이상 ~ 50m 미만	2분 10초 이내
50m 이상 ~ 55m 미만	2분 20초 이내

(2) 360° 회전(좌·우방향 각각)작동시간

■ 소방사다리차 작동 성능(턴테이블 회전시간)

구분(최대 작업 높이)	작동(완료)시간
27m 이상 ~ 30m 미만	1분 20초 이내
30m 이상 ~ 35m 미만	1분 40초 이내
35m 이상 ~ 46m 미만	1분 50초 이내
46m 이상 ~ 50m 미만	2분 10초 이내
50m 이상 ~ 55m 미만	2분 20초 이내

(3) 승강기를 설치한 소방사다리차는 정격하중(200kg)을 적재하고 작동하는 경우 아래 기준을 충족해야 한다.

■ 소방사다리차 작동 성능(승강기 동작속도)

구 분	동작속도
상승 시	0.5~1.0m/s 범위 이내
하강 시	0.5~1.5m/s 범위 이내

2) 고가사다리차의 구조

소방용 고가사다리차 구성: ① 차대 ② 차체·유압장치 ③ 서브프레임 ④ 턴테이블·기립실린더 ⑤ 방수장치 ⑥ 승강기 ⑦ 텔레스코픽수관(상부 송수배관) ⑧ 확장구조물(사다리) ⑨ 작업대 ⑩ 메인조작대.

(1) 서브프레임 구성

차대 위에 설치되며 상부구조물 및 차체를 고정하는 역할을 하는 중요구성품으로 ① 서브프레임 ② 아웃트리거 ③ 사다리 지지대 ④ 유압유 탱크 ⑤ 유압장치(유압펌프, 방향전환장치, 유압조절장치) ⑥ 하부송수배관 ⑦ 보조엔진(비상작동용) 등으로 구성되어 있다.

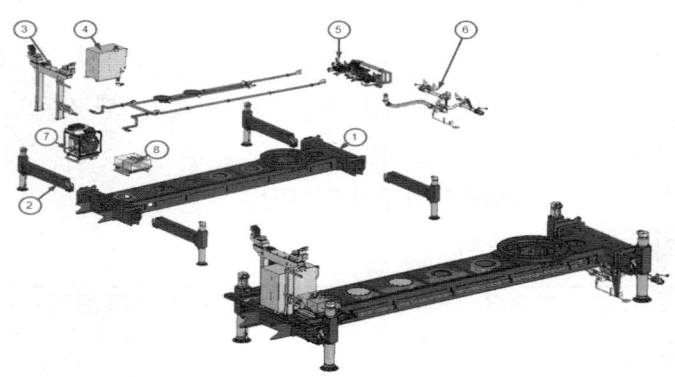

(2) 아웃트리거

내부홀딩 밸브와 복동식 유압실린더에 의해 작동되는 붐으로 되어있고 수동 또는 자동으로 확장 수축하며 서브프레임 뒤쪽 중앙부에서 자동 및 수동 확장을 선택할 수 있고, 좌우 패널박스에서 원터치로 확장 및 수축을 조정할 수 있다.

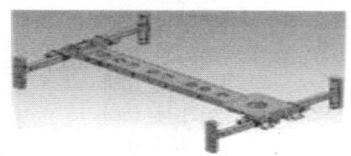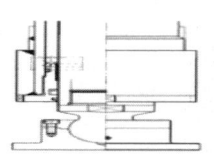

■ H형 서브프레임(아웃트리거 및 잭 실린더) ■

---

① 서브프레임 : 차대와 상부 구조물 및 차체를 고정하는 역할을 수행한다.
② 아웃트리거 : 확장구조물이 전개되더라도 전복이 발생하지 않도록 지면지지 역할을 수행한다.
③ 사다리 지지대 : 확장구조물 수납된 상태를 지지하여 주며 주행 시 확장고조물이 흔들리지 않도록 한다.
④ 유압유 탱크 : 유압장치 작동에 필요한 충분한 용량의 유압유를 저장하고 있으며 가열장치가 설치되어 있다.
⑤ 유압장치: 유압펌프, 방향전환장치, 유압조절장치 등이 포함되어 있다.
⑥ 하부송수배관 : 방수를 위한 배관이 방수총까지 연결되어 있다
⑦ 보조엔진(비상작동용) : 주동력계통 이상발생시 장비를 구동할 수 있다.

① 일반구조
  ㉠ 아웃트리거실린더는 사각 또는 원형으로 제작되며 아웃트리거 하우징은 서브프레임 구조물로 제작되었다.
  ㉡ 아웃트리거가 불규칙한 지면에 안착될 때 안정적인 지면에 접촉이 이루어질 수 있도록 볼 링크 방식의 슈(Shoe)가 장착되어 있다.
  ㉢ 아웃트리거 시스템에는 각각 확장 실린더 1개와 잭 실린더 1개씩 설치되며 총 8개의 실린더로 구성되어 있다.
② 제원 및 성능
  ㉠ 아웃트리거에 작용하는 수직하중 용량 : 각 20ton 이하(* 4개이면 80톤)
  ㉡ 아웃트리거 타입 : H 타입, X타입
  ㉢ 최대 폭 : 5.2m 이상
  ㉣ 작업 유효각도 : 최대 5°
  ㉤ 아웃트리거 동작 속도 : 30초 이내(펼침 기준 - 시작부터 수평 완료까지)

(3) 턴테이블

턴테이블은 서브프레임 상단에 설치되며 사다리 하중의 150% 이상을 견딜 수 있도록 설계 제작되었다. 메인조작대가 설치되어 있는 곳으로 사다리차 심장이라 해도 과언이 아니다. 또 와이어 드럼을 회전시킴으로서 와이어에 연결된 승강기를 상승 및 하강할 수 있도록 컨트롤하는 곳이다.

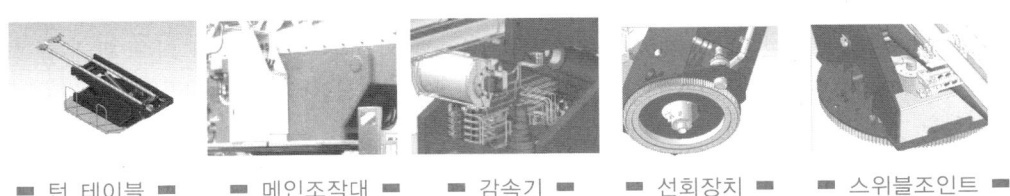

■ 턴 테이블 ■   ■ 메인조작대 ■   ■ 감속기 ■   ■ 선회장치 ■   ■ 스위블조인트 ■

(4) 선회장치

선회장치는 스위블 조인트를 이용하여 360도 무한회전이 가능한 구조이고 (스위블조인트는) 전기, 유압, 수관이 통과할 수 있는 구조이다.
  (* 선회: 고가사다리차가 공중에서 360도 도는 것 / 스위블조인트는 통과되는 구조)
  ① 감속기 : 최대 토크: 500kg/m,
  ② 스위블조인트 : 수관 1 port, wjsrl 15A 24P, 유압 3Port, 특징: 유압·수관·전기 일체형

(5) 컨트롤러 및 터치스크린 (* 중요도 없음)

  ① 컨트롤러는 소방차용으로 제작된 것이며 사다리에 장착된 여러 센서 신호와 조작반 조작신호, 아웃트리거 신호 등을 입력받아 프로그램화하여 각 밸브 및 램프신호 등을 출력한다
  ② 컨트롤러의 입출력 모듈 및 특성은 아웃트리거 컨트롤러와 동일하다. ③~⑦ -이하 생략-

(6) 사다리(확장구조물)

① 사다리 시스템은 직진 6단으로 구성되어 있다.
② 6단 사다리 끝단에는 보조스텝이 설치되어 건축물 접안 시 건물과 사다리 사이 틈새가 없도록 보조해 준다.(신규 출고)
③ 사다리 시스템의 최대 기립각도는 80도이며 최대 하향각도는 -7도이다.
④ 사다리의 상승, 하강, 펼침, 수축은 유압 실린더에 의해 작동된다.
⑤ 사다리 제작에 사용되는 재질은 ASTM500 이상의 재질이 사용된다.
 ※ 제일 하단의 사다리 구조물에 설치된 유압실린더의 확장과 수축에 따라 6단 사다리가 동시에 작동된다.

(7) 아웃트리거 안전센서

① 각 아웃트리거의 동작 끝부분(확장/수축/상승/하강)에 센서들을 부착하여 아웃트리거의 동작에 있어 최대 한계점을 인식하여 자동 정지한다.
② 수평센서의 전선이 단락되거나 고장이 발생하였을 경우, 컨트롤러에서 이를 감지하여 오토레벨링 등의 자동 동작을 제한한다.
③ 수평센서의 전선이 단락되거나 고장이 발생하였을 경우, 조작반의 수평 정상 램프와 수평이상 램프가 동시에 점멸한다.
④ 지표 경사면이 **5도 초과 시** 아웃트리거 및 차량 보호를 위해 오토레벨링 동작이 제한된다.
⑤ 전복 위험 1차 경보 : 상부 조작 중 하중 편차, 지면 침하 등으로 수평 이상 상태가 발생할 경우, 상부에 신호를 전송하여 경보를 발생하여 잭 들림 현상을 예방한다.
⑥ 전복 위험 2차 경보 및 인터락 : 상부 조작 중 하중 편차, 지면 침하 등에 의해 잭 들림 현상이 발생하였을 경우, 경보와 함께 상부 조작의 동작 중 기립실린더 하강, 신장실린더 수축 이외에는 모든 작동을 제한한다.   - 이하 생략 (* 중요도 없음) -

2 굴절차

굴절 사다리차는 3단 붐 굴절식 구조와 직진식과 굴절탑의 혼합 구조로 나누어진다. 초고층빌딩 화재 시 인명구조 및 화재진압을 할 수 있도록 지상높이 25m이상 ~ 50m미만으로 제작하지만 70m 이상의 굴절 또는 혼합굴절 소방차량이 제작되기도 한다. 아웃트리거의 작동방법은 소방 사다리차와 대동소이하다.

(1) 굴절사다리차(33m 미만)

① 굴절탑 조립체는 총 3단으로 구성되며, 실린더 2단과 짚 붐 1단으로 조립되어 있다.
② 최대기립각도는 80도이며, 2단 실린더의 작업 각도는 1단 대비 0도~135도 이다.
③ 작동 운전각도는 0도~+80도이며 최대 신장 수평 거리는 27m이다.
④ 1단 굴절 붐 최대 80도 2단붐 100도 일 때 작업반경은 최대 14m이다.
⑤ 붐 및 바스켓에는 자동으로 수평조절을 해주는 레벨 바가 설치되어 있다.
⑥ 바스켓 수평유지를 위해 2단, 3단 붐 및 바스켓에 8mm Wire(와이어)가 설치되어 있다.

(2) 굴절사다리차(33m 이상)
① 27m급 조립체는 총 3단(1단 턴테이블과 고정, 2~3단은 신장)으로 구성
② 50m급 조립체는 총 4단(1단 턴테이블과 고정, 2~4단은 신장)으로 구성
③ -10도~+80도의 운영 가능하며 최대 신장 가능한 수평거리는 18m~20m이다.
④ 상부 집 붐은 2단(메인 탑(1단), 신장 탑(1단)으로 구성되며 최대 신장 길이는 7.8m 이다.
⑤ 텔레스코픽 구성 붐은 고압축 강으로 만들어졌으며, 내부에는 마찰 방지패드가 설치되어 있다.
⑥ 탑의 최대 전개 시 지면으로부터의 작업 높이는 25m~50m이다.
⑦ 탑을 지면과 맞추었을 때(0도) 신장할 수 있는 최대 길이는 18m~20m이다.
⑧ 탑 시스템의 최대 기립각도는 80도 이며 최대 하향각도는 0도 이다.
⑨ 마지막 짚 탑의 작업 각도는 직진식 붐 대비 0도에서 175도이다

(3) 굴절차의 여러 장치들
① 바스켓의 안전하중: 200~400kg이며 이 하중을 초과하면 안 된다.
② 바스켓의 보조발판: 인명 구조 시 건물과 사다리의 간격을 좁혀 보다 안전하게 인명 구조를 할 수 있도록 보조하는 장치이며 수직구조대를 장착할 수 있는 구조물이 설치되어 있다.
③ 수직구조대: 총 중량은 68kg(27m급)이다.
④ 오버센터블록: 기복 및 신장·짚 붐 실린더가 장착되어 있어, 유압 배관 파손 등 사고에도 실린더의 수축 및 확장을 방지하고, 현 상태를 유지한다.
⑤ 바스켓 수평조절 실린더(혼합 굴절): 붐 상·하강 때 상부바스켓 수평조절
⑥ 바스켓 레벨 바(혼합 굴절): 짚 붐과 바스켓 자동 수평조절 장치
⑦ 바스켓 수평조절 와이어(굴절식): 바스켓 수평유지를 위해 2탑 링크에서 3탑 붐 및 바스켓에 8mm 마심 와이어가 설치되어 있다.

(4) 각종 센서

메인붐 각도센서	메인 붐 각도를 실시간으로 감지(-10도에서 +135도)하여 컨트롤러에 신호를 전송
리미트스위치형 센서	① 굴절 붐 신장 완료 센서 : 턴테이블→ 1단. 1단→ 2단. 2단→ 3단에 위치하며 작동 한계점에 도달 시 작동하고, 작동 시 메인 조작대 경고등이 점등. ② 굴절 붐 수납 완료 센서 : 붐이 수납위치에 도달 여부 감지하여 자동 정지를 할 수 있도록 컨트롤러에 신호를 전송. ③ 안착 감지 센서 : 붐이 안착할 때 동작하며 안착여부를 감지한다.
각주형 근접센서	① 짚 붐 수납 완료 센서 : 짚 붐이 수납 위치 도달 여부를 감지하여 자동 정지를 할 수 있도록 컨트롤러에 신호를 전송하며, 고주파 발진형 근접센서를 사용한다. ② 메인붐 신축완료센서 : 메인붐의 수축상태 감지,(고주파 발진형 근접센서) ③ 안착 감지 센서 : 메인 붐 안착을 감지하며, 고주파 발진형 근접센서이다.
사다리 장애물 근접센서	장애물 센서는 사다리 선단 끝 부분 및 바스켓 좌/우와 하단에 장착되어 운전 중 장애물과 충돌을 방지하며, 리밋 스위치 방식 및 광(적외선) 센서를 사용한다.
로타리 엔코더센서	짚붐 각도 센서는 메인붐과 짚붐과의 각도를 감지한다.

3 사다리고가차(사다리/굴절) 안전 ☆ 14 경남, 20 소방교, 21 위

(1) 주의사항

주의 사항	① 안전장치를 제거하거나 변경하지 말고 정상적으로 작동여부를 확인한다. ② 사다리와 아웃트리거 및 방수 펌프 비상발전장치 등 모든 장치의 기능을 교대시간에 사전 점검하여야 한다. ③ 조작자는 취급설명서, 안전표시 등을 반드시 숙지, 운용 장비에 익숙해져야 한다. ④ 안전사고예방에 대한 조작자의 태도는 매우 중요하며 일어날 가능성이 있는 사고를 예견하는 습관은 사고를 미연에 방지하게 할 것이며 조작자가 사고에 대응하는 시간을 빠르게 해 줄 것이다. ⑤ 출동현장 여건에 따라 차량을 이탈할 경우 운전석 또는 조작대의 잠금장치를 닫음으로써 다른 사람이 사용하지 못하도록 한다. ⑥ 차량제작 시 제한된 최대 정격하중을 초과하지 않는다. ⑦ 차량에서 공구나 물체를 던져 올리거나 내리지 않는다. ⑧ 조작 중 움직이거나 고정된 물체(장애물)가 작업반경 내에 있는지 확인한다. ⑨ 바스켓이 작동중일 때에는 차량 주변에 사람이 서 있지 않도록 한다. ⑩ 특수차량의 안전장치나 조작 장치를 임의로 수정하거나 만지지 않도록 하며 취급설명서에서 지정한 주기에 따라 정기적인 보수유지 규칙을 준수한다. ⑪ 특수차량에 관한 작동과 운용에 관한 훈련을 받고 이러한 능력을 갖추었음이 입증된 자로서 장비 관리자가 지정한 자만 조작한다. ⑫ 개인안전 장비를 착용한 상태에서 작업하여야 합니다.

(2) 사용 제한용도

장비사용 제한	모든 소방자동차는 국내 도로교통법에서 정한 특수자동차로 승인을 득한 장비이다. 소방자동차가 출고된 이후 임의로 외관 및 기능을 개조·제거하거나 사용이 제한된 용도로 사용할 경우 법률적, 안전적 책임에서 자유로울 수 없을 것이다. - 고가·굴절사다리차의 사용제한 용도는 다음과 같다. ① <u>고압선 작업용으로 사용하지 않는다</u>. ② <u>특수물질 수송용으로 사용하지 않는다</u>. ③ <u>크레인 대용으로 사용할 수 없다</u>. 어떠한 상황에서도 사다리나 붐으로 중량물을 들어 올려서는 안 되며 장비에 표준 적재량 이외의 물건은 적재할 수 없고 또한 승강기나 바스켓 허용하중을 반드시 준수하여야 한다. ④ <u>화물수송용으로 사용하지 않는다</u>. 승강기 및 바스켓은 이삿짐수송 또는 기타 화물 수송에 대한 안전이 고려되지 않았다. ⑤ 사다리 장비는 승강기나 바스켓에 실린 하중을 수직으로 올리거나 내리기 위한 목적으로만 설계된 장비이다. → 따라서 <u>수평으로 당기거나 미는 작업은 금지되어 있다</u>. (*^^ ①~④ 오점: 고압선 작업, 특수물질 수송, 크레인 대용, 화물수송용으로 사용 하지 않는다)

기타 안전수칙

(1) 풍속 안전수칙
사다리 작업 시 풍속이 8m/s 이상 되면 사다리가 더 이상 움직이지 않게 시스템이 작동되어 있다. 그러나 시스템을 무시하고 작업을 하였을 경우 큰 위험이 따른다.

풍력 급	분류	풍속 초속 m/sec	풍속 시속 km/h	판별 요령
0	정 온	0~0.2	0~1	연기가 흔들림 없이 수직으로 올라간다.
1	지경풍	0.4~1.4	1~5	풍향을 연기의 움직임만으로 감지할 수 있고 풍향계는 움직이지 않는다.
2	경 풍	1.6~3	6~11	얼굴에 살랑거리는 바람을 느낄 수 있고 풍향계가 약간씩 움직인다.
3	연 풍	3.4~5.3	12~9	나무의 잔가지와 깃발이 살랑거린다.
4	화 풍	5.5~7.8	20~28	먼지, 휴지 날림, 나뭇가지와 가느다란 깃대 흔들림.
5	질 풍	8~10.6	29~38	수면에 잔물결이 일고 호수에 거품모양 물결이 인다.
6	대 풍	10.8~13.7	39~49	튼튼한 깃대가 움직임, 전화선 울며, 우산 쓰기 곤란
7	강 풍	13.9~17	50~61	모든 나무가 흔들리고 바람을 거슬러 이동이 곤란.
8	질강풍	17.2~20.6	62~74	나뭇가지가 찢어지고 바깥에서 걷기가 매우 힘들다.
9	대강풍	20.8~24.5	75~88	제한적으로 건물이나, 건물의 타일이 파손되고 높은 굴뚝의 꼭대기가 휘몰아친다.
10	전강풍	24.7~28.3	89~102	나무가 뿌리째 뽑힘. 건물이 무너지거나 파손 징후.
11	폭 풍	28.6~32.2	103~116	간판이나 건물의 일부가 파손된다.
12	태 풍	32.5 이상	117 이상	건물의 지붕이 날아가고 독립가옥이 전파된다.

(2) 고압선 안전수칙
① 사다리 전개 시 고압 전선의 감전에 주의한다.
② 전선이 가까운 곳에서 작업할 때에는 최소한 5m의 거리를 유지하여야 한다.
③ 전선과의 접근한도

전압	접근 한도
0 ~ 1000V	3 feet (1m)
1KV~110KV	10 feet (3m)
110KV~220KV	14 feet (4m)
220KV~400KV	17 feet (5m)
전압량을 모를 때	17 feet (5m)

④ 장비가 전선을 접촉하였을 때 생기는 감전에 주의한다.
⑤ 끊어진 전선은 통전증으로 인식하여 함부로 만지지 않는다(감전)
⑥ 모든 전선으로부터 최소 5m 이상 거리를 유지하여야 한다. ☆ 20 소방교
⑦ 리모트 컨트롤의 케이블이나 컨트롤 박스는 전도체(전기가 통하는 물체)임을 항상 명심한다. (*^^ 전선은 국내 모든 법령에서 일반적으로 거리는 2m, 3m, 5m를 띄운다)

(3) 주행안전수칙
① 고가 및 굴절사다리차는 일반적으로 무게중심이 **위쪽**에 있다. ☆ 21 위
② **급커브 주행 시 전복되지 않도록 커브 전에서 미리 감속해야 한다.** ☆ 20 소방교
③ 예비 소방호스나 수관(호스) 등 기타 부품들을 적재하고 주행 시 제원표에 명시된 축 하중이나 제원표 상의 수치들을 초과할 수 없다.
④ 주차 시에는 주차 브레이크를 체결하고 고임목을 바퀴에 고정시킨다.
⑤ 인명구조 및 화재진압 등 기타 작업을 종료 후 이동 할 때에는 반드시 구조물을 정 위치에 안착시키고 아웃트리거를 완전히 접고 주행 중 펼쳐지는 것에 대한 방지 조치 후 주행한다.

제2절 배연·조연 소방자동차

화재현장에서 발생하는 것으로는 연기와 뜨거운 공기, 유독가스 등이 발생되며 화재진압의 관건은 이를 신속히 어떻게 제거하느냐에 달려있다. 이에 배연의 중요성은 중요하다. 그러나 송·배풍기를 사용하기 전에 현장의 상황, 주변여건, 평소훈련도 등을 항상 고려하여야 한다.

1 배연·조명·조연자동차

비 교	배연소방차는 화재현장의 배연을 주목적으로 하고 / 조연소방차는 화재현장의 조명을 조연소방차는 배연과 조명 복합용도로 쓰이는 특수소방차를 말한다. ■ 배연소방차와 조연소방차의 차이점		
		배연소방차	조연소방차
	소방펌프	○	×
	물탱크	○	×
	폼탱크	○	○
	고정전선릴	×	○
	AC 출력	15kw 이상	20kw 이상
	조명탑	Dual-Tilt방식 2m 이상	1단, 2단 붐형태 9.6m 이상
	송풍장치(회전속도)	최고풍량 $3,333 m^3/min$	최고풍량 $1,000 m^3/min$ (고발포용송풍장치)
배연소방차	(1) 음압식 배연소방차 ① 화재현장의 농연을 차량의 배연기로 흡입하여 배기구로 배출하는 구조. ② 오염물들이 배풍기를 통하여 유입되어 추가적인 장비 청소와 정비 요함. ③ 음압식 배연차 작동방법 　㉠ 배출구를 개방한다. 　㉡ 시동을 걸고 반드시 PTO 조작 전에 스로틀레버를 돌려 RPM을 1,200정도에 맞춘다. 　㉢ 클러치를 밟고 PTO 레버를 잡아 당겨 넣은 후 클러치를 최대한 서서히 놓는다. 　　(PTO가 정상적으로 연결되면 붉은색등 점등) 　㉣ 흡입구를 원하는 장소에 배치한다.		

(2) 양압식 배연소방차
① 화재현장 개구부 입구에서 건물 안쪽으로 바람을 불어 양압을 형성하여 배기구로 농연을 배출하는 구조 (*^^ 센 바람으로 압력을 높이는 방법을 말한다.)
② 배풍기 사용 시 건물 내부의 대원들이 유해 오염물에 노출되지 않는다.
③ 배풍기의 위치상 배풍기 사용 후 청소 및 정비를 최소화 시켜준다.
④ 양압식은 음압식보다 효율면에서 약 2배의 효과가 있다.

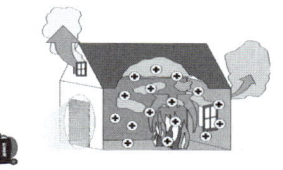
■ 양압식 배연원리 ■

■ 음압식 배연 원리 ■

조연소방차 사용범위
① 화재현장의 배연작업
② 야간 화재현장 이동식 조명탑 역할
③ 지하 및 유류화재에서 고발포 형성
④ 대용량 전기가 필요한 곳에 전기 공급

 가십(Gossip)

- 위대한 성과는 소소한 일들이 모여 조금씩 이루어진 것이다.
- 모든 기회에는 어려움이 있고. 모든 어려움에는 항상 기회가 있다.
- 변명 중에서 가장 어리석고 못난 변명은 "시간이 없어서" 라는 변명이다.
- 바꿀 수 없는 것에 매달리지 않고 바꿀 수 있는 것에 최선을 다하면 인생은 풀린다.
- 부정적인 생각을 많이 하는 사람은 성격이지만 좋은 생각을 많이 하는 사람은 능력이다.
- 바람이 거세니 필요 없는 것은 모두 날아가고. 비가 강하니 나쁜 것은 모두 씻길 것이다.
- 이 폭풍이 끝난 뒤에는 맑은 해가 뜰 것이다. 나는 그렇게 이곳에서 더 나은이가 될 것이다.
- 어떤 폭풍은 인생을 방해하기 위해서가 아니라 나의 길을 닦아주기 위해서 온다고 생각해보자.
- 우리가 신호등을 기다릴 수 있는 이유는 곧 바뀌거란 걸 알기 때문이다. 그러니 조금만 참자! 참자.

제3절 그 밖의 특수소방자동차 (* 중요도 없음)

1 화재진압관련

이동식제트팬 (LUF60)	① 용도 : 터널, 지하가 및 사람이 접근하기 힘든 장소의 화재진압 ② 바퀴는 무한궤도 타입 및 유압으로 철도레일 이동가능 ③ 원격 조정 가능(직선거리 약 300m) ④ 방수기능 : 직사(60m), 분무(360개 노즐 장착) ⑤ 원거리는 3.5톤 견인차량에 의한 이동
소형사다리차 (다기능펌프차)	주행이 가능한 자동차에 무한회전이 가능한 사다리(붐) 형태의 연장구조물을 갖추고 협소한 공간에서 효율적인 소방활동을 위한 장비로 15m~25m 작업높이를 가진 소방차를 말한다. ① 작업형: 작업높이 15m~27m의 비교적 낮은 건축물 화재진압 및 인명구조 목적 ② 펌프형: 소방펌프차량에 인명구조(사다리형태나 굴절붐 형태)장비를 장착한 특수소방차량.
소방화학차	유류, 가스 등 특수화재 대응을 목적으로 포소화약제는 기본추가로 분말소화장치, CO_2소화장치, 청정소화장치 중 한 가지를 추가로 갖춘 주문형 특수소방차를 말한다. ① 포소화약제 혼합장치 : 소방화학차가 기본적으로 갖추어야 할 포소화약제 혼합장치에는 펌프프로포셔너방식이 주로 채택되며 이유는 값이 저렴하고 사용이 편리하며, 관리가 쉽다 ② 고성능화학차 : 6,000ℓ/min 이상 대용량 방수총을 장착하고 있다. ③ 내폭화학차 : 대형 유류화재 또는 항공기 화재 등 화세가 커서 근접하여 진압활동하기에 위험이 큰 화재에 대하여 대원보호 및 진압활동 가능한 특수소방자동차 중 하나이다. 　㉠ 소화약제로 물 이외에 폼, 분말 등 2가지 이상의 약제를 적재하고 있다. 　㉡ 차체 : 방탄철판, 방탄유리 및 방탄타이어 사용 　㉢ 차량 상부에는 유선 또는 무선 방수포 장착하고 차량 내부에서 조정한다.
무인파괴 방수탑차	빌딩의 밀폐된 공간 및 샌드위치 패널로 이루어진 공장형 건물 등이 대형화재로 인하여 소방대의 접근이 어려운 장소에서 고성능 방수포를 활용하여 화재진압 및 피난통로를 확보하는데 주로 사용하며, / 건물에 접근하여 콘크리트, 유리 및 기와지붕 등을 파괴할수 있는 **피어싱 기능**을 보유한 소방차이다. (* 피어싱: 방수탑 붐기준 상하 90° 작동가능)
미분무 가스소방차	소방대의 진입이나 파괴가 곤란한 밀폐된 공간, 콘크리트 구조물과 기와지붕 등을 연마석이 혼합된 고압수로 구멍을 만들고, CO_2를 주입하여 질식 및 냉각소화하는 특수소방차이다 (1) CO_2 소화법 　① 2개의 고속엔진과 고압펌프를 동시 기동으로 방수압력 220bar로 연마석이 혼합된 고압수로 CO_2 가스 주입이 가능하도록 구멍을 만들고 　② CO_2 건을 사용하여 CO_2 주입(벽돌 2장 관통 21초) 　③ 1.3㎜ 철판 관통 30초 연마석 방사 CO_2 주입. (2) 미분무소화 　노즐 탭 구경은 직경 2㎜ 초과하지 않도록 하며 1개의 고속엔진과 고속펌프기동 40~80bar의 방수압력으로 소량의 물이 미분무(안개분무)로 방수되며 열기 및 잔불 제거로 인한 수선 피해 예방에 효과가 있다. (3) 소형 차량으로 비교적 좁은 골목길 진입이 용이하며 차량에 장착된 이동식 동력 소방펌프를 기동하여 소방호스(40㎜) 사용 일반 화재진압 가능하다. 물탱크량 500ℓ로 약 1분 7초 방수 / 소화전 보수시 사용시간 지속가능

2 구조 구급 관련 등

구조관련	**(1) 구조차 및 장비운반차** ① 구조차는 윈치·크레인 및 주된 용도에 의해 구분하는데 구조 현장에 각종 장비와 유압 또는 전기로 무거운 것을 견인하거나 들어 올릴 수 있다. ② 장비운반차는 적재량으로 구분하는데 화재나 구조 현장에 인력과 장비를 운반하는 역할을 한다. **(2) 생화학인명구조차** ① 생화학 테러 및 재난상황 조치 대응을 위한 양압식 화학차량 ② 기상장비 : 풍향, 풍속, 강우량, 우박, 기압, 온도, 상대습도, 대기압 측정장비 ③ 양압장치 및 제독관창 탑재 ④ 분석장비 : 분석물질 20만 가지 세부 분석가능 **(3) 생활안전구조대차** 동물구조, 단순 문 잠김, 벌집제거 등 비교적 단순한 구조 활동에 119생활안전구조대가 우선 출동해 구조대 및 안전센터가 긴급한 화재 구조출동에 전념하도록 만들어진 차량. **(4) 산악구조차 및 수륙양용** 기동이 어려운 산악, 야지, 수상운행 등이 가능한 차량으로 기동이 어려운 지역에서의 신속한 소방활동을 할 수 있다.
구급관련	**(1) 특수구급차 / 중환자용구급차 / 음압구급차** ① 응급의료에 관한 법률 시행규칙 제38조(구급차등의 장비 관리) 및 동법 시행규칙 [별표 17]에 의거 의료장비, 구급의약품 및 통신장비를 갖춘 구급차를 특수구급차라 한다. ② 소방구급소방자동차의 인정기준(KFI)에 적합해야 구급소방자동차로 사용할 수 있다. ③ 중환자용구급차는 특수구급차의 일반적 사항에 환자의 혈압, 맥박수 등 생체정보를 119종합정보센터에 보내 의사의 의료지도를 받을 수 있는 장비가 적재되어야 한다.
행정 및 교육 지원관련	① 이동식 소방체험차 ② 소방장비 교육용소방차 ③ 재난 시 화복지원차 ④ 이동정비차 ⑤ 세탁차 및 급식차
그 밖의 장비	**(1) 소방정**(소방선박) ① 내·외항 선박화재, 수난사고 및 응급환자 이송 등 활동 ② 소화장비 : 소방펌프, 방수포, 폼 약제, 분말약제 등 탑재 ③ 구조장비 : 구조용 보트 등 구조장비 탑재 **(2) 소방헬기** ① 인명구조, 화재진압, 응급환자 이송 및 공중 지휘 활동 수행 ② 화재진화용 물버켓 또는 기내에 물탱크 탑재 ③ 방수포가 장착된 소방헬기도 있다(대구) **(3) 공기부양정** ① 갯벌 등의 지형에서 공기부양으로 이동이 가능한 장비 ② 원거리는 트레일러에 의해 이동하여 현장에 투입 **(4) 이동식 공기충전기** ① 공기호흡기용기를 충전하기 위해 자체 전원공급이 가능한 충전기로 화물차에 견인된다 ② 화재 및 재난 현장에서 즉시 충전하여 공급한다.(300bar 충전가능) ③ 전기에 의한 충전보다 디젤엔진에 의하기 때문에 빠른 충전이 가능하다. **(5) 굴삭기(포 크레인)** ① 각종 재난현장 복구 지원장비로 붕괴현장 및 적재물 화재 등 지원출동 ② 부수장비 : 일반버켓, 협폭버켓, 브레이커 및 집게 등이 있다.

3~4편 소방자동차 관련 — OX(2진법) 개념 따라 잡기~

01 디젤엔진은 경유(디젤)를 주 연료로 하여 점화 착화 방식을 이용하여 동력을 얻으며 높은 엔진 회전수에서 낮은 토크를 얻는다.( )

⇨ 디젤엔진은 경유를 주 연료로 하여 **압축**착화 방식이며, **낮**은 엔진 회전수에서 **높**은 토크를 얻는다.(*1절)
(* 엔진 : 열에너지를 기계적 에너지로 바꾸는 장치. 기계적 동력을 발생하기 위해 연료를 연소시킨다.)

02 냉각장치는 온도가 과도하게 높아지면 부품 재료의 강도가 저하되어 고장이 생기거나, 수명이 단축되고, 연소상태도 나빠져 노킹이 되며 조기 점화되지 않는다.( )

⇨ 냉각장치는 온도가 과도하게 높아지면 부품 재료의 강도가 저하되어 고장이 생기거나, 수명이 단축되고, 연소상태도 나빠져 노킹이나 조기 점화가 발생하며 그 결과 기관의 출력이 저하된다.(*제3편 1절)

03 동력인출장치(P.T.O)는 클러치와 변속기 중간에 결합되어 엔진의 동력을 P.T.O 내부의 2개 기어의 물림에 의해서 얻어진 동력을 주 펌프에 전달된다. P.T.O 종류는 수동변속기·자동변속기·복합 P.T.O가 있다.( )

⇨ P.T.O라는 글자가 3개이니, 3개 기어의 물림이고 종류도 3가지라고 생각하면 쉽다 / 종류 3가지도: ① 수동(케이블)변속기 P.T.O ② 자동변속기 P.T.O ③ 복합)P.T.O가 있다고 기억한다.(*제3편 2절)

04 펌프의 종류는 왕복, 원심, 사류, 축류, 회전, 특수펌프가 있으며, 원심펌프는 자흡할 수 없어 마중물장치(진공펌프)를 설치해야 하며 회전수 변화가 배출량의 변화에 미치는 영향이 다른 펌프보다 작고 값이 비싸다.( )

⇨ ●펌프 종류는 옳다. 왕복펌프(피스톤 플런저, 다이어후렘 펌프 등) / 원심펌프(볼류우트, 터어빈펌프 등), / 사류펌프, / 축류펌프(프로펠러펌프), / 회전펌프, / 특수펌프(마찰, 기포, 제트 펌프 등)가 있다. 그러나 ●자흡(자기 자신이 혼자 흡입)을 할 수 없어 마중물장치(진공펌프)를 설치해야 하며 회전수 변화가 배출량의 변화에 미치는 영향이 다른 종류의 펌프보다 **크**고 값이 비싸다.(* 제3편 3절)

05 공동현상 방지대책은 소방펌프 흡수량을 낮추고, 소방펌프의 회전수도 낮춘다.( )

⇨ ① 흡수관측의 손실을 가능한 작게. ② 소방펌프 흡수량을 **높**이고, 소방펌프의 회전수를 낮춘다. ③ 동일한 회전수와 방수량에서는 방수밸브를 조절. ④ 흡수관의 스트레이너 등에 이물질이 있는 경우 이를 제거.(*3절)

06 진공펌프의 작동원리 흡입 → 압축 → 팽창 → 배기 순이다.( )

⇨ 진공펌프의 작동원리 : 흡입 → 팽창 → 압축 → 배기 순이다.(▶ 한평 오버) (*4절)
(* 참고- LPG 작동원리 : 흡입 → 압축 → 폭발 → 배기 순이다. ▶ 하이파이브)

정답 ○ 01. (X) 02. (X) 03. (X) 04. (X) 05. (X) 06. (X)

07 진공펌프가 작동되면 지수밸브 내부는 진공상태가 되어 밸브는 아래쪽으로 내려가서 닫힌다.( )

➡ 진공펌프가 작동되면 지수밸브 내부는 진공상태가 되어 다이아프램(Diaphragm, 막)이 아래쪽으로 끌리기 때문에 밸브는 아래쪽으로 내려가서 <u>열린다</u>.(*6절)

08 지수밸브가 필요한 이유 중 또 하나가 양수해서 펌프 속에 물이 있는 상태로 방수를 하지 않을 때 물이 다시 빠지지 않도록 유지해 연속적인 방수가 가능하도록 한다.( )

➡ <u>역류방지밸브</u>가 필요한 이유 중 또 하나가 양수(진공상태에서 물을 끌어올림)해서 펌프 속에 물이 있는 상태로 방수를 하지 않을 때 물이 다시 빠지지 않도록 유지해 연속적인 방수가 가능하도록 한다.(*7절)

09 대기압 이상의 압력과 대기압 이하의 압력(진공압력)을 계측기를 연성계라 한다. 진공도가 급격히 상승하는 것은 스트레이너 등이 오물이나 찌꺼기 등으로 막혀있으므로 즉시 점검한다.( )

➡ 대기압 이상의 압력(+압력)과 대기압 이하의 압력(- 압력), 양쪽의 계측 장치를 장착한 <u>계측기</u>를 연성계라 한다. 진공도가 급격히 상승하는 것은 스트레이너 등이 오물이나 찌꺼기 등으로 막혀있을 수 있다.(*8절)
(* 참고 : 현재 대기 중의 공기 압력보다 높은 압력을 +압력, 정압이라고도 하며, / 낮은 진공압력을 - 압력. 부압이라고도 한다. / 압력계는 방수측에서 정압을 재며, 연성계나 진공계는 흡입측에서 부압을 잰다.)

10 방수포는 수평으로 360°회전, 상방으로 75°, 하방으로 30°의 범위로 방수할 수 있다.( )

➡ 방수포는 수평으로 360°회전, 상방으로 75°, 하방으로 30°의 범위로 방수 할 수 있다. 옳다.(*10절)

11 P.T.O(동력인출장치)에 동력전달은 수동케이블방식, 에어실린더식(반자동), 자동(전기+에어)방식이 있다.

➡ 동력인출장치에 동력전달은 수동케이블방식, 에어실린더식(반자동), 자동(전기+에어)방식이 있다.[* ① 케이블방식(수동변속기장착 차량) ② 에어실린더식(반자동=전기+에어) ③ 전자식P.T.O방식(자동변속기장착차량)] (*제3편 2절)

12 압축공기포는 소화 효과가 매우 뛰어나고 부착성이 우수하고 높은 분사 속도로 원거리 방수가 가능하며 물 사용량을 1/7 이상으로 줄여 수손 피해를 최소화 할 수 있다.( )

➡ 옳은 설명이다.(*12절)

13 고가굴절사다리차는 일반적으로 무게중심이 위쪽에 있다. 작업 시 모든 전선으로부터 최소 5m 이상 거리를 유지하여야 한다.( )

➡ 옳은 설명이다.(* 제4편 특수소방자동차 1절)

정답 ◦— 07. (X)   08. (X)   09. (O)   10. (O)   11. (O)   12. (O)   13. (O)

PART 05 복원기출 예측문제

소방자동차 관련 주요기출 시험흐름 파악하기~

01 소방용도로 사용되는 펌프에 해당되는 것은?

① 축류펌프 ② 원심펌프
③ 사류펌프 ④ 왕복펌프

해설 ✪ 펌프의 종류 ☆ 16 소방장 유사
① 왕복펌프(피스톤 플런저 펌프, 다이어후렘 펌프 등)
② 원심펌프(볼류우트펌프, 터어빈펌프 등)
③ 사류펌프   ④ 축류펌프(프로펠러펌프)
⑤ 회전펌프   ⑥ 특수펌프(마찰펌프, 기포펌프, 제트 펌프 등)

02 캐비테이션(공동현상) 발생 시 조치사항이 아닌 것은?

① 흡수관측의 손실을 가능한 작게 한다.
② 소방펌프 흡수량을 높이고, 소방펌프의 회전수를 높인다.
③ 동일한 회전수와 방수량에서는 방수밸브를 조절하도록 한다.
④ 흡수관의 스트레이너 등에 이물질이 있는 경우 이를 제거한다

해설 ✪ 공동현상(캐비테이션) 발생 시 조치사항 ☆ 15 소방교, 16 경기장
① 흡수관측의 손실을 가능한 작게 한다.
② 소방펌프 흡수량을 높이고,(높히면서) 소방펌프의 회전수를 낮춘다.
③ 동일한 회전수와 방수량에서는 방수밸브를 조절한다.
④ 흡수관의 스트레이너 등에 이물질이 있는 경우 이를 제거한다.
✪ 공동현상의 조치사항(다른 이론으로 부연설명)
① 펌프의 설치 위치를 가급적 낮춘다.(* 펌프 위치를 낮게 할수록, 물에 가깝게)
② 펌프의 흡입측 수두 및 마찰 손실을 적게 한다.(* 펌프를 낮게, 마찰을 적게)
③ 펌프의 흡입관경을 크게 한다.(* 관경이 크면 물이 배관에 덜 부딪친다)
④ 흡입관의 배관을 간단히 한다.(* 배관이 꺾이고 복잡하면 더 부딪친다)
⑤ 펌프의 날개바퀴인 임펠러 속도를 적게 하거나 수중에 잠기게 한다.(* 마찰이 줄어든다)
⑥ 양흡입 펌프를 사용한다.(* 양쪽에서 물을 흡입하여 속도를 줄인다)
⑦ 펌프를 2대 이상 설치한다.(* 2대를 설치하여 일정량을 천천히 흡입)

정답 01. ② 02. ②

03 펌프조작 시 일어날 수 있는 현상으로 다음 내용과 관계되는 것은?

관내에 물이 가득 차서 흐르는 경우 그 관로의 끝에 있는 밸브를 갑자기 닫을 경우 물이 갖고 있는 운동에너지는 압력에너지로 변하고 큰 압력 상승이 일어나서 관을 넓히려고 한다. 이 압력 상승은 압력파가 되어 관내를 왕복한다.

① 케비테이션   ② 수격작용   ③ 서어징현상   ④ 원심펌프의 맥동현상

해설 ○ ✪ 소방펌프 조작 시 일어날 수 있는 현상(핵심) ☆ 17 소방위

케비테이션 (공동현상)	소방펌프에서 흡입양정이 높거나, 유속의 급변 또는 와류의 발생, 유로에서의 장애 등으로 압력이 포화증기압 이하로 내려가 기포(공기거품)가 생기는 현상.
수격작용(Water hammer)	관내(배관 내)에 물이 가득 차서 흐르는 경우 그 관로에 있는 밸브를 갑자기 닫을 경우 물이 갖고 있는 운동에너지는 압력에너지로 변하는 현상.
서어징현상 (맥동현상)	펌프 내의 압력 및 유량이 주기적으로 변동을 일으키고 그 변동이 지속되는 현상을 말한다.

04 다음 중 소방자동차 진공오일에 관한 설명으로 옳지 않은 것은?

① 진공오일 용량은 1.5ℓ 이상이다.
② 진공오일은 진공오일은 베인펌프를 작동시킬 때 윤활, 냉각, 밀봉역할로 주입하였다.
③ 탱크의 용량은 3m인 흡수관 1개로 3회 이상 진공할 수 있는 용량을 저장할 수 있어야 한다
④ 1회 진공 시 소모되는 진공오일의 양은 1.5리터 이하이어야 한다.

해설 ○ ✪ 진공오일 ☆ 18 소방교
① 진공오일은 베인펌프를 작동시킬 때 ❶ 윤활 ❷ 냉각 ❸ 밀봉역할로 주입하였다.
② 진공펌프가 작동되면 펌프의 윤활유 흡입구를 통해 오일이 자동적으로 흡입되어 진공펌프 내의 냉각과 윤활 기능을 수행하게 된다.
③ 진공오일 탱크의 용량은 3m인 흡수관 1개로 3회 이상 진공할 수 있는 용량을 저장할 수 있는 용량이어야 하며 1회 진공 시 소모되는 진공오일의 양은 0.5리터 이하이어야 한다.
  그러므로 진공오일 용량은 1.5리터 이상이다.

정답 ○ 03. ② 04. ④

05 다음 중 소방자동차 방수정지에 대하여 옳지 않은 것은?

① 엔진 회전(RPM) 조절기를 조작하여 소방펌프 회전속도를 높인다.
② 방수밸브를 서서히 잠근 후 흡수구 밸브도 닫힘 위치로 조작한다.
③ 동력인출장치(P.T.O) 작동을 정지시킨다.
④ 배수밸브를 개방하고 배관 내 물이 배수되는지 확인한다.

해설 ❋ 소방자동차 방수 정지순서 ☆ 18 소방위
① 엔진 회전(RPM) 조절기를 조작하여 소방펌프 회전속도를 <u>낮춘다</u>.
② 방수밸브를 서서히 잠근 후 흡수구 밸브도 닫힘 위치로 조작한다.
③ P.T.O(동력인출장치) 작동을 정지시킨다.(운전석에 승차하여 클러치 페달을 밟고)
④ 엔진소리가 바뀌는가 확인하고 펌프 회전이 정지되었는가 확인한다.(클러치 페달을 서서히 놓고)
⑤ 하차하여 배수밸브가 개방되었고 배관 내 물이 배수되는지 확인한다.

06 소방자동차 물을 이용한 방수방법 운용에 대한 참고 내용으로 옳지 않은 것은?

① 동절기 방수 후에는 체크밸브 이용 소방펌프에 부동액을 채워 동파방지 한다
② 동절기 방수 후에는 지수밸브 이용 소방펌프에 부동액을 채워 동파방지 한다
③ 동절기 방수 후 귀소 시에는 24V 히팅장치 이용 배관의 동파를 방지 한다.
④ 차고 격납 후에는 220V 외부 커넥터 이용 배터리 충전 및 배관 히팅장치 작동한다

해설 ❋ 펌프기준 배관 및 밸브 등의 위치 ☆ 21 소방교 유사
① 동절기 방수 후에는 **지수밸브** 이용 소방펌프에 부동액을 채워 동파방지 한다.
(*^^ 지수밸브는 진공펌프와 연결해서 진공을 돕고, 부동액 주입밸브와도 연결되어 부동액을 채운다)
② 동절기 방수 후 귀소 시에는 24V 히팅장치 이용 배관 동파방지 한다.
③ 차고 격납 후에는 220V 외부 커넥터 이용 배터리 충전 및 배관 히팅장치 작동한다

07 펌프의 토출관에 압입기를 설치하여 압입용 펌프로 포소화 약제를 압입시켜 혼합하는 방식은?

① 프레져 프로포셔너 방식 ② 압축공기포 방식
③ 펌프 프로포셔너 방식 ④ 프레져사이드 프로포셔너 방식

해설 ❋ 프레져사이드 프로포셔너 방식 ☆ 15 소방교, 16 부산교
펌프 방수측 배관에 압입기를 설치하여 플로우미터에서 배관 내 유속을 감지하여 송수량을 측정한다.
➥ 이 방식은 펌프가 물펌프와 약제펌프의 2대로서 혼합비율이 가장 정밀하며 대형설비에 사용된다.

정답 ○─ 05. ① 06. ① 07. ④

08 다음 중 고가 굴절사다리차 안전수칙으로 옳은 것은?

① 고압선으로부터 3m 이상 거리를 둔다.
② 바스켓 용량을 많이 초과하지 않는다.
③ 급커브 주행 시 미리 가속해야 한다.
④ 주차 시에는 고임목을 바퀴에 고정시킨다.

해설 ① 고압선으로부터 5m 이상 거리를 둔다. ☆ 20 소방교 변형
② 바스켓 용량을 초과하지 않는다.
③ 급커브 주행 시 미리 감속해야 한다.
④ 주차 시에는 주차 브레이크를 체결하고 고임목을 바퀴에 고정시킨다.

09 고가 굴절사다리차 사용제한 용도의 내용 중 옳지 않은 것은?

① 고압선 작업용으로 사용하지 않는다.
② 특수물질 수송용으로 사용하지 않는다.
③ 수직으로 사용하는 작업은 금지되어 있다.
④ 크레인 대용으로 사용할 수 없다.

해설 ❸ 고압선 작업용으로 사용하지 않는다.
② 특수물질 수송용으로 사용하지 않는다 ③ 크레인 대용으로 사용할 수 없다. 어떠한 상황에서도 사다리나 붐으로 중량물을 들어 올려서는 안 되며 장비에 표준 적재량 이외의 물건은 적재할 수 없고 또한 승강기나 바스켓 허용하중을 반드시 준수하여야 한다.
④ 화물수송용으로 사용하지 않는다. 승강기 및 바스켓은 이삿짐수송 또는 기타 화물 수송에 대한 안전이 고려되지 않았다.
⑤ 사다리 장비는 승강기나 바스켓에 실린 하중을 수직으로 올리거나 내리기 위한 목적으로만 설계된 장비이다. → 따라서 수평으로 당기거나 미는 작업은 금지되어 있다.
(*^^ ①~⑤ 요점: 고압선 작업, 특수물질 수송, 크레인 대용, 화물수송용, 수평작업으로 사용 하지 않는다)

정답 08. ④ 09. ③

10 후륜구동자동차는 변속기 출력을 종감속장치에 전달할 추진축을 반드시 필요로 한다. 그 역할이 아닌 것은?

① 구동 토크의 전달 ② 각도변화를 용이하게 한다
③ 축의 넓이 변화를 보상한다. ④ 비틀림 진동을 감쇠시킨다.

해설 ○ ✪ 추진축(동력전달장치)의 역할 ☆ 15 서울장
① 구동 토크의 전달.
② 각도변화를 쉽게 한다.(자재이음)
③ 축의 길이방향 변화를 보상한다.(슬립이음)
④ 비틀림 진동을 감쇠시킨다.(플렉시블 조인트)

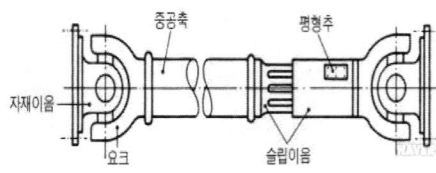

 가십(Gossip)

• 특히 상대의 잘못을 지적하고 부정적인 생각을 많이 하는 사람은 그 사람의 성격이지만, 착각으로 그럴 수 있었겠다! 하며 좋은 생각을 많이 하는 사람은 그 사람의 능력이 된다.

정답 ○ 10. ③

- 강한자가 이기는 것이 아니고, 이기는 자가 강한자이다!

화재2-1

(소방전술1)

5편

현장안전관리

1장 현장 안전관리의 기본(1~2절) ············· 332
2장 소방활동안전관리(1~5절) ················ 335
3장 재해원인(1~3절) ························ 339
4장 재해예방 및 조사(1~2절) ················ 347
5장 안전교육(1~2절) ······················· 351
6장 신체의 적합성과 체력증진계획(1~3절) ······ 361
7장 교육훈련의 안전과 잠재적 위험요소(2절) ·· 364
8장 소방차량운행 등의 안전(1~3절) ··········· 366
9장 화재현장에서의 안전(1~5절) ·············· 372
10장 소방활동과 보호구(1~2절) ··············· 386
  ✪ OX 개념문제 ························· 390
  ✪ 복원기출 및 예측문제 ················· 392

CHAPTER 01 현장 안전관리의 기본 (1장)

▶ 본 페이지부터 화재(Ⅰ)-2, 중앙소방학교 교재 제2권임

학/습/목/표

안전과 안전관리의 의의, 재해와 사고의 개념을 살펴본다.
- 안전의 정의와 안전에 영향을 주는 요소를 진단함.
- 안전관리의 정의와 안전관리의 목표를 파악함.

제1절 안전의 원리

1 안전(安全)의 의의

(1) 안전의 정의

① 『안전』이란 용어는 여러 가지 뜻으로 통용, 해석되고 있다.
   예를 들면 안전보장이라고 하는 경우의 안전은 안전관리의 그것과는 의미가 다르다.
   그러나 **안전공학측면**에서 안전의 의의는 『안정되며 위험하지 않은 상태를 말할 뿐만 아니라 그것이 완전한 상태에 달해 있고, 재차 부족한 일이 없는 상태』를 말하는 것으로 정의된다.

② 소방활동에 있어서 안전이 달성되었다고 하는 것은 『현장 소방활동 시 대원이 상해를 당하거나 그 위험이 없고, 장비, 용수시설 등이 손해·손상을 받지 않으며, 또 앞으로도 받을 우려가 없는 상태로 잘 관리되고 있는 이상적 상태』를 뜻한다고 할 것이다.

③ **소방활동에서의 '안전관리'**란 『화재진압, 구조·구급, 재난수습 등 현장소방활동 임무수행시 사고가 발생하지 않는 상태를 유지하여, 소방공무원의 신체와 소방장비 등을 보호하기 위한 제반 활동』이라고 정의할 수 있다.

-----*

④ 안전에 영향을 주는 요소는 다음 ①②③④의 4가지로 나눈다.

안전에 영향을 주는 요소	① 행동자의 활동에 대한 이해 (활동 자체에 대한 어려움) 현장활동 임무수행에 앞서, 그 활동에 어떤 위험성이 잠재되어 있고 수반되는지를 이해하고 활동한다. ② 행동자의 능력 수준 개인의 현장적응에 대한 기술이나 능력 미달은 종종 사고 발생의 큰 원인이 되고 있으며 **육체적 한계** 역시 행동에 영향을 미칠 수 있다.

③ 행동자의 직·간접적 상태
행동자의 정신적·신체적 상태는 끊임없이 변화한다. 따라서 **순간의 상황대응요구가 인간의 자기능력보다 더 클 때 각종 안전사고가 발생한다.** (* 능력이 상황대응에 못미칠 때)
그러므로 인간의 정신적, 신체적 리듬을 결정하는 태도와 감정, 즉 활동자의 정신적·신체적인 직·간접적 실태는 인간의 행동을 결정하는데 중요한 역할을 한다.
④ 현장의 환경 및 분위기
환경 및 분위기는 자연적인 요소와 행동하는 인간에 의한 인적 요소들을 포함한다. 환경 및 분위기는 결과에 긍정적인 요소로 작용할 수도 있고, 부정적인 영향을 줄 수도 있다.
직·간접적으로 불안전한 상황으로 이끄는 자연환경 요소는 비, 눈, 먼지, 얼음, 바람, 추위와 더위 등이 있다. 인적 환경요소는 집, 이웃, 직장, 책임자(지휘자), 그리고 매일 사용하는 장비와 기계 등을 포함한다. 이러한 자연적·인적 환경 요소는 개인의 안전을 감소시킬 수도 있지만 때론 증진시킬 수도 있다.

➲ 보충(TIP)- 안전에 영향을 주는 요소 4가지 키워드: 이해, 직간접, 능력, 환경, (* **연상**: 이직 능력환경)

2 안전관리란?

(1) 안전관리(Safety management)의 정의

① 산업안전 측면에서는 "생산성의 향상과 손실(Loss)의 최소화를 위하여 행하는 것으로 비능률적 요소인 사고가 발생하지 않는 상태를 유지하기 위한 활동, 즉 재해로부터 인간의 생명과 재산을 보호하기 위한 계획적이고 체계적인 제반 활동"을 말한다.
② 『재난 및 안전관리 기본법』상 안전관리란 "시설 및 물질 등으로부터 사람의 생명·신체 및 재산의 안전을 확보하기 위하여 행하는 모든 활동"이라고 정의하고 있다.

(2) 안전관리의 목표 ☆ 15 서울교

인명존중	① 안전관리의 기본목표는 인명존중의 휴머니즘(인도적 신념의 실현)을 토대로 행해진다. ② 큰 이익 때문에 재해를 용납한다고 하는 논리, 위험한 재해현장에서 소방활동을 하기위해서 소방대원의 상해는 어느 정도 감수해야 되지 않느냐? 는 논리는 인정하지 않는다. ③ 인명존중과 인도적 신념이야말로 <u>안전관리활동의 핵심이기</u> 때문이다.
안전한 소방활동	① 소방은 국민의 생명과 재산보호를 위한 효율적인 소방활동을 추구하고 있다. 현장활동 시 대원의 안전사고는 화재방어 활동의 신속·효율성을 저해하여 결과적으로 국민의 생명과 재산에 손실을 미치게 하는 것과 다름이 아니다. ② 그러므로 소방장비, 방어행동 등의 안전화는 <u>소방활동의 능률을 향상시키고 대국민 서비스를 향상시키는 것이 된다.</u> 이것은 또 소방안전관리의 테마이기도 하다.
사회적 신뢰확립	국민의 생명과 재산보호를 사명으로 하는 소방조직에서 오히려 자체사고(재해)가 자주 발생한다고 하면, 그것을 보는 국민의 시각은 소방조직에 대한 믿음과 신뢰의 저하가 된다.

➲ 보충- 키워드: <u>안전활동</u>, <u>인명존중</u>, <u>사회적 신뢰</u>, (* **연상**: 안전한 존중은 사회적 신뢰 / ▶ **암기**: 인사활동)

제2절 재해와 사고

1. 재해와 사고의 정의

안전관리 면에서의 재해의 정의를 정확히 말한다면 ILO의 "국제노동통계가 회의"에서 채택한 것으로, 즉, '재해란 사람(근로자)이 물체, 물질 혹은 타인과 접촉하든 또는 사람이 물체 혹은 어떤 환경 조건하에 놓이든지, 또는 사람의 행동에 따라 그 결과로 인해 사람의 상해를 동반하는 사건이다'라고 하는 것이다. / 사고라는 의미는 무엇인가. 미국의 안전 권위자인 R.P. Blake는 '사고란 당면하는 사상의 정상적인 진행을 저지 또는 방해하는 사건이다.'라고 정의하고 있다.

2. 안전사고란?

'안전'이란 사고가 없거나 재해가 없는 상태를 나타낸다. 따라서 '안전사고' 란 고의성이 없는 어떤 불안전한 행동이나 조건이 선행되어, 일을 저해하거나 또는 능률을 저하시키며 직접 또는 간접적으로 인명이나 재산의 손실을 가져올 수 있는 사건을 말한다.

3. 재해의 범위

재해라는 것은 상해의 유무나 그 정도를 가지고 구분하거나 판가름하는 것이 아니라는 사실을 명심해야만 한다. 오히려 현실적으로 무상해 재해로 나타나는 것이 상해재해보다 발생 확률로서 약 8배~32배가 많다는 것이 재해통계이론의 정설이다. / 따라서 비록 상해를 받지 않는 무상해의 사고라도 일단 발생된 사상(事象)은 전부 재해로서 파악하고 그에 알맞은 재해대책을 마련하는 것이 안전관리의 중대한 과제라 할 것이다.

핵심요약

- 안전과 안전관리의 의의, 재해와 사고의 개념을 정리한다.
  - 안전을 실행하는데 필요한 4가지 행동요인은 행동자의 활동에 대한 이해, 행동자의 능력수준, 행동자의 상태, 현장의 환경 및 분위기임.
  - 안전관리의 목표는 인명존중, 안전한 소방활동, 사회적 신뢰확립임.
  - 사고란 예정대로 일이 진행되지 않는 상태, 안전관리에서의 사고는 당면하는 사상의 정상적인 진행을 저지 또는 방해함으로써 상해의 위험을 일으키게 하는 사건임.

CHAPTER 02 소방 활동 안전관리 (2장)

> **학/습/목/표**
>
> 소방활동의 특성과 안전, 안전관리의 필요성, 기업과 소방안전관리 차이, 소방안전관리의 특성을 살펴본다.
> - 소방활동 중 안전사고를 방지하여 공사상자를 최소화하는 노력을 진단함.
> - 소방활동 특수성을 파악함.   · 소방활동 중 안전관리의 필요성을 파악함.
> - 소방에서 안전관리의 필요성과 기업과 소방조직의 안전관리 차이를 파악함

제1절 소방활동의 특성

1 순직·공상자 발생현황 (* 중요도 없음)

순직·공상자 발생 현황	① 순직·공상자 발생 현황은 2001년 3월 서울 홍제동 주택화재 시 붕괴사고로 6명 순직과, 2008.8. 20. 서울 은평구 나이트클럽 화재에서 천장부 붕괴로 3명 순직, 2010. 12. 3. 서울 송파구 잠실대교 남단에서 수난구조작업 중 구조보트가 전복되어 2명 순직, 2011. 12. 3. 경기 평택시 서정동 침대 전시장에 화재진압 중 2층 건물 붕괴로 2명이 순직하는 등 예측할 수 없는 재난환경 변화로 매년 끊임없이 사고가 발생하여 다시 한 번 "안전이 최우선이다."라는 안전의식과 교육의 중요성을 일깨워 주었다. ② 최근 5년간 총 2,967건의 공사상자 유형으로 구급활동이 659건으로 22.2%였으며, 그 외 화재진압이 640건으로 21.6%, 교육훈련이 71건으로 2.4%, 구조활동이 248명으로 8.3%를 차지하였으며 기타가 1,349건으로 45.5%를 차지하였다.

최근 5년간 공사상자 발생현황 (업무유형별)

	계	비율	15년	16년	17년	18년	19년
총 계	2,967	100%	382	476	609	795	705
화재진압	640	21.6%	73	88	121	193	165
구조	248	8.4%	50	46	47	60	45
구급	659	22.2%	94	118	127	177	143
교육훈련	71	2.4%	4	6	16	21	24
기타	1,349	45.4%	161	218	298	344	328

또한 최근 5년간 발생한 총 21건의 순직사고를 살펴보면, 한해 평균 4.2명의 순직자가 발생하였다.

최근 5년간 순직자 발생현황							
구 분	계	평균	15년	16년	17년	18년	19년
합 계	2,967	593.4	382	476	609	795	705
순 직	21	4.2	2	2	2	7	8
공 상	2,946	589.2	380	474	607	788	697

2019년도 공사상자 발생현황							
구 분		합계	화재	구조	구급	교육훈련	기타
합계	인원	705	165	45	143	24	328
	비율	100%	23.4%	6.4%	20.3%	3.4%	46.5%
순직		8	1	0	5	1	1
공상		697	164	45	138	23	327

2 소방활동의 특수성* ☆ 22 소방장 등

(1) 확대 위험성과 불안정성	① 재해는 예고 없이 돌발적으로 발생하고 항상 **상태변화 연속으로 예측이 매우 곤란**하다. ② 인적·물적 피해의 확대 위험성을 수반하며 급속하게 진행되므로 대상물이 불안정한 특성이 있다. / 또한 소방현장활동은 **위험사태 발생 후 현장임무 수행이라는 양면성**이라는 다른 특징을 갖고 있다.(*^^ 위험사태 후+임무수행이 양면성이라는 뜻)
(2) 활동 장해	① 재해현장에는 소방대원의 행동을 저해하는 각종 요인이 있다. ② 출동 시에는 도로상 교통혼잡과 주차위반 차량 등으로 인하여 **현장 도착이 지연**되고, **화재현장에서의 화염, 열기, 연기** 등으로 활동장해를 받게 된다.
(3) <u>행동의 위험성</u> 22소방장	① 재해현장에서 소방대원의 행동은 평상시에 있어서 일반인의 생활행동과 역행하는 등 전혀 다른 위험성이 존재하고 있다. ② 근무자나 거주자가 당황해서 피난 나오는 장소로 소방대원은 현장 임무수행을 위하여 진입하는 것이다. ③ 화재현장에서 소방대원은 담을 넘는다든지 사다리를 활용하여 2층이나 3층 혹은 인접 건물로 진입하거나, 통행이 어려운 곳을 통과하거나, 오르기 힘든 곳을 오르거나, 화염 등으로 위험하여 들어갈 수 없는 곳을 진입하여야 하는 경우가 있다.
(4) 활동환경의 <u>이상성</u>	① 화재현장 상황은 항상 정상적인 상태를 상실한 상황이 연출된다. ② 또한 가스, 유류, 화공약품 등에 의한 폭발현상 등 **예측 불가능한 상황이 항상 잠재**되어 있으며, 사람들은 이상심리에 지배되어 긴장, 흥분상태에 있고, 소방대원의 심리상태도 역시 마찬가지이다.
(5) 정신적·육체적 피로	① 현장 활동은 많은 체력이 소모되는 격무이며, 예고 없이 갑작스럽게 이루어지므로 시간이 경과할수록 정신적·육체적 피로가 가중된다. ② 소방활동은 체력소모, 피로증대를 초래하고 정신적인 부담도 크므로 이로 인한 주의력, 사고력 감퇴와 동시에 위험성이 증대함에 유의한다.

➪ 보충(키워드: 환경, 위험성, 장해, 확대불안정 ▶ (특수한)환경에서 위장 확대불안으로 이상하고 피로하다

제2절 소방활동과 안전

소방활동과 안전

① 소방기관은 국민의 생명, 신체 및 재산을 각종 재난으로부터 보호하는 중대한 임무를 수행하기 위해서 재해현장으로 출동하는 것이며, 완벽한 임무수행이 소방조직의 목표이다.
② 일반적으로 재해현장은 위험요소가 복합된 환경에서 소방활동을 하여야 하므로 재해현장에서는 안전 한계선을 설정하여 소방활동의 행동한계 지역으로 운영하고 있다.
③ 안전한계를 구체적으로 선을 긋는다는 것은 상당히 곤란하기 때문에 지휘자나 대원은 항상 안전에 대한 배려와 확인을 한 후에 현장 임무를 달성해야 한다.
④ 이와 같은 위험성을 수반하는 임무수행을 전제로 하는 경우만이 안전관리 사고방식이 중시되는 이유이다.
※ 그러므로 안전관리는 그 자체가 목적이 아니고 조직목적을 달성하기 위한 과정, 즉 「임무수행을 전제로 한 적극적인 행동대책」이라는데 의의가 있다고 할 것이다. / 적극적 행동대책은 인명 검색 시 공기호흡기 장착과 엄호주수, 관창배치, 낙하위험물을 주수에 의해 제거 후 진입하는 등 예측된 위험성에 대한 사전 준비나 대응을 도모하면서 효율적인 활동을 실시하는 것이다. / 그러나 『안전만 확보된다면』이라든가, 『목표달성이냐, 안전확보냐』라고 하는 발상이 아니고 소방활동 전문가로서 양자 모두를 만족시키는 것이 요건이다.

제3절 안전관리의 필요성

안전관리의 필요성

① 사고방지를 위해서는 잠재적위험요인을 사전에 배제하는 것이 안전관리의 기본이다.
② 따라서 화재현장 책임자는 항상 대원의 안전 확보가 모든 전술적 상황의 단계에서 근본적인 목표임을 명심해야 한다.

제4절 기업과 소방조직의 안전관리 차이

기업과 소방조직의 안전관리 차이

① 소방의 안전관리는 일반기업과 비교해서 근본적으로 다르다. 기업은 공사현장에서 처음부터 『안전제일』의 표어를 걸고 안전을 최우선으로 하고 있다. 공사방법, 필수기자재, 작업순서 등이 면밀히 계획·설계되고 공정표에 의하여 공사가 진행되고 있다.
② 그러므로 화재로 인한 피해확대 방지와 인명위험 배제를 위해 소방대는 상황 파악과 병행해서 인명검색, 구조, 연소저지 등 활동을 우선해서 실시하는 것이다.
③ 이와 같이 소방의 현장안전관리는 공사현장의 안전관리와는 달리 소방대의 활동이 화재상황에 따라 대응하는 실정이므로 가능한 신속하게 화재를 소방의 통제 하에 두고서 활동하도록 하여야 하는 것이다.
④ 따라서 소방활동은 임무수행과 안전 확보를 동시에 병행하여야 함이 기업과 소방조직의 안전관리에 대한 차이점이라 볼 수 있다.

제5절 소방 안전관리의 특성** ☆ 17소방장, 18 위, 21 소방교, 위 등

일체성· 적극성	① 재해현장 소방활동에 있어서 안전관리에 대한 "**일체성의 예는** 수관연장 시 수관을 화재 건물과 가까이 두고 연장하지 않도록 하는 것은 화재건물의 낙하물체나 고열의 복사열에 의한 호스손상을 방지하여 결과적으로 **진압활동이나 인명구조 시 엄호주수가 완전히 이루어질 수 있도록 하기 위한 것이다.**" 21 소방교 ② 이는 대원 자신의 안전으로 연결되어 소방활동이 적극적으로 실행될 수 있도록 한다. ③ 안전관리의 일체성, 적극성은 **효과적인 소방활동을 염두해둔 적극적**인 행동대책이라고 할 수 있다.　(*^^ ① 진압활동이나 인명구조시 엄호주수가 효과적인 적극적인 소방활동)
특이성· 양면성	① 소방 조직의 재난현장 활동은 ❶ **임무 수행과 동시에** ❷ **대원의 안전**을 확보하여야 하는 양면성이 요구된다. (*^^ 안전은 임무수행+대원 안전확보의 2가지 양면성을 갖는다는 뜻) ② 예측 불가한 현장상황은 위험성을 수반한 현장 임무수행이 전제로 될 때 안전관리의 개념이 성립되는 것이다. 이와 같이 재난현장의 위험성을 용인하는 가운데 **임무수행과 안전확보**를 양립시키는 특이성·양면성이 있다. 21 위
계속성· 반복성	① 안전관리는 끝없이 계속·반복적으로 실시되어야 한다. ② 재해현장 안전관리는 출동에서부터 귀소하여 다음 출동을 위한 점검·정비까지 계속된다 ③ 그러므로 평소 지속적인 교육훈련의 반복과 장비 점검 및 정비를 철저히 실시함이 안전관리의 중요한 요소가 된다.

☆ 12, 18 소방위, 14 경남, 인천장, 16 대구교, 부산교장, 17 소방장, 18, 21 소방교·장, 위 등　＊ **오답**: 일반성, 획일성, 우발성
(▶ 일체적극, 특이양면, 계속반복 / ＊ **연상**: 일체적으로 특양이 계속반복되었다) / ▶ **암기**: 일체적, 특양계반

핵심요약

- 소방활동의 특성과 안전관리의 필요성, 기업과 소방안전관리의 차이, 소방안전관리의 특성을 정리한다.
  - 소방활동 특수성은 위험성과 불안정성, 활동장애, 활동환경의 이상성, 정신적·육체적 피로를 들 수 있음
  - 소방활동에서 사고발생은 본인과 가족 동료의 고통과 사기저하를 가져오므로 잠재적 위험요인을 배제한 안전관리는 중요함
  - 기업에서는 예측된 위험성을 사전에 차단하며 계획에 의해 공사가 진행되지만 소방현장은 임무수행과 동시에 상황파악을 해야 하는 안전관리 차이가 있음
  - 소방활동에서 안전관리는 일체성·적극성, 특이성·양면성, 계속성과 반복성이 중요함 ☆ 21 위 등

CHAPTER 03 재해 원인 (3장)

학/습/목/표

위험요인, 불안전한 상태와 불안전한 행위, 재해발생이론의 개념을 살펴본다.
- 재해발생의 원인을 물적 요소와 인적인 요소로 구분 파악함.
- 불안전한 상태와 불안전한 행위를 파악함.
- 위험요인의 회피능력을 파악함.
- 재해발생의 하인리히 이론과 재해의 기본원인을 파악함.

제1절 위험의 요인

재해(사고)발생의 직접적인 원인을 구분하면 물적 원인과 인적 원인에 의해 발생한다.
① 대부분의 재해(사고)는 물적 원인과 인적 원인의 양쪽이 겹쳐서 일어나는 것으로 어느 한쪽만이 원인이라고 하는 것은 잘못된 경우가 많다.
② 소방활동 측면에서의 안전관리의 방향은 근원적 한계가 있는 불안전한 현장의 환경개선은 어렵지만 그 밖의 불안전한 상태의 개선과 병행하여 불안전한 행위를 배제할 수 있는 대책을 중점적으로 실시해야만 할 것이다.

제2절 불안전한 상태와 불안전한 행위

(1) 불안전한 상태 ☆ 16 부산장, 18 소방장

① 물건 자체의 결함	설계불량, 공작의 결함, 노후, 피로, 사용한계, 고장 미수리, 정비불량 등
② 방호조치의 결함	무방호, 방호불충분, 무접지, 무절연이나 불충분, 차폐 불충분, 구간·표시 결함
③ 물건을 두는 방법, 작업장소의 결함	작업장 공간부족, 기계·장치·용구·집기 배치결함, 물건 보관방법 부적절 등
④ 보호구 복장 등 결함	장구·개인 안전장비 결함 등
⑤ 작업환경의 결함	소음, 조명, 환기의 결함, 위험표지 및 경보의 결함, 기타 작업환경 결함
⑥ 자연환경 등	눈, 비, 안개, 바람 등 기상상태 불량 ▶ ①~⑥ 암기: 물방 장복 환자

(2) 불안전한 행위와 요인 ☆ 18 소방장

불안전한 행위와 요인	일반적으로 불안전한 행위의 요인은 다음과 같은 경우에 일어나는 것으로 보고 있다. ① <u>의식에 착오가 있었던 경우</u> ➡ 안전한 행동(방법)을 알지 못했기 때문(<u>지식의 부족</u>) ② <u>의식 했던 대로 행동이 되지 않은 경우</u> ➡ 안전하게 되지 않았기 때문에(<u>기능의 미숙</u>) ③ <u>의식이 없이 행동을 했을 경우</u> ➡ 안전한 방법을 <u>알고 있거나</u> 안전하게 할 수 있는 능력을 가지고 있으면서 하지 않았기 때문에(<u>태도 불량, 의욕결여</u>) 일어나는 것이다. ✪ 그것은「모른다」,「할 수 없다」,「하지 않는다」라고 할 수 있다. 　① 모른다: 가연성 가스에 대한 기초지식이 없으면 LPG 화재 발생 시 부서 방향이 2차폭발 등의 발생에 대응한 방어활동이 안전하게 이루어질 수 없다. 　② 할 수 없다 : 사다리 위에서 동력절단기를 이용한 파괴 작업을 할 때 체력과 기술이 부족하면 떨어질 위험이 있는 경우는 안전한 행동을「할 수 없다」는 것이 된다. 　③ 하지 않는다 : 자기중심적인 사고나 방심 등(이 정도는 괜찮겠지)으로 사다리 방수시 신체결속을 하지 않은 불안전한 작업자세 등의 경우는「하지 않는다」에 해당한다. 　-----* 1. **지식의 부족** : 안전한 행위를 모른다. 원인으로는 다음과 같다 　① 교육하지(배우지) 않았기 때문에 　② 기억하지 못하기 때문에 　③ 잊었기 때문에 2. **기능의 미숙** : 안전한 행위를 할 수 없다. 이와 같은 경우는 다음과 같다 　① 작업에 대한 기능이 미숙하기 때문에 　② 작업이 힘겹기 때문에 　③ 작업량이 능력에 비해 **과대하기 때문에** 3. **태도불량**(의욕의 결여) : 알고 있으며, 할 수 있는 능력을 가지고도 하지 않는다 　이와 같은 경우는 다음과 같다. 　① **상황파악**에 잘못이 있을 때 　② 좋지 않다는 것을 의식하면서 행동할 경우 　③ 무의식으로 하는 경우 　　①항의 경우는 개인의 적성에 따르는 경우가 많으며, ②항의 경우는 주로 본인의 작업태도 불량, 안전의식의 결함에서 생기므로 교정의 여지가 있다. 　- 일반적인 경향으로 안전한 수단이 생략되는 경향은 다음과 같다. 　　㉠ 작업보다 <u>안전수단</u>의 <u>비중</u>이 **커**질 때　㉡ 자신 과잉　㉢ 주위의 **영향**(주위에 동화) 　　㉣ 안전인식 **결여**　　㉤ 피로했을 때　　㉥ 직장(현장) 분위기 등

1 위험요인의 회피능력 ☆ 18 소방교

재해현장 활동 시에는 위험한 현상을 관찰하여 위험요인을 예지, 예측하고 위험요인을 회피하는 능력을 몸에 익히지 않으면 의미가 없다. 이 위험요인에 대한 감수성을 일반적으로 '위험예지능력' 이라 부르고 위험예지능력을 기르기 위해서 다음 사항을 준수해야 한다.
① 자기의 주위에 있는 위험요인 예지능력(**외적** 위험요인 예지능력)
② 자신의 <u>내면</u>에 있는 위험요인을 통제할 수 있는 능력(**내적** 위험요인 통제능력)
③ 올바른 것을 실행하는 능력　(*^^ 키워드: ①외적 + ②내적 + ③올바른 것)

제3절 재해(사고)발생 이론 ☆ 23 소방위

1 하인리히 이론★★ ☆ 12 부산, 15 울산장, 소방장, 울산장, 19 소방장, 22 위

산업재해 발생 원리에 대한 **최초**의 것으로 하인리히의 저서「산업재해방지론」에서 주장한 이른바 사고 발생의 연쇄성을 강조한 도미노(domino)이론으로서, 재해란 상해로 귀착되는 5개 요인의 연쇄작용의 결과로 초래된다는 것이다. 즉, 상해는 항상 사고에 의해 일어나고 사고는 항상 순차적으로 앞서는 요인의 결과로 일어난다고 하였다. ▶ 암기: 하버드(* 하인리히는 최초, 버드는 최신)

■ Heinrich 이론 ■*

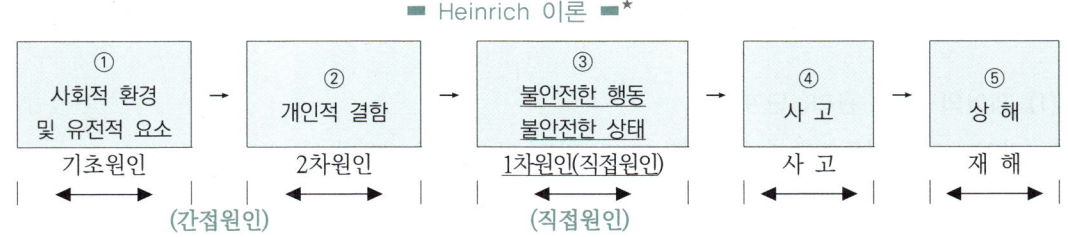

사회적 환경 및 유전적 요소	무모, 완고, 탐욕, 등 바람직하지 못한 성격은 유전으로 계승되며, 환경은 바람직하지 못한 성격을 조장하고 교육을 방해한다. 유전 및 환경은 모두 인적결함 원인이다.
개인적 결함	신경질, 무분별, 무지 등과 같은 선천적 또는 후천적인 인적 결함은 불안전한 행동을 일으키거나 또는 기계적, 물리적인 위험성이 존재하게 하는데 밀접한 원인이 된다.
불안전한 행동이나 불안전한 상태	매달려 있는 짐 아래에 서 있다든지, 안전장치를 제거하는 등과 같은 사람의 **불안전한 행동**, 방호장치 없는 톱니바퀴, 난간이 없는 계단, 불충분한 조명 등과 같은 기계적 또는 물리적인 위험성은 **직접적인 사고의 원인**이 된다.
사 고	물체의 낙하, 비래(飛來)물에 의한 타격 등과 같은 현상은 상해의 원인이 된다.
상 해	좌상, 열상 등의 상해는 사고의 결과로서 생긴다.

■ 하인리히(H.W.Heinrich) 이론을 요약하면 ☆ 23 소방위
제일 앞의 골패가 쓰러지면 그 줄의 골패가 전부 나란히 놓인 도미노의 줄에서 이 연쇄를 구성하는 요인 중 하나라도 제거하면 사상의 연쇄적 진행은 저지할 수 있어서 재해는 일어나지 않는다는 것이다. / 안전관리활동에 의해 제거할 수 있는 것은 ③의 **불안전 행동과 불안전 상태**이다. 그러므로 사고·재해를 방지하기 위해서는 불안전한 행동 및 불안전한 상태의 두 개를 모두 없애지 않으면 안 된다는 것이다. ☆ 22 소방위

- 하인리히는 사고와 재해의 관련을 명백히 하기 위해 「1:29:300의 법칙」으로 재해구성비율을 설명하면서 1회의 중상재해가 발생했다면 그 사람은 같은 원인으로 29회의 경상재해를 일으키고, 또 같은 성질의 무상해 사고를 300회 동반한다고 하는 것이다. 전 사고 330건 중 중상이 나올 확률은 1건, 경상이 29건, 무재해사고는 300건(큰일날뻔했네! 등)이 발생할 수 있다고 주장하였다.

2 프랭크버드 (최신의 도미노이론)** ★ 13 경남, 서울교, 경남장, 19 장, 20 교

하인리히의 5개 골패원리는 그 후 새로운 도미노이론에 의해 교체되었다. 새로운 재해연쇄는 버드((Frank Bird)에 의해 제기되었는데 5개 요인에 대해 다음과 같이 설명하고 있다.

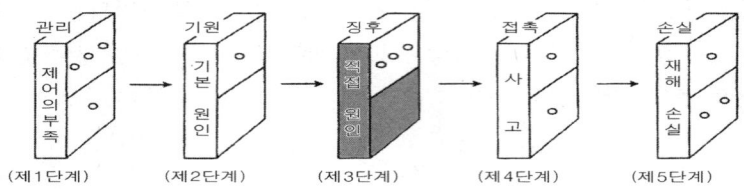

■ Bird의 재해 연쇄이론 ■

(1) 제어의 부족-관리(1단계)

안전에 관한 전문적인 관리란 계획, 조직, 지도, 통제 등의 다음의 기능을 말한다.
① 안전관리계획 및 자기 자신이 실시해야 할 직무계획의 책정
② 각 직무활동에서의 실시기준의 설정
③ 설정된 기준에 의한 실적평가
④ 계획의 개선, 추가 등의 순서

제어의 부족은 안전감독기관이 안전에 관한 제도, 조직, 지도, 관리 등을 소홀히 하는 것을 의미한다. 그리고 안전관리계획에는 사고연쇄중의 모든 요인을 해결하기 위한 대책이 포함되어야 한다.

(2) 기본원인-기원(2단계) ★ 23 위

개인적 요인	지식 및 기능의 부족, 부적당한 동기부여, 육체적 또는 정신적인 제반문제 등
작업상의 요인	기계설비의 결함, 부적절한 작업기준, 부적당한 기기의 사용방법, 작업체제 등 - 재해의 직접원인을 해결하는 것보다는 오히려 그 근원이 되는 기본원인을 찾아내어 가장 유효한 제어를 달성하는 것이 중요하다.

(3) 직접원인-징후(3단계)

이것은 불안전한 행동 또는 불안전한 상태로 일컬어지는 것으로서 하인리히의 연쇄이론에서도 가장 중요한 대책사항으로 취급되어 온 요인이다. 그러나 직접원인은 좀 더 깊은 근저에 있는 문제의 징후에 지나지 않는다. 징후를 추구하는 것만으로 기본이 되는 근저의 문제를 해결하지 않는 경우에는 연속적인 재해방지의 가능성은 바랄 수 없다.

(4) 사고-접촉(4단계)

사고란 육체적 손상, 상해, 재해의 손실에 귀결되는 바람직하지 못한 사상으로서 신체 또는 구조물의 구분치를 넘어선 에너지원과의 접촉 또는 정상적인 신체의 작용을 저해하는 물질과의 접촉이라고 할 수 있다. 연쇄이론에 있어서의 사고는 접촉의 단계라 말할 수 있다.

(5) 상해-손실(5단계)

재해연쇄의 요인에서 사용되는 상해라는 말에는 작업 장소에서 생기는 **정신적, 신경적 또는 육체적인 영향과 함께 외상적 상해와 질병의 양자를 포함하는 인간의 육체적 손상**을 포함하고 있다.

이상의 설명 중에서 가장 중요한 것은 (2) 및 (3)으로 기본원인과 직접원인의 관련에 대해서 언급한 점이다. 즉 고전적 도미노이론(하인리히 이론)에서는 직접원인만 제거하면 재해는 일어나지 않는다고 하였지만 / 최신의 도미노이론에서는 반드시 (2)의 기본원인을 제거하라고 주장한 것이다.

- 버드는 또한 17만5천 건의 사고를 분석한 결과 :
  ❶ 중상 또는 폐질 1 ❷ 경상(물적 또는 인적상해) 10 ❸ 무상해사고(물적 손실) 30 ❹ 무상해·무사고 고장(위험순간) 600의 비율로 사고가 발생한다는 / 이른바 「1 : 10 : 30 : 600의 법칙」을 주장하였다.

3 재해의 기본원인(4개의 M)★   ☆ 12, 16 경기장, 부산, 17 인천, 소방장

안전을 과학적으로 진행시키기 위해서는 인간의 미스에 대한 과학적인 이해가 필요하다. 재해라고 하는 최종결과로 중대한 관계를 가진 사항의 전부를 조사하고 분석하여 그것들의 연쇄관계를 명백히 하고 그 결과를 검토하는 키워드로서 4개의 M이 있다. ▶ 암기: 인기작관(* 연상: 인기작가)

Man (인간)	인간이 실수를 일으키는 요소도 중요하지만 **본인보다도 본인 이외의 사람**, 직장에서는 동료나 상사 등 인간환경을 중시한다. - 직장에서의 인간관계, 집단의 본연의 모습은 지휘·명령·지시·연락 등에 영향을 주고, 인간행동의 신뢰성으로 관계하는 것이다.
Machine (기계)	기계 설비 등의 물적 조건을 말하는 것으로 - 기계의 위험 방호설비, 기계나 통로의 안전유지, 인간·기계·인터페이스의 인간공학적 설계 등이다.
Media (작업)	Media란 본래 인간과 기계를 연결하는 **매체**라고 하는 의미이지만 ☆ 16 부산 - 구체적으로는 작업정보, 작업방법, 작업환경 등이다.
Management (관리)	안전법규의 철저, 기준류의 정비, 안전관리 조직, 교육훈련, 계획, 지휘감독 등의 관리이다.

Man (인간)	① 심리적 원인 : 망각, 걱정거리, 무의식 행동, 위험감각, 지름길 반응, 생략행위, 억측판단, 착오 등 ② 생리적 원인 : 피로, 수면부족, 신체기능, 알코올, 질병, 나이 먹는 것 등 ③ 직장적 원인 : 직장의 인간관계, 리더십, 팀워크, 커뮤니케이션 등
Machine (작업시설)	① 기계·설비의 설계상의 결함 ② 위험방호의 불량 ③ 본질 안전화 부족(인간공학적 배려 부족) ④ 표준화의 부족 ⑤ 점검 정비의 부족
Media (작업)	① 작업 정보의 부적절 ② 작업자세, 작업동작의 결함 ③ 작업방법의 부적절 ④ 작업공간의 불량 ⑤ 작업환경 조건의 불량 (*^^ ①~⑤'작업'자가 있다)
Management (관리)	① 관리조직의 결함 ② 규정·매뉴얼의 불비, 불철저 ③ 안전관리 계획의 불량 ④ 교육·훈련 부족 ⑤ 부하에 대한 지도·감독 부족 ⑥ 적성배치의 불충분 ⑦ 건강관리의 불량 등 * 오답: Memory(기억)

■ 하인리히 5개의 골패의 원리 ■

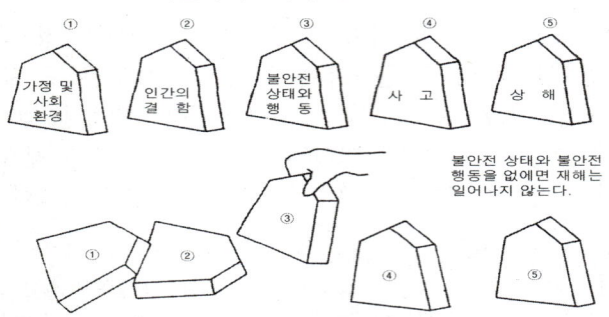

| 프랭크버드 재해의 기본원인으로서의 4M |

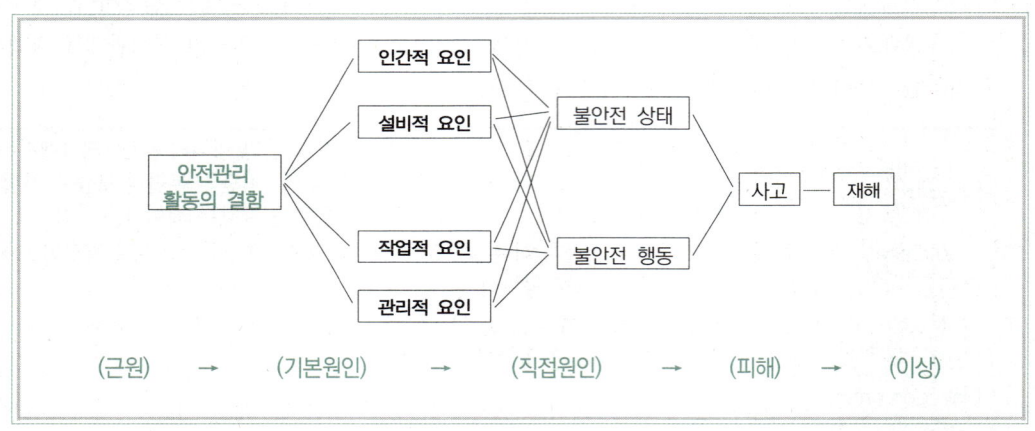

 핵심요약

- 재해발생의 위험요인, 불안전한 상태·불안전한 행위와 재해발생이론을 정리한다.
  - 사고발생의 원인은 대부분 물적 요소와 인적인 요소가 결합하여 발생함.
  - 불안전한 상태는 사고의 발생요인을 만들어낸 물리적 상태나 환경으로 물건의 결함, 방호조치의 결함, 보호장구나 작업환경의 결함을 들 수 있음.
  - 불안전한 행위는 지식의 부족, 기능의 미숙, 태도불량 등이 있음.
  - 위험요인의 회피능력은 위험요인의 내적위험요인 통제능력, 외적 예지능력, 실행능력이 있음.
  - 재해발생이론은 하인리히 이론과 최신의 도미노이론이 있으며, 재해의 기본원인으로 4M이 있음.

핵심정리(단축기억)

(1) <u>하</u>인리히의 도미노 이론(<u>최초의 도미노이론</u>) ☆ 15 소방장, 울산장, 19 장, 22,23 위

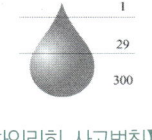
【하인리히 사고법칙】

- 하인리히는 제3단계인 **불안전 행동 및 불안전 상태**(직접원인)를 제거하면 재해는 예방된다는 이론이며, 1(중상) : 29(경상) : 300(무재해 사고)로 통계했다.

  ✪ 하인리히 법칙: 그는 대형사고 1건(중상)이 발생하기 전에 관련된 소형사고가 29회 발생(경상)하고, 이 소형사고 이전에 같은 원인의 사소한 징후(무상해 사고)들이 300회 나타난다고 발표했다.

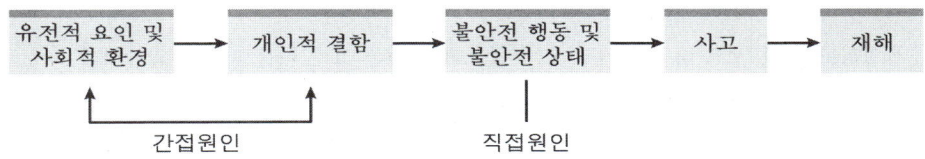

- 유전적 무모함과 사회환경이 → 개인 결함이고 → 불안이(직접원인 되어) → 사고, 재해가.
- ▶ 암기: (하)유개불안(* 연상: 하인리히가 유전적, 사회적 환경으로 유괴당해서 불안하다.)

(2) <u>프</u>랭크 <u>버</u>드(개선된 <u>최신</u>의 도미노이론)   12, 13 서울교, 경남장, 19 소방장, 20 소방교

- 버드는 보험 통계 17만 5천여 건의 사고분석 결과, 1(중상, 폐질) : 10(경상) : 30(무상해사고, **물적 손실**) : 600 (무상해, 무사고 고장, 위험순간)의 비율로 사고가 발생한다는 법칙을 발표했다.

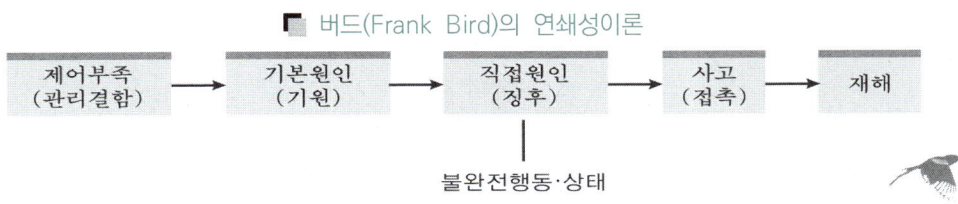

- 제어가 부족해서 → 기본원인이 되고 → 불안이(직접원인 되어) → 사고 및 재해가 일어난다.
  - 제어부족 - 기본원인 - 직접원인 - 사고   ▶ 암기: 제기직사 (* 제기랄! 직사했네)
  - 관리결함 - 기원(기본원인) - 징후 - 접촉 - 손실   ▶ 암기: 관기징접손 (* 그 거지 자식!)

- 하버드(하인리히+버드): 두 이론에서 가장 중요한 대책은 3단계 불안전한 직접원인의 제거이다.
  - 4M 이란? ① Man(인간) ② Machine(기계) ③ Media(작업) ④ Management(관리)   * 연상: 인기작가

• REFERENCE

지구를 사랑하는 별 하나가 있습니다.
그 별에는 아무도 살지 않습니다.
수억만 년 동안 지구만을 바라보며 존재해 온 그 별에는 아무것도 존재하지 않습니다.

지구 별을 바라보고 사랑하는 것만으로 행복하게 존재하는 그 별의 사랑 방식은
바로 비워짐이었습니다.
비워진 존재!
사랑하기 위해서, 사랑하기 때문에, 사랑함으로 온전히 비워 버리는 것은 그 별의 사랑법입니다.
항상 그만큼의 거리를 유지하며
더 멀리도 가지 않고 더 가까이도 오지 않으며 언제나 그 자리를 떠나지 않습니다.
사랑하기 때문에 유지된 그 거리까지도 그 별의 사랑법입니다.
항상 지구의 주변을 돌뿐입니다.
그 별은 바로 달입니다. 지구 하나만을 사랑한 참 오래된 별! 바로 달입니다.

CHAPTER 04 재해예방 및 조사 (4장)

> **학/습/목/표**
> 재해예방대책과 재해조사의 개념을 살펴본다.
> • 재해예방의 4원칙과 사고예방대책의 원리 5단계를 파악함.
> • 재해조사의 목적, 원칙, 순서를 파악함.

제1절 재해예방 대책

1 재해예방의 4원칙 ☆ 14 소방위, 15 울산장, 14, 19 소방교(* 내용이 나옴)

예방 가능의 원칙	천재지변을 제외한 모든 인위적 재난은 원칙적으로 예방이 가능하다.
손실 우연의 원칙	사고의 결과로서 생긴 재해 손실은 사고 당시의 조건에 따라 우연적으로 발생한다. 따라서 재해 방지의 대상은 우연성에 좌우되는 손실의 방지보다는 사고 발생 자체의 방지가 되어야 한다.　＊ **오답** : 손실필연
원인 연계의 원칙	사고발생에는 반드시 원인이 있고 대부분 복합적으로 연계되므로 모든 원인은 종합적으로 검토되어야 한다.
대책선정의 원칙	사고의 원인이나 불안전 요소가 발견되면 반드시 대책을 선정 실시하여야 하며 사고 예방을 위한 가능한 안전대책은 반드시 존재한다.

■ 대책은 재해방지의 3기둥(3개의 E)이라 할 수 있는 다음의 것이 있다.
　① Engineering(**기술**적 대책) :
　　안전 설계, 작업환경・설비의 개선, 행정의 개선, 안전기준의 설정, 점검 보존의 확립 등
　② Education(**교육**적 대책) : 안전지식 또는 기능의 결여나 부적절한 태도 시정
　③ Enforcement(**관리**적 대책) :　☆ 14, 21 위,　　　　　　　▶ **암기** : 기술교관
　　관리적 대책은 엄격한 규칙에 의해 제도적으로 시행되어야 하므로 다음의 조건이 충족되어야 한다.★★
　　❶ 적합한 기준 설정　　　　　　　　　❷ 각종 규정 및 수칙의 준수
　　❸ 전 작업자의 기준 이해　　　　　　　❹ 관리자 및 지휘자의 솔선수범
　　❺ 부단한 동기 부여와 사기 향상
　　　　　　　　　　　　　　　　　　　　　▶ **암기** : 설준이 동솔(* 설준이 통솔)

2 사고 예방대책의 기본원리 5단계* ☆ 12. 소방교, 위, 15 소방교, 22 소방교(순서 나옴), 24 장, 위

1단계 안전조직(조직체계확립)	**경**영자의 안전목표 설정, 안전관리자 선임, 안전라인 및 참모조직, 안전활동 방침 및 계획수립, 조직을 통한 안전활동 전개 등 안전관리에서 가장 기본적인 활동은 안전관리**조직**의 구성이다.
2단계 사실의 발견(현황파악)	**각**종 사고, 활동기록의 검토, 작업분석, 안전점검 및 검사, 사고조사, 안전회의, 토의, 근로자의 제안, 여론조사 등에 의해 **불안전 요소를 발견**한다.
3단계 분석 평가(원인규명)	**사**고원인 및 경향성 분석, 사고기록 및 관계자료 분석, 인적·물적 환경조건 분석, 작업공정 분석, 교육훈련 및 직장배치 분석, 안전수칙 및 방호장비의 적부 **분석** 등을 통하여 사고의 직접 및 간접 원인을 찾아낸다. 24 위
4단계 시정방법의 선정(대책선정)	**기**술적 개선, 배치조정, 교육훈련의 개선, 안전행정의 개선, 규정 및 수칙 등 제도의 개선, 안전운동의 전개 등 효과적인 **개선방법을 선정**한다.
5단계 시정책의 적용(목표달성)	**시**정책은 3E, 즉 **기**술(Engineering), **교**육(Education), **관리**(Enforcement)를 완성함으로써 이루어진다.

(*^^ 4단계는 이전p 재해예방 4원칙 중 '대책선정'과 같다) ▶ 내용 첫자 **암기**: 경각사기시

제2절 재해(사고)조사

(1) 재해조사의 목적
재해 발생 원인을 밝히어 가장 적절한 방지대책을 찾아 동종의 재해를 미연에 방지하는 데 있다.

(2) 재해조사의 원칙

① 조사자
  재해의 발단, 진행, 원인 등에 대해서 정확하고 공평하게 객관적으로 검토할 수 있는 사람이어야 한다.

② 실시방법
  소정의 양식에 의해 될 수 있는 한 진상에 대해서 깊이 파고들 필요가 있다.

③ 기본원인 추구와 대책의 중요도 부여
  직접적인 물체의 불안전한 상태와 사람의 불안전한 행동의 확정은 용이한 경우가 많지만~ 기본원인인 "4개의 M"(Man: 인간, Machine : 기계, Media: 작업정보, Management: 관리)은 즉각 정확한 판단이 나온다고 할 수 없다.
  인간적인 요인만 강조되어 그 이외의 요인이 지적되지 않는다든지 반대로 기계나 설비적인 요인만이 부각되어 인간적인 요인이 불문의 형이 되는 일이 있어서는 안 된다.
  기본원인에 대해서는 합리적, 과학적인 태도가 요구된다. 그러기 위해서는 불안전 상태와 불안전 행동의 각각에 대해서 개별적으로 기본원인을 검토하는 것이 좋다.

④ 조사 시 유의해야 할 사항 ★ 24 소방교

조기 착수	재해현장은 변경되기 쉽고, 관계자도 세세한 것은 잊어버리기 쉽기 때문에 조사는 재해 발생 후 <u>가능한 한 빨리 착수</u>하는 것이 좋다. 조사가 종료될 때까지 현장보존에 유의한다.
사실의 수집	현장상황을 기록으로 남기기 위하여 <u>사진촬영</u>, 재료시험, 화학분석을 필요로 하는 것은 신속히 실시한다. 또한 가능한 한 <u>피해자의 진술</u>을 듣는 것도 중요하다.
정확성의 확보	재해조사자는 냉정한 판단, 행동에 유의해서 조사의 순서·방법을 효율적으로 진행시킨다. 재해의 대부분은 반복형의 것으로 직접원인도 비교적 판단하기 쉬운 것이 많기 때문에 목격자, 기타 관계자의 설명에 주관적인 감정이 들어갈 가능성이 있다. 따라서 조사자는 이런 점에 충분히 유의해서 공정하게 조사를 배려하도록 하는 것이 필요하다. 또 판단하기 어려운 특수사고는 전문가의 협조를 의뢰하며 발생사실을 <u>은폐하여서는 아니 된다</u>. 조사자는 2인 이상이 한다.
5W 1H	재해조사는 그 사실을 5W 1H의 원칙에 입각하여 보고되어야 한다. ① 누가 (Who)　　　　　　② 언제 (When) ③ 어디에서 (Where)　　　　④ <u>왜</u> (Why) ⑤ <u>어떻게</u> (How)　　　　　⑥ <u>무엇을 하였는가</u>(하지 않았는가) (What) ※ 이 중에서 중요한 내용은 ④ ⑤ ⑥ 이다. 이 세 가지는 재해발생 원인에 확정적으로 관계되기 때문에 잘못이 있어서는 안 된다. ▶ 왜,어,무(＊ 왜? 어묵이 중요한가!)

(3) 재해조사의 순서*

재해조사를 효율적으로 정확하게 실시하여 가장 좋은 재발 방지대책을 수립하고 앞으로의 안전관리활동을 한층 더 충실하게 하기 위하여 다음의 순서대로 행하는 것이 좋다.

① 제1단계-사실의 확인
② 제2단계-<u>직</u>접원인과 문제점의 확인
③ 제3단계-<u>기</u>본원인과 근본적 문제의 <u>결정</u>　▶ 직기(＊ 찍기)
④ 제4단계-대책수립

　핵심요약

- **재해예방대책과 재해조사의 개념을 정리한다.**
  - 재해예방의 4원칙 - 예방가능, 손실우연, 원인 연계, 대책선정의 원칙이 있음.
  - 사고예방대책의 기본원리 5단계 - 안전조직, 사실의 발견, 분석평가, 시정방법의 선정, 시정책의 적용.
  - 재해조사의 목적은 재해발생의 원인을 밝혀 동종의 재해를 방지하는데 있음.
  - 재해조사의 원칙은 조자자의 공평성, 진상의 심도 깊은 조사, 기본원인 추구와 조사 시 유의사항은 조기 착수, 사실의 수집, 정확성의 확보를 들 수 있음.
  - 재해조사의 순서는 사실의 확인, 직접원인과 문제점의 확인, 근본적 문제의 결정, 대책수립임.

핵심정리 (단축기억)

1. 재해예방 대책

(1) 재해 예방의 4원칙★★ ☆ 14 위, 15 울산장, 14, 19 소방교(* 내용이 나옴), 16 강원, 19 소방장

재해란 재난으로 인하여 발생하는 피해를 말한다. 하인리히 재해 예방의 4원칙은 다음과 같다.

① 예방 가능의 원칙	천재지변은 막을 수 없지만, 인위적(사회) 재난은 예방이 가능하다는 원칙.
② 손실 우연의 원칙	사고결과의 재해손실은 사고당시 조건에 따라 우연적으로 발생한다는 원칙.
③ 원인 연계의 원칙	발생에는 반드시 원인이 있고 대부분 복합적 연계로서 종합적 검토가 필요.
④ 대책 선정의 원칙	원인 등 발견은 반드시 대책선정을 실시하며 기술적·교육적·관리적대책이 있다.

▶ **암기**: 예손원대(* 예방, 손실은 원대한데)

■ 대책은 재해방지의 세 기둥(3개의 E) ☆ 14, 21 위.
① Engineering(**기술**적 대책) : 안전설계, 작업환경·설비개선, 행정개선, 안전기준설정, 점검보존확립 등
② Education(**교육**적 대책) : 안전지식 또는 기능의 결여나 부적절한 태도 시정
③ Enforcement(**관리**적 대책) : 엄격한 규칙에 의해 제도적 시행으로 다음 조건이 충족돼야 한다. ▶ 기술교관
  ㉠ 적합한 기준 **설**정
  ㉡ 각종 규정 및 수칙의 **준**수
  ㉢ 전 작업자의 기준 **이**해
  ㉣ 관리자 및 지휘자의 **솔**선수범
  ㉤ 부단한 **동**기부여와 사기향상   ▶ 설준이 동솔(기술교관인 설준이가 동솔했다)

(2) 사고 예방대책의 기본원리 5단계* ☆ 12, 소방교, 소방위, 15 소방교(* 그 순서가 나옴)

하인리히의 재해 예방대책 실행을 위한 사고예방의 기본원리 5단계는 다음과 같다.

① 안전조직(조직체계 확립)	경영자의 안전관리 목표설정, 선임 등 가장 기본활동은 조직 구성이다.
② 사실의 발견(현황파악)	사고, 활동기록검토, 안전점검, 검사·사고조사 등 불안전요소 발견 등.
③ 분석평가(원인규명)	각종사고의 원인·**분석** 등을 통해 사고의 직·간접적인 원인을 찾는다.
④ 시정방법 선정(대책선정)	기술적·제도적 개선, 배치, 안전운동 등 효과적인 개선 방법을 모색.
⑤ 시정책의 적용(목표달성)	하베이가 주장했던 안전의 3대요소인 3E의 기술(Engineer), 교육홍보(Education), 관리·시행(Enforcement)을 완성화 한다.

▶ (1) (2) **암기**: 예손원대 안사분시시 + 조현원대목(* 예방, 손실은 원대한데 안사면 시시하다.)

CHAPTER 05 안전교육 (5장)

> **학/습/목/표**
> 안전교육의 필요성과 목적, 종류, 방법과 위험예지훈련에 대하여 살펴본다.
> • 안전교육의 필요성과 목적을 파악함.
> • 안전교육의 종류와 방법을 이해함.
> • 위험예지훈련의 목적과 진행방법을 파악함.

제1절 안전교육의 개관

1 안전교육의 필요성

소방활동 현장에서도 기본적인 직무를 안전하게 수행할 수 있는 지식과 기능·기술을 가지고 항상 그것을 안전하게 실행할 수 있는 능력을 가질 필요성이 있다.

2 안전교육의 목적 ☆ 10 강원장, 14 부산교, 장

안전교육은 소방대원으로 하여금 각종 소방활동현장에 내재한 잠재적 위험요인을 발견할 수 있는 능력과 안전한 소방활동을 할 수 있는 능력을 기르고 향상하여 안전사고를 방지하기 위하여 실시한다.
(*^^ 안전교육 목적은 아래 방목효과 3가지가 있다.)

① 안전교육의 방향	소방활동 안전교육은 사고사례를 중심으로 하는 것이 좋으며 안전의식을 함양하는 방향으로 교육을 실시한다. 과거 각종 재해현장에서 발생했던 안전사고사례를 선정하여 그 사고의 문제점과 대응책을 중심으로 교육하면 더욱 효과적이다.
② 안전교육의 목표	안전교육의 목표는 소방대원에 대한 아래 3가지 정도로 요약한다. ① <u>의식(정신)</u>의 안전화 ② <u>행동의 안전화</u> ☆ 10 강원장, ③ <u>기계·기구의 안전화</u> ▶ 암기: 의(정)행기(* 비행기)
③ 안전교육의 효과 14부산교장	① 잠재적 위험요인의 **발견능력** 향상 ② 사고발생 **가능성 예지** ③ 안전사고 예방 **기술** 습득 ④ 사고조사 및 비상상황 **대응력** 강화 ▶ 잠사안사 / 발가기대(* 발가벗고 기대효과)

3 안전교육의 방법 ★ 13 서울, 경북, 16, 24 소방교

(1) 안전교육의 방법 ▶ 암기: 강시토사역 (* 각 내용이 나옴)

① **강의식 교육** : 강사가 음성, 언어에 의거, 일방적으로 교육내용을 전달하는 방식을 주로 한다.

장 점 16경기교	① **경제적**이다.(다수에게 많은 지식을 일시에 제공 가능) ② 기초적인 내용, 논리적인 설명에 효과적이다. ③ 시간이 절약된다. ④ 강의내용이나 진행방법을 자유롭게 변경시킬 수 있다. ⑤ **교육생 상호 자극에 의한 학습효과가 높아**진다.(* 시험, 포상 등으로 경쟁의식이 높다) ⑥ 정보전달에 효과적이다.
단 점	① 일방적, 획일적, 기계적이므로 교육생이 단조로움을 느낀다. ② 교육생 개개인의 이해정도를 파악하기 어렵다. ③ 교육생을 수동적인 태도에 몰아넣고, 스스로 생각하려는 적극성을 잃게 된다. ④ 교육 중 질문을 받게 되는 경우가 드물기 때문에 강의에 흥미를 잃기 쉽다.

② **시범실습식 교육** ★ 24 교

시범실습식은 교육생의 경험영역에서 교재를 선정하고 배열하는 교육법으로 직접 사물에 접촉하여 관찰·실험하고 수집·검증·정리하는 직접경험에 의해 지도하려는 것이다.

장 점	① 행동요소를 포함하는 기술교육에 적합하다. ② 교육생의 적극적인 참여를 가져온다. ③ **이해도 측정이 용이**하다. ★ 23 위 ④ 의사전달의 효과를 보완할 수 있다.
단 점	① 시간이나 장소, 교육생의 수에 제한을 받는다. ② **사고력 학습에 부적합**하다.(* 예습복습이 없어 생각, 궁리하는 힘이 부적합하다는 뜻!)

❖ 진행방법 : 설명단계 → 시범단계 → 실습단계 → 감독단계 → 평가단계가 있다. ▶ 암기: 설시실감

③ **토의식 교육** ★ 15 인천장

피교육자간의 토의를 전제로 해서 목적하는바 최선책을 취해나가는 방식이다

이것은 인간이 동료들 사이에 듣고 싶은 ❶**사회적 욕구** / 자기의 의견을 인정받고 싶은 ❷**자아욕구** / 자기의 생각을 반영시키고 싶은 ❸**자아실현욕구** 등에 따른 기법으로서, 학습활동에의 능동적인 참여와 자주적인 학습을 조직해서 피교육자 상호간의 계발작용도 기대할 수 있는 효과가 큰 기법이다. 이 교육은 어느 정도 안전지식과 실제경험을 가진 자에게 효과적이다.

목 적	① 적극적이고 자발적으로 참여할 수 있도록 한다. ② 교육내용의 **이해도를 정확히 측정**한다. ③ 여러 사람의 지식과 경험을 공유한다. ④ 집단생리를 터득하고 회의 운영기술을 습득한다.
토의조건	① 공평한 발언기회를 부여한다. ② 자유로운 토의 분위기가 조성되어야 한다. ③ 참가자는 주제에 어느 정도 지식과 경험이 갖추어져야 한다. ④ 강사는 토의의 목적과 방법을 명확히 하여 교육생을 유도한다.

④ **사례연구법**(문제해결식 교육)＊ ☆ 14 경남장, 16 경기장, 16, 18, 23 위

미국 하버드대에서 개발된 토의방식의 일종인 교육기법으로 재해(사고)사례해결에 직접 참가하여 그 의사결정이나 해결과정에서 어떤 문제의 핵심원인을 집단토의에 의해 규명하고 판단력과 대책을 개발하려는 것이다. 단기간의 실무에서 발생하는 문제에 접하여 그 해결을 위하여 고도의 판단력을 양성할 수 있는 유효한 귀납적인 방법이다.

(*^^ 귀납: 개개의 구체적 사실이나 원리에서 일반적인 명제 및 법칙을 유도해 내는 일)

장 점 23위	① 현실적인 문제의 학습이 가능하다. ② 흥미가 있고 학습동기를 유발할 수 있다. ③ 생각하는 학습 교류가 가능하다.
단 점	① 원칙과 룰(rule)의 체계적 습득이 어렵다. ② 적절한 사례의 확보가 곤란하다. (*^^ 사례: 어떤일의 전례나 실례) ③ 학습의 진보를 측정하기 힘들다.

❂ 사례연구의 진행단계   ▶ **암기**: 제사다 핵해피(* 사례 제시를 핵 회피)
  · 제1단계(도입 및 사례의 **제**시)   · 제2단계(사례의 **사**실파악)   · 제3단계(**다**수의 문제점 발견)
  · 제4단계(**핵**심 문제점 발견)   · 제5단계(**해**결책 수립)   · 제6단계(**피**드백(Feed Back))

■ 사례연구는 시대적인 요구에 합치되는 교육훈련기법이나 사례연구에 의한 지도는 결코 용이하지 않다. 그러나 문제의 핵심을 잡아 기본적 행동으로 만들어 내는 프로세스에 성공한다면 가장 효과가 큰 훈련기법이 된다.

⑤ **역할기법**(Role Playing)   ▶ **암기**: 하버드 사례, 루마니아 역할

현실에 가까운 모의적인 장면을 설정하여 그 안에서 각자가 특정한 역할을 연기함으로서 현실의 문제해결을 생각하는 방법과 능력을 몸에 익히는 방법이다. "루마니아의 모레노"가 창안한 심리극에서 유래된 것으로, 부여받은 상황에서 연기자에게 자유롭게 연기를 하도록 하고, 종료 후에 각각의 입장에서 문제점, 대책 등 전원이 토의하고 검토한다.

장 점	① 연기자는 학습 내용을 체험하여 몸으로 배울 수 있고 자기의 행동에 관해서 여러 가지 의견을 들을 수 있다. ② 다른 사람의 연기를 보고 많은 것을 배울 수 있다.
단 점	① 관리력 등 높은 정도의 능력 훈련에는 적당하지 않다. ② 취해야 할 자세를 강의로 가르치고 그것을 연기하는 등 다른 방법과 결합하는 것이 필요함. ③ 연기자가 진지해지지 않는 경향이 있다.

❂ 실시단계 : **설**명 → **웜**밍업 → **역**할결정 → **연**기실시(5~15분) → **분**석, 검토 → **재**연
  ▶ **암기**: 설워 역할 연분재(* **연상**: 서러워 **역할** 연기 분석하고 다시 재연)

※ 참고(키워드) ☞ ① 강사 ② 직접 ③ 3가지 욕구, 경험자 ④ 하버드, 단기간, 귀납적 ⑤ 모의장면, 루마니아

(2) **교육실시상 주의사항**

주의사항	① 교육내용은 구체적이고 실제와 연결할 것 ② 교육대상자의 지식, 기능에 따른 교재 작성 ③ 피교육자의 이해도를 측정하며 어려운 것은 반복 실시 ④ 강의는 시청각교육과 결부 ⑤ 피교육자가 머리를 쓰도록 (유도)할 것

4 안전교육의 종류와 내용 ☆ 13 서울, 16 전북장, 22 소방장

구 분	종 류	교육내용	교육방법의 요점
능력 개발	지식교육	• 취급하는 기계·설비의 구조, 기능, 성능의 개념형성 • 재해발생 원리를 **이해**시킨다. • 안전관리, 작업에 필요한 법규, 규정, 기준을 알게 한다.	알아야 할 것의 개념 형성을 꾀한다.
	문제해결 교육	• 원인지향의 문제해결로 과거·현재의 문제를 대상으로 사실확인 문제점발견, 원인탐구에서 대책순서를 알게 한다. • 목표지향의 **문제처리**를 할 수 있게 한다.	사고력과 종합능력을 육성한다.
	기능교육	• **화재진압·구조·구급 등의 작업방법**, 기계·기구류의 취급 등 조작방법을 **숙달**시킨다. ▶ 지문기능	응용능력의 육성이며 실기를 주체로 한다.
인간 형성	태도교육	• 안전작업에 대한 **몸가짐 마음가짐**을 몸에 붙게 한다. • 안전규율, 직장규율을 몸에 붙이도록 한다. • 의욕을 갖게 한다.(* 청취➡ 이해➡ 모범➡ 권장➡ 평가순)	안전의식에 관한 가치관 형성교육을 한다.

◉ 상기 4가지로 크게 분류하고, 그 외 교육효과를 거양하기 위한 추후지도, 정신교육 등을 들수 있다. (*추정)

■ **안전교육의 종류** ☆ 24 소방교 (③ 괄호문제 출제)

안전교육은 소방활동 시 불안전 상태·행동 등에 대하 안전하게 활동하는 방법과 마음을 가지게 가르치는 것이다. 안전교육은 아래 4가지로 크게 분류하고, 교육의 효과를 위한 추후지도, 정신교육을 들 수 있다.

① **지식교육**: 교육의 첫걸음은 지식을 주는 일에서 시작됨은 당연하다. 지식은 사물에 관하여 분명히 알고 있는 사실이며, 지식이 새로운 다른 지식을 만들어낼 수는 없다.

② **문제해결교육**: 안전지식을 지식에서 끝내지 않고 작업에서의 사람과 물건의 움직임 중에서 불합리와 위험을 찾아내고 그것을 해결하는 지혜로 승화시키는 교육으로서, 위험예지훈련은 그 예이다.

③ **기능교육**: 안전은 안전지식을 얻는 것만으로는 달성되는 것은 아니다. 그것은 교육으로 얻은 지식을 실행에 옮겨질 때 비로소 그 효과가 나타나는 것이다. 지식을 가지고 있다는 것은『할 수 있다』는 것과는 별개의 문제이다. **기능교육**은 현장에서 실행함으로써 그 실효를 맺을 수 있다. 안전에 관한 **기능교육**의 주목적은 대원에게 안전의 수단을 이해·습득케 하여 현장활동 안전을 실천하는 능력을 기른다. ☆ 24 교

④ **태도교육(예의범절)** : 교육은 기능이나 지식을 주는 것뿐만 아니라 원리에 따른 행동·태도를 항상 지속할 수 있는 인간을 육성하는 것이 최종 목적이다. 안전을 위해 실행해야 하는 것은 반드시 실행하고, 해서는 안 되는 것은 절대 하지 않는다는 태도를 가지게 하는 교육으로서 일명 예의범절 교육이라고도 한다.

- 태도교육을 외부의 통제라고 생각하면 그것을 인정해도 그에 동조하기 싫게 된다. 강요나 벌칙보다는 반복해서 설명·설득하는 것, 실행하면 칭찬과 격려를 하는 것이 중요하다. 다음으로 중요한 것은 감독자나 직장 리더는 부하로부터 신뢰와 권위를 느껴서 따를 수 있는 존재가 되도록 리더십을 발휘해야 한다.

⑤ **추후 지도**: 지식, 기능, 태도교육을 반복 실시하며 특히 태도교육에 중점을 둔다.

⑥ **정신교육**: 대원에게 인명존중의 이념을 함양시키고, 안전의식 고취와 주의집중력 및 긴장상태를 유지시키기 위한 교육이다. 정신상태가 잘못되면 불안전한 행동으로 나타나고 불안전한 행동은 안전사고에 연결되므로 잘못된 정신상태를 교육으로 교정하여야 한다.

제2절 위험예지훈련 ★★★

☆ 12 교, 위, 13 인천장, 15 울산, 16 부산, 18 소방교

1 안전의 확보

안전의 확보란 소방활동 시「사고 없는 활동」을 위해「안전」을 저해하는 문제를 해결하고, 또한 활동 상 위험요인을 행동하기 전에 발견·배제하여 사고발생을 예방, 방지하는 것을 말한다.

(주1.) 불안전한 상태	사고의 원인으로서 불안전 행위와 비교하여 보다 근원적인 원인이라고 할 수 있다. 물건이나 시설에서 무엇인가 결함이 있는 경우에는 대원의 불안전 행위가 없어도 사고는 발생할 수 있다. 예를 들면, 장비·기자재의 설계 불량이나 재질의 불량품 등이 있는 경우이다. ❂ 일반적으로 ① 재해현장의 활동장소 및 활동환경 등 전반이 불안전한 상태를 말한다. / ② 훈련·연습 시에는 예를 들어 비 올 때 높은 장소 진입훈련, 훈련시설의 노후화·부식화, 훈련장소의 난잡 등
(주2.) 불안전한 행위	① 안전한 상태를 불안전 상태로 바꿔 놓는 행위 또는 사고 발생의 조건을 유발시킬 우려가 있는 행위를 말한다. / ② 예를 들면 담장위에서 안전조치를 취하지 않고 방수를 하는 행동 불안한 자세로 중량물을 지지하거나, 농연(짙은 연기)이 충만된 개구부를 함부로 열거나, 아래를 확인하지 않고 상층부의 유리를 파괴하는 등의 행위를 말한다.

2 위험예지훈련의 의의 및 목적

위험예지훈련의 의의	① 위험예지훈련은 종래 사용해 오던 여러 가지의 교육 및 훈련기법과는 다른『전원참가의 기법』이다. / 즉 위험예지훈련은 직장이나 작업의 상황 속에서 잠재하는 위험요인을 직장 소집단에서 토의하고 생각하며 행동하기에 앞서 해결하는 습관화하는 훈련이다. ② 일본에서는 동경소방청이 지난 80년 안전주임 교육에서 실습을 실시한 것을 시작으로 초급 간부 보직연수에서 계속하고 있으며, 화재현장의 안전 확보에 대하여 충분한 성과를 기대할 수 있기 때문에 실시 요령을 일부 수정하여 전국으로 보급을 확대하고 있다.
위험예지훈련의 목적	① 이 훈련의 목적은 소방활동현장이나 훈련·연습교육장에서 '섬뜩하거나' 또는 '가슴이 철렁 내려앉는' 사례와 ② 소방활동이나 훈련·연습 시에 잠재하는 수없이 많은 위험요인 등을 포착하여 그 위험성을 정확하게 인식하고 안전을 확보하는 방향으로 대응책을 수립하는 것이다.

3 위험예지훈련의 개요 ★★

(1) 감수성을 높인다

안전을 확보하기 위해서는 위험에 대한 감수성을 높이는 것이 필요하다.
위험예지훈련은 소방활동이나 훈련·연습 중에서 위험요인을 발견할 수 있는 감수성을 소대원(개인) 수준에서 <u>소대(팀)</u>수준으로 높이는 훈련이다.

(2) 모임(Meeting)의 중요성을 인식한다** ☆ 13 부산, 14 서울장, 부산장, 인천장, 15 울산교

안전을 확보하기 위해서는 소대 내에서 적극적인 토론, 회합이 필요하다. 위험예지훈련은 위험요인에 대하여 토론, 연구, 이해를 돕기 위한 모임의 훈련이다. 토론이 중요한 의미를 가지므로 브레인스토밍(Brain Storming)* 요령으로 실시하며 특히 다음 사항에 유의한다.
① 편안한 분위기에서 행한다.
② 전원이 자유롭게 발언한다.
③ 발언에 대하여 비판은 하지 않으며 논의도 하지 않는다. (*^^ ㅠㅠ, 음!, 에이!)
④ 타인의 이야기를 잘 듣고 서로가 자기의 생각을 높여가도록 한다.
⑤ **질**보다는 **양**을 중요시한다.(*^^ 많은 발표를 원한다)   * 오답: 양보다 질을 중요시 한다.

4 위험예지훈련의 흐름의 효과

(1) 훈련의 흐름
① 소방활동이나 훈련·연습상황을 그림으로 나타낸 시트(Sheet, 종이)를 사용하여 그 가운데에 "어떠한 위험이 잠재하고 있는가?"를 소대 내에서 활발하게 토의하여 위험 요인을 도출한다.
② "이것이 문제다." 라고 파악된 위험요인에 대해 "해결하려면 어떻게 하는 것이 좋을까"를 전원이 단시간에 생각하여 결정하는 훈련이다.

> ■ 훈련시트 작성의 유의점   ☆ 12경기, 13 인천, 위 14 인천, 15 울산장, 21, 24 소방교
> ① 시트는 대원의 친숙도가 **큰** 상황(예 사고 사례나 신체 훈련의 상황 등)으로부터 선정하는 방법이 부드럽게 진행이 된다. * 오답: 양보
> ② 한 장의 시트에 여러 가지 상황을 기입하지 **말 것**. (한장에 1가지)   * 오답: 기입한다
> ③ 아주 자세한 부분까지 그려 넣지 **말 것**. (대충!)   * 오답: 그려넣는다
> ④ 어두운 분위기가 아닌 **밝은** 분위기로 그려진 것이 좋다.
> ⑤ 간단한 조사, 잘못된 조사가 되어서는 안 되기 때문에 <u>고의</u>로 제작한 도해가 <u>아닐</u> 것.
> ⑥ 도해의 상황이 광범위한 활동 등에 미치는 경우에는 그 가운데의 특정 부분에 <u>한정</u>하여 실시하는 것도 하나의 방법이다.

(2) 준비작업

준비물	도해시트(훈련시트), 모조지(갱지·흑판·OHP 등), 필기구
팀 편성	1조의 인원을 <u>5~6명</u>으로 한다.
역할분담	리더, 서기로 정한다. 필요에 따라 발표자, 리포트담당 등으로 구분하되, 현장에서 리더가 서기를 겸해도 좋다.
시간 배분계획	어느 단계까지 하느냐, 각 단계를 몇으로 할 것인가, 특히 제1단계에 몇 개의 항목을 채택할 것인가 등을 미리 결정해 멤버에게 알려 둘 것
훈련의 취지설명	처음 참가하는 경우에는 왜? 이 훈련을 하는가를 알기 쉽게 설명한다.

(*^^ 브레인스토밍: 회의에서 모두가 아이디어를 제출하여 그 중에서 최선책을 결정하는 방법)

(3) 훈련의 효과

훈련의 효과	① 상기 훈련의 흐름에 의하여 소대원의 위험에 대한 감수성이 높아진다. 　다시 말하면 하찮은 위험요인이라도 이것을 발견(지적)하는 것은 감수성이 높음을 나타나는 것이며, 반면에 자기의 생각으로 이해할 수 없는 요인에는 '정말 그러한 것도 있구나'라고 생각이 들게 됨으로써 다른 사람의 감수성을 높여 주는 효과가 있다. ② 전원이 납득하면서 단계에 따라 토의를 진행하는 것으로 횟수를 중복하는 중에 문제해결 능력이 향상된다. ③ 행동에 따른 안전 확보는 그때 그 장소에서 임기응변의 대응이 불가결이다. 　- 위험예지훈련에 의한 단시간 Meeting은 임기응변의 요청에도 첨가되는 것이다. 　- 즉 위험으로의 감수성 수준이 향상되고, 활발한 토의가 습관화되는 것에 의하여, 예를 들면 위험을 인지하였을 때 즉시 소리를 내어 주변의 대원에게 알림과 동시에 대응책도 고려하도록 하는 방법이다. ④ 활발한 분위기 중에 소대 전원이 지식이나, 체험을 각자의 안전에 도움이 되도록 하려는 점에서 팀워크방식이 유익하다 ⑤ 예지훈련의 축적으로 여러 가지 상태의 견해나 방법이 개발되고 시야를 넓혀 사례를 찾아내는데 효용이 있다.

5 위험예지훈련의 진행방법

그림에 있는 소방활동이나 훈련·연습의 상황 속에 "어떠한 위험이 잠재하고 있는가"를 소대원이 토론할 경우 다음의 문제 해결의 4가지 단계를 거쳐 순서에 따라 진행한다. ▶ 파악추구수립달성

위험예지훈련 진행사항　★　☆ 10 위, 12 경기, 13 울산교, 16 부산교, 22 소방교

라운드	문제해결 라운드	위험예지훈련 라운드	위험예지훈련 진행방법
1R	위험<u>사</u>실을 파악 (<u>현상</u>파악)	'어떠한 위험이 잠재하고 있는가'	모두의 토론으로 그림 상황 속에 잠재한 위험요인을 발견한다.
2R	위험<u>원</u>인을 조사 (<u>본질</u>추구)	'이것이 위험의 요점이다'	발견된 위험요인 가운데 이것이 중요하다고 생각되는 위험을 파악하고 ○표, ◎표를 붙인다.
3R	<u>대</u>책을 세운다 (<u>대책</u>수립)	'당신이라면 어떻게 할 것인가'	◎표를 한 중요위험을 해결하기 위해서는 '어떻게 하면 좋은가'를 생각하여 구체적인 대책을 세운다.
4R	행동계획을 <u>결</u>정 (<u>목표</u>달성)	'우리들은 이렇게 한다'	대책 중 중점실시 항목에 ※표를 붙여 그것을 실천하기 위한 팀 행동 목표를 세운다.

▶ 전체암기: 사원대결 파추수달(* 사원대결 파주수달) / ▶ 우측칸 암기: 잠요어이

6 위험예지훈련 행동매뉴얼 예시 및 시트(Sheet)

(1) 행동매뉴얼:

4라운드 기법을 통한 그림과 행동매뉴얼 예시를 다음과 같이 제시하였으며 지적확인 자세 및 touch & call은 아래 그림과 같다.

■ 지적확인 자세 ■

■ 지적확인 동작 ■

■ touch & call ■

■ 위험예지훈련 시트 예 ■

(2) 훈련시트(위험예지훈련 시트):

다음의 그림을 참고하여 위험예지훈련 제1~4라운드 진행방법과 touch & call로 종료하는 행동매뉴얼 예시를 제시하였다.

■ **위험예지 훈련 행동 매뉴얼**(예시) ■

1. 지적확인 자세
   - 차렷 자세에서 발을 어깨 넓이 만큼 벌리고 왼발은 한 발짝 앞으로 내어 말굽이 자세로 하며, 양손을 허리에 올린다.
   - 오른손을 검지와 중지를 한데 모아서 오른쪽 귀 높이까지 들어서 힘차게 자기의 눈높이까지 쭉 펴면서 ~ 좋아! 라고 제창한다.

2. Touch & Call
   - 전원이 원형으로 모여서 왼손의 엄지와 새끼손가락을 서로 잡아 지휘관(현장안전점검관)의 지휘 하에 오른손을 귀 높이까지 들어 지적하며 끝으로 ○○소방서 무사고로 나가자 좋아! 라고 3회 제창한 후 박수를 3회 치며 Touch & Call을 종료한다.

준비	① **개인 역할분담** • 1번 대원 : 현장안전점검관 • 2번 : 관창수 • 3번 : 관창보조 • 4번 : 운전원
도입	② 개인 보호장비 점검 지적확인 실시 • 4인 1조의 구성원으로 상호 마주 보며 지적 확인을 하되 1번원이 지휘관(현장안전점검관)으로 가정하여 선창하면 대원이 제창으로 진행 • 헬멧 턱끈 좋아! • 공기호흡기 면체 및 충전압력 000kg/㎠ 좋아! • 방수화 상태 좋아!

4Round 기법활용	◇ 지휘관(현장안전점검관)[대원 1] : 지금부터 위험예지훈련을 실시하겠습니다.
	  오늘은 제시된 도해와 같이 건축물에서 화재를 진압하고 있습니다.
	  위험예지훈련 4라운드 기법을 통한 행동매뉴얼에 따라 각자 발표를 하여 주시기 바랍니다.
	③ **1R(현상파악)** : 어떤 위험이 잠재하고 있는가?

	• 지휘관(현장안전점검관) : 건축물 화재와 관련하여 제 1라운드의 현상파악에서는 어떤 위험이 잠재하고 있습니까? ⇒ - 대원 2 :『 ~ 해서 ~ ㄴ다. 좋아!』또는『 ~ 때문에 ~ 다. 좋아!』 　(예시 : 안전을 소홀히 하면 다치게 된다. 좋아!, 개인보호장비 점검을 소홀히 하면 위험에 처할 수 있다 좋아!) ⇒ - 대원 3 :『 ~ 해서 ~ ㄴ 다. 좋아!』또는『 ~ 때문에 ~ 다. 좋아!』 　(예시 : 주의집중을 하지 않으면 사고가 날 수 있다. 좋아!) • 안전점검관 : 네, 좋으신 의견을 제시해 주셨습니다.
4Round 기법 활용	④ **2R(본질추구)** : 이것이 위험의 포인트이다! • 지휘관(현장안전점검관) : 제 2Round의「본질추구」에서 위험의 포인트를 말씀해 주시기 바랍니다. 　⇒ - 대원 4 :『 ~ 해서 ~ ㄴ 다. 좋아!』 　(예시 : 1. 혼자 방수하다 장애물에 걸려 넘어질 수 있다. 좋아! 　　　　　2. 안전장비를 착용하지 않으면 위험할 수 있다. 좋아! 　　　　　3. 난간에서 떨어지면 크게 다칠 수 가 있다. 좋아!) • 지휘관(현장안전점검관) : 네, 맞습니다. 여러 의견 중에 난간에서 떨어지면 크게 다칠 수 있겠지요? 〈위험의 포인트〉 • 지휘관(현장안전점검관) : 오늘 위험의 포인트는『난간에서 떨어지면 크게 다칠 수가 있다』로 하겠습니다. - 지휘관의 선창에 따라 1회만 제창하겠습니다. 　- 위험의 포인트(지휘관이 선창하면 대원은 후창한다),『난간에서 떨어지면 크게 다칠 수 있다. 좋아!』 ⑤ **3R(대책수립)** : 당신이라면 어떻게 할 것인가? • 지휘관(현장안전점검관) : 다음은 제 3Round의「대책수립」에서 안전사고를 방지하기 위해서는 어떻게 하면 좋은지 의견을 제시하여 주시기 바랍니다. 　⇒ - 대원 2 :『 ~ 이런 상황에서는 ~ 이렇게 하는게 좋겠습니다.』 　(예시 : 1. 안전을 확보하고 방수하자. 좋아! 　　　　　2. 2인1조로 방수하자. 좋아!) • 지휘관(안전점검관) : 네, 그렇습니다. 아무리 강조해도 안전을 확보하고 방수하는 것이 제일입니다. 안전을 확보하고 2인1조로 방수하여야 하겠습니다. ⑥ **4R(목표설정)** : 우리들은 이렇게 하자! • 지휘관(현장안전점검관) : 그럼 다음은 제 4Round의「목표설정」인 팀의 행동목표를 말씀해 주시기 바랍니다. ⇒ - 대원 3 :『 ~을 ~ 하여 ~ 하자. 좋아!』 　(예시 : 안전을 확보하여 사고를 방지하자. 좋아!) • 지휘관(현장안전점검관) : 네, 안전을 확보하여 사고를 방지하여야 합니다. • 지휘관(현장안전점검관) : 그럼, 팀의 행동목표를 One Point로 줄여 지적확인을 해 주시기 바랍니다. 　- 대원 4 :『안전확보 좋아!』 • 지휘관(현장안전점검관) : 네 좋습니다. 그럼 오늘의 One Point는『안전확보 좋아!』로 하겠습니다. 　- 안전점검관이 선창하면 다같이 3회 반복하여 제창하겠습니다. • 지휘관(현장안전점검관) :『안전확보 좋아!』 　- 전 대원 :『안전확보 좋아!』3회 연속적으로 제창
Touch & Call	⑦ **Touch & Call** • 지휘관(현장안전점검관) : 그럼 끝으로 Touch & Call 로 위험예지 훈련을 마치도록 하겠습니다. 　⇒ - 전 대원 Touch & Call 준비. 　- ○○소방서 무사고로 나가자. 좋아!(3회 제창 후, 박수 짝! 짝! 짝!) • 지휘관(현장안전점검관) : 위험예지훈련 끝

핵심

(1) 위험예지훈련의 개요★★ ☆ 14서울장, 부산장, 인천장

위험예지훈련은 브레인스토밍(Brain Storming) 토론방식을 사용한다.
① 편안한 분위기에서 행한다.
② 전원이 자유롭게 발언한다.
③ 발언에 대하여 비판은 하지 않으며 논의도 하지 않는다.
④ 타인의 이야기를 잘 듣고 서로가 자기의 생각을 높여가도록 한다.
⑤ <u>질보다는 **양**을 중요시한다</u>.(*^^ 많은 발표를 얻한다)　＊ 오답: 양보다 질을 중요시 한다.

> ■ 훈련시트 작성의 유의점　☆ 13 위 15 울산장,
> ① 시트는 대원의 친숙도가 **큰** 상황(예 사고 신체훈련 상황)으로부터 선정하는 방법이 부드럽게 진행된다.
> ② 한 장의 시트에 여러 가지 상황을 기입하지 말 것.
> ③ 아주 자세한 부분까지 그려 넣지 말 것.(대충 골격만 그린다) 21 소방교
> ④ 간단한 조사, 잘못된 조사가 되어서는 안 되기 때문에 고의로 제작한 도해가 아닐 것.
> ⑤ 어두운 분위기가 아닌 밝은 분위기로 그려진 것이 좋다.
> ⑥ 도해의 상황이 광범위한 활동에 미치는 경우는 그 가운데의 특정 부분에 한정하여 실시할 수도 있다.
> (*^^ **키워드**: 크고 부드럽게, 한 장마다, 대충, 밝게 또한 고의가 아니며 특정부분에 한정)
> ▶ **암기**: 특정 크부 한 대박 / ＊ **연상**: 고의 아니면 특정부분에 크고 부드럽게, 한 장마다, 대충, 밝게)

(2) 위험예지훈련 진행방법★ ☆ 13 울산교, 16 부산교

이 훈련은 시트(종이) 등을 사용하여 토의하고, 행동에 앞서 4단계를 순서대로 행한다.
① 현상**파악**(위험사실 파악): 그림을 통해 잠재적 요인을 발견한다.
② 본질**추구**(위험원인 조사): 그 중 중요한 위험을 파악하고 O표, ◎표를 붙인다.
③ 대책**수립**(대책을 세움): ◎표를 해결하기 위하여 대책을 세운다.
④ 목표**달성**(행동계획 결정): 중점실시 항목에 ※ 표를 붙여 실천하기 위한 목표를 세운다.

▶ **암기**: 파추수달(사원대결)

＊ 위험 예지훈련 : 이 훈련은 팀 전원이 참여하여 직장, 작업 상황 속에서 잠재적 위험 요인을 그림으로 시트(종이) 등을 사용하여 토의한다. 직장 소그룹에서 대화하고, 서로 생각하여 서로 이해해서 위험의 포인트나 중점실시 사항을 지적 확인해서 행동하기 전에 해결하는 훈련으로 질보다 많은 양을 유추해본다.

CHAPTER 06 신체의 적합성과 체력증진계획 (6장)

> **학/습/목/표**
> 소방업무와 신체능력의 적합성, 체력증진계획, 스트레스 예방 및 관리계획을 살펴본다
> • 소방업무와 체력증진, 현장 활동, 직업병과 건강이력서 작성을 살펴봄.
> • 소방관의 체력증진계획을 파악함.
> • 스트레스의 예방 및 관리 방안 마련함

제1절 소방업무와 신체능력과의 적합성

1 소방업무와 체력증진

소방대원이 복도와 계단을 신속히 이동하고 사다리를 오르며, 경사진 면(面)에서 화재를 진압하려면 강한 지구력(持久力)이 필요하다. 또한 장비를 다루거나 사다리를 접을 때 혹은 사다리를 오를 때에는 유연성(柔軟性)도 필요하다. 그러나 소방대원들은 이러한 현장활동에 사전준비(Warming-Up)가 없을 뿐만 아니라, 10kg 이상의 보호복과 개인장비를 착용(휴대)한 상태에서 활동에 임해야 한다.
– 이하 생략 (* 중요도 없음)

제2절 소방대원의 체력증진계획

3 체력증진계획의 시행에 있어서 유의 사항   1 2 생략 (* 중요도 없음)

심장질환과 관련 있는 주요한 원인은 다음과 같다.
① 콜레스테롤의 증가에 의한 혈관의 비만
② 혈압의 상승
③ 흡연행위
④ 운동부족 및 스트레스(Stress)의 축적(蓄積)
⑤ 준비되지 않은 상태에서의 과도한 신체·정신적 부하(負荷)

제3절 스트레스의 예방 및 관리

1 스트레스의 의의

스트레스란 '신체적, 정신적 긴장이 원인이 되어, 몸 안에서 일어나는 일련의 비특이적(非特異的, 日常的)인 방어반응(防禦反應)'이라고 정의할 수 있으며, 질병의 원인이 되기도 한다.

(1) 스트레스의 요인* ☆ 14 인천장

소방대원들에게 정신적 스트레스를 가(加)하는 주요한 요인들을 열거하면 다음과 같다.

① 사고현장에서 충격적인 장면목격 및 공포감
② 화재현장에서의 소사체(燒死體) 목격 (*^^ 소사체: 소실된 사체)
③ 동료대원들의 순직, 죽음에 대한 공포
④ 사망자 유족들의 흐느낌·오열
⑤ 비정상적 근무체제, 출동에 대한 정신적 긴장
⑥ 상관 및 동료들과의 부조화(不調和)
⑦ 업무량의 과중
⑧ 조직 외적인 요인(구조조정, 보수의 불만족 등) 등 ▶ 공소순사 비상과외

(2) 신체적 스트레스와 예방

① 소방대원의 순직과 부상의 원인은 신체적 스트레스와 매우 깊은 관련성을 가지고 있다.
② 이러한 것은 정신적 인내심 및 저항능력을 약화시켜 결국 사고 내지 질병과 연결될 수 있다.
③ 각종 현장에서의 스트레스(Stress)가 심장마비라는 치명적인 결과를 초래할 수 있다.
④ 체력증진계획을 적극 실천하면 부상, 질병, 사망률을 줄일 수 있다.

2 정신적 스트레스

(1) 소방활동과 정신적 스트레스

① 소방업무에 장기간 종사하고 있는 선임대원들은(예 구조대원인 경우) 신임대원들보다 비교적 적은 양의 스트레스를 겪으면서 구조활동에 임할 수 있다.
② 왜냐하면 그 사고와 유사한 수많은 사고를 수습했던 경험이 있기 때문이다.

(2) 스트레스와 신체방어체계

① 인간의 신체는 자신이 견딜 수 있는 스트레스의 한계를 초과하는 사고현장에 노출될 경우 신체적·정신적으로 매우 민감하게 반응한다.
② 대형사고 현장활동 후의 체력쇠약으로 인한 극도의 피로와 현장활동 후의 비정상적 행동은 주로 각 개인이 스트레스에 효과적으로 대처하지 못하고 있기 때문이다.

3 스트레스의 징후(Sign)* ☆ 14 인천장

① 사고현장에서의 부적응 및 행동력의 저하
② 사기의 저하 및 의욕상실
③ 과거에 대한 지나친 회상
④ 악몽과 불면증
⑤ 비정상적인 식욕
⑥ 극도의 성급함과 격분(激憤)
⑦ 알코올의 섭취량 증가와 중독

▶ 암기: 부적사과 악불 식성 알콜(* 연상: 부적 사과 악플에 식상해서 알콜중독 되었다)

4 스트레스의 결과

① 면역기능의 약화: 스트레스를 받으면 보다 더 쉽게 병에 걸릴 수 있다는 것이다.
② 사고의 발생 가능성 증가: 사기 저하와 업무효율의 저하로 사고 연결될 가능성이 높다

5 조직차원에서의 지원과 대책마련

(1) 조직차원에서의 노력
관서의 운영책임자는 스트레스 때문에 발생되고 있는 각종 문제들의 악영향을 인식하여야 하며, 필요한 경우 전문 의료진으로부터의 도움을 받을 수 있도록 조치해야 한다.

(2) 체력증진계획의 활성화
체력증진계획을 시행할 경우 소방업무와 관련된 스트레스는 상당부분 해소될 수 있다.

(3) 전문조언과 상담의 실시
이들에 대한 실질적인 조언과 상담을 실시하는 방안을 마련해야 한다.

핵심요약

- 소방업무와 신체능력의 적합성, 체력증진계획, 스트레스 예방 및 관리계획을 확인한다.
  - 소방업무는 위험하며 육체적 힘을 요구하기에 체력증진이 필수적임.
  - 소방업무는 긴장상태에 있어 사고 발생률이 높아 체력증진으로 스트레스와 사고 등을 줄여야 함.
  - 소방관의 재직 중 질병이 직업병과 관련 여부를 확인하고, 건강이력서를 작성 계속 관리 유지함.
  - 소방관의 체력증진계획을 수립하여 척추손상, 폐, 심장병을 예방함.
  - 스트레스의 예방 및 관리방안을 조직적 차원에서 대책을 마련함.

CHAPTER 07 소방공무원 교육훈련의 안전과 잠재적 위험요소 (7장)

> **학/습/목/표**
> 소방공무원의 교육훈련과 안전, 훈련시의 잠재적 위험요인을 살펴본다.
> - 신임소방공무원의 교육훈련과 교관의 자격을 살펴봄.
> - 소방관 훈련시의 잠재적 위험요인을 파악함.
> - 교육에서의 안전과 태도 및 방법을 살펴봄.

제1절 소방공무원의 교육훈련과 안전

3 교관과 교육생의 적정인원* 1 2 생략(* 중요도 없음)

훈련 중의 사고나 부상은 교관이 모든 교육생을 관찰할 수 없을 때 발생될 가능성이 높다.
훈련을 실시할 때 바람직한 교육생과 교관의 비율은 5명 당 1명이다. 만약 제반여건 때문에 5 : 1의 원칙을 적용하는 것이 불가능한 경우라 할지라도 가능하면 교육생의 안전 확보 및 교육의 효과를 높이기 위하여 교관 1인당 교육생의 수를 적게 편성하도록 하는 것이 바람직하다.

제2절 훈련시의 잠재적 위험요인의 발견

2 교육생들의 안전에 관한 책임 1 생략(* 중요도 없음)

(1) 교관의 책임*

교육생들의 안전에 대한 책임은 교관에게 있다.
교관들에게 있어 당연하고 옳다고 생각되는 것이 교육생들에게 잘 받아들여지지 않는 경우가 흔히 있다. 따라서 강제성을 부과(附課)하여야 하는 경우가 많다.

3 교육에 있어서의 태도 및 방법

(1) 수업내용의 이해에 대한 속단의 지양
교관은 수업내용에 대한 이해의 정도가 매우 부진하거나, 의문사항에 대해 질문하는 것을 매우 꺼려하는 교육생을 유심히 관찰해야 한다. 이러한 경우 인내심을 가지면서 계속적인 반복교육을 실시하여 개념을 완벽히 이해하도록 하는 것이 중요하다.

(2) 교육생에 대한 과민반응의 자제
교육생들이 잘 이해하지 못하는 것에 대해 화를 내거나 혹은 강압적(强壓的)인 태도는 자연스러운 의사소통을 가로막아 학습효과를 저하시킬 수 있기 때문이다.

(3) 훈련 중의 무질서방지를 통한 사고예방
훈련 중의 무질서(난잡함)는 곧 사고와 연결될 수 있다. 만약 교육생들이 이러한 현상을 보일 경우 그 원인을 밝혀낼 필요가 있다. 일반적으로 지루한 강의나 훈련은 교육생들을 정신적으로 산만하게 하여 교육효과를 저하시키는데, 이러한 지루함은 교관의 자질부족인 경우나 혹은 교육생 전원이 시범(示範)을 볼 수 없는 경우, 또는 교육생의 수가 과다하여 많은 교육생들이 교육내용에 참여할 수 없게 된 경우에 발생될 수 있다.

(4) 교관요원 자신의 안전 확보
화재진압 훈련에서 교육생뿐만 아니라 교관요원들도 반드시 방호복과 공기호흡기를 착용해야 한다.

> ★ 열기로 인한 스트레스의 영향
> - 활동하는 데 가장 좋은 온도는 18~21℃ 정도이다.
> - 심한 열기로 인한 스트레스의 강도에 따라 사고가 증감한다.
> - 열기로 인한 스트레스는 연령이 높을수록 현저하다.

핵심요약

- **소방공무원의 교육훈련과 안전, 훈련시의 잠재적 위험요인을 확인한다.**
  - 신임소방공무원의 교육훈련은 교관의 안전에 관한 실천이 매우 중요함.
  - 신임소방공무원의 교관은 잠재적 위험요소를 인지할 수 있는 자격을 갖추어야 함.
  - 교관은 훈련시의 잠재적 위험요인을 파악하고 교육생들에게 주의를 환기시켜야 함.
  - 교육에서 교육생들의 안전에 대한 책임은 교관에게 있음.
  - 교육에서 이해정도가 부진하거나 질문을 꺼려하는 교육생을 관찰하고 반복교육을 하도록 해야 함.
  - 잘 이해하지 못하는 교육생에게 강압적인 교관의 태도는 의사소통을 가로막아 학습효과를 저하함.
  - 교관요원들은 방호복과 공기호흡기를 착용해야 하며 교육생의 안전 상태를 철저하게 점검해야 함.

CHAPTER 08 소방차량운행 등의 안전 (8장)

> **학/습/목/표**
> 안전운행의 고려요소, 안전운전과 방어운전, 안전운행을 위한 환경적 요인을 살펴본다.
> • 안전운행의 의미와 긴급자동차의 운행을 살펴봄
> • 안전운전기법과 방어운전 기법을 파악함.
> • 도심지역과 농촌지역 고속도로 등에서 안전운행을 위한 환경적 요인을 확인함.

제1절 안전운행의 의의 및 주요 고려요소

소방업무와 관련된 사고원인 중 출동 및 귀서단계(歸署段階) 그리고 출·퇴근과 개인 활동에서의 교통사고가 큰 비중을 차지하고 있으며, 우리의 경우도 교통사고에 의한 소방력(消防力)의 손실이 큰 비중을 차지하고 있다(출동 및 귀서, 개인 승용차를 이용한 출·퇴근 및 개인활동 시의 교통사고 등을 포함). 따라서 이에 대한 대책이 수립되어야 한다.

1 출동경로의 선정(選定)

소방차량을 운전하는 대원 및 분대장은 해당 관내(管內)의 지리 및 특성에 대하여 완벽히 숙지(熟知)하고 있어야 한다.

(1) 도로조건의 고려

출동경로의 선정에 있어서는 다음의 도로조건을 고려하여야 한다.
① 도로건설공사 지역
② 교통혼잡
③ 인구과밀 지역
④ 철도 건널목, 위험한 교차로, 교량
⑤ 불안전한 교량 등
⑥ 시가행진(市街行進)

(2) 타(他) 분대(分隊)의 고려

① 타 분대의 출동경로 인지
② 교차로에서의 안전확보
③ 응원출동분대에 대한 고려

2 교통법규의 준수

(1) 긴급자동차의 정의
"긴급자동차란 ① 소방차, ② 구급차, ③ 혈액공급차량 ④ 그 밖의 대통령령이 정하는 자동차로서 그 본래의 긴급한 용도로 사용되고 있는 중인 자동차를 말한다."라고 도로교통법에서 정하고 있다.
(*^^ ④번 예 경찰용 자동차 중 범죄수사, 교통단속 등에 사용되는 자동차)

(2) 긴급자동차의 특례
긴급자동차는 일반적으로 일반차량에 적용되고 있는 속도의 제한을 받지 않은 상태에서 통행의 우선순위를 가지고 있으나, 이것은 어디까지나 시민의 생명과 재산에 피해를 주지 않는 범위 내에서의 우선통행을 말한다.

(3) 긴급자동차의 유의사항
① 긴급자동차로서의 특례혜택을 받기 위해서는 반드시 경광등이나 사이렌을 울리거나 또는 전조등을 점등한 상태이어야 한다.
② 또 하나 주의하여야 할 사항은 도로교통법의 특례조항에 근거하여 운행하고 있다고 하더라도 우천지역, 짙은 안개지역, 결빙지역, 시야가 불충분한 지역을 통과할 경우 매우 안전에 유의해야 한다.
③ 왜냐하면 시야가 불충분하거나 정상적인 도로조건 하에서는 일반차량이 충분히 양보해 줄 수 있지만, 위의 도로조건 하에서는 양보할 수 없는 경우가 많기 때문이다.

(4) 제한적인 범위 내에서의 특례
현장으로의 신속한 출동은 시민의 생명과 재산에 위해를 가하지 않는 범위 내에서 이루어져야 하며, 긴급 현장으로의 출동이 결코 사고를 정당화시킬 수 없다는 것이다. 소방차량의 우선통행권에 있어서도 비록 권리를 가지고 있기는 하지만 그것이 절대적 권리가 아니라는 것을 알아야 한다.

- 도로교통법 제2조(정의) "긴급자동차"란 다음 각 목의 자동차로서 그 본래의 긴급한 용도로 사용되고 있는 자동차(소방차, 구급차, 혈액 공급차량, 그 밖에 대통령령으로 정하는 자동차(예 경찰차)를 말한다.
- 도로교통법 제30조(긴급자동차에 대한 특례) 긴급자동차에 대하여는 다음 각 호의 사항을 적용하지 아니한다.
    ① 제17조에 따른 자동차등의 속도 제한.
      (다만, 제17조에 따라 긴급자동차에 대하여 속도를 제한한 경우에는 같은 조의 규정을 적용한다.)
    ② 제22조에 따른 앞지르기의 금지 ③ 제23조에 따른 끼어들기의 금지 ④ 제5조에 따른 신호위반
    ⑤ 제13조1항에 따른 보도침범 ⑥ 제13조1항에 따른 중앙선 침범 ⑦ 횡단 등의 금지 ⑧ 안전거리 확보
    ⑨ 앞지르기 방법 등 ⑩ 정차 및 주차의 금지 ⑪ 제33조에 따른 주차금지 ⑫ 고장 등의 조치
- 도로교통법 제29조(긴급자동차의 우선 통행) :
    (예 긴급자동차는 긴급하고 부득이한 경우에는 도로의 중앙이나 좌측 부분을 통행할 수 있다.)

제2절　안전한 운전기법과 방어운전*

1　안전한 운전기법

(1) 운전원의 태도

소방차량을 안전하게 운행하는 데 필요한 첫 번째 요건은 안전에 관한 적절한 태도를 가지는 것인데, 평온하고 침착한 태도가 가장 필수적이다.

(2) 차량 내에서의 안전

안전한 운행을 위하여 운전요원도 최소한의 안전장구를 착용하여야 하며, 연속적으로 작동되는 각종 음향경보장치의 음향에 의한 청력손실도 유의해야 한다. 일반적으로 소음의 강도가 <u>80dB</u> 이상인 경우 청력의 손상을 가져올 수 있다.

> ◎ 소음의 강도: 휘파람→40dB, 세탁기→78dB, 시끄러운 식당→80dB, 지하철→90dB, 제트기→140dB.

(3) 안전벨트의 착용

승차하고 있는 모든 대원은 급정지 및 교통사고에 대비하여 반드시 안전벨트를 착용해야 한다.

(4) 승차원의 안전확보

소방차의 출발은 모든 대원이 보호복을 착용하고 자리에 앉아 안전벨트를 착용한 상태에서 분대장의 출발신호에 따라 이루어져야 한다.

(5) 소방차의 후진

소방차량의 후진이 필요한 경우 반드시 1명 이상의 보조자가 확보된 상태에서 실시하여야 하며, 이러한 것은 현장활동을 종료한 후 귀서준비를 하거나 또는 차고에 입고(入庫)할 경우에도 동일하다.

(6) 분대장의 역할과 태도

① 분대장의 역할은 출동경보가 발령된 시점부터 시작된다.
② 우선적으로 가장 중요한 역할은 정확한 사고지점을 확인하고 출동경로를 선정하는 것이다.
③ 출동 중에는 필요한 경우 운전요원의 보조역할을 할 수도 있어야 한다.
④ 운전요원이 운전에만 전념할 수 있도록 해야 한다.
⑤ 분대장이 조급함을 보이거나 운전원을 재촉하지 않아야 한다.
⑥ 분대장 자신 스스로가 먼저 침착한 상태를 유지해야 한다.
⑦ 운전자가 방어운전을 할 수 있도록 분위기를 조성한다. (현장으로 출동하는 운전요원은 되도록 빨리 도착하려고 서두르는 경향이 있으며, 때로는 그들의 운전능력을 과신하는 경우도 있다)
⑧ 운전요원의 좋지 않은 운전태도는 분대장에게도 책임이 있다.

2 방어운전(防禦運轉) 기법★

(1) 다른 운전자의 행동예측★

내용	① 소방차 등의 긴급자동차가 1차선을 주행 중일 때 기타의 차량은 도로의 바깥차선으로 피양(避讓) 또는 양보한다는 것이다. 그러나 이것은 주행 중인 차량일 경우에만 가능하지 만약 신호대기나 혹은 주·정차중인 차량의 경우에는 불가능하다. ② 소방차량의 사이렌 소리와 경광등 불빛을 보면 초보운전자의 경우 1차선 내지는 소방차량의 주행 방향을 향하여 급작스럽게 방향을 바꾸는 경우도 있으므로 매우 주의해야 한다. ③ 창문을 닫고 주행 중인 일반차량은 실내 라디오 등의 소리로 인하여 소방차량의 사이렌 소리를 듣지 못하는 경우도 있기 때문에 주행에 방해가 되는 경우도 흔히 있다. ④ 교차로에 진입하는 소방차량은 위험한 경우 충분히 안전하게 정지할 수 있는 정도의 속도로 천천히 주행해야 한다. 그리고 교차로에서 적색신호일 경우 일시적으로 멈추거나 서행상태로 주행하는 것이 모두의 안전을 위해 바람직하다고 할 수 있다. ⑤ 교통량이 많은 사거리나 4방향을 동시에 식별할 수 없는 교차로인 경우 속도를 30km/h 이내로 줄이는 것이 안전하다고 할 수 있다. 그러나 이러한 경우에도 모든 경보장치를 최대한 작동시키면서 서행(徐行)하는 것을 잊지 말아야 한다. ⑥ 사이렌, 경광등, 나팔소리(Horn) 등의 경보장치를 작동한다고 하더라도 공사장의 소음 등으로 모든 운전자들이 소방차량의 주행을 인지할 것이라는 완전한 기대는 하지 않는다.

(2) 충분한 시야(視野)의 확보
① 핸들보다 높은 위치에서 전면(前面)을 주시한다.
② 넓은 시야를 확보한다.
③ 눈을 계속하여 움직인다.
④ 운전에만 정신을 집중한다.
⑤ 차량에 설치되어 있는 각종 경보장치를 적극 활용한다.

(3) 급제동(急制動)의 예측 (*^^ 총정지거리 = 운전자반응거리 + 차량정지거리)
① 주행속도(走行速度)는 차량의 정지거리와 밀접한 관련이 있다. 따라서 모든 운전 요원들은 해당 차량의 속도별 정지거리 및 정지시간을 정확히 파악하고 있어야 한다.
② 총 정지거리는 ➡ 정지를 하여야 할 상황을 인지한 후 브레이크를 밟고 차량이 완전히 정지하는 순간까지의 거리를 말하며, 운전자반응거리와 + 차량의 정지거리의 합을 말한다.
③ 운전자 반응거리란 ➡ 차량의 운전자가 정지의 필요성을 인식한 후 운전자의 발이 엑셀레이터를 떠나 브레이크 페달을 밟는 순간까지의 주행한 거리를 말하며,
　차량정지거리란 ➡ 브레이크가 작동하여 차량이 완전히 정지될 때까지의 주행거리를 말한다.

> ✪ 주행속도가 빠를수록 운전자 반응거리는 길어지고, 운전자가 확보할 수 있는 시야는 좁아진다.
>   (예) 시속 60km 주행 시에 시야는 약 60° 정도이나,
>   시속 100km 정도의 속도로 주행 시에 운전자가 확보할 수 있는 시야는 약 40° 정도로 좁아진다.)

④ 총 정지거리에 영향을 미치는 요소는 차량의 중량, 적재물의 정도, 차량의 전고, 전폭, 전장, 차량자체성능, 제동장치의 성능, 운전자의 반응속도, 도로의 포장상태, 우천여부, 결빙여부 등의 여러 요인에 의하여 달라진다. 따라서
⑤ 해당 차량에 대한 총 정지거리는 해당차량의 운전자와 지휘자가 평소에 인식하고 있어야 한다.

(4) 자동차의 미끄러짐 방지
① 운행 중 미끄러짐의 원인은 다음과 같다.
  ㉠ 소방차량의 과속
  ㉡ 소방차량의 자체 중량에 대한 부주의
  ㉢ 장애물에 대한 대비부족(다른 차량 및 횡단중인 동물 등)
② 자동차의 미끄러짐 현상과 관련하여 타이어의 적정공기압(適正空氣壓)을 유지하는 것과 타이어의 마모상태를 수시로 확인하여 교체하는 것이 하나의 예방책이 될 수 있다.

제3절 안전운행을 위한 환경적인 고려요소

3 고속도로에서의 운행과 활동* 1 2 - 생략

고속도로 등에서의 사고는 주로 교통사고이거나 교통사고로 인한 화재사고가 대부분을 차지하고 있다. 따라서 다수의 사상사(死傷者)가 발생하거나 위험물과 관련된 사고의 위험성이 매우 높으며, 현장활동 시 주요한 고려요소는 다음과 같다.

(1) 접근이 곤란하다
사고현장에 도착하기 위해서는 반드시 톨-게이트를 통과하여야 하기 때문에 접근하는 데 많은 시간이 소요될 수 있다.

(2) 화재발생시 지속적인 소방용수의 확보가 곤란하다
고속도로 상에는 소화전이나 저수조 등의 소방용수 시설이 설치되어 있지 않거나 비록 있다고 하더라도 시설의 활용에 있어 매우 제한적일 수밖에 없다.

(3) 활동 시 대원들이 통행차량의 위험에 노출된다.
고속도로 상에서의 현장활동 시 대원들이 위험에 노출될 가능성이 있다고 판단될 경우 교통의 흐름을 차단하거나 통제해야 한다.

(4) 유관기관(경찰)과의 협조 하에 소방대원의 안전을 확보해야 한다.
경찰관으로부터 통행하는 차량으로부터 소방대원들을 보호할 수 있도록 요청해야 한다.

(5) 고속도로 상에서의 주차방법에 유의한다.** ☆ 16 서울교, 20 소방교, 24 위
① 주 교통흐름을 어느 정도 차단할 수 있는 위치에 주차한다.
② 주차각도는 차선의 방향으로부터 <u>비스듬한 각도</u>(角度)를 가지고 주차하여 진행하는 차량으로부터 대원의 안전을 확보하도록 한다.
③ 주차된 소방차량의 앞바퀴는 사고현장과 일직선이 <u>아닌</u> 방향으로 즉 <u>사고현장의 외곽부분으로</u> 향하도록 정렬하여, 진행하는 차량이 소방차량과 충돌할 경우 소방차량에 의해 대원이 부상당하지 않도록 해야 한다. * 오답: 일직선의 방향으로, 내각 안쪽으로 ☆ 20 소방교, 24 위
(※ 만일 주차된 소방차를 추돌한다면 소방차가 내각부분의 일직선이었을 경우 사고현장으로 갈 수 있다는 뜻)
④ 사고현장의 완벽한 안전확보를 위하여 사고현장(작업공간 15m정도 **포함**)으로부터 제한속도에 비례하여(예: 제한속도 100km/h의 도로인 경우 100m 가량)정도 떨어진 위치에 추가의(**경찰차** 등) 차량을 배치시켜 일반 운전자들이 서행하거나 우회할 수 있도록 조치해야 한다.
⑤ 대원들이 통행차량으로부터 부상을 당하지 않도록 주의를 환기한다.
⑥ 대원들이 방호된 활동 영역을 가급적 벗어나지 않도록 한다.

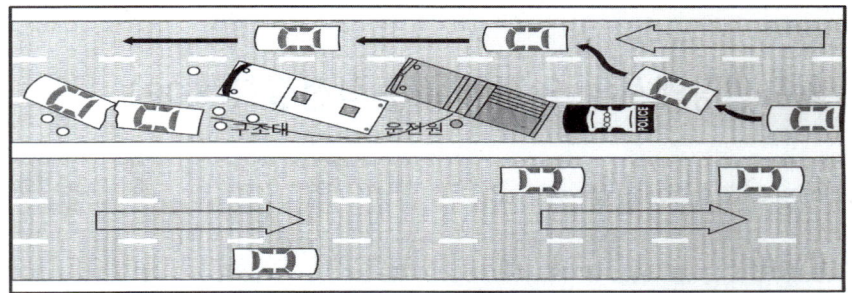

● 차량배치와 대원의 안전 확보 : 고속도로 사고 시 소방차량은 차선과 <u>비스듬한 각도</u>를 형성하는 방향으로 배치시켜 주행 중인 일반차량으로부터 대원을 보호해야 한다.

 핵심요약

■ 안전운행의 고려요소, 안전운전과 방어운전, 안전운행을 위한 환경적 요인을 확인한다.
· 안전운행의 고려요소는 차량과 장비의 관리유지, 통행인과 승차한 대원의 안전, 출동경로의 선정, 도로교통법규 준수, 차량의 성능과 특성, 도로의 장애요인과 방어운전, 긴급자동차의 운행 등을 둠.
· 안전운전은 운전자의 태도, 차량 내 안전, 승차원의 안전, 후진 시 안전, 분대장의 역할과 태도가 중요함.
· 방어운전은 다른 운전자의 행동예측, 충분한 시야확보, 급제동의 예측, 자동차의 미끄럼 방지, 적재물의 중심이동, 악천후의 고려가 중요함.

CHAPTER 09 화재현장에서의 안전 (9장)

> **학/습/목/표**
> 화재현장에서 안전과 표준작전절차, 안전담당관, 붕괴사고 예방과 단계별 고려요소, 화재의 성장단계별 현상, 인명구조시의 안전을 살펴본다.
> - 화재현장에서 안전의 중요성과 사고발생 유발요인, 표준작전절차의 활용함.
> - 현장지휘관의 책임, 안전담당관의 지정과 역할의 확인함.
> - 붕괴사고의 예방과 단계별 고려사항의 확인함.
> - 화재의 성장단계별 현상과 대응의 확인함.
> - 인명구조시의 안전을 위한 행동을 확인함.

제1절 화재현장에서의 안전과 표준작전절차(SOP)

1 화재현장에서의 안전의 의의

(1) 의의와 중요성

안전한 현장활동을 하기 위하여 사고현장과 관련 있는 정보와 지식을 충분히 가지고 있는 것도 매우 중요한 요소 중의 하나라고 할 수 있다. 만약 화재현장과 관련된 충분한 지식과 정보(구조물의 특성, 가연물의 유형, 특별한 위험요인 등)를 가지고 있지 못할 경우 화재의 양상에 대한 예측은 매우 곤란하게 될 것이다.

(2) 화재현장에서의 사고발생 유발요인

① 현장지휘체계의 미정립
② 불충분한 가동
③ 대상물에 대한 불충분한 정보와 지식
④ 화재와 관련된 잠재적 위험요인의 간과(看過)
⑤ 구조물에 미치는 하중(荷重)에 대한 잘못된 판단
⑥ 잘못된 명령, 착각(錯覺)
⑦ 현장에서의 무질서(無秩序)
⑧ 훈련 및 능력의 부족 등

2 표준작전절차(SOP)의 수립과 활용

(1) 표준작전절차의 의미

표준작전절차(SOP : Standard Operating Procedures)라는 것은 어떠한 사고의 유형에도 적용가능한 표준적인 소방활동 지침을 말한다. 즉 각종 사고 시 핵심적(공통적)으로 적용할 수 있는 가장 기본적이고 필수적인 절차를 말하는 것이다.

(2) 표준작전절차와 사고의 방지

① 표준작전절차는 현장에서 활동하는 모든 조직구성원들 모두에게 전파되고 교육되어야만 효과적인 진압활동과 지휘활동을 할 수 있게 된다.
② 대원들이 이러한 절차에 익숙해져 있을 경우 현장에서의 혼선 및 혼란은 훨씬 줄어들 수 있을 것이다. 이유는 대원들이 그들의 임무를 충분히 숙지(熟知)하고 있을 경우 다음의 행동요령에 대해 충분한 준비를 할 수 있기 때문이며, 이로 인해 발생 가능한 사고를 예방할 수 있다.

(3) 화재현장에서의 표준작전절차의 활용

화재의 종류와 양상이 매우 다양하고 예측이 곤란하다고 하더라도, 거의 대부분의 화재는 그 양상에 있어서 일정한 유사성을 가지면서 발생된다. 이러한 유사성 때문에 표준화된 작전절차 즉 표준작전절차(SOP)가 적용될 수 있는 것이다. 그래서 현장의 지휘관 및 모든 구성원들은 이러한 표준작전절차를 철저하게 숙지하고 있어야 하며, 이것에 기초하여 행동계획을 수립할 수 있어야 한다.

(4) 표준작전절차 수립시의 관심사항

표준작전절차를 수립 시 "안전"을 최우선의 관심사로 두어야 하며, 모든 상황에 적용 가능한 것이어야 한다.

제2절 현장안전점검관(현장안전담당)의 지정과 활용

안전담당간부는 미국의 사고지휘체계 하에서 구성된 주요 5개 기능인 지휘기능, 작전기능, 계획기능, 병참기능, 재정/행정기능 중에서 지휘기능에 중점을 두고 있다고 할 수 있다.

1 현장지휘관의 책임

① 현장활동 중에 일어나는 모든 상황들에 대한 총괄적인 책임을 진다.
② 소방현장에서 발생하는 모든 안전사고에 대해서도 총괄적인 책임을 진다.
③ 현장지휘관의 중요한 책임 4가지 중 가장 우선적인 책임은 소방대원의 안전과 생존의 보장이라고 할 수 있다.

2 현장안전점검관(현장안전담당)의 활용

① 사고현장에서의 안전에 관한 총체적인 책임은 현장지휘관이 진다.
② 한사람의 지휘관이 모든 것을 다 처리할 수 없으므로 현장지휘관은 현장활동의 안전성과 명령의 신속이행을 위하여 단위조직 지휘자(指揮者)들을 적극 활용해야 한다.
③ 소방서장이 현장지휘부를 설치하고 지휘부에 보좌관, 전령, 정보원, 안전담당자 등을 두어 화재현장과 화재조사보고업무를 효율적으로 운영할 수 있도록 방호활동전술지침에 명문화하고 있다.

현장안전점검관 (현장안전담당) 의 지정	① 안전담당 간부가 지휘관에게 전문적인 조언가의 역할을 수행함으로써 안전에 관한 그의 역할을 충실히 이행(履行)할 수 있게 할 수 있다. ② 현장지휘관과는 달리 안전담당간부는 안전분야에 대해 보다 더 전문적이고 세밀하게 통제 및 감시업무를 수행할 수 있다. ③ 즉 현장에 근접하여 안전이행(安全履行) 여부를 확인함으로써 현장지휘관이나 다른 간부들이 간과(看過)하거나 놓칠 수 있는 부분을 발견할 수 있다는 것이다.
안전담당간부의 권한 행사	권한의 행사는 지휘계통에 따라 수행하여야 함에도 불구하고 안전 분야에 있어서 안전담당간부는 현장에서의 불안전한 행동과 조건을 발견한 경우 지휘계통을 거치지 아니하고 즉시 중단시킬 권한 및 현장지휘관이 실행하고자 하는 방법과 계획이 안전하지 않다고 판단될 경우 <u>거부권을 행사할 권한도 가지고 있어야 한다</u>.
현장지휘관의 보좌기능 수행	지휘관이나 안전담당간부에게 있어 최우선의 관심사는 대원들의 안전 확보에 있기 때문에 가능하면 함께 일하면서 현장의 지휘관을 보좌하는 것이 바람직하다.
안전담당간부의 기능과 범위확대 운영	① 사고의 규모가 크거나 현장의 상황이 매우 위험한 경우 안전을 위하여 1인 이상의 안전담당간부가 지정될 수도 있다. ② 매우 위험하거나 비일상적인 사고현장에서는 안전기능을 보강시켜야 한다. ③ 대형화재시 안전담당관을 소방과장(보좌 : 장비팀장)으로 지정ㆍ운영할 수 있으며 안전담당관은 방호활동전술지침에 각 방면별로 보조자를 둘 수 있도록 한다.

제3절 붕괴사고의 예방과 현장 활동 단계별 전술적 고려사항

1 붕괴사고의 예방

(1) 붕괴사고 예방을 위해 사전활동계획수립 시 조사(調査)하여야 할 사항
  ① 벽돌조 건물인 경우 벽의 균열 유무
  ② 내력벽(耐力壁)에 있어서 철근의 적정성 여부(전문장비와 기술자를 필요로 한다.)
  ③ 몰탈과 벽돌의 약화 여부
  ④ 시멘트를 이용한 벽의 보강 여부

⑤ 보호되지 않은 강철빔이나 트러스의 존재유무(538℃의 열을 받으면 22㎝ 정도가 신장된다. 그래서 트러스가 붕괴된다.)
⑥ 목재로 된 I-Beam(빔)이나 트러스의 유무(목재로 된 빔이나 트러스는 낮은 열에도 쉽게 붕괴될 수 있다.)
⑦ 중량물을 지탱하고 있는 마루의 유무
⑧ 대리석으로 된 계단의 유무(물에 젖은 대리석은 매우 미끄러워 전도, 전락의 우려가 있다.)
⑨ 기타 현장활동상 장애요인이 될 수 있는 요소 등

(2) 천장의 붕괴사고

화재현장에서 천장으로부터의 낙하붕괴물에 의해 부상을 당하는 경우가 흔히 있다. 그리고 천장이 붕괴되면서 지붕까지 동시에 붕괴되는 경우가 발생되기도 한다.

(3) 건축물의 용도변경 등에 관한 고려

① 사전활동계획을 수립함에 있어 또 하나 중요한 것은 해당 건물이 건축되고 난 이후 발생된 변화에 대해서 파악해야 한다는 것이다. 불법적으로 용도 내지는 구조를 변경시킨다는 것은 화재발생시 다수의 인명사고를 유발시킬 가능성을 내포하고 있음을 암시한다.
② 바닥면적의 증가, 구획(區劃)의 증가, 건물간의 상호연결, 용도의 변경, 화재안전상 위험한 물질의 사용 등이 이에 해당된다. 위에서 언급한 이러한 모든 위험요소들은 사전활동계획 단계에서 고려돼야 하며, 실제 사고현장에서 대원들의 안전을 보장하기 위해 적극적으로 활용돼야 한다.
③ 사전활동계획을 통하여 다양한 건축형태, 주거형태, 건물의 형태에 관하여 익숙해짐으로써 현장지휘관의 위치에 있는 사람은 보다 더 많은 필요한 정보를 입수할 수 있게 되며, 결과적으로 보다 더 효과적인 상황판단 및 현장지휘활동을 수행할 수 있을 것이다.

2 현장활동 단계별 전술적 고려사항

(1) 신고의 접수단계

신고의 접수단계에서부터 현장의 상황에 대한 판단이 시작되며, 다음 사항들을 고려한다.
① 신고의 종류판단
② 신고자의 위치와 출동경로의 선정
③ 사전활동계획에서 수집된 각종 정보의 검색과 활용
　㉠ 건물규모 및 건축연령(建築年令)　　㉡ 건축형태
　㉢ 소방시설의 유무 및 종류　　　　　㉣ 대상물의 용도
　㉤ 인명위험 유무　　　　　　　　　㉥ 특별한 위험요소의 존재여부
④ 활용장비의 결정
⑤ 소방용수의 선정계획
⑥ 기타 고려사항 : 현재일시, 기상상태, 사고건물의 지형 및 지세(地勢) 등

(2) 출동단계

소방대가 사고현장으로 출동하는 단계에서 고려해야 할 주요사항은 다음과 같다.
① 출동경로의 적정성에 대한 재평가
② 타대의 도착시간에 대한 고려
③ 소화전과 소방용수의 확보에 대한 내용
④ 현장으로의 진입경로에 관한 내용(장애물의 유무 등)
⑤ 사전활동계획에 따른 소방차량의 주차위치 선정
⑥ 현장관계자로부터의 추가정보 입수
⑦ 응원출동의 필요성 여부 등

(3) 도착단계

일단 현장에 도착하게 되면 사전활동계획에 따른 정보를 출동단계에서 입수한 정보 및 현장도착시의 개략적인 상황판단에 따른 정보와 결합시켜 작전방법 및 형태를 결정해야 한다. 현장에 도착하는 단계에 있어서는 다음과 같은 사항들을 재평가 해야 한다.
① 특이한 징후(연기, 폭발의 가능성 등)
② 위험요인의 발견 및 결정
③ 화염과 연기의 형태분석(역화의 가능성 판단)
④ 화재의 확산경로 점검 및 판단
⑤ 건물구조의 판단
⑥ 외부화염의 양상판단을 통한 내부상황의 추정

(4) 신임 소방대원의 안전에 관한 감독

내용	모든 소방대원들은 현장활동에 참여하기 전에 반드시 충분한 교육과 훈련을 받아야 한다. 그러나 신임 소방대원이 적절한 훈련을 이수하였다고 하더라도, 반드시 경험이 충분한 대원들과 팀을 이루면서 그들의 감독 하에서 활동하도록 해야 한다. ① 현장활동 또는 교육훈련 시 신임대원이 안전 감독의 범위를 벗어나지 않도록 한다. ② 신임대원이 항상 보호 장비를 정확히 착용 또는 사용하고 있는지를 감독해야 한다. ③ 신임대원이 안전하게 활동을 하고 있는지를 감독해야 한다. ④ 신임대원의 부정확한 행동과 나쁜 태도가 습관화되지 않도록 신속하게 지적해야 한다. ⑤ 쉽게 흥분하거나 당황하는 신임대원들에 대한 감독과 지도를 철저히 해야 한다.

  목표를 향해서~

■ 우리 인생의 가장 큰 영광은? 넘어질 때마다 일어서는 데 있다.   — 만델라 —

제4절   화재의 성장단계별 주요 화재현상의 이해와 대응(사진예습)

= 롤오버의 현상 =

= 플래시오버의 현상 =

= 백드래프트의 현상 =

제4절 화재의 성장단계별 주요 화재현상의 이해와 대응

화재의 성장단계를 파악하는 것은 전술적 우선순위를 결정하는 데 있어 매우 중요한 요소 중의 하나이다. 열기 및 연기가 충만한 최성기에 있는 경우 인명을 구조하기란 그리 쉽지 않기 때문이다.

1 롤오버 현상

① 화재의 초기에서 발생된 가연성 가스가 산소와 혼합하여 천장부분에 집적될 때 발생한다.
② 뜨거운 가스가 실내공기압의 차이에 따라 천장을 구르면서 화재가 발생되지 않은 지역으로 굴러가는 현상을 말한다.
③ 가연성 가스가 발화온도에 도달하여 발화되면 화재의 선단부(先端部)는 급속한 속도와 화염을 형성하면서 천장으로 지나가게 된다.
④ 호스를 연장하거나 실내 진입 시 낮은 자세를 유지하라는 것은 바로 이러한 이유 때문이다.

> ✪ 플래시오버와 롤오버의 가장 큰 차이점은 롤오버의 경우 플래시오버와 같이 복사열에 의한 영향이 그리 많지 않다는 것과 한순간에 전체지역을 발화시키는 원인이 되지 않는다.

2 플래시오버 현상★★ (*p.28, 33과 동일개념 다른이론)

① **플래시오버현상**이란 대류와 복사 또는 이 두 가지의 결합에 의해 충분히 가열된 공간에 있는 가연물이 발화되는 것을 말한다.
② 이 공간에 있는 가연물은 발화점까지 가열되어 있는 상태이기 때문에 동시연소를 가진다.
③ 실내 전체가 발화온도까지 미리 충분히 가열된 상태에서 한순간에 화재로 뒤덮이는 상태이다.

> ■ 플래시오버 징후★
> ① 실내의 조건이 현저한 자유연소의 단계에 있는 경우
> ② 열 때문에 소방대원이 낮은 자세를 유지할 수밖에 없는 경우
> ③ 실내에 과도한 열이 축적되어 있는 경우
> ④ 열기가 느껴지면서 두텁고, 뜨겁고, 진한 연기가 아래로 쌓이는 경우
> ✪ 이러한 징후가 관찰되었을 때 지휘자는 특별한 조치로서 공간을 냉각시키기 위한 방수작업과 배연작업을 실시해야 한다.

3 백드래프트 현상★★ (*p.36 백드래프트와 동일개념 유사이론)

① 백드래프트는 산소가 부족하거나 훈소상태에 있는 실내에 산소가 일시적으로 다량 공급될 때 연소가스가 순간적으로 발화하는 현상이며, 강한 폭발력을 가지고 있다.

② 주로 백드래프트현상은 폐쇄된 공간 내에서 화재가 진행될 때, 연소과정에 필요한 산소가 부족한 상태일 때 발생 가능성이 매우 높다.
③ 플래시오버와 백드래프트의 차이점은 **현존하는 산소의 양**이다.
④ 플래시오버는 연소에 필요한 **충분한 산소가 있으며** / 플래시오버가 발생하기 전의 화재(형태)는 자유연소(불꽃연소) 형태이다. 반면에
⑤ 백드래프트에 있어서는 연소에 필요한 산소가 부족하니 화재는 **훈소형태를 띄고 있다.**

✪ 일반적으로 대부분의 화재현장은 비교적 충분한 산소의 공급이 이루어지고 있어
백드래프트현상이 흔히 발생되지는 않는다.(지하화재의 경우는 제외).
그러나 폐쇄된 공간에서 발생한 경우 산소가 부족해지면서 훈소상태에 접어들며,
일산화탄소와 탄화된 입자, 연기 및 부유물을 포함한 가스가 축적되게 된다.
이런 조건에서 건물 내부로 산소가 공급되면 화재가 확대되거나 폭발현상이 발생될 수 있다.
일산화탄소의 경우 그 자체가 연소가능 하며, 발화온도는 609℃(* 약600도) 정도이다.
----* (* 보충: 공간 이용)
(*^^ 지하실 화재를 제외하고, 플래시오버가 먼저 일어나면 백드래프트로 전이되지 않는다. 그러나
막힌 공간에서는 플래시오버 이전에 일산화탄소가 불붙어 빠져나가는 롤오버가 일어나지 않았을 때
일산화탄소가 빠져나가지 못해서 화재 중기에도 간혹 백드래프트는 일어날 수 있다.)

■ 백드래프트의 징후** (*^^ p.38 하단박스 참고)

건물의 <u>외부</u>에서 관찰할 수 있는 백드래프트의 징후	① 연기가 균열된 틈이나 작은 구멍을 통하여 빠져 나오고 건물 안으로 연기가 빨려 들어가는 현상이 발생된 경우 ② 화염은 보이지 않으나 창문이나 문이 뜨거운 경우 ③ 유리창의 **안쪽**으로 타르와 유사한 기름성분의 물질이 흘러내리는 경우 ④ 창문을 통해 보았을 때 건물 내에서 연기가 소용돌이 치고 있는 경우
건물의 <u>내부</u>에서 관찰할 수 있는 백드래프트의 징후	① 압력차이로 인해 공기가 내부로 빨려 들어가는 듯 한 특이한 소리(호각소리와 유사)가 들리는 경우 ② 연기가 건물 내로 되돌아가거나 맴도는 경우 ③ 연기가 아주 빠르게 소용돌이치는 경우 ④ 훈소 상태에 있는 뜨거운 화재인 경우 ⑤ 산소공급의 감소로 약화된 불꽃이 관찰될 경우(*^^ 황색, 황회색)
백드래프트현상으로 인한 사고의 예방과 지휘	① 지휘관은 현장상황에 적절한 전술의 적용을 통하여 백드래프트(逆火, 역화현상)의 발생을 방지할 수 있다. ② 백드래프트의 방지를 위해서는 지붕을 통한 수직배연이 매우 효과적이나 수직배연활동을 하기 전에 창문이나 문을 통한 수평진입이나 배연이 이루어져서는 안 된다. 즉, 호스를 연장하여 진입하려는 지점의 <u>측면</u>에서 준비하고 있어야 한다. ③ 만약 지붕에서의 배연활동을 할 경우에는 내부진입활동과의 타이밍의 조화는 매우 중요하다. 왜냐하면 부적절한 전술의 적용으로 인하여 소방대원이 플래시오버나 백드래프트의 상황에 종종 빠지는 경우가 있기 때문이다.

제5절 인명구조활동시의 안전

1 인명구조활동시의 안전행동 지침

(1) 안전행동 지침*

① 화재가 상당히 진전되었거나 발화건물의 상태가 너무 열악하여 구조대원의 생명이 매우 위험한 경우 절대 진입해서는 안 된다. 그러한 상황 하에서 구조대상자가 살아 있다는 것은 거의 불가능하기 때문이다.
② 백드래프트의 가능성이 있는 경우 **배연이 이루어지고 난 후에 진입을 시도**하여야 한다. 배연이 이루어지기 전에 진입을 시도할 경우 백드래프트로 인하여 심각한 부상을 초래할 수 있다.
③ 항상 공기호흡기를 포함하여 완전한 보호복을 착용해야 한다.
④ 항상 팀을 지어서 활동하여야 하며, 대원 간에 지속적인 연락을 취해야 한다. **동료대원의 안전에 대한 책임은 모든 대원에게 있음을 명심한다.**
⑤ 계획성 있는 행동이어야 하며, 맹목적으로 행동하지 않는다. 왜냐하면 계획적으로 활동하는 것이 방향감각을 잃어버릴 가능성을 줄여주기 때문이다.
⑥ 검색에 투입된 모든 대원을 위한 **2차 대피수단**이 준비되어 있어야 한다.
⑦ 발화층 상층부에서 활동할 때는 언제든지 방수할 수 있는 소방호스를 가지고 있어야 한다.
  → 호스는 화재진압에 사용할 수도 있고, 엄호용으로도 활용할 수 있기 때문이다.
⑧ **실내로 들어가는 입구에 표시**하고, 방안으로 들어갈 때 회전한 방향을 기억해야 한다.
  → 빠져 나오기 위해서는 반대방향으로 회전해야 한다.
⑨ 문을 **개방하기 전에 손등으로** 문을 만져보아 열기가 있는지 확인해야 한다.
⑩ 낮은 자세를 유지하고 조심스럽게 이동해야 한다.
⑪ 모든 감각을 동원하여 경계를 늦추지 말아야 한다.
⑫ 뜨거운 부분과 약해진 부분은 조심해야 한다.
⑬ **항상 벽을 따라서 움직여야 한다.**
⑭ 화재가 확대될 가능성이 없다고 판단되는 경우 창문을 개방하여 열과 연기를 배출시켜야 한다.
⑮ 검색이 완료되면 소속 지휘자에게 신속하게 이상 유무를 보고한다.

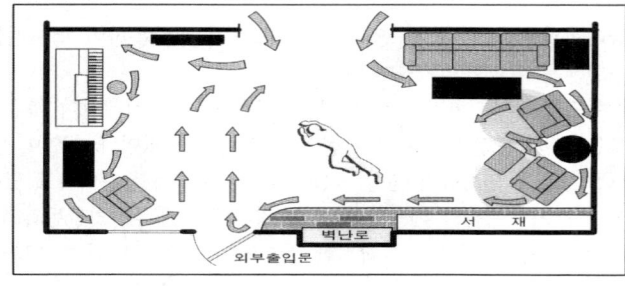

■ 검색활동을 실시하기 전에 사전에 검색경로를 설정 ■

(2) 방향상실시의 안전행동

인명검색 활동 중 방향을 잃었다면 최대한 침착성을 유지한 상태에서 벽을 따라 처음에 들어왔던 출입문 방향으로 이동해야 한다. ➡ 왜냐하면 거의 대부분의 경우에 있어 벽을 따라 이동할 경우 진입하였던 출입문을 발견할 수 있기 때문이다.

(3) 소방로프를 활용한 안전확보

구조대원이 로프를 가지고 들어왔다면 그것을 따라 나가면 된다. ➡ 호스는 구조대원이 밖으로 나갈 수 있게 해주는 가장 확실한 방법이므로 호스를 절대 버려서는 안 된다.

(4) 손전등을 활용한 안전확보

항상 손전등을 휴대해야 한다. ➡ 왜냐하면 구조대상자를 발견하는 데 사용할 수도 있지만, 위급한 경우 자신의 위치를 알리는데 사용할 수도 있기 때문이다.

> ✪ 구조대원이 스스로 위험한 상황에 처해 있다고 느낄 경우 손전등을 바닥에 놓아 빛이 천장을 비추도록 하여 자신이 위험한 상황에 처해 있다는 것을 알리는 데 활용할 수 있다는 것이다.
> (그러나 이러한 신호체계는 동료들 간에 상호 충분히 숙지하고 있어야만 그 효과를 발휘할 수 있다.)

(5) 출입문 개방 시의 안전확보

① 출입문은 조심스럽게 천천히 개방하여야 하며, 열기를 확인하기 위하여 문을 먼저 만져 본다.
② 문의 정면에 위치해서는 안 되며, 한쪽으로 비켜 선 낮은 자세를 유지하며 천천히 문을 열어야 한다.
  -이렇게 함으로써 문 뒤편에 있는 화염과 연소생성물이 머리 위로 지나갈 수 있게 할 수 있다.
③ 출입문을 안쪽으로 열기가 힘들다고 해서 문을 발로 차지 말아야 한다. 왜냐하면 구조대상자가 대피하기 위해 문 근처에 있는 경우 더 큰 부상을 당할 수도 있기 때문이다.
④ 건물을 통하여 이동할 때는 약화되었거나 위험한 상황이 연출될 수 있는 조건들을 지속적으로 관찰해야 한다. 특히 진행방향 앞부분의 바닥이 안전한지를 손이나 도구를 이용해서 지속적으로 확인해야 한다.

2 기타 현장활동 시의 안전지침

(1) 공중에서의 방수활동 시 유의사항

① 고가사다리차나 굴절소방차량을 이용하여 공중에서 화염부분으로 방수할 경우 (실외의 방수자는) 인위적인 혹은 자연적인 배연구(排煙口)를 절대 차단해서는 안 된다. 이러한 경우
② 실내에서 작업하는 대원들이 역류현상이나 방수된 물줄기 등으로 인해 다칠 수 있다.
③ 불가피한 경우 실내 활동하는 진압대와의 상호교신을 통하여 사고가 발생되지 않도록 한다.
④ 또한 불필요하게 창문을 파괴하지 않도록 주의해야 한다. 왜냐하면 수손피해가 발생되며, 건물 내부로 연소 확대가 이루어 질 가능성이 있어 사고가 발생될 가능성이 높기 때문이다.

(2) 붕괴피해 예상범위의 설정

① 현재 소화활동 중인 건물의 안전성이 의심스럽다면 발화건물 주변의 안전지역 또는 붕괴예상지역을 설정한다.
② 일반적으로 붕괴로부터 비교적 안전한 지역의 범위를 설정할 경우 <u>건물의 높이와 같은 정도의 반경 외부</u>(半徑外部)정도로 설정한다. (*^^ 반경: 반지름)

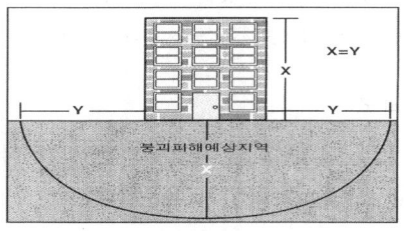

■ 붕괴피해 예상범위 ■

(3) 방수활동 시의 고려사항

방수활동시 고려사항	① 소방대원이 건물의 내부에 진입하여 화재를 진압하고 있는데도 불구하고 외부에서 화점을 향하여 방수하는 것은 소방대원의 불필요한 부상을 초래할 수 있다. - 왜냐하면 외부에서 방수된 물이 화염, 열기, 연기를 내부의 대원이 있는 방향으로 직접적으로 몰아갈 수 있기 때문이다. ② 내부에서 대원이 활동 시 창문이나 배연구를 통하여 내부로 방수해서는 안 된다. ③ 연소확대의 저지를 위해 방수활동을 하고 있는 대원들도 창문이나 지붕 등에 있는 개구부를 향하여 직접 방수하지 않도록 해야 한다.

(4) 소방호스 활용 시의 고려사항

호스활동시 고려사항	① 여러 개의 호스가 동시에 내부로 전개될 경우 각 호스별로 구분이 가능한 표지(標識)을 해두면 매우 효과적이다. 즉 소방용수의 낭비를 방지할 수 있다는 것이다. ② 충수(充水) 되지 않은 소방호스를 가지고 화재지역에 진입해서는 안 된다. ③ 관창은 대원이 화재를 진압할 위치에 자리를 잡을 때까지 개방해서는 안 된다. 만약 연기가 있는 부분을 향하여 무조건적으로 관창을 개방할 경우 가열된 연소가스 때문에 뜨거워진 방출수(放出水)가 앞부분에 있는 소방대원의 작업을 방해할 수 있다. ④ 관창이 다루기가 힘들 정도로 크거나 수압이 과도할 경우 관창수는 관창을 놓치지 않도록 하기 위해 최대한 관창의 <u>앞</u>부분을 잡아야 한다.

- 소화활동시 붕괴 <u>예상범위</u>: 건물 높이와 같은 반경외부정도 설정(Y=x) → 상권(소화시) p.382
- 구조작업시 붕괴 <u>안전지역</u>: 건물 높이의 1.5배 이상으로 한다.(Y=1.5x) → 중권(구조시) p.175 참고.

(5) 현장으로의 진입자세에 대한 고려

현장 진입 자세에 대한 고려	① 화재를 진압하기 위하여 이동할 때는 낮은 자세를 유지해야 한다. 이렇게 함으로써 머리 위의 뜨거운 연소가스에 의한 화상을 방지할 수 있고 시계를 확보할 수 있다. ② 현장에 진입 시 낮은 자세를 유지하는 또 다른 이유는 실내의 진입을 위하여 출입문을 개방할 때 머리로 배출되는 뜨거운 연기와 열기로부터 대원을 보호하기 위한 것이다. - 특히 지하실 화재의 진압활동 시 낮은 자세를 유지하는 것은 매우 중요하다. ③ 계단의 상부나 중간지점은 열기가 많기 때문에 바닥보다 활동하기가 힘들다. ④ 지하실에 소방호스가 연장되어 있다면 지하실에 있는 소방대원을 보호하고, 화재가 상층으로 연소가 확대되는 것을 방지하기 위하여 예비호스를 계단의 상단부에 배치하는 것이 바람직하다. - 지하실의 출입구에 위치한 소방대원도 지하실 입구의 1층의 상황을 감시해야 한다. 지하실에 들어가고 빠져 나온 대원의 수를 지속적으로 확인한다.

(6) 긴급철수 지시에 대한 고려

소방력이 열세(劣勢)에 있는 경우 과도하게 공격적인 것은 때때로 문제가 될 수 있으며,
만약 지휘관이 긴급철수를 지시하였다면 즉시 그 지시에 따라야 한다.

✪ 작전전개의 적정성에 관한 논쟁은 사고의 수습이 끝난 후에 하여도 늦지 않다.

(7) 재산보호 및 잔화탐색 활동시의 고려사항

재산보호, 진화탐색시 고려사항	① 현장활동의 마지막 단계인 재산보호 및 잔화탐색 활동 시 유의하여야 할 사항은 거의 모든 대원들이 인명구조, 화재진압활동 등으로 인하여 체력이 약화된 상태에 있다. ② 잔화탐색활동을 실시하기 전에 반드시 건물의 위험요인에 대한 조사와 판단이 이루어져야 한다. 이는 이미 화염으로 인해 약해져 있는 건물로부터 대원을 보호하기 위한 최소한의 조치에 해당된다. ③ 잔화탐색활동을 실시 할 경우 보호복과 장비를 착용하여야 한다. ④ 잔화탐색시 공기호흡기를 벗지 않아야 한다. ⑤ 화재발생 시 유독가스는 내부 공기 압력에 의해 벽이나 천장의 안쪽으로 밀려들어 갔다가 잔화탐색 및 진압활동 중 밖으로 방출된다. - 또한 유독가스의 흡입과 석면(石綿)에의 노출 가능성 때문에 모든 잔화정리 작업 시 공기호흡기를 착용하도록 엄격히 지시해야 한다.

(8) 경계구역의 설정과 출입의 제한시의 고려사항

내용	① 경계구역 내에는 적절히 훈련받은 사람만이 출입할 수 있도록 하여야 한다. ② 경계구역 내에 있는 사람도 반드시 보호복과 공기호흡기를 착용하도록 한다.

(9) 사다리의 활용에 있어서의 고려사항

사다리 활용에 있어서의 고려사항	① 사다리를 설치할 때는 반드시 견고하고 평평한 바닥에 설치한다. 사다리의 바닥에 미끄럼방지용 고정판이 있거나 또는 없는 경우에도 반드시 하부에서 1인이 지지하도록 한다. ② 사다리는 유리창의 전면, 창문샤시, 화분받침대 또는 무너질 수 있는 표면에는 절대 설치하지 않아야 한다. 왜냐하면 사다리가 설치된 상부에서 파괴작업이 진행되거나 실내의 폭발, 역화현상이 발생될 경우 대단히 위험하기 때문이다. ③ 사다리 위에서 방수작업을 할 경우 호스를 두 다리의 사이에 두지 않도록 한다. 왜냐하면 만약 호스가 파열 또는 과압이 작용 할 경우 그 충격으로 전락(轉落)될 가능성이 있기 때문이다. 또한 사다리 위에서 방수 할 경우 직접적으로(두 손으로) 호스의 하중을 지탱하지 않고, 호스 고정장치나 로프 등을 이용하여 작업을 하는 것이 안전하다. ④ 사다리를 이용하여 창문으로 진입 할 경우 유리창 및 파편을 완전히 제거한 후 진입하도록 한다. 왜냐하면 유리파편으로 인한 절상(切傷)의 방지와 창문을 통한 신속한 탈출을 용이하게 하기 위함이다. ⑤ 사다리를 통하여 대원이 창문으로 진입을 한 경우 사다리는 불가피 한 경우를 제외하고 이동시키지 않아야 한다. 왜냐하면 사다리를 이용하여 실내에 진입한 대원은 현장활동 중에도 최초의 위치에 사다리가 있는 것으로 생각하고 있기 때문이며, 만약 사다리가 이동된 경우 신속한 비상탈출이 불가능하기 때문이다.

3 소방대원들에 대한 피로의 회복

소방대원 피로의 회복	(1) 피로한 소방대원의 발견 및 조치 　① 현장에서 발생하는 사고의 원인 중 "대원의 피로현상"이 큰 부분을 차지한다. 　② 사고의 초기부터 화재진압이나 구조 활동에 참가한 대원들은 잔화정리 작업 및 조사활동에는 제외시켜 피로한 상태에서 작업을 하지 않도록 해야 한다. (2) 피로의 유발요인 및 정도 　① 피로를 유발요인은 현장활동시 체력소모, 열기, 추위, 습기, 감정의 혼란이 있다. 　② 대원별 피로의 정도는 현재의 상황과 조건, 그리고 해당업무와 대원의 현재의 신체능력의 정도에 따라 달라질 수 있다. (3) 피로의 회복 및 안정 회복지역은(휴식지역)경계구역의 외부에 설정해야 한다. 　① 회복지역(휴식지역)에서는 보호장비와 보호복을 벗을 수 있고, 앉아 있거나 혹은 휴식을 취할 수 있어야 한다. 　② 구급대원들이 각 개인의 신체적·정신적 이상 유무를 점검할 수 있도록 해야 한다. 　③ 대원들에게 필요한 음식과 음료수를 공급할 수 있어야 한다. 　④ 피로회복과 관련된 전문인들을 배치하여 대원의 피로회복에 노력해야 한다. 　⑤ 장시간 활동이 요구되는 상황에서는 구급대원, 적십자사, 자원봉사자, 병원의료진, 민간인 자원봉사자 등으로 구성된 특별회복분대를 편성하여 대원의 피로회복, 의료검진, 음식물의 공급업무에 활용한다.

⑥ 대형화재 시 현장지휘관은 비번대원을 비상소집하여 신체적 과부하에 의한 대원의 피로축적을 예방하며, 비상소집 된 대원과의 교대를 통하여 안전사고를 방지한다.

(4) 기상조건과 피로
① 무더운 기후에서의 소방활동
 ㉠ 극심한 고온, 고습도에서는 무기력증, 탈진 현상 및 열사병을 초래할 수 있다.
 ㉡ 무더운 기후조건하에서 공기순환이 잘되지 않는 보호복과 장비의 휴대 및 격렬한 신체활동 때문에 정상적인 조건보다 더욱더 빨리 피로현상이 발생될 수 있다.
② 비정상적인 기후로 인해 발생될 수 있는 피로의 증상에는 다음과 같은 것이 있다.
 ㉠ 무기력함의 발생 ㉡ 두통의 발생 ㉢ 오한(惡寒)의 발생
 ㉣ 메스꺼움/구토현상 ㉤ 근육경련 ㉥ 숨가쁨 등
③ 비정상적 기후조건의 고려
 ㉠ 충분한 수분의 공급이 무엇보다도 중요하다. 수분을 공급하는 주기는 공기호흡기 용기를 교환하는 25~30분 정도가 좋으며, 1회에 마시는 물의 양은 약 100~150g 정도가 적당하다. 또한 가능하다면 약 10분 정도 휴식시간을 가지는 것이 좋다.
 ㉡ 소금정제는 격렬한 신체활동 중에는 위장으로의 흡수가 느리며 체내대사를 방해하여 구토나 메스꺼움 현상을 유발할 수 있기 때문에 섭취하지 않는 것이 좋다.
 ㉢ 대원들이 충분한 휴식을 취할 수 있도록 해야 한다. 피로의 징후(Sign)를 보이는 대원들을 즉시 휴식하도록 조치해야 한다.

핵심요약

- 화재현장에서 안전과 표준작전절차, 안전담당관, 붕괴사고 예방과 단계별 고려요소, 화재의 성장단계별 현상, 인명구조시의 안전을 확인한다.
- 화재현장에서 안전은 활동대원의 부상이나 사망사고를 좌우함.
- 화재현장에서 지휘체계의 미비와 불충분한 가동, 대상물에 대한 불충분한 정보, 잠재적 위험요인, 구조물의 하중에 대한 오판, 현장무질서, 훈련과 능력의 부족 등은 사고발생 확률을 높이는 요인임.
- 화재의 종류와 양상이 다양하고 예측이 곤란하더라도 일정한 유사성이 있기 때문에 표준작전절차의 활용이 중요함.   · 현장활동 중의 총괄적인 사항은 현장지휘관의 책임임.
- 현장에서 활동대원들의 안전을 보장하기 위해 안전담당관을 지정하여 역할을 이행함.
- 붕괴사고의 예방과 단계별 고려사항의 이행을 확행함.
- 화재의 성장단계별 현상파악과 적절한 대응의 확행함.
- 인명구조시의 안전을 위한 행동지침을 확인하여 이행함.

CHAPTER 10 소방활동과 보호구 (10장)

학/습/목/표

소방현장에서 안전확보에 필요한 보호구의 사용과 종류에 대하여 살펴본다.
- 보호구의 사용과 교육훈련, 보호구관리를 살펴봄.
- 소방용 보호구의 종류를 알아봄.

제1절 보호구의 개요

2 보호구의 사용 및 관리   **1 보호구의 정의** - 생략 (* 중요도 없음)

보호구 사용시 유의사항	① 작업에 적절한 보호구를 선정한다. ② 필요한 수량의 보호구를 비치한다. ③ 작업자에게 올바른 사용방법을 빠짐없이 가르친다. ④ 보호구는 사용하는 데 불편이 없도록 철저히 한다. ⑤ 작업할 때 필요한 보호구는 반드시 사용하도록 한다.
안전보호구 선택시 알아두어야할 사항	① 작업 중 언제나 사용하는 것(예 방화복, 헬멧, 안전화, 장갑), 　작업 중 필요한 때에 사용하는 것(예 보호안경 등), 　위급한 때에 사용하는 것(예 공기호흡기)등 사용목적에 적합해야 한다. ② 보호구 검정에 합격된 품질이 좋은 것이어야 한다. ③ 사용하는 방법이 간편하고 손질하기가 쉬워야 한다. ④ 무게가 가볍고 크기가 사용자에게 알맞아야 한다.
보호구의 구비조건	① 착용이 간편할 것 ② 작업에 방해가 안 되도록 할 것 ③ 유해 위험요소에 대한 방호성능이 충분히 있을 것 ④ 보호구의 원재료의 품질이 양호한 것일 것 ⑤ 구조와 끝마무리가 양호할 것 ⑥ 겉모양과 표면이 섬세하고 외관상 좋을 것
보호구의 보관방법	① 광선을 피하고 통풍이 잘되는 장소에 보관할 것 ② 부식성, 유해성, 인화성, 액체, 기름, 산(酸) 등과 혼합하여 보관하지 말 것 ③ 발열성 물질을 보관하는 주변에 가까이 두지 말 것 ④ 땀으로 오염된 경우에 세척하고 건조하여 변형되지 않도록 할 것 ⑤ 먼지 등이 묻은 경우에는 깨끗이 씻고 그늘에서 건조할 것
보호구 선정조건	① 종류　② 형상　③ 성능　④ 수량　⑤ 강도　▶ 강수종 형성

제2절 소방용 보호구

방화복	• 아라미드 계통 등 내열성의 섬유재질에 열 방호성 및 방수성을 보강 제작된 것으로 소방대원의 신체를 보호함을 목적으로 한다. • 방열복보다는 내열성이 떨어지지만 소방대원이 일상적으로 착용하는 필수보호복이다. • 겉감과 중간층, 안감 등의 3중으로 되어 있으며, 어두운 곳에서도 식별이 쉽도록 겉감에는 형광재 및 역반사재의 반사테이프가 부착되고 상의와 하의로(원피스형태의 구형 '방수복'과는 구별) 나누어져 있다.
방열복	• 화재로 인한 복사열이 강한 장소의 화염 속에서 인명구출이나 소화활동 시에 소방대원의 신체를 보호할 수 있는 보호복이다. • 내열성이 강한 **아라미드 계통의 섬유표면에 알루미늄으로 특수 코팅** 처리한 겉감과 내열 섬유의 중간층, 안감 등 여러 겹으로 되어 있어 격렬한 화재에 의한 고열(적외선)을 반사시키고 차단하여 신체를 보호해 준다. • 공기호흡기와 함께 소방법상 피난구조설비(인명구조기구)로 분류되어 있으며, **방열 상·하의, 방열장갑, 방열화, 방열두건**으로 구성되어 있다.
헬멧	• 모체는 방탄용으로 쓰이는 난연·내열성의 폴리카보네이트 재질로서 가볍고 착용감이 좋으며 겉면은 UV 코팅 처리로 긁힘 방지 기능을 갖추었다. • 내측면에는 무선 송·수신장치가 설치되어 공기호흡기 면체를 착용한 상태에서도 무선 송수신이 가능하며, 외부의 충격을 완화해 주는 충격흡수용 내장재가 부착된다. • 폴리카보네이트 재질의 보안렌즈는 폭발성이 있는 위험한 작업환경에서도 안면을 보호한다. 그 밖에 물받이, 턱끈 및 턱받침, 착장체 및 머리고정대 등으로 구성된다.
안전화	• 소방활동 시 화열과 발 부위에 무거운 물건을 떨어뜨리거나 못 등 날카로운 물체 등을 밟았을 때 보호해주는 보호구이다. • 내열성의 고무제와 가죽제(천연가죽 또는 극세사로 직조된 인조가죽) 2종류로 구분되어 있으며, 몸통, 겉창, 선심, 안감 등으로 구성되어 있다.
공기호흡기	• <u>양압식</u> 공기호흡기는 면체내의 압력이 항상 외기압보다 높게 하여 V형 면체와 안면과의 밀착도를 높이는 동시에 공기가 샐 때에는 외부로 유출되게 하여 외부의 오염된 공기가 들어오는 것을 방지하는 **호흡 보호용 기구**이다. • 등지게식으로 되어 있는 실린더에 고압으로(구형 150kg/㎠, 신형 300kg/㎠) 충전된 공기가 일정한 압력(8kg/㎠)으로 공급되어 면체 내에는 20mmH$_2$O(약0.027kg/㎠)로 유지되게 되어 있다. • 최근에 나온 신형의 공기호흡기는 안면 마스크를 쓴 상태에서 대기호흡을 할 수 있는 대기호흡장치가 부착되어 사용의 편리성이 한층 높아졌다. • 저 시력자의 시야확보를 위하여, 공기호흡기 면체 안면부내에 장착시켜 사용할 수 있는 착탈이 편리한 안경테도 참고할 필요가 있다.
산소호흡기	• 외부로 산소가 배출되지 않도록 폐회로를 구성하면서 청정약제(카레임)로 정화해서 사용함으로 공기호흡기보다 장시간(2시간 이내)을 사용할 수 있는 장비로서, 고압 산소용기로부터 감압된 산소를 유량조절기로 단계별로 산소량을 조절할 수 있다.

방연(방진)마스크	• 호흡 시 매연이나 분진을 여과하여 주는 보호구로서, 여과효율이 높아야 하며 안면 밀착성이 좋아야 한다.
인명구조경보기	• 인명구조경보기는 시야가 어두운 현장활동 시 대원이 일정시간 움직이지 않으면 주위에 경보음을 발신하여 위험을 경보해 주는 보호구이다. 건전지 교체식이므로 일정시간 경과 시 제때에 충전해야 한다.
보안경	• 보안경은 활동 시 먼지 등 유해물질이 눈에 들어가지 않게 방지하는 보호안경과 자외선(아크용접 작업 시) 적외선(가스용접작업) 등으로부터 눈을 보호해주는 차광안경으로 구분할 수 있다.
로프	• 주로 인명검색·구조 등의 소방활동 시 대원의 추락방지나 퇴로확보 등을 위한 중요한 보호구로서 활용되고 있다. • 로프는 열이나 충격, 습기 등에 약하므로 관리 유지에 세심한 주의를 기울여야 하며, 사용 시 건물 모서리 등 예리한 물건에 직접 접촉되지 않도록 해야 한다. • 현행 「소방장비관리규정」상 사용할 때마다 그 횟수 등을 기록하도록 규정하여 그 로프의 관리유지 기준을 한층 강화하였다.
안전벨트	• 인명구조활동 시 대원의 신체 및 구조대상자를 안전하게 결착하여 안전한 장소로 이동할 때 사용하는 장비이다.
공기안전매트	• 상부매트는 사람이 낙하하면 각 변 4개의 배기공으로 바람이 빠져 충격을 흡수하여 푹신한 쿠션 역할을 하고, 하부매트는 상부매트의 잔여 충격이 흡수되어 반동 없이 안전하게 피난할 수 있다.
내전복	• 화재현장에서 전기 감전을 방지할 수 있는 것으로 7,000~22,000V까지 사용이 가능한 소방대원의 신체보호 장비로서 내전복, 내전장갑, 내전장화로 구성되어 있다.
방독보호복	• 유해화학물질 및 유독물 누출시의 제독작업과 방사능으로부터 대원을 보호할 수 있는 장비이다.
방사선보호복	• 방사능 오염이나 내부피폭을 강력히 방지하면서 소화작업이나 응급처지 등의 활동이 가능하도록 한 보호복이다. 모든 방사선을 완벽히 차폐하지는 못 한다.(특히 감마선)

* 보호구: 근원적인 1차적 안전대책에 이은 소극적인 2차적 안전대책으로서 외부의 유해한 자극물을 차단하거나 그 영향을 감소시킬 목적으로 작업자의 신체에 장착하는 것을 말한다.

 핵심요약

- 소방현장에서 안전확보에 필요한 보호구의 사용과 종류를 확인한다.
  • 보호구는 사용 시 작업에 적절하고 필요한 수량을 비치하여 사용방법을 교육하여 착용훈련을 해야 함.
  • 소방용 보호구의 종류는 방화복, 헬멧, 안전화, 안전장갑, 방연마스크, 방열복, 공기호흡기, 안전벨트, 방독보호복 등이 있음.

MEMO

5편 현장안전관리 — OX(2진법) 개념 따라 잡기~

01 안전관리의 목표는 인명존중, 안전한 소방활동, 사회적 신뢰확립이다. ( )

➡ 안전관리의 목표는 인명존중, 안전한 소방활동, 사회적 신뢰확립이다.(*1장)

02 소방안전관리의 특성은 일반성·적극성, 특이성·양면성, 계속성·반복성이다. ( )

➡ 소방 안전관리의 특성은 일체성·적극성, 특이성·양면성, 계속성·반복성이다.(*2장)

03 하인리히의 최초 도미노 재해 이론은 ① 사회적 환경 및 유전적요인 ➡ ② 개인적 결함 ➡ ③ 불안전 행동 및 불안전 상태 ➡ ④ 사고 ➡ ⑤ 상해 순이다. ( )

➡ 하인리히의 최초 도미노 재해 이론은 ① 사회환경과 유전적 무모함이 … ② 개인적 결함이고 … ③ 불안이(직접원인 되어) … ④ 사고가 생기고 ⑤ 상해(재해)가 된다. 「1:29:300의 법칙」을 주장함. (*3장)
▶ **암기**: (하)사개불안(* **연상**: 하인리히가 사회적, 유전적 환경으로 불안하다.)

04 버드의 이론은 ① 제어의 부족 ➡ ② 기본원인 ➡ ③ 직접원인 ➡ ④ 사고 ➡ ⑤ 상해 순이다. ( )

➡ 프랭크 버드(Bird)의 최신 도미노 재해요인은 ① 제어의 부족 ➡ ② 기본원인 ➡ ③ 직접원인 ➡ ④ 사고 ➡ ⑤ 상해 순이다. 「1 : 10 : 30 : 600의 법칙」을 주장함. (*3장) ▶ **암기**: 제기직사(* 제기랄! 직사했네)

05 재해의 기본원인 4개의 M은 Man(인간), Machine(기계), Media(작업), Management(관리)이다. ( )

➡ 옳은 설명이다.(*3장) * **오답**: Memory 기억

06 재해예방의 4원칙은 예방 가능의 원칙, 손실 우연의 원칙, 원인 연계의 원칙, 대책선정의 원칙이 있으며, 사고 예방대책의 기본원리 5단계는 안전조직(조직체계확립) ➡ 사실의 발견(현황파악) ➡ 분석 평가(원인규명) ➡ 시정방법의 선정(대책선정) ➡ 시정책의 적용(목표달성)이 있다. ( )

➡ 옳은 설명이다.(*4장) ▶ **암기**: 예손원대, 안사분 시시

07 안전교육의 목표는 소방대원에 대한 ① 의식(정신)의 안전화 ② 행동의 안전화 ③ 기계·기구의 안전화의 3가지 정도로 요약하여 실시한다. ( )

➡ 안전교육의 목표는 ① 의식(정신)의 안전화 ② 행동의 안전화 ③ 기계·기구의 안전화가 있다.(*5장)
▶ **암기**: 의행기

정답 ○ 01. (O) 02. (X) 03. (O) 04. (O) 05. (O) 06. (O) 07. (O)

08 위험예지훈련은 상대방의 발언에 대하여 비판은 하지 않으며 논의는 하되 양보다는 질을 중요시 한다.( )

➡ 위험예지훈련의 토론은 상대방의 발언에 대하여 비판은 하지 않으며 논의도 하지 않으며 질보다는 양을 중요시한다.(*5장)
(* 위험예지훈련은 각자 많은 예시를 들어 토론을 하면 좋다는 즉, 양을 중요시 한다는 뜻)

09 위험예지훈련 훈련시트 작성에서 한 장의 시트에 여러 가지 상황을 기입하며 아주 자세한 부분까지 그려 넣는다.( )

➡ 한 장의 시트에 여러 가지 상황을 기입하지 않아야 하며 아주 자세한 부분까지 그려 넣지 말 것.(*5장)

■ 훈련시트 작성의 유의점 ★ 13 소방위 15 울산장
① 시트는 대원의 친숙도가 큰 상황으로부터 선정하는 방법이 부드럽게 진행이 된다.
② 한 장의 시트에 여러 가지 상황을 기입하지 말 것
③ 아주 자세한 부분까지 그려 넣지 말 것
④ 간단한 조사, 잘못된 조사가 되어서는 안 되기 때문에 고의로 제작한 도해가 아닐 것
⑤ 어두운 분위기가 아닌 밝은 분위기로 그려진 것이 좋다.
⑥ 도해의 상황이 광범위한 활동 등에 미치는 경우에는 그 가운데 특정 부분에 한정하여 실시하는 것도 하나의 방법이다.

10 스트레스의 징후(Sign)는 면역기능의 약화, 사고의 발생 가능성 증가가 있다.( )

➡ ① 면역기능의 약화 ② 사고의 발생 가능성 증가는 스트레스의 결과이다.(*6장)

11 소방공무원의 훈련을 실시할 때 바람직한 교육생과 교관의 비율은 5명 : 1명이다.( )

➡ 교육생과 교관의 비율은 5명 : 1명이다. 옳다. (*7장)

12 긴급자동차란 소방차, 구급차, 혈액공급차량 그 밖의 대통령령이 정하는 자동차(예: 업무 중인 경찰차)로서 긴급자동차로서의 특례혜택을 받기 위해서는 반드시 경광등이나 사이렌을 울리거나 또는 전조등을 점등한 상태이어야 한다.( )

➡ 긴급자동차란 소방차, 구급차 그리고 혈액공급차량 등도 포함된다. 모두 옳다. (*8장)

13 보호구 선정조건은 종류, 형상, 성능, 수량, 강도이다.( )

➡ ① 종류 ② 형상 ③ 성능 ④ 수량 ⑤ 강도이다. 옳다. (*10장)

정답 ↦ 08. (X) 09. (X) 10. (O) 11. (O) 12. (O) 13. (O)

PART 06 복원기출 예측문제

현장안전관리 주요기출 시험흐름 파악하기~

01 안전관리 목표에 있어서 국민의 생명과 재산보호를 사명으로 하고 있는 소방조직에서 오히려 자체사고(재해)가 자주 발생한다는 내용과 관계있는 것은?

① 인명 존중 ② 안전한 소방활동 ③ 사회적 신뢰 확립 ④ 인도적 신념

해설 ✪ 안전관리의 목표 ☆ 16 서울교

인명 존중	• 안전관리 기본목표는 인명존중의 휴머니즘(인도적 신념의 실현)을 토대로 행해진다. • 소방활동을 위해서 소방대원의 상해는 어느 정도 감수해야 되지 않느냐? 는 논리는 인정되지 않는다. 인명존중과 인도적 신념이야말로 <u>안전관리활동의 핵심</u>이다.
안전한 소방활동	• 대원의 안전사고는 국민의 생명과 재산에 손실을 미치게 하는 것과 다름이 아니다. • 그러므로 소방장비, 방어행동 등의 안전화는 소방활동의 능률을 향상시키고 대국민 서비스를 향상시키는 것이 된다. 이것은 또 소방안전관리의 테마이기도 하다.
사회적 신뢰확립	• <u>국민의 생명과 재산보호를 사명으로 하고 있는 소방조직에서 오히려 자체사고(재해)가 자주 발생한다면, 그것을 보는 국민의 시각은 소방에 대한 믿음과 신뢰의 저하이다.</u>

02 다음 중 소방안전관리의 특성과 관계가 먼 것은?

① 우발성·획일성 ② 특이성·양면성 ③ 계속성·반복성 ④ 일체성·적극성

해설 ✪ 소방안전관리의 특성 ☆ 16 부산교, 17 소방교, 18 위, 21 소방장 유사

일체성 적극성	• 재해현장 소방활동에 있어서 안전관리에 대한 일체성의 예는 호스연장시 호스를 화재 건물과 가까이 두고 연장하지 않도록 하는 것은 화재건물의 낙하물체나 고열의 복사열에 의한 호스손상을 방지하여 결과적으로 진압활동이나 인명구조시 엄호주수가 완전히 이루어질 수 있도록 하기 위한 것이다.
특이성 양면성	• 소방조직의 재난현장 활동은 임무 수행과 동시에 대원의 안전을 확보하여야 하는 양면성이 요구된다.
계속성 반복성	• 안전관리는 끝없이 계속·반복적으로 실시되어야 한다. 재해현장의 안전관리는 출동에서 부터 귀소하여 다음 출동을 위한 점검·정비까지 계속된다.

정답 ○─ 01. ③ 02. ①

03 다음 중 하인리히의 도미노이론 사고발생 과정의 순서가 옳게 연결된 것은?

① 개인적 결함-상해-사회 환경적 및 유전적 요소-불안전한 행동-사고
② 불안전한 행동-개인적 결함-사회 환경적 및 유전적 요소-사고-상해
③ 사회 환경적 및 유전적 요소-개인적 결함-불안전한 행동-사고-상해
④ 개인적 결함-사회 환경적 및 유전적 요소-사고-불안전한 행동-상해

해설 ○─ 하인리히 이론: 사회 환경적 및 유전적 요소-개인적 결함-불안전한 행동-사고-상해 순

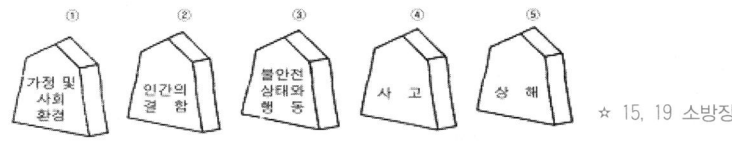

☆ 15, 19 소방장

04 프랭크 버드의 최신 도미노이론 5단계 중 가장 중요한 대책사항인 3단계는 무엇인가?

① 기본원인   ② 직접원인   ③ 사고   ④ 재해손실

해설 ○─ ✪ 최신 도미노이론 Bird의 재해이론   ☆ 19 소방장, 20 소방교
버드의 3단계는 직접원인(징후)에 해당된다.

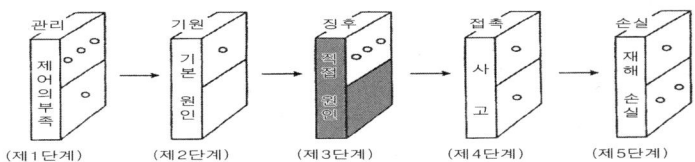

05 프랭크버드(Frank Bird)의 '1 : 10 : 30 : 600의 법칙'에서 "30"의 비율에 해당하는 것은?

① 중상, 폐질   ② 경상(물적, 인적상해)
③ 무상해사고(물적 손실)   ④ 무상해, 무사고 고장(위험순간)

해설 ○─ 버드는 또한 17만 5천 건의 사고를 분석한 결과 중상 또는 폐질 1, / 경상(물적 또는 인적상해) 10, / 무상해사고(물적 손실) 30, / 무상해·무사고 고장(위험순간) 600의 비율로 사고가 발생한다는 이른바 '1 : 10 : 30 : 600의 법칙'을 주장하였다.

정답 ○─ 03. ③ 04. ② 05. ③

06 다음 중 재해의 기본원인 4M에 속하지 않는 것은?

① Man(인간)　　② Media(작업)　　③ Machine(기계)　　④ Memory(기억)

해설 ✪ 프랭크 버드 재해의 기본원인(4M)　★ 16 경기장, 17 소방장

Man(인간)	본인보다도 본인 외의 사람, 직장에서는 동료나 상사 등 인간환경을 중시한다.
Machine (기계)	기계설비 등의 물적 조건 - 기계의 위험 방호설비, 기계나 통로의 안전유지, 인간・기계・인터페이스의 인간공학적 설계 등이다.
Media(작업)	본래 인간과 기계를 연결하는 매체 - 작업정보, 작업방법, 작업환경 등이다.
Management (관리)	안전법규의 철저, 기준류의 정비, 안전관리 조직, 교육훈련, 계획, 지휘감독 등의 관리이다.

07 다음 중 하인리히의 재해예방대책 4원칙이 아닌 것은?

① 예방가능의 원칙　　② 손실우연의 원칙
③ 원인결과의 원칙　　④ 대책선정의 원칙

해설 ✪ 하인리히 재해예방의 4원칙　★ 19 소방교　▶ 암기 : 예손원대

예방 가능의 원칙	천재지변을 제외한 모든 인위적 재난은 원칙적으로 예방이 가능하다.
손실 우연의 원칙	우연성에 좌우되는 손실 방지보다 사고발생 자체의 방지가 되어야 한다.
원인 연계의 원칙	사고발생에는 반드시 원인이 있고 모든 원인은 종합적으로 검토돼야 한다.
대책선정의 원칙	사고의 원인이나 불안전 요소가 발견되면 반드시 대책을 선정 실시하여야 하며 사고예방을 위한 가능한 안전대책은 반드시 존재한다.

08 재해예방대책에서 대책선정의 원칙 중 "관리적 대책"에 해당되지 않은 것은?

① 적합한 행정기준 개선　　② 각종규정 및 수칙의 준수
③ 전 작업자의 기준이해　　④ 관리자 및 지휘자의 솔선수범

해설 ✪ Enforcement(관리적대책)　★ 14 소방위
・적합한 기준 설정　　・각종 규정 및 수칙의 준수
・전 작업자의 기준 이해　　・관리자 및 지휘자의 솔선수범　　・부단한 동기 부여와 사기 향상

정답 06. ④　07. ③　08. ①

09 사고예방대책의 기본원리 5단계 중 2단계는?

① 안전조직(조직체계 확립)   ② 사실의 발견(현황파악)
③ 분석 평가(원인 규명)   ④ 시정방법의 선정(대책 선정)

> 해설 ○ ✪ 사고 예방대책의 기본원리 5단계   ★ 15 소방교
> ① 1단계 : **안**전조직(조직체계 확립)
> ② 2단계 : **사**실의 발견(현황파악)
> ③ 3단계 : **분**석 평가(원인 규명)
> ④ 4단계 : **시**정방법의 선정(대책 선정)
> ⑤ 5단계 : **시**정책의 적용(목표달성)   ▶ **암기** : 안사분 시시 (* **연상** : 안사면 시시하다.)

10 안전교육의 방법에서 사례연구법 장점이 아닌 것은?

① 현실적인 문제의 학습이 가능하다.   ② 흥미가 있고 학습동기를 유발할 수 있다.
③ 생각하는 학습교류가 가능하다.   ④ 원칙과 룰(rule)의 체계적 습득이 쉽다.

> 해설 ○ ✪ 사례연구법(문제해결식 교육)   ★ 14 경남장, 18 경기장, 소방위 유사
>
> | 장점 | ① 현실적인 문제의 학습이 가능하다.
② 흥미가 있고 학습동기를 유발할 수 있다.   ③ 생각하는 학습교류가 가능하다. |
> |---|---|
> | 단점 | ① 원칙과 룰(rule)의 체계적 습득이 어렵다.
② 적절한 사례의 확보가 곤란하다.   ③ 학습의 진보를 측정하기 힘들다. |

11 위험예지훈련 모임(Meeting)의 중요성에 대한 내용이 옳지 않은 것은?

① 편안한 분위기에서 행한다.   ② 전원이 자유롭게 발언한다
③ 양보다는 질을 중요시한다.   ④ 발언에 대하여 비판 또는 논의 하지 않는다.

> 해설 ○ ✪ 모임의 중요성을 인식한다.   ★ 14 서울장, 부산장
> ① 편안한 분위기에서 행한다.
> ② 전원이 자유롭게 발언한다.
> ③ 발언에 대하여 비판은 하지 않으며 논의도 하지 않는다.
> ④ 타인의 이야기를 잘 듣고 서로가 자기의 생각을 높여가도록 한다.
> ⑤ 질보다는 양을 중요시한다.

정답 ○ 09. ② 10. ④ 11. ③

12 다음의 위험예지훈련 진행사항에서 제 2라운드의 내용은?

① 위험사실을 파악(현상파악)   ② 위험원인을 조사(본질추구)
③ 대책을 세운다(대책수립)   ④ 행동계획을 결정(목표달성)

해설 ○ ✪ 위험예지훈련 진행사항 ☆ 16 부산교, 22 소방교

라운드	문제해결 라운드	위험예지훈련 라운드	위험예지훈련 진행방법
1R	위험사실을 파악 (현상파악)	'어떠한 위험이 잠재하고 있는가'	모두의 토론으로 그림 상황 속에 잠재한 위험요인을 발견한다.
2R	위험원인을 조사 (본질추구)	'이것이 위험의 요점이다'	발견된 위험요인 가운데 이것이 중요하다고 생각되는 위험을 파악하고 ○표, ◎표를 붙인다.
3R	대책을 세운다 (대책수립)	'당신이라면 어떻게 할 것인가'	◎표를 한 중요위험을 해결하기 위해서는 「어떻게 하면 좋은가」를 생각하여 구체적인 대책을 세운다.
4R	행동계획을 결정 (목표달성)	'우리들은 이렇게 한다'	대책 중 중점실시 항목에 ※표를 붙여 그것을 실천하기 위한 팀 행동 목표를 세운다.

13 다음 중 스트레스 징후(Sign)에 대한 설명으로 옳지 않은 것은?

① 사고현장에서의 부적응 및 행동력의 저하
② 사기의 저하 및 의욕상실
③ 악몽과 불면증(不眠症)
④ 정상적인 식욕

해설 ○ ✪ 스트레스의 징후(Sign) ☆ 14 인천장
① 사고현장에서의 부적응 및 행동력의 저하   ② 사기의 저하 및 의욕상실
③ 악몽과 불면증(不眠症)   ④ 과거에 대한 지나친 회상
⑤ 비정상적인 식욕   ⑥ 극도의 성급함과 격분(激憤)
⑦ 알코올의 섭취량 증가와 중독

정답 ○ 12. ② 13. ④

14 다음 중 소방공무원 훈련을 실시할 때 바람직한 교육생과 교관의 비율은?

① 3 : 1　　② 4 : 1　　③ 5 : 1　　④ 10 : 1

해설 ○- 훈련을 실시할 때 바람직한 교육생과 교관의 비율은 5명 : 1명이다.

15 다음 중 방어운전기법에 대한 설명으로 옳지 않은 것은?

① 충분한 시야의 확보를 위해서는 핸들보다 높은 위치에서 전면(前面)을 주시한다.
② 충분한 시야(視野)의 확보를 위해서는 넓은 시야를 확보하며 눈을 계속하여 움직인다.
③ 총 정지거리는 브레이크를 밟고 차량이 완전히 정지하는 순간까지의 거리를 말하며, 운전자반응거리에서 차량의 정지거리를 뺀 것을 말한다.
④ 운전자 반응거리란 차량의 운전자가 정지의 필요성을 인식한 후 운전자의 발이 엑셀레이터를 떠나 브레이크 페달을 밟는 순간까지의 주행한 거리를 말한다.

해설 ○- ✪ 충분한 시야(視野)의 확보
① 핸들보다 높은 위치에서 전면(前面)을 주시한다.
② 넓은 시야를 확보한다.
③ 눈을 계속하여 움직인다.
④ 운전에만 정신을 집중한다.
⑤ 차량에 설치되어 있는 각종 경보장치를 적극 활용한다.
-----*
✪ 급제동(急制動)의 예측　　(*^^ 총정지거리= 운전자반응거리 + 차량정지거리)
① 주행속도(走行速度)는 차량의 정지거리와 밀접한 관련이 있다.
　- 따라서 모든 운전 요원들은 해당 차량의 속도별 정지거리 및 정지시간을 정확히 파악하고 있어야 한다.
② 총 정지거리는 정지를 하여야 할 상황을 인지한 후 브레이크를 밟고 차량이 완전히 정지하는 순간까지의 거리를 말하며, 운전자반응거리와 + 차량의 정지거리의 합을 말한다.
③ 운전자 반응거리란 차량의 운전자가 정지의 필요성을 인식한 후 운전자의 발이 엑셀레이터를 떠나서 브레이크 페달을 밟는 순간까지의 주행한 거리를 말한다.
④ 차량정지거리란 브레이크가 작동하여 차량이 완전히 정지될 때까지의 주행거리를 말한다.
-----*
✪ 주행속도가 빠를수록 운전자 반응거리는 길어지고, 운전자가 확보할 수 있는 시야는 좁아진다.
(예) 시속 60km 주행 시에 시야는 약 60° 정도이나, / 시속 100km 정도의 속도로 주행 시에 운전자가 확보할 수 있는 시야는 약 40° 정도로 좁아진다.)

정답 ○- 14. ③　15. ③

16 고속도로에서의 주차방법으로 잘못 설명된 것은?

① 주 교통흐름을 어느 정도 차단할 수 있는 위치에 주차한다.
② 주차각도는 차선의 방향으로부터 비스듬한 각도(角度)를 가지고 주차한다.
③ 주차된 소방차량의 앞바퀴는 사고현장의 안쪽의 외곽부분으로 향하도록 정렬한다.
④ 사고현장의 완벽한 안전확보를 위하여 사고현장(작업공간 15m정도 제외)으로부터 제한속도에 비례하여(예: 제한속도 100km/h의 도로인 경우 100m 가량)정도 떨어진 위치에 추가의(경찰차 등) 차량을 배치시켜 일반 운전자들이 서행하거나 우회할 수 있도록 조치해야 한다.

해설 ○ ✪ 고속도로에서의 주차방법에 유의사항 ☆ 16 서울교, 20 소방교
① 주 교통흐름을 어느 정도 차단할 수 있는 위치에 주차한다.
② 주차각도는 차선의 방향으로부터 비스듬한 각도(角度)를 가지고 주차하여 진행하는 차량으로부터 대원의 안전을 확보하도록 한다.
③ 주차된 소방차량의 앞바퀴는 사고현장과 일직선이 <u>아닌 방향으로</u> 즉 사고현장의 외곽부분으로 향하도록 정렬하여 진행하는 차량이 소방차량과 충돌할 경우 소방차에 의해 대원이 부상당하지 않도록 한다.
④ 사고현장의 완벽한 안전확보를 위하여 사고현장(작업공간 15m정도 <u>포함</u>)으로부터 제한속도에 비례하여
　(예: 제한속도 100km/h의 도로인 경우 100m 가량 정도 떨어진 위치에 추가의(경찰차 등) 차량을 배치시켜 일반 운전자들이 서행하거나 우회할 수 있도록 조치해야 한다.
⑤ 대원들이 통행차량으로부터 부상을 당하지 않도록 주의를 환기해야 한다.
⑥ 대원들이 방호(防護)된 활동영역을 가급적 벗어나지 않도록 한다.

Check Point 참고 (15m 포함과 제외의 혼동 정리)

- 상권 p.371 사고현장(작업공간 15m정도 <u>포함</u>)으로부터 추가의(<u>경찰차</u> 등) 차량 배치.
- 중권 p.138 사고지점 후방 15m 정도에 구조차량 주차하고 <u>그</u> 후방으로 <u>유도표지</u> 설치.
- 하권 p.306(= SSG3) - 중권과 같음 -

정답 ○ 16. ④

• REFERENCE

■ 내 삶의 무게~

내 등에 짐이 없었다면 나는 세상을 바로 살지를 못했을 겁니다.
내 등에 짐때문에 늘 조심하면서 바르고 성실하게 살아왔습니다.
이제 보니 내 등의 짐은 나를 바르게 살도록 한 귀한 선물이었습니다.

내 등에 짐이 없었다면 나는 사랑을 몰랐을 것입니다.
내 등에 있는 짐의 무게로 남의 고통을 느꼈고 이를 통해 사랑과 용서도 알았습니다.
이제 보니 내 등의 짐은 나에게 사랑을 가르쳐준 귀한 선물이었습니다.

내 등에 짐이 없었다면 나는 아직 미숙하게 살고 있을 것입니다.
내 등에 있는 짐의 무게가 내 삶의 무게가 되어 그것을 감당하게 하였습니다.
이제 보니 내 등의 짐은 나를 성숙시킨 귀한 선물이었습니다.

내 등에 짐이 없었다면 나는 겸손과 소박함의 기쁨을 몰랐을 것입니다.
내 등의 짐 때문에 나는 늘 나를 낮추고 소박하게 살아왔습니다.
이제 보니 내 등의 짐은 나에게 기쁨을 전해준 귀한 선물이었습니다.

물살이 센 냇물을 건널 때는 등에 짐이 있어야 물에 휩쓸리지 않고
화물차가 언덕을 오를 때는 짐을 실어야 헛바퀴가 돌지 않듯이

내 등의 짐이 나를 불의와 안일의 물결에 휩쓸리지 않게 했으며
삶의 고개 하나 하나를 잘 넘게 하였습니다.

내 나라의 짐, 가족의 짐, 직장의 짐, 이웃과의 짐, 가난의 짐, 몸이 아픈 짐,
슬픈 이별의 짐들이 내 삶을 감당하는 힘이 되어
오늘도 최선을 다하는 삶을 살게 하였습니다.

화재2-2

(소방전술1)

6편

화재조사실무

1장 화재조사의 개요(1~6절) ·················· 402
2장 화재조사 방법(1~3절) ·················· 408
3장 화재조사 관련 법률(1~4절) ·················· 412
4장 화재조사 서류(1~3절) ·················· 423
✪ OX 개념문제 ·················· 430
✪ 복원기출 및 예측문제 ·················· 432

CHAPTER 01 화재조사의 개요 (1장)

> **학/습/목/표**
> 화재조사의 전반적인 개요에 대해 이해하고 숙지한다.
> • 화재 및 화재조사의 일반적인 정의와 의의에 대해 숙지함.
> • 화재조사의 특징 및 목적, 공식발표에 대한 내용을 숙지함.

제1절 화재의 정의

1. 화재의 정의

「화재」란 사람의 의도에 반하거나 고의 또는 과실에 의해 발생하는 연소현상으로서 소화할 필요성이 있는 현상 또는 사람의 의도에 반하여 발생하거나 확대된 화학적인 폭발현상을 말한다.
이를 상세히 설명하면

(1) "사람의 의도에 반하거나 고의 또는 과실에 의하여 발생하는"에서
  ① "사람의 의도에 반하거나 과실에 의해 발생하는" 하는 화재란 화기취급 중 발생하는 실화뿐만 아니라 부작위에 의한 자연발화 또는 천재지변에 의한 화재도 포함한다.
  ② 또한 "고의에 의한다"고 하는 것은 일정한 대상에 대하여 피해발생을 목적으로 착화 및 화재를 유도하였거나 직접 불을 지른 경우를 말한다.

(2) "연소현상으로서"에서
  "연소"라고 함은 가연성 물질이 산소와 결합하여 열과 빛을 내며 급속히 산화되어 형질이 변경되는 화학반응을 말하며 다음의 현상들과는 구분된다.

금속의 용융	열과 빛은 발하되 산화현상이 아니므로 연소가 아니다.
금속의 녹	산소와 결합하는 산화반응이나 반응시간이 장시간 계속되므로, 열과 빛을 내지 않기 때문에 연소가 아니다.
핵융합 및 핵분열	열과 빛은 발하되 산화현상이 아니므로 연소가 아니다.

(3) "소화할 필요가 있다는 것"이라고 함은
　① 화재란 연소현상으로서 소화의 필요성이 있어야 하며
　② 소화의 필요성의 정도는 반드시 소화설비이나 그와 유사한 정도의 시설을 사용할 수준 이상이어야 한다는 의미는 아니다.

> ✪ ・휴지나 쓰레기를 소각하는 것과 같이 자산가치의 손실이 없고 자연히 소화될 것이 분명하여 소화의 필요성을 느끼지 않는다면 화재로 볼 수 없다.
> ・그러나 구체적인 사안에 있어서 소화의 필요성 정도와 그 수준에 관하여는 해석이 나누어질 수 있으므로 실무적으로 소방관서에 화재신고가 접수된 것은 관계자가 소화의 필요성을 인정한 것으로 간주하고, 이를 화재로 인정하여 화재조사관은 현장조사 실시 후 보고까지 이행한다.
> 　- 이때 인명 또는 재산피해가 없는 경우라도 화재로 정의한다.

(4) "사람의 의도에 반하여 발생하거나 확대된 화학적인 폭발현상"은
　① 소화의 필요성은 의논할 필요가 없이 사람이 원하지 않는 과실 등으로 인하여 발생하거나 확대된 화학적 폭발현상을 의미한다.
　② "화학적인 폭발현상"을 화재로 정의하는 이유는 ➡ 계속적인 연소현상이 없는 폭발 현상에 의한 파손, 화상 등 인적·물적 피해가 발생한 경우에도 「화재」로 분류하지 아니하고,「안전사고」등으로 분류하여 처리하고 있어 화재예방대책 자료화가 불가능하며, 또한
　③ 폭발은 짧은시간 안에 발생하는 격렬한 연소 현상으로서, 순간적으로 많은 사상자를 발생시키거나 건물 등을 파괴하여 구조물의 파편이 멀리 날아서 흩어지는 등의 피해를 발생시키는 것이 일반적이다. 이러한 폭발은 피해가 광범위한 경우가 많아, 주변 조건으로부터 판단하여
　④ 사회통념상 공공의 위험을 발생시켜, <u>소화의 필요성이 없는 경우에도</u> 소방기관이 출동하여 피해의 확대를 방지하는 것이 중요하기 때문에 순간적인 **연소현상이 있는 혼합가스폭발, 가스의 분해폭발, 분진폭발** 등의 <u>화학적 변화에 의한 폭발</u>은 급격한 연소현상으로서 <u>화재의 범주에 포함</u>한다.
　　(*^^ 불이 붙는 화학적폭발은 연소현상과 소화의 필요성이 없어도 화재로 본다.)
　⑤ 그러나 **연소현상이 없는 보일러 내압조 파열** 등 단순한 물리적인 파열은 폭발화재로 정의하지 않는다. (*^^ 불이 붙지 않고 압력에 의한 단순한 물리적파열은 화재로 보지 않는다는 뜻)

제2절 화재조사의 성격

① 화재조사는 화재예방 및 소방정책에 활용하기 위해 화재원인, 화재의 성장과 확산, 피해현황 등을 조사하는 것으로 "화재원인과 피해상황, 대응활동 등"을 밝히고 분석을 통하여 유사 화재의 예방과 피해의 확대방지를 하고, 소방행정의 다양한 목적 수행을 위한 자료로 활용된다.
② 화재조사는 그 성격에 있어 연소 현상에 대한 자연과학적, 전문직업적 이해와 여러 가지 법률관계(소방법, 형사법, 민사법, 제조물책임법 등)가 결합하여 있는 복잡한 업무 분야의 하나이다.

제3절 화재조사의 목적

1 화재조사의 목적

① 화재에 의한 피해를 알리고 유사화재의 방지와 피해의 경감에 이바지한다.
② 출화원인을 규명하고 예방행정의 자료로 한다.
③ 화재확대 및 연소원인을 규명하여 예방 및 진압대책상의 자료로 한다.
④ 사상자의 발생 원인과 방화관리상황 등을 규명하여 인명구조 및 안전대책의 자료로 한다.
⑤ 화재의 발생상황, 원인, 손해상황 등을 통계화 함으로써 널리 소방정보를 수집하고 행정정책의 자료로 한다.

> ・화재는 법률관계를 수반하는 사건이며, 그 실황식별행위는 사법적 관점에 입각한 증거보전 행위로 될 수 있으며, 소방법령상에 있어서는 화재조사의 주체는 소방기관으로 되어있으나
> ・행정상 경찰기관과의 연대가 필요하고, 경찰기관이 행하는 방화, 실화의 범죄수사에 대한 협력을 위해 방·실화범죄의 통보, 필요한 증거의 보전 등을 규정하고 있다.

제4절 화재조사의 범위 및 절차

화재조사사항 (화재조사법 제5조 및 시행령 제3조)

조사사항
① 화재원인에 관한 사항
② 화재로 인한 인명·재산피해상황
③ 대응활동에 관한 사항
④ 소방시설 등의 설치·관리 및 작동 여부에 관한 사항
⑤ 화재발생건축물과 구조물, 화재유형별 화재위험성 등에 관한 사항
⑥ 화재의 예방 및 안전관리에 관한 법률 제7조에 따른 화재안전조사의 실시결과에 관한 사항

화재조사의 대상 및 절차 (화재조사법 시행령 제2조)

화재조사의 대상
① 소방기본법에 따른 소방대상물에서 발생한 화재
② 그 밖에 소방관서장이 화재조사가 필요하다고 인정하는 화재

| 화재조사절차 | (화재조사법 시행령 제3조) |

종 류	범 위
① 현장출동 중 조사	· 화재발생 접수, 출동 중 화재상황 파악 등
② 화재현장조사	· 화재의 발화원인, 연소상황 및 피해상황 조사 등
③ 정밀조사	· 감식·감정, 화재원인 판정 등
④ 화재조사 결과 보고	· 결과보고

제5절 화재조사의 유관기관 등 (* 중요도 없음)

1 경찰

① 화재조사의 주체는 소방기관으로 명시되어 있으나 화재 원인이 실화나 방화와 관련되어 있어 범죄수사의 주체인 경찰관서와 상충(相沖)되고 있다
② 경찰은 형법 제164조 ~ 제171조에 명시된 대로 화재와 관련된 범죄자 처벌을 목적으로 한다.
③ 소방당국은 화재 현장에 최초 출동하여 초기정보를 많이 가지고 있을 수 밖에 없다. 따라서 소방당국이 화재수사권을 갖는 것도 바람직할 것이다. (*^^ 현재 화재수사권은 ' 경찰에 있다)
　상기 외 전기·가스안전공사, 보험회사, 민간회사, 학계 및 기타 유관기관이 있다.

2 전기·가스공사(생략)

3 보험회사(생략)

4 민간회사(생략)

5 학계 및 기타(생략)

제6절 화재조사의 특징*

1 화재조사의 특징*

(1) 화재조사는 현장성을 갖는다.

화재조사의 고급정보들은 주로 현장에서 얻어진다. 119신고를 받는 순간부터 신고일시와 신고자의 인적사항, 목소리(당시의 심경파악 등 중요한 자료로 활용됨) 등이 기록되면서 화재조사는 시작되며 출동 중에도 풍속과 풍향에 영향을 받는 화염과 연기, 주변의 이상한 소리 등을 체크하는 조사가 진행되는데 대부분의 조사는 현장에 도착하자마자 본격적으로 전개된다.

> ○ 최초 발견자, 신고자, 목격자, 초기진화자 등을 중심으로 탐문하여, 특이하거나 급격한 연소 부위나 물건, 열이나 연기의 진행 방향, 소실 또는 훼손된 물품의 위치 및 상태, 기타 화재 흔적 등을 정밀관찰하고 감식 또는 감정에 필요한 시료 및 증거물 등을 수집하는 조사 활동은 화재현장에서 이루어진다.

(2) 화재조사는 신속성을 유지해야 한다.
① 화재조사에 관한 당사자(피의자) 또는 참고인으로 진술해야 할 최초 발견자, 신고자, 목격자, 방화 또는 실화 혐의자로 추정되는 자는 시간이 경과하면 거짓으로 진술할 수 있고 추후 법정에 소환되는 것을 두려워하거나 귀찮게 생각해서 도주할 우려가 있으므로 질문조사에 신속함이 요구된다.
② 특히 화재 피해자일 경우는 시간이 경과됨에 따라 최초와 다른 심경변화를 가져올 수 있고, 보험에 가입된 경우에는 범행을 숨기거나 피해 내용 및 금액을 훨씬 부풀려 주장하기도 한다.
③ 또한, 화재 현장에서 발견되는 증거물은 상당히 다양하고 시간이 흐를수록 부식 또는 산화되거나 부패되기 쉬우므로 현장 보존 및 증거물 확보가 어렵거나 불가능해질 수도 있기 때문이다.

(3) 화재조사는 정밀과학성을 요구한다.
① 화재조사의 수단과 방법이 비과학적이거나 비전문적이라면 그 결과는 엄청난 모순으로 끝날 것이다. 엉뚱한 사람이 방화범 또는 실화 피의자로 몰거나, 손해배상이나 보험금도 받아야 할 정액보다 훨씬 적게 받을 수밖에 없는 오류로 이어질 수 있다.
② 그러므로 화재조사는 화재나 폭발의 위험과 연소과정에 관한 지식, 기술, 경험을 바탕으로 필요한 첨단 장비, 시설, 기법을 가지고 체계적이고, 전문적이어야 함은 물론, 종합과학적 방법으로 집행되어야 한다

(4) 화재조사는 보존성을 갖는다.

화재조사에서 가장 핵심적인 자료라 할 수 있는 것은 바로 증거물인 것이다. 증거물은 상태 그대로 보존되어야 효용적 가치가 있는 것이다. 또한, 현장에서 확인되거나 수집된 모든 인적·물적 증거물은 반드시 보존 및 기록되어야 하고, 영구 보존이 가능하도록 하여야 한다.

(5) 화재조사는 안전하게 진행되어야 한다.
　① 화재 현장은 수시로 상황이 급변하거나 폭발, 재발화, 구조물 붕괴, 감전, 가스 또는 유해물질 누출 등 치명적인 위험요소가 존재한다. 특히 평소 화재현장에 익숙하지 못한 경찰관, 법정과학자 및 기타 조사자들은 현장 조사업무 수행 중 전혀 위험 인식을 하지 않을 수도 있다.

(6) 화재조사는 <u>강제성</u>을 지닌다.　＊오답: 임의성
　① 관계인의 협조 없이 화재조사를 실시한다는 것은 정말 어려운 일이다.
　② 관계인의 입장에서 보면 조사에 순응하는 것이 자기에게 불리한 경우가 있을 수 있는데 이 때에 관계인에 대하여 필요한 보고 또는 자료의 제출을 명하거나 질문하여도 침묵을 지키거나 사실과는 전혀 다른 진술을 하는 사람들이 대부분이다.
　③ 이렇게 되면 화재조사는 <u>규정에 의한 강제조사권</u>을 발동할 수밖에 없다.

(7) 화재조사는 다양한 빛을 만드는 <u>프리즘</u>과 같다.
　또한, 화재와 관련되어 피해자는 피해자대로, 보험사는 보험사대로, 배상책임자는 배상책임자대로, 참고인은 참고인대로 각각 책임소재와 배상 등의 문제를 생각한 나머지 자기의 입장만을 고려하여 주장하기도 하므로 이는 마치 프리즘을 통과하면서 다양한 빛을 만드는 프리즘과 같다.

■ 정리 : 화재조사의 특징 – 신속성, 정밀과학성, 안정성, 강제성, 보존성, 현장성, 프리즘식 (*7가지)
▶ 암기: 신정안 강보현 프리즘(신정안과 강보현이는 프리즘을 진행한다)

핵심요약 및 학습가이드

■ **핵심요약**
- 화재란 실화 또는 방화로서 소화할 필요가 있는 연소현상 또는 화학적인 폭발현상을 말함.
- 화재의 판정은 화재의 3요소를 바탕으로 일반적이고 객관적으로 판단하여야 함.
- 화재조사는 화재원인조사와 화재피해조사로 구분할 수 있음.
- 화재조사의 주체는 소방기관이고 법률관계를 수반하는 사건이기에 경찰기관과의 연대와 협력 필요함.
- 화재조사의 특징으로는 현장성, 신속성, 정밀과학성, 보존성, 안전성, 강제성 및 프리즘식 진행이 있음.
- 화재조사의 공식발표 시에는 명예 및 사생활 존중, 공소유지·재판에 대한 영향, **민사불개입의 원칙**을 고려해야 함.　＊오답: 형사불개입의 원칙

■ **학습가이드**
- 각종 법령 및 문헌들의 화재의 정의에 대해 비교해보며 학습함.
- 연소현상과 폭발현상의 화재 판정 기준을 예시를 통해 비교분석하며 학습함.
- 화재조사는 경찰기관 등 유관기관에서 다루는 화재조사 개요에 대해서도 학습하는 것이 바람직함.

CHAPTER 02 화재조사의 방법 (2장)

학/습/목/표

화재조사의 종류와 방법에 대한 내용을 학습한다.
- 화재조사의 과학적이고 객관적인 방법을 이해하고 숙지함.
- 화재원인조사의 5단계 과정에 대해 이해하고 숙지함.
- 화재피해조사에서 피해액 산정기준과 계산방법에 대해 숙지함.

제1절 과학적인 방법

☆ 17 위   ▶ 순서: 인정수 부개검

1. 필요부분 인식	• 우선, 문제가 존재한다는 것을 확인해야 한다. 이 경우, 화재나 폭발이 발생한 사실과 향후 비슷한 사고를 방지할 수 있도록 그 원인이 파악되어야 한다.
2. 문제를 정의	① 존재하는 문제를 확인했으면 어떤 방식으로 문제를 해결할 수 있는지 결정한다 ② 이 경우, 발화지점과 원인에 대한 적절한 조사가 수행되어야 한다. 이는 화재 현장 조사와 기타 방법(즉, 과거 사례에 대한 검토, 관계인 등에 대한 대인적 조사 및 과학적 감정 등)에 의하여 수집된 데이터를 종합하여 수행된다.
3. 데이터를 수집	(1) 화재에 대한 데이터를 수집한다. ① 화재 패턴과 같은 물리적 증거 확인 / ② 실험실 분석을 위한 증거물 수집 ③ 실험실 조사 결과물 / ④ 목격자 진술과 같은 사람들이 관측한 기록 ⑤ 사진 촬영, 도면, 메모를 통한 현장 기록 / ⑥ 소방서와 경찰서와 같은 공식 현장 관련 보고서 / ⑦ 이전 현장 조사의 증거서류나 결과물. (2) 관찰이나 경험을 토대로 검증될 수 있기 때문에 경험적 데이터라고 한다.
4. 데이터를 분석	① 과학적 방법에서는 수집된 모든 데이터(data, 자료)가 분석되어야 한다. 　이는 **최종 가설을 만들기 전에 수행되어야 하는 필수적 단계**이다. ② 데이터의 확인, 수집 및 분류는 데이터 분석과 **다르다**. 　데이터 분석은 지식, 훈련, 경험 및 전문성이 있는 자가 수행한 분석을 토대로 한다. ③ 조사관이 데이터의 의미를 정확하게 이해할 수 있는 전문지식이 부족한 경우에는 보조 조사관을 두어야 한다. 데이터의 의미를 이해하면, 조사관은 추측이 아닌 증거를 기반으로 한 가설을 세울 수 있다.
5. 가설을 개발 (귀납적 추론)	• 화재조사관은 분석한 데이터를 토대로 이러한 현상이 화재 패턴의 특성인지 여부, 그리고 화재 확산, 발화지점의 규명, 발화 과정, 화재 원인, 화재 또는 폭발 사고에 대한 책임이나 손상의 원인 등에 대한 가설(들)을 만들어 낸다. 이러한 과정을 **귀납적 추론**이라고 한다.　＊오답: 연역적 (＊귀납: 순서대로 정리한 개념)
6. 가설을 검정 (연역적 추론)	• 화재조사관은 조심스럽고 신중한 검증 과정을 통과한 가설만을 입증된 가설로 사용할 수 있다. 가설의 검증은 **연역적 추론**의 원칙에 따라 수행되어야 한다.

◎ 방법론: 필요성 인식 ➡ 문제식별 ➡ 문제정의 ➡ 자료수집 ➡ 자료분석 ➡ 가설개발 ➡ 가설검증 ➡ 최종가설선택

제2절 화재조사관의 권한과 의무

권한	① 화재 또는 소화로 인한 **피해의 조사권**(수손·파손·오손 등) ② 관계자에 대한 **질문권** ③ 관계기관에 대한 필요사항 **통보 요구권** ④ 관계자에 대한 **자료 제출 명령권** ⑤ 소속 공무원이 행하는 조사를 위한 출입 검사 명령권 ⑥ 경찰관이 방화 또는 실화의 혐의가 있어 피의자를 체포 또는 증거물을 압수했을 경우 검사에게 사건을 송치하기 전까지 피의자에 대한 질문과 압수된 증거물에 대한 조사권
의무	① 출입검사 시 개인 주거의 경우 관계자의 **승낙을 얻을** 의무 ② 출입검사 시 관계자 비밀을 타인에게 **누설금지** 의무 ③ 출입검사 시 신분을 증명하는 **증표를 제시할** 의무 ④ 방화 또는 실화의 혐의가 있다고 인정될 시는 경찰관서에 지체 없이 통보 및 필요한 **증거를 수집·보존의무** ⑤ 피의자 체포 중, 증거물 압수 중 조사업무 수행 시 경찰수사에 지장을 주지 않을 의무 ⑥ 성실한 자세로 화재 원인을 끝까지 추적하여 원인 규명에 최선을 다할 의무 ⑦ 조사 시 경찰관과 상호협력 의무　　　⑧ 관계보험회사에의 조사 협력 의무
마음가짐	① 물적 증거를 객체로, 과학적 방법으로 합리적으로 사실을 규명하지 않으면 안 된다. ② 법령에 부여된 권리와 의무를 초과하여 조사를 실시하면 안 된다. ③ 부당하게 개인의 권리를 침해하고 자유를 제한하지 않도록 유념한다. ④ 직무를 이용하여 개인의 민사관계에 관여하여서는 안 된다 ⑤ 과학적, 기술적으로 타당성에 입각하여 조사하여야 한다. ⑥ 특이한 화재현상에 대하여 깊은 관심과 관계지식을 최대한 활용하여야 한다. ⑦ 실체적 진실규명을 한다는 사명감으로 최선을 다하여야 한다. ⑧ 객관적 사실을 토대로 흔들림 없이 중심을 지켜야 한다

제3절 화재피해조사방법

1 화재피해액의 산정

① 화재피해액은 화재 당시의 피해물과 동일한 구조, 용도, 질, 규모를 재건축 또는 재구입하는 데 소요되는 가액에서 사용손모(損耗) 및 경과연수에 따른 감가공제를 하고 현재가액을 산정하는 실질적·구체적 방식에 의한다.
② 회계장부상 현재가액이 입증된 경우에는 그것에 의한다. 그러나 정확한 피해물품을 확인하기 곤란하거나 실질적·구체적 방식에 의할 수 없는 경우에는 **소방청장이 정하는 화재피해액 산정매뉴얼**의 간이평가방식으로 산정할 수 있다.　▶ 암기: 건대 가구는 20%(예) 냉장고)

○ 건물 등 자산에 대한 최종잔가율은 건물·부대설비·가재도구는 <u>20%</u>로 하며, <u>그 외는 10%</u>로 한다.

2 화재피해액 산정기준 ☆ 06 위, 09 강원, 14 위

화재조사 및 보고규정 제18조 관련 별표2의 화재피해액의 계산방법은 아래와 같다.

┃화재피해액 산정기준┃*   (* 개정 2023.3.8)

산정대상	산정기준
① 건 물	「신축단가(㎡당)×소실면적×[1-(0.8×경과연수/내용연수)]×손해율」의 공식에 의하되, 신축단가는 한국감정원이 최근 발표한 '건물신축단가표'에 의한다.
② 부대설비	「건물신축단가×소실면적×설비종류별 재설비 비율×[1-(0.8×경과연수/내용연수)]×손해율」의 공식에 의한다. 다만 부대설비 피해액을 실질적·구체적 방식에 의할 경우「단위(면적·개소 등)당 표준단가×피해단위×[1-(0.8×경과연수/내용연수)]×손해율」의 공식에 의하되, 건물 표준단가 및 부대설비 단위당 표준단가는 한국감정원이 최근 발표한 '건물신축단가표'에 의한다. (*^^ ①②③⑨번 건대 구(옛날)가구는 0.8)
③ 구축물	「소실단위의 회계장부상 구축물가액×손해율」의 공식에 의하거나「소실단위의 원시건축비×물가상승율×[1-(0.8×경과연수/내용연수)]×손해율」의 공식에 의한다. / 다만 회계장부상 구축물가액 또는 원시건축비의 가액이 확인되지 않는 경우에는「단위(m, ㎡, ㎥)당 표준단가×소실단위×[1-(0.8×경과연수/내용연수)]×손해율」의 공식에 의하되, 구축물의 단위당 표준단가는 매뉴얼이 정하는 바에 의한다. ☆ 13 위
④ 영업시설	「㎡당 표준단가×소실면적×[1-(0.9×경과연수/내용연수)]×손해율」의 공식에 의하되, 업종별 ㎡당 표준단가는 매뉴얼이 정하는 바에 의한다.
⑤ 잔존물제거	「화재피해액×10%」의 공식에 의한다.
⑥ 기계장치 및 선박·항공기	「감정평가서 또는 회계장부상 현재가액×손해율」의 공식에 의한다. 다만 감정평가서 또는 회계장부상 현재가액이 확인되지 않아 실질적·구체적 방법에 의해 피해액을 산정하는 경우에는 「재구입비×[1-(0.9×경과연수/내용연수)]×손해율」의 공식에 의하되, 실질적·구체적 방법에 의한 재구입비는 조사자가 확인·조사한 가격에 의한다.
⑦ 공구 및 기구	「회계장부상 현재가액×손해율」의 공식에 의한다. 다만 회계장부상 현재가액이 확인되지 않아 실질적·구체적 방법에 의해 피해액을 산정하는 경우에는「재구입비×[1-(0.9×경과연수/내용연수)]×손해율」의 공식에 의하되, 실질적·구체적 방법에 의한 재구입비는 물가 정보지의 가격에 의한다. (*^^ ④⑥⑦⑧번 영기공집 0.9) (* 연상: 영기 고집)
⑧ 집기비품	「회계장부상 현재가액×손해율」의 공식에 의한다. 다만 회계장부상 현재가액이 확인되지 않는 경우에는「㎡당 표준단가×소실면적×[1-(0.9×경과연수/내용연수)]×손해율」의 공식에 의하거나 실질적·구체적 방법에 의해 피해액을 산정하는 경우에는「재구입비×[1-(0.9×경과연수/내용연수)]×손해율」의 공식에 의하되, 집기비품의 ㎡당 표준단가는 매뉴얼이 정하는 바에 의하며, 실질적·구체적 방법에 의한 재구입비는 물가정보지의 가격에 의한다.
⑨ 가재도구	「(주택종류별·상태별 기준액×가중치)+(주택면적별 기준액×가중치)+(거주인원별 기준액×가중치)+(주택가격(㎡당)별 기준액× 가중치)」의 공식에 의한다. 다만 실질적·구체적 방법에 의해 피해액을 가재도구 개별품목별로 산정하는 경우에는「재구입비× [1-(0.8×경과연수/내용연수)]×손해율」의 공식에 의하되, 가재도구의 항목별 기준액 및 가중치는 매뉴얼이 정하는 바에 의하며, 실질적·구체적 방법에 의한 재구입비는 물가정보지의 가격에 의한다.
⑩ 차량,동식물	전부손해의 경우 시중매매가격으로 하며, 전부손해가 아닌 경우 수리비 및 치료비로 한다.

⑪ 재고자산	「회계장부상 현재가액×손해율」의 공식에 의한다. 다만 회계장부상 현재가액이 확인되지 않는 경우에는「연간매출액÷재고자산회전율×손해율」의 공식에 의하되, 재고자산회전율은 한국은행이 최근 발표한 '기업경영분석' 내용에 의한다.	
⑫ 회화(그림) 골동품 등~	회화(그림), 골동품, 미술공예품, 귀금속 및 보석류 : 전부손해의 경우 감정가격으로, 전부손해가 아닌 경우 원상복구에 소요되는 비용으로 한다.	
⑬ 임야의 입목	소실 전의 입목가격에서 소실한 입목의 잔존가격을 뺀 가격으로 한다. 단, 피해액산정이 곤란할 경우 소실면적 등 피해 규모만 산정할 수 있다.	
⑭ 기 타	피해 당시의 현재가를 재구입비로 하여 피해액을 산정한다.	

- **적용요령:**
① 피해물의 경과연수가 불분명한 경우에 그 자산의 구조, 재질 또는 관계자 및 참고인의 진술 기타 관계자료 등을 토대로 객관적인 판단을 하여 경과연수를 정한다.
② 재구입비: 공구 및 기구・집기비품・가재도구를 일괄하여 재구입비를 산정하는 경우 개별품목의 경과연수에 의한 잔가율이 50%를 초과하더라도 50%로 수정할 수 있으며,
③ 잔가율: 중고구입 기계장치 및 집기비품으로서 그 제작년도를 알 수 없는 경우에는 그 상태에 따라 신품가액의 30%~50%를 잔가율로 정할 수 있다.
 (*^^ 잔가율: 화재 당시에 피해물의 재구입비에 대한 현가의 비율. 즉, 중고가의 비율이다.)
 (예 과거 1백만 냉장고 재구입비는 현, 1백만 원, 중고가가 20만 원이면, 잔가율은 20%이다)

핵심요약 및 학습가이드

- 화재조사 시에는 과학적인 방법으로 필요성 인식, 문제의 정의, 데이터 수집, 데이터 분석, 가설개발(설정.), 가설검정의 6단계 과정을 거쳐서 최종 가설을 선택해야 함. ▶ 순서: 인정수 분개검
- 화재조사의 과학적인 방법에서 "데이터 분석의 귀납적 방식"과 "가설검정의 연역적 방식"의 정의와 차이점에 대해 학습함.

○ 공간 이용 P.408 하단 혼동용어
- 귀납적: 개별적 사실 등으로부터 토출하는 이론. 즉, 순서대로 서술하여 결론을 냄)
- 연역적: 확정성과 단정성이 있는 법칙으로부터 이루어진 이론.
 즉, 어떤 명제(제목)에서 논리의 절차를 밟아 결론을 이끌어 냄. 삼단논법이 대표적인 형식이다.

CHAPTER 03 화재조사 관련 법률 (3장)

> **학/습/목/표**
> 화재조사와 관련된 법률에 대해 학습한다.
> - 화재조사와 관련된 법률 상호간의 연계성에 대해 이해함.
> - 소방의 화재조사에 관한 법률, 화재조사 및 보고규정에 대해 숙지함.
> - 각 법령의 취지와 해설방법에 대해 이해하고 학습함.

▶ 중앙소방학교 교재의 법령으로 수정함.

제1절 행정조사기본법

행정조사기본법은 행정기관이 행하는 행정조사에 관한 일반적 원칙과 절차를 마련하고 중복조사를 제한하는 내용이다. 행정조사기본법의 목적은 다음과 같다.

제1조(목적) 이 법은 행정조사에 관한 기본원칙·행정조사의 방법 및 절차 등에 관한 공통적인 사항을 규정함으로써 행정의 공정성·투명성 및 효율성을 높이고, 국민의 권익을 보호함을 목적으로 한다.(이하 생략)

제2·3절 소방의 화재조사에 관한 법률

1 용어의 정의 (제2조)

① "화재"란 사람의 의도에 반하거나 고의 또는 과실에 의해 발생하는 연소현상으로서 소화할 필요가 있는 현상 또는 사람의 의도에 반해 발생하거나 확대된 <u>화학적</u>인 폭발 현상을 말한다.
② "화재조사"란 소방청장, 소방본부장 또는 소방서장이 화재원인, 피해상황, 대응활동등을 파악하기 위하여 자료의 수집, 관계인등에 대한 질문, 현장 확인, 감식, 감정 및 실험 등을 하는 일련의 행위를 말한다.
③ "화재조사관"이란 화재조사에 전문성을 인정받아 화재조사를 수행하는 소방공무원을 말한다.
④ "관계인등"이란 화재가 발생한 소방대상물의 소유자·관리자 또는 점유자(이하 "관계인"이라 한다) 및 다음 각 목의 사람을 말한다.
  ㉠ 화재 현장을 발견하고 <u>신</u>고한 사람
  ㉡ 화재 현장을 <u>목</u>격한 사람
  ㉢ <u>소</u>화활동을 행하거나 <u>인</u>명구조활동(유도대피 포함)에 관계된 사람
  ㉣ 화재를 <u>발</u>생시키거나 화재발생과 관계된 사람   ▶ 소인신목발생(* 소인 친목발생)

2 화재조사의 실시 (5조)

1. 소방관서장(이하 소방청장·소방본부장·소방서장)은 다음에 대하여 조사하여야 한다.
    ① 화재원인에 관한 사항
    ② 화재로 인한 인명·재산피해상황
    ③ 대응활동에 관한 사항
    ④ 소방시설 등의 설치·관리 및 작동 여부에 관한 사항
    ⑤ 화재발생건축물과 구조물, 화재유형별 화재위험성 등에 관한 사항
    ⑥ 그 밖에 대통령령으로 정하는 사항 ▶ 재대원인실작건의(* 관서장에게 재대 원인 실작 건의)

> 【영 제3조】 화재조사의 내용·절차
>   ① 현장출동 중 조사: 화재발생 접수, 출동 중 화재상황 파악 등
>   ② 화재현장 조사: 화재의 발화원인, 연소상황 및 피해상황 조사 등
>   ③ 정밀조사: 감식·감정, 화재원인 판정 등   ④ 화재조사 결과 보고

3 화재조사 전담부서의 업무 (6조)

① 화재조사의 실시 및 조사결과 분석·관리
② 화재조사 관련 기술개발과 화재조사관의 역량증진
③ 화재조사에 필요한 시설·장비의 관리·운영
④ 그 밖의 화재조사에 관하여 필요한 업무   ▶ 실경기역시장(* 전담부서 실경 기역시장)

> 【영 제4조】 화재조사전담부서의 구성·운영
>   소방관서장은 화재조사전담부서에 화재조사관을 **2**명 이상 배치해야 한다.
>
> 【영 제5조】 화재조사관의 자격 기준 등
>   화재조사 업무를 수행하는 화재조사관은 다음에 해당하는 소방공무원으로 한다.
>   ① 소방청장이 실시하는 화재조사에 관한 시험에 합격한 소방공무원
>   (* 시험실시 **30**일 전까지 소방청 인터넷 홈페이지에 공고한다)
>   ② 국가기술자격 중 화재감식평가 기사 또는 산업기사 자격을 취득한 소방공무원
>   - 응시자격은 소방공무원 중 다음에 해당하는 사람으로 한다.
>   ㉠ 화재조사관 양성을 위한 전문교육을 이수한 사람
>   ㉡ 국립과학수사연구원 또는 소방청장이 인정하는 외국의 화재조사 관련 기관에서
>   **8주** 이상 화재조사에 관한 전문교육을 이수한 사람
>
> 【영 제6조】 화재조사에 관한 교육·훈련
>   ① 화재조사관 양성을 위한 전문교육 또는 전문능력 향상을 위한 전문교육
>   ② 전담부서에 배치된 화재조사관 의무 보수교육(* 배치 후 **1**년 이내, 이후 **2**년마다.)

4 화재합동조사단 (7조)

① 소방관서장(소방청장·소방본부장, 소방서장)은 화재합동조사단을 구성·운영할 수 있다.

> 【영 제7조】 화재합동조사전담부서의 구성·운영
> 1. "사상자가 많거나 사회적 이목을 끄는 화재 등 대형화재"란 다음의 화재를 말한다.
>   ① 사망자가 **5명** 이상 발생한 화재
>   ② 화재로 인한 사회적·경제적 영향이 광범위하다고 소방관서장이 인정하는 화재
> 2. 화재합동조사단 단원은 다음에 해당하는 사람 중 소방관서장이 임명하거나 위촉한다.
>   ① 화재조사관
>   ② 화재조사 업무에 관한 경력이 **3년** 이상인 소방공무원
>   ③ 학교 또는 이에 준하는 교육기관에서 화재조사, 소방 또는 안전관리 등 관련 분야 조교수 이상의 직에 **3년** 이상 재직한 사람
>   ④ 국가기술자격 직무분야 중 안전관리 분야에서 산업기사 이상의 자격 취득자
>   ⑤ 그 밖에 건축·안전 분야 또는 화재조사에 관한 학식과 경험이 풍부한 사람

5 화재현장의 보존 (8조)

① 소방관서장(소방청장·소방본부장, 소방서장)은 화재조사를 위하여 필요한 범위에서 화재현장 보존조치를 하거나 화재현장과 그 인근 지역을 통제구역으로 설정할 수 있다.
  - 다만, 방화(放火) 또는 실화(失火)의 혐의로 수사의 대상이 된 경우에는 관할 경찰서장 또는 해양경찰서장(이하 경찰서장)이 통제구역을 설정한다.
② 누구든지 소방관서장·경찰서장 허가 없이 설정된 통제구역에 출입해서는 아니 된다.
    (*^^ 위반자는 200만 원 이하의 과태료에 해당한다.)
③ 화재현장 보존조치를 하거나 통제구역을 설정한 경우 누구든지 소방관서장 또는 경찰서장의 허가 없이 화재현장에 있는 물건 등을 이동시키거나 변경·훼손하여서는 아니 된다.
  - 다만, 공공의 이익에 중대한 영향을 미친다고 판단되거나 인명구조 등 긴급한 사유가 있는 경우에는 그러하지 아니하다.
④ 화재현장 보존조치, 통제구역 설정 및 출입 등에 필요한 사항은 대통령령으로 정한다.

> 【영 제8조】 화재현장 보존조치 통지 등
> 소방관서장이나 관할 경찰서장 또는 해양경찰서장(이하 경찰서장)은 화재현장 보존조치를 하거나 통제구역을 설정하는 경우 다음 사항을 화재가 발생한 소방대상물의 소유자·관리자 또는 점유자(이하 관계인)에게 알리고 해당 사항이 포함된 표지를 설치한다.
> ① 화재현장 보존조치나 통제구역 설정의 <u>이유</u> 및 <u>주체</u>
> ② 화재현장 보존조치나 통제구역 설정의 <u>범위</u>
> ③ 화재현장 보존조치나 통제구역 설정의 <u>기간</u>   ▶ 이기주범(* 화재현장표지 2기주범)

6 출입·조사 등 (9조)

① 소방관서장은 화재조사를 위하여 필요한 경우에 관계인에게 보고 또는 자료 제출을 명하거나 화재조사관으로 하여금 해당 장소에 출입하여 화재조사를 하게 하거나 관계인등에게 질문하게 할 수 있다.
② 제1항에 따라 화재조사를 하는 화재조사관은 그 권한을 표시하는 증표를 지니고 이를 관계인등에게 보여주어야 한다.
③ 화재조사를 하는 화재조사관은 관계인의 정당한 업무를 방해하거나 화재조사를 수행하면서 알게 된 비밀을 다른 용도로 사용하거나 다른 사람에게 누설하여서는 아니 된다.

7 관계인등의 출석 등 (10조)

① 소방관서장은 화재조사가 필요한 경우 관계인등을 소방관서에 출석하게 하여 질문할 수 있다.
　(* 출석일 3일 전까지 출석 일시와 장소, 출석 요구 사유 등을 알려야 한다.)
② 제1항에 따른 관계인등의 출석 및 질문 등에 필요한 사항은 대통령령으로 정한다.

8 화재조사 증거물 수집 등 (11조)

① 소방관서장은 화재조사를 위하여 필요한 경우 증거물을 수집하여 검사·시험·분석 등을 할 수 있다. 다만, 범죄수사와 관련된 증거물인 경우에는 수사기관의 장과 협의하여 수집할 수 있다.
② 소방관서장은 수사기관의 장이 방화 또는 실화의 혐의가 있어서 이미 피의자를 체포하였거나 증거물을 압수하였을 때에 화재조사를 위하여 필요한 경우에는 범죄수사에 지장을 주지 아니하는 범위에서 그 피의자 또는 압수된 증거물에 대한 조사를 할 수 있다.(이 경우 수사기관의 장은 소방관서장의 신속한 화재조사를 위하여 특별한 사유가 없으면 조사에 협조하여야 한다.)
③ 증거물 수집의 범위, 방법 및 절차 등에 필요한 사항은 대통령령으로 정한다.
　(*^^ 소방관서장은 화재조사를 위하여 필요한 최소한의 범위에서 화재조사관에게 증거물을 수집하여 검사·시험·분석 등을 하게 할 수 있다.)

9 소방공무원과 경찰공무원의 협력 등 (12조)

소방공무원과 경찰공무원(제주특별자치도 자치경찰 포함)은 다음사항에 대해 서로 협력해야 한다.
　① 화재현장의 출입·보존 및 통제에 관한 사항
　② 화재조사에 필요한 증거물의 수집 및 보존에 관한 사항
　③ 관계인등에 대한 진술 확보에 관한 사항
　④ 그 밖에 화재조사에 필요한 사항

10 관계 기관 등의 협조 (13조)

① 소방관서장, 중앙행정기관의 장, 지방자치단체의 장, 보험회사, 그 밖의 관련 기관·단체의 장은 화재조사에 필요한 사항에 대하여 서로 협력하여야 한다.
② 소방관서장은 화재원인 규명 및 피해액 산출 등을 위하여 필요한 경우에는 금융감독원, 관계 보험회사 등에 「개인정보 보호법」에 따른 개인정보를 포함한 보험가입 정보 등을 요청할 수 있다. 이 경우 정보 제공을 요청받은 기관은 정당한 사유가 없으면 이를 거부할 수 없다.

11 화재조사 결과의 공표 (14조)

① 소방관서장은 국민이 유사한 화재로부터 피해를 입지 않도록 하기 위한 경우 등 필요한 경우 화재조사 결과를 공표할 수 있다. 다만, 수사가 진행 중이거나 수사의 필요성이 인정되는 경우에는 관계 수사기관의 장과 공표 여부에 관하여 사전에 협의하여야 한다.
② 공표의 범위·방법 및 절차 등에 관하여 필요한 사항은 행정안전부령으로 정한다.

12 감정기관의 지정·운영 등 (17조)

1. <u>소방청장</u>은 화재감정기관으로 지정·운영하여야 하며 지정된 감정기관에서의 과학적 조사·분석 등에 소요되는 비용의 전부 또는 일부를 지원할 수 있다.
2. 소방청장은 감정기관으로 지정받은 자가 다음에 해당하는 경우에는 지정을 취소할 수 있다. 다만, 제1호에 해당하는 경우에는 지정을 취소(필수!)하여야 한다.
   ① 거짓이나 그 밖의 부정한 방법으로 지정을 받은 경우
   ② 제1항에 따른 지정기준에 적합하지 아니하게 된 경우
   ③ 고의 또는 중대한 과실로 감정 결과를 사실과 다르게 작성한 경우
   ④ 그 밖에 대통령령으로 정하는 사항을 위반한 경우
   (*^^ 의뢰받은 감정을 정당한 사유 없이 거부하거나 1개월 이상 수행하지 않은 경우)

   【영 제12조】 화재감정기관의 지정기준
   1. 주된 기술인력은 다음에 해당하는 사람을 **2명** 이상 보유할 것
      ① 화재감식평가 분야의 기사 자격 취득 후 화재조사 분야에서 5년 이상 근무한 사람
      ② 화재조사관 자격 취득 후 화재조사 관련 분야에서 5년 이상 근무한 사람
      ③ 이공계 분야의 박사학위 취득 후 화재조사 분야에서 2년 이상 근무한 사람
   2. 보조 기술인력: 다음에 해당하는 사람을 3명 이상 보유할 것
      ① 화재감식평가 분야의 기사 또는 산업기사 자격을 취득한 사람
      ② 화재조사관 자격을 취득한 사람
      ③ 소방청장이 인정하는 화재조사 관련 국제자격증 소지자
      ④ 이공계 분야의 석사 이상 학위 취득 후 화재조사 분야에서 1년 이상 근무한 사람

13 벌칙 (21조)

다음 각 호의 어느 하나에 해당하는 사람은 <u>300만 원</u> 이하의 벌금에 처한다.
① 허가 없이 화재현장에 있는 물건 등을 이동시키거나 변경·훼손한 사람
② 정당한 사유 없이 화재조사관의 출입 또는 조사를 거부·방해·기피한 사람
③ 관계인의 정당한 업무를 방해하거나 화재조사를 수행하면서 알게 된 비밀을 다른 용도로 사용하거나 다른 사람에게 누설한 사람
④ 정당한 사유 없이 증거물 수집을 거부·방해 또는 기피한 사람

14 과태료 (23조)

1. 다음 각 호의 어느 하나에 해당하는 사람에게는 <u>200만 원</u> 이하의 과태료를 부과한다.
   ① 소방관서장 또는 경찰서장의 허가 없이 통제구역에 출입한 사람
   ② 화재조사 출입조사 시 소방관서장에 따른 명령을 위반하여 보고 또는 자료 제출을 하지 아니하거나 거짓으로 보고 또는 자료를 제출한 사람
   ③ 정당한 사유 없이 소방관서장의 출석을 거부하거나 질문에 대하여 거짓 진술한 사람
2. 과태료는 대통령령으로 정하는 바에 따라 소방관서장 또는 경찰서장이 부과·징수한다.
   (※ 상기 ①②③ 과태료 부과는 1회: 100만 원, 2회: 150만 원, 3회: 200만 원으로 정한다)

 나는 xxx이다.

우리는 지금 우리가 하는 일로 주위 사람들과 부족함을 증명하지 않았으면 합니다.
우리는 주위 동료들과 비교함에 기죽지 말고 xxx이라는 자신의 이름으로 살아가면 됩니다.

제4절 화재조사 및 보고규정

1 용어의 정의** ☆ 10 강원, 11 부산장, 15 부산, 16 위, 20, 22 소방교, 23 소방장

① "감식"이란 화재원인의 판정을 위하여 전문적인 지식, 기술 및 경험을 활용하여 주로 <u>시각</u>에 의한 <u>종합적</u>인 판단으로 구체적인 사실관계를 명확하게 규명하는 것을 말한다.
② "감정"이란 화재와 관계되는 물건의 형상, 구조, 재질, 성분, 성질 등 이와 관련된 모든 현상에 대하여 <u>과학적</u> 방법에 의한 필요한 실험을 행하고 그 결과를 근거로 화재원인을 밝히는 자료를 얻는 것을 말한다.

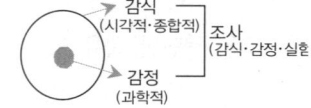

③ "발화"란 열원에 의하여 가연물질에 지속적으로 불이 붙는 <u>현상</u>을 말한다.
④ "발화열원"이란 발화의 최초원인이 된 <u>불꽃 또는 열을 말한다</u> 예 담뱃불
⑤ "발화지점"이란 열원과 가연물이 상호작용하여 화재가 시작된 <u>지점</u>을 말한다. 예 소파부근
⑥ "발화장소"란 화재가 발생한 장소를 말한다. 예 우리집 안방, 거실
⑦ "최초착화물"이란 발화열원에 의해 불이 붙은 최초의 가연물을 말한다. 예 커튼 ☆ 10강원
⑧ "발화요인"이란 발화열원에 의하여 발화로 이어진 연소현상에 영향을 준 인적·물적·자연적인 요인을 말한다.
⑨ "발화관련 기기"란 발화에 관련된 불꽃 또는 열을 발생시킨 기기 또는 장치나 제품을 말한다.
⑩ "동력원"이란 발화관련 기기나 제품을 작동 또는 연소시킬 때 사용되어진 연료 또는 에너지를 말한다.
⑪ "연소확대물"이란 연소가 확대되는데 있어 결정적 영향을 미친 가연물을 말한다. ☆ 10 강원
⑫ "재구입비"란 화재 당시의 피해물과 같거나 비슷한 것을 재건축(설계 감리비를 포함한다) 또는 재취득하는 데 필요한 금액을 말한다.
⑬ "내용연수"란 고정자산을 경제적으로 사용할 수 있는 연수를 말한다. (* 약 몇 년 쓰는 물건인가)
⑭ "손해율"이란 피해물의 종류, 손상 상태 및 정도에 따라 피해액을 적정화시키는 일정한 비율을 말한다.
  예 냉장고가 완전히 타면 100%, 재사용 가능하면 50%로 계산한 비율
⑮ "잔가율"이란 화재 당시에 피해물의 재구입비에 대한 현재가의 비율을 말한다. 예 중고가 비율
⑯ "최종잔가율"이란 피해물의 경제적 내용연수가 다한 경우 <u>잔존</u>하는 가치의 재구입비에 대한 비율을 말한다. 예 고철값 등 * 오답: 최종잔가율"은 화재 당시 피해물의 재구입비에 대한 현재가 비율
⑰ "화재현장"이란 화재가 발생하여 소방대 및 관계인 등에 의해 소화활동이 행하여지고 있거나 행하여진 장소를 말한다.
⑱ "접수"란 119상황실(이하 "상황실" 이라 한다)에서 유·무선전화 또는 다매체를 통하여 화재 등의 신고를 받는 것을 말한다.
⑲ "출동"이란 화재를 접수하고 상황실로부터 출동지령을 받아 소방대가 <u>차고</u> 등에서 출발하는 것이다.
⑳ "도착"이란 출동지령을 받고 출동한 <u>소방대가 현장에</u> 도착하는 것을 말한다.
㉑ "선착대"란 화재현장에 가장 먼저 도착한 소방대를 말한다.
㉒ "초진"이란 소방대의 소화활동으로 화재확대의 위험이 현저하게 줄어들거나 없어진 상태를 말한다.
㉓ "잔불정리"란 화재 초진 후, 잔불을 점검하고 처리하는 것을 말한다. 이 단계에서는 열에 의한 수증기나 화염 없이 연기만 발생하는 연소현상이 포함될 수 있다. 화재 완진 후(x) 23장
㉔ "완진"이란 소방대에 의한 소화활동의 필요성이 <u>사라진 것</u>을 말한다.
㉕ "철수"란 진화가 끝난 후, 소방대가 화재현장에서 <u>복귀하는 것</u>을 말한다.
㉖ "재발화감시"란 화재를 진화한 후 화재가 재발되지 않도록 감시조를 편성하여 일정 시간 동안 감시하는 것을 말한다.

2 기타 주요법령 내용

(1) 화재건수의 결정(제10조)** ☆ 19 소방교, 20 소방장, 21 소방교, 위, 22 장, 24 위

<u>1건의 화재란 1개의 발화지점에서 확대된 것으로 발화부터 진화까지이다.</u> 다음의 경우 각호에 따른다.
① 동일범이 <u>아닌</u> 각기 다른 사람에 의한 방화, 불장난은 동일 대상물에서 발화했더라도 각각 <u>별건의 화재</u>로 한다. ☆ 19 소방교, 20 소방장
② 동일 소방대상물의 발화점이 2개소 이상 있는 다음 화재는 1건의 화재로 한다. 24 위
    ㉠ 누전점이 동일한 누전에 의한 화재
    ㉡ 지진, 낙뢰 등 자연현상에 의한 다발화재
③ 발화지점이 1곳인 화재현장이 2이상의 관할구역에 걸친 화재는 발화지점이 속한 소방서에서 1건의 화재로 산정한다. 다만, 발화지점 확인이 어려운 경우에는 화재피해금액이 큰 관할구역 소방서의 화재 건수로 산정한다. ☆ 22 장, 24 위

(2) 건물동수 산정(별표1)** 08, 12, 21 위, 23 소방교

① 주요구조부가 <u>하나로 연결되어 있는 것은 1동</u>으로 한다. 다만 건널복도 등으로 2 이상의 동에 연결되어 있는 것은 그 부분을 절반으로 분리하여 <u>각 동</u>으로 본다.
② 건물의 외벽을 이용하여 실을 만들어 헛간, 목욕탕, 작업실, 사무실 및 기타 건물 용도로 사용하고 있는 것은 주 건물과 <u>같은 동</u>으로 본다.
③ 구조에 관계없이 지붕 및 실이 하나로 연결되어 있는 것은 <u>같은 동</u>으로 본다. ☆ 20 소방장
④ 목조 또는 내화조 건물의 경우 격벽으로 방화구획이 되어 있는 경우도 <u>같은 동</u>으로 한다.

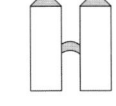

☆ 19 소방교

⑤ 독립된 건물과 건물 사이에 차광막, 비막이 등의 덮개를 설치하고 그 밑을 통로 등으로 사용하는 경우는 <u>다른 동</u>으로 한다. (작업장과 작업장 사이에 조명유리 등으로 비막이를 설치하여 지붕과 지붕이 연결되어 있는 경우)

⑥ 내화조 건물의 옥상에 목조 또는 방화구조 건물이 별도 설치되어 있는 경우는 <u>다른 동</u>으로 한다. 다만, 이들 건물의 기능상 하나인 경우(옥내 계단이 있는 경우)는 <u>같은 동</u>으로 한다. ☆19 소방교,
⑦ 내화조 건물의 외벽을 이용하여 목조 또는 방화구조건물이 별도 설치되어 있고 건물 내부와 구획되어 있는 경우 <u>다른 동</u>으로 한다. / 다만, 주된 건물에 부착된 건물이 옥내로 출입구가 연결되어 있는 경우와 기계설비 등이 쌍방에 연결되어 있는 경우 등 건물 기능상 하나인 경우는 같은 동으로 본다.

(*^^ 키워드- 같은동: 연결, 이용, 기능하나 / 다른동: 분리, 별도)

(3) 발화일시의 결정(제11조)*

발화일시의 결정은 관계인등의 화재발견 상황통보(인지)시간 및 화재발생 건물의 구조, 재질 상태와 화기취급 등의 상황을 종합적으로 검토하여 결정한다.
- 다만, 자체진화 등 사후인지 화재로 그 결정이 곤란한 경우에는 발화시간을 추정할 수 있다.

(4) 사상자(제13~14조)*

화재현장에서 사망 또는 부상당한 사람을 말한다. 단, 화재현장에서 부상을 당한 후 72시간 이내에 사망한 경우에는 해당 화재로 인한 사망자로 본다. ☆ 19 소방교, 20 소방장

> ○ 부상의 정도는 의사의 진단을 기초로 하여 다음과 같이 분류한다.(제37조)
> - 중상 : 3주 이상의 입원치료를 필요로 하는 부상 ☞ (* 3주이상 + 입원)
> - 경상 : 중상 이외의 부상(입원치료를 필요로 하지 않는 것도 포함 / 단순연기흡입자 제외),

(5) 화재의 소실정도(제16조)** ☆ 09. 16 위, 21 소방교, 24 위 (* P.16과 중복이론)

전소	건물의 70% 이상(입체면적에 대한 비율을 말함.)이 소실되었거나 그 미만이라도 잔존부분이 보수를 하여도 재사용 불가능한 것 . 24 위
반소	건물의 <u>30% 이상 70%</u> 미만이 소실된 것
부분소	전소, 반소에 해당되지 않는 것 ▶ (상대적) 오답: 30% 미만

※ 자동차·철도차량, 선박 및 항공기 등의 소실정도는 위의 규정을 적용한다.

(6) 소실면적의 산정(제17조)* ☆ 10 강원, 19 소방교, 21 소방교, 20, 22 소방장, 24 위

건물의 소실면적 산정은 <u>소실 바닥면적</u>으로 산정한다.(수손 및 파손의 경우 이를 준용한다). 24 위

> ■ 보충(Tip): 소실정도 vs 소실면적 산정 ☆ 21 소방장 (* 입체: 부피를 가지는 공간)
> - 소실정도(%)를 구분하는 방법은 <u>입체면적</u>으로 한다. ▶ 정육면체, ㅈㅇㅁㅂ, 장어덮밥
> - 건물의 소실면적(m²)산정은 소실 <u>바닥면적</u>으로 한다. * 오답: 면적산정은 입체면적

(7) 화재피해액의 산정(제18조)*

건물 등 자산에 대한 최종잔가율은 건물·부대설비·구축물·가재도구는 20%로 하며, 그 이외의 자산은 10%로 정한다.

(8) 세대수 산정(제19조)

세대수는 거주와 생계를 함께 하고 있는 사람들의 집단 또는 하나의 가구를 구성하여 살고 있는 독신자로서 자신의 주거에 사용되는 건물에 대하여 <u>재산권을 행사할 수 있는 사람을 1세대로 한다.</u>

   (*^^ 집주인과 임차한 셋방 주민도 각각 1세대로 한다는 뜻)

(9) 화재 합동 조사단 운영 및 종료(제20조)

① 소방관서장은 대형화재 발생 시 화재합동조사단을 구성·운영하는 것을 원칙으로 한다.

소방청장	사상자가 30명 이상이거나 2개 시도 이상에 발생한 화재(임야화재 제외)
소방본부장	사상자가 20명 이상이거나 2개 시군구 이상에 발생한 화재
소방서장	사망자 5명 이상, 사상자 10명 이상, 재산피해액이 100억 원 이상 발생한 화재

② 소방관서장은 단장 1명과 단원 4명 이상을 화재합동조사단원으로 임명·위촉할 수 있다.
③ 단원은 화재현장지휘자, 조사관, 소방대원과 협력하여 조사관련 정보를 수집할 수 있다.

(10) 조사보고(제22조)

① 조사관이 조사를 시작한 때에는 소방관서장에게 지체 없이 별지 제1호서식 화재·구조·구급상황보고서를 작성·보고해야 한다.

일반 화재	화재 인지로부터 <u>15일</u> 이내
긴급상황보고에 해당하는 화재	화재 인지로부터 <u>30일</u> 이내 (*요약 ☞ 보고: 10일 / 일반: 15일 / 긴급: 30일)
조사보고를 연장할 수 있는 경우	❶ 수사기관의 범죄수사가 진행 중인 경우 ❷ 화재감정기관 등에 감정을 의뢰한 경우 ❸ 추가 화재현장조사 등이 필요한 경우

※ 조사 보고일을 연장한 경우 그 사유가 해소된 날부터 <u>10일 이내</u>에 소방관서장에게 결과를 보고하며, 조사결과는 영구보존방법에 따라 보존한다.

3 기타 화재조사 및 보고 규정 내용

제3조(화재조사의 개시 및 원칙)
① 「소방의 화재조사에 관한 법률」(이하 "법") 제5조에 따라 화재조사관(이하 "조사관")은 화재발생사실을 인지하는 즉시 화재조사(이하 "조사")를 시작해야 한다.
② 소방관서장은 조사관을 근무 교대조별로 2인 이상 배치하고 조사업무를 수행한다.
③ 조사는 물적 증거를 바탕으로 과학적인 방법을 통해 합리적인 사실의 규명을 원칙으로 한다.

제4조(화재조사관의 책무)
① 조사관은 그 직무를 이용하여 관계인등의 **민사분쟁**에 개입해서는 아니 **된다**.
  ※ 화재현장에 출동하는 소방대원은 조사에 도움이 되는 사항을 확인하고, 화재현장에서도 소방활동 중에 파악한 정보를 조사관에게 알려주어야 한다.(제5조)

제6조(관계인등 협조)
① 화재현장과 기타 관계있는 장소에 출입할 때에는 **관계인등의 입회 하**에 실시하는 것을 원칙으로 한다.
② 조사관은 조사에 필요한 자료 등을 관계인등에게 요구할 수 있으며, 관계인등이 반환을 요구할 때는 조사의 목적을 달성한 후 관계인등에게 반환해야 한다.

제7조(관계인등 진술)
① 법 제9조제1항에 따라 관계인등에게 질문을 할 때에는 시기, 장소 등을 고려하여 진술하는 사람으로부터 임의진술을 얻도록 해야 하며 진술의 자유 또는 신체의 자유를 침해하여 임의성을 의심할 만한 방법을 취해서는 아니 된다.
② 관계인등에게 질문을 할 때에는 희망하는 진술내용을 얻기 위하여 상대방에게 **암시하는 등의 방법으로 유도해서는 아니 된다**.
③ 획득한 진술이 소문 등에 의한 사항인 경우 그 사실을 직접 경험한 관계인등의 진술을 얻도록 해야 한다.
④ 관계인등에 대한 질문 사항은 질문기록서에 작성하여 그 증거를 확보한다.

제8조(감식 및 감정)
① 소방관서장은 조사 시 전문지식과 기술이 필요하다고 인정되는 경우 **국립소방연구원** 또는 화재감정기관 등에 감정을 의뢰할 수 있다.
② 소방관서장은 과학적이고 합리적인 화재원인 규명을 위하여 화재현장에서 수거한 물품에 대하여 감정을 실시하고 화재원인 입증을 위한 재현실험 등을 할 수 있다.

제12조(화재의 분류)
화재원인 및 장소 등 화재의 분류는 소방청장이 정하는 **국가화재분류체계**에 의한 분류표에 의하여 분류한다.

제18조(화재피해금액 산정)
① 화재피해금액은 화재 당시의 피해물과 동일한 **구조, 용도, 질, 규모를 재건축 또는 재구입**하는데 소요되는 가액에서 경과연수 등에 따른 감가공제를 하고 현재가액을 산정하는 실질적·구체적 방식에 따른다. 다만, 회계장부상 현재가액이 입증된 경우에는 그에 따른다.
② 제1항의 규정에도 불구하고 정확한 피해물품을 확인하기 곤란한 경우에는 소방청장이 정하는 「화재피해금액 산정매뉴얼」(이하 "매뉴얼"의 간이평가방식으로 산정할 수 있다.
③ 건물 등 자산에 대한 최종잔가율은 건물·부대설비·구축물·가재도구는 20%로 하며, 그 이외의 자산은 10%로 정한다.
④ 건물 등 자산에 대한 내용연수는 매뉴얼에서 정한 바에 따른다.

제23조(화재증명원의 발급)
① 소방관서장은 화재피해자로부터 소방대가 출동하지 아니한 화재장소의 화재증명원 발급신청이 있는 경우 조사관으로 하여금 사후 조사를 실시하게 할 수 있다.
② 재산피해내역 중 피해금액은 기재하지 아니하며 피해물건만 종류별로 구분하여 기재한다. 다만, 민원인의 요구가 있는 경우에는 피해금액을 기재하여 발급할 수 있다.

제24조(화재통계관리)
소방청장은 화재통계를 소방정책에 반영하고 유사한 화재를 예방하기 위해 매년 통계연감을 작성하여 국가화재정보시스템 등에 공표해야 한다.

제25조(조사관의 교육훈련)
의무 보수교육 시간은 4시간 이상으로 한다.

CHAPTER 04 화재조사 서류 (4장)

> **학/습/목/표**
> 화재조사 서류에 관한 내용을 학습한다.
> • 화재조사 서류의 개념, 의의, 필요성, 구성 및 양식에 대해 학습함.
> • 화재발생종합보고서에 대한 내용과 작성요령에 대해 학습함.
> • 화재현장조사서에 대한 개념과 작성요령에 대해 학습함.

제1절 화재조사 서류의 개념

1 화재조사 서류의 의의

「화재조사」의 결과를 사진이나 도면 등에 의하여 정확하게 기록하고 소방기관으로서의 최종의사결정을 기록한 문서이다.
① 화재조사서류는 화재현장을 영구적으로 보존하는 자료로서 화재 1건마다 작성된다.
② 이렇게 축적된 조사데이터는 분석·유형화하여 시민에 대한 예방지도나 소방관계법령 등의 소방행정 제시의 기초자료로 하는 외에 소방활동자료로서 소방업무 전반에 활용된다.
③ 화재조사서류는 사법기관 등의 유효한 증거자료로서의 측면도 가지고 있다.

2 화재조사 서류의 구성 및 양식

① 화재조사의 목적은 현장조사 집행 후 그 결론을 표시한 「화재조사서류」가 작성됨으로써 처음으로 달성되는 것이다.
② 화재조사서류는 소방관계법령에 근거한 조사 집행의 결과로서의 법적인 성격을 가지는 것이기 때문에 통일된 기본적인 양식으로 할 필요가 있는 것이다.
③ 또한 정리·분석을 용이하게 하여 자료로서의 유용성을 높이고 활용범위도 확대시키기 위해 표준적인 서류구성과 그 양식에 기초할 필요가 있는 것이다.
④ 이런 이유로 기본적인 양식이 소방청 훈령인 『화재조사 및 보고규정』으로 규정되어 있다.

> ✪ 화재조사서류 작성시 유의사항은 ① 간결 명료한 문장(전문용어는 별개로) ② 오자 탈자 등이 없는 문서로 ③ 필요한 서류(사진 포함)의 첨부 ④ 각 조사서류의 양식은 다르게 되어있다.(각각의 목적이 있으므로).

제2절 화재발생종합보고서

1 작성목적과 작성자

화재발생종합보고서의 작성목적은 화재현장조사서, 질문기록서 등의 내용을 집약하여 하나씩 정리하는 것으로 화재대상물의 종합적 내용을 망라함과 함께 소방활동 데이터를 추가하는 것으로 화재조사결과와 소방활동의 개요를 알기 쉽게 한 것이다.

▮화재발생종합보고서 운영 체계도▮

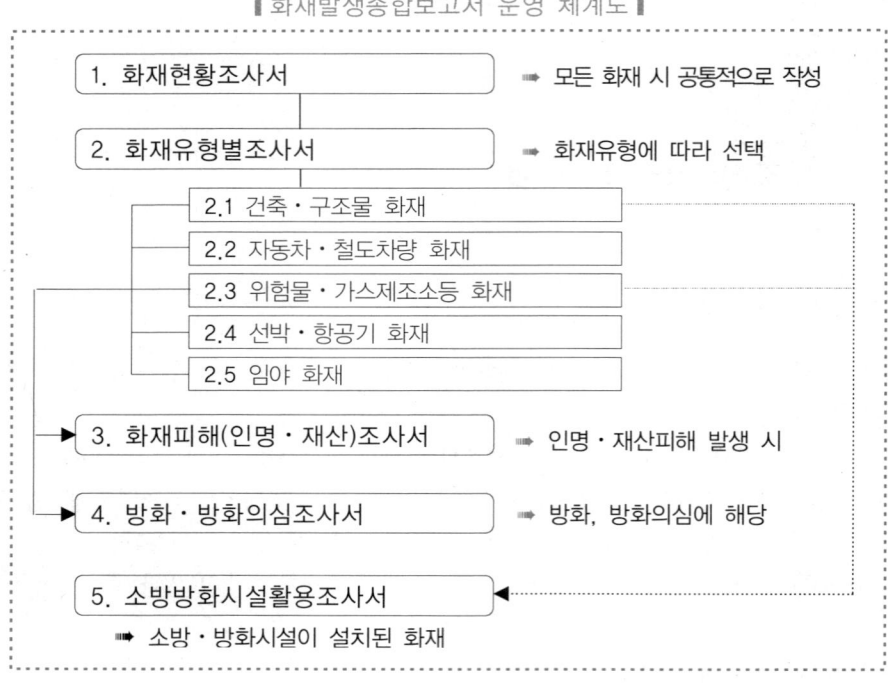

※ 화재현장조사서는 모든 화재에 공통적으로 작성하는 서식임.(작성자에 대한 제한은 없다)

2 화재발생종합보고서 작성

① 모든 화재에 공통적으로 화재현황 조사서를 작성.
② 화재유형에 따라 화재 유형별 조사서를 작성(건축·구조물화재, 자동차·철도차량화재, 위험물·가스제조소등 화재, 선박·항공기 화재, 임야화재)
③ 인명이나 또는 재산피해 발생 시 화재피해 조사서 작성(인명피해, 재산피해)
④ 방화 또는 방화의심에 해당하는 경우 방화·방화의심조사서를 작성
⑤ 소방·방화시설이 설치된 건축·구조물화재 또는 위험물·가스제조소등 화재에는 소방방화시설 활용조사서를 작성해야 한다.

제3절 화재현장조사서

1. 작성 목적

목적	
	① 발화원인, 연소확대 원인, 사상자 발생원인 등을 조사한 서류로 유사화재 방지, 연소확대 및 인명피해방지 등의 화재예방을 중심으로 한 소방행정에 반영함을 목적으로 한다. ② 소방행정에 반영으로 대외적으로는 잠자리에서의 담배에 의한 화재, 가스레인지 사용부주의에 의한 음식물화재 등 유사화재의 예방을 위해 널리 국민에게 알리는 것에서부터 전기기기, 화기사용주의, 지도하는 것까지 광범위하다. ③ 대내적으로는 소방관계법령(시도 화재예방조례 등을 포함)의 제·개정검토나 소방검사 등 예방업무의 착안점을 도출하는 것 등이 있다. ④ 특히, 발화원인에 대해서는 대외적인 소방행정 반영과 결부되므로 논리적 고찰을 통한 철저한 규명이 요구된다. ⑤ 화재현장조사서의 작성목적은 「소손물건」을 관찰하여 규명한 사실과 관계자의 진술을 자료로 하여 **소방기관이 최종결론에 도달한 논리구성이나 고찰, 판단을 기록하는 것**으로 화재조서서류의 핵심이 된다. ⑥ 화재는 방화범죄 같은 형사사건이나 손해배상 등 다양한 법률관계로 연결되는 사건이 많다. 현장조사란 진화 후 이러한 법률사안을 내포한 화재현장에 출입하여 발화원인이나 기타 소방행정상의 문제점을 조사하는 것을 말한다. ⑦ 본 조사서를 작성하는 목적은 발화원 판정 등의 기초 자료로 하는 것이며 화재현장 발굴 작업이나 복원작업상황을 상세하게 기록한 **증거보존 자료로서**의 일면도 가지고 있다.

2. 작성자

작성자	화재현장조사서 작성자는 현장조사를 직접 행한 자로 한정하고 다른 사람이 대신하여 작성하는 것은 인정되지 않는다. / 대규모 건물화재 등에서 현장조사를 분담하여 실시한 경우에는 부여받은 대상물의 현장조사서를 각각 작성한 후 취합 관리한다.

3. 작성상의 유의사항

현장조사는 강제조사권에 근거하여 행하는 법률행위적 행정조사로서 권한을 가진 상대방의 승낙을 득하고 입회하는 임의조사이다.

이 때문에 현장조사 시 입회인 및 조사개시와 종료시간은 반드시 기입한다. 또한 현장조사가 수일간에 걸친 경우에는 날짜(日)를 단위로 「제○회」라고 기재한다.

현장조사서는 앞에서 해설한 바와 같이 화재현장의 발굴·복원 종료 시까지의 상태를 화재원인판정등의 자료로서 혹은 방화범죄 등의 증거보존 자료로서 기록하여 두는 것이다.

(1) 관찰·확인사실의 객관적인 기재

① 현장조사서에는 주관적 판단이나 조사자가 의도하는 결론으로 유도하는 기재방법은 금한다.
② 현장조사서의 기재는 조사자의 의사나 판단이 개입되지 않도록 현장상황이나 소손물건 등을 객관적으로 가능한 있는 그대로 표현하는 것이 좋다.

(2) 관계자의 입회와 진술

① 조사를 실시하는 경우에는 공평성·중립성을 담보하기 위하여 반드시 입회인을 둔다.
조사현장에는 화재의 결과로 건물자체가 무너졌거나, 건물 내부 시설·가구마감재 기타 수용물 등이 소손되어 원형을 잃고 잔해물만 남았거나 넘어짐 또는 추락되어 있는 경우가 많다. 이 때문에 입회인을 통하여 발화전의 상황을 확인할 필요가 있다.
② 그러나 화재현장조사서 작성시 입회인의 설명내용을 마치 조사원이 확인·관찰한 사실인 것처럼 기재하는 사례가 있으나 그것은 부적절한 것이다. 「입회인의 설명 내용」과 「조사원의 관찰·확인 사실」은 명확하게 구분하여 기재해야 한다.
③ 구별하는 방법은 다음의 예와 같이 「입회인의 설명에 의하면」이라고 전제하는 것이 일반적이다.

> ○ 원형이 남아있지 않은 건물의 설명
> 입회인 ○○○(남, 82년생)의 설명에 의하면 「여기에는 지붕이 한옥기와로 얹어져 있었고 외벽은 블럭벽돌조 단층건물로서 95㎡의 주택이 건축되어 있었다.」고 한다. 건물의 구획 등을 입회인의 설명을 토대로 첨부도를 작성하였다. 이후 이 도면을 기준으로 확인·관찰한다.

(3) 발굴·복원단계에서의 조사사항 기재

조사의 핵심이 되는 「발굴·복원단계」에서의 관찰·확인은 발화원·경과·착화물과 결부된 사실을 구체적이며 상세하게 기재해 둘 필요가 있다. 특히, 발화원인으로 된 화원에 대하여 긍정해야할 사실 뿐만 아니라 화원으로서 부정해야할 사실을 빠짐없이 조사하여 기재해야 한다.
또한, 복원단계 이전에 관계인에게 화재지점에 있던 물건이나 물품의 위치, 크기, 재질을 확인하여야 한다

(4) 간단명료하고 계통적인 기재

「발화건물의 판정」등과 관련하여 소손의 강약과 방향, 소손물건의 위치, 재질, 형상, 크기 등을 조사과정의 흐름에 따라 직접 확인한 내용만 이해하기 쉽고 간결하며 짜임새 있게 기재해야 한다.

(5) 원인판정에 이르는 논리구성과 각 조사서에 기재한 사실 등의 취급

■ 판정에 이르는 논리구성
① 판정에 이르는 논리구성은 원칙적으로 소손상황을 객관적으로 기재한 화재현장조사서의 「사실」을 주체로 한다.
② 화재현장출동보고서 및 질문조사서의 진술사항 등을 종합하여 객관적 사실을 보충하고 화재사실의 실체적 진실을 규명할 수 있도록 결론을 도출한다.

■ 각 조사서에 기재한 사실 등의 취급

화재현장 출동보고서	① 화재현장조사서의 기재사실은 주로 발화건물 판정 및 발화지점 판정시에 인용된다. ② 화재현장조사서에 기재된 사실은 간접자료로 다루어지나 소방공무원이 관찰 조사한 사실로부터 관계자의 진술을 기재한 질문조사서보다도 높은 신뢰성을 갖는다.
질문기록서	① 질문기록서에 기재된 발견·신고자 등의 진술은 현장조사서에 기재된 사실의 보완적 자료로서 다루어진다. ② 발견·신고자, 초기소화자 등은 소방대보다도 먼저 화재의 연소상황을 볼 수 있으므로 이들의 진술은 소방공백시간인 발화로부터 소방대 도착 시까지의 화재상황의 파악에 도움을 줄 수 있는 것이다. ③ 그러나 화재 시는 냉정한 판단이 어려운 이상 상태 하에 있어 착오나 추측 등 사실을 왜곡할 만한 요인이 많고, 또 법률상의 문제 때문에 알고 있는 것이라도 진술하지 않거나 사실과 반대되는 진술을 하는 사람도 있다. ④ 따라서 관계자의 진술에 대해서는 있는 그대로 받아들이지 말고 신중하게 검토할 필요가 있다. ※ 이러한 것 때문에 질문기록서에 기재한 관계자의 증언은 화재현장조사서에 기재한 「물증」의 보완적인 역할로 생각하면 된다.

■ 판정결과와 모순된 진술의 처리
① 관계자의 진술 중에는 「발화건물의 판정」 등의 결과와 모순되는 경우가 있다. 실무상 이러한 증언은 그 신빙성 충분한 검토를 거친 후 조사서 작성 시에는 모순이 없는 진술만을 열거하여 판정근거로 한다.
② 그러나 조사현장의 검토에서 부정된 내용에 대해서도 결론 도출과정에서는 반증을 열거해 나가면서 부정해야 한다.
③ 이러한 진술이 언급되지 않은 일방적인 논술은 진술의 기재를 의도적으로 회피한 것과 같은 인상이 있어 화재현장조사서를 읽는 제3자에게 의구심을 주게 된다. 판정결과와 모순된 진술에 대해서는 그 진술에 대한 기술이 필요한 것이다.

(6) 각 조사서에 기재한 사실 등의 인용방법과 인용개소의 기재

각 조사서에 기재된 사실 등의 「인용」은 발화원인 등을 판정하는 이론전개의 기본으로서 화재현장조사서 작성상의 중요한 기술적 요소이다.

필요한 문장을 발췌하여 인용하는 방법	필요한 문장을 요약하여 인용하는 방법
발견·신고자 ○○○(남 82년생)는 질문기록서에서 「…큰소리가 나서 잠에서 깨어……2층 창가에서 밖을 보니 △△△의 집이 불타고 있었다. …불은 2층 동측 창가에서 나오고 있었다. 이외의 창은 연기만 나고 있었다.」라고 하는 진술을 하고 있다.	발견·신고자 ○○○(남 82년생)는 질문기록서에서 「△△△ 소유의 주택 2층 동측 창에서 불꽃이 나오고 있었다.」고 진술한다.

■ 인용 개소의 기재

판정근거로서 인용한 부분은 다음 항목을 명확하게 기재한다.

- •인용한 서류명
- •인용한 사실의 기재 개소
- •인용한 사실의 내용

① 화재조사 시에 관찰했으나 현장조사서에서 기재하지 않은 사실, 발견·신고자 등의 관계자가 진술한 중요사항임에도 질문기록서에 녹취하지 않은 내용 등은 진실이라 해도 발화 원인 등의 판정근거로서 열거할 수 없다.

② 판정근거가 되는 사실 등은 모두 화재현장조사서, 질문기록서 등에 기재되어야 한다.

③ 각 조사서 기재사실만으로는 발화원인 등의 입증이 불충분하여 보충실험을 행하거나 문헌을 인용하여 논리 전개한 경우는 실험데이터의 첨부나 문헌의 「인용개소의 명시」가 필요하다.

핵심요약 및 학습가이드

■ 핵심요약
- 화재조사서류란 화재조사 결과를 사진, 도면 등으로 정확하게 기록한 소방기관의 최종의사결정 문서임.
- 화재조사서류는 화재현장을 영구적으로 보존하는 자료로서 화재 1건마다 작성됨.
- 화재조사서류는 증거자료 등 법적인 성격을 가지기 때문에 양식의 통일성과 정리분석의 용이성, 자료로서의 유용성이 고려되어야 하기 때문에 "화재조사 및 보고규정의 별지"에서 기본양식을 다루고 있음.
- 화재현장조사서는 모든 화재의 공통적으로 작성하는 서식으로 화재현장의 발굴·복원 종료 시까지의 상태를 조사 자료로서 기록한 서류임.

■ 학습가이드
- 화재발생종합보고서 운영 체계도를 참고하여 화재현황, 화재유형, 인명·재산 피해여부, 방화·방화의심여부, 소방·방화시설의 설치여부에 해당할 때 각각 어떤 조사서를 작성해야하는지 비교하면서 학습함.
- 화재현장조사서 작성 시 유의사항에는 어떤 것들이 있는지 학습하고 숙지함.
- 모든 조사서는 작성목적과 작성자에 관한 규정이 있으므로 비교·분석하여 학습하는 것이 바람직함.

MEMO

6편 화재조사 실무 — OX(2진법) 개념 따라 잡기~

01 연소현상이 없는 보일러 내압조 파열 등 물리적인 파열은 폭발화재로 정의한다.( )

➡ 연소현상이 없는 보일러 내압조 파열 등 물리적인 파열은 폭발화재로 정의하지 않는다.

02 화재조사사항에는 화재원인에 관한 사항, 화재로 인한 인명·재산피해상황, 예방활동에 관한 사항 등이 있다

➡ ① 화재원인에 관한 사항 ② 화재로 인한 인명·재산피해상황 ③ 대응활동에 관한 사항 ④ 소방시설 등의 설치·관리 및 작동 여부에 관한 사항 ⑤ 화재발생건축물과 구조물, 화재유형별 화재위험성 등에 관한 사항 등이 있다.

03 화재조사의 특징은 신속성, 정밀과학성, 안정성, 강제성, 보존성, 현장성, 프리즘식이 있다.( )

➡ 7가지 모두 옳다. ▶ 암기: 신정안 강보현 프리즘(신정안과 강보현이는 프리즘을 진행한다)

04 화재조사의 과학적 방법에서 가설의 개발은 귀납적 추론이고, 가설의 검증은 연역적 추론의 원칙에 따라 수행되어야 한다.( )

➡ 가설을 개발하는 것은 귀납적 추론이고, 가설을 검증하는 것은 연역적 추론에 따라 수행돼야 한다.
  ▶ 암기: 개귀 검연(* 국어사전 순으로 기억한다)

05 공구 및 기구·집기비품·가재도구를 일괄하여 재구입비를 산정하는 경우 개별 품목의 경과연수에 의한 잔가율이 50%를 초과하더라도 50%로 수정할 수 있으며, 중고구입 기계장치 및 집기비품으로서 그 제작년도를 알 수 없는 경우에는 그 상태에 따라 신품가액의 30%~50%를 잔가율로 정한다.( )

➡ 옳은 설명이다. ▶ 암기: 잔가50, 신품30~50(* 잔가오 신품사모님)

06 "발화열원"이란 발화의 최초원인이 된 불꽃 또는 열을 말한다. /"발화지점"이란 열원과 가연물이 상호작용하여 화재가 시작된 지점을 말한다. /"발화장소"란 화재가 발생한 장소를 말한다.( )

➡ 옳은 설명이다.

07 반소는 건물의 30% 이상 50% 미만이 소실된 것이며 부분소는 30% 미만의 소실이다.( )

➡ 반소는 건물의 30% 이상 70% 미만이 소실된 것이며 부분소는 전소, 반소에 해당되지 않는 것이다.
  (* 반소는 50% 전후 20% 라고 생각하면 The 쉽다.)

정답 ○ 01. (X) 02. (X) 03. (O) 04. (O) 05. (O) 06. (O) 07. (X)

08 동일범에 의한 방화, 불장난은 동일 대상물에서 발화했더라도 각각 별건의 화재로 한다. 화재 범위가 2이상의 관할구역에 걸친 화재에 대해서는 발화 소방대상물의 소재지를 관할하는 소방서에서 1건의 화재로 한다.( )

➡ 동일범이 <u>아닌</u> 각기 다른 사람에 의한 방화, 불장난은 동일 대상물에서 발화했더라도 각각 별건의 화재로 한다. 그 다음의 내용은 옳다.

09 화재현장에서 부상을 당한 후 48시간 이내에 사망한 경우에는 해당 화재로 인한 사망자로 보며 중상은 3주 이상의 치료를 필요로 하는 부상으로 본다.( )

➡ 화재현장에서 부상을 당한 후 72시간 이내(48시간 포함)에 사망한 경우에는 해당 화재로 인한 사망자로 보며, 중상은 3주 이상의 입원치료를 필요로 하는 부상으로 본다. 치료(x) 입원치료(o)

10 소실정도(%)를 전소, 반소, 부분소를 구분하는 방법은 입체면적으로 한다. 건물의 소실면적(m²)산정은 소실바닥면적으로 한다.( )

➡ 소실**정**도(%)를 전소, 반소, 부분소를 구분하는 방법은 **입**체면적으로 한다. 건물의 소실**면**적(m²)산정은 소실**바**닥면적으로 한다. ▶ 정입면바, ㅈㅇㅁㅂ, 장어먹보 설문은 맞다.

11 화재조사 보고는 긴급상황보고에 해당하는 화재는 화재 인지로부터 30일 이내, / 일반화재는 화재 인지로부터 15일 이내, / 조사 보고일을 연장한 경우 그 사유가 해소된 날로부터 10일 이내에 조사결과를 보고하고 기록을 유지하며 영구히 보존한다.( )

➡ 설문은 옳다.(긴급: 30 / 일반: 15 / 연장 해소: 10)

12 화재조사서류 작성시 유의사항은 간결 명료한 문장(전문용어는 별개로), 오자 탈자 등이 없는 문서로, 필요한 서류(사진 포함)의 첨부하며 각 양식 작성 목적을 별도로 하지 않는다.( )

➡ 화재조사서류 작성시 유의사항은 ① 간결 명료한 문장(전문용어는 별개로) ② 오자 탈자 등이 없는 문서로 ③ 필요한 서류(사진 포함)의 첨부 ④ 각 양식 작성 목적을 다르게(<u>별도로</u>) 한다.

13 관찰·확인사실의 객관적인 기재에서 현장조사서에는 주관적 판단이나 조사자가 의도하는 결론으로 유도하는 기재방법도 기재한다.( )

➡ 관찰·확인사실의 객관적인 기재에서 현장조사서에는 주관적 판단이나 조사자가 의도하는 결론으로 유도하는 기재방법은 <u>금한다</u>.

정답 ○ 08. (X)   09. (X)   10. (O)   11. (O)   12. (X)   13. (X)

PART 07 복원기출 예측문제

화재조사실무 주요기출 시험흐름 파악하기~

01 다음 중 화재의 정의에 대하여 옳지 않은 내용은?

① 화재란 물리적 또는 화학적 폭발현상이다.
② 화재란 사람의 의도에 반하여 발생하는 연소현상이다.
③ 화재란 고의 또는 과실에 의해 발생하는 연소현상이다.
④ 화재란 사람이 소화시설 등으로 소화할 필요가 있는 현상이다.

해설 ○ ✪ 화재의 정의
화재란 사람의 의도에 반하거나 고의 또는 과실에 의해 발생하는 연소현상으로서 소화할 필요성이 있는 현상 또는 사람의 의도에 반하여 발생하거나 확대된 <u>화학적</u>인 폭발현상이다.

02 다음 중 화재조사의 목적에 관한 내용이 아닌 것은?

① 화재확대 및 연소원인을 규명한다.
② 출화결과를 규명하고 예방행정의 자료로 한다
③ 화재의 발생상황, 원인, 손해상황 등을 통계화한다.
④ 사상자의 발생 원인과 방화관리상황 등을 규명한다.

해설 ○ 출화결과가 아닌 출화원인을 규명하는 것은 화재예방을 위해서이다.
화재화재조사의 목적:
① 화재에 의한 피해를 알리고 유사화재의 방지와 피해의 경감에 이바지한다.
② 출화원인을 규명하고 예방행정의 자료로 한다.
③ 화재확대 및 연소원인을 규명하여 예방 및 진압대책상의 자료로 한다.
④ 사상자의 발생 원인과 방화관리상황 등을 규명하여 인명구조 및 안전대책의 자료로 한다.
⑤ 화재의 발생상황, 원인, 손해상황 등을 통계화 함으로써 널리 소방정보를 수집하고 행정정책의 자료로 한다.

정답 ○ 01. ① 02. ②

03 다음 중 화재조사에 관한 용어의 내용과 관계있는 것은?

> 화재와 관계되는 물건의 형상, 구조, 재질, 성분, 성질 등 이와 관련된 모든 현상에 대하여 과학적 방법에 의한 필요한 실험을 행하고 그 결과를 근거로 화재원인을 밝히는 자료를 얻는 것.

① 감정　　　② 감식　　　③ 조사　　　④ 접수

해설
1. 감식 – 주로 시각에 의한 종합적인 판단으로 구체적인 사실관계를 명확하게 규명하는 것.
2. 감정 – <u>과학적 방법</u>에 의한 필요한 실험을 행하고 화재원인을 밝히는 자료를 얻는 것.

04 다음 중 고정자산을 경제적으로 사용할 수 있는 연수를 무엇이라 하는가?

① 잔가율　　　② 내용연수　　　③ 최종잔가율　　　④ 손해율

해설 ● 화재조사 용어의 뜻　☆ 16 소방위, 20 소방교
1. "내용연수"란 고정자산을 경제적으로 사용할 수 있는 연수를 말한다.
2. "손해율"이란 피해물의 종류, 손상 상태 및 정도에 따라 피해액을 적정화시키는 일정한 비율이다.
3. "잔가율"이란 화재 당시에 피해물의 재구입비에 대한 현재가의 비율을 말한다.
4. "최종잔가율"이란 피해물의 경제적 내용연수가 다한 경우 잔존하는 가치의 재구입비에 대한 비율이다.

05 다음 중 화재 건수에 대한 내용으로 옳지 않은 것은?

① 1건의 화재는 1개의 발화점으로부터 확대된 것으로 발화부터 진화까지이다
② 각기 다른 사람에 의한 방화는 동일 대상물에서 발화했더라도 각각 별건의 화재로 한다.
③ 동일 소방대상물의 발화점이 2개소 이상 있는 누전점이 동일한 누전에 의한 화재나 지진, 낙뢰 등 자연현상에 의한 다발화재는 1건의 화재로 한다.
④ 관할구역이 2개소 이상 걸친 화재는 화재진화를 종료하는 관할 소방서에서 1건의 화재로 한다.

해설 ● 화재건수　☆ 19 소방교 20 소방장
① <u>1건의 화재란 1개의 발화점으로부터 확대된 것으로 발화부터 진화까지이다. 다음은 예외사항이다.</u>
② 동일범이 아닌 각기 다른 사람에 의한 방화, 불장난은 동일 대상물에서 발화했더라도 <u>각각 별개로 본다.</u>
③ <u>동일 소방대상물의 발화점이 2개소 이상 있는 다음화재는 1건의 화재로 한다.</u>
　　- 누전점이 동일한 누전에 의한 화재　　- 지진, 낙뢰 등 자연현상에 의한 다발화재
④ 관할구역이 2개소 이상 걸친 화재에 대해서는 <u>발화 소방대상물의 소재지를 관할하는 소방서에서 1건의 화재로</u> 한다.

정답 03. ①　04. ②　05. ④

06 다음 중 화재조사에 대한 내용으로 옳지 않은 것은?

① 발화지점이 1곳인 화재현장이 2이상의 관할구역에 걸친 화재는 발화지점이 속한 소방서에서 1건의 화재로 산정한다. 다만, 발화지점 확인이 어려운 경우에는 화재피해금액이 큰 관할구역 소방서의 화재 건수로 산정한다.
② 인지시간은 소방관서에 최초로 신고 된 시점을 말하며 자체진화 등의 사후인지 화재로 그 결정이 곤란한 경우에는 발생시간을 추정할 수 있다.
③ 전소란 건물의 70% 이상(입체면적에 대한 비율을 말함.)이 소실되었거나 그 미만이라도 잔존부분이 보수를 하여도 재사용 불가능한 것
④ 화재의 소실정도는 입체면적에 대한 비율을 말하며, 건물의 소실면적 산정은 소실 연면적으로 산정한다.

해설 ❖ 건물의 소실면적 산정은 소실 바닥면적으로 산정한다. ☆ 21 소방장

07 다음 중 화재조사에 대한 설명으로 옳은 것은?

① 주요구조부가 하나로 연결되어 있는 것은 별동으로 한다.
② 건널 복도 등으로 2 이상의 동에 연결되어 있는 것은 절반으로 분리하여 1동으로 본다
③ 구조에 관계없이 지붕 및 실이 하나로 연결되어 있는 것은 같은 동으로 본다.
④ 목조 또는 내화조 건물의 경우 격벽으로 방화구획이 되어 있는 경우는 별동으로 한다.

해설 ❖ 구조에 관계없이 지붕 및 실이 하나로 연결되어 있는 것은 같은 동으로 본다. ☆ 21 소방위
① 주요구조부가 하나로 연결되어 있는 것은 각 동으로 한다.
② 건널 복도 등으로 2 이상의 동에 연결되어 있는 것은 그 부분을 절반으로 분리하여 각 동으로 본다
④ 목조 또는 내화조 건물의 경우 격벽으로 방화구획이 되어 있는 경우는 같은 동으로 한다.

08 화재현장에서 부상을 당한 후 며칠 이내 사망한 경우 해당 화재의 사망자로 볼 수 있는가?

① 3일   ② 5일   ③ 7일   ④ 10일

해설 ❖ 화재현장에서 부상을 당한 후 3일(72시간) 이내에 사망한 경우에는 해당 화재로 인한 사망자로 본다.
☆ 19 소방교, 20 소방장

정답 06. ④ 07. ③ 08. ①

09 다음 중 대형화재 발생 시 화재합동조사단을 구성·운영으로 옳지 않은 것은?

① 소방청장 – 사상자가 30명 이상이거나 2개 시도 이상에 발생한 화재
② 소방청장 – 사상자가 50명 이상이거나 2개 시도 이상에 발생한 화재
③ 소방본부장 – 사상자가 20명 이상이거나 2개 시군구 이상에 발생한 화재
④ 소방서장 – 사망자 5명 이상, 사상자 10명 이상, 재산피해액 100억 원 이상 발생한 화재

해설 ◉ 화재 합동 조사단 운영 및 종료(제20조)

소방청장	사상자가 30명 이상이거나 2개 시도 이상에 발생한 화재(임야화재 제외)
소방본부장	사상자가 20명 이상이거나 2개 시군구 이상에 발생한 화재
소방서장	사망자 5명 이상, 사상자 10명 이상, 재산피해액이 100억 원 이상 발생한 화재

10 다음 중 긴급상황보고에 해당하는 화재는 화재인지일로부터 며칠 이내인가?

① 10일 ② 20일 ③ 30일 ④ 15일

해설 ◉ 긴급상황보고에 해당하는 화재는 화재인지일로부터 30일 이내에 해당한다.

11 과학적 화재조사방법 중 귀납적 추론에 해당되는 것은?

① 필요부분 인식 ② 데이터 분석 ③ 가설개발 ④ 가설검정

해설 ◉ 과학적 화재조사 방법 ☆ 17 소방위

가설을 개발 (귀납적 추론)	• 화재조사관은 분석한 데이터를 토대로 이러한 현상이 화재 패턴의 특성인지 여부, 그리고 화재 확산, 발화지점의 규명, 발화 과정, 화재 원인, 화재 또는 폭발 사고에 대한 책임이나 손상의 원인 등에 대한 가설(들)을 만들어 낸다. 이러한 과정을 귀납적 추론이라고 한다.
가설을 검정 (연역적 추론)	• 화재조사관은 조심스럽고 신중한 검증 과정을 통과한 가설만을 입증된 가설로 사용할 수 있다. 가설의 검증은 연역적 추론의 원칙에 따라 수행되어야 한다.

정답 ◉ 09. ② 10. ③ 11. ③

12 소방의 화재조사에 관한 법률에서 300만 원 이하의 벌금이 아닌 것은?

① 허가 없이 화재현장에 있는 물건 등을 이동시키거나 변경·훼손한 사람
② 정당한 사유 없이 화재조사관의 출입 또는 조사를 거부·방해·기피한 사람
③ 관계인의 정당한 업무를 방해하거나 화재조사를 수행하면서 알게 된 비밀을 다른 용도로 사용하거나 다른 사람에게 누설한 사람
④ 소방관서장 또는 경찰서장의 허가 없이 통제구역에 출입한 사람

> **해설** ✪ 소방의 화재조사에 관한 법률 21조
> 다음 각 호의 어느 하나에 해당하는 사람은 <u>300만 원 이하의 벌금</u>에 처한다.
> ① 허가 없이 화재현장에 있는 물건 등을 이동시키거나 변경·훼손한 사람
> ② 정당한 사유 없이 화재조사관의 출입 또는 조사를 거부·방해·기피한 사람
> ③ 관계인의 정당한 업무를 방해하거나 화재조사를 수행하면서 알게 된 비밀을 다른 용도로 사용하거나 다른 사람에게 누설한 사람
> ④ 정당한 사유 없이 증거물 수집을 거부·방해 또는 기피한 사람
> ----*
> ✪ 소방의 화재조사에 관한 법률 23조
> 다음 각 호의 어느 하나에 해당하는 사람에게는 <u>200만 원 이하의 과태료</u>를 부과한다.
> ① 소방관서장 또는 경찰서장의 허가 없이 통제구역에 출입한 사람
> ② 화재조사 출입조사 시 소방관서장에 따른 명령을 위반하여 보고 또는 자료 제출을 하지 아니하거나 거짓으로 보고 또는 자료를 제출한 사람
> ③ 정당한 사유 없이 소방관서장의 출석을 거부하거나 질문에 대하여 거짓 진술한 사람
> 2. 과태료는 대통령령으로 정하는 바에 따라 소방관서장 또는 경찰서장이 부과·징수한다
> - (※ 상기 ①②③ 과태료 부과는 1회: 100만 원, 2회: 150만 원, 3회: 200만 원으로 정한다) -

정답 12. ④

• Gossip

- 나는 포기하지 않아도 된다.

"나는 15년 동안 생활비를 벌지 못했어요!"
배우를 해서 돈을 벌 수 있게 되기까지 얼마나 걸렸냐는 기자의 질문에
헤리슨 포드는 이렇게 대답했다.

60대 중반을 넘어선 지금도 최고의 영화배우로 활동하는 그에게
15년의 무명 배우 시절이 있었던 것이다.

헤리슨 포드가 25세 때
맡은 배역은 대사가 단 한 마디뿐인 호텔 벨보이였다.
게다가 그 대사를 마친 직후 영화 제작사로부터
"자넨 틀렸어" 라는 말까지 들었다.

그 뒤 헤리슨 포드는 힘든 시기를 보내야 했다.
생활이 어려워서 목공 기술을 배우기도 했다.
그 기술로 감독이나 배우들의 가구를 제작하거나
집을 고쳐 주며 가족의 생계를 이어 나갔다.

그러나 배우가 되겠다는 꿈만은 포기하지 않았다.
수없이 오디션에 떨어지면서도 다시 도전하기를 반복하였다.

1977년 마침내 그는
조지 루카스 감독의 영화 스타워즈에 주연으로 발탁되며 무명 배우 시절을 마감했다.
공교롭게도 그는 스타워즈 오디션장에서 무대 작업을 하다가 감독 눈에 띄었다.
목공 일을 하면서도 당당한 모습이 감독에게 높은 점수를 받았던 것이다.

- 출생: 1942. 미국   신체: 183cm
- 가족: 배우자 칼리스타 플록하트
- 학력: 리폰대학 영문학 중퇴
- 데뷔: 1966년 영화 'LA 현금 탈취 작전'
- 수상: 2016년 새턴어워즈 남우주연상, 2013년 취리히영화제 평생공로상
- 작품: 인디아나존스 등 영화 64건.

부록1

(소방전술1)

부록

소방전술 기출문제

2021 소방교	승진시험 복원	…………………	440
2022 소방교	승진시험 기출	…………………	453
2022 소방장	승진시험 기출	…………………	465
2022 소방위	승진시험 기출	…………………	479
2023 소방교	승진시험 기출	…………………	491
2023 소방장	승진시험 기출	…………………	500
2023 소방위	승진시험 기출	…………………	510
2024 소방교	승진시험 기출	…………………	519
2024 소방장	승진시험 기출	…………………	528
2024 소방위	승진시험 기출	…………………	537

- 총 10개 (250문제) -

01 2021년 소방교 승진시험 복원

01 화재 소실정도와 소실면적 산정으로 옳지 않은 것은?

① 화재 범위가 2이상의 관할구역에 걸친 화재에 대해서는 발화 소방대상물의 소재지를 관할하는 소방서에서 1건의 화재로 한다.
② 전소는 건물의 70% 이상(입체면적에 대한 비율을 말함.)이 소실되었거나 그 미만이라도 잔존부분이 보수를 하여도 재사용 불가능한 것을 말한다.
③ 반소는 건물의 30% 이상 70% 미만이 소실된 것을 말한다.
④ 건물의 소실면적 산정은 소실 연면적으로 산정한다.

02 다음 중 열의 전달에 대한 설명으로 옳은 것은?

> 화재의 초기단계에 있어서 열의 전달은 전적으로 ( )에 기인한다.
> ( )는 가열된 액체나 가스의 운동에 의한 열에너지의 전달이다.
> ( )는 중간 매개체의 도움 없이 발생하는 전자파(전파, 광파, 엑스레이 등)에 의한 에너지의 전달이다.

① 전도-대류-복사
② 대류-복사- 전도
③ 전도-복사-대류
④ 복사-대류- 전도

03 다음 중 제거소화에 해당하는 내용이 아닌 것은?

① 산림화재를 미리 예상하여 평소에 방화선(도로)을 설정하고 있는 것.
② 유류표면에 유증기의 증발 방지층을 만들어 산소를 제거하는 소화방법.
③ 전기화재의 경우 전원을 차단하여 소화하는 방법.
④ 가연성 가스화재인 경우 가연성가스의 공급을 차단시켜 소화하는 방법.

정답 01. ④ 02. ① 03. ②

04 현장지휘관의 책임완수를 위해 요구되는 능력에서 의사결정 능력으로 옳지 않은 것은?
① 현장작전상황의 환류(재검토)를 통해 작전계획을 변경할 수 있는 유연한 자세
② 표준대응방법의 개발
③ 가정과 사실을 구분하지 않고 적절히 활용한다.
④ 행동개시 후에는 즉시 관리자의 역할로 복귀(전술적 책임은 위임)

05 소방호스지지 및 결속에 대한 설명으로 옳지 않은 것은?
① 5층 이상인 경우 진입층 및 중간층에 결속한다.
② 로프를 매달아 고정할 때는 소방호스보다도 로프 신장률이 크므로 로프쪽을 길게 한다.
③ 소방호스의 지지점은 결합부의 바로 밑이 가장 효과적이다.
④ 소방호스에 로프로 걸어 매기를 하는 것이 효과적이며 원칙으로 1본에 1개소를 고정한다.

06 백화점 및 대형점포의 화재진압요령 및 농연 내 화재진입요령 등으로 옳지 않은 것은?
① 인명검색은 공기호흡기를 장착하고 원칙적으로 2명 1조로 행동한다.
② 불꽃이 보이는 실내에서는 중성대가 형성되고 있는 경우가 많기 때문에 방수 후에 신속하게 연소범위를 확인한다.
③ 방수는 화점을 정확하게 확인하여 직접방수를 하고 수손방지에 노력한다.
④ 낙하물은 직사방수로 떨어뜨려 안전을 확보한다.

07 다음 중 3d 주수기법의 설명에 대한 내용으로 옳은 것은?

( )은 연소 가연물에 직접 주수하여 화재 진압을 하는 방법을 말한다.
( )은 벽면의 온도를 낮추고 열분해를 중단시키는 것이며 벽면과 천장의 온도를 낮추고 열분해 중단시키는 것이다.
( )은 상부 화염 소화, 가스층 희석 및 온도를 낮추어 대원들이 내부로 더 깊이 침투할 수 있도록 하며, 주어진 상황에 따라서 3~5초의 간격으로 다양하게 적용한다.

① 펜슬링기법 - 페인팅기법 - 롱펄싱기법
② 펄싱기법 - 펜슬링기법 - 페인팅기법
③ 펜슬링기법 - 펄싱기법 - 페인팅기법
④ 펄싱기법 - 페인팅 - 미디움펄싱기법

정답 04. ③ 05. ② 06. ② 07. ①

08 다음 중 지하화재 시 화재진압요령으로 옳지 않은 것은?

① 진입개소가 2개소인 경우에는 급기, 배기방향을 결정한 후 급기측에서 분무방수 또는 배연기기 등을 이용하여 진입구를 설정한다.
② 개구부가 2개소 이상일 때는 연기가 많이 분출되는 개구부를 배연구로 하고 반대쪽의 개구부를 진입구로 한다.
③ 배기측 계단에서 화학차를 활용하여 고발포를 방사, 질식소화를 한다
④ 농연 열기가 충만하여 진입이 곤란한 경우에는 상층부 바닥을 파괴하여 개구부를 만들고 직접 방수하여 소화하는 경우도 있다.

09 위험물 화재의 특수현상에 대한 내용의 옳은 순서는?

> 가. 물보다 끓는점이 높은 점성을 가진 유류에 물이 접촉될 때 유류 표면온도에 의해 물이 수증기가 되어 팽창, 비등함에 따라 유류를 외부로 비산시키는 현상을 말한다.
> 나. 탱크 내부에 물이 외부 또는 자체적으로 발생한 상태에서 탱크표면에 화재가 발생하여 원유와 물이 함께 저장탱크 밖으로 흘러넘치는 현상
> 다. 점성을 가진 뜨거운 유류표면 아래 부분에서 물이 비등할 경우 비등하는 물에 의해 탱크 내 유류가 넘치는 현상을 말하며, 직접적으로 화재발생을 일으키지는 않는다.

① 슬로프오버(Slopover) - 보일오버(Boilover) - 후로스오버(Frothover)
② 보일오버(Boilover) - 슬로프오버(Slopover) - 후로스오버(Frothover)
③ 후로스오버(Frothover) - 보일오버(Boilover) - 슬로프오버(Slopover)
④ 후로스오버(Frothover) - 슬로프오버(Slopover) - 보일오버(Boilover)

10 다음 중 공동현상(cavitation) 발생 시 조치사항으로 옳지 않은 것은?

① 흡수관측의 손실을 가능한 작게 한다
② 소방펌프 흡수량을 낮추고, 소방펌프의 회전수를 높힌다.
③ 동일한 회전수와 방수량에서는 방수밸브를 조절한다.
④ 흡수관의 스트레이너 등에 이물질이 있는 경우 이를 제거한다.

정답 ○─ 08. ③ 09. ① 10. ②

11. 다음은 소방안전관리의 특성으로 무엇에 대한 설명인가?

> 재해현장 소방활동에 있어서 안전관리에 대한 ( )의 예는 수관연장 시 수관을 화재 건물과 가까이 두고 연장하지 않도록 하는 것은 화재건물의 낙하물체나 고열의 복사열에 의한 호스 손상을 방지하여 결과적으로 진압활동이나 인명구조시 엄호주수가 완전히 이루어질 수 있도록 하기 위한 것이다.

① 일체성   ② 양면성   ③ 반복성   ④ 특이성

12. 구조활동의 출동 등에 대한 설명으로 옳은 것은?
① 출동경로는 지도상의 최단거리로 한다.
② 필요시 진입로 확보를 위한 조치를 요청한다.
③ 사고발생 장소와 무선정보 등에 관계없이 출동지령 장소에 변경이 없는가를 확인한다.
④ 선착대의 행동내용 및 사용기자재 등에 관계없이 자기대의 임무와 활동요령을 검토한다.

13. 다음 중 장비조작시의 주의사항으로 옳지 않은 것은?
① 일반 2행정기관(체인톱, 발전기, 동력절단기 등)의 경우 오일의 혼합량이 너무 많으면 시동이 잘 걸리지 않고 시동 후에도 매연이 심하다. 반면 오일의 양이 적으면 엔진에 손상을 입어 기기의 수명이 단축될 수 있다.
② 4행정기관(유압펌프, 이동식펌프 등)의 경우 엔진오일을 별도로 주입하므로 오일의 양이 적거나 변질되지 않은지 수시로 점검한다.
③ 고속 회전부분이 있는 장비의 경우 면장갑은 착용하는 것이 원칙이다.
④ 고압전류를 사용하는 전동장비나 고온이 발생하는 용접기 등의 경우에는 반드시 규정된 보호장갑을 착용해야 한다.

14. 로프의 기본매듭에서 용도에 따라 매듭의 분류가 다른 것은?
① 두겹매듭
② 두겹팔자매듭
③ 두겹고정매듭
④ 이중팔자매듭

정답 11. ① 12. ② 13. ③ 14. ①

15 다음 중 잠수병 종류와 대응으로 옳지 않은 것은?

① 공기색전증의 증상은 기침, 혈포(血泡), 의식불명 등이 있으며 치료법은 재가압 요법을 사용한다.
② 인체의 산소 사용 가능 범위는 약 0.16기압에서 1.6기압 범위이다.
③ 탄산가스 중독의 원인은 다이빙 중에 공기를 아끼려고 숨을 참으면서 호흡하거나 힘든 작업을 할 경우에 생긴다
④ 질소마취는 후유증이 있기 때문에 두통, 호흡곤란, 질식, 손발이나 신체마비 등이 일어난다

16 다음 중 붕괴건축물에서의 구조작업에서 구조의 4단계로 옳은 것은?

① 신속구조→ 정찰→ 부분 잔해제거→ 일반적인 잔해제거
② 신속구조→ 정찰→ 일반적인 잔해제거→ 부분 잔해제거
③ 정찰→ 신속구조→ 일반적인 잔해제거→ 부분 잔해제거
④ 정찰→ 신속구조→ 부분 잔해제거→ 일반적인 잔해제거

17 다음의 내용에 해당하는 것은 무엇인가?

> 어느 술취한 사람이 부상을 입었으나 치료를 받지않고 스스로 집에 가겠다고 하여, 구급대원이 판단하기에 스스로 갈 수 있을 것 같아 스스로 가게 했으나 몇 시간 뒤 그 사람이 사망한 채로 발견된 경우 구급대원이 지게되는 법적 책임.

① 태만   ② 유기   ③ 면책   ④ 과실

18 다음 중 인체의 호흡기계, 혈관계, 혈압의 설명으로 옳은 것은?

① 들숨은 수동적인 과정으로 가로막과 늑간근이 이완된다.
② 나이가 어린 소아일수록 비강호흡을 하고 소아의 호흡수는 15회~30회이다
③ 원심실에서 허파로 혈액을 이동시키는 허파동맥을 제외하고 모든 동맥은 산소가 풍부한 혈액으로 되어 있다.
④ 수축기압은 왼심실의 수축으로 생기고 이완기압은 오른심실이 이완되었을 때 측정된다.

정답 15. ④ 16. ① 17. ② 18. ②

19 대형사고 최초 도착 시 구급차량 배치요령으로 옳지 않은 것은?

① 구급차량의 전면이 주행차량의 전면을 향한 경우에는 경광등과 전조등을 끄고 비상등만 작동시킨다.
② 차량화재가 있는 경우에는 화재차량으로부터 10m 밖에 위치시킨다.
③ 사고로 전기줄이 지면에 노출된 경우에는 전봇대와 전봇대를 반경으로 한 원의 외곽에 주차시킨다.
④ 폭발물이나 유류를 적재한 차량으로부터는 600~800m 밖에 위치한다.

20 다음 중 호흡유지장비의 내용은 무엇을 설명하는 것인가?

- 성인용, 소아용으로 구분한다.
- 이산화탄소 배출구멍이 있으나 너무 작아 불편감을 호소하기도 한다.
- 6~10L의 유량으로 흡입 산소농도를 35~60%까지 증가시킬 수 있다.

① 벤튜리 마스크　　　　　　② 단순 얼굴 마스크
③ 포켓마스크　　　　　　　④ 비재호흡 마스크

21 다음 중 위험예지훈련에 대한 설명으로 옳은 것은?

① 한 장의 시트에 여러 가지 상황을 기입하지 말 것.
② 아주 자세한 부분까지 그릴 것.
③ 밝은 분위기가 아닌 어두운 분위기로 그려진 것이 좋다.
④ 시트는 대원의 친숙도가 적은상황으로부터 선정하는 방법이 부드럽게 진행이 된다.

22 신체를 적절히 사용함으로써 부상을 방지하며 들어올려 운반을 쉽게 하는 신체역학 내용으로 옳지 않은 것은?

① 물체를 가능한 한 몸 가까이 붙여야 한다
② 다리를 약간 벌리고 발끝을 밖으로 향하게 한다
③ 들어올릴 때 등을 일직선으로 유지하고 허리 근육을 이용한다.
④ 들어올리기와 잡을 때 양손은 약 20~30cm 떨어져 손바닥과 손가락으로 손잡이 부분을 충분히 감싼다.

정답　19. ②　20. ②　21. ①　22. ③

23 다음 중 헬기환자이동에 대한 설명으로 옳은 것은?

① 구조대상자가 부상을 입었거나 장거리를 이송해야하는 경우 구조낭으로 이송한다.
② 구조대상자를 들것으로 인양할 때에는 들것과 호이스트(Hoist)의 고리를 연결하는 로프의 길이를 가급적 길게 하는 것이 좋다.
③ 쇼크방지용 하의(MAST)를 착용한 환자는 고도가 높은 곳에서는 MAST 내의 공기가 팽창하여 필요 이상의 압력을 받게 되므로 수시로 압력계를 확인하고 압력을 적정한 수준으로 조절하여야 한다.
④ 흉부 통증과 기흉환자는 가능한 헬기를 이용해 신속히 이송하는 것이 좋다.

24 다음 중 응급처치의 정의에서 ( ) 의 내용은?

> 응급의료행위의 하나로서 응급환자의 ( )를 확보하고 ( )의 회복, 그 밖에 ( )의 위험이나 ( )의 현저한 악화를 방지하기 위하여 긴급히 필요로 하는 처치를 말한다.

① 기도 - 맥박 - 신체 - 증상
② 기도 - 심장박동 - 생명 - 증상
③ 기도 - 맥박 - 생명 - 증세
④ 기도 - 심장박동 - 신체 - 증세

25 소방자동차 탱크의 물을 이용한 방수방법 운용에 대한 설명으로 옳지 않은 것은?

① 주차 브레이크를 확실히 체결한 후 고임목을 타이어 앞, 뒤로 확실하게 고정한다.
② 클러치 페달을 밟는다. 오토미션 차량은 중립(N)위치를 재확인한다. 동력인출장치(P.T.O)를 작동시킨다.
③ 엔진오일과 P.T.O 오일의 온도를 90℃ 이하로 유지하기 위하여 냉각수 밸브를 개방하여 열을 식혀준다.
④ 동절기 방수 후에는 체크밸브를 이용 소방펌프에 부동액을 채워 동파를 방지한다.

▶ 출제: 화재분야 13문, 구조분야 6문, 구급분야 6문제

정답 ○─ 23. ③ 24. ② 25. ④

정답 및 해설

2021 소방교 복원문제

01 ④	02 ①	03 ②	04 ③	05 ②	06 ②	07 ①
08 ③	09 ①	10 ②	11 ①	12 ②	13 ③	14 ①
15 ④	16 ①	17 ②	18 ②	19 ②	20 ②	21 ③
22 ③	23 ③	24 ②	25 ④			

01 해설 ○ 건물의 소실정도 산정은 입체면적, 소실면적 산정은 소실 바닥면적으로 산정한다. // ④

전소	건물의 70% 이상(입체면적에 대한 비율을 말함.)이 소실되었거나 그 미만이라도 잔존부분이 보수를 하여도 재사용 불가능한 것
반소	건물의 30% 이상 70% 미만이 소실된 것
부분소	전소, 반소에 해당되지 않는 것

02 해설 ○ 괄호 속의 내용은 전도-대류-복사에 해당한다. // ①
- 전도 : 원자 충돌 예 뜨거운 커피잔에 스푼을 넣고 저으면 열이 스푼으로 전달된다.
- 대류 : 매질에 의한 액·기체의 순환운동 예 공기가 위로 향하는 것, 화로(火爐)에 의해 방안 공기가 더워지는 것.
- 복사 : 매질없이 전자파형태로 전달. 예 난롯가에 열을 쬠, 태양열이 머리를 따뜻하게 하는 현상

03 해설 ○ 유류표면에 유증기의 증발 방지층을 만들어 산소를 제거하는 소화방법은 질식소화이다. // ②
 ※ 참고 : 제거소화의 일반적 사례로는 ☆ 14 대구교 21 소방교 등
 ㉠ 화재현장에서 복도를 파괴하거나 대형화재의 경우 어느 범위의 건물을 제거하여 방어선을 만들어 연소를 방지하는 방법(가연성 고체물질을 제거하여 소화),
 ㉡ 산림화재를 미리 예상하여 평소에 방화선(도로)을 설정하고 있는 것,
 ㉢ 전기화재의 경우 전원을 차단하여 소화,
 ㉣ 가연성 가스화재인 경우 가연성가스의 공급을 차단시켜 소화하는 방법 등을 들 수 있다.
 ✪ 가연물이나 화원을 차단(격리, 파괴, 이동, 소멸, 용량의 감소, 희석) 제거시키는 것이다.
   ▶ 암기 : 격파 이소룡, 이소희(* 여동생)   * 용어 : 용량의 감소란? 감량, 드레인

04 해설 ○ 가정과 사실의 구별(즉, 추측된 불완전한 정보와 실제정보의 구별)하여야 한다. // ③
 ※ 참고 : ☆ 14 인천장, 16 소방교, 20, 21 소방교·장

| 의사결
정 능력 | ㉠ **가정과 사실의 구별**(즉, 추측된 불완전한 정보와 실제정보의 구별)
㉡ **현**장작전상황의 재검토를 통해 작전계획을 변경할 수 있는 유연한 자세
㉢ **표**준대응방법의 개발
㉣ **행**동개시 후에는 즉시 관리자의 역할로 복귀(전술적 책임은 위임)   ▶ 행가표현 |
| 지시와
통제
능력 | ㉠ **스**트레스관리(보다 세부적인 문제에 대해 권한 위임의 원칙을 적용함으로서 자신과 하위 지휘관의 스트레스를 줄여준다)
㉡ **고**독한 방랑자관리(권한은 위임하되 모든 책임은 자신이 진다는 고독한 단독지휘관으로서의 행동 준비가 되어야 한다)
㉢ **중**간점관리(초기지시와 활동상황을 수시로 평가하여 상황변화에 맞게 재 지시 및 통제)
㉣ **부**족자원관리 ▶ 중고부스(*^^ ①②번 연상 : 행가가 표현한다 중고 부스보다 더 낫다고) |

05

해설 ○ 로프를 매달아 고정할 때는 소방호스보다도 로프 신장률이 크므로 로프쪽을 짧게 한다. // ②

※ 참고1 : 소방호스지지 요령
① 충수된 소방호스의 중량은 65㎜가 약 80kg, 40㎜가 50kg이다.
② 소방호스에 로프로 걸어 매기를 하는 것이 효과적이며 원칙으로 1본에 1개소를 고정한다.
③ 소방호스의 지지점은 결합부의 바로 밑이 가장 효과적이다.
④ 4층 이하의 경우는 진입층에서 고정한다.
⑤ 5층 이상의 경우는 진입층 및 중간층에서 고정한다. ▶ 암기 : 사진고정, 5층진입 중
⑥ 지지 고정은 송수 전에 임시고정을 실시하고 송수된 후 로프가 미끄러지지 않도록 고정한다.

※ 참고2 : 결속(고정)요령 중 로프를 매달아 고정하는 방법
① 높은층으로 연장시 그 중간에 지지물이 없을 때는 진입층 등에서 로프로 매달아 내려 고정한다.
② 로프를 매달아 고정할 때는 소방호스보다도 로프 신장률이 크므로 로프쪽을 짧게 한다.

06

해설 ○ 농연 내 화점실 등으로 진입요령은 불꽃이 보이는 실내에서는 중성대가 형성되고 있는 경우가 많기 때문에 방수 전에 신속하게 연소범위를 확인한다. // ②

※ 참고 :

화재진압 요령	㉠ 선착대는 관계자로부터 정보 수집을 하고 자동화재탐지기 수신반에서 연소범위를 확인. 수신반 표시가 여러 층인 경우는 공조용 덕트 화재인 경우도 있다. ㉡ 소화활동은 옥내소화전 및 소방전용방수구 등 각종 설비를 최대한 활용한다. ㉢ 복사열이 강한 경우의 진입방수는 기둥, 상품박스, 칸막이 또는 셔터 등을 방패로 하여 실시한다. ㉣ 방수는 화점을 정확하게 확인하여 직접방수를 하고 수손방지에 노력한다. ㉤ 낙하물은 직사방수로 떨어뜨려 안전을 확보한다. ㉥ 방수는 급기측, 배기측으로 구분하고 급기측에서 진입하는 것이 원칙이다. ㉦ 지하변전실, 기계실로 소화수가 유입되는 것을 방지한다. ㉧ 비상용 콘센트 또는 조명기구를 이용하여 화재진압 활동의 효과를 높인다.

07

해설 ○ ※ 참고 : 3D주수기법이란 화재가 발생되어 연소 중인 가연물질 표면과 실내 전체에 퍼져있는 연기에도 주수하는 방식이다. 즉 3차원적(다각도) 화재진압 방식을 말한다. // ①

펜슬링기법	· 연소 가연물에 직접 주수하여 화재 진압을 하는 방법을 말한다. - 화점에 직접 주수를 하면서 화재를 진압하는 방식이다. (▶ 웅어 : 연필로 선을 그리듯하는 기법)
페인팅기법	· 벽면의 온도를 낮추고 열분해를 중단시키는 것이며 / 벽면과 천장의 온도를 낮추고 열분해 중단시키는 것이다. ▶ 페인트로 벽, 천장
펄싱 기법	· 공간을 3차원적으로 냉각시키는 방식, / 주수를 통해 주변의 공기와 연기를 냉각시킨다.

✪ 상기 외 핵심 정리
· 쇼트펄싱 : 1초 이내 짧게 끊어서 주수, 좌(우)측, 중앙, 우(좌)측 순 상층부 3~4회 주수
· 미디움펄싱 : 1~2초의 간격으로 주어진 상황에 따라서 방어와 공격의 형태로 적용
· 롱펄싱 : 대원들이 내부로 더 깊이 침투하도록, 2(3)~5초의 간격으로 다양하게 적용

08

해설 급기측 계단에서 화학차를 활용하여 고발포를 방사, 질식소화를 한다. // ③

화재진압 요령	
	① 지하실에는 불연성가스 등의 소화설비가 있는 경우가 많으므로 내부의 구획, 통로, 용도, 수용물 등을 파악한 후 행동한다.
	② 진입개소가 2개소인 경우에는 급기, 배기방향을 결정한 후 급기측에서 분무방수 또는 배연기기 등을 이용하여 진입구를 설정한다.
	③ 개구부가 2개소 이상일 때는 연기가 많이 분출되는 개구부를 배연구로 하고 반대쪽의 개구부를 진입구로 한다.
	④ 소화는 분무, 직사 또는 포그 방수로 한다. 또, 관창을 들고 진입하는 대원을 열기로부터 보호하기 위하여 필요한 경우에는 분무방수로 엄호 방수한다.
	⑤ 급기측 계단에서 화학차를 활용하여 고발포를 방사, 질식소화를 한다.
	⑥ 고발포를 방사하는 경우에는 화세를 확대시키는 경우도 있기 때문에 상층에 경계 관창의 배치를 소홀히 해서는 안 된다.
	⑦ 대원이 내부 진입할 때에는 확인자를 지정하고, 출입자를 확실하게 파악, 관찰해야 한다
	⑧ 농연열기가 충만하여 진입이 곤란한 경우에는 상층부 바닥을 파괴하여 개구부를 만들고 직접 방수하여 소화하는 경우도 있다.

09

해설 ✪ **키워드:** // ①
슬로프오버(Slopover) – 유류 표면
보일오버(Boilover) – 탱크바닥, 원유와 물이 함께 저장탱크 밖으로
후로스오버(Frothover) – 유류표면 아래

10

해설 소방펌프 흡수량을 높이고, 소방펌프의 회전수를 낮춘다. // ②

※ **참고1:**

캐비테이션 (공동현상)	
	• 소방펌프 내부에서 흡입양정이 높거나, 유속의 급변 또는 와류의 발생, 유로에서의 장애 등에 의해 압력이 국부적으로 포화증기압 이하로 내려가 기포가 발생되는 현상이다. ▶ 용어: 공동현상(공기방울 움직이는 현상)
	• 소방펌프 회전차 입구부분에서 발생하는 경향이 크고, 생성된 기포가 고압부에 이르러 파괴하는 현상으로 소방펌프의 성능 저하, 진동, 소음을 수반하고 나중에는 양수 감소 또는 양수 불능이 된다. 또한 소방펌프장치의 손상도 발생된다.
	✪ 캐비테이션 발생 시 조치사항 15 소방교, 16 경기장, 21, 22 소방교
	① 흡수관측의 손실을 가능한 작게 한다.
	② 소방펌프 흡수량을 높이고, 소방펌프 회전수를 낮춘다.
	③ 동일한 회전수와 방수량에서는 방수밸브를 조절한다.
	④ 흡수관의 스트레이너 등에 이물질이 있는 경우 이를 제거한다.

11 해설 ○ 설문은 일체성에 대한 예이다. // ①

일체성 적극성	・재해현장 소방활동에 있어서 안전관리에 대한 일체성의 예는 수관연장 시 수관을 화재 건물과 가까이 두고 연장하지 않도록 하는 것은 화재건물의 낙하물체나 고열의 복사열에 의한 호스손상을 방지하여 결과적으로 진압활동이나 인명구조시 엄호주수가 완전히 이루어질 수 있도록 하기 위한 것이다.

12 해설 ○ 필요시 진입로 확보를 위한 조치를 요청한다. (유관기관의 교통・인파 통제, 특수 장비의 지원요청 등) // ②
　　※ 참고:
　　① 출동경로는 지도상의 최단거리가 아니라 현장 도착하는 시간이 가장 적게 소요되는 경로이다.
　　③ 사고발생 장소와 무선정보 등에 의한 출동지령 장소에 변경이 없는가를 확인한다.
　　④ 선착대의 행동내용 및 사용기자재 등을 파악하여 자기대의 임무와 활동요령을 검토한다.

13 해설 ○ 고속 회전부분이 있는 장비의 경우 실밥이 말려들어갈 수 있으므로 면장갑은 착용하지 않는다. // ③
　　①번 암기 및 연상기억법- 20대 최빈동이가 기름진 고기 많이 먹으면 숨쉬기 어렵고, 매연만 심하고, 기름기를 적게 먹으면 수명이 단축된다.
　　②번 암기 및 연상기억법- 사유리의 경우 기름진고기 별도로 먹는다.

14 해설 ○ 두겹매듭은 이어매기에 해당되며, 나머지는 마디짓기에 해당된다. // ①

마디짓기(결절)	이어매기(연결, 결합, 결속)	움켜매기(결착)
① 옭매듭(엄지매듭), 두겹옭매듭 ② 8자·두겹8자·이중8자매듭 ③ 줄사다리매듭 ④ 고정매듭, 두겹고정매듭 ⑤ 나비매듭 ▶ 암기 : 옭팔자 사고나	① 바른매듭(맞매듭) ② 한겹매듭, 두겹매듭 ③ 8자연결매듭 ④ 피셔맨매듭(장구매듭) ▶ 암기 : 한팔피바	① 말뚝매기(까베스탕매듭) ② 잡아매기 ③ 절반매듭 ④ 감아매기(비상매듭) ⑤ 클램하이스트매듭 ▶ 암기 : 말잡아 절반감아 하이

15 해설 ○ ④는 감압병의 증세이다. / 질소마취는 후유증이 없기 때문에 질소마취에 걸렸다 하더라도 수심이 얕은 곳으로 올라오면 정신이 다시 맑아진다. (※ 참고 : 감압병은 경미한 경우 피로감, 피부가려움증 정도이고, 심한 경우 호흡곤란, 질식, 손발이나 신체마비 등이 일어난다)
　* 질소마취: 수심 30m 이상에서 부터 질소가 인체에 마취되어 술취한 행동을 하는 것
　* 감압병: 수심에서 재빨리 상승하여 질소가 조직이나 혈액 속에 기포를 형성하는 것으로 치료는 재가압요법으로 사람을 고압통에 넣고 가압으로 기포를 녹이며 서서히 감압한다. // ④

16 해설 ○ ㉠ 신속구조 → ㉡ 정찰 → ㉢ 부분 잔해제거 → ㉣ 일반적인 잔해제거 순에 해당한다. // ①
　　▶ 암기 : 신정부(일반적)

17 <small>해설</small> 유기(遺棄)란? 보호할 사람이 보호받을 사람을 돌보지 않는 일을 말한다. // ②

> ● 유기
> 환자에게 적절한 치료를 계속 제공하지 못한 것을 유기라고 정의한다.
> 유기는 구급대원이 법적으로나 도덕적으로 범하지 말아야 할 가장 중대한 행위이다.

18 <small>해설</small> ---→ // ②

> ※ 참고 :
> ① 들숨은 능동적 과정으로 가로막과 늑간(갈비사이)근의 수축으로 이루어진다.
> ③ 오른심실에서 허파로 혈액을 이동시키는 허파동맥을 제외하고 모든 동맥은 산소가 풍부한 혈액으로 되어 있다.
> ④ 수축기압은 왼심실의 수축으로 생기고 이완기압은 왼심실이 이완되었을 때 측정된다.
> ● 보기①번 **부연설명**
> ① 들숨은 능동적 과정 – 가로막(횡격막)과 늑간근육의 수축 – 즉, 가슴을 팽창시키는 과정.
>   (* 두 근육이 수축하면 가로막은 아래로 내려가고 갈비뼈는 위와 밖으로 팽창)
> ② 날숨은 수동적 과정 – 가로막(횡격막)과 늑간(갈비뼈 사이)**근육의 이완** – 즉, **가슴 수축**시키는 과정.
>   (* 두 근육이 이완되면 **가**로막은 **올**라가고, **갈**비뼈는 아래로 **내**려오면서 수축)
> – 만일 혼동된다면 날숨으로 외우면 더쉽다.
>   * 용어 –가로막: 가슴 안과 배 안을 나누는 근육막. 횡격막이라고도 한다.

19 <small>해설</small> 차량화재가 있는 경우에는 화재차량으로부터 30m 밖에 위치시킨다. // ②

> ● 최초 도착 시 차량 배치요령   11 부산교, 15 울산장, 소방위, 20, 21 소방교
> ① 도로 외측에 정차시켜 교통장애를 최소화하도록 하며, 도로에 주차시켜야 할 때에는 차량주위에 안전표지판을 설치하거나 비상등을 작동시킨다.
> ② 구급차량의 전면이 주행차량의 전면을 향한 경우 경광등과 전조등을 끄고 비상등만 작동한다.
> ③ 사고로 전기줄이 지면에 노출된 경우, 전봇대와 전봇대를 반경으로 한원의 외곽에 주차시킨다.
> ④ 차량화재가 있는 경우에는 화재 차량으로부터 30m 밖에 위치시킨다.
> ⑤ 폭발물이나 유류를 적재한 차량으로부터는 600~800m 밖에 위치한다.
> ⑥ 화학물질이나 유류가 누출되는 경우, 물질이 유출되어 흘러내리는 방향의 반대편에 위치시킨다.
> ⑦ 유독가스가 누출되는 경우에는 바람을 등진 방향에 위치시킨다.

20 <small>해설</small> 지문의 내용은 단순 얼굴 마스크에 대한 설명이다. // ②

단순얼굴 마스크 14경기장 21소방교	용도	・입과 코를 동시에 덮어주는 산소공급기구로 작은 구멍의 배출구와 산소가 유입되는 관 및 얼굴에 고정시키는 끈으로 구성되어 있다. ・6~10L의 유량으로 흡입 산소농도를 35~60%까지 증가시킬 수 있다.
	특징	・성인용, 소아용으로 구분 ・이산화탄소 배출구멍이 있으나 너무 작아 불편감을 호소하기도 한다. ・얼굴에 완전히 밀착되지 않아 충분한 산소가 공급되지 않을 수 있다. ・이산화탄소 잔류로 인해 산소공급량은 높을수록 효과적이다.

21
해설 발언에 대하여 비판은 하지 않으나 논의도 하지 않는다. // ③

- 훈련시트 작성의 유의점   13 소방위, 15 울산장
  ① 시트는 대원의 친숙도가 <u>큰</u> 상황 (예 사고 사례나 신체 훈련의 상황 등)으로부터 선정하는 방법이 부드럽게 진행이 된다.
  ② 한 장의 시트에 여러 가지 상황을 기입하지 말 것.
  ③ 아주 자세한 부분까지 그려 넣지 말 것.
  ④ 간단한 조사, 잘못된 조사가 되어서는 안 되기 때문에 고의로 제작한 도해가 아닐 것.
  ⑤ 어두운 분위기가 아닌 <u>밝은</u> 분위기로 그려진 것이 좋다.
  ⑥ 도해의 상황이 광범위한 활동 등에 미치는 경우에는 그 가운데의 특정 부분에 한정하여 실시하는 것도 하나의 방법이다.

- 위험예지훈련의 개요
  ① 편안한 분위기에서 행한다.
  ② 전원이 자유롭게 발언한다.
  ③ 발언에 대하여 비판은 하지 않으며 논의도 하지 않는다.
  ④ 타인의 이야기를 잘 듣고 서로가 자기의 생각을 높여가도록 한다.
  ⑤ <u>질</u>보다는 <u>양</u>을 중요시한다.(* 많은 발표를 원한다는 뜻!)

22
해설 들어올릴 때 등을 일직선으로 유지하고 <u>다리, 엉덩이의 근육</u>을 이용한다. // ③
(* ☞ 이유: 허리 근육은 다리 근육보다 약하기 때문이다.)

23
해설 ※ 참고: // ③
① 육상에서 구조대상자를 인양할 때 단거리일 경우 안전벨트를 착용시켜 인양하거나 구조낭으로 이송할 수도 있지만, 구조대상자가 부상을 입었거나 장거리를 이송해야하는 경우 바스켓 들것을 이용하여 헬기 내부로 인양하는 것을 원칙으로 한다.
② 구조대상자를 들것으로 인양할 때에는 들것과 호이스트(Hoist)의 고리를 연결하는 로프의 길이를 가급적 짧게 하는 것이 좋다.
④ 흉부 통증과 기흉(pneumothorax) 환자는 가능한 한 육상으로 이송하도록 한다. 높은 고도에서는 환자에게 육상에서와 같은 충분한 공기를 공급하지 못한다. 고도가 높아져 기압이 낮아짐에 따라 가슴막 내의 공기가 팽창하여 흉곽용량이 감소하기 때문이다. (* 기흉의 경우는 호흡음이 감소하게 되며, 항공후송의 금기가 된다.)

24
해설 ※ 참고: // ②

응급처치	응급의료행위의 하나로서 응급환자의 (기도)를 확보하고 (심장박동)의 회복, 그 밖에 (생명)의 위험이나 (증상)의 현저한 악화를 방지하기 위하여 긴급히 필요로 하는 처치를 말한다.

25
해설 동절기 방수 후에는 지수밸브를 이용 소방펌프에 부동액을 채워 동파를 방지한다. // ④
※ 참고:
① 동절기 방수 후에는 지수밸브 이용 소방펌프에 부동액을 채워 동파방지 한다.
② 동절기 방수 후 귀소 시에는 24V 히팅장치 이용 배관 동파방지 한다.
③ 차고 격납 후에는 220V 외부 커넥터 이용 배터리 충전 및 배관 히팅장치 작동한다.

2022년 소방교 승진시험

01 화재조사 및 보고규정에서 사용하는 관련 용어의 정의로 옳지 않은 것은?

① 손해율 : 피해물의 종류, 손상 상태 및 정도에 따라 피해액을 적정화시키는 일정한 비율
② 감식 : 화재원인의 판정을 위해 전문적인 지식, 기술 및 경험을 활용하여 주로 시각에 의한 종합적인 판단으로 구체적인 사실관계를 명확하게 규명하는 것
③ 잔가율 : 피해물의 경제적 내용연수가 다한 경우 잔존하는 가치의 재구입비에 대한 비율
④ 감정 : 화재와 관계되는 물건의 형상, 구조, 재질, 성분, 성질 등 관련된 모든 현상에 대하여 과학적 방법에 의한 필요한 실험을 행하고 결과를 근거로 화재원인을 밝히는 자료를 얻는 것

02 소방자동차의 포 혼합방식에 관한 설명이다. ( ) 안에 들어갈 내용으로 옳은 것은?

> 소방자동차에 적용되는 포 혼합방식은 주로 (㉠) 방식이 적용된다. 이 방식은 설치가 간단하고 비용이 저렴하다는 장점이 있지만 포 원액과 물이 혼합된 포수용액이 펌프 흡입측으로 주입되므로 포수용액 일부가 물탱크로 유입될 수 있다. 최근에는 포원액을 펌프 방수측 배관에 압입할 수 있는 별도 펌프를 장착하는 (㉡) 방식과 콤프레셔를 이용하여 에어를 토출측 배관에 주입하여 폼을 형성하는 CAFS시스템을 적용하기도 한다.

	㉠	㉡
①	라인 프로포셔너	프레져 프로포셔너
②	펌프 프로포셔너	프레져 사이드 프로포셔너
③	펌프 프로포셔너	프레져 프로포셔너
④	라인 프로포셔너	프레져 사이드 프로포셔너

03 기도확보유지 장비에 관한 설명으로 옳은 것은?

① 후두튜브(LT)는 일회용이 아닌 멸균 재사용이 가능하다.
② 성인의 기관내삽관(Intubation) 시 환자 입의 중앙으로 후두경 날을 삽입한다.
③ 아이겔(I-Gel)은 사이즈에 관계 없이 충분한 양압환기가 가능하다.
④ 입인두 기도기(OPA)의 크기는 입 중앙에서부터 귓불까지이다.

정답 ○ 01. ③ 02. ② 03. ①

04 인명검색 및 구조활동을 위한 〈보기〉의 화재현장 내부 진입순서를 옳게 나열한 것은?

〈보 기〉
가. 화점실   나. 화점층   다. 인근실   라. 화점하층   마. 화점상층

① 가 → 다 → 나 → 라 → 마
② 가 → 다 → 나 → 마 → 라
③ 나 → 가 → 다 → 라 → 마
④ 나 → 가 → 다 → 마 → 라

05 펜슬링(Penciling) 주수기법에 관한 설명으로 옳지 않은 것은?
① 확실한 발디딤 장소를 확보하고 낮은 자세를 유지한다.
② 반동력이 작으므로 관창보조는 소방호스를 땅에 살짝 닿도록 들어서 잡아준다.
③ 관창수는 화점을 목표로 주수한다.
④ 관창의 개폐 장치를 열어 물줄기를 던지듯 끊어서 조작한다.

06 건물 붕괴의 유형 중 2차 붕괴에 가장 취약한 형태의 붕괴는?
① 캔틸레버형 붕괴
② 팬케이크형 붕괴
③ 경사형 붕괴
④ V자형 붕괴

07 다음과 관련된 화재의 특수현상으로 옳은 것은?

○ 복도와 같은 통로공간에서 벽, 바닥 표면의 가연물에 화염이 급속하게 확산하는 현상을 묘사하는 용어이다.
○ 1946년 12월 미국 애틀랜타(Atlanta)에 있는 와인코프 호텔(Winecoff Hotel) 로비 화재에서 가연성 벽을 따라 연소 확대가 어떻게 진행되는지 설명하는데 처음 사용된 용어이다.

① 롤오버(Rollover)
② 플래임오버(Flamover)
③ 플래시오버(Flashover)
④ 백드래프트(Backdraft)

정답 04. ② 05. ② 06. ① 07. ②

08 소방활동 검토회의에 관한 설명으로 옳은 것은? → 법령 삭제됨

① 건물의 구조별 도시방법은 목조는 녹색, 방화조는 적색, 내화조는 황색으로 표시한다.
② 소방활동 검토회의는 화재발생일로부터 7일 이내에, 화재발생 소재지를 관할하는 소방본부 또는 소방서에서 개최한다.
③ 소방활동 검토회의에 필요한 소방활동도 작성 요령 중 출동대는 소방차의 위치 및 소방호스를 소정 기호로써 소대명을 붙여 제1출동대는 적색, 제2출동대는 청색, 제3출동대는 녹색, 응원대는 황색으로 구분 표시한다.
④ 소방활동 검토회의를 개최하였을 때에는 화재종합분석보고서, 소방활동 검토회의 진행순서에 따라 각 항을 기록한 회의록 사본을 첨부하여 그 결과를 소방청장에게 30일 이내에 보고하여야 한다.

09 재해예방대책을 실행하기 위한 사고예방대책의 기본원리 5단계를 순서대로 나열한 것은?

가. 경영자의 안전목표 설정, 안전관리자 선임, 안전라인 및 참모조직, 안전활동방침 및 계획수립, 조직을 통한 안전활동 전개 등 안전관리에서 가장 기본적인 활동은 안전관리 조직의 구성이다.
나. 사고원인 및 경향성 분석, 사고기록 및 관계자료 분석, 인적·물적 환경조건분석, 작업공정 분석, 교육훈련 및 직장배치 분석, 안전수칙 및 방호장비의 적부 분석 등을 통하여 사고의 직접 및 간접 원인을 찾아낸다.
다. 기술적 개선, 배치조정, 교육훈련의 개선, 안전행정의 개선, 규정 및 수칙 등 제도의 개선, 안전운동의 전개 등 효과적인 개선방법을 선정한다.
라. 각종 사고 및 활동기록의 검토, 작업 분석, 안전점검 및 검사, 사고조사, 안전회의 및 토의, 근로자의 제안 및 여론 조사 등에 의하여 불안전 요소를 발견한다.
마. 시정책은 3E, 즉 기술(Engineering), 교육(Education), 관리(Enforcement)를 완성함으로써 이루어진다.

① 가 → 나 → 다 → 라 → 마
② 가 → 다 → 라 → 나 → 마
③ 가 → 라 → 나 → 다 → 마
④ 가 → 라 → 다 → 나 → 마

10 화학사고 발생 시 누출물질 처리방법 중 물리적 처리 방법은?

① 응고　　② 유화처리　　③ 희석　　④ 중화

정답 08. ③　09. ③　10. ③

11. 안전도 등급에 따른 건물 유형의 붕괴 위험성 평가에 관한 설명이다. ( ) 안에 들어갈 내용으로 옳은 것은?

> ○ 내화구조 건물의 붕괴 위험성은 콘크리트 (㉠)의 강도에 달려 있다.
> ○ 준내화구조 건물의 붕괴 위험성은 철재구조의 (㉡) 붕괴 취약성에 달려 있다.
> ○ 벽돌, 돌, 회반죽을 혼합한 인조석 등의 조적조 건물의 가장 위험한 붕괴요인은 (㉢)이 붕괴되는것이다.
> ○ 경량 목구조 건물의 가장 큰 붕괴 위험성은 (㉣)붕괴이다.

	㉠	㉡	㉢	㉣
①	지붕	벽	바닥층	지붕
②	지붕	회의록	바닥층	벽
③	바닥층	벽	벽	지붕
④	바닥층	지붕	벽	벽

12. 위험예지훈련 진행 사항 중 "위험예지훈련 2라운드"에 해당되는 것은?

① 우리들은 이렇게 한다.
② 어떠한 위험이 잠재하고 있는가?
③ 당신이라면 어떻게 할 것인가?
④ 이것이 위험의 요점이다.

13. 소방력의 3요소에 관한 설명으로 옳지 않은 것은?

① 구조활동에 사용되는 장비 중 119 구조견은 탐색 구조 장비에 속한다.
② 소방대원은 소방활동에 관한 지식, 기능을 몸으로 익힘과 동시에 체력 향상과 정신력 함양에 노력하여야 한다.
③ 「소방장비 분류 등에 관한 규정」상 화재진압장비는 소방호스류, 소방용펌프, 수중펌프 등이 있다.
④ 소화전은 상수도와 연결하여 지하식 또는 지상식의 구조로 한다.

정답 ○— 11. ④ 12. ④ 13. ③

14 화재 현장에서는 〈보기〉와 같은 유독가스가 발생한다. ㉠~㉢에 들어갈 내용으로 옳은 것은?

〈보 기〉

종류	발생 조건	허용농도 (TWA)
㉠	불완전 연소 시	50ppm
아황산가스(SO₂)	중질유, 고무, 황화합물 등의 연소 시	5ppm
㉡	플라스틱, PVC 연소 시	5ppm
시안화수소(HCN)	우레탄, 나일론, 폴리에틸렌 등의 연소 시	10ppm
암모니아(NH₃)	열경화성 수지, 나일론 등의 연소 시	25ppm
㉢	프레온 가스와 불꽃의 접촉 시	0.1ppm

	㉠	㉡	㉢
①	염화수소(HCl)	일산화탄소(CO)	포스겐(COCl₂)
②	염화수소(HCl)	포스겐(COCl₂)	일산화탄소(CO)
③	일산화탄소(CO)	염화수소(HCl)	포스겐(COCl₂)
④	일산화탄소(CO)	포스겐(COCl₂)	염화수소(HCl)

15 다음에서 설명하는 수중탐색 방법으로 옳은 것은?

○ 시야가 좋지 않으며, 탐색 면적이 좁고 수심이 깊을 때 활용하는 방법이다.
○ 인원과 장비의 소요가 적은 반면 탐색할 수 있는 범위가 좁다.

① U자 탐색 ② 반원 탐색 ③ 원형 탐색 ④ 소용돌이 탐색

16 「119구조·구급에 관한 법률」 제30조 제1항을 위반하여 구조·구급활동이 필요한 위급상황을 거짓으로 알린 경우, 2회 위반 시 부과되는 과태료는 얼마인가? (단, 최근 1년간 같은 위반행위로 과태료를 부과받은 경우)

① 100만 원 ② 200만 원 ③ 300만 원 ④ 400만 원

정답 ○ 14. ③ 15. ③ 16. ④

17 다음에서 설명하는 소방펌프 조작 시 일어날 수 있는 현상은?

> 소방펌프 내부에서 흡입양정이 높거나 유속의 급변 또는 와류의 발생, 유로에서의 장애 등에 의해 압력이 부분적으로 포화증기압 이하로 내려가 기포가 발생한다.

① 공동현상(Cavitation)   ② 수격현상(Water hammer)
③ 에어록(Air-lock)   ④ 서징현상(Surging)

18 순환계에 관한 설명으로 옳지 않은 것은?

① 대동맥, 모세혈관, 대정맥 중 대동맥이 산소가 가장 많은 혈관이다.
② 허파정맥에는 정맥혈이 흐른다.
③ 순환계는 심장, 혈관, 혈액으로 구성된다.
④ 순환계는 영양소와 산소를 온몸의 조직 세포에 운반하고, 조직 세포에서 생성된 이산화탄소와 노폐물을 폐와 콩팥으로 이동시킨다.

19 구조장비 중 방사선 계측기에 관한 설명으로 옳은 것은?

① 방사선 측정기는 개인이 휴대하여 실시간으로 개인의 방사선 피폭량을 측정하기 위한 검출기로 필름뱃지, 열형광선량계, 포켓이온함 등이 있다.
② 방사성 오염감시기는 일반적으로 선량률 값을 제공하지 않고 시간당 계수율 정보를 제공하며, 측정하고자 하는 물체 및 인원에 대한 방사성 오염 여부 판단용으로 사용된다.
③ 개인선량계는 개인이 휴대하여 실시간으로 방사선율 및 선량 등을 측정하며 기준선량(률) 초과 시 경보하여 구조대원의 안전을 확보하기 위한 장비이다.
④ 핵종 분석기는 방사능 오염이 예상되는 보행자 또는 차량을 탐지하여 피폭 여부를 검사하는 장비로서 주로 알파, 베타 방출 핵종의 유출 시 사용한다.

20 전염질환의 전파 경로가 다른 것은?

① 옴   ② 대상포진   ③ 뇌수막염   ④ 농가진

정답 17. ① 18. ② 19. ② 20. ③

21 환자이송 장비 중 들것에 관한 설명으로 옳은 것은?

① 분리형 들것은 외상환자에게 이송용 들것으로 적합 하다.
② 바구니형 들것은 눈판 및 얼음 구조 시 유용하다.
③ 접이식 들것은 X-선 투시가 가능하다.
④ 가변형 들것은 다수 환자 발생 시 간이침상으로 적합 하다.

22 다음 중 명시적 동의를 구해야 하는 환자는?

① 하늘을 날 수 있다고 믿는 망상장애 환자
② 손가락 골절을 당한 5세 환자
③ 사탕을 먹다가 부분기도폐쇄 징후를 보이는 환자
④ 심실세동 리듬을 보이는 심정지 환자

23 위험물 사고현장에서의 구급활동으로 옳은 것은?

① 제독텐트는 오염구역과 안전구역 사이에 설치한다.
② 정맥로 확보는 가급적 오염통제구역에서 실시한다.
③ 오염통제구역의 제독활동은 최대인원으로 구성하여 빠르게 진행한다.
④ 오염구역에서 발생한 응급환자에게는 척추고정을 적용하지 않는다.

24 환자의 상태에 따라 처치자가 취해야 할 자세로 옳은 것은?

① 호흡곤란 환자 - 트렌델렌버그 자세
② 쇼크 환자 - 엎드린 자세
③ 두부손상 환자 - 반 앉은 자세
④ 척추손상이 의심되는 환자 - 바로누운 자세

25 나일론 로프의 신장률로 설명으로 옳은 것은?

① 15~20%   ② 10~15%   ③ 5~10%   ④ 20~34%

정답 ㅇ 21. ② 22. ③ 23. ① 24. ④ 25. ④

2022 소방교 기출문제	정답 및 해설						
	01 ③	02 ②	03 ①	04 ②	05 ②	06 ①	07 ②
	08 ③	09 ③	10 ③	11 ④	12 ④	13 ③	14 ③
	15 ③	16 ④	17 ①	18 ③	19 ②	20 ③	21 ②
	22 ③	23 ①	24 ④	25 ④			

01 해설 최종잔가율 : 피해물의 경제적 내용연수가 다한 경우 잔존하는 가치의 재구입비에 대한 비율
(*"잔가율"이란 화재 당시에 피해물의 재구입비에 대한 현재가의 비율.) // ③

02 해설 괄호 속의 내용은 ㉠ 펌프 프로포셔너, ㉡ 프레져 사이드 프로포셔너에 해당한다. // ②
- 소방자동차에 적용되는 포 혼합방식은 주로 (㉠ 펌프 프로포셔너) 방식이 적용된다.
- 최근에는 포원액을 펌프 방수측 배관에 압입할 수 있는 별도 펌프를 장착하는 (㉡ 프레져 사이드 프로포셔너) 방식과 콤프셔를 이용하여 에어를 토출측 배관에 주입하여 폼을 형성하는 CAFS시스템을 적용하기도 한다.

03 해설 후두튜브는 일회용이 아닌 멸균 재사용이 가능하다. // ①
② 성인기관내 삽관시 환자 입 우측으로 후두경날을 삽입, 혀를 왼쪽으로 치우면서 들어올린다
③ 아이겔은 부드러운 젤형태의 기도기로서 사이즈가 작거나 큰 경우 밀착이 부정확한 경우 양압환기가 불충분해진다.
④ 입인두기도기의 크기는 입 가장자리에서부터 귓볼까지 또는 입 중심에서부터 하악각까지이다.

용도	후두마스크와 동일하게 기본 기도기보다 기도 확보가 쉽고 콤비튜브 형태 기도기로 환자에게 적용시간이 짧고 어려운 기도확보 장소에서도 빠르게 적용이 가능.(*^^ 짧고 빠름)
특징	① 후두마스크와 동일 ② 병원 전 심정지 환자나 외상환자(경추손상 등) 기도확보 시 유용 ③ 성문 내 삽관(기관삽관)보다 삽입방법이 용이 ④ 일회용이 아닌 멸균 재사용이 **가능**.

04 해설 가 → 다 → 나 → 마 → 라 // ②
❶화점실, ❷인근실, ❸화점층, ❹화점상층, ❺화점하층의 순위로 한다. ▶ 화인층상하

05 해설 반동력이 크므로 관창보조는 소방호스를 땅에 살짝 닿도록 들어서 잡아준다. // ②
※ 참고 : 펜슬링 주수요령
ⓐ 확실한 발 디딤 장소를 확보하고 낮은 자세를 유지한다.
ⓑ 관창수는 화점을 목표로 주수한다.
ⓒ 반동력이 크므로 관창보조는 소방호스를 땅에 살짝 닿도록 들어서 잡아준다.
ⓓ 관창의 노즐은 오른쪽 방향 끝에서 왼쪽으로 1/4바퀴 돌려 직사주수 형태로 사용한다.
ⓔ 관창의 개폐장치를 열어 물줄기를 던지듯 끊어서 조작한다.
ⓕ 구획실 내 화점이 여러 곳일 경우 펜슬링(화점), 펄싱주수(공간), 펜슬링 그리고 페인팅 기법을 반복하면서 주변공간을 냉각시키고 화재를 완전히 진압한다.

06 [해설] 캔틸레버형 붕괴는 각 붕괴의 유형 중에서 가장 안전하지 못하고 2차 붕괴에 가장 취약한 유형이다.
(* 캔틸레버형:외팔보) // ①

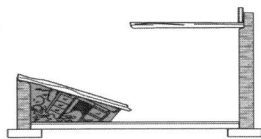

07 [해설] 지문의 설명을 플래임오버의 설명이다. // ②

08 [해설] 출동대는 소방차의 위치 및 소방호스를 소정기호로써 소대명을 붙여 제1출동대는 적색, 제2출동대는 청색, 제3출동대는 녹색, 응원대는 황색으로 구분 표시한다. // ③ → 법령 삭제됨
① 건물의 구조별 도시방법은 목조는 녹색, 방화조는 황색, 내화조는 적색으로 표시한다.
② 소방활동 검토회의는 화재발생일로부터 10일 이내에, 화재발생 소재지를 관할하는 소방본부 또는 소방서에서 개최한다.
④ 소방활동 검토회의를 개최하였을 때에는 화재종합분석보고서, 소방활동 검토회의 진행순서에 따라 각 항을 기록한 회의록 사본을 첨부하여 그 결과를 소방청장에게 즉시 보고하여야 한다

09 [해설] ▶(내용 첫자)**암기**: 경각사기시 → // ③

1단계 안전조직	**경**영자의 안전목표 설정, 안전관리자 선임, 안전라인 및 참모조직, 안전활동 방침 및 계획수립, 조직을 통한 안전활동 전개 등 안전관리에서 가장 기본적인 활동은 안전관리조직의 구성이다.
2단계 사실의 발견	**각**종 사고 및 활동 기록의 검토, 작업분석, 안전점검 및 검사, 사고조사, 안전회의 및 토의, 근로자의 제안 및 여론조사 등에 의하여 불안전 요소를 발견한다.
3단계 분석 평가	**사**고원인 및 경향성 분석, 사고기록 및 관계자료 분석, 인적·물적 환경조건 분석, 작업공정 분석, 교육훈련 및 직장배치 분석, 안전수칙 및 방호장비의 적부 분석 등을 통하여 사고의 직접 및 간접 원인을 찾아낸다.
4단계 시정방법 선정	**기**술적 개선, 배치조정, 교육훈련의 개선, 안전행정의 개선, 규정 및 수칙 등 제도의 개선, 안전운동의 전개 등 효과적인 개선방법을 선정한다.
5단계 시정책의 적용	**시**정책은 3E, 즉 기술(Engineering), 교육(Education), 관리(Enforcement)를 완성함으로써 이루어진다.

10 [해설] 물리적방법은 희석에 해당된다. // ③
○ 화학적 방법 : 유화처리, 응고, 흡수, 소독, 중화
○ 물리적 방법 : 흡착, 덮기, 희석, 폐기, (밀폐, 격납), (세척, 제거), 흡입, 공기확산
▶ (화학적) **암기**: 유응흡수 소중 (* **연상**기억: 유흥주점 흡수가 소중)
▶ 화학적이 아닌 것이 물리적방법이나, 물리적은 암기 필요없이 화학적 아닌 것으로 이해한다

11 해설 ◦ 바닥층, 지붕, 벽, 벽에 해당한다. // ④
- 내화구조 건물의 붕괴 위험성은 콘크리트 (바닥층)의 강도에 달려 있다.
- 준내화구조 건물의 붕괴 위험성은 철재구조의 (지붕) 붕괴 취약성에 달려 있다.
- 벽돌, 돌, 회반죽을 혼합한 인조석 등의 조적조 건물의 가장 위험한 붕괴요인은 (벽)이 붕괴되는 것이다.
- 경량 목구조 건물의 가장 큰 붕괴 위험성은 (벽)붕괴이다.

12 해설 ◦ 2라운드는 '이것이 위험의 요점이다' 에 해당한다. // ④

라운드	문제해결 라운드	위험예지훈련 라운드	위험예지훈련 진행방법
1R	위험사실을 파악 (현상파악)	'어떠한 위험이 잠재하고 있는가'	모두의 토론으로 그림 상황 속에 잠재한 위험요인을 발견한다.
2R	위험원인을 조사 (본질추구)	**이것이 위험의 요점이다**	발견된 위험요인 가운데 이것이 중요하다고 생각되는 위험을 파악하고 ○표, ◎표를 붙인다.
3R	대책을 세운다 (대책수립)	'당신이라면 어떻게 할 것인가'	◎표를 한 중요위험을 해결하기 위해서는 「어떻게 하면 좋은가」를 생각하여 구체적인 대책을 세운다.
4R	행동계획을 결정 (목표달성)	'우리들은 이렇게 한다'	대책 중 중점실시 항목에 ※표를 붙여 그것을 실천하기 위한 팀 행동 목표를 세운다.

13 해설 ◦ 소방력의 3요소는 소방대원, 소방장비, 소방용수이며 '화재진압장비'는 소방호스류, 소방용펌프 등이며 수중펌프는 '보조장비'에 해당한다. / 수중펌프(×) // ③

화재 진압장비	소화용수장비	**소방호스류**, 결합금속구, 소방관창류 등 (그 외 방수총, 소방용수운용장비)
	간이소화장비	소화기, 휴대용소화장비 등
	소화보조장비	소방용사다리, 소화보조기구, **소방용펌프**
	배연 장비	이동식 송·배풍기
	소화 약제	분말소화약제, 액체형소화약제, 기체형소화약제
	원격 장비	소방용 원격장비

14 해설 ◦ ㉠, ㉡, ㉢의 가스종류는 일산화탄소, 염화수소, 포스겐에 해당된다. // ③

㉠ (일산화탄소)	불완전 연소 시	50ppm
아황산가스(SO_2)	중질유, 고무, 황화합물 등의 연소 시	5ppm
㉡ (염화수소)	플라스틱, PVC 연소 시	5ppm
시안화수소(HCN)	우레탄, 나일론, 폴리에틸렌 등의 연소 시	10ppm
암모니아 (NH_3)	열경화성 수지, 나일론 등의 연소 시	25ppm
㉢ (포스겐)	프레온 가스와 불꽃의 접촉 시	0.1ppm

15 해설 ○ 시야가 좋지 않으며, 탐색 면적이 좁고 수심이 깊을 때 활용하는 방법으로 인원과 장비의 소요가 적은 반면 탐색할 수 있는 범위가 좁은 탐색은 '원형탐색'이다. // ③

■ 줄을 이용한 탐색
① 직선: 시야 안 좋고 탐색면적이 넓은 지역
② 원형: **시야 안 좋고 탐색면적 좁고, 수심 깊을 때**
③ 왕복: 시야 좋고 탐색면적이 넓을 때
④ 반원: 조류가 세고 탐색면적이 넓을 때 ▶ 암기: 지원왕반(*직원양반)
* 연상: ①② 직원이 시야가 안좋아 안경을 쓰고 넓은데서 좁혀가며
        ③④ 양반은 안경없이 넓은 곳에서 조류가 센쪽으로

16 해설 ○ 구조·구급활동이 필요한 위급상황을 거짓으로 알린 경우 2회 위반은 400만 원에 해당한다. // ④

위반행위	과태료 금액(단위: 만원)		
	1회위반	2회위반	3회이상 위반
구조·구급활동이 필요한 위급상황을 거짓으로 알린 경우	200	**400**	500
구조·구급활동이 필요한 위급상황인 것으로 거짓으로 알려 구급차등으로 이송되었으나 이송된 의료기관으로부터 진료를 받지 않은 경우		500	

17 해설 ○ 소방펌프에서 기포가 발생한다는 내용은 단어만 가지고 정답을 찾을 수 있는데 기포(즉, 공기방울) = ①번 공동현상(즉, 공기방울이 움직이는 현상)이 된다. // ①

■ The 쉬운 개념용어
• 공동현상 : 공기방울이 생기며 동(動)작하는 현상(=펌핑 시 배관 등에 air가 찼다고 한다)
• 수격현상 : 수(水)의 격렬함.(=물이 배관 등에 부딪치고, 물 흐름과 압력변동이 생긴다)
• 서징(맥동)현상 : 맥박치듯한 동작으로 압력·유량운동.(=송출압력·유량이 주기적 변동현상)

18 해설 ○ 허파정맥에는 이미 신선한 산소를 받아 높은 압력의 **동맥혈**이 흐른다. // ②
※ 참고 :
 ✪ 우심실에서 폐로 혈액을 보내는 허파동맥을 제외하고 모든 동맥은 산소가 풍부한 혈액으로 되어 있다.
폐순환 : 오른심실 → 허파동맥(정맥혈) → 폐 모세혈관(산소를 흡수하여 이산화탄소와 산소를 교환한다.)
          → 허파정맥(산소가 풍부한 동맥혈) → 왼심방으로.

 ✪ 상기 혈액순환도 The 상세히~ : 왼심실 → 대동맥 → 세동맥 → 모세혈관으로 / → 세정맥 → 대정맥(상·하대정맥) → 오른심방으로 유입 → 오른심실 / 허파동맥(정맥혈) → 폐 모세혈관(가스교환) → 허파정맥(산소가 풍부한 동맥혈) → 왼심방 → 왼심실에서 → 다시 나감

19 해설 방사성 오염감시기는 일반적으로 선량률 값을 제공하지 않고 시간당 계수율 정보를 제공하며, 측정하고자 하는 물체 및 인원에 대한 방사성 오염 여부 판단용으로 사용된다. // ②
※ 참고 :
① **개인선량계**는 개인이 휴대하여 실시간으로 개인의 방사선 피폭량을 측정하기 위한 검출기로 필름뱃지, 열형광선량계, 포켓이온함 등이 있다.
③ **방사선측정기**는 개인이 휴대하여 실시간으로 방사선율 및 선량 등을 측정하며 기준선량(률) 초과 시 경보하여 구조대원의 안전을 확보하기 위한 장비이다.
④ **방사성오염감지기**는 방사능 오염이 예상되는 보행자 또는 차량을 탐지하여 피폭 여부를 검사하는 장비로서 주로 알파, 베타 방출 핵종의 유출 시 사용한다.

20 해설 뇌수막염은 비말에 의한 전파이고, 나머지 옴, 대상포진, 농가진은 접촉에 의한 전파이다. // ③

21 해설 바구니형 들것은 눈판 및 얼음 구조 시 유용하다. // ②
① 분리형 들것은 외상환자에게는 이송용 들것으로 **부적합하다**.
(* 들것 중앙이 개방되어 등이 지지가 안되어 특히 척추환자는 부적합하다.)
그러나 다발성 외상환자를 긴척추고정판에 옮길 때 유용하다.
③ **분리형 들것**은 X-선 투시가 가능하다.
④ **접이식 들것**은 다수 환자 발생 시 간이침상으로 적합하다.

22 해설 사탕을 먹다가 "부분기도폐쇄 징후"를 보이는 환자는 명시적 동의를 구해야 한다. // ③
❂ 일반적 묵시적 동의는 ❶긴급한 상황 ❷환자가 의식불명 ❸망상에 빠져 있거나(망상장애), ❹신체적으로 동의할 수 없는 경우에 적용된다.

23 해설 제독텐트는 오염구역과 안전구역 사이(즉, 오염통제구역)에 설치한다. // ①
② 정맥로 확보는 가급적 **안전구역**에서 실시한다.
③ 오염통제구역의 제독활동은 **최소인원**으로 구성하여 진행한다.
④ 오염구역에서 발생한 응급환자에게는 빠른 척추고정 등을 **적용한다.**

24 해설 척추손상이 의심되는 환자 - 바로누운 자세 // ④
① 호흡곤란 환자 - 거꾸로 45° 눕는 트렌델렌버그 자세는 권하지 않는다.
② 쇼크 환자 - 엎드린 자세가 아닌 뇌쪽으로 피가 가게끔 트렌델렌버그 자세를 권한다.
③ 두부손상 환자 - 반 앉은 자세는 윗몸을 45~60°세워서 반쯤 앉은 자세로서 뇌손상환자에게 권하지 않는다.

25 해설 나일론로프의 신장률은 20~34% 이다. // ④

성능 \ 종류	마닐라삼	면	나일론	폴리에틸렌	H. Spectra® Polyethylene	폴리에스터	Kevlar® Aramid
신장율	10-15%	5-10%	**20-34%**	10-15%	4% 이하	15-20%	2-4%

❂ 신장률: 나일론 〉 폴리에스터 〉 폴리에틸렌, 마닐라삼 〉 면 〉 스펙트라 폴리에틸렌 〉 케블러.

03 2022년 소방장 승진시험

01 다음은 위험물의 분류에 관한 설명이다. ( ) 안에 순서대로 들어갈 숫자로 옳은 것은?

- 유황(황)은 순도가 ( )중량퍼센트 이상인 것을 말한다. 이 경우 순도측정에 있어서 불순물은 활석 등 불연성 물질과 수분에 한한다.
- 철분이라 함은 철의 분말로서 53마이크로미터의 표준체를 통과하는 것이 ( )중량퍼센트 미만인 것은 제외한다.
- 금속분이라 함은 알칼리금속·알칼리토류금속·철 및 마그네슘 외의 금속의 분말을 말하고, 구리분·니켈분 및 150마이크로미터의 체를 통과하는 것이 ( )중량 퍼센트 미만인 것은 제외한다.
- 과산화수소는 그 농도가 ( )중량퍼센트 이상인 것에 한하며, 산화성 액체의 성상이 있는 것으로 본다.

① 50, 60, 60, 36 ② 50, 60, 60, 49
③ 60, 50, 50, 36 ④ 60, 50, 50, 49

02 화재조사의 조사업무처리 기본사항에 대한 설명으로 옳지 않은 것은?

① 사상자는 화재현장에서 사망 또는 부상당한 사람을 말한다. 단, 화재현장에서 부상을 당한 후 72시간 이내에 사망한 경우에는 당해 화재로 인한 사망자로 본다.
② 건축·구조물화재의 소실정도는 3종류로 구분하며, 반소는 건물의 30 % 이상 70 % 미만이 소실된 것을 가리킨다.
③ 건물의 소실면적 산정은 소실 입체면적으로 산정한다.
④ 화재 범위가 2 이상의 관할구역에 걸친 화재에 대해서는 발화 소방대상물의 소재지를 관할하는 소방서에서 1건의 화재로 한다.

정답 01. ③ 02. ③

03. 다음과 같이 도르래를 설치하여 80kg의 물체를 들어 올릴 경우 몇 kg의 물체를 들어 올리는 것과 동일한가?(단, 장비 자체의 무게 및 마찰력은 고려하지 않는다.)

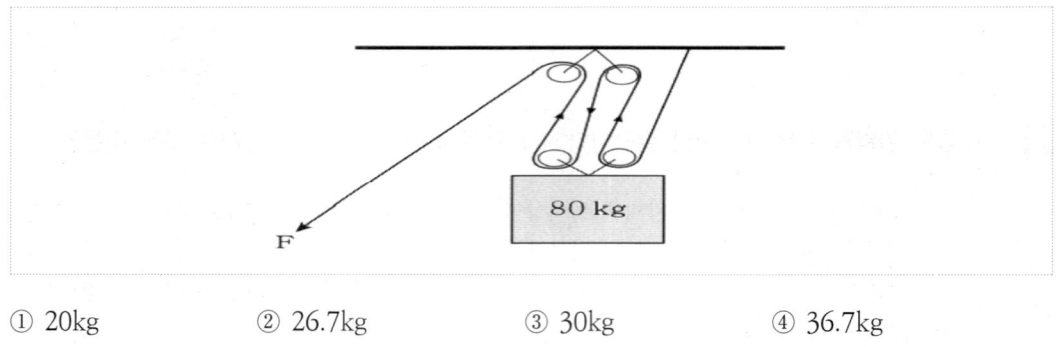

① 20kg ② 26.7kg ③ 30kg ④ 36.7kg

04. 화학사고 발생 시 사고로 인한 오염자 및 제독 작업에 참여한 대원의 제독을 위하여 경계구역 설정과 동시에 경고지역(Warm Zone) 내에 제독소를 설치하여야 한다. 〈보기〉의 제독 절차를 순서대로 나열한 것은?

〈보 기〉

가. 방호복을 입은 상태에서 물을 뿌려 1차 제독을 한다.
나. 레드트랩(red trap) 입구에 장비수집소를 설치하고 손에 들고 있는 장비를 이곳에 놓도록 한다.
다. 습식제독작업이 끝나면 그린트랩(green trap)으로 이동해서 동료의 도움을 받아 보호복을 벗는다.
라. 옐로트랩(yellow trap)으로 이동하여 솔과 세제를 사용하여 방호복의 구석구석(발바닥, 사타구니, 겨드랑이 등)을 세심하게 세척한다.

① 가 - 나 - 다 - 라
② 나 - 가 - 다 - 라
③ 나 - 가 - 라 - 다
④ 라 - 가 - 나 - 다

정답 ◦— 03. ① 04. ③

05 다음과 같은 유형의 건축물 붕괴에 대한 설명으로 옳지 않은 것은?

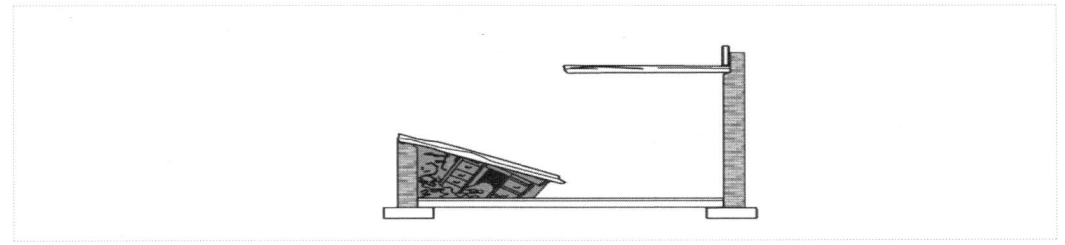

① 구조대상자가 생존할 수 있는 장소는 각 층들이 지탱되고 있는 끝부분 아래쪽 모서리 부근에 생길 가능성이 많다.
② 붕괴의 유형 중에서 가장 안전하지 못하고 2차 붕괴에 취약한 유형이다.
③ 건물에 가해지는 충격에 의하여 한쪽 벽판이나 지붕조립 부분이 무너져 내리고 다른 한쪽은 원형을 그대로 유지하고 있는 형태이다.
④ 마주 보는 두 외벽에 결함이 발생하여 바닥이나 지붕이 아래로 무너져 내린 경우이다.

06 연소 용어 중 ( ) 안에 들어갈 내용으로 옳은 것은?

○ 액체의 증기압이 대기압과 같게 되어 끓기 시작하는 온도를 (㉠)이라고 한다.
○ 대기압(1atm) 상태에서 고체가 녹아 액체가 되는 온도를 (㉡)이라고 한다.
○ 어떤 물질 1g을 1℃ 올리는 데 필요한 열량을 (㉢)이라고 한다.
○ 어떤 물질에 열의 출입이 있더라도 물질의 온도는 변하지 않고 상태변화에만 사용되는 열을 (㉣)이라고 한다.

	㉠	㉡	㉢	㉣
①	비점	융점	잠열	비열
②	융점	잠열	비열	비점
③	융점	비점	잠열	비열
④	비점	융점	비열	잠열

정답 05. ④ 06. ④

07 소방용수시설의 설치기준에 관한 설명이다. ( ) 안에 들어갈 내용으로 옳은 것은?

> ○ 소화전은 상수도와 연결하여 지하식 또는 지상식의 구조로 하고, 소방용 호스와 연결하는 소화전의 연결 금속구의 구경은 (㉠)로 한다.
> ○ 급수탑의 급수배관의 구경은 (㉡) 이상으로 하고, 개폐밸브는 지상에서 (㉢)의 위치에 설치한다.
> ○ 저수조는 지면으로부터 낙차가 4.5m 이하, 흡수부분의 수심은 0.5m 이상이며, 소방차가 쉽게 접근할 수있도록 하며, 저수조에 물을 공급하는 방법은 상수도에 연결하여 (㉣)으로 급수되는 구조이어야 한다.
> ○ 흡수관의 투입구가 사각형인 경우에는 한 변의 길이가 60 ㎝ 이상, 원형의 경우에는 지름이 60㎝ 이상이어야 하며, 흡수에 지장이 없도록 토사 및 쓰레기 등을 제거할 수 있는 설비를 갖추어야 한다.

	㉠	㉡	㉢	㉣
①	65㎜	100㎜	0.8m 이상 1.5m 이하	자동 또는 수동
②	100㎜	65㎜	1.5m 이상 1.7m 이하	자동
③	65㎜	100㎜	1.5m 이상 1.7m 이하	자동
④	100㎜	65㎜	0.8m 이상 1.5m 이하	자동 또는 수동

08 건축물 화재에서 화점의 위치를 찾아내는 방법 중 알람밸브(유수검지장치)가 작동될 때 그 원인을 찾는 5단계 활동 순서를 옳게 나열한 것은?

> 가. 건물 위층부터 검색을 시작한다. 검색분대는 꼭대기층에서부터 계단을 내려오면서 각 층 입구에서 물소리나 연기 냄새가 나는지 확인해야 한다.
> 나. 수신기상에 표시된 층을 확인하고 이 구역을 검색하되, 수신기상에 정확한 위치와 층이 확인되지 않을 수도 있다.
> 다. 가압송수장치의 펌프를 확인한다.
> 라. 스프링클러 시스템을 리세팅(resetting)한 후 경보가 다시 발생하는지 확인한다. 경보가 다시 울리면 화재이거나 배관 누수일 가능성이 크다.
> 마. 소방시설관리업체로 하여금 소방시설에 대한 전반적인 점검과 보수를 하도록 조치한다.

① 가 → 나 → 마 → 다 → 라
② 가 → 마 → 나 → 다 → 라
③ 마 → 가 → 나 → 라 → 다
④ 나 → 라 → 가 → 다 → 마

정답 ○ 07. ③ 08. ④

09 구획실 내 화재진행 단계의 순서를 옳게 나열한 것은?

가. 연소하는 가연물 위로 화염이 형성되기 시작한다. 화염이 커짐에 따라 주위 공간으로부터 화염이 상승하는 공간으로 공기를 끌어들이기 시작한다.
나. 구획실 내부의 상태는 매우 급속하게 변화하는데, 이때 화재는 처음 발화된 물질의 연소가 지배적인 상태로부터 구획실 내의 모든 노출된 가연성 물체의 표면이 동시 발화하는 상태로 변한다.
다. 화재가 구획실 내에 있는 이용 가능한 가연물을 소모하게 됨에 따라, 열 발산율은 감소하기 시작한다.
라. 구획실 내의 모든 가연물이 화재에 관련될 때에 일어난다. 이 시기에 구획실 내에서 연소하는 가연물은 이용 가능한 최대의 열량을 발산하고 많은 양의 연소가스를 생성한다.
마. 화재의 4요소들이 서로 결합하여 연소가 시작될때의 시기를 말한다. 발화의 물리적 현상은 스파크나 불꽃에 의해 유도되거나 자연발화처럼 어떤 물질이 자체의 열에 의해 발화점에 도달한다.

① 가 → 나 → 마 → 다 → 라
② 가 → 라 → 다 → 나 → 마
③ 마 → 가 → 나 → 라 → 다
④ 가 → 마 → 나 → 다 → 라

10 분말 소화약제에 대한 설명으로 옳지 않은 것은?

① 소화약제로 사용되는 분말의 입도는 10~70㎛ 범위이며 최적의 소화효과를 나타내는 입도는 20~25㎛이다.
② 탄산수소나트륨, 탄산수소칼륨, 제1인산암모늄 등의 물질을 미세한 분말로 만들어 유동성을 낮춘 후 이를 가스압(주로 N_2 또는 CO_2의 압력)으로 분출시켜 소화 시킨다.
③ 이 약제의 주된 소화효과는 분말운무에 의한 방사열의 차단효과, 부촉매 효과, 발생한 불연성 가스에 의한 질식효과 등으로 가연성 액체의 표면 화재에 매우 효과적이다.
④ 습기와 반응하여 고화되기 때문에 이를 방지하기 위하여 금속의 스테아린산염이나 실리콘 수지 등으로 방습 가공을 해야 한다.

정답 09. ③ 10. ②

11 소방활동의 특수성 중 다음 내용과 관계있는 것은?

> 화재현장에서 소방대원은 담을 넘는다든지 사다리를 활용하여 2층이나 3층 혹은 인접 건물로 진입하거나, 통행이 어려운 곳을 통과하거나, 오르기 힘든 곳을 오르거나, 화염 등으로 위험하여 들어갈 수 없는 곳을 진입하여야 하는 경우가 있다.

① 행동환경의 이상성 ② 행동의 위험성
③ 활동장해 ④ 확대 위험성과 불안정성

12 다음에서 설명하는 엘리베이터의 안전장치는?

> 엘리베이터의 운전 중에는 브레이크슈를 전자력에 의해 개방시키고, 정지 시에는 전동기 주회로를 차단시킴과 동시에 스프링 압력에 의해 브레이크슈로 브레이크 휠을 조여서 엘리베이터가 확실히 정지하도록 한다.

① 조속기 ② 리미트 스위치 ③ 비상정지장치 ④ 전자브레이크

13 다음 심전도 리듬에 관한 설명으로 옳지 않은 것은?

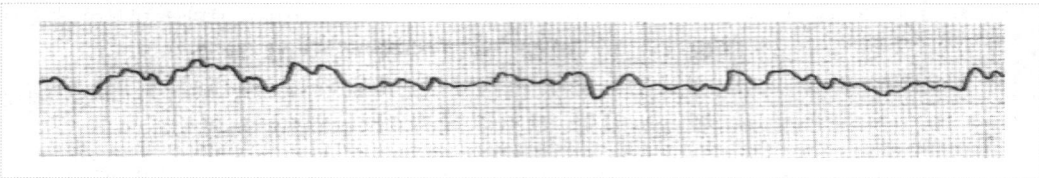

① 심장마비 후 8분 안에 심장마비 환자의 약 1/2에서 나타난다.
② 심장은 진동할 뿐 효과적으로 피를 뿜어내지 못하고 있다.
③ 맥박을 확인한 후 맥박이 촉지되지 않는 환자에게 제세동을 실시해야 한다.
④ 제세동이 1분 지연될 때마다 제세동의 성공 가능성은 7~10%씩 감소한다.

정답 11. ② 12. ④ 13. ③

14 다음 신생아의 APGAR 점수는?

- 피부색 : 몸은 분홍색, 팔·다리는 청색
- 심장 박동수 : 95회/분
- 반사흥분도 : 얼굴을 찡그림
- 근육의 강도 : 흐늘거림
- 호흡 : 불규칙

① 4　　　　② 5　　　　③ 6　　　　④ 7

15 화학사고 발생 시 누출물 처리방법 중 화학적 처리방법에 대한 설명으로 옳지 않은 것은?
① 흡수 : 주로 액체 물질에 적용하는 방법으로 누출된 물질을 스펀지나 흙, 신문지, 톱밥 등의 흡수성 물질에 흡수시켜 회수한다.
② 유화처리 : 주로 기름(oil)이 누출되었을 경우에 사용하며, 특히 원유 등의 대량 누출 시에 적용한다.
③ 흡착 : 활성탄과 모래는 일반적으로 널리 사용되는 흡착제이다.
④ 중화 : 발열이나 유독성 물질생성, 기타위험성이 발생할 수 있으므로 위험을 감소시키기 위해서 오염물질의 양보다 적게 조금씩 투입하여야 한다.

16 소방활동 안전교육의 내용으로 옳은 것은?
① 지식교육은 화재진압, 구조·구급 등의 작업 방법을 숙달시킨다.
② 태도교육은 안전작업에 대한 몸가짐, 마음가짐을 몸에 붙게 한다.
③ 문제해결교육은 재해발생 원리를 이해시킨다.
④ 기능교육은 목표 지향의 문제처리를 할 수 있게 한다.

17 화재 현장에서 발생하는 유독가스의 발생조건, 허용농도(TWA)가 올바르게 연결된 것은?
① 아황산가스(SO_2) - 중질유, 고무 연소 시 - 5ppm
② 암모니아(NH_3) - 우레탄, 폴리에틸렌 연소 시 - 10ppm
③ 시안화수소(HCN) - 열경화성 수지, 나일론 연소 시 - 5ppm
④ 포스겐($COCl_2$) - 프레온 가스와 불꽃의 접촉 시 - 1ppm

정답 ○— 14. ①　15. ③　16. ②　17. ①

18 소방펌프 자동차의 진공펌프가 작동되면 펌프의 윤활유 흡입구를 통해 진공오일이 자동적으로 흡입되어 진공펌프 내에서 그 역할을 수행하게 된다. 다음 중 진공오일에 대한 설명으로 옳지 않은 것은?

① 진공오일의 작용은 냉각작용, 수막형성, 윤활작업이다.
② 진공오일 탱크의 용량은 1.5리터 이상으로 하여야 한다.
③ 1회 진공 시 소모되는 진공오일의 양은 0.5리터 이하이어야 한다.
④ 진공오일 탱크의 용량은 3m인 흡수관 1개로 3회 이상 진공 할 수 있는 용량을 저장할 수 있는 용량이어야 한다.

19 다음 내용과 관계 깊은 열 손상은?

- 의식수준 저하
- 뜨겁고, 건조하거나 축축한 피부
- 중추신경계 이상에 의한 체온조절기능 부전으로 발생

① 열사병　　② 열실신　　③ 열경련　　④ 일사병

20 다음에서 지칭하는 용어로 옳은 것은?

- 잠수 후 상승속도를 분당 9m로 유지하면서 수면으로 상승하면 체내의 질소를 한계 수준 미만으로 만들 수 있다.
- 상승 중 감압정지를 하지 않고 일정의 수심에서 최대로 머물 수 있는 시간이 수심에 따라 제한되어 있다.

① 감압 시간　　② 실제 잠수시간　　③ 최대 잠수 가능시간　　④ 감압 정지

21 START 분류법에 따라 분류할 때 가능한 응급처치로 옳지 않은 것은?

① 두부 열상 환자에게 직접 압박으로 지혈
② 무호흡 환자에게 기도 개방
③ 환자 상태에 따른 팔다리 거상
④ 빠른 호흡 양상을 보이는 환자에게 산소공급

정답　18. ①　19. ①　20. ③　21. ④

22 미국 교통국(Department Of Transportation) 수송표지는 마름모꼴 표지에 숫자와 그림, 색상으로 표시하며 숫자는 물질의 종류를, 색상은 특성을 나타낸다. 각 플래카드(placard)의 색상이 가지는 의미로 옳은 것은?

① 주황색 : 산화성
② 녹색 : 불연성
③ 빨간색 : 중독성
④ 백색 : 산화성

23 병원 전 뇌졸중 평가 도구 중 FAST에 해당하지 않는 질문은?

① 눈을 감고 양손을 앞으로 올리고 10초간 멈춰보세요.
② 입꼬리가 올라가도록 웃어보세요.
③ 올해 나이가 몇 살인지 말해보세요.
④ 이 문장을 따라 해보세요. 오늘은 화요일입니다.

24 환자 이동 장비 중 척추를 고정하는 효과가 가장 적은 것은?

① 빠른 호흡 양상을 보이는 환자에게 산소공급
② 분리형 들것
③ 두부 열상 환자에게 직접 압박으로 지혈
④ 구출고정대

25 기도확보유지 장비에 관한 설명으로 옳은 것은?

① 성인의 기관내삽관(Intubation) 시 환자 입의 중앙으로 후두경날을 삽입한다.
② 후두튜브(LT)는 일회용이 아닌 멸균 재사용이 가능하다.
③ 입인두 기도기(OPA)의 크기는 입 중앙에서부터 귓불까지이다.
④ 아이겔(I-Gel)은 사이즈에 관계없이 충분한 양압환기가 가능하다.

정답 22. ② 23. ③ 24. ② 25. ②

정답 및 해설

2022 소방장 기출문제

01 ③	02 ③	03 ①	04 ③	05 ④	06 ④	07 ③
08 ④	09 ③	10 ②	11 ③	12 ④	13 ③	14 ①
15 ③	16 ②	17 ①	18 ①	19 ①	20 ③	21 ④
22 ②	23 ③	24 ②	25 ②			

01 해설 ◦ 황: 순도가 (60)중량% 이상 ◦ 철분: (50)중량% 미만인 것은 제외
◦ 금속분: (50)중량% 미만인 것은 제외 ◦ 과산화수소: 농도 (36)중량% 이상 // ③

02 해설 건물의 소실면적 산정은 소실 바닥면적으로 산정한다. // ③

03 해설 고정도르레 하나에 움직도르레가 3개로서 도르레가 총 4개이니 각각 4개가 80kg의 힘을 분담하여
80kg ÷ 4 = 20kg이 된다. // ①

04 해설
① 레드트랩 입구에 장비 수집소를 설치하고 손에 들고 있는 장비를 이곳에 놓도록 한다.
② 방호복을 입은 상태에서 물을 뿌려 1차 제독을 한다.
③ 옐로트랩으로 이동하여 솔과 세제를 사용하여 방호복의 구석구석(발바닥, 사타구니, 겨드랑이 등)을 세심하게 세척한다.
④ 습식제독작업이 끝나면 그린트랩으로 이동해서 동료의 도움을 받아 보호복을 벗는다. // ③
▶ **암기**: 레방엘습(내방예습) 혹은 적황녹 신호등색상 순서로 기억!

05 해설 지문의 붕괴는 보기 ①②③에 해당하는 '캔틸레버형붕괴'이다. 보기 ④번에 해당하는 내용은 시루떡처럼 겹쳐졌다' 는 표현을 쓰기도 하는 펜케이크형 붕괴이다. // ④

06 해설
◦ 액체의 증기압이 대기압과 같게 되어 끓기 시작하는 온도를 (비점)이라고 한다.
◦ 대기압(1atm) 상태에서 고체가 녹아 액체가 되는 온도를 (융점)이라고 한다.
◦ 어떤 물질 1g을 1℃ 올리는 데 필요한 열량을 (비열)이라고 한다.
◦ 어떤 물질에 물질의 온도는 변하지 않고 상태변화에만 사용되는 열을 (잠열)이라고 한다. // ④

07 해설 ㉠ 65mm ㉡ 100mm ㉢ 1.5m 이상 1.7m 이하 ㉣ 자동 // ③

08 해설 **수신기** → **리세팅** → **위층부터** → **펌프확인** → 관리업체 **점검**, 보수. (* 암기: 수리위 펌프 점검)
(* 힌트: 수신기상에 표시된 층 확인이 항상 우선이고, 관리업체 점검과 보수가 항상 마지막이 된다.)
// ④

09 해설 마(발화기) → 가(성장기) → 나(플래시오버) → 라(최성기) → 다(쇠퇴기) // ③

10 해설 유동성을 높힌 후 이를 가스압으로 분출시켜 소화시킨다.(* 즉, 분말은 고체가루로서 자체힘으로 분출할 수 없다 그리하여 N_2 또는 CO_2의 압력을 이용하는데 움직이는 성질인 유동성을 높혀야 밖으로 분출하기가 쉽다는 뜻이다.)
// ②

11 해설 화재현장에서 소방대원이 담을 넘는다든지 사다리진입 등 또한 통행이 어려운 곳을 통과하거나, 오르기 힘든 곳을 오르거나, 화염 등으로 위험하여 들어갈 수 없는 곳을 진입하여야 하는 경우는 "행동의 위험성"에 해당된다.
// ②

12 해설 지문의 내용은 전자브레이크의 설명이다. // ④

① 전자브레이크 (magnetic brake)	엘리베이터의 운전 중에는 브레이크슈를 전자력에 의해 개방시키고 정지시에는 전동기 주회로를 차단시킴과 동시에 스프링 압력에 의해 브레이크 슈로 브레이크 휠을 조여서 엘리베이터가 확실히 정지하도록 한다. (*^^정격속도 1.3배 이하)

13 해설 위 그림은 "심실세동"을 나타내고 있으므로 심실세동에 관한 내용으로 해석한다. // ③
① 심정지의 대부분은 심실세동에 의해 유발되며, 심실세동에서 가장 중요한 처치는 전기적제세동이다.
 - 제세동처치는 빨리 시행할수록 효과적이므로 현장에서 신속히 시행되어야 한다.
② 심실세동에서 제세동이 1분 지연될 때마다 제세동의 성공 가능성은 7~10%씩 감소한다.
③ 자동심장충격기는 의료지식이 충분하지 않은 일반인이나 의료제공자들이 쉽게 사용할 수 있도록 환자의 심전도를 자동으로 분석하여 제세동이 필요한 심정지를 구분해주며, 사용자가 제세동할 수 있도록 유도하는 장비이다.
 -'심실세동'과 '무맥성 심실빈맥'은 제세동으로 치료가 될 수 있다.

심실세동 (V-Fib) 17소방위 22소방장	① 심장마비 후 8분 안에 심장마비 환자의 약 1/2에서 나타난다. ② 이는 심장의 많은 다른 부위에서 불규칙한 전기적 자극으로 일어나며 ③ 심장은 진동할 뿐 효과적으로 피를 뿜어내지 못한다. ④ 초기에 제세동을 실시하면 매우 효과적일 수 있다.
(무맥성) 심실빈맥 (V-Tach)	① 리듬은 규칙적이나 매우 빠른 경우를 말한다. ② 너무 빨리 수축해서 피가 충분히 심장에 고이지 않아 심장과 뇌로 충분한 혈액을 공급할 수 없다. ② V-Tach(심실빈맥)은 심장마비환자의 10%에서 나타나며 ③ 심실빈맥 환자의 제세동은 반드시 맥박을 확인한 후 맥박이 촉지 되지 않는 환자에게만 실시한다.

(* 용어: 무맥성 심실빈맥이란? 심장은 빈맥인데 맥이 느껴지지 않는다는 뜻)

14 해설 ◦ 풀이 : 피부색(1점) + 심장 박동수(1점) + 반사흥분도(1점) + 호흡(1점) = 총 4점
　　　◦ 피부색 : 몸은 분홍색, 팔·다리는 청색(1점)　　◦ 심장 박동수 : 95회/분(100회 이하는 1점)
　　　◦ 반사흥분도 : 얼굴을 찡그림(1점)　　　　　　◦ 근육의 강도 : 흐늘거림(없음)
　　　◦ 호흡 : 불규칙(느리고 불규칙적이면 1점) // ①

평가내용	점 수		
	0	1	2
① 피부색 : 일반적 외형	청색증	**몸은 핑크, 손과 팔다리는 청색**	손과 발까지 핑크색
② 심장 박동수	없음	100회 이하	100회 이상
③ 반사흥분도 : 찡그림	없음	자극 시 최소의 반응 /**얼굴을 찡그림**	코 안쪽 자극에 울고 기침, 재채기 반응
④ 근육의 강도 : 움직임	**흐늘거림**/부진함	팔과 다리에 약간의 굴곡 제한된 움직임	적극적으로 움직임
⑤ 호흡 : 쉼 쉬는 노력	없음	약하고/느림/**불규칙**	우렁참

　✪ 8~10점 : 정상출산으로 기본적인 신생아 관리
　　　3~7점 : ❶경증의 질식상태 ❷호흡을 보조함 ❸부드럽게 자극 ❹입-코 흡인
　　　0~2점 : ❶심한 질식상태, ❷기관 내 삽관 ❸산소공급 ❹CPR　　　▶ 암기 : 심기산씨

15 해설 ◦

　■ 화학적 방법 요약 // ③
　• 흡수: 주로 액체 물질에 흡수시켜 위험물 누출처리를 적용하는 방법이다
　• 유화: 유화제를 사용하여 오염물질의 친수성(물에 친화력 성질)을 높이는 방법으로 처리한다
　• 중화: 주로 부식성 물질에 사용하는 방법이다.
　• 응고: 오염물질을 약품이나 흡착제로 흡착, 응고시켜 처리할 수 있다.
　• 소독: 표백제나 기타 화학약품을 사용해서 소독한다.(물로 세척하는 것이 더 효과적)
　■ 학습 해설
　✪ 화학적 방법 : 유화처리, 응고, 흡수, 소독, 중화
　✪ 물리적 방법 : 흡착, 덮기, 희석, 폐기, (밀폐, 격납), (세척, 제거), 흡입, 공기확산
　　▶ (화학적) 암기: 유응흡수 소중(* 연상기억: 유흥주점 흡수가 소중해)
　　▶ 문제의 보기에서 화학적이 아닌 것이 물리적방법이나, 암기가 필요없이 이해하면 The 쉽다
　* 화학: 물질의 성질이 변함(* 누출된 물질의 처리에 약품 등을 접촉하여 처리하는 방법이다.).
　* 물리: 상태(고·액·기체)나 모양이 변함 (* 누출된 물질의 처리에 약품 등을 접촉 하지 않고 처리 방법.)
　 (* 주의: 흡입, 희석은 물리적 처리 방법이다 / 아유: 흡입(진공청소기 사용), 희석(공기나 물 사용).)

16 해설 ◦ ① 기능교육은 화재진압, 구조·구급 등의 작업 방법을 숙달시킨다.
　　　③ 지식교육은 재해발생 원리를 이해시킨다.
　　　④ 문제해결교육은 목표 지향의 문제처리를 할 수 있게 한다. // ②

17 해설

종류	발생조건	허용농도
① **포스겐**	프레온 가스와 불꽃의 접촉	0.1ppm
② **염화수소**	플라스틱, PVC	5ppm
③ **아황산가스**	중질유, 고무, 황화합물 등의 연소 시 발생	5ppm
④ **시안화수소**	고무, 모직물, 우레탄, 나일론, 폴리에틸렌 등 연소	10ppm
⑤ **암모니아**	열경화성, 나일론, 수지 등의 연소 시 발생	25ppm
⑥ **일산화탄소**	불완전 연소 시 발생	50ppm

▶ **암기**: 포염 아씨(* ㅍㅎ 아가씨, 포항 아가씨, 푸하 아가씨) / ③번 **암기**: 아하- 중고황, 5피 / ④번 **암기**: 희한한- 고모 우나? 빨리, 10분 / ⑤번 **암기**: 암니이오- 열나 수지 → // ①

18 해설
진공오일은 베인펌프를 작동시킬 때 윤활, 냉각, 밀봉역할로 주입하였다. // ①
① 진공오일은 베인펌프를 작동시킬 때 ❶ 윤활 ❷ 냉각 ❸ 밀봉역할로 주입하였다.
② 진공펌프가 작동되면 펌프의 윤활유 흡입구를 통해 오일이 자동적으로 흡입되어 진공펌프 내의 냉각과 윤활 기능을 수행하게 된다.
③ 진공오일 탱크의 용량은 3m인 흡수관 1개로 3회 이상 진공 할 수 있는 용량을 저장할 수 있어야 하며 1회 진공 시 소모되는 진공오일의 양은 0.5리터 이하이어야 한다. (* 그러므로 진공오일 용량은 1.5리터 이상이다.)

19 해설
상기 내용은 땀을 흘리니까 피부는 정상이거나 차갑고 창백하며 축축한 일사병보다, 열손상이 조금 더 심한 뜨겁고, 건조하거나 축축한 열사병에 관한 내용이다.
(* 열손상 강도: 열경련〈 일사병(소모성 열사병)〈 열사병 순) // ①

20 해설
상승 중 감압정지를 하지 않고 일정의 수심에서 <u>최대로 머물 수 있는 시간</u>이 수심에 따라 제한되어 있다는 내용은 '최대 잠수 가능시간'에 관한 내용이다. // ③

21 해설
남아 있는 환자 중에서 우선순위를 분류하는데 의식 장애가 있는 환자를 우선으로 START 분류법을 이용해 신속하게 분류해야 한다. 분류하는 도중에는 환자상태에 따라 아래의 3가지 처치만을 제공하고 다른 환자를 분류해야 한다. // ④
❶ **기**도개방 및 입인두기도기 삽관   ❷ **직**접압박   ❸ 환자 상태에 따른 **팔**다리 거상.
▶ **암기**: 팔직기(* **연상**: START 팔짚기)

22 해설
① 주황색: 폭발성   ② 녹색: 불연성   ③ 빨간색: 가연성   ④ 백색: 중독성 // ②
※ 참고:
ⓐ DOT로 약칭되는 미 교통국에서 위험물질을 운송할 때 부착하도록 하는 표지이다.
ⓑ 도로, 철도, 해운, 항공 등 수송 수단을 막론하고 위험물질에 이 표지를 붙이도록 하고 있으며 외국 수출·입 물품들도 이 규정을 적용받으므로 이에 대한 지식이 필요하다.
ⓒ DOT는 마름모꼴 표지에 숫자와 그림, 색상으로 표시하며 숫자는 물질의 종류(Division of Class)를 색상은 특성을 나타낸다.

■ 각 Placard의 색상이 가지는 의미
- 빨간색 : 가연성(Flammable) (불상징)
- 노란색 : 산화성(Oxidizer) (▶ 노란산)
- 파란색 : 금수성(Not Wet) (물상징)
- 오렌지 : 폭발성(Explosive) (▶ 오랜폭발)
- 녹 색 : 불연성(Non-Flammable) (풀상징)
- 백 색 : 중독성(Inhalation) (창백상징)

▶ 암기 : 청금이가 발가벗고 노란산에서 / 녹불 백중 오랜 폭발했다

23 해설 ○― // ③

F(face)	・입 꼬리가 올라가도록 웃으면서 따라서 웃도록 시킨다. ・치아가 보이지 않거나 양쪽이 비대칭인 경우 비정상
A(arm)	・눈을 감고 양 손을 동시에 앞으로 들어 올려 10초간 멈추도록 한다. ・양손의 높이가 다르거나 한 손을 전혀 들어 올리지 못할 경우 비정상.
S(speech)	・하나의 문장을 얘기하고 따라하도록 시킨다. 말이 느리거나 못한다면 비정상.
T(time)	・시계가 있다면 몇 시인지 물어보고 없다면 낮인지 밤인지 물어본다.

24 해설 ○― // ②

분리형 들것	① 현장에서 매우 많이 활용되며 알루미늄이나 경량의 철로 만들어졌다. ② 다발성손상환자나 골반측손상 환자에게 매우 유용한 장비이다. ③ 들것을 2부분이나 4부분으로 나누어 앙와위 환자를 움직이지 않고 들것에 고정시켜 이동시킬 수 있다. (* X-선 투시가 가능) - 등 부분을 지지해 주지 못하기 때문에 <u>척추손상환자를 고정하는데 효과가 **적다**</u>.

25 해설 ○― // ②

후두 튜브	후두마스크와 동일하게 기본 기도기보다 기도 확보가 쉽고 콤비튜브 형태 기도기로 환자에게 적용시간이 **짧고** 어려운 기도확보 장소에서도 **빠르게** 적용이 가능 / 일회용이 아닌 멸균 재사용이 **가능**

① 환자 입의 <u>오른쪽</u>으로 후두경날을 삽입하고 혀를 왼쪽으로 치우면서 들어올린다
③ 입 가장자리에서부터 귓불까지 / 입 중심에서부터 하악각까지
④ 사이즈가 작거나 큰 경우 밀착이 부정확한 경우 양압환기가 <u>불충분해진다.</u>

■ 분리형 들것 ■

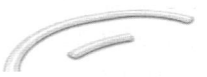
■ 후두튜브 ■

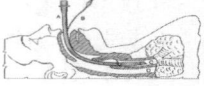
■ 후두튜브 삽관 ■

04 2022년 소방위 승진시험

01 화재현장에서 발생하는 유해 생성물질에 관한 설명으로 옳지 않은 것은?

① 시안화수소(HCN)는 PVC와 같이 염소가 함유된 수지류가 탈 때 주로 생성되는데 독성 허용농도는 5ppm(㎎/㎥)이며 향료, 의약, 농약 등의 제조에 이용되고 자극성이 아주 강해 눈과 호흡기에 영향을 준다.
② 불화수소(HF)는 합성수지인 불소수지가 연소할 때 발생되는 연소생성물로서 무색의 자극성 기체이며 유독성이 강하고, 허용농도는 3ppm(㎎/㎥)이다.
③ 암모니아(NH₃)는 질소 함유물이 연소할 때 발생하는 연소생성물로서 유독성이 있고 강한 자극성을 가진 무색의 기체로 흡입 시 점액질과 기도조직에 심한 손상을 초래하며, 냉동시설의 냉매로 많이 쓰인다.
④ 이산화황(SO₂)은 유황이 함유된 물질인 동물의 털, 고무와 일부 목재류 등이 연소하는 과정에서 발생하는 것으로 무색의 자극성 냄새를 가진 유독성 기체로 눈 및 호흡기 등에 점막을 상하게 하고 질식사할 우려가 있다.

02 다음에서 설명하는 가스는?

> 가스의 독특한 특성 때문에 용매를 다공 물질에 용해시켜 사용되는 가스로 압축하거나 액화시키면 분해 폭발을 일으키므로 용기에 다공성 물질을 넣고 가스를 잘 녹이는 용제(아세톤, 디메틸포름아미드 등)를 넣어 충전한다.

① 아세틸렌   ② 액화암모니아   ③ 산화에틸렌   ④ 수소

03 산모 이송 중 구급차에서 산모가 아기를 출산하였다. 신생아의 몸은 분홍색이나 손과 팔다리는 청색증을 보이며 제한된 움직임이 있고, 심장 박동수는 분당 95회, 자극시 얼굴을 찡그리고, 호흡은 약하고 불규칙한 양상을 보였다. 이 신생아의 아프가 점수는?

① 4점   ② 5점   ③ 6점   ④ 7점

정답 01. ① 02. ① 03. ②

04 고층빌딩 공사현장의 지반 약화로 인근 노후 건물이 붕괴되어 부상자가 여러 명 발생하였다. START 분류법을 기준으로 임시응급의료소로 운반된 다음의 환자 중 가장 먼저 처치나 병원이송이 필요한 경우는?

	주증상	의식 수준	기도 유지	호흡	순환	보행 가능
①	두통	명료	유지	1~2초당 1회	정상	불가
②	위팔 열상	명료	유지	4초당 1회	정상	불가
③	복부관통상	혼수	불가	무호흡	서맥	불가
④	넙다리 골절	명료	유지	5초당 1회	정상	불가

05 건물 붕괴유형의 개념 또는 특징으로 옳은 것은?

① V자형 붕괴는 마주 보는 두 외벽 중 하나에 결함이 있을 때 발생한다.
② 경사형 붕괴는 마주 보는 두 외벽에 모두 결함이 발생하여 바닥이나 지붕이 아래로 무너져 내리는 경우에 발생한다.
③ 건물이 붕괴될 가능성이나 징후가 관찰되면 즉시 안전조치를 취해야 하며, 우선 건물 안에서 작업하고 있는 모든 대원들을 즉시 건물 밖으로 철수시키고 건물의 둘레에 붕괴 안전지역을 설정하며, 일반적으로 붕괴 안전지역은 건물 둘레의 1.5배 이상으로 한다.
④ 캔틸레버형 붕괴는 가장 안전하지 못하고, 2차 붕괴에 가장 취약한 유형이며, 건물에 가해지는 충격에 의하여 한쪽 벽판이나 지붕 조립부분이 무너져 내리고 다른 한쪽은 원형을 그대로 유지하고 있는 형태의 붕괴를 말한다.

06 화재원인 조사의 범위로 옳지 않은 것은?

① 피난상황 조사는 피해경로, 피해요인 등을 조사한다.
② 소방, 방화시설 등의 조사는 소방, 방화시설의 활용 또는 작동 등의 상황을 조사한다.
③ 연소상황 조사는 화재의 연소 경로 및 연소 확대물, 연소 확대 사유 등을 조사한다.
④ 발화원인 조사는 발화지점, 발화열원, 발화요인, 최초 착화물 및 발화 관련 기기 등을 조사한다.

정답 04. ① 05. ④ 06. ①

07 「재난 및 안전관리기본법」상 긴급구조 현장지휘에 관한 내용으로 옳지 않은 것은?

① 시·군·구 긴급구조통제단장은 통합지원본부의 장에게 긴급구조에 필요한 인력이나 물자 등의 지원을 요청할 수 있다.
② 재난현장의 구조활동 등 초동 조치상황에 대한 언론 발표 등은 연락공보담당이 지명하는 자가 한다.
③ 재난현장에서 긴급구조활동을 하는 긴급구조지원기관의 인력·장비·물자에 대한 운용은 현장지휘를 하는 긴급 구조통제단장(각급 통제단장)의 지휘·통제에 따라야 한다.
④ 각급 통제단장은 긴급구조 활동을 종료하려는 때에는 재난현장에 참여한 지역사고수습본부장, 통합지원본부의 장 등과 협의를 거쳐 결정하여야 한다.

08 위험물화재의 특수현상과 대처법에 대한 설명으로 옳지 않은 것은?

① 프로스오버(Frothover)는 점성을 가진 뜨거운 유류 표면 아래 부분에서 물이 비등할 경우 비등하는 물에 의해 탱크 내 유류가 넘치는 현상이다.
② 위험물 저장탱크에 화재가 발생하여 오일오버(Oilover)의 위험이 있는 경우 냉각소화를 원칙으로 한다.
③ 슬롭오버(Slopover) 현상의 위험성은 직접적 화재발생 요인이 아니다.
④ 보일오버(Boilover)는 석유류가 혼합된 원유를 저장하는 탱크 내부에 물이 외부 또는 자체적으로 발생한 상태에서 탱크 표면에 화재가 발생하여 원유와 물이 함께 저장탱크 밖으로 흘러넘치는 현상이다.

09 가스의 불완전 연소현상에 관한 설명으로 옳은 것은?

① 블로우 오프(Blow off)는 역화상태에서 가스분출이 심하여 불꽃이 관창에서 떨어져 꺼져버리는 현상이다.
② 버너에서 황적색염이 나오는 것은 공기량이 부족해서이지만, 황염(노란색 불꽃)이 길어져 저온의 피열체에 접촉되면 불완전연소를 촉진시켜 이산화탄소를 발생시키므로 주의한다.
③ 플래시백(Flash back : 역화)은 가스의 연소가 가스분출구멍의 가스 유출 속도보다 더 클 때 또는 연소 속도는 일정해도 가스의 유출 속도가 더 작게 되었을 때, 가스분출 구멍에서 버너 내부로 불꽃이 침입하여 관창의 끝에서 연소하면서 나타나는 현상이다.
④ 리프팅(Lifting : 선화)은 버너의 가스분출 구멍에 먼지 등이 끼어 가스분출 구멍이 작게 된 경우 혼합가스의 유출 속도가 낮아져 나타나는 현상이다.

정답 07. ② 08. ② 09. ③

10 하인리히(Heinrich)와 버드(Bird)의 재해발생 이론 및 재해의 기본원인에 대한 설명으로 옳지 않은 것은?

① 재해의 기본원인인 4개의 M은 인간(Man), 기계(Machine), 매체(Media), 관리(Management)이다.
② 하인리히 이론에서 안전관리활동으로 제거할 수 있는 것은 개인적 결함이다.
③ 버드 이론의 5단계는 제어의 부족·관리(1단계) → 기본 원인·기원(2단계) → 직접원인·징후(3단계) → 사고·접촉(4단계) → 상해·손실(5단계)이다.
④ 하인리히 이론에서 상해는 항상 사고에 의해 일어나고 사고는 항상 순차적으로 앞서는 요인의 결과로 일어난다.

11 기도의 확보를 방해하는 입안의 구토물이나 체액 등을 흡인하기 위해 사용하는 흡인기의 사용방법에 관한 설명으로 옳지 않은 것은?

① 경성 흡인팁은 상기도 흡인에만 사용한다.
② 의식이 없는 환자의 경우 흡인하는 구급대원과 마주 보는 측위를 취해 분비물의 배액을 촉진한다.
③ 성인의 경우 한번 흡인할 때 20초간 실시하고, 흡인하기 전·후에 충분히 산소를 공급한다.
④ 환자에게 적용하기 전 흡인관을 막고 압력이 충분히 올라가는지를 확인한다.

12 마디짓기(결절)매듭법에 대한 설명으로 옳지 않은 것은?

① 나비매듭 : 나비매듭은 로프 중간에 고리를 만들 필요가 있을 경우 사용하며 다른 매듭에 비하여 충격을 받은 경우에도 풀기가 쉽다.
② 두 겹 8자 매듭 : 많은 힘을 받을 수 있고 힘이 가해진 경우에도 풀기가 쉬우므로 로프를 연결하거나, 안전을 확보하기 위한 매듭으로 자주 사용된다.
③ 이중 8자 매듭 : 로프 끝에 두 개의 고리를 만들 수 있어 두 개의 확보물에 로프를 고정하는 경우에 매우 유용하다.
④ 고정매듭 : 로프의 굵기에 관계없이 묶고 풀기가 쉬우며 조여지지 않으므로 로프를 물체에 묶어 지지점을 만들거나 유도 로프를 결착하는 경우에 활용한다.

정답 10. ② 11. ③ 12. ②

13 잠수 장비 구성 또는 관리에 대한 설명으로 옳지 않은 것은?

① 부력조절기는 수면에서 휴식을 위한 양성부력을 제공해주며 비상시에는 구조장비 역할까지 담당할 수 있다.
② 호흡기는 2단계에 걸쳐 압력을 감소시키며, 처음 단계에서는 탱크의 압력을 9~11 bar(125~150psi)까지 감소시키고, 이 중간 압력은 두 번째 단계를 거쳐 주위의 압력과 같아지게 된다.
③ 압력계는 공기통에 남은 공기의 압력을 측정한다고 하여 잔압계라고도 하며, 이것은 자동차의 연료계기와 마찬가지로 공기통에 공기가 얼마나 있는가를 나타내 주는 호흡기 1단계와 저압 호스로 연결하여 사용한다.
④ 잠수복은 보편적으로 수온이 24℃ 이하에서는 발포고무로 만든 습식 잠수복을 착용하고 수온이 13℃ 이하로 낮아지면 건식 잠수복을 착용하도록 권장한다.

14 주수 요령 및 특성에 대한 설명으로 옳지 않은 것은?

① 중속분무주수는 관창압력 0.6MPa 이상, 관창 전개각도 30°이상으로 한다.
② 대원에 대한 엄호주수 요령으로, 강렬한 복사열로부터 방호할 때는 열원과 대원 사이에 분무주수를 행한다.
③ 고속분무주수는 직사주수보다 사정거리가 짧고 파괴력이 약하다.
④ 저속분무주수는 간접공격법에 가장 적합한 주수방법으로, 수손피해가 적고 소화시간이 짧다.

15 화재의 특수현상에 관한 설명으로 옳지 않은 것은?

① 플래시오버(Flashover)의 대표적인 전조현상으로 고온의 연기 발생과 롤오버(Rollover) 현상이 관찰된다는 점에 유의해야 한다.
② 롤오버(Rollover)는 연소과정에서 발생된 가연성 가스가 공기 중 산소와 혼합되어 천장부분에 집적된 상태에서 발화온도에 도달하여 발화함으로써 화염의 끝부분이 매우 빠르게 확대되어 가는 현상이다.
③ 플래임오버(Flameover)는 복도와 같은 통로 공간에서 벽, 바닥 표면의 가연물에 화염이 급속하게 확산하는 현상이다.
④ 백드래프트(Backdraft)는 물리적 폭발로, 가연물, 산소(산화제), 열(점화원)이 기본적으로 필요하다.

정답 13. ③ 14. ① 15. ④

16 119구조대의 편성과 운영에 관한 설명으로 옳은 것은?

① 구조대의 종류, 자격기준, 그 밖에 필요한 사항은 행정안전부령으로 정한다.
② 소방청장·소방본부장 또는 서장은 위급상황에서 요구조자의 생명 등을 신속하고 안전하게 구조하는 업무를 수행하기 위하여 행정안전부령으로 정하는 119구조대를 편성·운영한다.
③ 소방청장·소방본부장 또는 소방서장은 여름철 물놀이 장소에서의 안전을 확보하기 위하여 필요한 경우 민간자원봉사자로 구성된 구조대를 지원할 수 있다.
④ 소방대상물, 지역 특성, 재난 발생 유형 및 빈도 등을 고려하여 시·도의 조례로 정한다.

17 연부조직손상에 관한 응급처치로 옳은 것은?

① 절단 - 완전절단된 절단부위는 생리식염수를 적신 멸균 거즈로 감싼 후 얼음에 직접 닿도록 하여 차갑게 유지한다.
② 개방성 가슴 손상 - 폐쇄드레싱을 적용하고 환자 이송 중 쇼크 등의 증상이 발생하면, 증상 완화를 위해 폐쇄드레싱을 보강해준다.
③ 개방성 배 손상 - 나온 장기는 오염되지 않도록 다시 배 속으로 집어넣고 고농도의 산소를 공급하면서 신속하게 이송한다.
④ 관통상 - 단순하게 뺨을 관통한 상태에서는 기도유지를 위해서나 추가적인 입안 손상을 막기 위해 관통한 물체를 제거한다.

18 환자평가는 단계적으로 적절하게 진행되어야 한다. 다음 중 1차 평가의 단계를 옳게 나열한 것은?

① 첫인상 - 기도 - 호흡 - 순환 - 의식수준 - 위급 정도 판단
② 첫인상 - 의식수준 - 기도 - 호흡 - 순환 - 위급 정도 판단
③ 첫인상 - 순환 - 기도 - 호흡 - 의식수준 - 위급 정도 판단
④ 첫인상 - 의식수준 - 순환 - 기도 - 호흡 - 위급 정도 판단

19 호흡유지 장비에 관한 설명으로 옳지 않은 것은?

① 코 삽입관(nasal cannula)은 산소유량을 분당 6~10ℓ로 조절하여 사용한다.
② 단순 얼굴 마스크(oxygen mask)는 흡입산소농도를 35~60 %까지 증가시킬 수 있다.
③ 벤추리 마스크(venturi mask)는 만성폐쇄성폐질환(COPD) 환자에게 유용하다.
④ 비재호흡마스크(non-rebreather mask)는 100 %에 가까운 산소를 제공할 수 있다.

정답 ○─ 16. ③ 17. ④ 18. ② 19. ①

20 헬리콥터 탑승 및 하강 시 주의사항에 대한 설명으로 옳은 것은?

① 하강 시 착지점 약 2m 상공에서 서서히 제동을 걸기 시작하여 정지할 수 있는 스피드까지 낮추어 지상에 천천히 착지한다.
② 하강위치에 접근하면 기내 안전요원이 기체에 설치된 현수로프에 카라비너를 건다.
③ 탑승할 때에 기체의 전면은 주 회전날개로 위험하므로 꼬리날개가 있는 기체의 뒤쪽에서 접근하며, 기장 또는 기내 안전원의 신호에 따라 탑승한다.
④ 발을 헬기에 붙인 채 최대한 몸을 뒤로 기울여 하늘을 쳐다보는 자세를 취한 다음 안전원의 하강개시 신호에 따라 발바닥으로 헬기를 살짝 밀며 제동을 풀고 한 번에 하강한다.

21 재난관리주관기관이란 재난이나 그 밖의 각종 사고에 대하여 그 유형별로 예방·대비·대응 및 복구 등의 업무를 주관하여 수행하도록 대통령령으로 정하는 관계중앙행정 기관을 말한다. "산업재해 및 중대산업사고로 인해 발생하는 대규모 피해"에 대한 재난관리주관기관은?

① 국토교통부
② 소방청
③ 산업통상자원부
④ 고용노동부

22 발화점, 인화점, 연소점에 대한 설명으로 옳지 않은 것은?

① 일반적으로 발화점은 발열량이 낮을수록, 산소와 친화력이 클수록 낮아진다.
② 가연성 가스와 공기의 조성비에 따라 발화점이 달라진다.
③ 연소점은 연소반응이 계속될 수 있는 온도를 말한다.
④ 인화점은 가연성 액체 또는 고체로부터 발생한 인화성 증기의 농도가 점화원에 의해 착화될 수 있는 최저 온도를 말한다.

23 위험물 유별 화재진압 방법으로 옳지 않은 것은?

① 수용성 석유류 화재의 경우 알콜형포, 다량의 물로 희석소화한다.
② 철분, 금속분, 마그네슘은 마른 모래, 건조분말, 금속 화재용 분말 소화약제를 사용하여 질식소화한다.
③ 알칼리금속의 과산화물 및 이를 함유한 것에는 물을 사용해서는 안 된다.
④ 황, 황화인, 인화성고체는 물을 이용한 냉각소화가 적당하다.

정답 20. ④ 21. ④ 22. ① 23. ④

24 소화약제의 사용이 제한되는 소화대상물로 옳지 않은 것은?

① 이산화탄소 소화약제 - 제5류 위험물
② 분말 소화약제 - 가연성 금속(Na, K, Mg, Ti, Zr 등)
③ 할론 소화약제 - 기상, 액상의 인화성 물질
④ 포 소화약제 - 전기화재, 통신 기기실, 컴퓨터실

25 화학물질이나 물리적 위험물질 등 위험물 누출사고 현장에서의 구급활동 내용으로 옳은 것은?

① 현장지휘소 및 인력과 자원대기소는 오염통제구역에 설치한다.
② 제독장치는 오염구역에 설치하여 오염을 제거한 후, 환자를 오염통제구역으로 이동하게 한다.
③ 오염통제구역에서 사용한 구급장비는 안전구역(cold zone)에서 사용해서는 안 된다.
④ 오염구역(hot zone)에서 오염물질에 노출된 의복은 환자에게 그대로 입혀 두고 환자를 이불 등으로 감싸서 오염통제구역(warm zone)으로 이송한다.

정답 24. ③ 25. ③

2022 소방위 기출문제 정답 및 해설

01 ①	02 ①	03 ②	04 ①	05 ④	06 ①	07 ②
08 ②	09 ③	10 ②	11 ③	12 ②	13 ③	14 ①
15 ④	16 ③	17 ④	18 ②	19 ①	20 ④	21 ④
22 ①	23 ④	24 ③	25 ③			

01 해설
- 염화수소(HCl)는 PVC와 같이 염소가 함유된 수지류가 탈 때 주로 생성되며 독성의 허용농도는 5ppm(mg/㎥)이다. 향료, 염료, 의약, 농약 등의 제조에 이용되고, 자극성이 아주 강해 눈과 호흡기에 영향을 준다. // ①

02 해설
- 지문은 아세틸렌에 대한 설명이다. // ①

아세틸렌	가스의 독특한 특성 때문에 용매를 추진시킨 다공 물질에 용해시켜 사용되는 가스로 아세틸렌가스는 압축하거나 액화시키면 분해 폭발을 일으키므로 용기에 다공 물질과 가스를 잘 녹이는 용제(아세톤, 디메틸포름아미드 등)를 넣어 용해시켜 충전한다. (* 아세톤 등에 녹여서 저장한다는 뜻)

03 해설
- 풀이 : 피부색(1점) + 근육의 강도(1점) + 심장 박동수(1점) + 반사흥분도(1점) + 호흡(1점) = 총 5점
- 피부색 : 몸은 분홍색, 팔·다리는 청색(1점)
- 근육의 강도 : 제한된 움직임(1점)
- 심장 박동수 : 95회/분(100회 이하는 1점)
- 반사흥분도 : 얼굴을 찡그림(1점)
- 호흡 : 불규칙(느리고 불규칙적이면 1점) // ②

평가내용	점수 0	점수 1	점수 2
① 피부색 : 일반적 외형	청색증	몸은 핑크, 손과 팔다리는 청색	손과 발까지 핑크색
② 심장 박동수	없음	100회 이하	100회 이상
③ 반사흥분도 : 찡그림	없음	자극 시 최소의 반응 /얼굴을 찡그림	코 안쪽 자극에 울고 기침, 재채기 반응
④ 근육의 강도 : 움직임	흐늘거림/부진함	팔과 다리에 약간의 굴곡 제한된 움직임	적극적으로 움직임
⑤ 호흡 : 쉼 쉬는 노력	없음	약하고/느림/불규칙	우렁참

- 8~10점 : 정상출산으로 기본적인 신생아 관리
- 3~7점 : ❶경증의 질식상태 ❷호흡을 보조함 ❸부드럽게 자극 ❹입-코 흡인
- 0~2점 : ❶심한 질식상태, ❷기관 내 삽관 ❸산소공급 ❹CPR ▶ 암기 : 심기산씨

04 해설
- ③번은 복부관통상환자로서 혼수상태 서맥이며 기도유지가 불가한 무호흡환자이고 ①번은 두통환자로서 호흡이 제일 가쁜환자(1~2초당 1회)로서 가장 먼저 처치나 병원이송이 필요한 경우이다. // ①

05 해설 캔틸레버형 붕괴는 가장 안전하지 못하고, 2차 붕괴에 가장 취약한 유형이며, 건물에 가해지는 충격에 의하여 한쪽 벽판이나 지붕 조립부분이 무너져 내리고 다른 한쪽은 원형을 그대로 유지하고 있는 형태의 붕괴를 말한다. // ④
※ 참고:
① 경사형 붕괴는 마주 보는 두 외벽 중 하나에 결함이 있을 때 발생한다.
② 펜케이크형 붕괴는 마주 보는 두 외벽에 모두 결함이 발생하여 바닥이나 지붕이 아래로 무너져 내리는 경우에 발생한다.
③ 건물이 붕괴될 가능성이나 징후가 관찰되면 즉시 안전조치를 취해야 하며, 우선 건물 안에서 작업하고 있는 모든 대원들을 즉시 건물 밖으로 철수시키고 건물의 둘레에 붕괴 안전지역을 설정하며, 일반적으로 붕괴 안전지역은 건물 <u>높이</u>의 1.5배 이상으로 한다.

06 해설 피난상황 조사는 피난경로, 피난장애요인 등을 조사한다. / 피해경로, 피해요인(x) // ①

07 해설 재난현장의 구조활동 등 초동 조치상황에 대한 언론 발표 등은 <u>각급통제단장이 지명하는 자가</u> 한다. (재난 및 안전관리 기본법 제52조) // ②

08 해설 위험물 저장탱크에 화재가 발생하여 오일오버(Oilover)의 위험이 있는 경우, <u>질식소화</u>를 원칙으로 한다. (* 소화약제로는 포, 분말, CO_2 등을 주로 사용한다.) // ②

09 해설 플래시백(Flash back : 역화)은 가스의 연소가 가스분출구멍의 가스 유출 속도보다 더 클 때 또는 연소 속도는 일정해도 가스의 유출 속도가 더 작게 되었을 때, 가스분출 구멍에서 버너 내부로 불꽃이 침입하여 관창의 끝에서 연소하면서 나타나는 현상이다. // ③
※ 참고:
① 블로우오프는 **선화상태**에서 가스분출이 심하여 불꽃이 관창에서 떨어져 꺼져버리는 현상이다.
② 버너에서 황적색염이 나오는 것은 공기량이 부족해서이지만, 황염(노란색 불꽃)이 길어져 저온의 피열체에 접촉되면 불완전연소를 촉진시켜 <u>일산화탄소</u>를 발생시키므로 주의한다.
④ 리프팅(Lifting : 선화)은 버너의 가스분출 구멍에 먼지 등이 끼어 가스분출 구멍이 작게 된 경우 혼합가스의 유출 속도가 <u>높아져</u> 나타나는 현상이다.

10 해설 하인리히 이론에서 안전관리활동으로 제거할 수 있는 것은 <u>불안전 행동과 불안전 상태</u>이다. // ②

11 해설 성인의 경우 한번 흡인할 때 15초간 실시하고, 흡인하기 전·후에 충분히 산소를 공급한다. // ③

12 해설 <u>8자 연결매듭</u> : 많은 힘을 받을 수 있고 힘이 가해진 경우에도 풀기가 쉬우므로 로프를 연결하거나, 안전을 확보하기 위한 매듭으로 자주 사용된다. // ②

13 해설 압력계는 공기통에 남은 공기의 압력을 측정한다고 하여 잔압계라고도 하며, 이것은 자동차의 연료계기와 마찬가지로 공기통에 공기가 얼마나 있는가를 나타내 주는 호흡기 1단계와 <u>고압 호스</u>로 연결하여 사용한다. // ③

14 해설 ○─ 중속분무주수는 관창압력 0.3MPa 이상, 관창 전개각도 30°이상으로 한다. // ①

15 해설 ○─ 백드래프트(Backdraft)는 화학적 폭발로, 가연물, 산소(산화제), 열(점화원)이 기본적으로 필요하다. // ④

16 해설 ○─ 소방청장·소방본부장 또는 소방서장은 여름철 물놀이 장소에서의 안전을 확보하기 위하여 필요한 경우 민간자원 봉사자로 구성된 구조대를 지원할 수 있다. // ③
① 구조대의 종류, 자격기준, 그 밖에 필요한 사항은 대통령령으로 정한다. (법 제8조)
② 소방청장등은 위급상황에서 요구조자의 생명 등을 신속하고 안전하게 구조하는 업무를 수행하기 위하여 대통령령으로 정하는 119구조대를 편성하여 운영하여야 한다.(법 제8조)
④ 소방대상물, 지역특성, 재난발생 유형 및 빈도 등을 고려하여 시·도의 <u>규칙</u>으로 정한다. (영 제5조)

17 해설 ○─ 관통상 – 단순하게 뺨을 관통한 상태에서는 기도유지를 위해서나 추가적인 입안 손상을 막기 위해 관통한 물체를 제거한다. // ④
① 절단 – 완전절단된 절단부위는 생리식염수를 적신 멸균 거즈로 감싼 후 비닐백에 조직을 넣어 밀봉 후 차갑게 유지해야 하는데 얼음에 직접 조직이 닿지 않도록 한다.
② 개방성 가슴 손상 – 경우에 따라 폐쇄드레싱은 흉강 내 공기가 빠져나가지 못해 흉강 압력이 올라가 긴장성 기흉 상태가 나타날 수 있다. / 만약 이송 중 환자가 의식저하, 호흡곤란 악화, 저혈압 징후를 보이면 흉강 내 공기가 빠져나오게 폐쇄드레싱을 제거하거나 "삼면드레싱"을 해주어야 한다.
③ 개방성 배 손상 – 나온 장기는 다시 배 속으로 집어넣으면 안 된다.

18 해설 ○─ 1차평가 단계는 첫인상 – 의식수준 – 기도 – 호흡 – 순환 – 위급 정도 판단 // ②

19 해설 ○─ 환자의 코에 삽입하는 2개의 돌출관을 통해 환자에게 산소를 공급하며 유량을 분당 **1~6L**로 조절하면 산소농도를 24~44%로 유지할 수 있다. // ①

▶ 암기(코삽입관) : 1~6리터
콧등이 1자처럼 밑으로 쭉 내려오니
그 콧구멍이 6자처럼 이쁘게 보인다

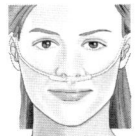

20 해설 ○─ 발을 헬기에 붙인 채 최대한 몸을 뒤로 기울여 하늘을 쳐다보는 자세를 취한 다음 안전원의 하강개시 신호에 따라 발바닥으로 헬기를 살짝 밀며 제동을 풀고 한 번에 하강한다. // ④
① 하강 시 착지점 약 <u>10m 상공</u>에서 서서히 제동을 걸기 시작하여 <u>3m 위치</u>에서 정지할 수 있는 스피드까지 낮추어 지상에 천천히 착지한다.
② 하강위치에 접근하면 기내 안전요원의 지시로 기체에 설치된 현수로프에 카라비너를 건다.
③ 헬리콥터에 다가갈 때에는 기체의 전면으로 접근하며, / 꼬리날개는 고속으로 회전하여 매우 위험하므로 절대 기체의 뒤쪽으로 접근하지 않도록 한다.
(*^^ 일반항공기도 머리부분부터 접근한다. / * 전투기는 꼬리부분이나 측면부터 접근한다.)

21 해설 ○ 산업재해 및 중대산업사고로 인해 발생하는 대규모 피해의 주관기관은 고용노동부이다. // ④

고용노동부	산업재해 및 중대산업사고로 인해 발생하는 대규모 피해

22 해설 ○ 일반적으로 발화점은 발열량이 높을수록, 산소와 친화력이 클수록 낮아진다. // ①

23 해설 ○ 황(유황), 인화성 고체는 물을 이용한 냉각소화가 적당하지만, 황화인(황화인)은 물로 냉각소화를 하면 독성이 있는 황화수소를 발생하므로 CO_2, 마른 모래, 건조분말에 의한 질식소화를 한다. // ④

24 해설 ○ 할론소화약제는 가스이니까 기상, 액상의 인화성 물질은 사용이 가능하다. // ③

25 해설 ○ 오염통제구역에서 사용한 구급장비는 안전구역(cold zone)에서 사용해서는 안 된다. // ③
① 현장지휘소 및 인력과 자원대기소는 안전구역에 설치한다.
② 제독장치는 오염통제구역에 설치한다.
④ 오염구역(hot zone)에서 오염물질에 노출된 의복은 가위로 제거 후 환자만 이동한다.

가십

무조건 원하는 대로 되는 것이 세상일이 아닙니다.
자기 원하는 대로 쉽게 되면 그 일이 가치도 적고 교만해지며
다른 사람 어려움도 모르게 되며 결국 그 일을 빨리 잊을 수 있습니다.
지금 내가 겪는 어려움은 나를 더 가치있게 성장시키는 내 삶의 아주 큰 가르침입니다.
한 때 시련을 받았으니 나는 내 희망보다 더욱 더 큰 가치와 나의 방법과 노력의 2% 부족한
미완성을 발견한 꼴입니다. 포기란 그것을 딛고 일어서지 못하는 나약한 마음입니다.

05 2023년 소방교 승진시험

01 다음에서 설명하는 지휘권 장악 형태로 옳은 것은?

재난현장이 광범위하거나 특별하고 집중적인 소방활동에 필요한 경우 지휘관이 대원들을 최일선에서 직접 인솔하는 경우

① 총괄지휘 ② 전진지휘
③ 고정지휘 ④ 이동지휘

02 화재의 진행에 영향을 미치는 요인으로 옳지 않은 것은?
① 배연구(환기구)의 크기, 수 및 위치
② 유도등의 크기 및 위치
③ 구획실을 둘러싸고 있는 물질들의 열 특성
④ 최초 발화되는 가연물의 크기, 합성물 및 위치

03 항공기 화재진압시 진입 및 위치선정에 관한 설명으로 옳지 않은 것은?
① 제트기의 경우는 엔진에서 고온의 배기가스를 강력히 분출하기 때문에 화상을 방지하기 위하여 머리 부분부터 대략 7.5m 이상 거리를 유지한다
② 기내 승객 구조는 출입구 등 구출구에 접근하여 용이한 구조대상자부터 신속히 구조한다.
③ 기체에 접근이나 기내진입 시에는 구조대원과 함께 포 소화, 분무주수 등으로서 엄호주수하고 백드래프트에 의한 재연소 방지에 노력한다.
④ 기관총 또는 로켓포를 장착한 전투기의 경우는 머리 부분부터 접근한다.

04 3D 주수기법 중 펄싱(pulsing)에 관한 설명으로 옳은 것은?

① 펄싱(pulsing)은 직사주수 형태로 물방울의 크기를 키워 중간에 기화되는 일이 없도록 물을 던지듯 끊어서 화점에 바로 주수하는 방식이다.
② 출입문 내부 천장부분에 숏펄싱(Short pulsing)을 하는 이유는 문을 열었을 때 나오는 가스가 산소를 결합해서 점화되는 것을 방지하기 위해 상부의 가스와 공기를 냉각시켜 자연발화의 가능성을 없애주기 위함이다.
③ 숏 펄싱(Short pulsing)은 1초 이내로 짧게 끊어서 주수하며, 물의 입자가 작을수록 (3mm 이하) 효과가 높은 장점을 가진다.
④ 롱 펄싱(Long pulsing)은 주어진 상황에 따라 1~2초의 간격으로 다양하게 적용한다.

05 계단 등 수직피난에 관한 설명으로 옳지 않은 것은?

① 화점층 계단 출입구는 계단의 피난자들이 통과할 때까지 폐쇄한다.
② 옥상 직하층의 피난자 등은 옥상을 일시 피난장소로 지정한다.
③ 바로 위층 피난을 우선으로 하고 계단을 내려오는 사람은 직하층으로 일시 유도한 후 지상으로 대피시킨다.
④ 피난에 사용하는 계단 등의 우선순위는 원칙적으로 옥외피난용사다리 및 피난계단, 특별피난계단, 피난교, 옥외계단 순서로 한다.

06 지하실 화재의 특성과 화재진압 요령으로 옳지 않은 것은?

① 공기 유입이 적기 때문에 연소가 완만하고, 시간이 경과함에 따라 단순한 연소상태를 보인다.
② 출입구가 1개소인 경우에는 진입이 곤란하고, 급기구와 배기구의 구별이 어렵다.
③ 개구부가 2개소 이상일 때는 연기가 많이 분출되는 개구부를 배연구로 하고, 반대쪽으로 개구부를 진입구로 한다.
④ 농도가 진한 연기와 열기가 가득하여 진입이 곤란한 경우에는 상층부 바닥을 파괴하여 개구부를 만들고, 직접 방수하여 소화하는 경우도 있다.

07 가스의 불완전 연소현상인 리프팅(Lifting)의 원인으로 모두 옳은 것은?

> 가. 공기조절 장치를 너무 많이 열어 가스의 공급량이 많아졌을 경우
> 나. 버너의 가스분출 구멍에 먼지 등이 끼어 가스분출 구멍이 작아진 경우
> 다. 부식에 의해서 가스분출 구멍이 커졌을 경우
> 라. 가스버너 위에 큰 냄비 등을 올려서 장기간 사용할 경우

① 가, 나   ② 나, 다   ③ 다, 라   ④ 가, 다

08 「화재조사 및 보고규정」에 따른 건물동수 산정방법으로 옳은 것은?

① 건물의 외벽을 이용하여 실을 만들어 헛간, 목욕탕, 작업실, 사무실 및 기타 건물 용도로 사용하고 있는 것은 주건물과 별동으로 한다.
② 독립된 건물과 건물 사이에 차광막, 비막이 등의 덮개를 설치하고 그 밑을 통로 등으로 사용하는 경우 동일동으로 한다.
③ 내화조 건물이 옥상에 목조 또는 방화구조 건물이 별도 설치된 경우는 동일동으로 한다.
④ 내화조 건물의 외벽을 이용하여 목조 또는 방화구조 건물이 별도 설치되어 있고 건물 내부와 구획되어 있는 경우 별동으로 한다.

09 소방자동차 진공펌프 성능시험 방법을 순서대로 나열한 것이다. ( )안에 들어갈 숫자로 옳은 것은?

가. 모든 밸브가 닫혀 있는지 확인한다.
나. 시동 후 PTO를 정상적으로 작동한다
다. 진공펌프를 작동한다.
라. 엔진회전수를 (ㄱ) RPM으로 조정한다.
마. (ㄴ)초 작동 후 진공펌프를 정지한다.

	ㄱ	ㄴ		ㄱ	ㄴ
①	1,000	30	②	1,000	60
③	1,200	30	④	1,200	60

10 잠수물리에 관한 설명으로 옳은 것은?

① 밀도란 단위 질량에 대한 부피의 비율을 말한다.
② 물 속에서는 빛의 굴절로 인하여 물체가 실제보다 2배 더 크게 보인다.
③ 수중에서는 대기보다 소리가 2배 정도 빠르게 전달되기 때문에 소리 방향을 판단하기 어렵다.
④ 수중 구조대원이 수면에서 1분에 15ℓ의 공기가 필요하다면, 수심 20m에서는 45ℓ의 공기가 필요하다.

11 다음 설명에 맞는 로프매듭법으로 옳은 것은?

로프 중간에 고리를 만들 필요가 있을 경우에 사용하며 다른 매듭에 비하여 충격을 받은 경우에도 풀기가 쉬운 것이 장점이다. 중간 부분이 손상된 로프를 임시로 사용하고자 하는 경우에 손상된 부분이 가운데로 오도록 하여 매듭을 만들면 손상된 부분이 가운데로 오도록 하여 매듭을 만들면 손상된 부분에 힘이 가해지지 않아 응급대처가 가능하다.

① 클램하이스트 매듭(klemheist knot)
② 나비 매듭(butterfly knot)
③ 감아매기 매듭(prussik knot)
④ 한겹 매듭(backet bend)

12 구조활동 전개에 관한 설명으로 옳지 않은 것은?

① 구조활동 시에는 구조대상자와 그 가족 등의 심리 상태를 고려하여 필요에 따라서 현장 주변에 있는 군중의 접근을 차단하거나 주위의 시선으로부터 보호할 수 있는 조치를 강구한다.
② 사고현장 범위 내에서 각종 구조활동에 방해되거나 대원에게 위험요소가 되는 장애물은 모두 확인 및 제거한다.
③ 사고현장에 위험물, 전기, 가스 등 복합적인 위험요인이 혼재하는 경우에는 위험이 작은 장애부터 순차적으로 제거하면서 구조활동을 전개한다.
④ 지휘자는 현장 상황을 즉시 판단하여 그 판단에 기인하는 구출방법, 구출순서의 결정, 대원의 임무부여 후 구출행동을 이행하도록 한다.

13 「119구조·구급에 관한 법률 시행령」상 119구조대의 편성과 운영에 관하여 옳지 않은 것은?

① 일반구조대는 시·도 규칙으로 정하는 바에 따라 소방서마다 1개 대 이상 설치하되, 소방서가 없는 시·군·구의 경우에는 해당 시·군·구 지역의 중심지에 있는 119안전센터를 설치할 수 있다.
② 테러대응구조대는 테러 및 특수재난에 전문적으로 대응하기 위하여 설치한다.
③ 특수구조대는 소방대상물, 지역 특성, 재난 발생 유형 및 빈도 등을 고려하여 소방청 훈령으로 정하는 바에 따라 지역을 관할하는 소방서에 설치한다.
④ 특수구조대 구분으로는 화학구조대, 수난구조대, 산악구조대, 고속국도구조대, 지하철구조대가 있다.

14 현장에 도착한 구조대원과 장비만으로 구조활동이 어려울 경우 추가 구조대 응원요청 판단기준에 관한 설명으로 옳지 않은 것은?

① 특수차량 또는 특수장비를 필요로 하는 경우
② 구조대상자가 많거나 현장이 광범위하여 추가 인원이 필요한 경우
③ 특수한 지식, 기술을 필요로 하는 경우
④ 사고양상이 특이하고 고도의 판단을 필요로 하는 경우

15 잠수장비의 관리방법으로 옳지 않은 것은?

① 오리발을 장기간 보관시 고무부분에 분가루나 실리콘 스프레이를 뿌려두는 것이 좋다.
② 잠수복을 사용한 후에는 깨끗한 물로 씻어서 직사광선을 피해서 말리며 옷걸이에 걸어서 보관하는 것이 바람직하다.
③ 부력조절기는 사용 후 깨끗한 물로 씻으면서 내부로는 물이 들어가지 않게 주의하여 세척하고 통풍이 잘되는 곳에서 말려야 한다.
④ 공기통은 장기간 보관할 때 공기통에 공기를 50bar로 압축하여 세워두고, 다음번 사용할 때에는 공기통을 깨끗이 비우고 새로운 공기를 압축하여 사용한다.

16 사고현장에서 구조활동을 할 때에 반드시 지켜야 할 원칙으로 옳지 않은 것은?
① 구조활동은 현장을 장악한 현장지휘관의 판단 하에 엄정한 규율을 바탕으로 조직적인 부대활동을 기본원칙으로 한다.
② 현장의 안전을 확보하고 자신의 안전을 지키는 일은 어떠한 구조현장에 있어서도 절대적으로 지켜야 할 가장 중요한 원칙이다.
③ 구조대원들은 자신이 사고를 발생시킨 것이 아니라는 사실을 기억하고 불필요한 위험을 감수하지 않도록 한다.
④ 모든 사고현장에서 가장 우선하여 고려할 사항은 사고의 안정화 인명의 안전, 재산가치의 보존 순서이다.

17 물에 빠진 구조대상자를 직접구조 기술로 구조할 때 올바른 방법은?
① 손목 끌기는 주로 구조대상자가 의식이 있을 때에 가장 많이 사용되는 방법이다.
② 두 겨드랑이끌기는 일반적으로 먼 거리를 이동할 때에 사용한다.
③ 손목끌기는 주로 구조대상자의 전방으로 접근할 때 사용한다.
④ 가슴잡이는 주로 구조대상자에 의식을 잃었을 때 구조하는 방법이다.

18 법률적으로 사망이나 영구적인 불구를 방지하기 위하여 긴급한 응급처치를 필요로 하는 환자는 그에 따른 치료와 이송에 동의할 것으로 보는 견해로 긴급한 상황에서 인정하는 동의로 옳은 것은?
① 명시적 동의
② 묵시적 동의
③ 정신질환자의 동의
④ 미성년자 치료에 있어서의 동의

19 물리적, 화학적 과정을 통하여 모든 미생물을 완전하게 제거하고 파괴시키는 것에 관한 용어는?
① 세척　　② 소독　　③ 멸균　　④ 화학제

20 장시간 화재현장에서 화재진압을 하다 쓰러진 대원을 발견하였다. 특별한 외상은 없고 탈진으로 인한 쇼크 증상으로 판단된다면 현장에서 처치할 수 있는 환자 자세로 옳은 것은?
① 바로 누운 자세
② 엎드린 자세
③ 반 앉은 자세
④ 변형된 트렌델렌버그 자세

21 인체의 기능에 관한 설명으로 옳지 않은 것은?

① 근골격계 : 신체의 외형 유지, 내부 장기 보호, 신체의 움직임을 가능하게 한다.
② 순환계 : 심장, 기관지, 허파로 구성되며 인체의 모든 부분에 혈액을 공급하는 기능이 있다.
③ 호흡기계 : 세포에 꼭 필요한 산소를 공급해 주는 역할을 한다.
④ 신경계 : 자발적·비자발적 행동을 조절하는 기능과 환경이나 감각에 반응하는 역할을 한다.

22 구급업무 수행 시 기록지를 모두 작성해야 하는 이유로 모두 옳은 것은?

> 가. 앞으로 응급의료체계 발전을 위해 필요하다.
> 나. 환자 처치 및 이송에 대해 체계적으로 실시되었음을 나타낼 수 있다.
> 다. 현장 도착시간을 줄이기 위해 도로사항이나 지름길을 안내하기 위해 필요하다.
> 라. 환자 상태에 관한 의료진과 구급대원의 정보연계를 위해서 필요하다.
> 마. 상황실에 병원 도착시간을 알리고 이송 후 출동대기 가능성을 안내하기 위해 필요하다.

① 가, 나, 마   ② 나, 다, 라   ③ 다, 라, 마   ④ 가, 나, 라

23 START 분류법의 설명으로 옳지 않은 것은?

① 환자 평가는 호흡, 맥박, 의식 수준을 평가한다.
② 현장 도착 시 걸을 수 있는 환자는 지정된 장소로 이동하라고 말한다.
③ 호흡수 29회/분의 환자는 긴급환자로 분류한다.
④ 다수사상자 발생 시 신속한 분류 및 처치를 위해 사용된다.

24 입인두 기도기를 이용한 기도 유지에 관한 설명으로 옳지 않은 것은?

① 구토 반사가 있으면 제거해야 한다.
② 가도기 끝이 입천장을 향하도록 하여 구강 내로 삽입한다.
③ 입 가장자리에서 입안으로 넣은 후 90°회전시키는 방법도 있다.
④ 의식이 있거나 반혼수 상태 환자에게 사용한다.

25 다음에서 설명하는 장비로 옳은 것은?

> • 주변 상황이나 구급대원의 상태에 관계 없이 정확히 심폐소생술을 시행할 수 있다
> • 환자 이송 중에도 효과적인 가슴압박이 가능하다.

① 자동 심장충격기   ② 기계식 가슴압박 장치
③ 자동식 산소소생기   ④ 호흡량 측정기

정답 및 해설

2023 소방교 기출문제

01 ②	02 ②	03 ④	04 ②	05 ④	06 ①	07 ①
08 ④	09 ③	10 ④	11 ②	12 ③	13 ③	14 ④
15 ③	16 ④	17 ③	18 ②	19 ③	20 ④	21 ②
22 ④	23 ③	24 ④	25 ②			

01 해설 ─ 지문의 내용에서 "최일선"이라는 키워드는 전진지휘에 해당한다.(Sop103) // ②

| 전진
지휘 | ① 재난현장이 광범위하거나 특별하고 집중적인 소방활동에 필요한 경우 지휘관이 대원들을 최일선에서 직접 인솔하는 경우
② 배연, 검색구조, 내부수관리 등과 같은 실제임무를 이행하는 단위지휘관 등이 사용 가능 |

02 해설 ─ 화재진행에 영향을 미치는 요인과 "유도등"의 크기 및 위치와는 관계가 없다. // ②
화재진행에 영향을 미치는 요인: ① 배연구(환기구)의 크기, 수 및 위치 ② 구획실의 크기
③ 구획실의 천장 높이 ④ 구획실을 둘러싸고 있는 물질들의 열 특성 ⑤ 최초 발화되는
가연물의 크기, 합성물 및 위치 ⑥ 추가적 가연물의 이용가능성 및 위치가 있다.

03 해설 ─ 기관총 또는 로켓포를 장착한 전투기의 경우는 꼬리부분이나 측면으로 접근한다. // ④
(* 이유는 머리쪽에 기관총 또는 로켓포를 장착하기 때문이다.)

04 해설 ─ ① 직사주수(x) ③ 3mm(x) → 0.3mm ④ 1~2초(x) → 3~5초. // ②

① 펄싱	· 간헐적으로 물을 뿌려주며 / 공간을 3차원적으로 냉각시키는 방식.
② 페인팅	· 물을 살짝 주수하여 벽면의 온도를 낮추고 열분해를 중단시키는 것.
③ 펜슬링	· 연소 가연물(화점)에 직접주수하여 진압을 하는 방법. ▶ 연필로 선을 그리듯

• 숏펄싱 : 1초 이내, 머리 위쪽 및 주변 상층부 연기층 목표로 그 다음 내부 천장
• 미디움 : 1~2초 간격, 앞쪽 상층부 연기층 및 간헐적 화염을 목표로
• 롱펄싱: 3~5초 (관창 조작은 2~~5초) 앞쪽 상층부 연기층 및 화염을 목표

05 해설 ─ 피난에 사용하는 계단 등의 우선 순위는 ❶ 옥외계단 ❷ 피난교 ❸ 특별피난계단 ❹ 옥외피난용
사다리 및 피난계단의 순서로 한다. ▶ 암기 : 외교특사계 // ④

06 해설 ─ 공기의 유입이 적기 때문에 연소가 완만하지만 시간이 경과함에 따라 복잡한 연소상태이다. // ①

07 해설 ─ 가, 나는 리프팅에 대한 내용이며 / 다, 라는 플래시백에 대한 내용이다. // ①

08 해설 ─ ① 동일동(* 이유: 건물의 외벽 이용이니까.) ② 별동(* 이유: 독립된 건물과 건물사이 이니까.)
③ 별동(* 이유: 별도로 설치되었으니까.) // ④

09 해설 진공펌프 성능시험은 엔진회전수를 1,200rpm으로 조정하며, 30초 후 진공펌프를 조정한다. // ③

■ 진공펌프 성능시험 : ❶ 모든 밸브가 닫혀 있는지 확인. ❷ 시동 후 PTO를 정상적으로 작동한다. ❸ 진공펌프를 작성한다. ❹ 엔진회전수를 1,200rpm으로 조정한다. ❺ 30초 후 진공펌프를 조정한다.

10 해설 잠수물리에서 ① 밀도: 부피에 대한 질량 ② 물속: 25% 크게 보임 ③ 물속: 소리는 4배 빠름. ④ 다이버가 수면에서 1분에 15ℓ의 공기가 필요하다면 20m에서는 45ℓ의 공기가 필요하다. 수심 20m에서 다이버는 수면에서 보다 3배나 많은 공기를 호흡에 사용한다는 뜻이다. // ④
즉 (*^^ 수면 위 1기압 + 물속 20m니까 2기압 = 총 3기압, 즉 3배가 필요하다는 뜻.)

11 해설 지문은 나비매듭에 대한 내용이다.(* 로프 중간에 고리를 만들 필요가 있고 풀기가 쉽다) // ②

12 해설 사고현장에 위험물, 전기, 가스 등 복합적인 위험요인이 혼재하는 경우에는 위험이 <u>큰 장애로부터</u> 순차적으로 제거하면서 구조활동을 전개한다. // ③

13 해설 소방대상물, 지역 특성, 재난발생 유형 및 빈도 등을 고려하여 <u>시·도의 규칙</u>으로 정하는 바에 따라 지역을 관할하는 소방서에 설치한다. / 소방청 훈령(x) // ③

14 해설 설문은 구조대 요청문제를 질문한다. 그러나 사고 양상이 특이하고 고도의 판단을 필요로 하는 경우는 지휘대 요청문제이다. // ④

15 해설 부력조절기는 내부도 물로 헹굼을 해야 한다. / 내부로는 물이 들어가지 않게 주의(x) // ③

16 해설 사고현장에서 가장 우선하여 고려해야 할 사항은 ① <u>인명</u>의 안전(우선적 고려) ② <u>사고</u>의 안정화 (사고 확대 방지), ③ <u>재산</u>가치의 보존(재산손실의 최소화) 순서이다. ▶암기 : 인사재산 // ④

17 해설 손목끌기는 의식이 <u>없는</u> 구조대상자에 주로 구조대상자의 전방으로 접근 시 사용한다. // ③
① 손목끌기는 구조대상자가 의식이 없을 때 사용방법이다. / 의식이 있을 때(x)
② 먼거리 이동 시 사용하는 것은 <u>한 겨드랑이 끌기</u>이다. / 두겨드랑이끌기(x)
④ 가슴잡이는 구조대상자가 의식이 있을 때 사용되는 방법이다. / 의식이 없을 때(x)
(* 의식이 <u>없</u>는 구조대상자에겐 <u>한 겨드랑이 끌기, 두겨드랑이끌기, 손목끌기</u> 3가지가 있다)

18 해설 묵시적 동의 : 법률적으로 사망이나 영구적인 불구를 방지하기 위하여 긴급한 응급처치를 필요로 하는 환자는 그에 대한 치료와 이송에 동의할 것으로 보는 견해로 긴급한 상황에서 인정하는 동의. // ②

19 해설 멸균: 물리적, 화학적 과정을 통하여 모든 미생물을 완전하게 제거하고 파괴시키는 것. // ③

세 척	대상물로부터 모든 이물질(토양, 유기물 등)을 제거하는 과정으로 소독과 멸균의 가장 기초 단계이다. 일반적으로 물과 기계적인 마찰, 세제를 사용한다.
소 독	생물체가 아닌 환경으로부터 세균의 아포를 제외한 미생물을 제거하는 과정이다. 일반적으로 액체 화학제, 습식 저온 살균제에 의해 이루어진다.
살균제	미생물 중 병원성 미생물을 사멸시키기 위한 물질을 말한다. 이 중 피부나 조직에 사용하는 살균제를 피부소독제라 한다.
멸 균	**물리적, 화학적 과정을 통하여** 모든 미생물을 **완전**하게 제거하고 파괴시키는 것을 말하며 고압증기멸균법 가스멸균법 건열멸균법, H_2O_2 Plasma) 멸균법과 액체 화학제 등을 이용한다.
화학제	진균과 박테리아의 **아포를 포함**한 모든 미생물을 파괴하는 것으로 화학멸균제라고도 하며, 단기간 접촉되는 경우 높은 수준의 소독제로 작용할 수 있다.

20 해설 키워드인 "쇼크" 자세로 사용되는 것은 변형된 트렌델렌버그자세(일명 쇼크자세)이다. // ④

21 해설 순환계는 3가지 주요 요소(❶심장, ❷혈관, ❸혈액)로 구성되어 있으며 인체의 모든 부분에 혈액을 공급하는 기능을 갖고 있다. / 기관지, 허파(x) ▶ 암기 : 심(장)관액 // ②

22 해설 기록지를 작성이유는 보기의 가, 나, 라에 해당한다. // ④
● 기록지 작성이유: 아래보기에서는 ①, ③, ⑤번에 해당한다
① 의료진과 환자상태 정보연계 ② 신고에 따른 진행과정에 법적문서 ③ 응급의료체계 발전,
④ 연구 및 통계에 자료를 제공 ⑤ 환자처치 및 이송에 대해 체계적으로 실시됨을 나타낸다.
▶ 암기: 정신연발실시

23 해설 긴급 환자는 의식 장애, 호흡수 30회/분 초과, 노뼈동맥 촉진 불가능이다. / 29회 이하(x) // ③

24 해설 입인두 기도기는 무의식 환자의 기도유지를 위해 사용한다. / 의식이 있거나 반혼수상태(x) // ④

25 해설 지문은 "기계식 가슴압박장치"의 내용이다. // ②

06 2023년 소방장 승진시험

01 소화약제인 물의 물리적 성질에 관한 설명으로 옳지 않은 것은?
① 0℃의 얼음 1g이 0℃의 액체 물로 변하는데 필요한 용융(용해)열은 79.7cal/g이다.
② 0℃의 액체 물 1g을 100℃의 수증기로 만드는데 필요한 열량은 539.6cal/g이다.
③ 물의 비중은 1atm을 기준으로 4℃일 때 0.999972로 가장 무거우며, 4℃보다 높거나 낮아도 이 값보다 작아진다.
④ 물의 표면 장력은 20℃에서 72.76dyne/cm이며, 온도가 상승하면 장력은 작아진다.

02 「화재조사 및 보고규정」에서 사용하는 관련 용어의 정의로 옳지 않은 것은?
① "잔불정리"란 화재 완진 후 잔불을 점검하고 처리하는 것을 말한다. 이 단계에서는 열에 의한 수증기나 화염없이 연기만 발생하는 연소현상이 포함될 수 있다.
② "재발화감시"란 화재를 진화한 후 화재가 재발되지 않도록 감시조를 편성하여 일정 시간 동안 감시하는 것을 말한다.
③ "발화요인"이란 발화열원에 의하여 발화로 이어진 연소현상에 영향을 준 인적·물적·자연적인 요인을 말한다.
④ "감정"이란 화재와 관계되는 물건의 형상, 구조, 재질, 성분, 성질 등 이와 관련된 모든 현상에 대하여 과학적 방법에 의한 필요한 실험을 행하고 그 결과를 근거로 화재원인을 밝히는 자료를 얻는 것을 말한다.

03 상온에서 고체로 존재하는 고체 가연물질의 일반적 연소에 관한 설명으로 옳지 않은 것은?
① 표면연소는 고체가연물이 열분해나 증발하지 않고 표면에서 산소와 급격히 산화 반응하여 연소하는 현상이다.
② 분해연소물질에는 목탄, 코크스, 금속(분·박·리본 포함) 등의 연소가 해당된다.
③ 분해연소는 고체 가연물질을 가열하면 열분해를 일으켜 나온 분해가스 등이 연소하는 형태를 말한다.
④ 자기연소물질에는 니트로셀룰로오스, 트리니트로톨루엔, 니트로글리세린, 트리니트로페놀 등이 있다.

04 ( )안에 들어갈 특수현상으로 옳은 것은?

구분	오일오버 (Oilover)	(ㄱ)	(ㄴ)	(ㄷ)
특성	화재로 저장탱크 내의 유류가 외부로 분출하면서 탱크가 파열하는 현상	탱크표면 화재로 원유와 물이 함께 탱크 밖으로 흘러넘치는 현상	유류표면 아래 비등하는 물에 의해 탱크 내 유류가 넘치는 현상	유류 표면온도에 의해 물이 수증기가 되어 팽창, 비등함에 따라 유류를 외부로 비산시키는 현상
위험성	위험성이 가장 높음	대규모 화재로 확대되는 원인	직접적 화재발생 요인은 아님	직접적 화재발생 요인은 아님

	ㄱ	ㄴ	ㄷ
①	보일오버	후로스오버	슬롭오버
②	보일오버	슬롭오버	후로스오버
③	후로스오버	보일오버	슬롭오버
④	후로스오버	슬롭오버	보일오버

05 백드래프트(Backdraft)와 플래쉬오버(Flashover)에 관한 설명으로 옳지 않은 것은?

① 백드래프트보다 플래쉬오버의 발생 빈도가 높다.
② 백드래프트가 일어나고 있는 동안 건축물을 파괴할 수 있는 충격파가 발생하면서 창문이 부서지고 연기와 화염 폭풍이 개구부를 가격할지도 모른다.
③ 플래쉬오버의 악화요인은 공기이다. 소방관들이 짙은 연기로 가득 찬 밀폐 공간에 들어가면서 유입되는 신선한 공기가 고온의 일산화탄소와 혼합하여 폭발이 발생하게 된다. 반면에 백드래프트의 악화 원인은 공기가 아니라 열이다.
④ 플래쉬오버는 성장기의 마지막이자 최성기의 시작점(경계선)에서 발생한다. 반면에 백드래프트는 성장기 또는 쇠퇴기에서 연기가 제한된 공간에 갇혀 있을 때 발생한다.

06 강제배연의 한 형태인 분무주수를 활용한 배연요령으로 옳지 않은 것은?

① 관창압력은 0.6Mpa 이상 분무주수를 한다.
② 관창 전개각도 30°정도로 급기구를 완전히 덮을 수 있는 거리를 주수위치로 선정하며, 개구부가 넓은 경우에는 2구 이상의 분무주수로 실시한다.
③ 배기구측에 진입대가 있을 때는 서로 연락을 취해 안전을 확보하면서 방수한다.
④ 화염과 배기구 사이에 구조대상자 또는 구조대원이 위치해 있다면 화염에 의해 큰 위험을 초래할 수 있어 정확한 확인과 주의가 요구된다.

07 「소방활동 검토회의 운영규정」에 관한 내용으로 옳은 것은? → 법령 삭제
① 검토회의는 사고발생일로부터 7일 이내에 개최한다.
② 검토회의 종료 후 3일 이내에 그 결과를 소방청장에게 보고한다.
③ 회의주재는 소방서장만이 할 수 있다.
④ 검토회의는 관할 소방본부 또는 소방서에서 개최한다.

08 다음에서 기술하고 있는 화재의 진행단계에 관한 설명으로 옳은 것은?

> 화점 주위에서 화재가 서서히 진행하다가 어느 정도 시간이 경과함에 따라 대류와 복사현상에 의해 일정 공간 안에 있는 가연물이 발화점까지 가열되어 일순간에 걸쳐 동시 발화되는 현상

① 뜨거운 가스층으로부터 발산하는 복사에너지는 일반적으로 $30kW/m^2$를 초과한다.
② 이 현상이 발생하는 것과 관련된 정확한 온도는 없지만 대략 483℃에서 649℃까지 범위가 폭넓게 사용된다.
③ 열분해 작용에 의해 발산하는 가장 보편적인 가스 중의 하나인 이산화탄소(CO_2)의 발화온도와 상관관계가 있다.
④ 최고조에 다다른 실내의 열 발산율은 1,000kW 또는 그 이상이 될 수 있다.

09 소방자동차 역류방지밸브의 기능에 관한 설명으로 옳은 것은?
① 주 펌프 하부에 위치해 있으며 펌프에서 토출된 물이 다시 펌프로 유입되지 않도록 체크밸브 역할을 한다.
② 방수측에서 발생할 수 있는 수격작용으로부터 펌프를 보호하는 역할을 한다.
③ 펌프 진공 시 흡입측 배관라인의 기밀을 유지한다.
④ 펌프보다 위에 있는 물을 펌프에 채울 수 있도록 진공장치를 보조한다.

10 잠수병의 종류 중 탄산가스 중독에 관한 설명으로 옳은 것은?
① 몸이 나른해지고 정신이 흐려져 올바른 판단을 내릴 수 없으며 술에 취한 것과 같은 기분이 들어 엉뚱한 행동을 하게 된다.
② 근육의 경련, 멀미, 현기증, 발작, 호흡곤란 등의 증세를 나타내며 예방법으로는 순수 산소를 사용하지 않고 반드시 공기를 사용한다.
③ 호흡이 가빠지고 숨이 차며 안면충혈이 생기거나 심할 경우 실신하기도 하며 예방법으로는 크고 깊은 호흡을 규칙적으로 한다.
④ 예방법으로는 상승할 때 절대로 호흡을 정지하지 말고 급속한 상승을 하지 않는다.

11 중량물 구조장비인 에어백의 사용법 및 주의사항으로 옳지 않은 것은?

① 2개의 에어백을 사용하는 경우 작은 에어백을 위에 놓고 아래의 에어백을 먼저 부풀려 위치를 잡는다.
② 에어백이 필요한 높이까지 부풀어 오르면 공기를 조금 빼면서 에어백과 버팀목으로 하중이 분산되도록 해야 안전하다.
③ 소형에어백과 대형에어백을 겹쳐 사용할 경우 최대 부양능력이 대형에어백의 부양능력을 초과하지 못한다.
④ 대상물이 들여올려지는 것과 동시에 버팀목을 넣고 높이가 높아짐에 따라 버팀목을 추가한다.

12 다음과 같은 미국방화협회(NFPA) 704표시법(마름모형 도표)에서 화학물질의 고유한 위험에 관한 해석으로 옳은 것은?

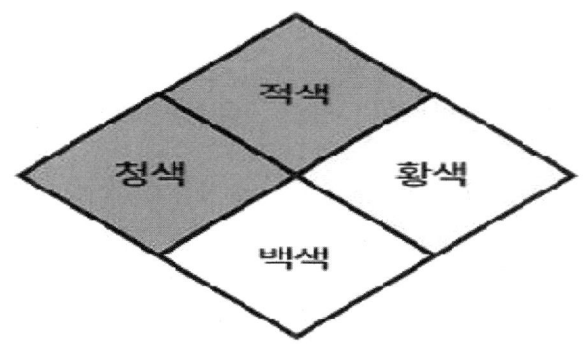

	청색	적색	황색	백색
①	인체유해성	화재위험성	반응성	기타특성 (특별한 위험)
②	반응성	화재위험성	인체유해성	기타특성 (특별한 위험)
③	인체유해성	기타특성 (특별한 위험)	반응성	화재위험성
④	화재위험성	인체유해성	기타특성 (특별한 위험)	반응성

13 ( ) 안에 들어갈 로프총의 사용방법과 주의사항에 관한 내용으로 옳은 것은?

> 가. 사격각도는 현장상황에 따라 다르지만 수평각도는 (ㄱ)가 이상적이다.
> 나. 장전 후에는 총구를 수평면 기준으로 (ㄴ)의 각도를 유지해야 격발이 된다.
> 다. 부득이 (ㄷ)의 각도로 발사할 필요가 있는 경우에는 총을 뒤집으면 격발이 가능하다.

	ㄱ	ㄴ	ㄷ
①	45°	65°이상	65°이하
②	45°	65°이하	65°이상
③	65°	45°이상	45°이하
④	65°	45°이하	45°이상

14 수상구조 시 직접구조방법 중 구조대상자가 의식이 있을 때 가장 많이 사용하는 가슴잡이 방법은?
① 주로 구조대상자의 전방으로 접근할 때 사용한다. 구조대원은 오른손으로 구조대상자의 오른손을 잡는다.
② 구조대원이 구조대상자의 후방으로 접근하여 한쪽 손으로 구조대상자의 같은 쪽 겨드랑이를 잡는다. 이때 구조대원의 손은 겨드랑이 밑에서 위로 끼듯이 잡고 구조대상자가 수면과 수평을 유지하도록 하고 횡영 동작으로 이동을 시작한다.
③ 구조대상자 자세가 수직일 경우 두 팔로 겨드랑이를 잡고 팔꿈치를 구조대상자의 등에 댄다. 손으로는 끌고 팔꿈치로는 미는 동작하여 구조대상자의 자세가 수면과 수평이 되도록 이끈다.
④ 구조대상자의 후방으로 접근하여 오른손을 뻗어 구조대상자의 오른쪽 겨드랑이를 잡아 끌 듯이 하며 위로 올린다. 가능하면 구조대상자의 자세가 수평을 유지하도록 하는 것이 좋다.

15 헬기 출동 요청 시 헬리포트나 헬리패드가 없는 장소에서 착륙장소 선정으로 옳지 않은 것은?
① 헬기의 바람에 날릴 우려가 있는 물체는 고정시키거나 제거하고 가능하면 먼지가 날리지 않도록 표면에 물을 뿌려둔다.
② 착륙장소와 장애물과의 경사도가 20°이내로 이착륙이 가능한 곳을 선정한다.
③ 수직 장애물이 없는 평탄한 지역(지면경사도 8°이내)을 선정한다.
④ 이착륙 경로(Flight Path) 30m 이내에 장애물이 없어야 한다.

16 유해물질사고 시 누출 물질의 처리방법에 관한 설명으로 옳은 것은?
① 덮기: 휘발성이 약한 액체에는 적용할 수 없다.
② 흡수: 누출된 물질을 스펀지나 흙, 신문지, 톱밥 등의 물질에 흡수시켜 회수한다.
③ 중화: 오염물질의 농도를 낮추어 위험성을 줄이는 방법이다.
④ 응고: 유화제를 사용하여 오염물질의 친수성을 높이는 방법이다.

17. 수중탐색 방법에 관한 설명으로 옳은 것은?
   ① 소용돌이 탐색: 비교적 작은 물체를 탐색하는데 적합한 방법으로 탐색구역의 중앙에서 출발하여 이동거리를 조금씩 증가시키면서 매번 한 쪽 방향으로 90°씩 회전하며 탐색한다.
   ② 원형탐색: 시야가 좋지 않으며 탐색면적이 좁고 수심이 깊을 때 활용하는 방법으로 인원과 장비의 소요가 적은 반면 탐색할 수 있는 범위가 좁다.
   ③ U자 탐색: 시야가 좋고 탐색면적이 넓을 때 사용하는 방법으로 탐색구역의 외곽에 평행한 기준선을 두 줄로 설정하고, 기준선 간에 수직방향의 줄을 팽팽하게 설치한다.
   ④ 왕복탐색: 탐색 구역을 'ㄹ'자 형태로 탐색하는 방법으로 장애물이 없는 평평한 지형에서 비교적 작은 물체를 탐색하는데 적합하다.

18. 구급대원이 작성할 수 있는 일지를 모두 고른 것으로 옳은 것은?

가. 구급활동일지	나. 구급 거절·거부 확인서
다. 심폐정지환자 응급처치 세부상황표	라. 중증외상환자 응급처치 세부상황표
마. 응급 초진기록지	바. 감염성 질병 및 유해물질 등 접촉 보고서
사. 심뇌혈관질환자 응급처치 세부상황표	

   ① 가, 나, 다, 라
   ② 가, 나, 다, 라, 마
   ③ 가, 나, 다, 라, 마, 바
   ④ 가, 나, 다, 라, 바, 사

19. 다음 중 다수사상자 발생 시 중증도 분류로 옳은 것은?

   - 생명을 위협할 만한 쇼크 또는 저산소증이 나타나거나 임박한 환자
   - 즉각적인 처치를 할 경우에 안정화될 가능성과 소생 가능성이 있는 환자

   ① 긴급 환자(적색) ② 응급 환자(황색) ③ 비응급 환자(녹색) ④ 지연 환자(흑색)

20. 승용차와 1톤 화물차량 사고로 차량 주변에 연료가 누출되고 흰 연기가 나고 있다. 환자평가 단계에서 가장 먼저 파악해야 할 것으로 옳은 것은?
   ① 현장안전 확인
   ② 1차(즉각적인) 평가
   ③ 주요 병력 및 신체 검진
   ④ 세부 신체 검진

21. 현장 출동하여 성인 환자에게 1차 평가를 시행했다. 우선적인 처치 및 이송이 요구되는 환자는? (제시된 상황 이외에 다른 손상 및 증상이 없음)
   ① 지혈이 안 되는 출혈
   ② 손가락의 절단
   ③ 1m 높이에서의 낙상
   ④ 수축기혈압 110mmHg

22 생체징후 중 맥박에 관한 설명으로 옳지 않은 것은?
① 신생아의 맥박이 150회/분인 경우를 빠른맥이라고 한다.
② 불규칙한 맥박을 부정맥이라 하며 무의식 환자 또는 의식장애 환자에게서는 위급한 상태임을 나타낸다.
③ 운동, 공포, 열, 고혈압, 출혈 초기, 임신의 경우 빠르고 규칙적이며 강한 맥박이 나타나기도 한다.
④ 머리손상, 약물, 중독, 심질환이 있을 경우 느린 맥박이 나타나기도 한다.

23 구출고정대(KED)의 착용 순서로 옳은 것은?

> 가. 적절한 크기의 목보호대를 선택하여 착용시킨다.
> 나. 빠른 외상환자 1차 평가를 실시한다.
> 다. 손으로 환자의 머리를 고정하고 환자의 A, B, C 상태를 확인한다.
> 라. 구출고정대를 환자의 등 뒤에 조심스럽게 위치시킨다.
> 마. 구출고정대의 몸통 고정끈을 중간, 하단, 상단의 순으로 연결하고 조인다.
> 바. 양쪽 넙다리 부분에 패드를 적용하고 다리 고정끈을 연결한다.

① 가 - 나 - 다 - 라 - 바 - 마
② 나 - 가 - 다 - 라 - 마 - 바
③ 다 - 가 - 나 - 라 - 마 - 바
④ 다 - 나 - 가 - 라 - 바 - 마

24 환자가 머리나 척추 손상이 의심될 때 헬멧을 제거해야 하는 경우로 옳은 것은?
① 기도나 호흡에 문제가 없을 때
② 호흡정지나 심장마비가 있을 때
③ 헬멧이 환자를 평가하고 기도나 호흡을 관찰하는데 방해가 되지 않을 때
④ 헬멧을 쓴 상태가 긴 척추고정판에 환자를 고정했을 경우 머리의 움직임이 없을 때

25 소아 심폐소생술에 관한 설명으로 옳은 것은? (2020년 한국 심폐소생술 가이드라인에 따름)
① 가슴압박 위치를 젖꼭지 연결선 바로 아래에 압박한다.
② 가슴 압박수축기와 압박이완기의 비율은 50 : 50으로 한다.
③ 압박 후 완전한 이완은 갈비뼈 골절의 부작용을 최소화하기 위해서이다.
④ 가슴압박 중단시간을 최소화하기 위하여 AED 분석중에도 가슴압박을 한다.

정답 및 해설

2023 소방장 기출문제

01 ②	02 ①	03 ②	04 ①	05 ③	06 ②	07 ④
08 ②	09 ②	10 ③	11 ③	12 ①	13 ③	14 ④
15 ②	16 ②	17 ②	18 ④	19 ①	20 ①	21 ①
22 ①	23 ③	24 ②	25 ②			

01 해설 ○ 100℃의 물 1g을 100℃의 수증기로 만드는 데 필요한 열량인 증발잠열(기화열)은 539.6cal/g 이다.
(* 만일 100℃의 물 1g→ 100℃ 수증기= 539cal/g + 100℃ = 639cal/g) * 오답 : °C // ②

02 해설 ○ 잔불정리" 란 화재 초진 후, 잔불을 점검하고 처리하는 것을 말한다. 완진 후(x) // ①
(* "완진 이란 소방대에 의한 소화활동의 필요성이 사라진 것을 말한다.)

03 해설 ○ 표면(직접)연소는 목탄(숯), 코크스, 금속(분·박·리본 포함) 등이다 / 분해연소(x) // ②

04 해설 ○ (ㄱ). 보일오버 (ㄴ). 후로스오버 (ㄷ). 슬롭오버 // ①

05 해설 ○ 악화요인이 반대로 되어 있다(* 백드래프트 악화요인: 공기 / 플래시오버 악화요인: 열) // ③

구 분	백드래프트현상	플래시오버현상
악화요인	외부유입 공기(산소)	열(축적된 복사열)

06 해설 ○ 분무주수 배연요령 ② 30도정도(x) / (* 참고: 중속분무가 3०도 이상임) // ②

　　　❋ 급기구측에서 분무주수하여 기류를 이용하는 방법
　　　　① 관창 전개각도 60도 정도로 급기구를 완전히 덮을 수 있는 거리로 선정한다.
　　　　　개구부가 넓은 경우에는 2구 이상의 분무주수로 실시한다.
　　　　② 관창압력은 0.6Mpa 이상 분무주수를 한다. ▶ ①② 암기 : 6, 6(* 연상: 쭉쭉 분무)

07 해설 ○ 소방활동검토회의는 관할 소방본부 또는 소방서에서 개최한다. // ④ ➡ 법령 삭제
(* ① 7일→ 20일 ② 3일→ 지체 없이 ③ 회의주재는 소방서장이 하되, 필요시 소방본부장이 할 수 있다.

08 해설 ○ F/O가 발생은 483℃에서 649℃(900℉에서 1200℉)까지 범위가 폭 넓게 사용된다. // ②
(* ① 30W/m² → 20W/m² ③ 이산화탄소 → 일산화탄소 ④ 1,000kW → 10,000kW

09 해설 ► 방수측에서 발생할 수 있는 수격작용으로부터 펌프를 보호하는 역할을 한다. // ②
① 주 펌프 **상부**에 위치해 있으며 펌프에서 토출된 물이 다시 펌프로 유입되지 않도록 체크밸브 역할을 하여 펌프의 효율을 높이고, ② 방수측에서 발생할 수 있는 수격작용으로부터 펌프를 보호하는 역할을 한다. (* 체크밸브, 논리턴밸브라고도 한다.)
③ 이분만 아니라 펌프 진공 시 **토출**측 배관라인의 기밀을 유지하여, ④ 펌프보다 **아래**에 있는 물을 펌프에 채울 수 있도록 진공장치를 보조하는 기능도 하고 있다.

10 해설 ► 옳은 것은 ③번에 해당한다. (* ① 질소마취 ② 산소중독 ④ 공기색전증) // ③

11 해설 ► 소형 에어백과 대형 에어백을 겹쳐서 사용하여도 최대 부양능력이 소형 에어백의 능력을 초과하지 못하는 것이다. / 대형 에어백(x) // ③

12 해설 ► 왼쪽은 **청**색으로 인체유해성 / 위쪽은 적색으로 화재위험성(= 인화성) / 오른쪽은 황색으로 반응성 // ①
　◉ 도표는 인체유해성, 화재위험성, 반응성, 기타 특성을 나타내고 위험성이 없는 0과 극도의 위험인 4까지, 다섯등급으로 나타낸다. ➡ 왼쪽은 **청**색으로 인체유해성을, 위쪽은 적색으로 화재위험성을, 오른쪽은 황색으로 반응성을 나타낸다 ▶ 암기: 좌청유(* 좌청룡) ▶ 좌측: 적색(x)
　▶ 암기: (좌에서 시계방향으로) 인청 화적 반황 134 (* 인천애 화적민이 반항한다. 134번을)

13 해설 ► (65°), (45° 이상), (45° 이하) // ③
가. 사격각도는 현장 상황에 따라 다르지만 수평각도 (65°)가 이상적이다.
나. 장전 후에는 총구를 수평면 기준으로 (45° 이상)의 각도를 유지해야 격발이 된다.
다. 부득이 (45° 이하)의 각도로 발사할 필요가 있는 경우 총을 뒤집으면 격발이 가능하다.

14 해설 ► 가슴잡이로 옳은 것은 ④번에 해당한다. // ④
① 손목끌기 ② 한겨드랑이 끌기 ③ 두겨드랑이 끌기

15 해설 ► 착륙장소와 장애물과의 경사도가 12° 이내로 이착륙이 가능한 곳을 선정한다 / 20도 이내(x) // ②

16 해설 ► 흡수 - 스펀지나 흙, 신문지, 톱밥 등의 흡수한다. // ②
① 덮기: 휘발성이 약한 액체에도 적용가능 ③ 희석의 설명 ④ 유화처리

17 해설 ► 옳은 것은 ②번 원형탐색에 해당한다. // ②
① 소용돌이: 작은물체--> 큰물체 ③ 왕복탐색 설명 ④ u자 탐색 설명임

18 해설 ► 기록지 작성은 의무사항으로 ❶ 구급활동일지 ❷ 구급 거절·거부 확인서 ❸ 심폐정지환자 응급처치 세부상황표 ❹ 심뇌혈관질환자응급처치 세부상황표 ❺ 중증외상환자응급처치 세부상황표 ❻ 감염성질병 및 유해물질 등 접촉보고서 등이 있다. // ④

19 해설○─ 생명을 위협할만한 쇼크 또는 저산소증이 나타나거나 임박한 경우, 만약 즉각적인 처치를 행할 경우에 환자는 안정화될 가능성과 소생 가능성이 있는 경우는 "긴급환자(적색)"에 해당한다. // ①

20 해설○─ 환자평가의 단계는 ❶ 현장 안전 확인 → ❷ 1차(즉각적인) 평가 → ❸ 주요 병력 및 신체 검진 → ❹ 세부 신체 검진 → ❺ 재평가로 나눈다. ▶ 암기: 현장 1주세재 // ①

21 해설○─ 우선적인 처치 및 이송이 요구되는 환자는 ① 지혈이 안 되는 출혈 ④ 90mmHg 이하의 수축기압과 같이 나타나는 가슴통증 등이 있다. // ①

22 해설○─ 신생아 120~160회/분이면 정상에 해당한다. / 빠른맥(x) // ①

23 해설○─ 구출고정대(KED) 착용 순서는 ③번에 해당한다. // ③
   ✪ 구출고정대(KED 일반적 과정으로는
   ① 손으로 환자의 머리를 고정하고, 환자의 A,B,C 상태를 확인한다.
   ② 적절한 크기의 목보호대를 선택하여 착용시킨다.
   ③ 빠른 외상환자 1차 평가를 시행한다.
   ④ 구출고정대를 환자의 등 뒤에 조심스럽게 위치시키며, 구출고정대를 몸통의 중앙으로 정렬하고 날개부분을 겨드랑이에 밀착시킨다.
   ⑤ 구출고정대(KED)의 몸통 고정끈을 중간, 하단, 상단의 순으로 연결하고 조인다.
   ⑥ 양쪽 넙다리 부분에 패드를 적용하고 다리 고정끈을 연결한다.

24 해설○─ 헬멧을 제거해야 하는 경우는 긴급한 상황인 환자가 호흡정지나 심장마비가 있을 때이다. // ②

| 헬멧을 제거해야 하는 경우 | ① 헬멧이 기도와 호흡을 평가하고 관찰하는데 방해가 될 때
② 헬멧이 환자의 기도를 유지하고 인공호흡을 방해할 때
③ 헬멧 형태가 척추고정을 방해할 때 (예 소방관 헬멧의 경우 넓은 가장자리 때문에 머리와 목을 고정시키기는 부적절하다.)
④ 고정시키기엔 헬멧 안에서의 공간이 넓어 머리가 움직일 때
⑤ 환자가 호흡정지나 심장마비가 있을 때 |

25 해설○─ 심폐소생술에서 이완과 압박의 비율은 50 : 50 이 되어야 한다. // ②
   ① 가슴의 중앙이 되어야 하고 ③, ④는 상식적으로 옳지 않다.

07 2023년 소방위 승진시험

01 현장대응활동 검토회의에 관한 설명으로 옳지 않은 것은? (* 법령 개정으로 문제 바꿈)
① 현장대응활동검토회의는 사고발생일로부터 10일 이내에 관할 소방본부 또는 소방서에서 개최한다. 다만, 특별한 사정이 있을 때에는 서면 또는 영상 회의로 대체할 수 있다.
② 소방본부장은 매년 시·도 검토회의 시행 계획을 수립하여 소방청장에게 보고하여야 한다.
③ 소방청장은 현장대응활동 검토회의 기본 계획을 매년 수립하여 시·도에 시달하여야 한다
④ 소방기관의 장은 검토회의 종료 후 현장대응활동 종합보고서를 작성하여, 소방청장에게 지체 없이 보고하여야 한다.

02 화재현장 지휘·통제에 관한 내용으로 옳지 않은 것은?
① 전진지휘는 배연, 검색, 구조, 내부 관리 등과 같은 실제임무를 이행하는 단위지휘관이 사용 가능한 형태이다.
② 이동지휘는 재난현장이 광범위하거나 특별하고 집중적인 소방활동에 필요한 경우 지휘관이 대원들을 최일선에서 직접 인솔하는 경우이다.
③ 이동지휘는 지휘관이 재난현장주위를 돌아다니며 지휘형태이다.
④ 고정지휘는 공식화된 지휘위치에서 단위지휘관을 총괄지휘, 다수의 단위대를 총괄조정 할 경우 고정지휘 원칙

03 파괴활동에 관한 내용으로 옳은 것은?
① 가스절단기 사용 시 절단물의 측면에서 화구가 절단부를 향해 가열한다.
② 철근콘크리트조 바닥의 파괴 목적이 주수를 위한 개구부일 경우 바닥의 철근이 노출되면 와이어커터 또는 가스절단기로 반드시 절단한다.
③ 판유리의 파괴순서는 유리의 중량을 고려하여 윗부분부터 종 방향으로 파괴한다.
④ 파이프셔터의 파괴 시 동력절단기에 의한 절단은 가이드레일에 가까운 곳을 선정한다.

04 재난현장 표준작전절차 중 초고층건물 화재 현장대응절차를 서술한 것으로 옳은 것은?
① 화점층이 고층인 경우 소방대는 비상용승강기를 화재층을 기점으로 3층 이하까지 이용, 화점층 진입은 옥내 또는 특별피난계단을 활용한다.
② 거주자 피난유도 시 15층마다 설치된 피난 및 안전구역으로 대피 유도한다.
③ 발화층이 2층 이상인 경우 연결송수관 활용, 내부 수관연장은 소방대 전용방수구에서 연장한다.
④ 화점의 직상층 계단 또는 직상층에 경계팀 배치, 진입팀의 활동거점은 화점층이 특별피난계단 부속실에 확보한다.

05 재해(사고)발생 이론 중 하인리히(H.W.Heinrich) 이론과 버드(Frank Bird)이론을 설명한 것으로 옳지 않은 것은?
① 제어의 부족 → 기본원인 → 직접원인 → 사고 → 재해 손실 5단계로 설명한 것은 버드의 재해연쇄이론이다.
② 버드 이론 중 기계설비의 결함, 작업체제 등은 기본 원인에 해당한다.
③ '1:29:300의 법칙'으로 재해구성비율을 설명한 이론은 하인리히 이론이다.
④ 하인리히 이론에서는 기본원인만 제거하면 재해는 일어나지 않는다고 하였다.

06 안전교육의 방법 중 사례연구법의 장점으로 옳지 않은 것은?
① 이해도 측정이 용이하다.
② 흥미와 학습동기를 유발할 수 있다.
③ 생각하는 학습 교류가 가능하다.
④ 현실적인 문제의 학습이 가능하다.

07 분진폭발에 관한 설명으로 옳지 않은 것은?
① 연소속도나 폭발압력은 가스폭발에 비교하여 작으나 연소시간이 길고, 에너지가 크기 때문에 파괴력과 타는 정도가 크다. 즉, 발생하는 총 에너지는 가스폭발의 수백 배이고 온도는 2,000~3,000℃까지 올라간다.
② 최대 폭발압력 상승속도는 입자의 크기가 작을수록 증가하는데 이는 입자의 크기가 작을수록 확산과 발화가 쉽기 때문이다.
③ 폭발성분진의 종류 중 금속류에는 Al, Mg, Zn, Fe, Ni, Si 등이 있고, 목질류에는 목분, 콜크분, 리그닌분, 종이가루 등이 있다.
④ 입자표면이 공기(산소)에 대하여 활성이 있는 경우 폭로시간이 짧아질수록 폭발성이 낮아진다.

08 위험물의 연소 특성에 관한 설명으로 옳은 것만을 모두 고른 것은?

> 가. 적린은 연소 시 오산화인의 흰 연기가 발생한다.
> 나. 황은 연소 시 푸른 불꽃을 내며 이산화황을 발생한다.
> 다. 인화아연은 연소 시 가연성·맹독성의 포스핀가스를 발생한다.
> 라. 디에틸알루미늄클로라이드는 연소 시 이산화질소를 발생한다.

① 가, 나   ② 나, 다   ③ 가, 나, 다   ④ 가, 다, 라

09 건물 붕괴 위험성 평가의 3가지 요소인 벽, 골조(기둥과 대들보), 바닥층 중 가장 위험한 붕괴요인이 벽인 건물 구조로 짝 지어진 것은?
① 경량 목구조, 조적조
② 중량 목구조, 경량 목구조
③ 내화구조, 준 내화구조
④ 준 내화구조, 중량 목구조

10 다음에서 설명하는 잠수병으로 옳은 것은?

> 압력이 높은 해저에서 압력이 낮은 수면으로 상승할 때 호흡을 멈추고 있으면 폐 속의 공기는 팽창하고 결국에는 폐포를 손상시키며, 공기가 폐에서 혈관계에 들어가 혈관의 흐름을 막음으로써, 장기에 기능 부전을 일으켜 발생하는 질환

① 산소중독   ② 공기색전증   ③ 감압병   ④ 탄산가스 중독

11 소방대원이 화재현장 검색 및 구조활동 시 예상치 못한 상황으로 화재건물 속에 갇히거나 길을 잃었을 경우 취하여야할 경우의 행동으로 옳지 않은 것은?
① 방향을 잃은 대원은 침착함을 유지하여 흥분과 공포감으로 인한 공기소모를 방지해야 한다.
② 창문이 있다면 창턱에 걸터앉아서 인명구조경보기를 틀거나 손전등 또는 팔을 흔들어 지원요청 신호를 보낼 수 있다.
③ 이동할 수 없을 만큼의 부상을 입었다면 생명에 지장이 없는 장비들을 포기하여야 한다.
④ 다른 대원들의 도움을 받지 못하고 혼자서 탈출할 경우 수관 커플링의 결합부위를 찾아서 암커플링이 향하는 방향으로 기어서 탈출한다.

12 다음에서 설명하는 장비로 옳은 것은?

> 지진과 건물붕괴 등 인명피해가 큰 재난 상황에서 구조자가 생존자를 찾을 수 있도록 장비로 일명 써치탭(Search TAP)이라고 한다.

① 고성능 영상탐지기
② 매몰자 전파탐지기
③ 매몰자 음향탐지기
④ 매몰자 영상탐지기

13 수중구조 시 잠수에 사용하는 용어로 옳지 않은 것은?
① 수면에서 하강하여 최대수심에서 활동하다가 상승을 시작할 때까지의 시간을 '실제 잠수시간'이라 한다.
② 체내의 잔류 질소량을 잠수하고자 하는 수심에 따라 결정되는 시간으로 바꾸어 표현한 것을 '잔류 질소시간'이라 한다.
③ 스쿠버 잠수 후 10분 이후에서부터 15시간 내에 실행되는 스쿠버 잠수를 '재 잠수'라 한다.
④ 이전 잠수로 인해 줄어든 시간(잔류 질소시간)과 실재 잠수시간을 합하여 나타낸 것을 '총 잠수시간'이라 한다.

14 위험요인의 회피 능력배양 방법으로 옳지 않은 것은?
① 내적 위험요인 통제능력
② 외적 위험요인 예지능력
③ 배우고 익히는 숙지능력
④ 행동으로 실행하는 능력

15 구조활동의 원칙에서 명령통일에 관한 설명으로 옳지 않은 것은?
① 한 대원은 오직 한 사람의 지휘관에게만 보고하고 한 사람의 지휘만을 받는다는 것이다.
② 현장을 장악한 현장지휘관의 판단 하에 엄정한 규율을 바탕으로 조직적인 부대활동을 기본원칙으로 하며 자의적인 단독행동은 절대로 해서는 안 된다.
③ 현장에서 긴급히 대원을 철수하는 등 급박한 경우라도 반드시 명령통일의 원칙을 준수하여야 한다.
④ 명령계통에 있지 않은 대원에게 지시·명령을 내리는 것은 현장의 혼란을 가중한다.

16 화학물질 분류 및 표지에 관한 세계조화 시스템(GHS) 위험성 표시 방법으로 옳은 것은?

 ① 산화성
 ② 폭발성
 ③ 자극성
 ④ 환경 유해성

17 소방청장은 국외에서 대형재난 등이 발생한 경우 재외 국민의 보호 또는 재난 발생국의 국민에 대한 인도주의적 구조 활동을 위하여 국제구조대를 편성하여 운영할 수 있다. 이와 관련하여 국제구조대의 편성과 운영에 관한 내용으로 옳지 않은 것은?

① 소방청장은 외교부장관과 협의를 거쳐 국제구조대를 재난발생국에 파견할 수 있다.
② 중앙소방학교장은 국제구조대를 국외에 파견할 것에 대비하여 구조대원에 대한 교육훈련 등을 실시할 수 있다.
③ 국제구조대의 편성, 파견, 교육 훈련 및 국제구조대원의 귀국 후 건강관리와 그 밖에 필요한 사항은 대통령령으로 정한다.
④ 국제구조대는 행정안전부령으로 정하는 장비를 구비하여야 한다.

18 다수사상자 발생현장에서 호흡이 없는 30대 남성의 기도를 다시 개방했더니 숨을 쉬기 시작했다. 이 환자의 STRAT 분류법으로 옳은 것은?

① 긴급　　② 응급　　③ 비응급　　④ 지연

19 허벅지에 깊은 열상이 발생하여 직접 압박에도 지혈이 되지 않아 지혈대를 사용하고자 한다. 지혈대 사용에 관한 설명으로 옳은 것은?

① 철사나 밧줄을 사용한다.
② 말초부위 순환이 되도록 간헐적으로 풀어준다.
③ 관절 위에 적용한다.
④ 출혈이 멈추면 막대가 풀려 느슨해지지 않도록 주의한다.

20 출혈로 인해 혈액량이 감소될 경우 인체의 초기 보상작용으로 나타나는 순환계의 반응은?

① 혈관이 수축하고, 맥박이 빨라진다.　　② 혈관이 이완하고, 맥박이 빨라진다.
③ 혈관이 수축하고, 맥박이 느려진다.　　④ 혈관이 이완하고, 맥박이 느려진다.

21 부목고정의 기본원칙으로 옳은 것은?

① 뼈가 손상부위 밖으로 나와 있으면 원래 위치로 넣는다.
② 관절부위 손상은 위 – 아래 뼈를 고정하여야 한다.
③ 쇼크의 징후가 보여도 먼저 완벽하게 부목으로 고정한 후 이송한다.
④ 손끝 및 발끝은 노출이 되지 않게 부목을 적용한다.

22 자전거를 타다가 넘어지면서 머리와 얼굴부위에 심한 충격으로 척추손상이 의심되고, 이마에 결출상과 코에 출혈이 있는 환자의 응급처치로 옳지 않은 것은?

① 척추고정에 방해가 되어 헬멧을 제거하였다.
② 목뼈 손상이 의심되어 턱 밀어올리기 방법으로 기도를 개방하였다.
③ 의식장애 환자는 경추를 고정하고 편안하게 회복자세를 취해주었다.
④ 결손된 피부가 발견되어 접합수술을 위해 병원으로 함께 이송하였다.

23 고혈당 환자에 관한 설명으로 옳지 않은 것은?

① 피부는 따뜻하고 건조하다.
② 호흡에서 아세톤 냄새가 나기도 한다.
③ 보통은 저혈당 환자에 비해 증상의 시작이 서서히 진행된다.
④ 인슐린 복용 후 식사를 하지 않는 경우에 주로 발생한다.

24 무더운 여름 날 야외에서 장시간 작업을 하던 50대 여성의 의식이 혼미하며 피부가 뜨겁고 건조한 모습을 보이고 있다. 환자의 처치로 옳은 것은?

① 이온음료를 마시게 한다.
② 저체온이 발생하지 않게 구급차를 따뜻하게 해준다.
③ 환자의 몸을 축축하게 해주고 부채질을 해준다.
④ 가온된 산소를 공급한다.

25 분만 후 신생아의 처치로 옳은 것은?

① 탯줄은 축축한 멸균거즈로 감싸서 건조되는 것을 방지한다.
② 신생아 소생술 시 가슴압박과 인공호흡의 비율을 15:2로 한다.
③ 구형 흡인기를 신생아의 입에 넣고 누른 다음 흡인을 2~3회 반복한다.
④ 첫 번째 탯줄결찰(제대결찰)은 신생아로부터 약 5cm정도 떨어져 결찰한다.

2023 소방위 기출문제 정답 및 해설

01 ①	02 ②	03 ④	04 ④	05 ④	06 ①	07 ④
08 ①②③	09 ①	10 ②	11 ④	12 ④	13 ③	14 ③
15 ③	16 ③	17 ②	18 ①	19 ④	20 ①	21 ②
22 ③	23 ④	24 ③	25 답없음			

01 해설 ○ 현장대응활동검토회의에서 현장대응활동검토회의는 사고발생일로부터 <u>20일</u> 이내에 관할 소방본부 또는 소방서에서 개최한다. 다만, 특별한 사정이 있을 때에는 서면 또는 영상 회의로 대체할 수 있다. // ①

02 해설 ○ "최일선"에서 직접 인솔하는 경우는 전진지휘이다. // ②

03 해설 ○ 파이프셔터 파괴 시 동력절단기에 의한 절단은 가드레일에 가까운 곳을 선정한다. // ④
① 측면→ 전면 / ② 주수를 위한 개구부의 경우는 철근을 절단할 필요는 <u>없다.</u>
③ 판유리의 파괴순서는 유리의 <u>중량</u>을 고려하여 윗부분부터 <u>횡</u>으로 파괴한다

04 해설 ○ 화점의 직상층 계단 또는 직상층에 경계팀 배치. 진입팀의 활동거점은 화점층의 특별피난계단 부속실에 확보한다. (SOP223) // ④
① 화점층이 고층인 경우 ➡ 소방대는 비상용승강기를 화재 층을 기점으로 **2층** 이하까지 이용, 화점층 진입은 옥내 또는 특별피난계단 활용한다
② 거주자 피난유도 시 ➡ **30층** 마다 설치된 피난 및 안전구역으로 대피 유도한다.
③ 발화층이 **3층** 이상인 경우 ➡ 연결송수관 활용, 내부 수관연장은 소방대 전용 방수구에서 연장한다.

05 해설 ○ 하인리히는 제3단계인 <u>불안전 행동 및 불안전 상태</u>(직접원인)를 제거하면 재해는 예방된다는 이론이며, 1(중상) : 29(경상) : 300(무재해 사고)로 통계했다. / 기본원인(x) // ④

06 해설 ○ 이해도 측정이 용이하다는 것은 "시범실습식" 장점이다. // ①

사례연구법 장점	① 현실적인 문제의 학습이 가능하다. ② 흥미가 있고 학습동기를 유발할 수 있다. ③ 생각하는 학습 교류가 가능하다.

07 해설 ○ 입자표면이 공기에 대하여 활성이 있는 경우 <u>폭로시간이</u> <u>길어질수록</u> 폭발성이 낮아진다. // ④

08 해설 ○ '라'에서 이산화질소➡ 염화수소 // ①, ②, ③ 복수정답
이의제기 수용(복수정답 1, 2, 3)
- (근거)「산업안전보건법」제110조 물질안전보건자료(MSDS / Material Safety Data Sheet)에서는 인화아연은 물과 습기에 의해 맹독성, 자연발화성 포스핀 가스를 발생한다.
※ 가, 다의 지문은 오류이나, 교재내용에 있으므로 복수정답 처리.

09 해설 ○ 붕괴요인이 벽인 건물은 <u>경량목구조와 조적조</u>이다. // ①

구 분	건물 유형별 안전도 평가	붕괴위험성 평가
1등급(내화구조)	확대는 **공**기조화시스템 배관과 **자**동노출.	· 콘크리트 **바**닥 층의 강도가 기준
2등급(준내화)	**지**붕이 **가**연성(바닥, 벽, 기둥은 내화)	· 철재**지붕** 붕괴 취약성(수평배연기법)
3등급(조적조)	바닥층, 지붕, 보, 기둥은 가연성 / 벽:**벽돌** 등	· **벽**이 붕괴(내부… → 외부로)
4등급(중량목재)	바닥붕괴 후 벽체 외부로 밀림 / 벽:**블럭**조	· **지**붕과 **바**닥층을 지탱하는 트러스트 구조
5등급(경량목재)	골조 및 벽체 등이 모두 경량 **목재**이다.	· **벽**이 동시 붕괴(진압대원 매몰 가능성)

10 해설 ○ 박스 속의 지문은 공기색전증에 대한 내용이다. // ②

11 해설 ○ 다른 대원이 위치를 알 수 있도록 큰 소리를 외치고 → 커플링의 결합부위를 찾아서 **숫** 커플링이 향하는 쪽으로 기어 나간다. // ④

12 해설 ○ 매몰자영상탐지기 : 지진과 건물붕괴 등 재난상황에서 구조자가 생존자를 찾을 수 있도록 돕는 장비로 일명 써지탭이라고 한다. // ④

13 해설 ○ 재잠수 : 스쿠버 잠수 후 10분 이후에서부터 12시간 내에 실행되는 스쿠버 잠수. / 15시간(x) // ③

14 해설 ○ 내적 통제능력, 외적 예지능력, 실행능력 3가지가 있다. * 오답: 숙지능력 // ③

15 해설 ○ 현장에서 긴급히 대원을 철수시킨다든가 하는 급박한 경우 <u>제외</u> / <u>준수한다(x)</u> // ③

16 해설 ○ 자극성이 옳다. (* ① 인화성 ② 산화성 ④ 독성.) // ③
(* 인화성의 심벌은 낙엽에 불이 붙는 표시, / 산화성의 표시는 공기 중 산소의 동그란 이미지의 표시로 이해!)

17 해설 ○ <u>소방청장</u>은 필요한 경우 국외 교육훈련을 실시할 수 있다.(시행령 18조) / 중앙소방학교장(x) // ②

18 해설 ○ 호흡이 없었으므로 긴급환자이다.(* 긴급한 상황: 생명을 위협할만한 쇼크 또는 저산소증이 나타나거나 임박한 경우, 만약 즉각적인 처치를 행할 경우에 환자는 안정화될 가능성과 소생 가능성이 있는 경우.) // ①

19 해설 ○ 출혈이 멈추면 막대가 풀려 느슨해지지 않도록 한다. // ④
■ 지혈대 사용 시 유의사항*
① 지혈대: 항상 **넓**은 지혈대를 사용. (*^^ ② 상처 위에 적용)
② 금지사항: 관절 **위**에 사용해서 안 되며, 철사, 밧줄, 벨트 등 사용 금지(조직을 손상시키므로)
③ 한 번 조인 지혈대: <u>병원에 올 때까지 풀어서는 안 된다.</u>
■ 지혈대 사용방법*
출혈이 멈추면 막대가 풀려 느슨해지지 않도록 한다.

20 <u>해설</u> 실혈은 보상반응으로 혈관이 수축되고 맥박은 빨라진다. // ①

21 <u>해설</u> 관절부위 손상에는 → 위·아래 뼈를 고정시켜야 한다 // ②
① 뼈가 손상 부위 밖으로 나와 있다면 → 다시 원래 위치로 넣으려고 해서는 <u>안 된다</u>.
③ 근골격계 손상환자가 쇼크 징후 등을 보이면 → <u>즉각적으로 이송해야 한다</u>.
④ 손과 다리를 포함한 먼쪽 팔다리 손상에서 부목을 대줄 때는 → 순환상태를 평가하기 위해 <u>손끝과 발끝은 보이게</u> 해야 한다.

22 <u>해설</u> 경추를 고정하고 편안하게 회복자세를 취해주었다.(x) // ③
먼저 가족이나 주변인으로부터 SAMPLE력을 얻어야 한다. 만일 의식장애가 있다면 긴급환자로 분류하고 산소공급하고 즉각 이송이 가장 중요하다.

23 <u>해설</u> 당뇨에 있어서 인슐린 복용 후 식사를 하지 않은 경우는 <u>저혈당의 원인</u>이 된다. // ④
★ <u>저혈당의 원인</u>으로는(인슐린이 많아 당을 뺏김)
① 인슐린 복용 후 식사를 하지 않은 경우
② 인슐린 복용(투여) 후 음식물을 토한 경우
③ 평소보다 힘든 운동이나 작업 했을 경우(* 근육이 당을 소모)

24 <u>해설</u> <u>뜨겁고</u> 건조한 모습은 열사병인 경우이다. 몸을 축축하게 해주고 <u>부채질</u>(선풍기)을 해준다. // ③

■ 열손상환자가 정상이거나 <u>차가우며</u> 창백하고 축축한 피부인 경우.(*^^ 일사병인 경우)	■ 열손상환자가 <u>뜨겁고</u> 건조하거나 축축한 피부인 경우.(*^^ 심한 열사병인 경우)
시원하게 옷을 벗기고 느슨하게 한다.	시원하게 옷을 벗기고 느슨하게 한다.
부채질 등 증발을 이용해 시원하게 해준다.	목, 겨드랑이, 서혜부에 차가운 팩을 댄다.
다리를 약간 올리고 앙와위를 취해준다.	차가운 물로 몸을 축축하게 해주고(수건, 스펀지 이용) <u>부채질</u>(선풍기) 해준다.
반응이 있고 구토가 없다면 앉혀 물이나 이온음료를 마시게 하고 그렇지 않다면 좌측위로 병원으로 이송한다.	구강으로 아무것도 주어서는 안 되며 냉방기를 최고로 맞춰 놓고 신속하게 이송한다.
이송 중 계속 환자를 평가 및 처치한다.	이송 중 계속 환자를 평가 및 처치한다.

25 <u>해설</u> 소방전술 25번 중앙소방학교에서 이의제기 수용(정답 없음)
- (근거) 제대 탈출에 대한 내용.

Thank you for your hard work.

08 2024년 소방교 승진시험

▶ 24년 기출부터는 해설을 문제 밑으로 함(* 답만 보고 해설이 안 봐진다는 이유!)

01 구획실 화재의 진행단계에 대한 설명 중 옳은 것은?

① 발화기 : 발화의 물리적 현상은 스파크나 불꽃에 의해 유도되거나 점화원 없이 어떤 물질이 자체 열에 의해 인화점에 도달하여 발생한다.
② 성장기 : 벽 근처에 있는 가연물들은 비교적 적은 공기를 흡수하며 상대적으로 낮은 화염온도를 지닌다.
③ 플래시오버(Flashover) : 성장기와 최성기 기간의 과도기적 시기로 발화와 같은 특별한 현상이다.
④ 최성기 : 산소공급이 잘 되지 않으므로 많은 양의 연소하지 않은 가스가 생성된다.

해설 ○ ④

① 발화기 : 발화의 물리적 현상은 스파크나 불꽃에 의해 유도되거나 점화원 없이 어떤 물질이 자체 열에 의해 <u>발화점</u>에 도달하여 발생한다.
② 성장기 : 벽 근처에 있는 가연물들은 비교적 적은 공기를 흡수하며 상대적으로 <u>높은</u> 화염온도를 지닌다.
③ 플래시오버 : 성장기와 최성기 기간의 과도기적 시기로 발화와 같은 특별한 현상이 <u>아니다</u>.

02 다음 플래시오버(Flashover) 대응전술에 해당하는 것으로 옳은 것은?

> 관창호스 연결이 지연되거나 모든 사람이 대피했다는 것이 확인된 경우 적합한 방법이다.

① 급냉(담금질)   ② 측면 공격   ③ 배연 지연   ④ 공기차단 지연

해설 ○ ④

■ 플래시오버(Flashover) 대응전술

배연지연	• 창문 등을 개방하여 배연(환기)함으로써, 공간 내부에 쌓인 열을 방출시켜 F/O를 지연시킬 수 있으며 시야를 확보할 수 있다.
냉각지연	• 분말소화기 등 이동식 소화기로 완전하게 진화는 불가능하지만, 일시적 온도를 낮출 수 있으며, F/O를 지연시키고 관창호스를 연결할 시간을 벌수 있다.
공기차단지연	• 배연(환기)과 반대로 개구부를 닫아 산소를 감소시킴으로써 연소속도를 지연할 수 있다. 이 방법은 관창호스 연결이 지연되거나 모든 사람이 대피했을 때 적합하다.

03 3D주수 기법 시 주수 목표에 대한 설명으로 옳은 것은?

> (가) 숏 펄싱(Short pulsing) - 관창수는 화점실 진입 전 머리 위쪽 및 주변 상층부 화염을 목표로 주수한다.
> (나) 미디움 펄싱(Medium pulsing) - 관창수는 화점실 진입 전 전면 상층부 연기층 및 간헐적 화염을 목표로 주수한다.
> (다) 롱 펄싱(Long pulsing) - 관창수는 구획실 앞쪽 상층부 연기층 및 화염을 목표로 주수한다.
> (라) 페인팅(Painting) - 관창수는 화점실 접근 시 문틀 주변에 주수하고, 화점실 진입 전 벽면 및 천정을 목표로 주수한다.
> (마) 펜슬링(Penciling) - 관창수는 화점 상층부를 목표로 주수한다.

① (가), (나) ② (나), (다) ③ (다), (라) ④ (라), (마)

해설 ②
(가) 숏 펄싱 - 관창수는 화점실 진입 전 머리 위쪽 및 주변 상층부 연기층을 목표로 주수한다.
(라) 페인팅 - 관창수는 화점실 접근 시 문틀 주변에 주수하고, 화점실 진입 시 벽면 및 천정을 목표로 주수한다. / * 진입 전(x)
(마) 펜슬링 - 관창수는 화점을 목표로 주수한다. / * 상층부(x)

04 고층건물 화재진압 전략에서 측면공격(Flanking attack)에 대한 설명으로 옳지 않은 것은?

① 굴뚝효과나 창문을 통한 배연작업이 개시될 때 발생하는 강한 바람에 화염이 휩쓸려 정면 공격팀을 덮치거나 덮칠 우려가 있을 때는 유용하지 않다.
② 정면공격이 시행되고 있는 동안 보조적 수단으로도 실행될 수 있으며 이 경우 팀워크 유지를 위한 지휘조정이 필수적이다.
③ 터널효과에 따른 화염의 위협은 측면공격을 시작하기 위해 다른 문이나 창문을 개방할 때마다 문제가 될 수 있으므로 항상 터널효과를 고려한 공격과 후퇴준비가 필수적이다.
④ 인명검색을 하는 대원이 비교적 열과 연기로부터 자유로운 두 번째 접근 통로를 발견했을 때 선택적으로 사용할 수 있으나 단일 접근통로로 되어 있는 주거전용 고층건물의 경우 측면공격은 거의 사용할 수 없다.

해설 ① 측면공격은 고층건물 화재에서 두 번째로 흔한 전략이다. 정면공격이 실패한 경우 적용할 수 있는 유용한 공격 전략으로 입증되고 있다. / 굴뚝효과나 창문을 통한 배연작업이 개시될 때 발생하는 강한 바람에 화염이 휩쓸려 정면 공격팀을 덮치거나 덮칠 우려가 있을 때는 유용하다.

05 소방용수시설 일제 정밀조사(점검) 요령에 대한 설명으로 옳지 않은 것은?

① 스핀들을 완전히 잠근 후 반 바퀴 정도 열어준다.
② 개폐가 힘든 것은 무리한 힘을 가하지 말고 오일 주입, 녹 제거 작업 후 천천히 개폐한다.
③ 급격한 밸브 조작은 상수도관 내 침전물의 유동을 일으켜 수질로 인한 민원 발생의 원인이 된다.
④ 밸브 개방 시 상수도 본관에서 분기된 제수밸브를 먼저 개방하고, 지상·지하식 소화전용 밸브를 나중에 개방한다.

해설 ④ 밸브 개방 시 지상·지하식 소화전용 밸브를 먼저 개방하고, 상수도 본관에서 분기된 제수밸브를 나중에 개방한다. [소화전 내 적수(녹물)의 상수도 본관 내 유입방지]

06 소방대원 안전교육의 방법 중 시범 실습식 교육의 장점으로 옳지 않은 것은?

① 이해도 측정이 용이하다.
② 의사 전달의 효과를 보완할 수 있다.
③ 행동 요소를 포함하는 기술교육에 적합하다.
④ 교육생 상호 자극에 의한 학습 효과가 높아진다.

해설 ④ 교육생 상호 자극에 의한 학습 효과가 높아진다는 교육은 강의식교육에 해당. / 사고력 학습에 부적합하다.

■ 시범실습식

장 점	① 행동요소를 포함하는 기술교육에 적합하다. ③ 이해도 측정이 용이하다.	② 교육생의 적극적인 참여를 가져온다. ④ 의사전달의 효과를 보완할 수 있다.
단 점	① 시간이나 장소, 교육생의 수에 제한을 받는다. ② 사고력 학습에 부적합하다.	

07 프랭크 버드(Frank Bird) 이론 중 재해(사고) 발생의 5단계를 순서대로 나열한 것으로 옳은 것은?

① 직접원인 → 사고 → 상해 → 기본원인 → 제어의 부족
② 제어의 부족 → 기본원인 → 직접원인 → 사고 → 상해
③ 제어의 부족 → 기본원인 → 상해 → 직접원인 → 사고
④ 기본원인 → 제어의 부족 → 사고 → 상해 → 직접원인

해설 ② 제어의 부족 → 기본원인 → 직접원인 → 사고 → 상해 ▶ 암기: 제기직사(* 제기랄! 직사했네)

08 안전교육의 종류에 대한 설명이다. ( )안에 공통으로 들어갈 내용으로 옳은 것은?

> 지식을 가지고 있다는 것은 "할 수 있다" 라는 것과는 별개의 문제이다. ( )은 현장에서 실행으로써 그 실효를 맺을 수 있다. 안전에 관한 ( )의 주 목적은 대원에게 안전의 수단을 이해시키고 습득케 하여 현장활동의 안전을 실천하는 능력을 기르는 것이다.

① 지식 교육   ② 기능 교육   ③ 태도 교육   ④ 문제해결 교육

해설 ② 상기 지문은 기능교육에 대한 내용이다. / * 기능교육: 안전은 안전지식을 얻는 것만으로는 달성되는 것이 아니다. 그것은 교육을 얻는 지식을 실행에 옮길 때 비로소 나타난다. 지식을 가지고 있다는 것은 "할 수 있다" 라는 것과는 별개의 문제이다.(기능교육)은 현장에서 실행으로써 그 실효를 맺을 수 있다. 안전에 관한 (기능교육)의 주 목적은 대원에게 안전의 수단을 이해시키고 습득케 하여 현장활동의 안전을 실천하는 능력을 기르는 것이다.

09 위험예지훈련 훈련시트 작성 시 유의 사항으로 옳지 않은 것은?

① 한 장의 시트에 여러 가지 상황을 기입하지 말아야 한다.
② 밝은 분위기가 아닌 어두운 분위기로 그려진 것이 좋다.
③ 시트는 대원의 친숙도가 큰 상황으로부터 선정하는 방법이 부드럽게 진행이 된다.
④ 간단한 조사, 잘못된 조사가 되어서는 안 되기 때문에 고의로 제작한 도해가 아니어야 한다.

해설 ②
① 시트는 대원의 친숙도가 **큰** 상황으로부터 선정하는 방법이 부드럽게 진행이 된다.
② 한 장의 시트에 여러 가지 상황을 기입하지 말 것.
③ 아주 자세한 부분까지 그려 넣지 말 것.
④ 어두운 분위기가 아닌 밝은 분위기로 그려진 것이 좋다.
⑤ 간단한 조사, 잘못된 조사가 되어서는 안 되기 때문에 고의로 제작한 도해가 아닐 것.
⑥ 도해의 상황이 광범위한 활동 등에 미치는 경우 그 가운데의 특정 부분에 한정하여 실시하는 것도 하나의 방법이다.

10 재해(사고) 조사 시 유의해야 할 사항으로 옳지 않은 것은?

① 가능한 한 가해자의 진술을 듣는 것이 중요하다.
② 재해 발생 후 가능한 한 빨리 착수하는 것이 좋다.
③ 현장 상황을 기록으로 남기기 위하여 사진을 찍어둔다.
④ 판단하기 어려운 특수사고는 전문가의 협조를 의뢰하며 발생 사실을 은폐하여서는 아니 된다.

해설 ① 조사자는 2인 이상이 한다. 목격자 및 책임자 등의 협력을 얻어 조사를 진행하되 증언하는 이외의 추측성의 말은 참고로만 한다. 가능한 한 피해자의 진술을 듣는 것도 중요하다. / 24 중앙소방학교교재 전술1-2 p34~35

11 (가)~(마) 중 로프 재료에 따른 인장강도가 높은(Best) 것에서 낮은(Poorest) 것으로 옳은 것은?

| (가) 면   (나) 나일론   (다) 마닐라삼   (라) 폴리에틸렌   (마) 폴리에스터 |

① (가) - (다) - (라) - (마) - (나)
② (나) - (마) - (라) - (다) - (가)
③ (다) - (가) - (나) - (라) - (마)
④ (라) - (마) - (나) - (다) - (가)

해설 ○ ②
인장강도: 스펙트라(1) 〉 케블러(2) 〉 나일론(3) 〉 폴리에스터(4) 〉 폴리에틸렌(6) 〉 마닐라삼(7) 〉 면(8) ▶ 스케나폴렌3면

12 산악구조용 장비에 대한 설명으로 옳은 것은?

① 슬링은 로프에 비해 상대적으로 값이 비싸기 때문에 짧게 잘라서 등반시의 확보용으로 활용한다.
② 구조활동 시에는 잠금장치가 있는 카라비너를 사용하는 것을 원칙으로 하고, 종 방향으로 충격이 걸리지 않도록 설치해야 한다.
③ 로프를 세척할 때에는 미지근한 물에 중성 세제를 알맞게 풀어 로프를 충분히 적시고 흔들어 모래나 먼지가 빠져나가도록 한다.
④ 안전벨트는 강도와 내구성이 뛰어나지만 탄력과 복원성이 떨어지며 안전을 위하여 5년 정도 사용하면 외관상 이상이 없어도 교체하는 것이 좋다.

해설 ○ ③
① 슬링은 로프에 비해 상대적으로 값이 싸기 때문에 짧게 잘라서 등반시의 확보용으로 활용한다.
② 구조활동 시에는 잠금장치가 있는 카라비너를 사용하는 것을 원칙으로 하고, 횡 방향으로 충격이 걸리지 않도록 설치해야 한다. (* 강도는 종방향으로 25kN~30kN, 횡방향으로는 8kN~10kN)
④ 안전벨트는 강도와 내구성이 뛰어나고 탄력과 복원성이 우수하며 안전을 위하여 5년 정도 사용하면 외관상 이상이 없어도 교체하는 것이 좋다.

13 화학보호복(레벨 A) 착용방법에 따라 (가)~(라) 중 가장 나중에 진행해야 하는 것은?

| (가) 무전기를 착용한다.
(나) 헬멧과 장갑을 착용한다.
(다) 화학보호복 하의를 착용한다.
(라) 공기호흡기 면체를 목에 걸고 등지게를 착용한다. |

① (가)   ② (나)   ③ (다)   ④ (라)

해설 ○ ② 공기조절밸브 호스를 공기호흡기에 연결 - 실린더를 개방- 성에방지제 도포 - 하의 착용한다. - 공기호흡기 면체를 목에 걸고 등지게 착용. - 무전기를 착용. - 공기조절밸브 호스연결 - 면체착용하고 양압호흡으로 전환한다. - 헬멧과 장갑을 착용한다. - 화학보호복 상의를 착용. ▶ 순서: 호싱성하면 무호양 헬상

14 '인명구조매트의 KFI 인정기준'에 관한 설명으로 옳지 않은 것은?

① 구조매트는 부속품(공기압력용기 등)을 포함하여 30kg을 초과하지 않아야 한다.
② 구조매트 내부의 압력이 일정하게 유지할 수 있도록 설정압력을 초과하는 때에는 자동 배출되는 구조이어야 한다.
③ 제조사가 제시하는 설치방법에 따라 구조매트를 보관하고 있는 상태에서 낙하자가 낙하할 수 있는 사용 상태로 설치하는데 걸리는 시간은 30초를 초과하지 않아야 한다.
④ 구조매트에 뛰어 내리는 사람에게 낙하충격을 현저히 줄일 수 있는 구조로서 낙하면과의 접촉 시 반동에 의하여 튕기거나 구조매트 외부로 미끄러지지 않아야 한다.

해설 ① 구조매트는 부속품(공기압력용기 등)을 포함하여 <u>50kg</u>을 초과하지 않아야 한다.

15 다음 중 움켜 매기(결착)에 해당하지 않는 것은?

① 절반 매듭 ② 말뚝 매기 ③ 두겹 8자 매듭 ④ 감아 매기

해설 ③

마디짓기(결절)	이어매기(연결, 결합, 결속)	움켜매기(결착) ☆ 24 교
① 옭매듭(엄지매듭), 두겹옭매듭 ② 8자·두겹8자·이중8자매듭 ③ 줄사다리매듭 ④ 고정매듭, 두겹고정매듭 ⑤ 나비매듭 ▶ 암기: 옭팔자 사고나	① 바른매듭(맞매듭) ② 한겹매듭, 두겹매듭 ③ 8자연결매듭 ④ 피셔맨매듭(장구매듭) ▶ 암기: 한팔피바	① 말뚝매기(까베스탕매듭) ② 잡아매기 ③ 절반매기 ④ 감아매기(비상매듭) ⑤ 클램하이스트매듭 ▶ 암기: 말잡아 절반감아 하이

16 다음 중 현수로프 설치 원칙에 해당하지 않는 것은?

① 필요하면 현수로프를 보조로프로 고정하여 움직이지 않도록 한다.
② 지지점은 완전한 고정물체를 택하여야 하며 하중이 걸렸을 때 충분히 지탱할 수 있는 강도를 가져야 한다.
③ 하강지점의 안전을 확인하고 로프를 투하한다. 로프 가방(Rope bag)을 사용하면 로프가 엉키지 않고 손상을 방지할 수가 있다.
④ 로프는 안전을 위하여 한겹으로 사용하는 것을 원칙으로 하고 특히 직경 9 mm 이하의 로프는 충격력과 인장강도가 떨어지고 손에 잡기도 곤란하므로 반드시 한겹으로 한다.

해설 ④ 로프는 안전을 위하여 한겹으로 사용하는 것을 원칙으로 하고 특히 직경 9 mm 이하의 로프는 충격력과 인장강도가 떨어지고 손에 잡기도 곤란하므로 반드시 <u>두겹</u>으로 한다.

17 다음은 사다리를 이용한 응급하강에 관한 설명이다. ( )안에 들어 갈 내용으로 옳은 것은?

> (가) 구조대상자가 있는 창문의 상단 위로 가로대가 5개 정도 올라오도록 사다리를 설치하고 확실히 고정한다.
> (나) 로프를 사다리 최하부의 가로대를 통하게 하고 사다리를 거쳐 끝부분보다 2~3개 밑의 가로대 위에서 뒷면을 통해 로프를 내려 양끝을 바로 매기로 연결한다.
> (다) 로프에 약 ( ) 간격으로 8자 매듭을 만든다.
> (라) 확보로프의 신축성을 고려하여 안전을 확보, 1명씩 차례대로 하강시켜 구출한다.

① 1 m   ② 1.5 m   ③ 2 m   ④ 2.5 m

해설 ④ 로프에 약 (2.5m) 간격으로 8자 매듭을 만든다.

18 화재현장에서 갇혔거나 길을 잃었을 경우의 행동요령에 대한 설명으로 옳지 않은 것은?
① 방향을 잃은 대원은 침착함을 유지해야 한다.
② 가능한 한 처음 검색을 시작했던 방향을 기억해 내어 되돌아 가야 한다.
③ 어떠한 경우에도 갇히거나 길을 잃으면 다른 구조대원이 올 때까지 움직이지 말고 제자리에 가만히 있어야 한다.
④ 즉각적으로 인명구조 경보기를 작동시키고 냉정을 유지하여야 한다.

해설 ③ 갇히거나 길을 잃으면 다른 구조대원이 올 때까지 제자리에 가만히 있지말고 가능한 한 처음 검색을 시작했던 방향을 기억해 되돌아가야 한다. 그것이 불가능하면 건물 출구를 찾거나 적어도 현장을 벗어날 출구만큼은 찾아 내야 한다.

19 위험물사고 현장 구급활동에 대한 설명으로 옳지 않은 것은?
① 안전한 대응을 위해 현장이 건물 내부라면 환기구 주변에서 대기하는 것은 피해야 한다.
② 안전구역에서는 대량 환자의 경우 중증도 분류를 통해 환자를 분류한 후 우선순위에 따라 병원으로 이송해야 한다.
③ 오염 구역에서는 환자이동으로 인한 오염 구역 확장을 주의하면서 빠른 환자이동을 한다.(단, 척추손상 환자 시 빠른 척추 고정 적용)
④ 오염 통제구역에서의 구급처치는 기본 인명소생술로 기도, 호흡, 순환(지혈), 경추 고정, CPR 후 정맥로 확보, 전신중독 평가 및 처치가 포함된다.

해설 ④ 오염 통제구역에서 정맥로 확보는 안 된다. (* 정맥로확보 등과 같은 침습성 과정은 가급적 제독 후 안전구역에서 실시해야 하며 오염통제구역에서 사용한 구급장비는 안전구역에서 사용해서는 안 된다.)

20 최초 현장 도착 시 구급차 배치 요령으로 옳지 않은 것은?

① 도로 외측에 정차시켜 교통 장애를 최소화하도록 한다.
② 유독가스가 누출되는 경우에는 바람을 등진 방향에 위치시킨다.
③ 위험물(화학물, 폭발물)을 실은 차량이 아니라면 구급차량은 30 m 밖에 바람을 등지고 주차시켜야 한다.
④ 구급 차량의 전면이 주행 차량의 전면을 향한 경우에는 경광등과 전조등을 켜고 비상등은 끄도록 한다.

해설 ○─ ④ 구급 차량의 전면이 주행 차량의 전면을 향한 경우에는 경광등과 전조등을 끄고 비상등은 켜도록 한다.

21 다수의 환자가 발생하여 중증 정도 상태에 따라 응급처치 및 이송 순위를 결정할 때, 다음 설명의 분류 등급에 해당하는 증상으로 옳지 않은 것은?

> - 손상이 전신적인 증상이나 효과를 유발하지만, 아직까지 쇼크 또는 저산소증 상태가 아니다.
> - 전신적 반응이 발생하더라도 적절한 조치를 행할경우 즉각적인 위험 없이 45~60분 정도 견딜 수 있는 상태이다.

① 척추 손상　　② 단순 두부 손상　　③ 조절 안 되는 출혈　　④ 다발성 주요 골절

해설 ○─ ③ 상기 지문의 내용은 중증도 분류에서 응급환자의 내용이다. "조절 안 되는 출혈"은 긴급환자로서 오답.

22 다음 중 긴급이동에 대한 설명으로 옳은 것은?

① 차량사고에서 짧은 척추고정판이나 조끼형 구조장비로 고정시킬 충분한 시간이 없을 때 사용된다
② 고정장치를 이용할 시간이 있을 때 사용되므로 위급한 경우에만 사용된다.
③ 환자의 상태가 즉각적인 이송이나 응급처치를 요하는 경우에 사용된다.
④ 화재, 화재 위험, 위험물질이나 폭발물질, 고속도로, 환자의 자세나 위치가 손상을 증가 시킬 때, 다른 위급한 환자에게 접근할 때 사용된다.

해설 ○─ ④ / ①, ③번의 내용은 응급이동에 대한 내용이다.
② 긴급이동은 고정장치를 이용할 시간이 없을 때 사용되므로 위급한 경우에만 사용된다.

23. 다음에서 설명하는 상기도 폐쇄를 예방하기 위한 기도확보 유지 장비로 옳은 것은?

- 병원 전 심정지 환자나 외상환자(경추 손상 등) 기도확보 시 유용
- 일반적인 성문위 기도기보다 삽입 방법이 용이
- 일회용임

① 아이 겔(I-Gel) ② 후두튜브(LTS)
③ 기관 내 삽관(Intubation) ④ 후두마스크 기도기(LMA)

해설 ① ① 병원 전 심정지 환자나 외상환자(경추손상 등) 기도확보 시 유용.
② 일반적인 성문위 기도기보다 삽입방법이 용이.
③ 1회용임.(*^^ 아이겔 후두마스크는 1회용이지만, 후두마스크, 후두튜브는 재사용 가능함)

24. 응급 의료 장비 중 호흡 유지 장비에 대한 설명으로 옳지 않은 것은?

① 코 삽입관 : 환자의 거부감을 최소화하며 낮은 산소를 요구하는 환자에게 사용된다.
② 비재호흡마스크 : 심한 저산소증 환자에게 고농도의 산소를 제공하기에 적합하다.
③ 단순 얼굴 마스크 : 입과 코를 동시에 덮어주며 얼굴에 완전히 밀착되지 않으면 충분한 산소가 공급되지 않을 수 있다.
④ 벤튜리 마스크 : 특수한 용도로 산소를 제공할 경우에 사용되며 표준 얼굴 마스크에 연결된 공급배관을 통해 고농도의 산소를 공급해 준다.

해설 ④ ① 코 삽입관 : 낮은 산소농도 24~44%
② 비재호흡마스크 : 고농도산소 100%(10~15L/분 산소투여시 85~100% 공급 가능)
③ 단순 얼굴 마스크 : 6~10L의 유량으로 흡입 산소농도를 35~60%까지 증가 가능.
④ 벤튜리 마스크 : <u>특정산소</u>를 공급해 준다.[24%, 28%, 31%, 35%, 40%, 50%(53%의 산소)]
* 참고: 고농도(100%)기구는 비재호흡마스크, 백밸브마스크, 자동식산소소생기(인공호흡기)임

25. 우리 몸의 순환계에 대한 설명으로 옳지 않은 것은?

① 혈액은 혈구와 혈장으로 구성되어 있다.
② 심장의 심방과 심실 사이에는 판막이 있어 혈액의 역류를 막아준다.
③ 심장의 왼심방은 허파로부터 혈액을 받아들이고 왼심실은 높은 압력으로 전신에 혈액을 제공한다
④ 혈관계의 동맥은 심장으로부터 조직으로 혈액을 이동시키며 허파동맥을 포함하여 모든 동맥은 산소가 풍부한 혈액으로 되어있다.

해설 ④ 오른심실에서 허파로 혈액을 이동시키는 허파동맥을 제외하고 모든 동맥은 산소가 풍부한 혈액으로 되어 있다.(* 오른심실에서 허파로 혈액을 이동시키는 허파동맥은 체순환과정에서 산소가 약 6% 손실, 풍부하지 않다.)

09 2024년 소방장 승진시험

01 화재의 개념과 분류에 관한 설명으로 옳지 않은 것은?

① 화재는 소실정도에 따라 전소, 반소, 부분소 화재로 분류되고 있다.
② 화재원인에 따른 분류 중 자연발화는 산화, 약품혼합, 마찰, 부주의 등에 의해 발화한 것이다.
③ 화재가 발생한 유형에 따라 건축·구조물 화재, 자동차·철도차량 화재, 위험물·가스제조소 등 화재, 선박· 항공기 화재, 임야화재, 기타화재로 분류되고 있다.
④ 화재란 사람의 의도에 반하거나 고의 또는 과실에 의하여 발생하는 연소현상으로 소화할 필요가 있는 현상 또는 사람의 의도에 반하여 발생하거나 확대된 화학적 폭발현상을 말한다.

해설 ② 부주의(x)
자연발화: 산화, 약품 혼합, 마찰 등에 의해서 발화한 것과 스파크 또는 화염이 없는 상태에서 열기에 의해 발화된 연소.

02 화재 진행단계에서 발생하는 상황에 대한 설명이다. ㉠~㉢에 들어갈 내용으로 옳은 것은?

(㉠) : 복도와 같은 통로공간에서 벽, 바닥 표면의 가연물에 화염이 급속하게 확산하는 현상을 묘사하는 용어이다.
(㉡) : 화점 주위에서 화재가 서서히 진행하다가 어느 정도 시간이 경과함에 따라 대류와 복사현상에 의해 일정 공간 안에 있는 가연물이 발화점까지 가열되어 일순간에 걸쳐 동시 발화되는 현상을 말한다.
(㉢) : 연소과정에서 발생된 가연성가스가 공기 중 산소와 혼합되어 천장부분에 집적된 상태에서 발화온도에 도달하여 발화함으로서 화염의 끝부분이 빠르게 확대되어 가는 현상을 말한다.

	㉠	㉡	㉢		㉠	㉡	㉢
①	플래임오버	롤오버	플래시오버	②	백드래프트	롤오버	플래임오버
③	플래임오버	플래시오버	롤오버	④	백드래프트	플래임오버	롤오버

해설 ③ / ㉠ 플래임오버(* 키워드: 복도) / ㉡ 플래시오버(* 키워드: 일순간) ㉢ 롤오버(* 키워드: 천장)

03 재해(사고) 발생과 관련한 사항으로 옳지 않은 것은?

① 하인리히(H. W. Heinrich)의 이론에서 재해는 상해로 귀착되는 5개 요인의 연쇄작용의 결과로 초래된다.
② 프랭크 버드(Frank Bird)의 이론에서는 직접적인 원인을 제거하면 재해는 일어나지 않는다고 주장하였다.
③ 재해의 기본원인으로써 4개의 M은 Man(인간), Machine(기계), Media(매체), Management(관리)이다.
④ 사고 예방대책의 기본원리 5단계는 조직체계 확립 → 현황파악 → 원인규명 → 대책 선정 → 목표 달성이다.

해설 ○ ② 고전적 도미노이론(하인리히 이론)에서는 직접원인만 제거하면 재해는 일어나지 않는다고 하였지만 최신의 도미노이론에서는 반드시 기본원인을 제거하라고 주장한 것이다.

04 공기포 소화약제에 관한 설명이다. ㉠~㉢에 들어갈 내용으로 옳은 것은?

(㉠) : 유동성은 좋은 반면 내열성, 유면 봉쇄성이 좋지 않기 때문에 다량의 유류화재, 특히 가연성 액체 위험물의 저장탱크 등의 고정소화설비에는 그다지 효과적이지 못하다.
(㉡) : 수성막포와 함께 표면하 포주입방식(subsurfaceinjection system)에 적합한 포 소화약제로 알려져 있다.
(㉢) : 장기 보존성은 원액이든 수용액이든 타 포원액보다 우수하고, 약제의 색깔은 갈색이며 독성은 없다.

	㉠	㉡	㉢
①	단백포	합성계면활성제포	수성막포
②	수성막포	불화단백포	합성계면활성제포
③	합성계면활성제포	알콜형포	단백포
④	합성계면활성제포	불화단백포	수성막포

해설 ○ ④ 합성계면활성제포(* 키워드: 유동성은 좋다. 유면 봉쇄성이 좋지 않다.) / 불화단백포(* 키워드: 표면하 포주입방식에 사용) / 수성막포(* 키워드: 타 포원액보다 우수, 약제는 갈색, 독성은 없다.)

05 화재대응매뉴얼의 종류에 관한 설명이다. ㉠~㉢에 들어갈 내용으로 옳은 것은?

(㉠) : 화재특성에 따른 대응 시 유의사항 등으로 이루어진 매뉴얼로, 대상별 매뉴얼 작성과 화재진압대원의 전문성 향상을 목적으로 작성되었다.
(㉡) : 기관별 또는 부서별로 작성되는 것으로 화재대응분야별 현장조치 및 처리세부 절차로 규정하고 있다.
(㉢) : 대부분의 화재대응에 공통적으로 적용하기 위해 작성되는 것으로, 필수적인 처리절차와 임무, 기관별 처리사항을 규정한다.

	㉠	㉡	㉢
①	표준매뉴얼	실무매뉴얼	특수화재 대응매뉴얼
②	실무매뉴얼	대상별 대응매뉴얼	표준매뉴얼
③	특수화재 대응매뉴얼	실무매뉴얼	표준매뉴얼
④	특수화재 대응매뉴얼	표준매뉴얼	대상별 대응매뉴얼

해설 ③ 특수화재 대응매뉴얼(* 키워드: 전문성향상) 실무매뉴얼(* 키워드: 기관별) 표준매뉴얼(* 키워드: 공통적)

---

06 다음 소방 안전관리의 특성에 대한 설명으로 옳은 것은?

수관연장 시 수관을 화재 건물과 가까이 두고 연장하지 않도록 하는 것은 화재건물의 낙하물체나 고열의 복사열에 의한 수관손상을 방지하여 결과적으로 진압활동이나 인명구조 시 엄호주수가 완전히 이루어질 수 있도록 하기 위한 것이다.

① 일체성·적극성   ② 특이성·양면성   ③ 계속성·반복성   ④ 위험성·불안정성

해설 ①

일체성·적극성	① 재해현장 소방활동에 있어서 안전관리에 대한 일체성의 예는 수관연장 시 수관을 화재 건물과 가까이 두고 연장하지 않도록 하는 것은 화재건물의 낙하물체나 고열의 복사열에 의한 호스손상을 방지하여 결과적으로 진압활동이나 인명구조시 엄호주수가 완전히 이루어질 수 있도록 하기 위한 것이다." ② 이는 대원 자신의 안전으로 연결되어 소방활동이 적극적으로 실행될 수 있도록 한다. ③ 안전관리의 일체성, 적극성은 효과적인 소방활동을 염두해둔 적극적인 행동대책이라고 할 수 있다. (*^^ ① 진압활동이나 인명구조시 엄호주수가 효과적인 적극적인 소방활동)

07 폭발에 관한 설명으로 옳지 않은 것은?

① 가연성 고체의 미분상태가 200mesh(76㎛) 이하는 분진폭발이 일어나는 하나의 조건이다.
② 기상폭발에는 가스폭발(혼합가스폭발), 가스의 분해폭발, 분무폭발 및 분진폭발이 있다.
③ 화학적 폭발은 연소폭발, 분해폭발, 과열액체의 급격한 비등에 의한 증기폭발, 중합폭발 등이 있다.
④ 연소폭발은 비정상연소에서 해당하며 가연성 가스, 증기, 분진, 미스트 등이 공기와의 혼합물, 산화성, 환원성 고체 및 액체혼합물 혹은 화합물의 반응에 의하여 발생된다.

해설 ③ 화학적 폭발은 연소폭발, 분해폭발, 중합폭발 등이다. 과열액체의 급격한 비등에 의한 증기폭발은 응상폭발에 속한다.

08 「화재조사 및 보고규정」상 건물의 동수 산정에 대한 설명으로 옳지 않은 것은?

① 주요구조부가 하나로 연결되어 있는 것은 1동으로 한다. 다만 건널 복도 등으로 2이상의 동에 연결되어 있는 것은 그 부분을 절반으로 분리하여 각 동으로 본다.
② 건물의 외벽을 이용하여 실을 만들어 헛간, 목욕탕, 작업실, 사무실 및 기타 건물 용도로 사용하고 있는 것은 주건물과 다른 동으로 본다.
③ 내화조 건물의 옥상에 목조 또는 방화구조 건물이 별도 설치되어 있는 경우는 다른 동으로 한다. 다만, 이들 건물의 기능상 하나인 경우(옥내 계단이 있는 경우)는 같은 동으로 한다.
④ 내화조 건물의 외벽을 이용하여 목조 또는 방화구조 건물이 별도 설치되어 있고 건물 내부와 구획되어 있는 경우 다른 동으로 한다. 다만, 주된 건물에 부착된 건물이 옥내로 출입구가 연결되어 있는 경우와 기계설비 등이 쌍방에 연결되어 있는 경우 등 건물 기능상 하나인 경우는 같은 동으로 한다.

해설 ② 건물의 외벽을 이용하여 헛간, 목욕탕, 작업실, 사무실 등으로 사용하고 있는 것은 주건물과 같은 동으로 본다.

09 분무주수 중 간접공격법(로이드-레만 전법)에 관한 설명으로 옳지 않은 것은?

① 저속분무주수는 간접공격법에 가장 적합한 주수방법이다.
② 주수 시 개구부는 가능한 한 작게 하는 것이 위험성을 감소시킨다.
③ 옥내의 연소가 완만하여 열기가 적은 연기의 경우 간접공격의 전법을 이용하는 것이 효과가 크다.
④ 연기와 열을 제거하기 위해 물의 흡열작용에 의한 냉각과 환기에 의한 옥내 고온 기체 및 연기의 배출을 보다 유효하게 하기 위한 안개 모양의 방수를 간접공격법이라 한다.

해설 ③ 옥내의 연소가 완만하여 열기가 적은 연기의 경우 간접공격의 전법을 이용하는 것이 효과가 적다.

10 공동구 및 터널 화재에 관한 설명으로 옳지 않은 것은?

① 공동구 화재 시 부서는 맨홀 등에서 분출하는 연기에 시계가 불량하기 때문에 원칙적으로 풍상·풍횡측에서 진입한다.
② 공동구 화재 소화활동 시 진입태세가 준비되면 장시간 사용 가능한 공기호흡기를 착용하고, 급기측에서 진입함과 동시에 배기측에 경계관창을 배치한다.
③ 길이가 긴 터널에서 교통사고 등으로 차량 화재가 발생하여 도로가 막히면 진행하던 차량이 긴급 대피하지 못하여 다수의 인명피해가 발생할 위험이 있다.
④ 철도 터널의 화재특성상 지상풍의 영향으로 구내의 기류가 한 방향으로 흐르기 때문에 풍상측에서 진입한 소방대는 농연으로 인하여 활동이 곤란할 수 있다

> 해설 ④ 철도 터널의 화재특성상 지상풍의 영향으로 구내의 기류가 한 방향으로 흐르기 때문에 풍하측에서 진입한 소방대는 농연으로 인하여 활동이 곤란할 수 있다

11 고층건물 화재 진압 전략에 관한 설명으로 옳지 않은 것은?

① 외부 공격은 심각한 화재 상황이 진행 중이며 화재가 통제될 수 없다는 판단이 내려질 때 적용하는 전략이다.
② 방어적 공격은 고층건물 화재 시 스프링클러에 의한 진압이 실패하고 정면 공격과 측면 공격 모두 실패했다면 제3의 선택 전략으로 취하는 것이다.
③ 측면 공격은 고층건물 화재에서 두 번째로 가장 흔한 전략으로 정면 공격이 실패한 경우 적용할 수 있는 유용한 공격 전략이라는 것이 종종 입증되고 있다.
④ 정면 공격은 고층건물 화재에서 흔하고 성공적으로 사용되는 전략이며, 소방대원들이 화점층 진입 통로를 따라 호스를 전개하여 직접적으로 진입하는 공격적 전략에 해당한다.

> 해설 ① 공격유보는 심각한 화재 상황이 진행 중이며 화재가 통제될 수 없다는 판단이 내려질 때 적용 전략이다.

12 수중 구조 기술에서 잠수 장비에 대한 내용으로 옳은 것은?

① 중량벨트는 모든 장비를 착용한 상태에서 턱 아래 부위에 수면이 위치하도록 하는 것이다.
② 호흡기는 처음 단계에서 탱크의 압력을 9~11 bar (125~150 psi)까지 감소시키고, 이 중간 압력은 두 번째 단계를 거쳐 주위의 압력과 같아지게 된다.
③ 잠수복은 보편적으로 수온이 24 ℃ 이하에서는 건식잠수복을 착용하고, 수온이 13 ℃ 이하로 낮아지면 발포고무로 만든 습식잠수복을 착용하도록 권장한다.
④ 압력계는 공기통에 남은 공기의 압력을 측정한다고 하여 잔압계라고도 하며, 이것은 자동차의 연료 계기와 마찬가지로 공기통에 공기가 얼마나 있는가를 나타내주는 호흡기 1단계와 저압호스로 연결하여 사용한다.

> 해설 ②
> ① 턱 아래(x)→ 눈높이(o) / ③ 수온 24 ℃ 이하= 습식, 수온 13 ℃ 이하= 건식 / ④ 저압호스(x)→ 고압호스(o)

13 일반적인 교통사고 발생 시 구조차량의 주차 위치 및 유도 표지 설치 범위로 옳은 것은? (단, 도로의 제한속도는 70 km/h이다)

	주차 위치	유도 표지 설치 범위
①	사고 지점의 전방 15 m 정도	주차 위치의 전방 70 m 이상
②	사고 지점의 전방 20 m 정도	주차 위치의 전방 60 m 이상
③	사고 지점의 후방 20 m 정도	주차 위치의 후방 60 m 이상
④	사고 지점의 후방 15 m 정도	주차 위치의 후방 70 m 이상

해설 ○ ④ 주차위치: 사고지점 후방 15 m정도 / 유도표지 설치: 주차 위치의 후방 70m 이상(제한속도는 70km/h)

14 다음은 유해 물질 사고 시 누출된 물질을 처리하는 방법이다. 처리 방법을 화학적 방법과 물리적 방법으로 구분한 것으로 옳은 것은?

> (가) 고체, 특히 분말형태의 물질은 비닐이나 천 등으로 덮어서 확산을 방지한다.
> (나) 유화제를 사용하여 오염 물질의 친수성을 높이는 방법으로 주로 기름이 누출되었을 경우에 사용하며, 특히 원유 등의 대량 누출 시에 적용한다.
> (다) 실내의 오염 농도를 낮추기 위해 창문을 열고 환기를 시키거나 고압 송풍기를 이용하여 오염 물질을 분산시키는 방법이다.
> (라) 오염 물질을 약품이나 흡착제로 흡착, 응고시켜 처리할 수 있으며, 오염 물질의 종류와 사용된 약품에 따라 효과가 달라진다.

	화학적 방법	물리적 방법		화학적 방법	물리적 방법
①	(가), (나)	(다), (라)	②	(가), (라)	(나), (다)
③	(나), (다)	(가), (라)	④	(나), (라)	(가), (다)

해설 ○ ④ (나): 유화처리, (라): 응고 / (가): 덮기, (다): 증기확산

15 유압 전개기 사용 시 주요 문제점 및 해결 방안에 대한 설명으로 옳지 않은 것은?

① 커플링이 잘 연결되지 않을 때 안전스크류를 조인다.
② 컨트롤 밸브 사이에서 오일이 샐 때 커플링의 풀림 여부를 확인한다.
③ 전개기가 압력을 유지하지 못할 때 핸들의 밸브가 잠겨 있는지 확인한다.
④ 컨트롤 밸브를 조작하여도 전개기가 작동하지 않을 때 유압 오일을 확인하고 양이 부족하면 보충한다.

해설 ○ ① 컨트롤 밸브 사이에서 오일이 샐 때 ➡ 안전스크류를 조인다

16 화재현장에서 건물 내부 검색 시 1차 검색에 관한 내용으로 옳지 않은 것은?

① 1차 검색은 화재가 진행되는 도중에 검색 작업이 진행되는 것을 말하며, 생명의 위험에 처한 사람을 신속하게 발견하는 것이다.
② 가장 큰 위험에 놓여있는 사람들에게 신속하게 접근하기 위하여 가능한 한 화점 가까운 곳에서 검색을 시작하여 진입한 문 쪽으로 되돌아가면서 하나하나 확인한다.
③ 폐쇄 공간에서 구조대상자 구출 시 정전이나 짙은 연기로 시야가 확보되지 않을 때에는 자세를 낮추고 벽을 따라 진행하며 계단에서는 자세를 낮추고 손으로 확인하며 나아간다.
④ 화장실이나 욕실, 다락방, 지하실, 베란다, 침대 밑이나 장롱 속, 캐비닛 등 의식을 잃은 구조대상자나 아이들이 숨어있을 만한 장소를 빠짐없이 검색하여야 하며, 먼저 방의 중심부를 검색하고 후미진 곳으로 이동한다.

해설 ○ ④ 먼저 방의 후미진 곳을 검색하고 ➡ 중심부로 이동한다.(중심보다 방의 후미진 구석에 기대어 쓰러져 있을 확률이 높다)

17 다음에서 기술하고 있는 산악 구조용 장비로 옳은 것은?

- 스토퍼와 같이 로프의 역회전을 방지할 수 있는 구조로 되어있다.
- 주로 암벽 등에서 확보하는 장비로 사용되며 짧은거리를 하강할 때 이용하기도 한다.

해설 ○ ④
* 그리그리
① 그리그리는 스토퍼와 같이 로프의 역회전을 방지할 수 있으며 주로 확보용장비이다
② 주로 암벽 등에서 확보하는 장비로 사용되며 짧은 거리를 하강할 때 이용하기도 한다.

18. 다음은 콘크리트의 한 현상이다. 이 현상을 증가시키는 원인으로 옳지 않은 것은?

> 콘크리트에 일정한 하중을 주면 더 이상 하중을 증가시키지 않아도 시간의 흐름에 따라 변형이 더욱 진행되는 현상을 말한다.

① 양생이 나쁜 경우 증가한다.
② 재하응력이 클수록 증가한다.
③ 물과 시멘트의 비(W/C)가 낮을수록 증가한다.
④ 재령이 적은 콘크리트에 재하시기가 빠를수록 증가한다.

해설 ③ 콘크리트의 클리프(Creep) 현상: 물과 시멘트의 비(W/C)가 클수록 증가한다.

19. 죽음에 대한 정서 반응과 관련한 설명으로 옳지 않은 것은?

① 부정 : 환자의 첫 번째 정서 반응으로 의사의 실수라 믿으며 기적이 일어나길 기다린다.
② 분노 : 말이나 행동을 통해 격렬히 표출될 수 있다. 소방대원은 이런 감정을 이해해 줄 필요는 있으나 신체적인 폭력에 대해서는 단호하게 대처해야 한다.
③ 협상 : 환자는 상황을 현실로 받아들이고 할 수 있는 최선을 다하려고 노력한다. 가족이나 친구의 적극적인 도움이 필요하다.
④ 우울 : 환자는 절망하고 우울감에 빠지게 된다.

해설 ③ / ③번의 내용은 수용이다. / * 협상: '그래요. 내가, 하지만..'이란 태도를 나타낸다. 매우 고통스럽고 죽을 수도 있다는 현실은 인정하지만 삶의 연장을 위해 다양한 방법으로 협상하고자 한다.

20. 환자 1차 평가에 관한 설명으로 옳지 않은 것은?

① 1차 평가를 통해 치명성 파악과 즉각적인 처치가 제공되어야 한다.
② 일반적인 인상은 환자의 주호소, 주변 환경, 손상기전, 환자의 나이와 성별 등을 근거로 한다.
③ 1차 평가에서 마지막 단계로 우선순위에 따른 처치 및 이송을 제공해야 한다.
④ 무호흡 환자에게는 비재호흡마스크를 통해 고농도의 산소를 공급해 준다.

해설 ④

호흡이 적정할 때	기도를 유지하고 비재호흡마스크를 통해 10~15ℓ/분 고농도산소를 제공한다.
무호흡일 때	기도를 유지하고 포켓마스크나 BVM(백밸브마스크)을 이용 양압환기를 실시하며 15ℓ/분의 산소를 제공해준다.

21 환자의 호흡은 정상이지만 내·외과적 원인으로 인해 24~44 %의 산소를 공급해야 할 때 산소 투여 장비로 옳은 것은?

① 코삽입관   ② 산소소생기   ③ 포켓마스크   ④ 비재호흡마스크

해설 ① 코 삽입관 산소농도 24~44%, 유량: 1~6ℓ/분, 적응증: 마스크 거부환자, 약간의 호흡곤란을 호소하는 COPD 환자

22 심장의 문제로 인해 야기되는 〈보기〉 증상 및 징후를 보이는 질병으로 옳은 것은?

| ○ 호흡곤란 | ○ 시끄러운 호흡음 | ○ 빠른 맥 |
| ○ 축축한 피부 | ○ 청색증 | ○ 분홍색 거품 가래 |

① 천식   ② 허파기종   ③ 만성심부전   ④ 만성기관지염

해설 ③ 만성심부전: 호흡곤란이 야기되며 시끄러운 호흡음, 빠른맥, 축축한 피부, 창백하거나 청색증, 발목 부종이 나타난다. 심한 경우 핑크(분홍)색 거품의 가래가 나오기도 한다.

23 〈보기〉 심전도에 관한 설명으로 옳지 않은 것은?

① 심실빈맥이다.   ② 심박동은 규칙적이나 매우 빠르다.
③ 심장과 뇌로 충분한 혈액이 공급되고 있다.   ④ 맥박이 촉지되지 않은 환자에게는 제세동한다.

해설 ③ 심실빈맥: 리듬은 규칙적이나 매우 빠른 경우로서 너무 빨리 수축해서 피가 충분히 심장에 고이지 않아 심장과 뇌로 충분한 혈액을 공급할 수 없다.

24 종종 담석으로 인해 야기되고, 갑작스런 윗배 또는 우상복부에 심한 통증이 발생하며 지방이 많은 음식물을 섭취할 때 악화하는 질병으로 옳은 것은?

① 췌장염   ② 쓸개염   ③ 대동맥류   ④ 충수돌기염

해설 ② 상기 질문은 쓸개염(담낭염)에 대한 내용이다

25 구급대원이 성인 심정지 환자에게 기본심폐소생술 중 제세동을 하였을 때, 이 환자에게 변화가 없다면 즉시 취해야 할 조치로 옳은 것은?

① 가슴압박   ② 인공호흡   ③ 목동맥 촉지   ④ 2차 제세동

해설 ① 기본심폐소생술 중 제세동을 하였을 때, 이 환자에게 변화가 없다면 즉시 가슴압박을 30회 실시한다.

부록 10 2024년 소방위 승진시험

01 고속도로 사고현장에서의 차량 주차 방법으로 옳지 않은 것은?

① 주차된 소방차량 앞바퀴는 사고현장과 일직선 방향으로 둔다.
② 주 교통 흐름을 어느 정도 차단할 수 있는 위치에 주차한다.
③ 주차각도는 차선의 방향으로부터 비스듬한 각도로 주차하여 진행하는 차량으로부터 대원의 안전을 확보하도록 한다.
④ 사고현장의 완벽한 안전확보를 위하여 사고현장(작업공간 15m 정도 포함)으로부터 제한속도에 비례하여(예 : 제한속도 100km/h의 도로인 경우 100m 가량) 떨어진 위치에 추가의 차량(경찰차 등)을 배치시켜 일반 운전자들이 서행하거 나 우회할 수 있도록 조치하여야 한다.

해설 ① 주차된 소방차량 앞바퀴는 사고현장과 일직선과 <u>아닌</u> 방향으로 둔다.(* 고속도로 진행 차량의 추돌 위험 충격 때문.)

02 구획실 화재에서 나타나는 (가) 현상에 대한 설명으로 옳은 것은?

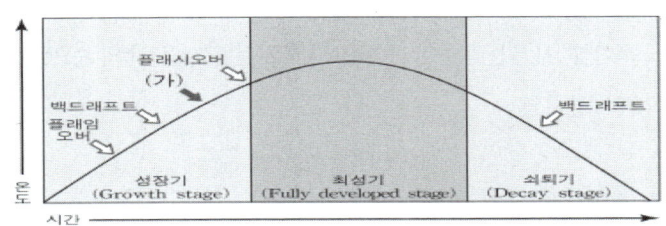

① 복도와 같은 통로 공간에서 벽, 바닥 표면의 가연물에 화염이 급속하게 확산하는 현상이다.
② 연소과정에서 발생된 가연성 가스가 공기 중 산소와 혼합되어 천장 부분에 집적된 상태에서 발화온도에 도달하여 발화함으로써 화염의 끝부분이 빠르게 확대되어 가는 현상이다.
③ 밀폐된 건축물 내에서 화재가 진행될 때 불완전 연소된 가연성 가스와 열이 집적된 상태에서 어떤 원인으로 신선한 공기(산소)가 공급될 때 순간적으로 폭발·발화하는 현상이다.
④ 화점 주위에서 화재가 서서히 진행하다가 어느 정도 시간이 경과함에 따라 대류와 복사 현상에 의해 일정 공간 안에 있는 가연물이 발화점까지 가열되어 일순간에 걸쳐 동시 발화되는 현상이다.

해설 ② 그래프상 중기에 백드래프트와 플래시오버 사이에 있는 현상은 롤오버에 대한 현상이다.

03 화재 진압 활동 중 배연에 관한 설명으로 옳지 않은 것은?

① 보통의 배연 작업은 소방호스라인이 내부에 진입과 동시에 이루어지는 것이 적절하다.
② 화재 건물의 특징이나 개구부, 풍향, 화점의 위치, 화재 범위를 판단하여 개방 및 폐쇄해야 할 개구부를 결정해야 한다.
③ 지휘자는 배연 명령을 내리기 전에 건물 및 화재 상황을 종합적으로 판단하여 그 판단에 근거한 배연 작업의 결정을 해야 한다.
④ 건물에 설비된 제연설비 및 공기조화설비는 소방대의 장비와 인력이 필요하지 않은 장점이 있으므로 최대한 활용할 수 있는 방안을 마련해야 한다.

해설 ① 보통의 배연 작업은 소방호스라인이 내부에 진입하여 진화 준비가 <u>완료되었을 때</u> 적절하다.

04 관창 배치에 관한 설명으로 옳은 것은?

① 대규모 건물에서 관창 배치 우선순위는 해당건물 또는 연소위험이 작은 곳으로 한다.
② 일반 목조건물 화재에서 관창 배치는 연소위험이 작은 쪽으로부터 순차적으로 배치한다.
③ 풍속이 3 m/sec를 초과하면 풍하측의 연소위험이 크므로 풍하측을 중점으로 관창을 배치한다.
④ 도로에 면하는 화재는 도로의 접하는 쪽을 우선하여 배치하고 풍횡측, 풍하측의 순으로 포위한다.

해설 ③
① 대규모 건물에서 관창 배치 우선순위는 해당건물 또는 연소위험이 큰 곳으로 한다.
② 일반 목조건물 화재에서 관창 배치는 연소위험이 큰 쪽으로부터 순차적으로 배치한다.
④ 도로에 면하는 화재는 도로의 <u>접하지 않는</u> 쪽을 우선하여 배치하고 풍횡측, 풍상측의 순으로 포위한다.

05 지하실 화재진압에 관한 설명으로 옳지 않은 것은?

① 농연, 열기에 의한 내부 상황의 파악이 어렵고 활동 장애 요소가 많다.
② 출입구가 1개소인 경우에는 진입이 곤란하고 급기구, 배기구의 구별이 어렵다.
③ 고발포를 방사하는 경우에는 화세를 확대시키는 경우도 있기 때문에 상층에 경계관창의 배치를 소홀히 해서는 안 된다.
④ 진입개소가 2개소인 경우에는 급기, 배기 방향을 결정한 후 배기측에서 분무방수 또는 배연기기 등을 이용하여 진입구를 설정한다.

해설 ④ 진입개소가 2개소인 경우에는 급기, 배기 방향을 결정한 후 <u>급기측</u>에서 분무방수 또는 배연기기 등을 이용하여 진입구를 설정한다.

06 고층건물 화재의 전술 환경으로 옳은 것만을 있는 대로 모두 고른 것은?

> (가) 소방전술적 관점에서 고층건물은 창문이 없는 건물로 간주되어야 한다. 건물의 문은 닫혀있고, 문을 열기 위해서는 열쇠가 필요하며, 유리가 매우 크고 두꺼워 파괴가 어렵고, 고층으로 인한 압력차 때문에 유리를 파괴할 경우 강한 바람의 유입으로 위험한 경우가 많기 때문이다.
> (나) 고층건물 화재 진압 활동에서 가장 중요한 성공요인은 소방시설을 포함한 건물 설비 시스템이다. 비상용 엘리베이터는 소방대원과 장비를 나를 수 있도록 작동되고, 소방용수(수도) 시스템도 고층까지 충분한 압력과 양으로 제공한다.
> (다) 화재현장에서의 통신(의사소통)은 필수적이다. 화재진압대원들은 인명검색과 구조활동 임무를 맡은 대원들과 통신해야 하고 건물 내에 진입한 팀은 현장지휘소와 통신해야 하지만, 강철구조로 된 고층건물은 무선통신이 어려운 것이 일반적이다.
> (라) 대부분의 고층건물은 건축법상 내화구조의 건축물로 분류되지만, 소방전술적 관점에서는 더 이상 내화구조의 건축물로 보기 어렵다. 내화구조는 법이론 관점에서 폭발이나 붕괴 등의 원인이 없을 경우 화재를 한 개 층으로 제한할 수 있도록 벽, 바닥, 천장은 내화성을 가지고 있어야 한다는 가정에서 출발한다.

① (가), (나)
② (가), (나), (다)
③ (나), (다), (라)
④ (가), (나), (다), (라)

해설 ④ (가): 창문, (나): 건물설비시스템, (다): 통신, (라): 내화구조에 대한 내용으로 모두 옳다.

07 사고 예방대책의 기본원리 5단계 중 제3단계(분석평가)에 관한 설명으로 옳은 것은?

① 각종 사고 및 활동 기록의 검토, 작업 분석
② 기술적 개선, 규정 및 수칙 등 제도의 개선
③ 안전관리자 선임, 안전 활동 방침 및 계획 수립
④ 사고 원인 및 경향성 분석, 교육 훈련 및 직장 배치 분석

해설 ④

1단계 안전조직	경영자의 안전목표 설정, 안전관리자 선임, 안전라인 및 참모조직, 안전활동 전개 등
2단계 사실의 발견	각종 사고, 활동기록의 검토, 작업분석, 안전점검 및 검사, 사고조사, 안전회의 등
3단계 분석 평가	사고원인 및 경향성 분석, 사고기록 및 관계자료 분석, 인적·물적 환경조건 분석 등
4단계 시정방법의 선정	기술적 개선, 배치조정, 교육훈련의 개선, 안전행정의 개선, 규정, 수칙 등 제도 개선 등
5단계 시정책의 적용	시정책은 3E, 즉 기술(Engineering), 교육(Education), 관리(Enforcement)를 완성.

08 다음에서 설명하는 금속화재용 분말 소화약제로 옳은 것은?

> - Mg, Na, K, Na-K 합금의 화재에 효과적이다.
> - 고온의 수직 표면에 오랫동안 붙어 있을 수 있기 때문에 고체 금속 조각의 화재에 특히 유효하다.
> - 염화나트륨(NaCl)을 주성분으로 하며, 분말의 유동성을 높이기 위한 제3인산칼슘(tricalcium phosphate, Ca3(PO4)2)과 가열되었을 때 염화나트륨 입자들을 결합하기 위하여 열가소성 고분자 물질을 첨가한 약제이다.

① G-1　　　② Na-X　　　③ Lith-X　　　④ Met-L-X

해설 ④ 지문의 내용은 Met-L-X 에 대한 내용이다.

09 「화재조사 및 보고규정」상 화재건수, 소실정도 및 소실면적 산정에 대한 설명으로 옳지 않은 것은?

① 건물의 소실면적 산정은 소실 바닥면적으로 산정한다.
② 동일범이 아닌 각기 다른 사람에 의한 방화, 불장난은 동일 대상물에서 발화했더라도 각각 별건의 화재로 한다.
③ 전소는 건물의 70% 이상(바닥면적에 대한 비율을 말한다)이 소실되었거나 또는 그 미만이라도 잔존 부분을 보수하여도 재사용이 불가능한 것으로 한다.
④ 발화 지점이 한 곳인 화재 현장이 둘 이상의 관할구역에 걸친 화재는 발화 지점이 속한 소방서에서 1건의 화재로 산정한다. 다만, 발화 지점 확인이 어려운 경우에는 화재 피해 금액이 큰 관할구역 소방서의 화재 건수로 산정한다.

해설 ③ 전소는 건물의 70% 이상(입체면적에 대한 비율을 말한다)이 소실되었거나 또는 그 미만이라도 잔존 부분을 보수하여도 재사용이 불가능한 것으로 한다.

10 다음에서 설명하는 특성에 해당하는 주수 방법으로 옳은 것은?

> - 수손 피해가 적고, 소화 시간이 짧다.
> - 입자가 적어서 기류의 영향을 받기 쉬우며 증발이 활발하다.
> - 벽, 바닥 등의 일부를 파괴하여 소화하는 경우에 유효하다.

① 반사주수　　② 고속분무주수　　③ 저속분무주수　　④ 중속분무주수

해설 ③ 상기 지문은 저속분무주수에 대한 특성이다.

11 '재난현장 표준작전절차' SOP308 친환경 차량 사고 대응 절차에서 전기(동력)자동차 사고 대응 절차의 순서로 옳은 것은?

① 사고인지 → 고정 → 식별 → 불능 → 구조
② 사고인지 → 구조 → 불능 → 식별 → 고정
③ 사고인지 → 식별 → 불능 → 고정 → 구조
④ 사고인지 → 식별 → 고정 → 불능 → 구조

해설 ④ 사고인지 → 식별 → 고정 → 불능 → 구조 순이다.

12 「재난 및 안전관리 기본법」상 용어에 대한 설명으로 옳지 않은 것은?

① '재난관리'란 재난의 예방·대비·대응 및 복구를 위하여 하는 모든 활동을 말한다.
② '긴급구조기관'이란 긴급구조에 필요한 인력·시설 및 장비, 운영체계 등 긴급구조능력을 보유한 기관이나 단체로서 대통령령으로 정하는 기관과 단체를 말한다.
③ '재난관리주관기관'이란 재난이나 그 밖의 각종 사고에 대하여 그 유형별로 예방·대비·대응 및 복구 등의 업무를 주관하여 수행하도록 대통령령으로 정하는 관계 중앙행정기관을 말한다.
④ '사회재난'이란 화재·붕괴·폭발·교통사고(항공사고 및 해상사고를 포함한다)·화생방사고·환경오염사고·다중운집인파사고 등으로 인하여 발생하는 대통령령으로 정하는 규모 이상의 피해와 국가핵심기반의 마비, 「감염병의 예방 및 관리에 관한 법률」에 따른 감염병 또는 「가축전염병예방법」에 따른 가축전염병의 확산, 「미세먼지 저감 및 관리에 관한 특별법」에 따른 미세먼지, 「우주개발 진흥법」에 따른 인공우주물체의 추락·충돌 등으로 인한 피해를 말한다.

해설 ② '긴급구조지원기관'이란 긴급구조에 필요한 인력·시설 및 장비, 운영체계 등 긴급구조능력을 보유한 기관이나 단체로서 대통령령으로 정하는 기관과 단체를 말한다.

13 일반적인 로프의 수명에 관한 설명으로 옳은 것만을 있는 대로 모두 고른 것은?

(가) 스포츠 클라이밍 로프 : 6개월
(나) 매일 사용하는 로프 : 1년
(다) 매주 사용하는 로프 : 3년
(라) 가끔 사용하는 로프 : 4년

① (가) ② (가), (나) ③ (가), (나), (다) ④ (가), (나), (라)

해설 ④ 매주 사용하는 로프는 2년에 해당한다.

14 소방 현장에서 용도에 따라 로프 매듭(knot)을 분류한 것으로 옳은 것은?

	마디짓기(결절)	이어매기(연결)	움켜매기(결착)
①	나비매듭	줄사다리 매듭	감아매기
②	고정 매듭	바른 매듭	잡아매기
③	한겹 매듭	피셔맨 매듭	절반 매듭
④	8자 매듭	8자 연결 매듭	이중 8자 매듭

해설 ② / ② 마디짓기(결절) - 고정 매듭 / 이어매기(연결) - 바른 매듭 / 움켜매기(결착) - 잡아매기

15 위험 물질의 표지와 식별 방법에 대한 설명으로 옳지 않은 것은?

① 미국방화협회(NFPA) 704 표시법에 따라 마름모형 도표에서 왼쪽은 청색으로 인체 유해성을, 위쪽은 적색으로 화재 위험성을, 오른쪽은 백색으로 반응성을 나타낸다.
② 미국 교통국(DOT) 수송표지는 위험 물질을 운송할 때 부착하도록 하는 표지(Placard)이다. 도로, 철도, 해운, 항공 등 수송수단을 막론하고 위험 물질에 이 표지를 붙이도록 하고 있다.
③ 화학물질 세계조화시스템(GHS)의 국내 도입에 따라 유해성 표지 방법을 우리나라는 7개의 그림을 사용해 왔으나 GHS 하에서는 9개 그림으로 분류 표시한다.
④ 미국방화협회(NFPA) 표시법은 화학약품의 유해성을 확인하고자 하는 목적이 아니라 소방대의 비상작업에 필요한 전술상의 안전조치 수립에 필요한 지침의 역할과 함께 이 물질에 노출된 사람의 생명보호를 위한 즉각적인 정보를 현장에서 제공해 준다.

해설 ① 미국방화협회(NFPA) 704 표시법에 따라 마름모형 도표에서 왼쪽은 청색으로 인체 유해성을, 위쪽은 적색으로 화재 위험성을, 오른쪽은 황색으로 반응성을 나타낸다.

16 줄을 이용한 수중 탐색의 설명으로 옳은 것은?

① U자 탐색은 탐색 구역을 "ㄹ"자 형태를 탐색하는 방법으로 장애물이 없는 평평한 지형에서 비교적 작은 물체를 탐색하는 데 적합하다.
② 등고선 탐색은 해안선이나 일정 간격을 두고 평행선을 따라 이동하며 물체를 찾는 방법으로 물체가 있는 수심과 위치를 비교적 정확하게 알고 있는 경우에 유용하다.
③ 반원 탐색은 비교적 큰 물체를 탐색하는 데 적합한 방법으로 탐색구역의 중앙에서 출발하여 이동거리를 조금씩 증가시키면서 매번 한 쪽 방향으로 90°씩 회전하며 탐색한다.
④ 직선 탐색은 시야가 좋지 않고 탐색 면적이 넓은 지역에 사용되며, 탐색하는 구조대원의 인원수에 따라 광범위하게 탐색할 수 있고 폭넓게 탐색할 수 있으나 대원 상호간에 팀워크가 중요하다.

해설 ④ / ①, ②: 줄을 사용하지 않는 탐색형태 ③: 줄을 사용하지 않는 탐색형태 중 소용돌이 탐색
▶ 종류 암기: 줄없는 소등유자 / 줄있는 직원왕반

17 콘크리트의 화재 성상의 설명으로 옳지 않은 것은?

① 화재에 따른 콘크리트의 온도가 500℃를 넘으면 냉각 후에도 잔류신장을 나타낸다.
② 콘크리트는 약 300 ℃에서 강도가 저하되기 시작하는 데 힘을 받고 있지 않는 경우에는 강도 저하가 더 심하게 일어나며 응력이 미리 가해진 상태에서는 온도의 영향을 늦게 받는다.
③ 열팽창에 의한 압축 응력이 콘크리트의 압축 강도를 초과할 경우 박리가 일어나며, 박리 속도는 온도 상승 속도와 비례하며 콘크리트 중의 수분 함량이 많을수록 박리 발생이 용이하다.
④ 콘크리트가 고온을 받으면 수산화칼슘(Ca(OH)2)이 소실되어 이에 따라 철근부동태막(부식을 방지하는 막)이 상실되어 콘크리트가 알칼리화된다.

해설 ④ 콘크리트가 고온을 받으면 수산화칼슘(소석회)이 소실되어 이에 따라 철근부동태막(부식을 방지하는 막)이 상실되어 콘크리트가 중성화된다. / (* 콘크리트 중성화(원래의 알칼리성의 상실)는 수명을 단축시키는 치명적인 원인이 된다.)

18 「119구조·구급에 관한 법률」 및 같은 법 시행령상 감염방지대책의 내용으로 옳지 않은 것은?

① 119감염관리실의 규격·성능 및 119감염관리실에 설치하여야 하는 장비 등 세부 기준은 시·도지사가 정한다.
② 소방청장등은 구조·구급대원의 감염 방지를 위하여 구조·구급대원이 소독할 수 있도록 소방서별로 119감염관리실을 1개소 이상 설치하여야 한다.
③ 구조·구급대원은 근무 중 위험물·유독물 및 방사성물질에 노출되거나 감염성 질병에 걸린 요구조자 또는 응급환자와 접촉한 경우에는 그 사실을 안 때부터 48시간 이내에 소방청장등에게 보고하여야 한다.
④ 소방청장등은 유해물질등에 노출되거나 감염성 질병에 걸린 요구조자 또는 응급환자와 접촉한 구조·구급대원이 적절한 진료를 받을 수 있도록 조치하고, 접촉일부터 15일 동안 구조·구급대원의 감염성 질병 발병 여부를 추적·관리하여야 한다. 이 경우 잠복기가 긴 질환에 대해서는 잠복기를 고려하여 추적·관리 기간을 연장할 수 있다.

해설 ① [시행령] 제26조 (감염방지대책)
119감염관리실의 규격·성능 및 119감염관리실에 설치하여야 하는 장비 등 세부기준은 소방청장이 정한다.

19 다음 제시된 환자 평가 도구 및 환자 상태를 보고 (가)~(아)에서 산정한 평가 점수를 모두 합산한 것으로 옳은 것은?

환자 평가 도구	환자 상태
의식수준 평가 (GCS)	(가) 눈뜨기 : 통증 자극에 눈뜸 (나) 운동 반응 : 통증 자극에 뿌리치는 행동 (다) 언어 반응 : 언어 지시에 이해할 수 없는 웅얼거림
아프가 점수 (APGAR score)	(라) 피부색(일반적 외형) : 몸 전체(손과 발 포함) 핑크색 (마) 심장 박동 수 : 99회/분 (바) 반사흥분도(찡그림) : 자극시 최소의 반응(얼굴을 찡그림) (사) 근육의 강도(움직임) : 흐늘거림/부진함(근육의 긴장력 없음) (아) 호흡(숨 쉬는 노력) : 우렁참(울음)

① 12 ② 13 ③ 14 ④ 15

해설 ③ 의식수준 평가(GCS): 9점 + 아프가 점수 (APGAR score): 6점 = 15점

환자 평가 도구	환자 상태
의식수준평가(GCS)	(가) 눈뜨기 : 통증 자극에 눈뜸 ----☞ 2점 (나) 운동 반응 : 통증 자극에 뿌리치는 행동 ----☞ 4점 (다) 언어 반응 : 언어 지시에 이해할 수 없는 웅얼거림 ----☞ 2점
아프가 점수 (APGAR score)	(라) 피부색(일반적 외형) : 몸 전체(손과 발 포함) 핑크색 ----☞ 2점 (마) 심장 박동 수 : 99회/분 ----☞ 1점 (바) 반사흥분도(찡그림) : 자극시 최소의 반응(얼굴을 찡그림) ----☞ 1점 (사) 근육의 강도(움직임) : 흐늘거림/부진함(근육의 긴장력 없음) ----☞ 0점 (아) 호흡(숨 쉬는 노력) : 우렁참(울음) ----☞ 2점

20 다음의 환자 상태를 참고하여 응급 환자 분류표(중증도 분류표)에서의 분류 기준에 해당하는 색으로 옳은 것은?

> 중증의 화상, 척추손상, 다발성 주요골절

① 흑색 ② 적색 ③ 황색 ④ 녹색

해설 ③ 중증의 화상, 척추손상, 다발성 주요골절은 응급환자인 황색에 해당한다.

21 구급 일지 내 시간을 기록한 내용을 통해 소요된 구급 반응 시간(Response Time)으로 옳은 것은?

신고 일시 : 2024. 10. 25. 15:55	출동 시각 : 2024. 10. 25. 15:56
현장 도착 : 2024. 10. 25. 16:12	환자 접촉 : 2024. 10. 25. 16:12
현장 출발 : 2024. 10. 25. 16:20	병원 도착 : 2024. 10. 25. 16:50
귀소 시각 : 2024. 10. 25. 17:22	

① 1분 ② 16분 ③ 17분 ④ 25분

해설 ② 반응시간이란 전문 치료팀과 장비가 대기 장소에서 출발하여 환자가 있는 장소까지 도착하는 데 소요되는 시간이다. 정답은 16분이다.(* 출동 시각: 2024. 10. 25. 15:56 ☞ 현장 도착: 2024. 10. 25. 16:12)

22 영아(Infant)가 뜨거운 물에 다음과 같은 화상을 입었다는 신고가 접수되어 구급대가 출동하였다. 9의 법칙과 손바닥 방법을 활용하여 산정한 화상 범위의 총합으로 옳은 것은?

- 얼굴(머리 포함) 전체 2도 화상
- 우측 팔 전체 3도 화상
- 우측 다리 전체 3도 화상
- 가슴에 환자 손바닥 크기의 2도 화상

① 40.5% ② 41.5% ③ 45.5% ④ 46.0%

해설 ② [영아: 머리: 18 / 몸통전후: 총36 / 상지(앞뒤양측): 총18 / 하지(앞뒤양측): 총27 + 1(회음부) = 100%]
* 풀이 : 18%(머리) + 9%(우측팔만 앞뒤) + 13.5%(우측다리만 앞뒤) + 1%(손바닥 크기) = 41.5%

23 인체의 조직 별 주요 기능에 관한 설명으로 옳지 않은 것은?
① 심장의 왼심방은 허파로부터 혈액을 받아들이고 왼심실은 고압으로 동맥을 통해 피를 뿜어 낸다.
② 근골격 3가지 주요 기능은 인체 외형을 형성하고, 내부장기를 보호하며, 인체 움직임을 제공한다.
③ 배내 기관이 소화작용만 하는 것으로 알고 있지만 혈당을 조절하기 위한 인슐린 분비, 혈액 여과작용, 면역 반응 보조 역할(간), 독소제거(지라) 등 보다 더 많은 역할을 하고 있다.
④ 피부는 인체를 둘러싼 커다란 조직으로 인체를 보호하고 감염을 방지하는 보호벽 기능, 인체 내부 수분과 기타 체액을 유지하는 기능, 체온 조절 기능, 외부 충격으로부터 내부 장기를 보호하는 기능을 갖고 있다.

해설 ③ 배내 기관이 소화작용만 하는 것으로 알고 있지만 혈당을 조절하기 위한 인슐린 분비, 혈액 여과작용, 면역 반응 보조역할(지라, 비장), 독소제거(간) 등 보다 더 많은 역할을 하고 있다.

24 다음 (가)와 (나)에서 헬멧을 제거하지 말아야 하는 경우와 제거해야 하는 경우 중 옳은 것만을 있는 대로 모두 고른 것은?

> (가) 헬멧을 제거하지 말아야 하는 경우
> ㉠ 헬멧이 기도와 호흡을 평가하고 관찰하는데 방해가 될 때
> ㉡ 헬멧이 환자의 기도를 유지하고 인공호흡을 방해할 때
> ㉢ 헬멧 제거가 환자에게 더한 위험을 초래할 때
> ㉣ 헬멧을 착용한 상태가 오히려 적절하게 고정되어질 수 있을 때
> (나) 헬멧을 제거해야 하는 경우
> ㉤ 헬멧을 쓴 상태가 긴척추고정판에 환자를 고정시켰을 때 머리의 움직임이 없을 때
> ㉥ 헬멧 형태가 척추고정을 방해할 때
> ㉦ 고정시키기에는 헬멧 안에서의 공간이 넓어 머리가 움직일 때
> ㉧ 환자가 호흡정지나 심장마비가 있을 때

① ㉠, ㉢, ㉣, ㉤　　② ㉢, ㉤, ㉥, ㉦
③ ㉠, ㉡, ㉣, ㉥, ㉦　　④ ㉢, ㉣, ㉥, ㉦, ㉧

해설 ④ / ㉠, ㉡은 헬멧을 제거해야 하는 경우이다. / ㉤은 헬멧을 제거하지 말아야 하는 경우이다

25 다음 중증외상환자 응급처치 세부상황표상의 외상환자 중증도 평가기준의 일부 내용 중 ㉠~㉤에 들어갈 숫자의 총합으로 옳은 것은?

중증외상환자 응급처치 세부상황표

> 3단계. 손상기전
> [ ] 추락 (성인 (㉠) m 이상 / 소아 (㉡) m 이상)
> [ ] 고위험 교통사고 ■ 차량전복 / 차체 내부 (㉢) cm 이상 안으로 밀림 / (㉣) cm 이상 차체 찌그러짐
> 　　　　　　[ ] 그 외 구급대원 판단
> [ ] 다음에 해당　임신 (㉤)주 이상

① 102　　② 104　　③ 106　　④ 108

해설 ② 추락 (성인 (6) m 이상 / 소아 (3) m 이상) / ■ 차량전복 / 차체 내부 (30) cm 이상 안으로 밀림 (45) cm 이상 차체 찌그러짐 / 임신 [ ] 다음에 해당 (20)주 이상 * 풀이 : 6 + 3 + 30 + 45 + 20 = 104

Reference

- 신의 한수! (제이디훈의 정답 찍는법) -

출제자는 70~80% 옳지 않은 것은? 의 문제를 만들게 된다. 그 이유는
옳은 것을 고르시오 라는 문제보다 박스 문제 외 3배 이상 시간이 절약되기 때문이다.

① 출제자는 자신의 안정감으로 보기 1번부터 4번으로 갈수록 피라미드 형태로 문장 긴 것을 넣게
  되고 출제 오류를 염려하여 정답인 보기의 내용은 주로 길어지게 된다.
② 출제자는 보기 중 1.2번을 수험생이 읽게 한 다음 3.4번을 생각하게끔 하여 정답 선택을 유도하는
  심리가 있다.
③ 그러나 출제자가 보기 3.4번 중에 긴 문장으로 정답 문제를 주로 만들게 되면 "편집자" 는 문제의
  순서를 바꾸기 보다는 답이 많은 3.4번과 답이 적은 1.2번의 보기 순서를 바꾸게 된다.
④ 만약, 긴 문장이 앞쪽 보기 중 짧은 문장 사이에 불안정하게 섞여있다면 그 보기는 편집자가 바꾸어
  놓은 정답 확률이 높다.
⑤ 또한 같은 정답 3개가 연속하여 있을 경우 수험생은 그 연속된 정답이 아닌 그 문제까지의 정답이
  적었던 다른 보기의 정답을 찾아야 한다.
⑥ 편집자가 편집을 최종적으로 하게 되면, 전체 문제 중 1.2.3.4 보기의 정답이 제법 골고루 분포하게
  된다 마지막 한 두 문제를 정답 찾기로 고민할때면 그 시험지의 보기 중 가장 적은 정답으로 최종
  선택하면 확률이 높아진다.
⑦ 수험생은 100% 확실하지 않을 때는 한 번 찍은 정답은 바꾸지 않는 것이 원칙이다
  그 이유는 본인도 모르는 자신의 기억 잠재력과 감각이 존재하기 때문이다.

아인슈타인은 "인간은 5% 밖에 잠재력을 발휘하지 못하고 죽어간다" 고 했고
리서치 "갤럽" 조사론에서는 10%를 보고 있다.
시험운이라는 것은 주로 본인이 공부한 쪽에서 출제자와 일치할 때이며
출제자와 편집자의 심리파악이 신의 한수처럼 평균과 통계로 적중했을 때이다.

※ 본 내용은 일반적인 출제자의 심리학적에서 제시하는 이론이며, 매체 등에 오랜 출제 경험의 참고용일 뿐임.

··· 필자 주요저서 (현, 네이버 통계: 약 200권) ···

※ 대학교재편 (5개 출판사) −
1. 소방실무 : 부산 경상대학 출판부 (2006년 초판발행)
2. 소방학개론 : 도서출판 기문당(06년 초판~07년 2쇄)
3. 소방학개론 : 출판 신광문화사 (12년 초판~14년 4쇄)
4. 소방전기시설 : 신광문화사 (08년 초판 ~ 19년 9쇄)
5. 소방관계법규 : 도서출판 동화기술 (05년~24년 21쇄)
6. The쉬운 소방기계시설 : 화수목 (2020년~ 초판출간)
7. The쉬운 소방전기시설 : 화수목 (2021년~ 초판출간)
8. The쉬운 소방학개론(5색 컬러판) : 화수목 (24년 10쇄)
9. The쉬운 소방관계법규 : 화수목 (16년초판~24년 10쇄)

※ 소방설비(산업)기사편 −
1. 소방법규(아인슈타인~) : 기다리출판사(1999년~)
2. 소방법규(消防法規) : 도서출판 동화기술 (1999년)
3. 소방원론(消防原論) : 도서출판 동화기술 (2000년)
4. 소방전기시설의 구조 및 원리: 신광문화사(2003년)
5. 소방관계법규 : 도서출판 동화기술 (05년~21년 18쇄)

※ 소방공무원 면접책 및 용어사전 (3개 출판사) −
1. 조동훈면접가이드(상): 화수목(16년 초판~ 16년 4쇄)
2. 조동훈(개별+집단)면접가이드(중) : 뉴욕출(17년 2쇄)
3. 조동훈(개별+집단)면접가이드(하) : 뉴욕출(18년 초판.)
4. 조동훈 소방전문용어사전 : 밝은내일출판 (16년 2쇄)
5. 조동훈면접가이드(상) : 뉴욕출판(18년초판~18년1쇄)

※ 소방공무원 임용편 (12개 출판사) −
박문각, 월드라인출판사, 메드라인, 베리타스M출판사, 아름다운새벽출판사, 밝은내일출판사, 서울고시각출판 더 에이스출판사, 뉴욕출판사, 런던출판사, 티엔에스
─────*
1. 소방학개론(1), (2) : 박문각(05년 초판~2008년 12쇄)
2. 조동훈 소방법규 및 개론 : 박문각(07년~08년 5쇄)
3. 조동훈 문제소방학 : 도서출판문각 (06년 초판~2쇄)
4. 조동훈(소방직)문제소방학 : 박문각 (07년 초판~2쇄)
5. 조동훈(특채우)문제소방학 : 도서출판박문각 (2007년)
6. 아인슈타인~소방관계법규 : 월드라인 (08년 1~2쇄)
7. 조동훈 문제소방법규 : 메드라인(07초판~ 08년 2쇄)
8. 소방직(공개채용)적중집 : 서울고시각출판 (08~12년)
9. 소방직(구조ㆍ구급직)적중집 : 서울고시각 (08~12년)
10. 조동훈소방학: 아름다운새벽 (10년 8쇄~13년 18쇄)
11. 조동훈소방관계법규: 아름다운(10년 8쇄~13년 17쇄)
12. 실전모고(소방학과): 아름다운출판(11~13년)매년발행
13. 간부후보+중앙특채 법규 : 아름다운새벽 (10년출간)
14. 7]7기본법 및 2분법─승진(임용)집 밝은내일(14출간)
15. 20년 소방학 각종 도서 6종: 런던출판사(2019년1쇄)
16. 21년 조동훈 소방학개론 (상하)기본서: 티앤에스(20년)
17. 21년 The쉬운 조동훈 소방관계법규 : 박문각(21년1쇄)
18. 22년 소방법규종18년기출잡 : 티앤에스출판(22년2쇄)
19. 소방학서브노트 (핸드북):화수목(23년 8쇄거쳐초판)
─ 이하 생략 −

※ 소방공무원 승진편 (5개 출판사) −
1. 방호실무 예상문제집 : 도서출판 와이즈고시(2008년)
2. 구조구급실무 예상문제집 : 와이즈고시출판사 (08년)
3. 예방실무 예상문제집 : 도서출판 와이즈고시(2008년)
4. 소방전술(1)(2)(3) : 기본서 : 밝은내일출판사(14~15년)
5. 소방법령(1)(2)(3)(4) : 기본서 : 밝은내일 출판(14~15년)
6. 소방전술(1)(2.)(3) 기출문제집: 밝은내일출판(14~15년)
7. 소방전술(1)−화재분야 승진:도서 법학원(18년 5쇄출간)
8. 소방전술(2)−구조분야 승진도서: 법학원(18년 5쇄출간)
9. 소방전술(3)−구급분야 승진도서: 법학원(18년 5쇄출간)
10. 소방법령(1) 소방공무원법승진: 법학원 (19년 6쇄출간)
11. 소방법령(2) 1.2분법 승진도서: 법학원 (19년 6쇄 출간)
12. 소방법령(3) 4ㆍ5분법 승진도서: 법학원(19년 6쇄출간)
13. 소방법령(4) 공무원법 + 4분법 법학원(18년 5쇄 출간)
14. 소방전술+법령(1,2,3) 문제집: 헤르메스출판(21년 출간)
15. 22년 전술 파이널 모의고사 캠버스 출판사(22년초판)
16. 23년 소방전술핵심정리이론(교,장,위 별도)(23년초판)
─ 이하 생략 −

− 현, 소방 승진 캠버스출판사 편 −

1. 25년 소방전술 단권화 (기출의 힘− (예정): (25년 2판)
2. 25년 소방전술기본서(교 별도 상중 2권임): (25년 4쇄)
3. 25년 소방전술기본서(장,위 상중하 3권임): (25년 4쇄)
4. 24년 전술− A형 단원별 문제집 − (출간): (24년, 2쇄)
5. 25년 전술− B형 단원별 문제집 − (예정): (25년, 2쇄)
6. 25년 봉투모의고사(교,장,위 별도)− (예정): (25년 3쇄)

※ 법개정: 본 필자의 도서는 항상 인쇄 들어가기 직전까지, 변경된 법을 현 시험에 흐름에 맞게 수정하여 출간이 됩니다.

- 공무원 매거진·한국고시 매주 출제 중
- 한국소방대학연구소 수석(首席)교수
- 소방학, 소방관계법규 평균적중률 95%
- 소방학 강의경력 국내최장(약 30)경력
- 인터넷 투표 및 검색, 소방학 국내1위
- 다집필 저자(조선 정약용 다음)의 교재
- 전, 부산 경상대학 소방안전학과 교수
- 전, EBS 소방학개론 / 소방법규 강좌

◉ 동영상(승진) 사이트 (소준사 촬영)
  - firemanexam.co.kr : 소방전술 기본강의(소방교/장,위 별도)
    (A형·B형 단원별 문제집, / 봉투모의고사.)

◉ 동영상(임용) 사이트 (티치온 및 소준사 촬영)
  - cambusedu.com / firemanexam.co.kr : 소방관계법규

◉ 필자 카페 사이트 (오답, 오타, 질문)
  - 카페명 : 완전정복소방학교 119
  - 카페주소 : http://cafe.daum.net/goto119
  - 홈피주소 : jodh.co.kr
  - 필자메일 : jodh119@hanmail.net(직접 질문)

The쉬운 소방전술(上) - 2024년 대비
- 2022년 초판 발행 -

- 인　쇄　| 2025년 02월 5일(3쇄)
- 출　간　| 2025년 02월 5일(3쇄)
- 저　자　| 조동훈
- 발행처　| 캠버스 출판사
- 주　소　| 부산광역시 부산진구 동천로 70
- T E L 　| 070 8676 1129

인지

※ 필자와 발행처의 동의가 없는 무단 인용, 전재 또는 복제 행위는 저작권법 제136조에 의거 5년 이하의 징역 또는 5,000만 원 이하의 벌금에 처하거나 이를 병과할 수 있다. ▶ **암기** : 암기내용도 무단 복제할 수 없습니다.

정가 29,000

MEMO

MEMO